Albert Forbiger

Hellas und Rom - Rom im Zeitalter der Antonine

Erste Abteilung - 1. Band

Albert Forbiger

Hellas und Rom - Rom im Zeitalter der Antonine

Erste Abteilung - 1. Band

ISBN/EAN: 9783956972140

Auflage: 1

Erscheinungsjahr: 2014

Erscheinungsort: Treuchtlingen, Deutschland

Literaricon Verlag Inhaber Roswitha Werdin

www.literaricon.de

Hellas und Rom.

Populäre Darstellung

des öffentlichen und häuslichen Lebens

der

Griechen und Römer

von

Dr. Albert Forbiger,
Conrector em. des Nicolai-Gymnasiums zu Leipzig.

Erste Abtheilung:

Rom im Zeitalter der Antonine.

1. Band.
Zweite, verbesserte und vermehrte Auflage.

Leipzig,
Fues's Verlag (R. Reisland).
1876.

Vorwort zur ersten Auflage.

~~~~~~

Da sich bei der stets weitere Kreise ziehenden Bildung jetzt auch unter dem größeren Publikum ein immer lebendiger werdendes Interesse für die Geschichte, Zustände und Lebensweise der Culturvölker des Alterthums zu regen beginnt, so schien eine populäre Darstellung des öffentlichen und häuslichen Lebens der Griechen und Römer ein wirklich zeitgemäßes Unternehmen. Wenn ich aber bei Lösung dieser Aufgabe nicht mit den der Zeit noch vorangehenden Griechen, sondern mit den Römern beginne, so geschah es, weil ich bei der Mehrzahl meiner Leser für Letztere, die unserm Zeitalter, unsern Sitten und Gewohnheiten näher stehen, eine größere Theilnahme voraussetzen zu müssen glaubte und weil es galt, vorerst meinem Unternehmen Freunde und Beförderer zu gewinnen, deren Interesse dafür seine Fortsetzung möglich macht. Das Zeitalter der Antonine aber habe ich gewählt, um auch auf die frühere Kaiserzeit, in welcher sich im öffentlichen, wie im häuslichen Leben der Römer so Vieles änderte, mit Rücksicht nehmen zu können. Um nun die Aufmerksamkeit des Lesers mehr zu fesseln, glaubte ich ihn mitten in das Leben der Alten hineinversetzen und daher die Form einer Reisebeschreibung oder eines von einem gleichzeitig lebenden Griechen abgefaßten Tagebuchs wählen, alle weiteren Erörterungen aber und Alles, was sich nicht füglich anders, als im trocknen Lehrstil vortragen ließ, in die Anmerkungen verweisen zu müssen. Sollte nun aber auch im

Texte der Grieche des 2. Jahrhunderts manchmal aus der Rolle
fallen und die Maske, sich etwas verschiebend, den ehrlichen
Deutschen der Gegenwart hervorblicken lassen, so bitte ich deshalb in seinem Namen um gütige Entschuldigung, besonders da
eine strenge Durchführung der Rolle in antiker Denk- und
Sprachweise schwerlich im Interesse des Lesers gewesen sein
dürfte. Auch mußte ich ihn, da diese Schilderung römischen
Lebens dem der Griechen vorangeht, von manchen Erscheinungen,
die ihm von Griechenland her schon bekannt sein mußten, so
sprechen lassen, als ob sie ihm noch neu wären. Manche in
unsre Sprache eingebürgerte französische Ausdrücke, die sich nur
durch eine schwerfällige Umschreibung hätten vermeiden lassen,
möge man ihm gleichfalls zu Gute halten. Hatten doch auch
die Römer eine Menge griechischer Ausdrücke in ihre Sprache
aufgenommen. Da ich aber hoffen darf, daß mein Buch auch
von manchem Gelehrten gelesen wird, der, ohne selbst Alterthumsforscher zu sein, doch über Manches eine gründlichere Belehrung durch die Alten selbst wünscht, und da ich überhaupt
den Beweis schuldig war, daß dasselbe keine Hirngespinnste,
sondern nur wirkliche, aus den alten Klassikern geschöpfte That-
sachen enthält, hielt ich es für angemessen, überall auch die
nöthigen Belegstellen hinzuzufügen. Ich kann versichern, daß
ich fast alle angeführten Stellen der Alten selbst verglichen und
mich .nur bei einigen minder zugänglichen Autoren auf die Angaben meiner Vorgänger verlassen habe. Denn daß diese und
zwar auch die neuesten Forschungen von Becker, Marquardt,
Friedländer, Jahn, Overbeck, Magerstedt, Grysar, Blümner,
Büchsenschütz u. A., so wie die mehr populär gehaltenen Werke
von Guhl und Koner, Göll und Simons dankbar von mir benutzt worden sind, bedarf wohl keiner besondern Versicherung.
Nach so gründlichen und gediegenen Vorarbeiten aber kann
mein Buch freilich nicht sehr viel Neues mehr enthalten; doch
glaube ich wenigstens das schon vorhandene Material sorgfältig
und übersichtlich zusammengestellt, auch hier und da wirklich
bereichert und namentlich die Citate meiner Vorgänger ansehn-
lich vermehrt zu haben. Da ich aber die Verweisung auf neuere
antiquarische Werke möglichst beschränken zu müssen glaubte,
so habe ich mich, was die in Pompeji gemachten Funde betrifft, der Kürze wegen meistens blos auf Overbeck (Pompeji

2. Aufl. Leipzig 1866. 2 Bde.) und in Bezug auf antiquarische Untersuchungen größtentheils nur auf Marquardt (Röm. Privatalterth. 2 Abtheil. Leipzig 1864. und 1867. = Becker's Handbuch der röm. Alterth. V, 1. 2.) berufen. Auch die Inschriftensammlungen habe ich so kurz als möglich citirt und daher z. B. zwischen Orelli und Henzen keinen Unterschied gemacht, sondern alle drei Bände, die ja fortlaufende Nummern der Inschriften enthalten, blos unter Orelli's Namen angeführt. Dagegen glaubte ich in den Citaten der alten Klassiker (namentlich des Strabo, Plinius, Properz, Macrobius, Appulejus u. s. w.) den Raum etwas weniger sparen zu müssen, um den Gebrauch verschiedner Ausgaben mit ganz abweichender Eintheilung zu erleichtern. (Bei Properz bezieht sich die in Parenthese beigefügte Zahl auf die neueste Ausgabe von Keil, den Martial dagegen habe ich blos nach Schneidewin citirt, da bei ihm nur in einigen Büchern die Zahl der Epigramme um ein paar Nummern von der älteren Eintheilung differirt.) Mein Buch besteht demnach gewissermaßen aus zwei verschiedenen, aber einander ergänzenden Theilen, dem für das größere Publikum geschriebenen Texte und den mehr die Gelehrten berücksichtigenden Anmerkungen. Weil jedoch Letztere nicht blos Citate, sondern auch sehr viele nähere Erörterungen enthalten, so habe ich diejenigen Notenzahlen, die auf wichtigere und für jeden Leser, nicht blos den Gelehrten, interessante Anmerkungen verweisen, aus einer etwas mehr in die Augen fallenden Schrift setzen lassen; und da die von mir gewählte Form der Darstellung eine systematisch geordnete Behandlung der einzelnen Gegenstände ausschloß, wie sie ein Handbuch der Alterthümer erfordern würde, das mein Werkchen keineswegs ersetzen soll und kann, so habe ich endlich die Zusammenstellung des zu einander Gehörigen durch ein vollständiges Register zu erleichtern gesucht, in welchem sich, wo zwei Seitenzahlen nebeneinander stehen, die erstere auf den Text, die letztere aber gewöhnlich auf eine dazu gehörende Anmerkung bezieht. So möge denn auch diese Arbeit, mit welcher ich meine fast 50jährige schriftstellerische Thätigkeit zu beschließen gedenke, der günstigen Theilnahme des Publikums und einer wohlwollenden und nachsichtigen Kritik empfohlen sein. Ist sie ja doch zum großen Theil in einer höchst aufregenden und zerstreuenden, aber ewig denkwürdigen

Zeit entstanden, die unser Volk im Kriegsruhm und Kriegsglück den Römern für alle künftigen Jahrhunderte an die Seite stellt, zugleich aber auch einen neuen Beweis dafür liefert, daß eine Sittenverderbniß, wie sie uns auch bei den Römern in diesem Buche entgegentritt, nothwendig zum Untergange führen muß.

Dresden, im Herbste 1870.

Der Verfasser.

Vorwort zur zweiten Auflage.

Die große Theilnahme, welche mein Buch gefunden hat, macht schon nach fünf Jahren eine neue Auflage des 1. Bandes nöthig. Ich habe darin, ohne am Plane selbst Etwas zu än= dern, Manches verbessert, auch nicht Weniges hinzugefügt (wie man schon daraus ersieht, daß diese neue Auflage vier Bogen stärker geworden ist, als die erste), namentlich aber Vieles, was ich früher nur in den Noten abgehandelt hatte, in den Text verflochten, was Lesern, welche die Noten weniger berücksichtigen, gewiß willkommen sein wird. Dadurch haben sich nun freilich die Seiten= und Notenzahlen wesentlich ver= ändert und ich habe daher, weil noch eine Zeit lang Band 2 und 3 in erster Auflage neben dieser neuen des ersten benutzt werden müssen und sich in ihnen viele Verweisungen auf jenen finden, die abweichenden alten Seitenzahlen am obern Rande in [ ] beigefügt und ihren Anfang im Texte durch einen vertikalen Strich bezeichnet, eben so aber auch den Notenzahlen, wo sie sich verändert haben, die alte Zahl in Parenthese bei= geschrieben. So möge sich denn mein Buch auch in dieser neuen Auflage die Gunst des Publikums erhalten.

Dresden, im Herbste 1875.

Der Verfasser.

Inhalt der erſten Abtheilung.

Erſter Band.

Matris. — Galli. (Als Episode das Treiben der Galli der syrischen Göttin.)
Floralia. (Als Episode Bacchanalia.) Palilia oder Parilia (Hirtenfest).
Fest der Arvalen. Vestalia. Quinquatrus minores (Fest der zum Opferdienst
bestimmten Flötenbläser). Saturnalia. (Sigillaria. Der Aehnlichkeit der
Sigilla und Argei wegen als Episode das Argeeropfer und die Larentalia.)
Ausländische Feste (außer den schon erwähnten der Mater magna): Fest der
Comanischen Göttin (Bellona). Mithrascultus und Taurobolium (Bluttaufe).
Isiscultus und Beschreibung eines Isisfestes. — Ludi saeculares.

11. Kap. Der Aberglaube. Die Divination. Opferschau (haruspicina).
Anspicien oder Augurien ex coelo, oder Weissagung aus den Blitzen u. s. w.,
ex avibus, oder aus dem Fluge und den Stimmen der Vögel, (ex quadru-
pedibus, ex diris) und ex tripudio, oder aus dem Fraß der Hühner, und
Hergang dabei. Deutung und Sühnung der Wunderzeichen (prodigia, por-
tenta). Sühnung und Begraben der Blitze. Deutung und Annahme oder
Ablehnung der Vorbedeutungen (omina). Traumdeutung. Astrologie (Chal-
daei). Loosorakel. Arithmomantie. Daktyliomantie. Prophezeihungen aus
den Gesichtszügen, den Lineamenten der Hände u. s. w. Zauberei. Zauber-
gottheiten (Hekate oder Brimo) und -Dämonen und Spukgeister (Empusa,
Mormo, Mania, Larvae und Lemures). Menschliche Zauberer. Gegenstände
und Mittel ihrer Wirksamkeit. Zaubertränke, -Sprüche, -Kreisel, -Gürtel,
-Ringe u. s. w. Fascination. Beschreiung. Amulete gegen Zauberei. Sym-
pathetische Zaubermittel um Gebrechen und Krankheiten herbeizuführen oder
sie zu bannen und abzuwenden.

12. Kap. Die drei Stände: 1) Senatoren. Kurze Geschichte des Standes. Seine gegenwärtigen Bestandtheile. Sein Reichthum und die Art ihn
anzuwenden (zur Erwerbung großer Ländereien, zur Gründung von Fabriken,
zu Handelsspeculationen, zu Wuchergeschäften). Auch weniger Bemittelte
haben Gelegenheit zu gut besoldeten Staatsämtern und Militärstellen zu
gelangen oder sich als Gerichtsredner ein ansehnliches Einkommen zu verschaffen. (Titelsucht. Verleihung der blosen Insignien der höchsten Staatsämter.) 2) Ritterstand. Verschiedene Klassen der Ritter: Equites illustres
(senatorische Ritter), equites equo publico (Staatsritter, Ritter mit dem
Staatsroß) und gewöhnliche Ritter, oft von sehr gemeiner Herkunft, auch
bloße Titularritter. Zu diesem Stande gehören fast alle Zollpächter, Lieferan-
ten, Banquiers, Großhändler, Besitzer großer Fabriken und Leiter gewinn-
bringender Unternehmungen. Auch gelangen sie leicht zu einträglichen Pro-
curator- und Officierstellen. 3) Der Bürgerstand. Sehr verschiedene Ver-
mögensverhältnisse desselben. (Zum größern Theile ganz unbemittelt.)
Erwerbsmittel desselben: Kleinhandel; Buchhandel; Geldwechsler-, Mäkler-
und Pfandleihgeschäfte; Schankwirthschaften u. s. w., besonders aber Handwerke. (Verschiedene Zünfte der Handwerker. Gemeingeist derselben. Begräbnißgesellschaften und Sterbecassenvereine. Volksfest der Anna Perenna.)
Nächstdem Anstellungen als untere Hofbeamte, Schreiber und Amtsdiener der
Magistrate und Priestercollegien, als Lictoren, Ausrufer, Auctionatoren
u. s. w. Höhere Erwerbszweige durch Betreibung von Künsten und Wissenschaften; in ersterer Beziehung besonders als Baumeister, Citharöden, Schau-

spieler und Ballettänzer oft sehr gut bezahlt, in letzterer als Elementarlehrer, Grammatiker und Rhetoren, als Advocaten (Gerichtsredner), Rechtsgelehrte und Aerzte beschäftigt.

13. Kap. Künste und Wissenschaften. 1) Künste. Baukunst. (Prachtgebäude der Kaiserzeit.) Stulptur. Menge der Standbilder, Büsten und andrer plastischer Arbeiten aus Erz und Marmor. Malerei. Freskomalerei und Malerei mit Leimfarben auf Holztafeln. Portraitmalerei. Die Künstler und Art ihrer Thätigkeit. (Arbeitstheilung.) Baumeister. Bildhauer. Maler (auch Malerinnen). Kunstsammlungen. Wenige wahre Kunstkenner. Musik. Gesang. (Eitelkeit, Anmaßung und großer Lohn der Citharöden.) Instrumentalmusik (besonders Cither- und Flötenspiel). Ausartung derselben. Concerte. Capitolinischer Wettkampf in Dichtkunst und Musik. Dilettantismus in den Künsten überhaupt, besonders in der Musik. ' 2) Wissenschaften. Philosophie (jetzt Modewissenschaft, besonders der Stoicismus, da ihm der Kaiser huldigt, während der Charakter der Römer sich mehr zu Epikurs Lehre hinneigt). Cyniker und Bettelphilosophen. Hof- und Hausphilosophen und Lehrer der Philosophie. Treiben in den Philosophenschulen. Dichtkunst. Unterricht der Jugend darin. Jetzt die älteren Dichter mehr bevorzugt, als die klassischen des Augusteischen Zeitalters. 'Mangel an guten Dichtern. Gelegenheitsdichter. Dilettanten in der Dichtkunst. Rhetorik. Rhetorenschulen und Hergang in ihnen. Declamationen und Controversen. Barocke und gesuchte Themata derselben. Entartung der Beredtsamkeit. Bemühung der Sophisten, sie wieder zu heben und zu veredeln. (Von der Betreibung der Rechts- und Arzneiwissenschaft ist schon vorher gehandelt worden.)

14. Kap. Handel und Industrie. Der Handel ist meistens Importhandel zur See. Handelshäfen bei Ostia. Der Tiberfluß Haupthandelsstraße. Emporium (Landungs- und Verladungsplatz) in Rom und Waarenspeicher an ihm und sonst in der Stadt. Großhandel, zuerst mit Nahrungsmitteln. Getreidehandel (besonders mit Weizen und Spelt), Viehhandel (hauptsächlich mit Schweinen, Schinken, Speck, Pökelfleisch. Rinder weniger zur Nahrung als zu den Opfern, der Milch und der Käsebereitung wegen gehalten. Käsehandel). Handel mit Wildpret, Federvieh und Fischen, besonders Seefischen (Fischteiche), mit marinirten Fischen und Fischbrühen. Handel mit Honig und Wachs, mit Gemüsen, Küchengewächsen und Obst, mit Wein, Oel, Salz, mit Holz und Steinen, mit Schafwolle und Ziegenhaar, mit Häuten, Leder und Pelzwerk, mit Flachs, mit Hanf und Spartum, mit Gewürzen, Wohlgerüchen und Heilkräutern. Handel mit Gold, Silber, Eisen, Kupfer, Zinn, Blei und Quecksilber, mit Edelsteinen, Krystall und Glas, Bernstein, Gyps, Arsenik, Asphalt, Asbest, Farbewaaren und Elfenbein. Handel mit Pferden, Maulthieren, Eseln, Jagdhunden, Schooßhündchen und Papageien. Industrie. Fabrikation von Wollen-, Linnen-, Byssus-, Baumwollen- und Seidenwaaren, von Filz-, Seiler- und Lederwaaren, von Pergament- und Papier, von Metallwaaren aus Gold und Silber, Bronze, Eisen und Stahl (besonders Waffen und Geräthschaften), von Thonwaaren, Glaswaaren, von Salben, Oelen, Essenzen und Medicamenten und Handel damit (überall mit Angabe der Länder und Städte, von wo die

1. Kapitel.

Reise nach Rom und erster Aufenthalt daselbst.

Am 5. Mai landeten wir glücklich in Brundisium [1]) und
machten uns, nachdem wir unser von den sehr mißtrauischen und
unhöflichen Zollbeamten (portitores) visitirtes [2]) Reisegepäck in
einem Wirthshause in der Nähe des Hafens abgelegt hatten, vor
allen Dingen auf den Weg, um einen Lohnkutscher [3]) aufzutreiben,
der uns zunächst nach Capua, dem Reiseziele meines Freundes
Apollodorus, fahren sollte, von wo aus ich dann meine Reise
nach Rom allein fortzusetzen gedachte. Ein Kutscher war auch
bald gefunden; er versprach, uns in 6 Tagen [4]) nach Capua zu
bringen, und so wurde denn unsre Abreise auf den folgenden
Morgen festgesetzt. Als wir in unser Wirthshaus zurückgekehrt
waren, tischte uns die schwatzhafte und behäbige Wirthin doch
eine etwas bessere Mahlzeit auf, als wir in dem unscheinbaren
Hause erwartet hatten, das übrigens noch immer das einladendste
unter den schmutzigen Matrosenherbergen der Umgegend war,
in denen es so lebhaft herging, daß wir vor dem bis tief in
die Nacht hinein fortdauernden Lärm, Geschrei und Gesinge
lange Zeit nicht einschlafen konnten und es bereuten, nicht lieber
ein besseres Gasthaus im Innern der Stadt aufgesucht zu haben.
Am Morgen erschien unser Rosselenker mit seinem leichten, zwei=
rädrigen Fuhrwerk (cisium), [5]) das von zwei kräftigen, unter
ein vorn an der Deichsel befestigtes Joch gespannten Maul=
thieren [6]) gezogen wurde, aber freilich nur durch eine darüber
auszuspannende Plane Schutz gegen Wind und Regen verhieß.

Da uns jedoch der heitre, tief blaue Himmel das schönste Reise=
wetter hoffen ließ, so bestiegen wir es wohlgemuth, und munter
trabte unser Gespann durch die üppigen, lachenden Fluren Ca=
labriens die herrliche Appische Straße entlang, auf welcher die
Räder so gleichmäßig dahinrollen, wie auf einer Tenne, und
man nicht so zusammengerüttelt und geschüttelt wird, wie sonst
auf holperigen und schlecht gehaltenen Wegen der Fall zu sein
pflegt. Die Landstraßen Italiens, namentlich aber diese Appische,[7])
die schönste von allen, welche, wie ich später erfuhr, der römische
Dichter Statius mit vollem Rechte „die Königin der Heer=
straßen" nennt,[8]) sind nämlich Staunen und Bewunderung er=
regende Meisterwerke der Baukunst, die ursprünglich wohl zu=
nächst als Heerstraßen für Truppenmärsche angelegt wurden,
jetzt aber, das ganze römische Weltreich gleich einem mächt'gen
Netze überspannend, welches in Rom selbst seinen gemeinsamen
Knotenpunkt hat, auch in commercieller Beziehung die Haupt=
stadt mit allen Provinzen des Reichs in die direkteste Verbin=
dung setzen.[9]) Breit genug, daß zwei Wagen bequem neben
einander hinfahren können und doch noch Raum genug für Fuß=
gänger übrig bleibt, gleicht die Appische Straße in schnurgerader
Linie fortlaufend und daher bald Felsen durchbrechend, bald
Thäler überbrückend, einem hochaufgemauerten Damme, dessen
glatte Oberfläche aus behauenen Steinplatten (meist Basalt) von
unregelmäßiger Form besteht, die in ihren Winkeln und Ecken
so genau in einander passen, daß kein Kalk oder Mörtel zu ihrer
Verbindung nöthig war. Auf beiden Seiten der Fahrstraße hat
sie einen etwas erhöhten Weg für Fußgänger und eine Rand=
einfassung,[10]) auf welcher sich abwechselnd Ruhesitze und aller
1000, d. h. eigentlich aller 2000 Schritte weit (da die Römer
nach Doppelschritten messen) von Rom aus numerirte Meilen=
steine finden, weshalb eben eine solche Wegstrecke eine Millie
(mille. nämlich passuum. 1000 Schritte) heißt. (Neben solchen
Landstraßen giebt es freilich auch noch andere, die nicht so kunst=
reich und massiv erbaut, sondern nur mit festgestampftem Sand
und Kies bedeckt sind. Erstere Art des Wegebaues nennt man
silice, letztere aber glarea viam sternere.) Schon auf der Strecke
bis Capua, weit mehr aber noch von da bis Rom, fand ich auf
dieser Straße fast ununterbrochen den lebhaftesten Verkehr von
Fußgängern, Reitern und Fuhrwerken aller Art; doch gehörten

die Fußgänger nur der niedern Volksklasse an, da jeder nur
etwas bemittelte Römer sich zur Reise wenigstens eines Maul=
thiers bedient, das er reitet, und man daher Fußreisenden
höheren Standes weit seltener begegnet, als bei uns in Grie=
chenland. Was mir besonders auffiel, war die Menge von
Bettlern, die, fast an allen Brücken und Thoren lagernd, [11]
uns durch ihre Zudringlichkeit nicht wenig lästig wurden und,
wenn sie etwas empfingen, uns noch aus der Ferne Kußhände
zuwarfen, [12] wenn dies aber nicht der Fall war, uns Schimpf=
worte und Verwünschungen nachsendeten.   Da mir bei Er=
mangelung von Gastfreunden, bei denen ich hätte einkehren kön=
nen, die mehrmaligen Nachtquartiere auf dieser Reise hinläng=
liche Gelegenheit darboten, die Wirthshäuser (tabernae und
cauponae) Italiens kennen zu lernen, [13] so möge hier eine kurze
Schilderung derselben folgen, die freilich keine eben sehr vortheil=
hafte sein kann.   Während nämlich die Reisenden höherer Stände
es gewöhnlich so einzurichten wissen, daß sie nur in Orten ein=
kehren, wo sie Freunde und Bekannte haben, bei denen sie zu=
folge des von den Römern nicht weniger, als von uns Griechen,
geübten Gastrechts [14] zuvorkommende Aufnahme finden, oder
wohl auch, mit großem Gefolge reisend, ihre eigenen Speise=
vorräthe und Weine, ihr eigenes Tafel= und Kochgeschirr u. s. w.,
ja selbst ihre eigenen Zelte mit sich führen, unter denen im
Freien zu übernachten Italiens milder Himmel ihnen gestattet, [15]
und reisende Staatsbeamte, höhere Militärpersonen u. s. w. in
den vom Staate angelegten und unterhaltenen Stationsgebäu=
den (mansiones) [16] ihr Unterkommen finden, sind dergleichen
Wirthshäuser, die sich meist durch ein Aushängeschild mit irgend
einer Thierfigur („zum Hahn, Adler, Kranich, Drachen" u. s.
w.) [17] ankündigen, eigentlich nur für die niedere Volksklasse be=
stimmt und werden nur aus Noth zuweilen auch von anstän=
digeren Fremden aufgesucht, denen es noch an ausgedehnteren
Bekanntschaften fehlt und welche die Länge der Reise oder ein
plötzlich eingetretenes Unwetter auch in kleineren Orten ein=
zukehren zwingt. [18]   Sie sind daher meist ziemlich einfach und
dürftig eingerichtet, da Mangel an Zuspruch besser zahlender
Reisender die Wirthe nicht ermuthigt, größere Summen auf die
Ausstattung ihrer Lokale zu verwenden.   Man muß deshalb
schon sehr zufrieden sein, wenn man ein eigenes, kleines Zim=

mer und ein reinliches Lager mit weich gestopften Polstern findet
und von der gleichzeitigen Anwesenheit roher Gesellen, Pferde=
knechte und Maulthiertreiber, sowie von Ungeziefer nicht allzu=
sehr belästigt wird. [19]) Die Bewirthung ist in allen Wirths=
häusern ziemlich dieselbe. Während die niedrigere Klasse sich
mit ihrem Mehlbrei (puls), [20]) grünen Gemüsen, Hülsenfrüchten,
Rüben, Zwiebeln u. dergl. [21]) begnügen mußte und von Fleisch=
speisen nur selten etwas zu sehen bekam, setzte man uns zum
Morgenimbiß (ientaculum), gewöhnlich gesalzenes Brod, Milch
und Käse, auch wohl Honig, | getrocknete Trauben, Feigen oder
Datteln, Oliven u. s. w. vor, [22]) zum Frühstück (prandium)
aber, wenn ein solches überhaupt eingenommen wurde, etwas
kalten Braten oder aufgewärmtes Fleisch von gestern und das
beliebte mulsum. ein aus Most oder Wein und Honig bereitetes,
leidliches Getränk, das ich freilich später weit besser mundend
kennen lernte, [23]) und endlich zur Hauptmahlzeit (coena), die
wir gewöhnlich erst im Nachtquartier und ziemlich spät hiel=
ten, [24]) da man darauf nicht vorbereitet gewesen war, ein ge=
kochtes Huhn oder Schinken, frisch gesottene kleine Seefische,
namentlich Lacerten [25]) (die uns einmal recht appetitlich in einem
Kranze von gewiegten Eiern und Raute aufgetragen wurden), [26])
und Muscheln, besonders Peloriden, [27]) harte Eier, Spargel,
Porree und den nie fehlenden grünen Salat (lactuca), dazu
ziemlich schlechten und höchstens mit einer besseren Sorte ver=
schnittenen Wein. Das Geschirr ist äußerst einfach und besteht
fast nur aus irdenen Gefäßen. [28]) Die Gastwirthe (caupones)
selbst sind im Allgemeinen eine ziemlich verrufene und verachtete
Menschenklasse, was wohl besonders darin seinen Grund hat,
weil sie, sonstige Betrügereien, Verfälschung der Getränke und
Speisen, falsches Maß u. s. w. ganz abgerechnet, oft auch
Kuppler und ihre Häuser Schlupfwinkel der Unzucht sind. [29])
Wenigstens fand ich in den meisten unter dem weiblichen Dienst=
personal Mädchen der leichteren Sorte, die dem Fremden jeden
gewünschten Dienst zu leisten bereit sind und deren Zudring=
lichkeit einem anständigen Reisenden überaus lästig werden muß.
Mit dem allen soll jedoch nicht gesagt sein, daß es nicht, be=
sonders in großen Städten und in Badeorten, so gut, wie bei
uns in Griechenland, auch einzelne besser und bequemer ein=
gerichtete Gasthäuser gebe, in denen sich selbst ein Reisender

höheren Standes ganz behaglich fühlen könne, und ich selbst
habe später mehrere dergleichen kennen gelernt. Was aber den
zuletzt erwähnten Punkt betrifft, so scheinen auch sie bei der
großen Unsittlichkeit der dienenden Klasse keine Ausnahme zu
machen. Uebrigens giebt es außer diesen eigentlichen Gast=
häusern auch noch öfters in einzelnen Villen an den Landstraßen
etablirte Trinkstuben, in denen vermuthlich selbst erbauter Wein
verschänkt wird,³⁰) denen aber, wie überhaupt allen Besitzern
bloser Trinkstuben, Eßwaaren und namentlich gekochte Speisen zu
verabreichen durch strenge kaiserliche Edikte verboten ist,³¹) so
daß von einer wirklichen Beherbergung gar nicht die Rede
sein kann. |

In Capua³²) angelangt, suchte Apollodorus sogleich seinen
Gastfreund, den wohlhabenden Weinhändler Labeo auf, der be=
sonders griechische und spanische Weine vertreibt, und dieser
that es nicht anders, als daß auch ich bei ihm wohnen und ein
paar Tage in dem schönen Capua verweilen mußte; ja der
liebenswürdige Mann trug auch mir beim Abschiede die Gast=
freundschaft an, und wir bekräftigten dem Herkommen gemäß
den Abschluß dieses Freundschaftsbündnisses nicht nur durch
Handschlag,³³) sondern auch durch Austausch der tessera hospitalis,³⁴) die auch noch unsern Nachkommen als Erkennungs=
zeichen dienen und diese Gastfreundschaft in unsern Familien
aufrecht erhalten sollte, bis sie von einer von beiden Seiten her
förmlich aufgekündigt würde.³⁵) Da mir Labeo gesagt hatte,
daß einer seiner Bekannten eben im Begriff stehe nach Rom
abzureisen, so suchte ich diesen, der doch wenigstens 24 Stun=
den vor mir daselbst ankommen mußte, auf und bat ihn um
die Gefälligkeit einen Brief an meinen dortigen Gastfreund,
den reichen und angesehenen Senator Cajus Sulpicius Crassus,
der bei dem ehrwürdigen Kaiser Marcus Aurelius Antoninus
in besonderer Gunst steht, mitzunehmen, um diesen, der mich
schon längst erwartete, von der Zeit meiner Ankunft in Kennt=
niß zu setzen,³⁶) und er erfüllte bereitwilligst meine Bitte. Ich
hatte aber der Kürze der Zeit wegen den Brief blos eiligst auf
ein Blatt Papier hinwerfen müssen,³⁷) obgleich allerdings der
Anstand eigentlich die gewöhnlichen Wachstäfelchen erfordert
hätte.³⁸) In Capua lernte ich bereits so manche von den
unsrigen völlig abweichende Sitten und Einrichtungen der Römer

kennen, die ich aber später in Rom sämmtlich noch weit aus=
geprägter wieder fand, weßhalb ich ihre Schilderung dem Be=
richte über meinen Aufenthalt in der Hauptstadt vorbehalte.
Als ich mich in dem stattlichen Capua hinlänglich umgesehen
hatte und mich wieder abzureisen anschickte, begab ich mich vor's
Thor, wo der Angabe des Labeo nach immer eine Anzahl von
Miethwagen halten sollte. [39]) Ich fand dies auch vollkommen
bestätigt und es umringte mich hier sofort ein Schwarm von
Lohnkutschern, die mir um die Wette ihr Geschirr anpriesen.
Da gleichzeitig mit mir auch noch ein anderer Reisender, in
welchem ich sofort einen sehr gebildeten Landsmann erkannte,
einen Wagen zur Reise nach Rom suchte, so beschlossen wir
diese zusammen zu machen und wählten daher das beste der vor=
handenen sehr verschiedenartigen Fuhrwerke, eine vierräderige |
und bedeckte, mit zwei ganz leidlichen Pferden bespannte reda, [40])
die offenbar einst einem sehr wohlhabenden Manne als Reise=
wagen gedient hatte und noch Spuren ihres früheren Glanzes
an sich trug. Der Kutscher verlangte einen ziemlich hohen
Preis, machte sich aber auch anheischig, uns in drei Tagen nach
Rom zu bringen, da er unterwegs seine Stationen habe und
die Pferde zu wechseln pflege. [41]) Weil ich mein Gepäck noch
nicht bei mir hatte und auch erst noch von meinem gastfreien
Wirthe und Apollodorus Abschied nehmen mußte, so fuhren
wir zunächst nach meiner Wohnung. [42]) Mein Reisekoffer wurde
aufgeladen; [43]) ich drückte meinen Freunden noch einmal zum
Lebewohl die Hand, der Kutscher hieb auf seine Pferde und der
Wagen rollte zum Thore hinaus. Auf dieser weiteren Reise,
wo es mir auch nicht an höchst interessanter und lehrreicher
Unterhaltung fehlen sollte, da mein Reisegefährte Namens Ga=
lenus ein sehr gelehrter Arzt aus Pergamum in Kleinasien war,
der seine Kunst in Rom ausüben, besonders aber durch zu hal=
tende Vorlesungen eine Verbesserung der traurigen ärztlichen
Zustände daselbst zu bewerkstelligen gedachte, [44]) boten sich mir
manche überraschende Erscheinungen dar. Nachdem schon in
Sinuessa umgespannt worden war und wir bei unserem Früh=
stück einen Becher des berühmten Falerners an der Quelle selbst
getrunken hatten, [45]) der aber noch nicht das gehörige Alter
haben mochte und mir daher weniger mundete, als der bei La=
beo getrunkene, glaubten wir zwischen Formiä und Fundi, wo

das erste Nachtquartier gemacht werden sollte, aus der Ferne eine zahlreiche Reiterschaar auf uns lossprengen zu sehen, über=
zeugten uns aber, als wir näher gekommen waren, von unserem Irrthum, denn es war nur ein mit zahlreichem Gefolge und großem Prunk in die Bäder von Bajä reisender vornehmer Römer. Dem Zuge voraus sprengten auf feurigen libyschen Rossen ein paar reich gekleidete Vorreiter von brauner Gesichts=
farbe, um jedes Hinderniß zu beseitigen, das sich dem schnellen Fortkommen des hohen Herrn in den Weg stellen konnte. Wie unser Kutscher sagte, wählt man zu dergleichen Vorreitern am liebsten Numidier, die als treffliche Reiter bekannt sind.[46] Dann folgte vor dem kostbaren Reisewagen selbst eine Anzahl Läufer[47] in gleichmäßiger, rother Tracht, und nun erst zeigte sich der prächtige und bequeme, aber vermuthlich ziemlich schwere Reisewagen, da er von vier zwar kleinen, aber schön gebauten und kräftigen Pferden gezogen wurde, die nach der Mittheilung unseres Kutschers gallischer Abkunft sind, manni heißen und große Summen kosten.[48] Sie waren mit Purpurdecken be=
hangen und mit vergoldetem Gebiß und goldverziertem Riemen=
zeug geschmückt;[49] der Wagen selbst aber, eine sogenannte carruca, zeigte am Kutschkasten Silberplatten mit halberhabenen Figuren,[50] und in ihm saß oder lag vielmehr nachlässig hin=
gegossen und halb hinter seidenen Vorhängen[51] verborgen der hohe Reisende auf schwellendem Polster, während er sich, wie es schien, von einem älteren Manne, vermuthlich einem ver=
trauten Freigelassenen, vorlesen ließ.[52] Dieser Kutsche folgten drei bis vier einfachere, ebenfalls vierräderige Reisewagen[53] mit der Dienerschaft, unter welcher mir namentlich einige junge, schöne Leute auffielen, die Teigmasken vor den Gesichtern tru=
gen, um ihre zarte Haut nicht von der Sonne bräunen zu lassen,[54] und mehrere Reit= und Packpferde, beladen mit kost=
baren, leicht zerbrechlichen Geschirren, die nicht durch das Rüt=
teln der Wagen beschädigt werden sollten.[55] Den Schluß bildete eine ganze Reihe von Packwagen mit allen nur erdenk=
lichen Geräthschaften und Vorräthen, die zu einer vornehmen Haushaltung auf einige Wochen nöthig sind. Der ganze Zug konnte leicht aus mehr als vierzig Personen und einigen dreißig Pferden und Maulthieren bestehen.[56] Wie stach von diesem an uns vorüber rasselnden Prunkzuge eines reichen Verschwenders,

der in Bajä, dem Sitze der Schwelgerei und Ueppigkeit, ⁵⁷) un=
streitig nur der Zerstreuung und dem Vergnügen fröhnen wollte,
das uns kurz darauf begegnende, von einem einzigen Maulthiere
gezogene und auf drei Seiten von einer Plane umhüllte Wägel=
chen (covinus) ab, ⁵⁸) in welchem vielleicht ein armer Gelehrter,
selbst die Zügel führend, in den Heilquellen von Bajä wirklich
nur Herstellung seiner im Dienst der Wissenschaft zerrütteten
Gesundheit suchte!

In Fundi, dessen cyklopische Mauern ⁵⁹) ein hohes Alter=
thum verrathen, hielt es schwer ein Unterkommen in einem
anständigen Gasthause zu finden, da die wenigen vorhandenen
schon von Badereisenden besetzt waren. Hier trafen wir übrigens
mit einer gleichfalls nach Bajä wandernden Gaukler= und Seil=
tänzergesellschaft zusammen, die sich auf den Wunsch mehrerer
Fremden schon hier eine schnell improvisirte Vorstellung zu
geben entschloß, zu der auch uns, als wir eben bei Tische saßen,
von einer recht hübschen und muntern Dirne Eintrittsmarken ⁶⁰)
aufgenöthigt wurden. | Bei unserer ganz guten Mahlzeit ver=
langten wir wieder Falerner, um uns zu überzeugen, ob er
hier besser sei, der Wirth aber fragte uns, ob wir nicht lieber
den hier heimischen Cäcuber kosten wollten, der allgemein dem
Falerner noch vorgezogen werde, ⁶¹) den wir aber sonst nicht
leicht zu trinken Gelegenheit haben würden, da fast gar keiner
mehr wachse. ⁶²) Er habe aber noch einen kleinen Vorrath im
Keller, womit er so lieben Gästen gern eine Freude mache.
Wir willigten natürlich ein und ich fand in der That, daß
dieser feurige Wein, der unvermischt sicherlich berauscht haben
würde, ⁶³) dem besten Falerner Labeo's den Rang noch streitig
machte, weshalb wir auch die ziemlich hohe Rechnung des
Wirthes gern bezahlten. Nach beendigter Mahlzeit gingen wir
in den Garten hinüber, wo die Künstlergesellschaft ihre Bühne
aufgeschlagen hatte, und wurden wirklich durch die Leistungen
derselben nicht wenig überrascht, obgleich mir dergleichen Gaukler=
künste keineswegs neu waren. Zuerst traten sogenannte petau-
ristae auf, ⁶⁴) Gaukler, die sich mehrmals überschlugen und
gleich Vögeln in die Lüfte schnellten, oder mit einer Menge von
Bällen und Kugeln spielten, die sie eben so geschickt mit den
Füßen, wie mit den Händen, warfen und fast mit allen Theilen ihres Körpers wieder auffingen, ⁶⁵) während wieder ein

herkulisch gebauter Mann Beweise seiner Körperstärke gab, in=
dem er sieben bis acht Knaben gleichzeitig auf Kopf, Armen
und Händen balancirte, [66] worauf ein Knabe an einer von
jenem frei gehaltenen Leiter blitzschnell emporkletterte und dann
auf der obersten Sprosse derselben pantomimische Stellungen
ausführte. [67] Zuletzt bildeten alle eine durch schnelle Ver=
schlingung ihrer Leiber emporwachsende Pyramide, auf deren
Spitze ein kleiner Knabe nur an einem Fuße frei in der Luft
schwebte. Nun folgten die Productionen der Seiltänzer (funambuli). [68] Zuerst entwickelte jene hübsche Dirne in sehr kurzem,
nur von einem Busenband umgürteten Röckchen auf straffem
Seile eine nicht geringe Kunstfertigkeit und schritt auf dem an
den Boden befestigten Ende desselben eben so sicher hinauf als
hinab [69]); dann tanzte ein junger Mann mit schweren Cothurnen
an den Füßen auf einem so dünnen Seile (d. h. einer bloßen
Darmsaite), [70] daß man es fast gar nicht erblickte und er frei
in der Luft zu schweben schien; [71] damit aber noch nicht zu=
frieden legte er nun die Cothurne ab und erstieg mit bloßen
Füßen auf einem schräg gespannten Seile einen hoch aufgerich=
teten Mast, langte, ohne sich der Balancirstange länger be=
dienen zu können, aus einer auf der Spitze des Mastes be=
festigten Vase einen Palmenzweig heraus und schwebte dann,
diesen statt der Balancirstange benutzend, mit eben so großer
Geschicklichkeit und Sicherheit wieder auf den Boden zurück. [72])
Zuletzt erschien noch ein anderes junges und üppig geformtes
Mädchen, welches für eine Spanierin aus Gades ausgegeben
wurde [73] und mit Holzklappern [74] in den Händen in kurzer,
fast durchsichtiger Tunica [75] einen so unanständigen Tanz auf
ebener Erde ausführte, daß wir, von ihrem spöttischen Gelächter
begleitet und zur Verwunderung der meisten Zuschauer, den
Schauplatz verließen, noch ehe sie geendigt hatte. Später sah
ich freilich, daß man sich in dem entarteten Rom dergleichen
Schauspielen nicht leicht entziehen kann, obgleich unter früheren
Kaisern die Sittenlosigkeit noch weit größer gewesen sein soll,
als unter der Regierung des mit einem so guten Beispiel
vorangehenden trefflichen Marcus Aurelius.

Am folgenden Morgen brachen wir sehr früh auf, um die
berüchtigten pomptinischen Sümpfe, wo möglich, noch vor Ein=
tritt der Mittagshitze hinter uns zu haben. Schon öfter waren

mir auf dieser Reise sowohl Männer als Frauen auf gewöhn=
lichen Tragbetten (lecticae) liegend begegnet, die entweder mit
einem Verdeck und (meist zurückgeschlagenen) Vorhängen ver=
sehen, oder auch zuweilen rings geschlossen und mit Fenstern
ausgestattet,[77]) gewöhnlich von sechs, aber auch von acht Skla=
ven [78]) an beweglichen und abzunehmenden Tragstangen (asseres)
getragen wurden,[79]) jedoch keineswegs mit den in der Regel
nur von zwei Sklaven getragenen Tragsesseln (sellae gesta-
toriae) verwechselt werden dürfen,[80]) die ich schon in Capua
gesehen hatte und später in Rom wieder fand; an diesem Mor=
gen aber lernte ich auch noch eine ganz neue Art von Sänfte,
ein Mittelding zwischen Wagen und Tragbett, kennen, worin
eine ältere Dame reiste. Es war dies eine sogenannte basterna,
die zwar im Uebrigen völlig einer lectica glich, aber von zwei
hinten und vorn in einer Gabel gehenden und von einem da=
neben einherschreitenden Treiber geleiteten Maulthieren getragen
wurde.[81]) Noch über dieses für Einen, der keine große Eile
hat, sehr bequeme Reisemittel der Römer uns unterhaltend
sahen wir mit etwas ängstlich klopfenden Herzen, wie hinter
Terracina die pomptinischen Sümpfe begannen, wo nicht nur
übelriechende Ausdünstungen die Luft verpesten, sondern wir
auch vor einem Anfall von Straßenräubern nicht ganz sicher
sein sollten.[82]) Wir hatten dies auf einer so belebten Straße
kaum für möglich gehalten, als wir uns jedoch in diese öde,
unheimliche und trostlose Gegend versetzt sahen, wo meilenweit ·
kein Haus, keine Spur von Menschenleben zu erblicken ist, da=
gegen die häufigen, zur Abführung der Gewässer bestimmten
Bogenöffnungen der hoch aufgemauerten Straße Räubern einen
sehr verlockenden Schlupfwinkel darbieten, bereuten wir doch,
nicht dem uns in Terracina gegebenen Rathe gefolgt zu sein,
lieber hier auszusteigen, den Weg durch die Sümpfe bis Forum
Appii auf einem durch dieselben geführten Kanale in einer Barke
zurückzulegen und erst später wieder von unserm Wagen Ge=
brauch zu machen.[83]) Nicht wenig freuten wir uns daher, daß
gerade jetzt die Straße selbst sehr belebt war und auch eine Ab=
theilung Soldaten mit ihrem schweren Gepäck auf dem Rücken
des Weges daherzog, welche als Ergänzungsmannschaft der Le-
gio III. Augusta nach Afrika gehen und sich in Misenum, dem
Hafenplatze der römischen Kriegsflotte, einschiffen sollte,[84]) was

wir von einem Hauptmann (centurio) derselben hörten, in dessen Gesellschaft wir zu Forum Appii, einem elenden Städtchen, in einer ziemlich schmutzigen, eigentlich nur für die Matrosen der Kanalkähne bestimmten Herberge unsere Mahlzeit einnehmen mußten. Durch ihn erfuhren wir auch so Manches von der Eintheilung, Organisation und Bewaffnung des römischen Heeres, wovon ich meine Leser bei anderer Gelegenheit in Kenntniß setzen werde. |

Dagegen möge hier einer andern mir auf dieser Reise zu Theil gewordenen Belehrung gedacht sein. Die schädlichen Ausdünstungen der pomptinischen Sümpfe führten uns auf den Gesundheitszustand in Rom und Galenus versicherte mir, daß derselbe nicht schlechter sei, als in andern großen Städten, aber doch noch besser sein würde, wenn Rom tüchtigere Aerzte und überhaupt eine bessere Einrichtung des ganzen Medicinalwesens hätte, was ihn eben zu dieser Reise bestimmt habe, um das Seinige dazu beizutragen diesen traurigen Zuständen ein Ende zu machen. Unsre weitere Unterhaltung am heutigen Tage bildete nun blos eine Besprechung dieses Gegenstandes. Galenus theilte mir nämlich Alles mit, was ihm in Korinth von Landsleuten, die längere Zeit als Aerzte in Rom gelebt hatten, über ihre dasigen Collegen und das ärztliche Treiben daselbst berichtet worden war. So erfuhr ich denn darüber Folgendes, was ich meinen Lesern gleich hier mittheilen will, weil sich sonst vielleicht keine passende Gelegenheit dazu finden dürfte. Die Heilkunst wird in Rom ohne alle Beaufsichtigung von Seiten des Staats geübt [85]) und ist meistens nur in den Händen halbgebildeter und unberufener Pfuscher, [86]) größtentheils aus dem Auslande stammender Freigelassenen [87]) und Sklaven; [88]) denn die Römer befassen sich wenig oder gar nicht mit ihr und sehen ihre Jünger über die Achsel an, [89]) besonders da sie auch in Hinsicht ihrer Moralität in ziemlich schlechtem Rufe stehen. [90]) Freigeborne Aerzte in Rom sind fast nur Fremde, meistens Griechen [91]) und Aegypter, [92]) zu denen die Römer weit mehr Vertrauen haben, als zu ihren Landsleuten, [93]) und deren Niederlassung in Rom man sehr gern sieht, wo ihnen schon Julius Cäsar gewisse Rechte verliehen und auch Augustus sie begünstigt hat, [94]) indem sie z. B. Befreiung vom Kriegsdienste und von Einquartirung genießen. [95]) Manche von ihnen, die sich durch Tüchtigkeit

auszeichnen, stehen auch in großem Ansehen,⁹⁶) was meistens
auch von den seit Nero's Zeiten angestellten und vom Staate
besoldeten Oberärzten oder archiatri gilt, die auch zu unent=
geltlicher Behandlung der Armen verpflichtet und wohl die
Einzigen sind, die vor ihrer Anstellung einer Prüfung unter=
worfen werden.⁹⁷) Statt solcher öffentlicher Aerzte aber haben
die meisten wohlhabenderen Familien unter ihren Freigelassenen
und Sklaven einen Hausarzt,⁹⁸) der, wie die meisten Aerzte,
namentlich auch die vom Staate besoldeten und auch sonst be=
günstigten Militärärzte, zugleich auch chirurgische Hülfe leistet.⁹⁹)
Die Aerzte haben auch Gehülfen,¹⁰⁰) welche besonders Ein=
reibungen, Frottirungen und dergleichen besorgen, wovon sie
auch die Namen iatraliptae¹⁰¹) und fricatores¹⁰²) haben.
Außer ihnen folgt den besseren Aerzten zu großer Be=
lästigung der Kranken gewöhnlich noch ein Schwarm von Schü=
lern an die Krankenbetten.¹⁰³) Auch weibliche Aerzte¹⁰⁴) giebt
es in Rom, die nicht blos Hebammendienste leisten,¹⁰⁵) sondern
auch Frauenkrankheiten behandeln.¹⁰⁶) Die Aerzte, die über=
haupt ihre Kunst mit großer Ostentation betreiben, haben auch
oft nach der Straße zu offne Läden oder Buden¹⁰⁷) und führen
ihre Operationen sogar im Theater vor einer Zuschauermenge
aus.¹⁰⁸) Alle Arzneien fertigen sie selbst,¹⁰⁹) und es finden
sich darunter auch viele Universal= und Geheimmittel in ge=
stempelten Fläschchen und mit Etiketten versehenen Büchschen,¹¹⁰)
ja selbst Gifte und Gegengifte.¹¹¹) Uebrigens fordern und er=
halten die Aerzte, besonders die renommirteren, sehr bedeutende
Honorare¹¹²) und finden dabei, auch wenn ihre Forderungen
noch so übertrieben sind, gerichtlichen Schutz.¹¹³) Nur die
Freigelassenen sind verpflichtet ihre früheren Herren und deren
Freunde unentgeltlich zu behandeln.¹¹⁴) Die Ungeschicklichkeit
und Nachlässigkeit der Aerzte auf der einen, wie ihre Betrüge=
reien und Uebervortheilungen auf der andern Seite haben
übrigens schon eine Menge gesetzlicher Bestimmungen zum Schutze
des Publikums nöthig gemacht.¹¹⁵)

Unter diesen Mittheilungen des Galenus gelangten wir
nach Tres Tabernä,¹¹⁶) wo das zweite Nachtquartier gemacht
wurde. Doch kaum hatten wir uns zur Ruhe begeben, als wir
durch gewaltigen Lärm und Geschrei wieder aufgeweckt wurden.
Es war Feuer im Orte ausgebrochen, und wir sahen Leute mit

Feuereimern, Leitern, Feuerhaken und Aexten vorüber eilen;¹¹⁷)
auch Spritzen zeigten ſich;¹¹⁸) doch der Tumult war bald vor=
über, denn es war nur ein alleinſtehendes, elendes Häuschen
niedergebrannt. Im Gaſthofe aber hieß es, wahrſcheinlich habe
es der Beſitzer ſelbſt angezündet, um ſich durch milde Gaben
und Unterſtützungen ein beſſeres erbauen zu können. ¹¹⁹) — Am
folgenden Tage ſetzten wir in der freudigſten Stimmung und
geſpannteſten Erwartung unſere Reiſe fort, da wir ja noch
heute bei guter Zeit das Ziel unſerer Sehnſucht erreichen ſollten.
Bald hinter Tres Tabernä hörten die pomptiniſchen Sümpfe
auf und nun begann die Straße allmählich bergan zu ſteigen,
bis ſie bei Aricia den höchſten Punkt erreicht hatte und ſich
nun wieder in die Ebene hinabſenkte. Auf einem Hügel vor
dieſer blühenden Stadt, ¹²⁰) in deren Nähe ſich ein berühmter
Tempel und Hain der Diana befinden ſoll, ¹²¹) umringte uns
ein ganzer Schwarm zerlumpter Bettler jedes Alters ¹²²) und
zeigte ſich in ſeinen Forderungen ſo ungeſtüm, daß er faſt
unſeren Pferden in die Zügel fiel und der Kutſcher mehrmals
von ſeiner Peitſche Gebrauch machen mußte. Kaum hatten wir
Bovillä, den letzten Flecken vor Rom hinter uns, ſo verkündigten
uns die ſich zu beiden Seiten der Straße erhebenden, immer
zahlreicher werdenden und größtentheils | prächtigen Grabmonu=
mente ¹²³) die Nähe der Stadt, und bald ſahen wir auch mit
laut klopfenden Herzen die Conture derſelben am Horizont auf=
tauchen, die ſich nun unſeren trunkenen Blicken immer deut=
licher als Rieſenſtadt entfaltete, bis wir endlich den Bach
Almo ¹²⁴) und den Triumphbogen des Druſus paſſirten und
uns, da die Stadt nach keiner Seite hin eine eigentliche Grenze
hat, ¹²⁵) nun ſchon mitten in der Vorſtadt Porta Capena oder
dem erſten der 14 Diſtrikte (regiones) befanden, in welche Au=
guſtus die ganze Stadt eingetheilt hat. ¹²⁶) Unſer Kutſcher
hatte uns ſchon vorher geſagt, daß er uns vor dem Stadtthore
werde abſetzen müſſen, da ein kaiſerlicher Befehl alles Fahren
in der inneren Stadt während des Tages ſtreng verbiete. ¹²⁷)
Er hielt daher, nachdem wir bei einem Tempel des Mars vor=
beigefahren waren, an einer Herberge vor der Porta Capena ¹²⁸)
an, wo er auszuſpannen pflegte, und hier erwartete mich bereits
ein Freigelaſſener ¹²⁹) des Sulpicius mit einer von ſechs herku=
liſchen Sklaven in rother Tunica getragenen Lectica. So be=

stieg ich denn nach herzlichem Abschiede vom Galenus und dem
gegenseitigen Versprechen uns oft besuchen zu wollen, das weiche,
auf Gurten ruhende Polster meines Tragebettes und hielt durch
das alterthümliche, düstere Thor, von dessen Wölbung große
Tropfen der darüber hin geführten Appischen Wasserleitung her-
abrieselten, ¹³⁰) meinen Einzug in die herrliche Roma, die mit
ihrem über sieben Hügel und die dazwischen liegenden Thäler
in einem Umfange von fast sechs Stunden ¹³¹) ausgebreiteten
Häusermeere und mit dem auf ihren Straßen und Plätzen
herrschenden, fast jede Vorstellung übertreffenden, wechselvollen
Treiben eines wahrhaften Weltverkehrs auf jeden Fremden,.
auch wenn er schon so manche große Stadt gesehen hat, einen
völlig überwältigenden Eindruck machen muß. Wäre jedoch die
Unzahl von Tempeln, Palästen, Basiliken, Theatern und anderen
Prachtgebäuden nicht und würden die Häusermassen nicht oft
vom frischen Grün der Rasenplätze, Gärten und Parkanlagen
unterbrochen, so würden die meist engen Straßen mit ihren
einfachen, ziemlich schlechtgebauten und himmelhohen Bürgerhäusern eben keinen sehr großartigen Anblick gewähren, obgleich
derselbe vor dem großen Brande unter Nero, der mehr als zwei
Drittheile der Stadt verheerte und eine bessere Bauart zur
Folge hatte, noch weit unerfreulicher gewesen sein mag. ¹³²) |
Ohne mich bei einer Aufzählung der mit Staunen und Bewunderung betrachteten Bauwerke aufzuhalten, bei denen mein
Weg vorüberführte, auf welchem die Blicke fast Schritt vor
Schritt von neuen, interessanten Schauspielen gefesselt wurden,
berichte ich blos, daß meine Träger, die oft Mühe hatten sich
durch das Menschengewühl hindurchzuarbeiten, mehr als eine
volle Stunde brauchten, um bis zum Hause meines Gastfreundes
zu gelangen, das in einer der schönsten Straßen der Stadt, der
Alta Semita, auf dem Quirinal und in der nach jener benannten
sechsten Region in der Nähe des sehr alten Tempels der Salus
und der Porta Salutaris liegt ¹³³) und, wie die meisten Häuser
der vornehmen und wohlhabenden Römer, blos von der Familie
des Besitzers bewohnt wird, wodurch sich solche schön gebaute,
meist nur einstöckige Privatpaläste, domus im engeren Sinne,
wesentlich von den sogenannten insulae unterscheiden, d. h. meist
auf Speculation gebauten und zum Vermiethen an die mittleren
und unteren Volksklassen bestimmten Bürgerhäusern, die, um

recht viele Miethwohnungen zu erzielen, bis zu vier, fünf Stock=
werken aufgethürmt werden, gewöhnlich sehr unsolid und luftig
gebaut sind, in den oberen Theilen blos aus Fachwerk bestehen, und
ihren seltsamen Namen wohl daher haben, weil sie entweder
für sich allein, oder mit anderen demselben Herrn gehörigen
Häusern zusammen ein eigenes, auf allen vier Seiten von
Straßen oder Wegen eingeschlossenes Quartier bilden. [134])
      Sulpicius empfing mich mit der größten Herzlichkeit, [135])
wies mir sogleich zwei elegante Zimmer seines prächtigen Hauses,
dessen Beschreibung ich ein besonderes Kapitel widmen werde,
nebst einem nach dem Hofe herausgehenden Schlafgemach an,
wo der Straßenlärm mich nicht stören konnte, stellte zwei Skla=
ven zu meiner ausschließlichen Verfügung [136]) und bestimmte
mit zuvorkommender Aufmerksamkeit denselben Freigelassenen,
der mich am Thore erwartet hatte, als einen Landsmann von
mir zu meinem Führer bei Wanderungen durch die Stadt, auf
denen er mich nicht selbst begleiten konnte; dieser aber Namens
Cajus Sulpicius Narcissus, der, aus Athen gebürtig, früher
als Sklav im Hause meines Gastfreundes die Stelle eines
Secretärs (scriba) versehen hatte, jetzt aber als freier Bürger,
der Sitte gemäß seinem eigenen Namen den seines früheren
Herrn beifügend, [137]) einer im Erdgeschoß des Hauses eröffneten
Buchhandlung vorstand, hatte auch diesen mir | zu leistenden
Dienst mit größter Bereitwilligkeit übernommen. Nachdem ich
mich vom Staube der Reise gereinigt und umgekleidet hatte,
stellte mich Sulpicius seiner Gemahlin Vitellia vor, die gleich
ihrem Gatten einem alten patricischen Geschlechte angehört und
in welcher ich eine fein gebildete Dame von liebenswürdiger
Persönlichkeit kennen lernte. Diese Erwähnung ihrer patricischen
Herkunft aber bestimmt mich, Alles, was ich namentlich durch
Mittheilungen des Sulpicius und Narcissus, aber auch aus
Büchern, die mir Letzterer aus seinem Laden lieh, über die Ver=
hältnisse der drei Stände in Rom, der Patricier, Ritter und
Plebejer, in Erfahrung brachte, unten am Ende dieses ersten
Kapitels meiner Erzählung als Anhang kurz zusammenzustellen.
      In der zehnten Stunde wurde ich zur Mahlzeit gerufen,
die heute meiner Ankunft wegen aufgeschoben, [138]) auch wohl
etwas luxuriöser eingerichtet war, als sonst gewöhnlich. [139])
Daß auch die Hausfrau daran Theil nahm, [140]) konnte mich

nicht mehr befremden, da ich mich schon auf der Reise überzeugt
hatte, daß die Frauen in Rom eine ganz andere, viel freiere
und würdigere Stellung einnehmen, als bei uns in Griechen=
land. Es möge nun die Beschreibung dieser Mahlzeit als Ty=
pus der coena im Hause eines wohlhabenden und vornehmen
Römers folgen, und ich werde, wie in allen folgenden Schilde=
rungen, auch was mit den griechischen Sitten völlig überein=
stimmt, nicht unerwähnt lassen. Daß die Mahlzeiten schlichter
Bürger viel einfacher sind, versteht sich wohl von selbst, und
diese werden sich im Allgemeinen von der Bewirthung, wie ich
sie auf der Reise in den Gasthäusern fand, [111]) wohl nur wenig
unterscheiden. Dagegen aber wird sich weiter unten eine Ge=
legenheit darbieten, auch das üppige Gastmahl eines römischen
Schlemmers zu beschreiben. Die Mahlzeit wurde, in einem der
blos für den Familientisch bestimmten, nicht gar großen Speise=
zimmer [112]) gehalten; denn es finden sich deren mit Rücksicht
auf die Jahreszeit zwei im Hause, ein nach Mitternacht ge=
legenes für den Sommer und ein nach Mittag sehendes für den
Winter, [11]) während für Gastmahle auch noch ein Prachtsaal
vorhanden ist, den wir später kennen lernen werden; beide
Lokalitäten aber benennen die Römer mit griechischen Namen,
triclinium und oecus. Im Triclinium nun stand ein niedriger,
runder Tisch mit kostbarer Marmorplatte und drei höchst zier=
lich gearbeiteten Bronzefüßen, umgeben von einem halbzirkel=
förmigen, mit Purpurdecken begangenen Ruhebette, nach der
Gestalt unseres griechischen Buchstabens C Sigma genannt, [144])
während sich im Oecus eine viereckige Speisetafel und auf drei
Seiten derselben ein drei Personen fassendes Ruhebett, also ein
eigentliches Triclinium, zeigt. [145]) Neben dem Ruhebett aber
stand noch ein Tischchen, an welchem die Kinder des Hauses,
ein hübscher, treuherziger Knabe von sechs und ein allerliebstes
Mädchen von vier Jahren, unter Aufsicht ihres Pädagogus oder
Hofmeisters nicht liegend, wie wir, sondern sitzend ihre natür=
lich frugalere Mahlzeit hielten. [146]) Jetzt erschien zuerst ein
junger und hübscher, in eine hellfarbige Tunica aus feinem
Wollenstoff gekleideter Sklav, um uns die Sandalen abzunehmen,
denn man legt sich immer nur mit bloßen Füßen zu Tische, [147])
und als wir, Vitellia in der Mitte, uns auf den linken Ell=
bogen stützend auf dem Polster Platz genommen hatten, reichte

uns ein zweiter Sklav ein silbernes Waschbecken [148]) und ein
dritter ein wollenes Handtuch zum Waschen und Abtrocknen
der Hände (was sich auch nach jedem Gange der Mahlzeit
wiederholte), [149]) obgleich uns auch ein Linnentuch zum Ab=
wischen derselben während des Essens, mantele oder mappa ge=
nannt, [150]) hingelegt wurde. (Alle diese bei Tische aufwarten=
den Sklaven aber waren junge Leute von gefälligem Aeußern
und mit großer Sorgfalt und Sauberkeit gekleidet.) Nun erst
begann die Mahlzeit, die aus drei Theilen, dem Voressen (gustus
oder promulsis), der Hauptmahlzeit (oder coena im engeren
Sinne) und dem Nachtisch (mensa secunda) bestand und bei
welcher jeder neue Gang (ferculum) in silbernen Schüsseln u.
s. w. auf einer aus schönem Maserholz gearbeiteten und den
ganzen Tisch bedeckenden Platte (repositorium, Auftragebret)
von ein paar Sklaven hineingetragen und auf den Speisetisch
gestellt wurde, [151]) den man nach jedem Gange mit einem zottigen,
purpurroth gefärbten Tuche wieder sorgfältig abwischte. [152])
Nur das Brot wurde herumgereicht. [153]) Das meist in flachen,
silbernen Schalen (lances) [154]) aufgetragene Voressen, welches
blos bestimmt war, Appetit zu machen, bestand aus Schnecken,
Austern aus dem Lucrinersee, weichen Eiern, namentlich von
Pfauen, und Salaten, kurz lauter kalten Speisen. [155]) Auch
die berühmte Fischbrühe (garum) [156]) fehlte nicht, mit welcher
mir Sulpicius die Austern zu beträufeln rieth; [157]) doch gestehe
ich offen, daß ich nicht recht begreife, wie die Römer so großen
Geschmack daran finden können, wenn ich auch nicht leugne, |
daß es ein sehr pikantes Gericht ist. Uebrigens wurden gleich=
zeitig zum Oeffnen und Auslöffeln der Eier und zum Heraus=
ziehen der Schnecken aus den Häusern kleine, unten in eine
Spitze auslaufende Löffel (cochlearia) herumgereicht, [158]) wäh=
rend die zu den Brühen und Gemüsen bestimmten Löffel (ligulae) größer und unten abgerundet waren. [159]) Ein silbernes
Salzfaß (salinum) in Gestalt einer Muschel [160]) und ein krystall=
nes Essigfläschchen (acetabulum) [161]) fehlten gleichfalls nicht.
Zu diesem Voressen wurde, da die Römer, von uns Griechen
abweichend, das Trinken gleich mit dem Essen verbinden, Honig=
wein (mulsum) kredenzt, welchen der Mundschenk (pincerna) [162])
mit einer langgestielten, goldenen Kelle (trulla) [163]) aus dem
Mischgefäß (crater) in die silbernen Becher (calices) schöpfte,

und der mir, aus dem besten Falerner und sicilischem Honig
gemischt, welcher unserem hymettischen nur wenig nachgiebt, [164]
hier allerdings weit besser mundete, als neulich im Wirthshause.
Die nun folgende Hauptmahlzeit bestand in drei Gängen, [165]
zuerst Fisch, Seebarbe (mullus) von ansehnlicher Größe und
Aal (muraena) zur Auswahl, [166] dann Hasenbraten, den der
Vorschneider (scissor) geschickt zerlegte [167] und von dem nur
die Schulterblätter oder Rückenstücke aufgetragen wurden. [168]
Sulpicius sagte mir, daß es ein gemästeter Hase sei, [169] mit
dem ich für heute vorlieb nehmen möchte; morgen werde er mir
einen Eber von seinem Gute bei Sutrium vorsetzen können, [170]
wo er einen Wildpark (vivarium) besitze. [171] Zuletzt kam noch
Geflügel, ein Fasan in einem Kranze von gebratenen Krammets-
vögeln, [172] an dessen kunstgerechter Zerlegung der scissor abermals seine Geschicklichkeit bewährte. Endlich vervollständigten
das Mahl noch verschiedene Gemüse, Kohl, Spargel, Artischocken,
Pilze u. s. w. [173] Zu diesem Haupttheile der Mahlzeit wurde
Wein aus Bechern von Murrha getrunken, [174] welche Art von
Gefäßen, deren leicht zerbrechliches, mattglänzendes und in verschiedenen Farben schillerndes Material sie selbst nicht kennen,
die Römer aus dem Orient beziehen und mit enormen Summen bezahlen, so daß sie noch theurer als goldene, zu stehen
kommen, weshalb sich auch, wie mir später Einer der Sklaven
im Vertrauen mittheilte, nicht mehr als diese drei Becher im
Hause vorhanden. Sulpicius erzählte mir, der Consul Petronius habe eine für 300 Talente [175] gekaufte Schöpfkelle von
Murrha, das kostbarste Stück seiner ganzen Sammlung von
dergleichen Gefäßen, noch auf seinem | Sterbebette selbst zer-
brochen, weil er der Tafel des Nero diese Zierde nicht gegönnt
habe; [176] jetzt aber sei in Folge vermehrter Zufuhr der Preis
der Murrha nicht mehr ein so übertriebener. Der Wein selbst,
den wir tranken, war wieder eine andere, mir noch unbekannte
Sorte, vinum Setinum, welche bei Forum Appii wachsen soll,
das ich auf meiner Reise passirt hatte. [177] Dabei bestätigte
mir mein Wirth, was ich schon von Labeo gehört hatte, daß
alle diese italischen Weine jung herb und ungesund sind [178]
und ein gewisses Alter haben müssen, am liebsten von etwa 15
Jahren. [179] Während wir noch davon sprachen, brachte der
Mundschenk einen kostbaren, reich mit Edelsteinen besetzten Gold-

pokal,[180]) ein Erbstück der Familie, woraus Sulpicius in rei=
nem, alten Falerner meine Gesundheit trank[181]) und auch Vi=
tellia auf mein Wohlergehen nippte. Nach diesem Haupttheile
der Mahlzeit wurde den Laren oder Hausgöttern das übliche
Dankopfer dargebracht[182]) und nun folgte der Nachtisch, mensa
secunda genannt, obgleich der Tisch selbst der nämliche bleibt. [183])
Ihn bildete verschiedenes Backwerk (bellaria), frisches und ge=
trocknetes Obst, besonders Honigäpfel, faustgroße Birnen, Wachs=
pflaumen u. s. w., und gallischer Käse;[184]) dazu aber wurde
feuriger Chierwein aus kleinen Bechern vom reinsten geschliffe=
nen Krystallglas, die aus Aegypten[185]) stammen sollten, ge=
trunken. Als die Mahlzeit vorüber und man so nach einem
römischen Sprichworte ab ovo usque ad mala, d. h. von den
Eiern bis zu den Aepfeln gekommen war, [186]) empfahl sich Vi=
tellia, wir Männer aber blieben unter traulichem Gespräch noch
beim Becher sitzen, bis die sich auf der Straße bemerkbar
machenden Nachtwächter, die der häufigen Brände wegen zu=
gleich auch die Feuerwache bilden, [187]) uns mahnten, daß es
nun Zeit sei zur Ruhe zu gehen.   Uebrigens wird man schon
aus der Beschreibung dieser gewöhnlichen Mahlzeit, so wie aus
dem, was ich sogleich über die Sklavenmenge und später über
die Einrichtung des Hauses berichten werde, ersehen, daß der
Haushalt meines Gastfreundes ein sehr glänzender, aber doch
nach seinen Verhältnissen und dem jetzt in Folge ungeheuern Reich=
thums in Rom herrschenden Luxus keineswegs verschwenderischer
war. Denn er besaß, wie mir später sein Kassirer vertraute,
ein Vermögen von etwa 70 Millionen Sestertien[188]) und ge=
hörte damit doch immer nur zu den wohlhabendsten, keines=
wegs aber zu den reichsten Männern der Stadt, in welcher Se=
natoren, ja sogar Freigelassene | leben sollen, die in Besitz von
200 bis 400 Millionen Sestertien sind[189]) und es Königen an
Aufwand gleich thun.   Als ich am folgenden Morgen aus einem tiefen Schlaf er=
wachte, herrschte im Hause schon ein ziemlich reges Leben, in=
dem ein ganzer Schwarm mit Besen, Schwämmen und Wisch=
tüchern hin und her laufender Sklaven unter Aufsicht des
atriensis beschäftigt war alle Räume des weitläufigen Gebäu=
des zu reinigen, die Zimmerdecken und Wände abzukehren und
etwaige Spuren des Lampenrauchs zu beseitigen, die Mosait=

fußböden und den Wachsüberzug der Wandgemälde mit einem
weichen Schwamme zu überfahren, die Marmorsäulen mit
flockigen Tüchern abzupoliren, die Statüen und auf den Prunk=
tischen ausgestellten Kostbarkeiten abzustäuben, die Metall=
zierrathen an den Thüren zu putzen, die gestern getragenen
Kleider vom Staube zu reinigen u. s. w. [190]) Alle diese Skla=
ven aber gehörten nur der niedrigeren Klasse der vulgares
servi [191]) an und außer ihnen waren auch noch mehrere andere,
zu höheren Dienstleistungen bestimmte vorhanden, welche ordinarii genannt werden [192]) und von denen Manche selbst wieder
einen anderen Sklaven (vicarius) zur Bedienung haben; [193])
weshalb ich gleich hier die ganze Dienerschaft des Hauses eine
kleine Musterung passiren lassen will. Die Gesammtzahl der
im Hause lebenden Sklaven war 55, 40 männliche und 15
weibliche, von denen 12 im Hause selbst von einer Sklavin ge=
boren (vernae), [194]) die übrigen aber gekauft waren und meist
aus Kleinasien stammten. (Wie es bei diesem Kaufe auf dem
Sklavenmarkte hergeht, werde ich weiter unten schildern.) Sie
zerfielen in die beiden schon genannten Klassen der ordinarii
und vulgares. Zu ersterer gehörten vor Allem der procurator,
ein ziemlich aufgeblasener Mensch Namens Castor, [195]) dem die
ganze Verwaltung des Hauswesens übertragen und die gesammte
Sklavenfamilie untergeben war, [196]) der daher eine sehr bedeu=
tende Rolle im Hause spielte, auch seiner baldigen Freilassung
entgegensah; dann der dispensator oder der Kassirer und Rech=
nungsführer, [197]) der dem Vorigen ziemlich gleich stand, alle
Zahlungen leistete und nicht ihm, sondern dem Herrn selbst
Rechnung ablegte; [198]) ferner der ebenfalls eine rücksichtsvollere
Behandlung beanspruchende [199]) atriensis, dem die Aufsicht über
das Atrium und die Kunstschätze des Hauses anvertraut war [200])
und der zugleich für die Sauberkeit desselben, die Reinigung
und Politur des Mobiliars u. s. w. | zu sorgen hatte. [201]) Etwas
tiefer standen der Secretär (librarius, servus ab epistolis oder
scriba), [202]) ein Landsmann von mir aus Korinth, der jene unstreitig an Bildung weit übertraf und daher auch die Aufsicht
über die Bibliothek führte, für deren Vermehrung sein Vor=
gänger Narcissus treulich sorgte, und zugleich die Stelle des
Vorlesers (anagnostes oder lector) bekleidete, während Andere
sich für jedes dieser Geschäfte einen besonderen Sklaven halten; [203])

ferner der medicus oder Hausarzt,²⁰⁴) ebenfalls ein nicht un=
gebildeter Grieche aus Sicilien, den ich mit Galenus bekannt
machte, wofür er mir höchst dankbar war; der paedagogus oder
Aufseher und Führer der Kinder,²⁰⁵) ein schon dem Vater des
Sulpicius im Hause geborener, alter und bewährter Diener, der
längst freigelassen worden wäre, wenn er nicht selbst in seinem
bisherigen Verhältniß zu bleiben vorgezogen hätte, an dessen
Stelle aber Sulpicius später, wenn die Kinder eines wirklichen
Lehrers bedürfen würden, einen wissenschaftlich gebildeten Lands=
mann von mir zu setzen beabsichtigte; endlich der dem Rechnungs=
führer untergebene cellarius oder promus, condus promus, der
die Aufsicht über die Speisekammer und den Keller führte und
täglich das für den Haushalt Nöthige daraus hergab, sowie
das Uebriggebliebene wieder in Verwahrung nahm.²⁰⁶)   Zu
diesen höher stehenden Sklaven kam nun der ganze Schwarm
der servi vulgares: der Thürsteher (ostiarius oder ianitor),²⁰⁷)
die Köche und Küchengehülfen,²⁰⁸) Bäcker,²⁰⁹) Kutscher, Reit=
knechte, Vorreiter, Läufer,²¹⁰) Sänftenträger (lecticarii),²¹¹)
Kammerdiener (cubicularii), die sich im Vorzimmer aufhielten,
die Besuchenden anmeldeten und den Herrn bedienten,²¹²) der
schon oben erwähnte Mundschenk, der Vorschneider und andere
bei Tafel aufwartende Sklaven (tricliniarii),²¹³) dann andere
Diener, die Jenem beim Ausgehen folgten (pedissequi),²¹⁴) unter
denen sich auch ein nomenclator befand, der ihm die Namen der
ihn auf der Straße Grüßenden oder ihm sonst begegnenden
Respectspersonen, die er nicht kannte, nennen mußte²¹⁵) und
manchmal wohl einen solchen selbst erdichtete, wenn auch ihm
der Mann unbekannt war,²¹⁶) ferner die Briefboten (tabellarii),²¹⁷) und die, welche als Maurer, Tischler, Schlosser,
Schneider, Schuster u. s. w. im Hause schnell nöthig werdende
Reparaturen zu besorgen hatten, von denen jedoch Manche zu=
zugleich auch andere Dienste verrichteten.²¹⁸) Unter den Skla=
vinnen nahmen nur zwei eine etwas höhere Stellung ein, die
vestiplica, oder Garderobedienerin,²¹⁹) | und die lanipendia (oder
lanipens serva), unter deren Aufsicht sich die übrigen, wenn sie
nicht sonst (als cubiculariae und pedissequae)²²⁰) zur Be=
dienung oder Begleitung der Herrin, namentlich als Trägerinnen
der Sandalen, des Fächers und Sonnenschirms,²²¹) nöthig
waren, mit Spinnen und Weben beschäftigten.²²²) Außer diesen

Hausklaven aber sollte mein Gastfreund auf seinen Landgütern noch einige hundert Sklaven zur Bebauung des Ackers, Betreibung der Viehwirthschaft, Jagd und Fischerei besitzen. Als ich einst gegen ihn meine Verwunderung über diese Menge von Sklaven aussprach, versicherte er mir, daß seine Haushaltung noch eine sehr bescheidene sei und sich auf das beschränke, was der Anstand dringend fordere, da andere Männer seines Standes nicht selten mehrere hundert, förmlich in Decurien getheilte [223] Hausklaven und mehrere Tausende auf ihren Gütern hielten [224] und unter jenen nicht nur fast zu jeder Dienstleistung einen besonderen, [225] sondern auch ganze Schaaren blos zum Vergnügen und zur Kurzweil dienender, wie Musiker, Gaukler, Seiltänzer, Pantomimen, Possenreißer, besonders Zwerge, [226] Fechter, Flöten= und Citherspielerinnen, Tänzerinnen und dergleichen. In manchen Häusern könne ich auch sogenannte paedagogia finden, d. h. Haufen zarter und schöner, zierlich gelockter und fein gekleideter Knaben (delicati), die zur Bedienung und Unterhaltung des Herrn und der Frau bei Tafel, im Bade, auf der Jagd u. s. w., nicht selten auch zu sehr unlauteren Zwecken herangebildet würden. [227] Von dem Allen werde ich mich zu überzeugen Gelegenheit haben, wenn er mir die Einladung zu einem der üppigen Gelage des reichen und prahlerischen Schlemmers Servilius verschaffen könne, was nicht viel Mühe kosten werde. Was nun die Stellung der Sklaven [228] in Rom betrifft, so sind sie ein fast völlig rechtloses Eigenthum des Herrn. Ihre Lage hängt daher ganz von dem Charakter des Letzteren ab, der die unbeschränkteste Gewalt über sie hat, [229] ihnen die schmutzigsten Dienstleistungen und unsittlichsten Dinge zumuthen, [230] sie, wenn sie alt und krank sind, verkaufen oder verstoßen und aussetzen, d. h. dem Hungertode preis geben darf, [231] und, wenigstens in früherer Zeit, die grausamsten Strafen, ja selbst den Tod am Kreuze ganz nach Willkür und Laune über sie verhängen konnte, [232] während jetzt allerdings von mehreren Kaisern und erst kürzlich vom Antoninus Pius gegebene Gesetze den Sklaven das Recht zuerkennen sich über Grausamkeit des Herrn beim praefectus urbis zu beschweren, | und die Todesstrafe nicht mehr ohne Zuziehung der Obrigkeit vollzogen werden darf, [233] so daß sich die Lage derselben in neuerer Zeit allerdings wesentlich gebessert zu haben

scheint und, soweit ich die Verhältnisse zu beurtheilen vermag,
auch fortwährend mehr und mehr verbessern muß. Die Skla=
ven des Sulpicius wenigstens waren mit ihrem Schicksal sehr
zufrieden, priesen sich im Vergleich mit den Meisten ihrer
Standesgenossen glücklich und rühmten die Milde und Leut=
seligkeit ihres Herrn, [234]) von der auch ich mich überzeugen
konnte, da während meines Aufenthalts in seinem Hause eine
leichte Tracht Schläge die einzige ein paar Mal vorkommende
Strafe war. Auch versicherten sie, daß sie, außer fünf De=
naren monatlich, [235]) täglich ihre gute Kost empfingen [236]) und
nicht, wie die Anderen gewöhnlich, nur ein knappes, monatliches
Deputat von Getreide (gewöhnlich vier, höchstens fünf Mo=
dien), [237]) Salz, Oel, Essig, Fischlake, [238]) Feigen und Oliven
zugemessen bekämen, [239]) wie auch ihr Herr nichts dawider habe,
daß sie davon etwas verkauften, wenn·sie sparen und sich so
ein kleines Vermögen (peculium) sammeln wollten, [240]) und daß
er ihnen selten die Bitte abschlage, mit einer der Sklavinnen
ehelich leben zu dürfen, [241]) so daß sich jetzt sechs dergleichen
Paare im Hause vorfänden. Im Allgemeinen aber ist die Lage
der Sklaven bei der Hartherzigkeit und Strenge der meisten
Herren doch immer noch eine recht traurige und daher ihre
Stimmung gegen Letztere oft eine höchst feindselige, [242]) obgleich
allerdings nicht zu leugnen ist, daß sie durch die unter ihnen
herrschende, aber freilich erst durch ihre Erniedrigung und ge=
drückte Stellung herbeigeführte Verderbtheit oft eine solche Strenge
nöthig machen. [243]) Um endlich auch noch ihrer natürlich vom
Herrn gelieferten Kleidung zu gedenken, die sich von der freier
Männer niederen Standes wenig unterscheidet, [244]) so besteht sie
für gewöhnlich in einem sehr kurzen, bloß bis auf die halben
Schenkel reichenden Leibrock ohne Aermel (colobium) [245]) von
grober, meist dunkelfarbiger Wolle und in plumpen Holzschuhen
(sculponeae), [246]) die sie aber im Hause selten anziehen; wenn sie
jedoch in Gegenwart von Gästen bei Tische bedienen oder den Herrn
auf die Straße begleiten, tragen sie bessere und·meist hellfarbige
Kleider von feinerem Stoff, zum Ausgehen bei schlechtem Wetter
aber einen zottigen Friesmantel (paenula). [247]) — Während nun
so die Sklaven mit dem Reinigen und Säubern des Hauses be=
schäftigt waren, | Sulpicius aber und seine Gattin wohl noch
schliefen, trat ich an's Fenster, um das beginnende Straßen=

leben zu beobachten, und stundenlang hielt mich dieses schon mit
der Morgendämmerung beginnende, [248]) von Minute zu Minute
zunehmende und bald nie mehr stockende Gewoge einer bunten,
geschäftigen Menge an das Fenster gefesselt. Zuerst zeigten sich
nur Sklaven, die eiligen Schrittes hin= und herliefen, und
Bauern, welche die Erzeugnisse des Landes zu Markte brachten,
gewöhnlich neben einem auf beiden Seiten mit Körben behange=
nem Maulthiere herschreitend, [249]) oder ein einzelner Wüstling,
der von den nächtlichen Orgien in der Subnrra [250]) erschöpft
nach Hause schlich; bald aber erschienen auch ehrsame Bürger
der arbeitenden Klasse in einfacher Tunica, jedoch einige, die
wahrscheinlich ihrem Patron den schuldigen Morgenbesuch ab=
statten wollten, [251]) auch schon in dem sie als Bürger charakteri=
sirenden, faltenreichen, weißen Mantel (toga), [252]) der freilich
öfters eine schon etwas schmutzige, vergilbte Farbe zeigte, mit=
unter aber auch wohl ein Senator oder Staatsbeamter in glän=
zend weißer, mit Purpur verbrämter Toga (toga praetexta),
von mehreren Sklaven begleitet, oder in einer Sänfte vorüber=
getragen, vermuthlich um einem anderen vornehmen Manne
oder dem Kaiser selbst seine Morgenvisite zu machen, und öfters
sah ich, wie sich begrüßende Bekannte nach einer hier allgemein
herrschenden Sitte einander dabei umarmten und abküßten. [253])
Es konnte mich nicht Wunder nehmen, daß sich nun auch nach
unserem Hause die Schritte einer Menge von Clienten lenkten,
welche einem so angesehenen Manne, wie Sulpicius, die schuldige
Aufmerksamkeit beweisen wollten, [254]) und daß sich der ganze
Vorplatz (vestibulum) mit ihnen füllte, aus welchem sie nach
und nach in's Atrium eingelassen wurden. Ich schloß mich
ihnen an und sah, wie sie von Sulpicius auf ihre Anrede ave
domine („sei gegrüßt, o Herr") mit Handschlag und Kuß em=
pfangen und überhaupt höchst herablassend behandelt wurden. [255])
Nachdem auch ich meinen Morgengruß abgestattet hatte, kehrte
ich zu dem wechselvollen Schauspiele vor meinem Fenster zurück.
Jetzt wurden auch an der gegenüberliegenden Häuserfronte die
zum Theil in die Straße hinausgebauten oder auch einen bloßen
Vorbau vor dem fensterlosen Erdgeschoß bildenden [256]) Kauf=
läden und Werkstätten nach und nach geöffnet, und nun fingen
auch die Knaben in ihren weißen, mit Purpur umsäumten
Mäntelchen, [257]) von ihrem Hofmeister (paedagogus) geführt

und in Begleitung eines Sklaven, der ihnen Schreibtafel, Bücher
u. s. w. in einer Kapsel nachtrug, [258]) zur Schule zu wandern
an. Das Treiben auf der Straße wurde jetzt immer mannig=
faltiger und unterhaltender. Welch' einen seltsamen Contrast
zu jenem jungen Stutzer, der mit zierlich gekräuseltem Haar [259])
und malerisch drapirter, sorgfältig in Falten gelegter Toga
selbstgefällig einherschlendert, bildet der ihm folgende Philosoph
mit struppigem Haar und Bart, abgetragener, grauer Tunica
und finster zusammengezogenen Augenbrauen und der ihnen be=
gegnende stolze Prätorianer der kaiserlichen Garde im Glanze
seines kriegerischen Schmuckes. Auch selbst an braunen und
schwarzen Repräsentanten fremder Welttheile in seltsamer, phan=
tastischer Tracht fehlt es in diesem bunten Schwarme nicht,
und mitten unter diesem Gewoge von Fußgängern, Reitern,
Maulthieren und Sänften bewegt sich ganz ungenirt auch eine
Anzahl von Personen des schönen Geschlechts, und zwar nicht
blos Sklavinnen oder feile Dirnen, die durch auffallende Klei=
dung und freches, herausforderndes Gebahren die Aufmerksam=
keit auf sich zu lenken suchen, sondern auch die ehrbarsten Haus=
frauen, die der höheren Stände freilich meist in Sänften ge=
tragen; (obgleich allerdings, wenn man aus dem Straßenverkehr
einen Schluß machen darf, die Zahl der Männer in Rom un=
gleich größer sein muß, als die der Frauen). Nimmt man dazu
noch eine ganze Schaar von Herumträgern und Hausirern, die
ihre Waaren (dampfende Bratwürste, süße Kuchen, duftende
Scheiben gerösteten Honigbrots, Erbsenbrei, Schwefelfaden u.
s. w.) in allen Tonarten ausschreien, [260]) dann einen Ausrufer,
der einen verlorenen Gegenstand da und da abzugeben oder einen
entlaufenen Sklaven, ein abhanden gekommenes Kind zu seinem
Herrn oder seinen Eltern zurückzubringen auffordert, auch wohl
eine billige Wohnung, einen geräumigen Kaufladen ausbietet, [261])
Träger von Baumaterial und Mobilien, die ihr Vorgesehen!
brüllen, einen verkrüppelten Bettler, der mit singender Stimme
ein Almosen heischt, [262]) knarrende, schwere Lastwagen, die mit
Steinblöcken und Balken zu öffentlichen Bauten beladen [263])
vorbeirasseln, und endlich das Geräusch von Hämmern, Feilen,
Sägen, die sich in den Werkstätten in Bewegung setzen, so wird
man aus diesem schon in unserer etwas entlegenen Straße fast
betäubenden Lärme leicht einen Schluß auf das Geschrei und

Getöse im belebtesten Mittelpunkte der Stadt machen können, | wovon man geradezu taub zu werden fürchten möchte. Nun aber erschien, von der Morgenvisite kommend, Narcissus, um mich zu der schon gestern verabredeten Wanderung durch die Stadt abzuholen, die wir uns zu Fuß zu machen vorgenommen hatten, bis vielleicht zu große Ermüdung uns nöthigen würde, uns einer der an vielen Orten der Stadt haltenden Miethsänften zu bedienen. Nachdem ich mich bei Sulpicius verabschiedet und entschuldigt hatte, daß ich mich heute nicht zum Frühstück ein= finden werde, bat ich den Narcissus, mich vorerst einmal in seinen Buchladen[264]) eintreten zu lassen, wo während seiner Abwesenheit ein mit Abschreiben von Büchern beschäftigter Ge= hülfe seine Stelle vertrat. Schon an dem Thürpfeiler hatte ich eine Tafel bemerkt, welche die Titel der im Laden verkäuflichen Bücher enthielt,[265]) in diesem selbst aber, der von Cedernöl und Safran duftete, wovon sich der Grund bald zeigen wird, fand ich Gestelle mit mehreren Fächern (nidi),[266]) worin die Bücher, d. h. Schriftrollen, meist in purpurrothen oder safran= gelben Pergamenthüllen[267]) in vielen Exemplaren[268]) auf= geschichtet lagen. Ich fragte auch nach dem Preise derselben und fand ihn außerordentlich billig;[269]) Narcissus aber ver= sicherte mir, daß eine solche Billigkeit auch nur dadurch mög= lich werde, daß er sehr tüchtige Abschreiber habe, die schnell und dabei doch correct arbeiteten und auch, wenn er Mehreren zugleich dictirte,[270]) nur wenige, von ihm selbst · später ver= besserte Fehler machten.[271]) Nur zwei Bücher, die er mir als die kostbarsten seines Ladens zeigte, Vergil's Aeneis zierlich auf Pergament geschrieben und mit dem Bildniß des Dichters ge= schmückt[272]) und ein mit vielen Pflanzenabbildungen versehenes botanisches Werk[273]) hatten einen bedeutend höheren Preis. Dabei erfuhr ich, daß es, namentlich in der kaiserlichen Biblio= thek, auch prachtvolle, mit goldenen und silbernen Buchstaben auf purpurroth gefärbtes Pergament geschriebene Bücher gebe.[274]) Trotz des im Ganzen sehr mäßigen Preises der Bücher aber scheint doch das Geschäft der Buchhändler ein höchst einträg= liches zu sein, und Narcissus selbst macht kein Hehl daraus, daß er sich in ganz guten Umständen befinde. Auf meine Frage, ob er auch Schriften noch lebender Verfasser in Verlag nehme? antwortete er: „Warum nicht! wenn es sich der Mühe ver=

lohnt, sie abschreiben zu lassen, und ein guter Absatz zu erwar=
.ten steht;" [275]) und ich beschloß daher ihn in dieser Beziehung
mit meinem neuen Freunde, dem gelehrten Galenus, in Ver=
bindung zu bringen; besonders da ich von ihm erfuhr, daß die
eigenhändige Urschrift eines bekannten Autors, wenn sie ihm
überlassen würde, natürlich viel theurer bezahlt werden müsse,
als die davon genommenen Abschriften. [276]) Er unterrichtete
mich auch durch den Augenschein von der ganzen Manipulation
bei Herstellung der Bücher, die ich, obgleich sie in der Haupt=
sache mit unserer griechischen völlig übereinstimmt, doch kurz
beschreiben will.   Die Bücher werden zwar zuweilen auf Per=
gament, | meistens aber, weil dieses zu theuer ist, auf den feinen
Bast des ägyptischen Papyrus geschrieben, der roh nach Italien
eingeführt [277]) und hier in einigen Fabriken zu einem trefflichen
Schreibematerial verarbeitet wird. [278])   Es giebt mehrere Sor=
ten davon, die jedoch nicht alle zum Schreiben taugen und von
denen die geringste (charta emporetica) blos zum Verpacken ge=
braucht wird. [279])   Von diesem Papier nun, dessen Breite ganz
von der Höhe der Papyrusstaude abhängt, werden mehrere
Streifen (schedae. paginae) zusammengeklebt, so daß daraus
eine lange Rolle (volumen) entsteht, deren Breite (von 6—13
Zoll) und Länge (bis zu 8 Fuß) natürlich sehr verschieden
ist. [280])   Bisweilen werden auch die einzelnen Streifen erst zu=
sammengeklebt, wenn sie schon beschrieben sind. [281])   Die Tusche
oder Tinte (atramentum librarium), womit man schreibt, wird
aus Ruß und Gummi bereitet und mit Wermuthessenz versetzt,
um die Bücher vor den Mäusen zu schützen. [282])   Die mit einem
eigens dazu bestimmten Messer, dem scalprum librarium, [283])
zugespitzten und gespaltenen Rohrhalme [284]) werden am besten
aus Cnidus und Aegypten geliefert. [285])   Andere weniger wesent=
liche Gegenstände des Schreibapparats übergehe ich. [286])   Es
wird gewöhnlich blos die eine Seite der Papierrolle, meistens
in mehreren durch senkrechte Linien getrennten Columnen, be=
schrieben, nur höchst selten auch die Rückseite, [287]) welche, wenn
das Buch keinen Absatz gefunden hat und an Garköche und
Höker verschleudert werden muß, [288]) von den Kindern zu ihren
Schreibeübungen benutzt zu werden pflegt. [289])   Auch wird die
Schrift bisweilen wieder ganz weggewischt, um das Papier,
häufiger aber noch das kostbarere Pergament, das auch in der

Regel auf beiden Seiten beschrieben wird, auf's Neue zum Schreiben zu benutzen, und ein so entstandenes Buch heißt liber palimpsestus.[290] Die Rückseite der Schriftrollen wird, um sie gegen Motten und Würmer zu sichern, mit Cedernöl bestrichen,[291] wovon sie eine gelbe Farbe erhält, obgleich sie außerdem auch noch mit Safran gefärbt wird.[292] Die fertig geschriebene Rolle, deren Umfang immer nur ein mäßiger ist,[293] und an deren Schlusse gewöhnlich die Zahl der Columnen und Zeilen angegeben wird, weil sich darnach der Preis des Buches bestimmt, wird nun, nachdem der auf einem Streifen Perga= ment oder Papier mit hochrother Farbe geschriebene Titel oben an sie angeklebt ist,[294] mit ihrem unteren Ende an einen Cy= linder von Holz befestigt, um welchen sie gewickelt werden soll und durch welchen ein Stäbchen läuft, an dessen Enden Knöpfe von Elfenbein (auch mit Malerei) oder Metall, selbst Gold, (cornua oder umbilici) angebracht sind;[295] der Rand der Rolle aber wird sorgfältig beschnitten, mit Bimstein abgerieben und schwarz gefärbt.[296] Zuletzt erhält die Rolle eine purpurroth= oder gelbgefärbte Pergamenthülle,[297] aus welcher der Titel oben hervorragt,[298] und so kommt sie nun endlich zum Ver= kauf. Auf Pergament geschriebene Bücher dagegen werden ge= wöhnlich nicht gerollt, sondern vierfach zusammengelegt und ge= heftet, so daß sie die Form großer Schreibtafeln erhalten.[299] End= lich erfuhr ich auch noch auf meine an Narcissus gerichtete Frage, was mit den Exemplaren werde, die er nicht los wer= den könne? daß er sie, wenn hier der Absatz aufgehört habe und keine Nachfrage nach ihnen mehr sei, an einen auswärtigen Collegen versende,[300] bei dem sich doch wohl noch ein Käufer für sie finde, und daß fast noch nie eins seiner Bücher das Schicksal gehabt habe zum Krämer zu wandern, um als Maku= latur verwendet zu werden.[301] Höchst dankbar für diese Be= lehrung verließ ich den Buchladen, und wir traten unsere Wanderung an. Da es mein Vorsatz war, vor allen Dingen das Volk von Rom und sein Leben und Treiben kennen zu lernen, die Besichtigung der merkwürdigen Gebäude aber einer späteren Zeit vorzubehalten, so begaben wir uns zuerst durch die nahe Porta Salutaris auf den Schweinemarkt. Rom ent= hält nämlich, da der Hauptmarktplatz oder das Forum Romanum nur zu Volksversammlungen und Gerichtsverhandlungen

beſtimmt iſt und auch die von den Kaiſern erbauten Fora allen
Marktverkehr ausſchließen, für den Verkauf von Lebensmitteln
an verſchiedenen Stellen der Stadt mehrere beſondere Markt=
plätze, [302]) einen Rinder=, Schweine=, Fiſch=, Gemüſe=, Naſchmarkt
für Leckerbiſſen (forum boarium, suarium, piscatorium, [303]) olitorium, cupediarium oder cupedinis) u. ſ. w., [304]) zu denen auch
noch zwei erſt ſpäter entſtandene allgemeine Verkaufsplätze für
alle Gegenſtände des täglichen Lebensbedarfs, alſo Speiſemärkte
im weiteſten Sinne, ein größerer (das macellum magnum) mit
einem großen, von einer Kuppel überwölbten Schlachthauſe, [305])
und ein kleinerer (das macellum Liviae) kommen. Unter allen
dieſen Plätzen aber iſt der Schweinemarkt einer der belebteſten,
da hier der gemeine Mann ſeine Lebensbedürfniſſe am billigſten
einkauft, [306]) das Schweinefleiſch aber als die wohlfeilſte Fleiſch=
koſt der unteren Volksklaſſen [307]) hier eine ſehr bedeutende Rolle
ſpielt und Würſte eine der beliebteſten Speiſen der Römer
ſind. [308]) Wir fanden daher hier das bunteſte Treiben, eine
Menge in der Nacht mit gemäſteten Schweinen oder Ferkeln
zur Stadt gekommene Bauerwagen, [309]) Herumträger der ver=
ſchiedenſten Waaren, und rund umher Garküchen und Tabernen
aller Art. Was mir aber am meiſten auffiel, waren die mitten
auf der Straße aufgeſchlagenen ! Trinktiſche, auf denen die Fla=
ſchen an Ketten geſchloſſen waren, damit ſie nicht geſtohlen wer=
den konnten, [310]) ja ſelbſt ein ambulanter Weinſchank, indem
ein Bauer aus einem gewaltig großen, aus mehreren Fellen
zuſammengenähten Schlauche, den er auf einem mit zwei Pfer=
den beſpannten Leiterwagen mit ſich führte, durch die aus einem
Beine des Felles gebildete Röhre die herbeigebrachten Krüge der
Käufer mit ſpottbilligem, jungem Landwein füllte. [311]) Das
durch das Grunzen und Quiken der Borſtenträger vergrößerte
Getöſe und die nicht eben ambroſiſchen Düfte vertrieben uns
bald wieder von dem Platze. Wir wanderten nun über einen
Theil des vom Tiberfluſſe in einem großen Bogen umſchloſſenen
Marsfeldes (campus Martius), welches einſt eine noch viel
größere Ausdehnung gehabt hat, jetzt aber zum größeren Theile
bebaut iſt und mit ſeinen rund umher gelegenen Prachtgebäuden,
über welchen die Kuppen der jenſeits des Fluſſes im Halbkreiſe
aufſteigenden Hügel einen maleriſchen Hintergrund bilden, mit
ſeinem im ſaftigſten Grün prangenden Raſen, ſeinen Luſthainen

und Alleen einen reizenden Anblick gewährt, ³¹²) obgleich sich auch
hier und da noch sehr deutliche Spuren der großen Ueber-
schwemmung zeigen, die Rom bald nach dem Regierungsantritt
des jetzigen Kaisers heimgesucht hat. ³¹³) Nachdem wir hier ein
Weilchen zugesehen, wie widerspenstige Pferde ³¹⁴) zugeritten
wurden und junge Leute sich in dem durch viele aus Etrurien
herabkommende Holzflöße ³¹⁵) belebten Tiber badeten, oder durch
Ballspiel belustigten, ³¹⁶) warfen wir noch einen Blick auf das
sich in einiger Entfernung zeigende, großartige Mausoleum des
Augustus, ³¹⁷) kamen dann bei der Ehrensäule vorbei, welche
der jetzige Kaiser in Verbindung mit seinem Bruder seinem
Adoptiv- und Schwiegervater Antoninus Pius errichtet hat, und
welche blos aus einer Säule von rothem Granit auf einem
Piedestale von weißem Marmor besteht, deren Reliefs keinen
großen Kunstwerth haben und denen an der Trajansäule weit
nachstehen, und begaben uns nun durch die schöne Breite Straße
(via lata) in das Innere der Stadt. Am Ende derselben und
am Fuße des Capitols bewunderte ich im Porticus der Septa
Julia ³¹⁸) die Menge der Kaufhallen, von denen sich eine an die
andere reiht und in welchen die größten Kostbarkeiten und die
schönsten Kunst- und Industrieerzeugnisse aller Länder der Welt
ausgestellt sind; ³¹⁹) auch besuchte ich einige derselben, da ja das
Besehen der Waaren einem Jeden freistand und nicht noth-
wendig gekauft werden mußte. | In dem einen Laden zeigten
sich die kostbarsten Gefäße von Gold und Silber, ³²⁰) corinthischem Erz, ³²¹) Krystallglas und Murrha, ³²²) dazu Frauenschmuck aller Art von Bernstein, ³²³) Gold, Perlen und Edelsteinen und die reichste Auswahl von Ringen mit den herr-
lichsten Cameen oder schön geschnittenen Smaragden, Sardo-
nychen, Beryllen u. s. w., der Reihe nach zierlich in Kästchen
gesteckt; ³²⁴) in einem anderen sah man die kunstreichsten Statuen und Gruppen von Marmor oder Bronze, meist von griechischen Künstlern gearbeitet, nebst Candelabern, Lampen, Dreifüßen und anderem Hausrath von demselben Metall neben den
zierlichsten, schön gemalten Thonvasen von allen Größen und
in den verschiedensten Formen, in einem dritten kostbare baby-
lonische, alexandrinische und milesische Teppiche und Decken,
serische und phönicische Seidenstoffe und weithin die feinsten
Wohlgerüche verbreitende Spezereien und Salben Arabiens, In-

diens und Kleinasiens, wieder in einem anderen die theuersten
Mobilien, Tischplatten von kostbarem, wohlriechendem Holze des
Citrus,[325] auf Säulen von Elfenbein ruhend, Spieltische mit
Würfelbrettern von demselben Material, Bettgestelle mit Schild=
krot belegt oder von Bronze, mit goldenen und silbernen Figuren
verziert u. s. w.;[326]) ja sogar ein Sklavenhändler (mango) hatte
sich hier etablirt[327]) und die Neugier trieb mich, auch bei ihm
einzutreten. Im vorderen Theile der Halle[328]) fanden wir, in
zwei gesonderte Räume zusammengedrängt, einen Haufen gemeiner,
blos für den Landbau und die schwereren Arbeiten bestimmter
Sklaven beiderlei Geschlechts aus aller Herren Ländern, die uns
der Verkäufer bald als zu dieser, bald als zu jener Dienstleistung
am geeignetsten empfahl;[329]) da wir aber keine Miene machten
zu kaufen, sprach er mit verschmitztem Lächeln: „Ach ich merke
schon; ihr suchet etwas Feineres; nun so folget mir." Damit
führte er uns denn in einige besondere Cabinete im Hintergrunde
des Lokals,[330]) wo er uns vier junge, schöne Mädchen und fünf
eben so wohlgestaltete Jünglinge vorführte. Um doch zu thun,
als sei es uns Ernst mit dem Kaufe, zeigten wir Interesse für
eins der Mädchen, das eine Lydierin sein sollte, und fragten
nach dem Preise desselben. Er verlangte 10,000 Sestertien[331])
und befahl sofort der Dirne sich völlig zu entkleiden, welchem
Gebote sie auch, unstreitig schon daran gewöhnt, ohne Zaudern
nachkam.[332]) Wir fanden aber den Preis natürlich zu hoch und
machten uns, ohne darauf zu hören, wie der Schändliche jeden
einzelnen Reiz des Mädchens I anpreisend hervorhob, schnell aus
dem Staube, während er uns noch schimpfend nachrief, wir ge=
hörten also auch zu jener Sorte von Leuten, die nur zu ihm
kämen, um Augen und Händen einen nichts kostenden Genuß
zu verschaffen.[333]) Später sah ich sogar einen Sklavenhändler
seine Waare auf offenem Markte ausbieten. Sechs bis acht
männliche und weibliche Sklaven, darunter auch ein paar braune
und ein schwarzer, standen bunt durcheinander, -blos mit einem
Schurze um die Hüften bekleidet und mit einem am Halse
hangenden Täfelchen, die Meisten auch mit weiß übertünchten
Füßen, auf einem hölzernen Schaugerüste (catasta),[334]) und
wurden von den Käufern so gründlich gemustert und betastet,[335])
als ob der Fleischer ein Stück Vieh einkaufe, ja sie mußten so=
gar auf Befehl des mit der Peitsche hinter ihnen stehenden Ver=

käufers allerlei heftige Bewegungen und Sprünge machen, [336] um ihre Gesundheit und kräftige Körperconstitution zu beweisen. Das Täfelchen (titulus) bezeichnet, wie ich mir sagen ließ, das Vaterland des Sklaven und enthält die Versicherung, daß er gesund sei und sich noch keines Verbrechens schuldig gemacht habe, [337] wofür der Verkäufer stehen, oder, wenn er dies nicht kann und will, dem zu verkaufenden Sklaven einen Hut auf= setzen muß; [338] die weiß getünchten Füße aber sind ein Zeichen, daß der Sklav aus fremden Ländern über's Meer her kommt. [339]

Da sich jetzt die sechste oder Frühstücksstunde näherte, wo alle Geschäfte auf einige Zeit zu ruhen pflegen, [340] und alle Welt den Garküchen und Trinkstuben zuströmt, oder sich nach Art sehr vieler Römer in geschäftigem Müßiggang auf den Straßen herumtreibt, [341] wurde nun das Gewoge immer größer und immer deutlicher sah man, daß man sich im Mittelpunkte einer Weltstadt befinde, die mehr als 1 1/2 Millionen Einwohner zählt. [342] Von allen Seiten wurden wir gedrängt, gestoßen, auf die Füße getreten, [343] und oft konnten wir uns in den engen, krummen und bergigten Straßen nur mit Mühe durch den Menschenknäuel hindurcharbeiten, besonders wenn etwa ein Menschenhaufe, der sich um eine mit großen, rothen Buchstaben angemalte Mauerschrift (programma) her drängte, [344] die Passage verengte; denn bei der steten Abwechselung von Hügeln und Thälern, von denen Letztere meistens zu Marktplätzen und um= fangreichen öffentlichen Gebäuden benutzt sind, kann von langen, breiten und geraden | Straßen in Rom kaum die Rede sein. Fast nur zwei, unsere Alta semita und die eben erwähnte Via lata machen eine rühmliche Ausnahme. Trotz aller Unbequemlich= keiten jedoch hätte ich den Anblick dieses Menschengewühls, in welchem die Gesichtsfarben und Trachten aller Völker in buntem Wechsel mir entgegentraten und die Sprachen des ganzen Erd= kreises ohrbetäubend durch einander schwirrten, um keinen Preis entbehren mögen. Da auch wir durch das lange Herumwandern hungrig geworden waren, traten wir in eine der zahlreichen Garküchen (popinae), die sich als eine der anständigeren an= kündigte und die wir auch andre Männer der besseren Stände besuchen sahen, um hier unser Frühstück einzunehmen, und da wir eben an einer Kinderschule vorbeigekommen waren, aus welcher lautes Buchstabiren und Lesen im Chor hörbar wurde, [345]

so bat ich den Narcissus, während man sich rund umher nur
von den Ereignissen des parthischen Kriegs und anderen Tages=
neuigkeiten unterhielt, die sich hier mit unglaublicher Schnellig=
keit verbreiten, mir Einiges über das hiesige Schulwesen mit=
zutheilen. Da aber, was ich hier erfuhr und nicht eben sehr
erbaulich lautete, mir noch keineswegs genügte, so beschloß ich,
mich erst genauer davon zu unterrichten, und werde erst später
darauf zurückkommen, wenn ich vom Familienleben und der Er=
ziehung im Zusammenhange spreche. Was nun aber unsere
popina selbst anlangt, so unterschied sie sich wesentlich von vielen
anderen, bei denen wir schon vorbeigekommen waren, aus denen
wüstes Geschrei, wieherndes Gelächter, ja selbst das von Flöten=
spiel begleitete Jauchzen und Stampfen von Tanzenden [346]) er=
scholl, und die mit dem verächtlichen Namen ganeae bezeichnet
werden, da sie gewöhnlich auch Herbergen der Unzucht sind. [347])
Hier dagegen fanden wir ganz anständige Gesellschaft, [348]) gute
Bewirthung und selbst einen Garten, wo man zwischen duften=
den Blumenbeeten und neben einem murmelnden Bächlein in
schattigen Lauben sitzend [349]) die Gaben der Ceres und des
Bacchus behaglich genießen konnte. Als wir unser Früh=
stück beendigt hatten, war es auf der Straße etwas stiller ge=
worden, da nun die Zeit der Mittagsruhe gekommen war, die
sich der Römer nicht gern entgehen läßt; [349b]) gleichwohl aber
bestiegen wir nun eine uns sehr bald aufstoßende Miethsänfte
(sella meritoria), [350]) weil wir nicht nur schon ziemlich müde
waren, sondern auch so leichter durch das voraussichtlich bald
wieder beginnende Gedränge | zu kommen hofften. So gelangten
wir denn zwischen dem altehrwürdigen Capitol und den einen
unbeschreiblich prachtvollen Anblick gewährenden Kaiserforen da=
hingetragen in das Argiletum, wo mir Narcissus unter den
vielen Buchläden [351]) einen als den größten der ganzen Stadt
bezeichnete und mich auf einen eben aus demselben heraustreten=
den und seine Sänfte besteigenden ehrwürdigen Greis aufmerk=
sam machte, der kein Anderer sei, als der berühmte Lehrer und
Freund des Kaisers, M. Cornelius Fronto, [352]) und kurz darauf
erreichten wir den Hauptmarktplatz (forum Romanum), den ich
mir allerdings viel größer gedacht hatte, der aber dennoch durch
die ihn rings umgebenden Prachtgebäude mit ihren Säulen=
hallen, herrlichen Wandgemälden, Erz= und Marmorstatuen

u. s. w. einen überaus großartigen Eindruck macht und eben=
falls eine Menge von Kaufläden mit den kostbarsten Waaren
enthält, neben denen sich allerdings die hier vereinigten unschein=
baren Buden der Geldwechsler (tabernae argentariae) trotz der
in ihnen aufgehäuften Reichthümer nicht eben vortheilhaft aus=
nehmen.³⁵³) Als wir uns nun dem kaiserlichen Palaste näher=
ten, entstand ein so furchtbares Gedränge, daß durchaus nicht
mehr durchzukommen war, sondern unsere Träger nothgedrungen
Halt machen mußten, und als wir nach der Ursache fragten,
erfuhren wir, daß man eben die Rückkehr einer indischen Ge=
sandtschaft aus dem Palaste erwarte;³⁵⁴) und wirklich erschienen
auch bald darauf, von einer Schaar Prätorianer umgeben, die
hageren, braunen Gestalten in ihrem fremdartigen Aufputz und
hinter ihnen her wurden ein paar reichgeschmückte Elephanten
von seltener Größe geführt, die sie nebst vielen Kostbarkeiten
dem Kaiser als Geschenk dargebracht hatten. Wir befanden uns
nun schon mitten in dem Stadttheile, der wie ein Phönix aus
der Asche des furchtbaren Brandes emporgestiegen ist, welchen
nach dem allgemeinen Volksglauben der Kaiser Nero selbst ver=
anstaltet hatte, um Platz zu einem projectirten ungeheueren
Prachtpalaste (der domus aurea) zu gewinnen,³⁵⁵) und der aller=
dings eine große Verschönerung der Stadt zur Folge gehabt
hat, und gelangten hier, von der Fluth der sich nach jenem
Schauspiel zerstreuenden Volksmenge mit fortgetragen, an den
Riesenbau des theatrum Flavium und den gewaltigen Circus
maximus, wo wir einem kaum zu beschreibenden, aber auch
höchst unanständigen Treiben begegneten; denn die Gaukler aller
Art, die Puppenspieler,³⁵⁶) | die Possenreißer, die hier die Hefe
des Volks mit nichts weniger als feinen Späßen unterhielten,³⁵⁷)
die Astrologen und Wahrsager, welche der leichtgläubigen Menge
ihre sinnlosen Mährchen aufhefteten,³⁵⁸) und andere Personen
dieses Gelichters ganz abgerechnet, trieb sich hier auch eine Un=
zahl feiler Dirnen herum,³⁵⁹) welche die Vorübergehenden in
die rund herum dampfenden Garküchen lockten, da die eigent=
lichen Freudenhäuser (lupanaria), deren sich hier mehrere be=
fanden,³⁶⁰) vor neun Uhr oder der Stunde der Hauptmahlzeit
nicht geöffnet werden durften,³⁶¹) während auch mehrere Mäd=
chen, die besonders aus Syrien, Aegypten³⁶²) und anderen
Ländern des Orients herstammen sollten, in phantastischer und

meist unanständiger Tracht zum Schalle von Handpauken, Cym=
beln und Holzklappern ³⁶³) auf offener Straße die unzüchtigsten
Tänze aufführten.   Ohne uns bei diesem von der umstehenden
Menge mit Jubel aufgenommenen Schauspiele länger aufzuhalten,
setzten wir unsere Wanderung fort, und da wir in der Via sacra
eben an einem Gebäude vorüberkamen, welches sich als Bal=
neum Tigellini ankündigte, ich aber das Bedürfniß fühlte ein
Bad zu nehmen, so bat ich den Narcissus mich hinein zu be=
gleiten.   Dieser aber meinte, eintreten könnten wir wohl, ³⁶⁴)
wenn ich Lust habe, die Einrichtung des Bades kennen zu ler=
nen, aber selbst hier zu baden wolle er nicht rathen, da diese
gemeinen, schlechthin balnea benannten Bäder, deren bei der Vor=
liebe der Römer für diese Erquickung eine Unzahl vorhanden
sei, ³⁶⁵) jetzt nur noch von Personen der niederen Volksklassen
besucht würden und es in ihnen oft sehr unanständig hergehe;
ja, wenn sich hier nicht zwei verschiedene Eingänge mit der
Ueberschrift Viris und Feminis („für Männer, für Frauen")
zeigten, ³⁶⁶) könnten wir sogar Gefahr laufen in ein Badehaus
zu gerathen, wo Männer und Frauen gemeinschaftlich badeten,
da auch wiederholte kaiserliche Verbote diesem Unfuge noch nicht
zu steuern vermocht hätten. ³⁶⁷)   Für Leute meines Standes
wären die von den Kaisern erbauten, prachtvollen Badehäuser
(thermae) bestimmt, die Nichts vermissen ließen, was nur der
verwöhnteste Geschmack beanspruchen könne, und die Thermen des
Titus fänden wir ganz in der Nähe.   Da ich mir nun aber
die vollständigste Kenntniß des römischen Lebens zu verschaffen
wünschte, beschloß ich vorerst auch in ein solches Badehaus einen
Blick zu werfen. ³⁶⁸)   So ließen wir denn unsre Sänftenträger
ein Weilchen warten, zahlten unsern Quadrans | Eintrittsgeld ³⁶⁹)
und gelangten zuerst in ein gemeinsames Vestibul zwischen dem
Männer= und Frauenbade, aus welchem aber auch nach beiden
Abtheilungen Thüren führten, und dann in ein zum Ablegen
der Kleider bestimmtes Gemach (apodyterium), wo uns ein
Sklav, der auch die abgelegten Kleider vor Dieben hüten mußte, ³⁷⁰)
beim Auskleiden behülflich sein wollte, sogleich aber wieder da=
von abstand, als wir erklärten, daß wir nicht baden, sondern
uns blos hier umsehen wollten.   Von hier aus betraten wir
zuerst das tepidarium, einen kleinen, mäßig erwärmten und mit
Bänken versehenen Raum, auf denen einige Männer transpirirten

3*

und sich abreiben und salben ließen,[371] oder aus dem heißen
Bade kommend sich abkühlten, und dann das größere, für
das heiße Bad bestimmte Gemach (caldarium), wo vier Män=
ner in einem von Sitzstufen umgebenen kleinen Bassin (alveus
oder calida piscina)[372] badeten, während andere umherstanden
oder saßen, um zu warten, bis auch für sie Platz darin werde.
Es wurde gleichzeitig mit dem daranstoßenden heißen Bade der
Frauen durch unterirdische Oesen oder Feuerherde (hypocauses
oder hypocausta) geheizt,[373] und Letzteres konnte nur durch eine
dünne Wand davon getrennt sein, da helles Gelächter daraus zu
uns herüber schallte, was die Männer veranlaßte unzüchtige
Scherze hinüber zu rufen, da sie wohl wissen mochten, daß die
solche öffentlichen Bäder besuchenden Frauenzimmer meistens der
verrufenen Klasse angehören. Endlich erreichten wir den größten
der hier vorhandenen Räume, das kalte Bad (frigidarium) mit
einem großen, von einem Säulengange mit Nischen und Bänken
umgebenen Bassin (piscina oder cisterna),[374] worin es am
lautesten und ungenirtesten herging.[375] Ob sich in dem gegen=
über gelegenen Frauenbade auch ein solches Bassin zum Kalt=
baden befand, vermag ich nicht anzugeben; Narcissus vermuthete
es nicht. Uebrigens waren alle Räume höchst einfach aus=
gestattet und selbst die Säulen des frigidarium nur von Ziegel=
stein. Nachdem ich so meine Kenntnisse bereichert, bestiegen wir
unsre Sänfte wieder und ließen uns vollends bis zu den Ther=
men des Titus tragen, die allerdings selbst meine kühnsten, durch
Narcissus erregten Erwartungen noch unendlich übertrafen. Sie
sind ein wahrer Prachtbau von ungeheuern Dimensionen[376] und
verknüpfen eine Menge der verschiedenartigsten, luxuriös aus=
gestatteten Räume zu einem höchst complicirten Ganzen, da sie
keineswegs blos zum Baden bestimmt, | sondern auch gleich unseren
griechischen Gymnasien, aus deren Nachahmung sie unstreitig
hervorgingen, auch der Gymnastik, der Unterhaltung und dem
Vergnügen gewidmet sind und, zum Mittelpunkte eines müßigen
Genußlebens geworden, hauptsächlich zu der jetzigen Verweich=
lichung und dadurch zur Sittenverderbniß der Römer beigetragen
haben. Die eigentlichen Baderäume entsprechen zwar im Ganzen
denen der gewöhnlichen Badehäuser, nur daß sie alle weit größer
und eleganter eingerichtet sind, enthalten aber auch noch mehrere
Lokalitäten, die ich dort nicht gefunden, nämlich zuerst ein be=

sonderes destrictarium oder unctorium, [377]) und dann auch ein
Schwitzbad (sudatorium oder Laconicum), [378]) einen mit einer
Kuppel überwölbten Raum, durch deren Oeffnung das Licht
herein fällt, während sich unter ihr eine eherne Scheibe (clypeus)
zeigt, die an Ketten herabgelassen und hinaufgezogen werden
kann, um den Hitzegrad der Luft zu temperiren. [379]) Auch giebt
es hier viele einzelne Zellen mit Wannen, in denen man allein
baden, [380]) ja selbst das Vergnügen des Schaukelns, an welches die
Römer durch den Gebrauch der Sänften gewöhnt sind, mit dem
des Badens verbinden kann, da sich auch in der Schwebe hän=
gende Badewannen vorfinden. [381]) Alle Räume aber haben
Luftheizung, indem die von dem Ofen im Kellergeschoß [382]) aus=
geströmte Wärme sich durch Thonröhren zwischen den doppelten
Wänden überall hin verbreitet. [383]) Uebrigens enthielt hier auch
das caldarium ein großes Bassin [384]) und daneben noch ein run=
des, flaches Becken (labrum) zum Uebergießen mit kaltem
Wasser, [385]) und zum Kaltbaden fand sich außer dem Bassin im
frigidarium auch noch ein Schwimmbassin unter freiem Him=
mel. [386]) Zu diesen eigentlichen Baderäumen kommen nun noch
ein großer, freier und mit Säulen umgebener Platz mit fest=
gestampftem Fußboden als Palästra zu gymnastischen Uebungen [387])
und ein anderer mit Mosaikfußboden zum Ballspiel (sphaeriste-
rium), [388]) mehrere schön gemalte, mit Statüen und Büsten ge=
zierte Unterhaltungssäle und Lesezimmer, bedeckte Säulenhallen
zum Spazierengehen, ja selbst Kaufläden und Tabernen, worin,
wenn das Bad Appetit gemacht, reichlich für Speise und Trank
gesorgt ist. [389]) Kurz es fehlt an Nichts, was den Aufenthalt
in solchen Thermen angenehm und behaglich machen kann; [390])
weßhalb wir auch alle Räume derselben mehr oder weniger mit
Männern aller Stände gefüllt fanden. Nachdem ich ein kaltes
Bad genommen, bestiegen wir wieder eine der immer vor den
Thermen haltenden Sänften und ließen uns, da die Zeit der
Mahlzeit bereits herangerückt war und wir den kürzesten Rück=
weg nach Hause einschlagen mußten, durch die Suburra, | eine
der belebtesten Straßen der Stadt, tragen, die aber als Haupt=
sitz der Prostitution auch zugleich die verrufenste ist und noch
mehr liederliche Häuser enthält, als wir schon am Circus ge=
funden hatten. Schon jetzt am hellen Tage luden uns mehrere
an den Thüren stehende, halb entblößte Dirnen zum Eintritt

ein, während uns andere auf offener Straße in den Weg traten
und sich uns anboten, so daß wir unsere Träger antrieben, uns
so schnell als möglich diesen Zudringlichen zu entziehen. Nar=
cissus aber sagte mir, daß es immerhin für einen Fremden
interessant genug sei, einmal am Abend das Treiben in der Su=
burra mit anzusehen, da Männer der höchsten Stände ungenirt
hier ein= und ausgingen und es sogar nicht selten vorkommen
sollte, daß die vornehmsten Damen unter erborgten Namen in
diesen Spelunken ihren lüsternen Begierden ungescheut fröhnten.
Sei es doch selbst von der Gemahlin des Kaisers Claudius, der
berüchtigten Messalina, allgemein bekannt, daß sie sich auf solche
Art weggeworfen habe, [391]) und auch von der jetzigen Kaiserin,
der jüngeren Faustina, die, ihre gleichnamige Mutter an Zügellosig=
keit und schamlosen Ausschweifungen noch weit überbietend, ihrem
trefflichen Gemahl das Leben nicht wenig verbittere, [392]) wollten
Manche dasselbe behaupten. Da nun eine vollständige Schilde=
rung des römischen Lebens, in welchem die Buhlerinnen leider
eine so bedeutende Rolle spielen, auch diese Schattenseite desselben
nicht übergehen darf, so nahm ich mir vor den Rath des Nar=
cissus zu befolgen, und werde später auf diesen unerquicklichen
Gegenstand zurückkommen. Als ich aber den Narcissus heimlich
fragte, wie er es wagen könne, auf solche Weise von der Kaiserin
zu sprechen, da ich mir ja habe sagen lassen, daß in Rom die
Angeberei und Spionirerei von Seiten einer geheimen Polizei zu
Hause sei und unsere Träger seine Worte leicht gehört haben
könnten, antwortete er mir, früher und selbst noch unter Hadrian,
dem eine Abtheilung Soldaten, die sogenannten frumentarii, als
Polizeispione hätten dienen müssen, [393]) habe es allerdings in
dieser Beziehung sehr schlecht gestanden [394]) und damals hätte er
Niemandem rathen wollen, dergleichen Aeußerungen zu thun, jetzt
aber stehe die Sache anders, nachdem bereits Antoninus Pius
diesem unseligen Zustande, wo man kaum im eigenen Hause vor
Denunciationen der Sklaven, ja selbst der eigenen Angehörigen
sicher gewesen sei, ein Ende gemacht habe, [395]) und unter dem
jetzigen edlen Kaiser habe vollends eine unbeschränkte Redefrei=
heit Platz ergriffen.

Froh über diese Mittheilung langte ich gerade noch zu rech=
ter Zeit wieder zu Hause an, um nicht auch bei der Mahlzeit
zu fehlen, die, wie alle folgenden, in der Hauptsache der gestrigen

glich und nur in dem Wechsel der Gerichte und Weine eine Ver=
schiedenheit zeigte. Als ich bei derselben das Gespräch auch auf
Narcissus lenkte und seine Bildung und Kenntnisse rühmte,
sprach Vitellia: „Ach, Cajus, du hast ja schon mehrmals ge=
äußert, daß du nächstens auch dem Castor die Freiheit schenken
wollest; da hättest du ja jetzt die beste Gelegenheit unsern wiß=
begierigen Gast hier auch zum Zeugen dieser Ceremonie zu
machen." „Da hast du Recht, Vitellia," war die Antwort, „die
Sache mag gleich morgen vor sich gehen; doch wird es freilich
dabei nicht viel zu sehen geben." Nachdem ich der Vitellia ge=
dankt, daß sie mir so die Aussicht auf eine neue, interessante
Erfahrung eröffnet, fragte ich, wer dann Castors Stelle ein=
nehmen werde? „Kein Anderer," antwortete Sulpicius, „da
Castor auch als Freigelassener in seinem bisherigen Wirkungs=
kreise zu bleiben wünscht. Ich werde daher auch von der feier=
lichen Freilassung vor dem Prätor ganz absehen, und dieselbe
blos hier im Hause, inter amicos, wie wir zu sagen pflegen,
vornehmen." Bei Erwähnung meiner heutigen Erlebnisse äußerte
Sulpicius, bis jetzt habe ich fast nur die Schattenseiten des
Lebens in Rom kennen gelernt, ich werde mich aber hoffentlich
auch noch überzeugen, daß hier nicht Alles so schlimm stehe, als
man auswärts glauben möge. Zwei Hauptübel seien freilich
nicht in Abrede zu stellen, die große, allgemein verbreitete und
offen zur Schau getragene Unsittlichkeit und der übertriebene
Luxus von Seiten vieler Vornehmen und Reichen, der auch die
weniger Bemittelten, wenn sie nicht gar zu weit zurückstehen
wollten, zu einem gewissen äußeren Glanze nöthige, der ihre
Kräfte übersteige, so daß sich bei der im Ganzen herrschenden
Theuerung [396]) der Mittelstand in keiner eben sehr beneidens=
werthen Lage befinde und oft nur die drückendste Armuth sich
unter einer blendenden Hülle verberge, [397]) weshalb auch Ban=
kerotte zu den täglichen Erscheinungen gehörten. [398]) Am besten
seien eigentlich die untersten Volksklassen daran, die fast ganz
auf Staatskosten ernährt würden. Nach diesen und ähnlichen
Gesprächen zog ich mich auf mein Zimmer zurück, aber nicht
um, wie Sulpicius und seine Familie, das Bett aufzusuchen, [399])
sondern um noch bis in | die Nacht hinein in den mir von Nar=
cissus geliehenen Geschichtwerken zu studiren, und theile schon
hier das Resultat meiner Forschungen über die Entstehung und

Verhältnisse der drei Stände Roms als Anhang zur Schilderung meiner heutigen Erlebnisse mit, weil sonst vielleicht meinen Lesern in den folgenden Kapiteln Manches unverständlich bleiben würde. Wer sich für dergleichen historische Erörterungen nicht interessirt, kann sie ja überschlagen.

Die Patricier oder der Erbadel Roms sind die Nachkommen der ersten wirklichen Vollbürger der Stadt nach ihrer Gründung [100]) und nach Vereinigung der Römer, Sabiner und Etrusker zu einem Gemeinwesen. Sie zerfielen demnach in drei Urstämme oder Tribus, die Ramnes, Tities und Luceres, [101]) deren jede wieder aus zehn Curien [102]) bestand, in welche die einzelnen Geschlechter (gentes) nach einem örtlichen Princip eingereiht wurden, indem man die in derselben Gegend Wohnenden in eine Curie zusammenfaßte. [103]) Nur diese patricischen gentes bildeten anfangs das eigentliche und in den Volksversammlungen stimmberechtigte römische Volk (den populus Romanus Quiritium), wozu die als ihre Pächter oder Hintersassen und Schutzbefohlenen (clientes) [104]) neben ihnen, als ihren Schutzherren (patroni), in der Stadt lebenden, ihnen untergeordneten und ganz von ihnen abhängigen Abkömmlinge der von Sabinern und Etruskern besiegten Ureinwohner Italiens nicht mit gerechnet wurden, die ursprünglich als Sklaven betrachtet worden waren, später jedoch zwar als freie Männer galten, aber noch keine bürgerlichen Rechte und kein eigenes Besitzthum hatten und dabei den patricischen Patronen völlig untergeordnet, aber doch in den Gottesschutz der Familie aufgenommen waren und daher eine familienrechtliche Stellung einnahmen. Die Zahl der patricischen gentes aber empfing durch Tarquinius Priscus einen bedeutenden Zuwachs. Da nämlich Rom nach und nach durch Ansiedelung vieler Familien aus verschiedenen Landschaften Italiens, besonders aber Latiums, eine große Anzahl von Einwohnern erhalten hatte, die nicht zu jenen Tribus gehörten, sondern im Gegensatz zu ihnen die Plebs genannt wurden, so wollte jener König, der sehr richtig erkannte, daß es unbillig sei, wenn noch immer blos jene ursprünglichen Vollbürger der Schwerpunkt des Staats blieben, aus den Plebejern drei neue, mit jenen gleichberechtigte Tribus bilden, konnte jedoch blos das durchsetzen, daß sich die Patricier entschlossen in jede ihrer Tribus eine entsprechende Zahl plebejischer Familien aufzunehmen und somit zu Patriciern zu machen, [405]) die nun im Gegensatze zu jenen älteren Geschlechtern oder gentes maiores die jüngeren oder gentes minores [406]) und, wie jene nun Ramnes, Tities und Luceres primi genannt wurden, so Ramnes, Tities und Luceres secundi hießen. [407]) Die Nachkommen dieser alten gentes maiores und minores, aus denen auch das Collegium der patres oder der Senat gewählt wurde, sind nun die heutigen Patricier. Im Laufe der Zeit wurde jedoch die Zahl der patricischen Geschlechter immer kleiner, und gleichzeitig mit ihrer Anzahl verminderte sich auch durch einen Jahrhunderte lang fortgesetzten Kampf der später entstandenen Plebejer gegen sie, die ihnen ein Vorrecht nach dem andern entrissen, ihre Macht und ihr Einfluß, so daß sie zuletzt nur noch ein historisches An=sehen behielten, obgleich sie in Erinnerung ihrer früheren Stel=lung die Plebejer nie als vollkommen Ebenbürtige betrachteten; und selbst mein Gastfreund und seine Gattin konnten bei aller Humanität und Leutseligkeit doch einen gewissen Stolz auf ihre patricische Herkunft keineswegs verleugnen. Was nun die Ple=bejer betrifft, von denen unter den ersten Königen noch gar keine Rede war, so legte erst Tullus Hostilius durch Verpflanzung der besiegten | Albaner nach Rom [408]) den ersten Grund zu einem nicht patricischen Bürgerthum, der plebs, [409]) wozu unter Ancus Marcius [410]) und Tarquinius Priscus wieder die in den römi=schen Staatsverband aufgenommenen [411]) Einwohner andrer be=siegter Städte der Latiner als zwar freie, aber rechtlose Grund=besitzer kamen. Der eigentliche Schöpfer der plebs jedoch als eines mit dem patricischen populus durch ein gemeinsames Staats=bürgerthum verbundenen, selbstständigen Bestandtheils der Be=völkerung Roms war Servius Tullius, der sowohl alle jene in Rom lebenden Clienten, als die neu hinzugekommenen Latiner u. s. w. zu stimmberechtigten Bürgern machte, [412]) und durch eine neue, auf die Vermögensverhältnisse basirte Eintheilung des ganzen Volks in Klassen und Centurien, so wie, mit Beseitigung der drei alten patricischen Tribus, in vier bloß lokale Tribus (Palatina, Suburana, Collina und Esquilina, später tribus urbanae genannt, als im J. Roms 494 noch siebzehn tribus rusticae hinzukamen) mit den Altbürgern zu verschmelzen suchte. [413]) Auch diese plebejischen Bürger bildeten nun, wie schon früher in ihrer Heimath, so auch jetzt in Rom ihre gentes, von welchen viele nach und nach zum größten Ansehen und in Besitz der höchsten Ehrenstellen gelangten. Nach dem Sturze des Königs= thums nämlich begann sogleich jener langwierige Kampf der von der Staatsverwaltung und dem Besitz der Staatsgüter aus= geschlossenen Neubürger gegen die vielfach bevorzugten Altbürger, aus welchem jene als Sieger hervorgingen, indem sie wenigstens in allen wichtigeren Punkten eine Gleichstellung mit diesen er= rangen, [414] und welchem Rom die Vollendung seiner Verfassung verdankt. An die Stelle des Patriciats oder der Geburtsaristo= kratie trat nun die nobilitas oder der Adel der hohen Staats= ämter und des Geldes, welches in jetziger Zeit fast die Haupt= rolle spielt, und obgleich der nominelle Unterschied zwischen Pa= triciern und Plebejern stets fortdauerte, so verschwand doch die strenge Sonderung beider Stände immer mehr und mehr, be= sonders da nicht nur so manche Plebejer durch Adoption selbst zu Patriciern wurden, sondern sogar manche Patricier, aus eigennützigen Absichten auf ihren Geburtsadel verzichtend, zu den Plebejern übertraten, [415] woher es kommt, daß es jetzt in einer und derselben gens nicht selten patricische und plebejische Fa= milien neben einander giebt. Das Mittelglied nun zwischen diesen beiden Ständen bilden die Ritter (equites), lange Zeit hindurch die eigentliche Geldmacht im Staate repräsentirend, jetzt völlig im Ansehen gesunken. Ursprünglich unter Romulus waren es die wohlhabendsten und deshalb im Kriege zu Roß dienenden Bürger, also Patricier, 300 an der Zahl (aus jeder der drei Urtribus 100), in drei Centurien oder 10 Turmen ge= theilt [416] und bald equites, bald celeres genannt, [417] dann vom Tullus Hostilius durch 300 Albaner in zehn Turmen [418] und vom Tarquinius wieder durch 600 | neue Ritter vermehrt, [419] so daß ihre Zahl nun 1200 betrug. [420] Es wurden aber we= der die alten Namen (centuria equitum Ramnensis, Titiensis und Lucerensis), noch die Zahl der Centurien verändert, [421] sondern Letztere nur verstärkt und die neu hinzugekommenen Ritter als posteriores oder secundi von den älteren unter= schieden. [422] Diese drei patricischen Doppelcenturien nun, deren jede aus 200 primi oder priores und 200 secundi oder poste= riores bestand, formirte Servius Tullius in sechs Centurien und fügte ihnen zwölf aus den Neubürgern gebildete, also plebejische Centurien bei [423] (wahrscheinlich 2400 Mann, so daß die Ge=

sammtzahl nun 3600 war), die, obgleich Plebejer, doch als die
reichsten Bürger für Aristokraten galten [424]) und sich ganz dem
Interesse der Patricier anschlossen. Die equites wurden an=
fangs von den Curien selbst, dann von den Königen und später
von den Consuln, [425]) zuletzt aber, seit Gründung der Censur
im Jahre Roms 311, [426]) aller fünf Jahre vom Censor ge=
mustert und neu ausgewählt, [427]) und der Census oder die
Größe des Vermögens (gegen Ende der Republik 400,000 Se=
stertien, [428]) in den frühesten Zeiten bei ganz verschiedenen Ver=
mögensverhältnissen und weit größerem Werthe des Geldes
natürlich eine ungleich geringere Summe) [429]) bedingte ihre
Wahl; [430]) das Roß aber wurde ihnen vom Staate gewährt
und erhalten. [431]) Im Kriege mit Veji jedoch erboten sich im
Jahre Roms 371 viele junge Leute zu freiwilligem Reiterdienst
auf eigenen Rossen [432]) und so entstand noch eine dritte, sehr
zahlreiche, aber weniger angesehene Klasse von Rittern, die nun
auch, gleich dem Fußvolke, Sold vom Staate erhielten. [433])
Waren nun die Ritter bis dahin ein wechselndes, zum Kriegs=
dienst bestimmtes Corps gewesen, so erscheinen sie von den Zei=
ten der Gracchen an, wo ohne weitere ausschließliche Rücksicht
auf den Reiterdienst eine vollständige Verwandlung in den Ver=
hältnissen derselben eintrat, als ein zwischen den Patriciern
und Plebejern in der Mitte stehender, bleibender Stand des
Volks (ordo equester), [434]) da, nachdem schon früher nicht
selten Ritter in den Senat aufgenommen worden waren, im
Jahre Roms 632 die lex iudiciaria des C. Gracchus alle
400,000 Sestertien oder den Rittercensus besitzende Bürger als
zu Richterstellen befähigt erklärte. [435]) Alle diese wurden, moch=
ten sie Kriegsdienste thun oder nicht, jetzt Ritter genannt und
so entstand neben den eigentlichen equites eine große Klasse
von Titularrittern, eine Geldaristokratie, deren Kern die rei=
chen Staatspächter (publicani) bildeten. Nachdem nun das
Ansehen des Ritterstandes lange Zeit verschiedentlich geschwankt
hatte, ging derselbe seit Augustus [436]) mit schnellen Schritten
seinem Verfalle entgegen, indem die Kaiser nicht selten Frei=
gelassene zu Rittern machten und sie zu den schmachvollsten
Dienstleistungen gebrauchten. [437]) Der eigentliche Zweck des
Ritterthums, der Reiterdienst, war schon längst in den Hinter=

grund getreten. [43?]) So ist es denn gekommen, daß die Ritter trotz ihrer nahen Beziehung zum kaiserlichen Hofe, dessen Glanz sie bei vielen Gelegenheiten vermehren müssen, jetzt im Ganzen nur sehr geringes Ansehen genießen und das Abzeichen ihrer Würde, der goldene Fingerring, [439]) seinen Werth und seine Bedeutung fast ganz verloren hat.

Anmerkungen zum 1. Kapitel.

---

¹) Brundisium (auch Brundusium), eine Hafenstadt Unteritaliens (Calabriens) am adriatischen Meere, der gewöhnliche Landungsplatz der aus Griechenland und dem Orient kommenden Schiffe. Sie heißt bekanntlich noch jetzt Brindisi.

²) Die portitores (meist Freigelassene und Sklaven) waren die Unterbeamten der Staatspächter (publicani), gewöhnlich reicher Mitglieder des Ritterstandes (vgl. S. 43.), welche, wie überhaupt alle an den Staat zu entrichtende Abgaben, so auch die Hafenzölle (portoria) für eine runde Summe gepachtet hatten. (Ascon. zu Cic. div. 10. p. 113. Orell.) Jene mußten, obgleich alle Gegenstände, welche Jemand zu seinem eigenen Gebrauche mit sich führte, zollfrei waren (Dig. L, 16, 203. Cod. Theod. IV, 12, 2. 3. Quinct. Decl. 359.), gleichwohl, weil Zollbefraudationen gar nicht selten vorkamen (Quinct. Decl. 349.), auch das Reisegepäck visitiren und überhaupt auf alle Weise spioniren (Plaut. Men. 1, 2, 6 ff. Cic. in Vat. 5, 12. de lege Agr. II, 23, 61. ad Qu. fr. I, 1, 33. Quinct. Decl. 359. Plut. de curios. 7. Nonius p. 24, 19. Donat. zu Ter. Phorm. I, 2, 100.), und waren daher in den Hafenstädten sehr zahlreich vertreten (Cic. pr. leg. Man. 6, 16.), aber eine im Ganzen sehr verhaßte und verachtete Menschenklasse (Plut. a. a. O. Ascon. zu Cic. Verr. II, 3. p. 205. Orell. Man denke auch an die Zöllner des N. T.). Dem Zoll waren sämmtliche Gegenstände des Handels unterworfen (Liv. XXXII, 7. Dig. XXXIX, 4, 4. Symmach. Ep. V, 62.). Eine Aufzählung der einzelnen Artikel findet sich bei Cic. Verr. II, 72, 176. und Dig. XXXIX, 4, 16. §. 7. Sogar eingeführte Sklaven mußten verzollt werden (Dig. L, 16, 203.). Vom Zoll ausgenommen waren nur alle Waaren, die für kaiserliche Rechnung gekauft oder zur Ausrüstung des Heeres bestimmt waren (Cod. Theod. IV, 12, 2. Dig. XXXIX, 4. 9. §. 7. 8.). Ob auch Waaren, die unverkauft an ihre Herren zurück-

gingen, zollfrei waren, b. h. ob bei ihnen der Zoll zurückerstattet wurde, bleibt ungewiß. (Vgl. Cic. ad Att. II, 16, 4.). Dieser Einfuhrzoll war zwar am Ende der Republik abgeschafft, von Jul. Cäsar aber wieder hergestellt worden. (Suet. Caes. 43.) Später hob ihn Pertinar abermals auf (Herodian. II, 4, 7.), jedoch sicher= lich nur auf kurze Zeit, denn er wird in der Folge wieder stets erwähnt. (Cod. Theod. XI, 12, 3. XIII, 5, 23. 24. Dig. XXXIX, 4, 9. §. 8. L. 16, 17.) |

³) Da es im Alterthum noch keine Postanstalten gab, so muß= ten die Reisenden, wenn sie nicht stolz zu Fuße gingen oder ritten, entweder ihren eigenen Reisewagen haben, oder sich einer Mieth= kutsche bedienen. Daß es aber in der Kaiserzeit in allen bedeuten= deren Städten Italiens Innungen (collegia) von Lohnkutschern (cisiarii und iumentarii) gab, welche zwei= und vierräbrige, be= spannte Wagen (cisia und redae) an Reisende vermietheten, ergiebt sich aus mehreren alten Steinschriften bei Muratori 108, 4. (= Corp. inscr. Lat. 1129.), Fabretti p. 9. n. 179. Orelli 2413. 4093. 5163. Tonini (Rimini p. 369 ff.) u. s. w. und aus Dig. XVII, 2, 52. §. 15. Miethwagen (redae meritoriae, vehicula meri-toria) werden bei Suet. Caes. 57. Calig. 39. und sonst erwähnt.

⁴) Die Entfernung von Brundisium bis Capua betrug etwa 230 römische Millien oder 46 geogr. Meilen. Nach Ovid. ex P. IV, 5, 3. aber legte man bei gemächlicher Reise die ganze 360 Mill. betragende Strecke bis Rom in weniger als 10 Tagen zu= rück, und somit werden Tagereisen von 36 bis 38 Mill. als ge= wöhnliches Maaß für solche Vetturine des Alterthums anzunehmen sein, während man mit mehrmals gewechselten Pferden freilich un= gleich schneller reiste und, wenn große Eile Noth that, in der Stunde selbst 8 Mill. durchflog. (Vgl. z. B. Cic. Rosc. Am. 7, 19. Suet. Caes. 17. 56. 57. Appian. II, 103. Strab. III, 4, 9. p. 160. Val. Max. V, 5, 3. Plin. N. H. VIII, 19, 20. §. 84.) Unser Lohnkutscher hier, der das Gespann nicht wechselte, war ein sogenannter mulio perpetuarius. (Seneca Lud. de m. Caes. 6, 1.)

⁵) Vgl. Nonius p. 86, 30. mit Cic. pro Rosc. Am. 7, 19. u. Phil. II. 31, 77. Worin die Verschiedenheit dieses cisium von dem ebenfalls zweirädrigen essedum (Cic. ad Att. VI, 1, 25. Phil. II. 24, 58. V, 16, 49. Suet. Calig. 26. Verg. Geo. III, 204. und daselbst Serv., Propert. II, 1, 86., bei Sen. Ep. 56, 4. auch esseda) bestand, dessen man sich auch zu Reisen bediente (Ovid. Am. II, 16, 49. Mart. X, 104.), wissen wir nicht. Nur das erhellet aus Ovid. a. a. O., daß man es selbst fahren konnte und daß es daher wahrscheinlich keinen Kutschersitz hatte. (Vgl. auch unten den covinus Anm. 58.). Von den vierräbrigen Wagen wird unten Anm. 40. die Rede sein.

⁶) Die Art wie die Römer Zugthiere (Pferde, Maulesel und

Ochsen) an den Wagen spannten, war von der unsrigen wesentlich
verschieden, indem die Stelle des Kummets und der daran hangen=
den Stränge von einem vorn an der Deichsel befestigten und auf
dem Nacken der Thiere liegenden Joch vertreten wurde, welches
meist aus einem einfachen, mit rundem Ausschnitte für die Wölbung
des Nackens (also bei einem Doppelgespann mit zwei dergleichen)
versehenen Holzbügel bestand. Nur für ein Zugthier eingerichtete
Fuhrwerke hatten eine Gabel, das Joch auf dem Nacken des Thieres
aber fehlte auch hier nicht. Wurden drei oder vier Zugthiere vor=
gespannt, so zogen nur die vordersten an Strängen und hießen da=
her funales (von funis, das Seil, der Strang). |

7) Die um's J. 442. der Stadt Rom oder 312 v. Chr. vom
Censor Appius Claudius Cäcus erbaute und nach ihm benannte
Via Appia reichte ursprünglich blos von Rom bis Capua, war
aber später — wir wissen nicht, wann, jedoch noch vor der Kaiser=
zeit — bis Brundisium verlängert worden. (Vgl. Strab. V, 3, 6.
p. 233. VI, 3, 7. p. 283.) Doch wurde auch späterhin der Name
zuweilen nur auf die Strecke von Rom bis Capua beschränkt. (Vgl.
Procop. de bello Goth. I, 14., dem wir die genaue Beschreibung
der Straße verdanken.)

8) Silv. II, 2, 12.

9) Die Römer kannten auch den Gebrauch von Wegekarten
und Stationsverzeichnissen, auf denen die Richtung der Straßen,
die Entfernungen der Orte und Anhaltepunkte genau angegeben
waren, und wir besitzen noch zwei derselben, das Itinerarium An-
tonini aus Diocletian's Zeit und das Itinerarium Hierosolymita-
num. Aus Letzterem, welches, um's J. 330 n. Chr. abgefaßt, eine
wohl für Pilger nach dem heil. Lande bestimmte Reiseroute von
Bordeaux bis Jerusalem war, und auch mancherlei historische No=
tizen, Angabe von Denkmälern, Sehenswürdigkeiten u. s. w. ent=
hält, ersieht man zugleich, daß diese Itinerarien auch die Stelle
unserer Reisehandbücher vertraten. Ja man führte selbst dergleichen
Stationenverzeichnisse in silberne Gefäße gravirt mit sich, wie drei
dergleichen aus Spanien herstammende und in den Bädern von
Vicarello ausgegrabene Gefäße beweisen. (Vgl. Henzen Alterth.
von Vicarello im Rhein. Mus. Neue Folge X. 1853. S. 20 ff.)

10) Die aber wohl erst später hinzugekommen war. Vgl. Li=
vius XLI, 27.

11) Juven. 14, 134. u. Plautus Capt. I, 1, 22. Trin. II,
4, 21.

12) Juven. 4, 118 ff.

13) Daß es solche Wirthshäuser (deversoria: Cic. de sen. 28,
84. ad Fam. VI, 19, 1. VII, 23, 3. ad Att. IV, 12. und öfter,
tabernae deversoriae: Plaut. Men. II, 3, 81., tabernae meritoriae:
Val. Mar. 1, 7,•10.) an den Landstraßen Italiens gab, erhellet
aus Cic. pro Cluentio 59, 163. Ascon. zu Cic. Mil. p. 275. Orell.

Prop. IV (V), 8, 19. Petron. 124. It. Ant. p. 107. und anderen
Stellen. Im Allgemeinen vgl. die Reisebeschreibung bei Horaz
Sat. 1, 5. und über die Wirthshäuser der Alten überhaupt Zell
Ferienschriften I. Samml. S. 5 ff.

¹⁴) Wie heilig das Gastrecht dem Römer galt, ersieht man
aus mehreren Stellen, wo die Pflichten gegen den Gastfreund selbst
noch höher gestellt werden, als die gegen Verwandte und Clienten
(s. unten Anm. 254.). Vgl. Cicero div. in Caec. 20, 66. Liv.
XLII, 38. Plin. Ep. III, 4, 5. und besonders Gellius V, 13.,
überhaupt aber Cic. pr. Flacc. 20, 48. pro Deiot. 14, 39. Liv.
I, 45. III, 16. IV, 13. V, 28. 50. Caes. B. Gall. I, 31. Suet.
Caes. 73. u. s. w. und unten Anm. 33—35.

¹⁵) Sidon. Appoll. Ep. IV, 8. vgl. mit Plut. Cato min. 38,
2. u. Anton. 9, 4.

¹⁶) An den Hauptstraßen des Reichs waren in der Entfernung
von Tagereisen, jedoch mit Berücksichtigung naher größerer Städte,
in verschiedenen Distanzen sogenannte Mansiones, zum Theil | sehr
ausgedehnte Baulichkeiten mit Stallungen, Scheunen u. s. w., erbaut, in welchen Staatsbeamte und Militärpersonen, überhaupt
Alle, welche in öffentlichem Dienst reisten, ja die Kaiser selbst
(Lamprid. Alex. Sev. 45.) mit ihrem Gefolge jederzeit auf Staats-
kosten Aufnahme, Pflege und Beköstigung, auch Fourage, Vorspann-
pferde u. s. w. fanden. (Vgl. Herodian. VIII, 5, 8. Capitol.
Maxim. 23. Plinius XII, 14, 32. §. 65. VI, 23, 26. §. 102.)
Uebrigens sind von diesen Mansiones die Mutationes, d. h. Sta-
tionen, wo bloßer Pferdewechsel ohne weiteren Aufenthalt oder
Nachtlager Statt fand, wohl zu unterscheiden. (Vgl. Cod. Theodos.
I, 7, 4. XI, 1, 9. mit Ritter's Comm. und Wesseling zum Itin.
Ant. p. 552.) An der 136 Mill. langen Straße von Capua bis
Rom fanden sich 9 mansiones und 14 mutationes (Itin. Hieros. p.
612. Vgl. auch Anm. 36.)

¹⁷) Bisweilen auch durch längere Inschriften. Vgl. Orelli Nr.
4329. u. 4330. (vgl. mit Quinct. VI, 3, 38.) Auf die übrigen
oben angegebenen Thiernamen läßt sich aus der Bezeichnung
mehrerer Stationen im Itin. Anton. schließen, wie ad Aquilam
maiorem (p. 10.) und minorem (p. 9.), ad Dracones (p. 36. 183.
207.), ad Gruem magnum u. s. w. Ein Wirthshaus „zum Elephanten" findet sich in Pompeji (vgl. Overbeck Pompeji II. S. 6.)
und eins „zum Hahn" auf einer Inschr. bei Orelli 4330. Uebrigens
vgl. auch Zell Ferienschriften. Neue Folge I. (2. Ausg. Heidelb.
1873.) S. 137.

¹⁸) Vgl. Hor. Sat. I, 5, 2. Epist. I, 11, 11. I, 17, 8. Cic.
pro Cluent. 59, 163. Phil. II, 31, 77. Prop. IV (V), 8, 19.
Plaut. Poen. III, 3, 60. u. überdies Petron. 15. 19. 80. 124.

¹⁹) Die Polster oder Matratzen der Gasthäuser waren nach
Plin. XVI, 36, 64. §. 158. zuweilen blos mit Büscheln der Rohr-

blüthe (coma arundinis) statt mit Federn gestopft, und die Flöhe
nennt derselbe IX, 47, 71. §. 154. „Sommerthiere der Gasthäuser"
(cauponarum aestiva animalia, pernici molesta saltu).

²⁰) Varro L. L. V, 105. Plin. XVIII, 8, 19. §. 83. Mart.
V, 78, 9. Val. Max. II, 5, 5.

²¹) Cato R. R. 156. Hor. Ep. I, 17, 13. Juven. 11, 77. Pers.
3, 114. Mart. XIII, 13. Nonius p. 201, 5. u. s. w.

²²) Ueber den Namen ientaculum vgl. Isidor. Orig. XX, 2,
10. u. Fulgent. c. 38., über die Speisen dabei Lamprid. Alex.
Sev. 30. Vopisc. Tac. 11. Galen. Vol. VI. p. 332. 442. K. Mart.
XIII, 31. und über die Zeit desselben, die 3. oder 4. Stunde, Ga=
len. a. a. O. u. p. 410., überhaupt aber Plaut. Curc. I, 1, 72.
Truc. II, 7, 38. Suet. Vitell. 7. Mart. XIII, 31. XIV, 223.
Appulej. Met. I. p. 60. Oud. u. Isidor. a. a. O.

²³) Das prandium war ein Gabelfrühstück, das auch der Zeit
nach mehr unserm Mittagsessen entsprach, denn es wurde gewöhn=
lich in der sechsten oder siebenten Stunde ·(Galen. Vol. VI. p. 332.
333.), | b. h., da die Römer die Tagesstunden von Sonnenaufgang
an zählten, zu Mittag eingenommen. (Mart. IV, 8. Suet. Claud.
34.) Es bestand wenigstens zum Theil aus warmen Speisen (Plaut.
Menaechm. I, 3, 25. Curc. II, 3, 44. Auson. Ephem. p. 59.
Bip.), meistens aufgewärmten (Plaut. Pers. 104 ff.), obgleich sich
frugale Männer auch blos mit kalter Küche begnügten (Plaut. a.
a. O. Plin. Epist. III, 5, 10. Seneca Epist. 83, 5.), Schwelger
aber auch hierbei alles Maß überschritten (Cic. Verr. IV, 10, 22.)
Man trank dabei gewöhnlich mulsum (Cic. pro Cluent. 60, 166.),
aber gewiß auch zuweilen Wein. (Cic. Phil. II, 41, 104. in Pis.
6, 13. Tac. An. XIV, 2.) Ueber das mulsum und seine Bereitung
vgl. Colum. XII, 41. Geopon. VIII, 25. 26. Pallad. XI, 17.
Plin. XII, 24, 53. §. 113., außerdem Varro R. R. III, 16, 2.
Hor. Sat. II, 2. 15. 4, 24 ff. Petron. 34. u. Macrob. Sat. VII,
12, 9. p. 611. Jan.

²⁴) Die Zeit der coena, welche gewöhnlich gleich auf das Bad
folgte und an die Stelle der früheren vesperna (Isidor. Orig. XX,
2, 14. Paulus Diac. p. 54. 338. M.) oder merenda (Isidor. a.
a. O. §. 12. u. XX, 3, 3. vgl. auch Paulus p. 123. u. Fronto
Epist. IV, 6. p. 76. ed. Mai) trat, (welche Namen später ganz
außer Gebrauch kamen), war nach Jahreszeit und Familienverhält=
nissen verschieden.   Denn da bei den Römern der längste Sommer=
tag so gut wie der kürzeste Wintertag in 12 Stunden getheilt wurde
und somit die Winterstunden viel kürzer waren, als die Sommer=
stunden, war es natürlich, daß man im Winter zu einer früheren
Tageszeit (noch bei Tageslicht) speiste, als im Sommer (Plin.
Epist. III, 1, 8.) Im Allgemeinen aber ist die neunte (Cic. ad
Fam. IX, 26. in. Mart. IV, 8, 6.) oder zehnte Stunde (Auct. ad
Herenn. IV, 51, 64. Mart. VII, 51, 11.) des römischen Tages

als Zeit der Hauptmahlzeit anzunehmen. Ueber die Dauer derselben läßt sich noch weniger etwas Bestimmtes und allgemein Gültiges sagen; nur ist bekannt, daß Schlemmer sie bis tief in die Nacht und selbst bis zum Morgen verlängerten (Mart. I, 28. Cic. Cat. mai. 14, 46. Claud. in Eutr. II, 84. vgl. Hor. Od. III, 21, 23.) und daß der Kaiser Nero von Mittag bis Mitternacht zu diniren pflegte (Suet. Ner. 27.) Große Schmausereien bei festlichen Gelegenheiten, z. B. an den Saturnalien (Lucian. Saturn. 17.), fingen auch schon weit früher, als mit der neunten Tagesstunde, an und hießen daher convivia de die (Ter. Adelph. V, 9, 8. vgl. Liv. XXIII. 8.) oder tempestiva convivia (Cic. p. Mur. 6, 13. p. Arch. 6, 13. ad Att. IX. 1. de senect. 14. in. Tac. Hist. II, 68. Suet. Calig. 45. Sen. de ira II, 28. u. s. w.), tempestivae coenae oder epulae (Cic. ad Att. IX, 13. Tac. Ann. XI, 37.) Ueber die Einrichtung und einzelnen Theile derselben im Familienleben s. oben S. 16 ff.

²⁵) Juven. 14, 131. Mart. X, 48, 11. Plin. XXXII, 11, 53. §. 149. Colum. VIII, 17, 12. Celsus II, 18.

²⁶) Martial. a. a. O.

²⁷) Plin. XXXII, 9, 31. §. 99. 11, 53. §. 147. Hor. Sat. II, 4, 32. Celsus II, 29. Mart. VI, 11, 5. X, 37, 9. Colum. VIII. 17, 12.

²⁸) Von dem Tafelgeschirr anständiger Haushaltungen wird weiter unten im 3. Kapitel die Rede sein. Vgl. auch schon oben S. 17 ff.

²⁹) Vgl. Dig. III, 2, 4. §. 2. XIII, 2, 43. §. 1. 9. Cod. Justin. IV, 56, 3. Auf einem Relief von Isernia, worauf | ein abreisender Gast die Rechnung mit der Wirthin macht, (abgebildet im Bull. Nap. VI, 1. und in den Berichten der K. S. Gesellsch. d. Wiss. 1861. Taf. X, 6.) kommt in der Steinschrift über dem Bilde (auch bei Orelli 7306. und Mommsen Inscr. R. N. 5078.) auch der Posten vor: (Habes) puellam — asses octo („für ein Mädchen 8 Asses"). Vgl. auch Hor. Sat. I, 5, 82 ff. Ueber die Betrügereien der Gastwirthe vgl. Mart. I, 57. III, 57. Hor. Sat. I, 1, 29. u. s. w.

³⁰) Varro R. R. I, 2, 23. Vitruv. VI, 8.

³¹) Suet. Claud. 38. Ner. 16. Dio Cass. LX, 6. LXII, 14. LXVI, 10.

³²) Die blühende Hauptstadt Campaniens, 20 Mill. nördlich von Neapel und 30 Mill. westlich von Benevent gelegen; jetzt Ruinen bei Sta. Maria di Capua.

³³) Cic. pro Deiot. 3, 8. Liv. XXX, 13. Verg. Aen. III, 83. XI, 165. Tac. Hist. I, 54.

³⁴) Plaut. Poen. V, 1, 25. u. 2, 87 ff. Ich folge hier der Ansicht, daß die tessera zerbrochen wurde, damit das genaue Zusammenpassen der beiden Stücke die Aechtheit und Wahrheit der be-

stehenden Gastfreundschaft constatire; doch ist es freilich auch denk=
bar, daß dieselbe in zwei ganz gleichen Exemplaren ausgetauscht
wurde.

[35]) Ueber diese nöthige Aufkündigung der Gastfreundschaft vgl.
Dion. Hal. V, 34. Liv. XXV. 18. XXXVI, 3. XXXVIII, 31.
XLII, 25. Cic. Verr. II, 36, 89. Tac. Ann. II, 70. Ohne die=
selbe pflanzte sich die Gastfreundschaft auf Kinder und Kindeskinder
fort. (Vgl. Cic. div. in Caec. 26, 67. ad Fam. XIII, 36. Cäs.
B. Civ. II, 25. Liv. XLII, 38. Plut. Cat. min. 12.)

[36]) Bei dem Mangel aller Postanstalten für Privatpersonen
konnten die Römer Briefe nur so durch Gelegenheiten oder durch
eigens dazu abgeordnete Boten bestellen lassen. Angesehene und
wohlhabende Römer hatten daher unter ihren Sklaven eigne
Briefboten (tabellarii). Vgl. Cic. Phil. II, 31, 77. ad Fam. X,
31. in. XII, 12, 1. XV, 17. in. ad Att. VI, 1, 9. VI, 2, 1. u.
öfter. (Caes.) B. Hisp. 12. 16. 18. Plin. Ep. III, 17, 2. Liv.
XLIV, 44. XLV, 1. Petron. 47. u. s. w. Die Statthalter be=
nutzten in den Zeiten der Republik zu ihrer Correspondenz die tabellarii der publicani (Cic. ad Att. V, 15, 2. de prov. cons. 7,
15.), oder ihre Ordonnanzen (statores: Cic. ad Fam. II, 17. 19.
Digest. IV, 6, 10. Gruter p. 1031, 3. Reines. Cl. VIII. n. 4.
19. vgl. auch Gruter 258, 8. 600, 6. 631, 3.), welche Einrichtung
auch in der Kaiserzeit bis zu Alexander Severus fortdauerte: (Lam=
prid. Al. Sev. 52. vgl. Digest. I, 16, 4. §. 1.) (Jene tabellarii
dürfen übrigens nicht mit den tabularii oder Archivaren und Rech=
nungsführern verwechselt werden, wie es von Preller Regionen S.
235. geschehen ist). Den ersten Grund zu einer wirklichen Post=
einrichtung legte erst Augustus (Suet. Oct. 49.) durch eine militä=
risch organisirte Schaar von Couriren (speculatores: Suet. Oct. 74.
Calig. 44. Claud. 35. Tac. Hist. II, 11, 73. u. s. w.), welche die
amtlichen Depeschen stationsweise befördern mußten, und durch Ver=
besserung der in Note 16. erwähnten Einrichtung der mansiones u.
mutationes zur Personenbeförderung, jedoch nur für den Regenten
und die Staatsbeamten; Privatpersonen wurde die Benutzung dieser
Staatspost nur ausnahmsweise in den Zeiten der Republik durch
ein Diplom des Statthalters (Plin. Epist. X, 31, 121.) u. später
vom Kaiser selbst (Cod. Theod. VIII, 5.) gestattet. Nachdem diese
Posthaltereien früher den einzelnen Ortschaften zur Last gefallen
waren (Cod. Theod. a. a. O. lex 5. 12. 38. 40. 43. 52.), wurden
sie unter Nerva in Italien kaiserlich (Plut. Galba 8.) und durch
Hadrian (Spartian. Hadr. 7.), Antoninus Pius (Capitol. Ant. P.
12.) u. Severus (Spartian. Sever. 14.) nach und nach über das
ganze Reich ausgedehnt.

[37]) Vgl. unten Anm. 277. Daß zuweilen Briefe auch bloß
auf Papier geschrieben wurden, ergiebt sich aus Cic. ad Qu. fr. II,

15. ad Fam. VII, 18, 2. Mart. XIV, 11. Isidor. Orig. VI, 8, 18. u. Dig. XXXIII, 9, 3. §. 10. |

³⁵) Gewöhnlich nahm man zu den Briefen dünne Holztäfel=chen, die mit Wachs überzogen waren (Ovid. A. A. I, 437. Am. I. 12. 11. Plin. Ep. VII. 27. 9.), in welches man die Buchstaben mit einem metallenen Griffel (stilus: Ovid. Met. IX, 521. Sen. de clem. I. 14. Suet. Caes. 82. Calig. 28. Isidor. Orig. VI, 9, 1. Plin. Ep. VII. 27, 7.) einritzte und die, wenn man sich ver= schrieben hatte, mit dem untern breiten Ende des Griffels wieder ausgeglättet wurden (was oblinere hieß), um etwas Anderes dafür einzukritzeln zu können. (Prudent. peristeph. IX, 51. Symposf. Aenigm. 1. bei Wernsd. P. L. min. VI. p. 478. Augustin. de vera rel. 39. Daher der Ausdruck stilum vertere: Cic. Verr. II, 41, 101. Hor. Sat. I, 10, 72.) War nun der Brief geschrieben, so wurden die Täfelchen (tabellae: Plaut. Pseud. I. 1, 10. Cic. Catil. III, 5, 10. Ovid. A. A. a. a. O. u. Am. I, 12, 1. Festus v. ta-bellae p. 359. M.), aus denen er bestand und die einen etwas er= höhten, hölzernen Rand hatten (vgl. Mus. Borb. VI. tav. 31. 35. u. Gell. Pompei. II. p. 187.), zusammengeklappt und mit einem Bindfaden kreuzweise zusammengebunden, die auf Papier geschriebe= nen (Catull. 68, 46. Ovid. Her. 11, 3 ff. 18, 20. 21, 244. Trist. IV. 7, 7. V. 13, 30. Plin. Ep. III, 14, 6. VIII. 15, 2.) gewöhn= lich auch mit einem Faden durchnäht (Fronto Ep. II. p. 28. ed. Mai) und da, wo der Faden geknüpft war, ein Siegel von Wachs oder Siegelerde (creta, cretula: Cic. pr. Flacc. 16, 37. Verr. I, 26, 58.) aufgedrückt und mit dem Ringe besiegelt (Plaut. Bacch. IV. 4, 64. 96.), dessen Stein man auch vorher anhauchte, damit nicht das Wachs daran hangen bleibe. (Ovid. Am. I, 15, 15.) Da das Siegel fast die einzige sichere Bürgschaft für die Aechtheit des Briefs war, so wurde es gewöhnlich sorgfältig geprüft (Plaut. a. a. O. v. 78. Cic. Cat. a. a. O. Sabin. Ep. I, 3.) und beim Oeffnen des Briefs, d. h. beim Aufschneiden des Fadens (Cic. a. a. O., bei Papierbriefen auch wohl Zerbeißen desselben: Ovid. Her. 18, 17.) nicht verletzt. Daß auf die Außenseite des Briefs eine Adresse geschrieben wurde, versteht sich eigentlich von selbst, wird aber auch durch ein pompejanisches Wandgemälde (Archäol. Zeitg. 1847. Nr. 2. u. Overbeck Pompeji I. S. 290.) bestätigt. Ganz so, wie solche Briefe, waren auch die Notizbücher und Schreibtafeln (pugillares: Plin. Ep. I, 6, 22. III, 6, 1. 15. VII, 27, 7. IX, 6, 1. Suet. Oct. 27. Ner. 5. Plin. XVI, 16, 27. §. 68. Mart. XIV, 3—9.; oder codicilli: Catull. 42, 11 f. vgl. mit v. 5. Dig. XXXII, 52.) beschaffen, nur daß die Täfelchen bisweilen auch von Elfenbein (Mart. XIV. 5.) oder Pergament (Mart. XIV, 7.) statt von Holz waren und im letzteren Falle gewöhnlich eine Schale von Elfenbein hatten (Inschr. b. Orelli 3838. Vopisc. Tac. 8.), daß die einzelnen Täfelchen (meistens 2, doch auch 3, 4, 5 und mehrere:

Symmach). Ep. II, 80. (81.) V, 54. (56.) IX, 109. (119.) Cod. Theod. XV, 91, 1. Mart. XIV, 4. 6.) von einem durch mehrere Löcher des Randes oder Rahmens gezogenen Draht oder Riemen zusammengehalten wurden (Mus. Borb. XIV. | tav. 31. n. 2.) und daß sie auch einen Schreibgriffel enthielten. (Mart. XIV, 21. Suet. Claud. 35. Isidor. Orig. VI, 9, 1.)

³⁹) Daß die Stationsorte der Lohnkutscher vor den Thoren waren, ist theils schon an sich sehr wahrscheinlich, theils ergiebt es sich aus Inschriften bei Orelli 5163. u. 6983. Auch sind in Pompeji die Ueberreste einer Stallung an der Landstraße vor dem Herkulanerthore aufgefunden worden.

⁴⁰) Vgl. Cic. pro Mil. 10, 28. 20, 54. Isidor. Orig. XX, 12, 2. und Cod. Theod. VIII, 5, 8. Andere Arten vierräbriger Wagen waren die carruca, ein Staatswagen (Plin. XXXIII, 11, 49. §. 140. Mart. III, 62. XII, 24 Isidor. a. a. O. §. 3.), den Mart. III, 47. fälschlich mit der reda verwechselt, vermuthlich weil auch er von Weichlingen und Verschwendern zuweilen als Reisewagen benutzt wurde (Suet. Ner. 30. Lamprid. Heliog. 31.) und dann sogar zum Schlafen eingerichtet war (Dig. XXXIV, 2, 13.), und das pilentum, ein bequemer Wagen, dessen sich vorzüglich Frauen bedienten (Liv. V, 25. Isidor a. a. O. §. 4. Treb. Poll. XXX tyr. 29. Lamprid. Heliog. 4. Serv. zu Verg. Aen. VI, 666. Festus h. v. p. 245. M. u. A.) Vgl. überhaupt Isidor. a. a. O. Von zweiräbrigen Wagen ist oben Note 5. die Rede gewesen.

⁴¹) Daß dies geschah, scheint sich aus Cic. Rosc. Am. 7, 19. (wo der Plural cisiis selbst auf einen Wechsel des Wagens schließen läßt) u. Mart. X, 104, 7. (wo ein quintum essedum erwähnt wird), besonders aber aus Suet. Caes. 57. zu ergeben (wo in einem Miethwagen täglich 100 Mill. oder 20 geogr. M. zurückgelegt werden, was ohne Pferdewechsel ganz unmöglich gewesen wäre).

⁴²) Die Verordnung des Claudius, die Städte Italiens nur zu Fuß oder im Tragsessel zu passiren (Suet. Claud. 25.), wurde gewiß oft übertreten. Wenigstens spricht Seneca Ep. 56, 4. von dem fortwährenden Wagengerassel in Bajä. In Rom wurde es allerdings strenger genommen. Vgl. oben S. 13.

⁴³) Daß die Reisewagen auch zur Aufnahme von Gepäck eingerichtet waren, versteht sich eigentlich schon von selbst, wird aber auch von Juven. 3, 10. u. Mart. III, 47, 5. bestätigt. Eines erbrochenen Reisekoffers (cista) geschieht bei Hor. Ep. I, 17, 54. Erwähnung.

⁴⁴) Der berühmte Arzt und medicinische Schriftsteller Claudius Galenus kam wirklich im vierten Regierungsjahre des M. Aurel. Antoninus und Lucius Verus oder 164 n. Chr. nach Rom, wo er sich etwa fünf Jahre lang aufhielt, um dann in seinem 38. Lebensjahre wieder nach Pergamum zurückzukehren.

⁴⁵) Der berühmte Falernerwein wuchs besonders auf dem

Maſſiſchen Berge (jetzt Mondragone) bei Sinueſſa. Ueber das vinum Massicum vgl. Hor. Od. I, 1, 19. II, 7, 21. III, 21, 5. Sat. II, 4, 51. Verg. Geo. II, 143. III, 526. Aen. VII, 726. Mart. XIII. 111. Silius VII, 163 ff. und über die beſten Wein=ſorten der Römer überhaupt Plin. XIV, 6, 8. §. 59 ff. XXIII, 1, 20. §. 33 ff. Colum. III, 8. Mart. XIII, 109 ff. Vitruv. VIII, 3, 12. und unten Anm. 61. und 177.

⁴⁶) Seneca Ep. 87, 8. 123, 6. Mart. III, 47, 13. X, 6, 7. 13, 2. XII, 24, 6 ff. vgl. Tac. Hist. II, 40. Auch Mazafer (eine andere nordafrikaniſche Völferſchaft) wurden als Vorreiter benutzt. (Suet. Ner. 30.)

⁴⁷) Vgl. dieſelben Stellen, Suet. Ner. 30. und Galen. XIX. p. 4. Kühn.

⁴⁸) Iſidor. Orig. XII, 1, 55. Hor. Od. III, 27, 6. Epod. 4, 14. (und daſelbſt der Schol. Cruq.) Epist. I, 7, 77. Lucr. III, 1076. Prop. IV (V), 8, 15. Ovid. Am. II, 16, 49. Seneca Ep. 87, 9.

⁴⁹) Vgl. Senec. Ep. 87, 7. mit Berufung auf Verg. Aen. VII, 277 ff.

⁵⁰) Vgl. Plin. XXXIII, 11, 49. §. 140. XXXIV, 17, 48. §. 163. Lamprid. Alex. Sev. 43. Bopisc. Aurel. 46., auch Mart. III, 62. Suet. Claud. 16. Seneca a. a. O. Ammian. XIV, 6, 9. Cod. Just. XI, 19. (20.) Cod. Theod. XIV, 12, 1. (Ueber die carruca ſelbſt vgl. oben Anm. 40.) Die Beſpannung beſtand wohl meiſtens aus Maulthieren (Dig. XXXIV, 2, 13.), doch gewiß auch mitunter aus Pferden.

⁵¹) Vgl. Propert. IV (V), 8, 23.

⁵²) Ueber die Sitte ſich bei Tiſche, im Bade, auf der Reiſe u. ſ. w. durch Vorleſer (anagnostae oder lectores) unterhalten zu laſſen, vgl. Plin. Ep. I, 1, 15, 2. III, 5. II, 14. IX, 36, 4. Nepos Att. 16. Suet. Oct. 18. Sen. Ep. 27, 5. Cic. ad Att. I, 12, 3. ad Fam. V, 9, 2. Gellius III, 19.

⁵³) Das nach Feſtus p. 206. M. ebenfalls vierrädrige petorritum war nach dem Schol. Cruq. zu Hor. Epist. II, 1, 192. beſonders für die Dienerſchaft beſtimmt. Uebrigens vgl. auch Hor. Sat. I, 6, 104. Plin. XXXIV, 17, 48. §. 163. Auſon. Epist. V, 35. VIII, 5. u. A.

⁵⁴) Siehe Seneca Ep. 123, 7.

⁵⁵) Seneca ebendaſ. §. 6.

⁵⁶) Und doch kann dieſe Prunkreiſe, wie ſie damals nicht ſelten vorkam (Seneca Ep. 123, 6), noch nicht im Entfernteſten mit dem Luxus verglichen werden, womit ſich manche römiſche Kaiſer auf ihren Reiſen zu umgeben pflegten. So ſoll z. B. Nero nie anders als mit 1000 Karroſſen, deren Maulthiere ſilberne Hufeiſen trugen, und mit allem oben angegebenen Prunk gereiſt ſein (Suet. Ner. 30.) und ſeine Gemahlin Poppäa ließ ihre Zugthiere gar mit Gold

beschlagen (Plin. XXXIII, 11, 49. §. 140.) und führte auch 500
Eselinnen mit sich, um täglich in deren Milch baden zu können.
(Plin. XI, 41, 96. §. 238. XXVIII, 12, 50. §. 183.)

⁵⁷) Bajä, nahe bei Puteoli und Cumä, 12 Mill. westlich von
Neapel am Golf von Puteoli in den reizendsten Umgebungen, die
sich nur denken ließen (Hor. Ep. I, 1, 83. Mart. XI, 80. Plin.
Ep. IX, 7, 2. Auson. Mos. 345 ff.) gelegen, war nicht nur der
berühmteste Badeort Italiens (Mart. VI, 42, 7. vgl. Symmach.
Ep. V, 93. VII, 24. VIII, 23. Ammian. XXVIII, 4, 18. u. f. w.),
sondern überhaupt einer der besuchtesten Lustörter der alten Welt
und die Ueppigkeit und Zügellosigkeit des dortigen Badelebens fast
zum Sprichwort | geworden (Strab. V, 4, 4. u. 6. p. 443. u. 446.
Propert. I, 11, 27 ff. Mart. I, 62, 4. Cic. pr. Cael. 15, 35. 20,
1. ad Fam. IX, 3, 1. ad Att. I, 16, 10. und besonders Seneca
Ep. 51.) Ueber die Heilquellen von Bajä (besonders Schwefel=
quellen) vgl. überhaupt Plin. XXXI, 1, 2. §. 4 f. Celsus II, 17.
Dio Cass. XLVIII, 51. Hor. Ep. I, 15, 2 ff. Lucr. VI, 748. u.
A. (Uebrigens vgl. auch Zell Ferienschr. I. Sammlung. S. 139 ff.)
Jetzt ist es größtentheils vom Meere verschlungen und von dem
alten Glanze findet sich in den wenigen Ruinen bei Castello di
Baja kaum noch eine Spur.

⁵⁸) Vgl. Mart. XII, 24. mit Seneca Ep. 87, 3. (und oben
Anm. 5.)

⁵⁹) Die sogenannte cyklopische Bauart (vgl. Pausan. II, 25,
8.), wie sie die noch vorhandenen Ueberreste der alten Mauern von
Fundi (vgl. Gell. Städtemauern Taf. 45. u. Abeken Mittelitalien
S. 148.) und andern italischen Städten zeigen, besteht in Zu=
sammenfügung roher, vieleckiger (polygoner) Steinblöcke von ver=
schiedener, jedoch meist bedeutender Größe ohne alles und jedes
Bindemittel, indem die Lücken blos durch kleinere Steine ausgefüllt
sind. Vgl. das Hauptwerk von Dodwell Views and Descriptions
of Cyclopian or Pelasgic Remains in Greece and Italy. Lond.
1834. Fol. auch Krause Deinokrates 1. Abth. §. 21. S. 125 f.

⁶⁰) Wie sie auch in den Theatern üblich waren. Vgl. unten
Kap. 6.

⁶¹) Ueber das am See von Fundi wachsende, höchst vorzüg=
liche vinum Caecubum vgl. Hor. Od. I, 20, 9. I, 37, 5. III, 28,
3. Sat. II, 8, 15. Mart. XIII, 115. und öfter, Plin. XIV, 6,
8. §. 61. XVII, 4, 3. §. 31. Vitruv. VIII, 3, 12. Strab. V, 3,
6. p. 234.

⁶²) Vgl. Plin. XIV, 6, 8. §. 61. und XXIII, 1, 21. §. 35.

⁶³) Die Römer tranken, wie die Griechen, gewöhnlich nur mit
mehr oder weniger (meist $2/3$ oder auch $3/4$) Wasser vermischten
Wein. (Vgl. Plut. Symp. III, 9. Hesiod. O. et D. 596. Athen. X, 28.
p. 426. c. Hor. Od. III, 19, 11. Mart. I, 106. Vgl. auch 2. Ab=
theil. 1. Band. S. 136. Note 75.) Reinen (merum) Wein zu

trinken, der nur als Heilmittel benutzt werden sollte (Plin. XXIII,
1, 23. §. 43.), galt für Völlerei, obgleich es bei Trinkgelagen auch
nicht selten vorkam.

⁶⁴) Ueber solche Gauklerkünste vgl. besonders Claudian. Cons.
Mall. Theod. 324 ff. Varro bei Plin. VII, 20, 19. §. 83. Vopisc.
Carin. 18. u. Chrysost. Homil. XIX. ad Antioch. Vol. I. p. 219.,
woraus erhellet, daß auch alle Künste unserer die Glieder ver-
renkenden Kautschukmänner, unserer mit einer Menge von Kugeln,
kleinen Metallscheiben und Messern spielenden Araber, unserer Cent-
nergewichte herumschleudernden oder schwere Stangen (sogar mit
zwei auf ihrer Spitze ringenden Knaben) auf der Stirn balanciren-
den Rappos schon den Alten sattsam bekannt waren. Auch an
Gauklern, die ein Schwert in den Schlund versenkten, an Athleten,
die sich einen Ambos auf die Brust setzen und mit großen Hämmern darauf schlagen ließen u. s. w., fehlte es nicht. (Vgl. Böttiger Kl.
Schr. III. S. 352 ff. u. 2. Abth. Kap. 11. Note 8 ff.) Ueber die eigentlichen Petauristen aber vgl. Manil. V, 434 ff. Juven. 14, 265. Mart.
II, 86, 7. XI, 21, 3. Nonius p. 56, 26. u. Festus p. 206. M. Was
man sich eigentlich unter dem petaurum (πέταυρον) zu denken
habe, wovon sie ihren Namen hatten, ist noch nicht ermittelt. | Ur-
sprünglich war es vielleicht nur ein horizontaler, in der Mitte auf
einer dreikantigen Unterlage ruhender Schaukelbalken, später aber
eine complicirtere Schwungmaschine. Nach Manil. a. a. O. scheint
es ein freistehendes und schwingbares Rad gewesen zu sein, welches
von zwei darauf liegenden Gauklern der Eine abwärts zu schieben,
der Andre aber oben zu erhalten suchte, so daß, wenn jener siegte,
dieser empotgeschnellt wurde, wobei er mehrere Purzelbäume schlug,
durch einen Reifen hindurchsprang u. s. w.

⁶⁵) Manil. a. a. O.

⁶⁶) Mart. V. 12.

⁶⁷) Petron. 53.

⁶⁸) Vgl. überhaupt Ter. Hec. prol. I, 4. II, 26. Juven. 14,
266. Arnob. II. p. 88. Harald. Tertull. de pudic. 10. u. A.

⁶⁹) Vgl. Note 72.

⁷⁰) Daher hieß ein solcher Seiltänzer auch Neurobates (Saiten-
tänzer): Vopisc. Carin. 18. Firmic. VIII, 17.

⁷¹) [⁶⁹] Vopisc. a. a. O. vgl. mit Plin. VII, 20, 19. §. 83.

⁷²) Vgl. eine Münze aus der Zeit des Caracalla bei Spon.
Recherch. d'Antiquité. | Diss. XXII. p. 407. und in Böttiger's Kl.
Schr. III. Taf. I. n. 7. u. Böttiger's Aufsatz dazu S. 335 ff. Ja
die Römer richteten sogar Elephanten ab, so auf schrägem Seil
hinauf- und wieder herabzusteigen. (Plin. VIII, 2, 2. §. 5. 3, 3.
§. 6. Suet. Nero 11. u. Galb. 6.)

⁷³) [⁷⁰] Die Tänzerinnen aus Gades (dem heut. Cabix) waren
besonders berüchtigt. Vgl. Mart. V, 78, 26. VI, 71, 2. XIV,
203. Juven. 11, 162 ff. Plin. Ep. I, 15, 3.

⁷⁴) [⁷¹] Ueber die Castagnetten (crotala) vgl. (Verg.) Copa 2.
Cic. in Pis. 9, 20. Macrob. Sat. II, 10. (III, 14, 4. p. 317.
Jan.) Priap. 26, 3. u. j. w. Sie waren zuweilen auch von Thon
(Juven. 11, 172.) oder von Erz (Mart. XI, 16, 4.)

⁷⁵) [⁷²] Ueber die durchsichtigen seidenen Frauengewänder von
der Insel Cos vgl. Hor. Sat. I, 2, 101. Prop. I, 2, 2. IV (V),
5, 56. Tibull. II, 3, 53. 4, 29. Ovid. A. A. III, 298. Plin.
XI, 23, 27. §. 78. Sen. Ep. 90, 21. de ben. II, 9, 5. Cons.
ad Helv. 16, 4. u. Mart. VIII, 68, 7. Uebrigens wurden sie ge=
wiß auch anderwärts gewebt, so daß Coae vestes wohl nur Gat=
tungsname ist. Freilich ist es zweifelhaft, ob sie zur Zeit der An=
tonine noch im Gebrauch waren, da sie nach Plinus nicht weiter
erwähnt werden (denn Isidor. Orig. XIX. 22, 13. schöpft nur aus
diesem); andere durchsichtige Gewänder aber, wenn auch nicht von
Seide und folglich minder kostbar, gab es jedenfalls noch, nament=
lich sind die von Amorgos und Tarent bekannt (vgl. 2. Abth.
1. Band. S. 97. mit Note 172.) und an ein solches habe ich hier
gedacht. (Uebrigens vgl. auch Publ. Syrus bei Petron. 55.)

⁷⁶) [⁷³] Mart. XI, 99, 11. Plut. Cic. 48. Senec. Suas.
I, 6. Zurückgeschlagen erscheinen sie bei Cic. Phil. II, 24, 58. u.
Suet. Tit. 10.

⁷⁷) [⁷⁴] Vgl. Juven. 3, 239 ff. u. 4, 20 ff. Die Fenster
der Römer waren entweder von Marienglas (lapis specularis: Sen.
Ep. 90, 45. Plin. Ep. II, 17, 4.), oder auch von wirklichem Glas
(vitrum), welches durch die Phönicier schon frühzeitig nach Italien
gebracht, später aber auch von den Römern selbst fabricirt wurde.
(Strab. XVI, 2, 25. p. 758. Plin. XXXVI, 26, 65. §. 194.)
Daß man es wenigstens seit der Kaiserzeit auch zu Fensterscheiben
benützte, bestätigen die zu Pompeji gemachten Entdeckungen. (Vgl.
Gell. Pompeiana I. p. 96. Overbeck Pompeji I. S. 332. Winckel=
mann's Werke II. S. 251. Hirt Gesch. der Bauk. III. S. 66 ff.
u. A.) Uebrigens vgl. unten Kap. 3. |

⁷⁸) [⁷⁵] Juven. 1, 64. Mart. II, 81. VI, 77, 10. VI, 84.
IX, 2, 11. Cic. Verr. V, 11, 27. ad Qu. fr. II. 10, 2. Suet.
Calig. 43. Appulej. Apol. p. 558. Oud.

⁷⁹) [⁷⁶] Juven. 3, 245. 7, 132. Mart. IX, 22, 9.

⁸⁰) [⁷⁷] Von denen sie ausdrücklich unterschieden werden bei
Suet. Dom. 2. Claud. 25. Mart. X, 10, 7. XI. 98, 11. Sen.
de brev. vitae 12. Vgl. Dio Cass. LX, 2. Plin. Ep. III, 5, 15.
u. Lamprid. Heliog. 4. Uebrigens konnten auch sie geschlossen wer=
den. (Mart. a. a. O.)

⁸¹) [⁷⁸] Anth. Lat. III, 183. Isidor. XX, 12, 5. Schol. zu
Juven. 4, 21. (Salmas. zu Lamprid. Heliog. 21. Scheffer II, 6.
Ginzrot II, 280 ff.)

⁸²) [⁷⁹] Obgleich solche Ueberfälle durch Straßenräuber in den
pomptinischen Sümpfen häufiger in frühern (Juven. 3, 305 ff.) u.

dann wieder in spätern Zeiten (besonders unter Septimius Severus: Dio Cass. LXXIV, 2. LXXVI, 10. Inschr. bei Gruter 109, 3.) Statt fanden, so fürchtete man sich doch auch in Marc Aurel's Zeiten vor ihnen, wie man es aus einem Briefe des Kaisers selbst an seinen Lehrer Fronto ersieht. (Front. Ep. II, 13.)

⁸³) [⁸⁰] Wie es meistentheils geschah. Vgl. Strab. V, 3, 6. p. 233. Hor. Sat. I, 5, 5 ff.

⁸⁴) [⁸¹] Diese Legion lag wirklich schon seit Augustus' Zeiten fortwährend in Afrika, zeichnete sich namentlich im Kriege mit Tac= sarinas aus und hatte ihr Hauptquartier zu Lambesa in Numidien. Vgl. Dio Cass. LV, 23. Tac. Ann. II, 52. III, 74. IV, 23. (wo wenigstens mehrere siegreiche Anführer derselben genannt werden), Ptol. IV, 3, 29. Not. Imp. Inschr. bei Muratori 302, 1. 2. und Orelli Nr. 3056. 3057. 3382. 3564. 3664. u. s. w. |

⁸⁵)*) Plin. XXIX, 1, 5. §. 17.

⁸⁶) Plaut. Menaech. V, 1 ff. Mart. I, 48. VI, 53. VIII, 74. X, 77. Plin. XIX, 1, 5. §. 6. Galen. X. p. 5. u. XIX. p. 9. Kühn.

⁸⁷) Digest. XXXVIII, 1, 26. Plut. Cat. min. 70. Dio Cass. LIII, 30. Mommsen Inscr. R. N. 739. 1018. 2907. 3703.

⁸⁸) Cod. Just. VI, 43, 3. VII, 7, 1. §. 5. Suet. Ner. 2. Sen. de benef. III, 24.

⁸⁹) Plin. XXIX, 1, 8. §. 17.

⁹⁰) Plin. a. a. O. §. 20. Mart. VI, 31. XI, 29. 72. 75. Galen. I. p. 53 ff. K.

⁹¹) Plin. a. a. O. §. 17.

⁹²) Plin. XXVI, 1, 3. §. 4.

⁹³) Plin. XXIX, 1, 8. §. 17.

⁹⁴) Suet. Caes. 42. Oct. 42.

⁹⁵) Cod. Theod. XIII, 3. §. 1. 3. 16. Dig. XXVII, 1. 6. §. 1. L, 6, 6.

⁹⁶) Cic. de or. I, 14, 62. Plin. VII, 37, 37. §. 124. Ap= pulej. Flor. IV, 19. p. 92. Oud.

⁹⁷) Es waren ihrer in Rom für jede der 14 Regionen einer, in andern größern Städten sieben bis zehn, in kleinern fünf an= gestellt. (Dig. XXVII, 1, 6. §. 2. Cod. Theod. XIII, 3, 8. Cod. Just. X, 52 (53), 9.)

⁹⁸) Varro R. R. I, 16, 4. Suet. Ner. 2. Calig. 8. Sen. de benef. III, 24. Appulej. Met. IX, 2. de mag. 33. Dig. XL, 5, 41. §. 6. Inschr. bei Orelli 653. 2792. 6445. 6631. u. s. w. Cod. Just. VI, 43, 3. VII, 7, 1. §. 5.

⁹⁹) Doch kommen später auch eigentliche chirurgi (Inschr. bei Orelli 4228. vgl. Cels. Praef. VII.), so wie besondre Augen= (In= schr. bei Gruter p. 581, 3. 635, 3. Orelli 2983. 4228. Scrib.

---

*) Die folgenden Noten bis 115 waren früher in Note 44 zusammen= gefaßt.

Larg. 5. §. 38. Galen. X. p. 941. XIV. p. 1019. K. Mart. X,
56.), Gehör= (Dig. L, 13, 1. §. 3. Orelli 4227.) und Zahnärzte
(Dig. u. Mart. a. a. O.) vor, die auch falsche, mit Golddraht
verbundene Zähne einsetzten. (Cic. de Leg. II, 24, 60. Lucian.
Rhet. praec. 24. vgl. Böttiger Gr. Vasengem. I, 1. S. 63.) Vgl.
überhaupt Mart. a. a. O.

[100]) Mediastini: Plin. XXIX, 1, 2. §. 4.

[101]) Plin. a. a. O. Plin. Epist. X, 4 (5), 1. Celsus I, 1.
Petron. 28. Inschr. b. Muratori p. 884, 4. u. Orelli 6326.

[102]) Cäl. Aurel. morb. chron. III, 7, 92.

[103]) Also eine Art von Klinik. Vgl. Mart. V, 9., auch
Philostr. Vit. Apoll. VII, 349. p. 162. Galen. X. p. 5. Kühn.
u. Dig. XXXVIII, 1, 26.

[104]) Medicae: Inschr. b. Gruter p. 635, 9. 636, 1. 2. 3.
Muratori p. 958, 6. Fabretti p. 494, 7. Orelli 2792. 4230.
4231. vgl. Cod. Just. VI, 43, 3. VII, 7, 1. §. 5.

[105]) Männliche Geburtshelfer werden nirgends erwähnt.

[106]) Mart. XI, 72. Appulej. Met. V. p. 340. Oud. Tertull.
de pudic. 18.

[107]) Plaut. Amph. IV, 1, 3 ff. Epict. III, 23, 27. Lucian.
adv. indoct. 29.

[108]) Plut. de adul. 32.

[109]) Apotheken waren in Rom unbekannt.

[110]) Scrib. Larg. c. 23, 97. Galen. XIII. p. 1005. u. XIV.
p. 305. K. Vgl. Grotefend im Philologus XIII. p. 122.

[111]) Plin. XXIX, 1, 8. §. 20. u. 24.

[112]) Bei Plin. XXVI, 1, 3. §. 4. u. XXIX, 1, 5. §. 7—9.
ist von einem Honorar von 200,000 Sest. für e i n e Cur, vom
jährlichen Einkommen mancher Aerzte von 250,000 bis 600,000
Sest. und vom hinterlassenen Vermögen eines Arztes von 1 Million
Sest. die Rede, welche Summen nach dem Münzwerthe 14,500,
18,000 bis 43,000 u. 72,000, nach dem Silberwerthe aber 11,000,
13,000 bis 33,000 u. 55,000 Thaler unsers Geldes betragen.

[113]) Dig. L, 13, 1. §. 1 ff. IX, 3, 7. XVII, 2, 52. §. 4.

[114]) Dig. XXXVIII, 1, 27.

[115]) Dig. IX, 2, 8. 9. §. 1. XXIX, 5, 5. §. 3. XXXVIII,
2, 14. §. 7. u. L, 13, 3. |

[116]) [82] Ein Ort, der so gut, wie Forum Appii, auch in der
Apostelgesch. 28, 15. vorkommt.

[117]) [83] Vgl. Plin. Ep. X, 42. (33.) Juven. 14, 305 f.
Petron. 78. Colum. X, 387. Dig. I, 15, 3. §. 3. XXXIII, 7,
12. §. 18. 9, 3. §. 3.

[118]) [84] Daß den Römern im Zeitalter der Antonine der Ge=
brauch von Feuerspritzen (siphones) bereits bekannt war, ist wohl
mehr als wahrscheinlich (vgl. Plin. Ep. X, 42. (33.) Colum. III,
10, 2. Isidor. XX, 6, 9. Seneca Qu. nat. II, 16. Schneider

Ecl. phys. I. p. 225 f. II. p. 117 ff. u. Beckmann Gesch. b. Er=
find. IV. S. 434 f.); wie sie aber construirt waren, und ob man
dabei blos an Handspritzen oder (was minder wahrscheinlich) wirk=
lich an fahrbare Feuerspritzen zu denken hat, wissen wir nicht.

119) [85] Daß dieser Fall damals auch schon vorkam, obgleich
die Römer noch Nichts von Feuerversicherungen wußten, läßt sich
aus Mart. III, 52. u. Juven. 3, 215 ff. besonders 222. schließen.

120) [86] Dem heutigen Ariccia oder Riccia mit manchen Ueber=
resten des Alterthums, namentlich der alten Mauern.

121) [87] Der im Aricinerthale noch vorhandene alte Tempel
ist wohl nur eine spätere Nachbildung des uralten Dianentempels.
(Vgl. Abeken Mittelital. S. 65.)

122) [88] Vgl. Juven. 4, 116. Mart. II, 19, 3. XII, 32,
10. Becker's Vermuthung (Gallus I. S. 80.), daß dieser öfters
erwähnte clivus Aricinus mit seiner Bettlerschaar vielleicht gar nicht
bei Aricia, sondern in Rom selbst zu suchen sei, dürfte sich schwer=
lich rechtfertigen lassen. Es scheint sich vielmehr bei Aricia (viel=
leicht in der Gegend des heutigen Genziano: Preller Röm. Mythol.
S. 279.) wirklich eine Art von Bettlerkolonie niedergelassen zu haben,
die, wenn die Angabe des Schol. zu Juven. a. a. O. richtig ist,
besonders aus Juden bestand, was wenigstens nicht ganz unwahr=
scheinlich ist.

123) [89] Nur einigermaßen wohlhabende Familien wählten
sich zu ihren Familienbegräbnissen gewöhnlich einen Platz vor der
Stadt, am liebsten an einer der Landstraßen, wo die prächtigen
Monumente am meisten in die Augen fielen, und namentlich war
es die Via Appia, an welcher die angesehensten Familien der Cala=
tiner, Scipionen, Servilier, Meteller u. s. w. ihre Grabmonumente
hatten. (Cic. Tusc. I, 7, 13. Nep. Att. 22. Plin. XXIX, 1. 5.
§. 9. Spartian. Geta 7.) Nur die Armen und Sklaven hatten
ihren gemeinschaftlichen Begräbnißplatz am Esquilinus, puticulae
oder puticuli genannt. (Varro L. L. V, 25. Hor. Sat. I, 8, 10.
mit Schol. Cruq. Paul. Diac. p. 216. M.)

124) [90] Vgl. Stat. Silv. V, 1. 223. Ovid. Fast. IV, 337.
u. A. und über den hier noch vorhandenen Bach Cluver. Ital. p.
718. Westphal. die Röm. Kamp. S. 17. und Preller Regionen
der Stadt Rom S. 117.

125) [91] Späterhin konnte allerdings die Aurelianische Mauer
als solche betrachtet werden, obgleich auch da gewiß noch Ausläufer
der Stadt über dieselbe hinaus gingen und sich nach allen Seiten
hin in die Campagna verloren, da sich Rom in zwei Jahrhunderten
sicherlich noch bedeutend vergrößert hatte und doch jene Mauer
Aurelian's keinen größern Umfang zeigte, als die Stadt schon zu
Vespasian's Zeiten gehabt hatte. Vgl. Anm. 131.

126) [92] Suet. Oct. 30. Dio Cass. LV, 8. Vgl. das Cu=

riosum urbis Romae und die Notitia utriusque imperii (bei Preller
in der oben angef. Schrift).

¹²⁷) [⁹³] Des lebhaften Verkehrs in den meist engen Straßen
wegen war alles Fahren in der Stadt bei Tageszeit verboten und
nach Claudius (der es sogar auf alle Städte Italiens ausdehnte:
Suet. Claud. 25.) hatte damals auch M. Aurel. Antoninus dies
Verbot erneuert. (Capitol. Ant. Phil. 23. Vgl. auch Galen. XI.
p. 299. Kühn. Vopisc. Aurel. 5. Spart. Hadr. 22.) Von dem=
selben ausgenommen waren nach der Tab. Heracl. oder Lex Julia
Munic. lin. 56 ff. nur die Triumphatoren, die höhern Staats=
beamten, Priester und Vestalinnen bei gewissen feierlichen Gelegen=
heiten, sowie Lastwagen mit Material zu öffentlichen Bauten. (Was
jene Personen betrifft, vgl. auch Liv. XLV 1. Tac. Ann. I, 15.
Plin. Pan. 92. Juven. 10, 36.) Auch Personen des kaiserlichen
Hauses scheinen sich zuweilen über das Verbot | hinweggesetzt zu
haben. (Vgl. Galen. XIV. p. 661. sqq. K.) Stellen aber, wie
Hor. Ep. II. 2, 72. Juven. 3, 254. Plut. Galba 8. Dig. IX,
2, 52. §. 2. u. s. w., beziehen sich so gut, wie Plin. Pan. 51.,
gewiß nur auf Fuhren behufs öffentlicher Bauten. In der Nacht
(und schon von der 10. Tagesstunde an) durfte ungehindert gefahren
werden. (Juven. 3, 236. Vgl. auch Dio Cass. LXVII, 9. und
Spartian. L. Ver. 5.)

¹²⁸) [⁹⁴] Ein Thor in der alten Mauer des Servius, welches
gleich unterhalb der heutigen Villa Mattei gelegen haben muß.

¹²⁹) [⁹⁵] Die ganze Bevölkerung des römischen Reiches bestand
ihrer bürgerlichen Stellung nach aus drei Klassen, Freigebornen,
Freigelassenen oder früheren Sklaven, die von ihren Herren die Frei=
heit erhalten hatten, und Sklaven oder Leibeigenen. Von den
Sklaven ist oben S. 20 ff. gehandelt worden, von den Freigelasse=
nen aber wird unten Kap. 2. die Rede sein.

¹³⁰) [⁹⁶] Vgl. Juven. 3, 10. Mart. III, 47. IV, 18.

¹³¹) [⁹⁷] Nach Plin. III, 5, 9. §. 66. ergab eine zu Vespa=
sian's Zeiten angestellte Messung einen Umfang von 13,200 röm.
Schritten oder mehr als 2½ geogr. Meilen.

¹³²) [⁹⁸] Vgl. Tac. Ann. XV, 38. u. 43.

¹³³) [⁹⁹] Die Alta semita entsprach wahrscheinlich der heutigen
Strada di Porta Pia, welche vom Platze di Monte Cavallo den
Rücken des Quirinal in seiner ganzen Länge schneidet.

¹³⁴) [¹⁰⁰] Das Verhältniß der domus zu den insulae war nach
dem Curiosum und der Notitia im Durchschnitte wie 1 zu 25, denn
die Zahl jener betrug 1780, dieser aber 44,000. Ausdrücklich
unterschieden werden beide auch bei Suet. Ner. 38. Ueber den
Grund des Namens der insulae siehe Paul. Diac. p. 111. M. vgl.
mit Leg. XII Tab. (Dirksen S. 466.) Varro L. L. V, 22. Tac.
Ann. XV, 43. u. Dig. VIII, 2. 14., wonach die Kaiser Antoninus
und Verus die alte Vorschrift erneuerten, daß eine insula wenigstens

2¼ Fuß von der andern entfernt sein mußte. Was ihre Höhe betrifft, (über welche vgl. Mart. I, 118, 7. VII, 20, 20. Ammian. XXIX, 6, 18. u. A.) so läßt sich diese schon daraus erkennen, daß mehrere Kaiser dieselbe auf 70, später auf 60 Fuß beschränken zu müssen glaubten. (Suet. Oct. 89. Strab. V, 3, 8. p. 235. Aur. Vict. Epit. 13.) Ueber ihre schlechte Bauart aber, in Folge deren sie nicht nur Feuersbrünste begünstigten (Gellius XV, 1, 2. Horodian. VII, 12, 5.), sondern auch nicht selten einstürzten (Juven. 3, 190 ff. Sen. Ep. 90, 43. 103, 1. de ben. IV, 6, 2. Cons. ad Marc. 22, 3. de tranqu. II, 7. Strab. V, 3, 7. p. 235. XIV, 4, 4. p. 670. vgl. Vitruv. II, 8, 1. Plin. XXXVI, 22, 51. §. 171. Catull. 23, 9. Plut. Crass. 2.) Sie hatten gewöhnlich mehrere Höfe und Eingänge von verschiedenen Seiten, so daß die eingemietheten Familien ganz getrennt von einander wohnen konnten (Festus p. 371. M.) Da sie nun bis unters Dach voll Menschen steckten (Suet. ill. gramm. 9.) und die Miethzinse ziemlich hoch waren (Juven. 3, 166. 223 ff. Vell. Pat. II, 10, 1., ja sogar bis 30,000 Sestertien stiegen: Cic. pr. Coel. 7, 17.), so machten solche Hausbesitzer sehr gute Geschäfte und Crassus, der nach und nach fast die halbe | Stadt zusammenkaufte, verdankte seinen unermeßlichen Reichthum namentlich dieser Häuserspeculation (Plut. a. a. O. vgl. auch Mart. IV, 37, 4.) Der Besitzer eines solchen Hauses hieß dominus insulae (Suet. Caes. 41. Tib. 48.) und hielt sich gewöhnlich einen besondern insularius oder procurator insulae, der die Vermiethung, Eintreibung des Miethzinses u. s. w. besorgte. (Petron. 96. Dig. I, 15, 4. VII, 8, 16. L, 16, 166. Inschr. bei Gruter 624. Murat. 943, 11. 967, 5. und Orelli 2926. 2927.) Blieb ein Miethsmann den Zins über zwei Jahre schuldig, so ließ ihn der Hauseigenthümer auspfänden (Mart. XII, 32, 3.)

135) [¹⁰¹] Vornehme Römer, besonders Staatsbeamte, schätzten es sich zur Ehre recht vielen Gastfreunden ihr Haus öffnen und sich ihnen gefällig zeigen zu können. (Vgl. Cic. de off. I, 39, 139. II, 18, 64. div. in Caec. 20, 66. in Cat. IV, 11, 23. pro Flacco 20, 48. ad Fam. XIII, 19, 36. u. s. w.)

136) [¹⁰²] In manchen Häusern gab es zur Bedienung fremder Gäste einen eigenen servus ab hospitiis (Inschr. b. Orelli 6291.)

137) [¹⁰³] Vgl. Lactant. IV, 3. In früherer Zeit hatte der Freigelassene nur den Familiennamen, nicht aber den Vornamen des Herrn annehmen dürfen, in der Kaiserzeit aber legte er sich regelmäßig auch diesen bei. Der vornehmere römische Bürger führte nämlich in der Regel drei Namen, einen Vornamen (der in mehreren Familien ein stehender war), dann den eigentlichen Familiennamen und endlich noch einen sich auf eine gewisse körperliche oder geistige Eigenschaft gründenden oder durch irgend einen Zufall entstandenen Beinamen, der aber gewöhnlich in der Familie forterbte und das Unterscheidungszeichen der verschiedenen Linien derselben wurde. Zu-

weilen trat auch noch ein zweiter (ja britter) Beiname hinzu (z. B.
Lucius Calpurnius Piso Frugi, Lucius Caecilius Metellus Calvus
Dalmaticus), der aber dann rein persönlich war. Bei Bürgern nie=
bern Standes fiel der Beiname gewöhnlich weg. (Vgl. überhaupt
Juven. 5, 127. Sen. de Ben. IV, 8. Auson. Idyll. II, 80. Plut.
Qu. Rom. 102. p. 160. R. Artemid. Onom. I, 45. Dig. XXVIII,
1. 21. §. 1.)

138) [104] Vgl. oben Anm. 24.

139) [105] Wie es bei dieser coena adventicia (Suet. Vit. 13.)
wohl gewöhnlich der Fall war. (Vgl. Colum. XII, 3. und Sen.
Ep. 21, 10.)

140) [106] Vgl. Cic. ad Att. V, 1, 3. pr. Coel. 8, 20. Plin.
Ep. IX, 36, 4. Ovid. Am. I, 4. Suet. Cal. 24. Val. Max. II,
1, 2. Plut. Symp. VII, 8.

141) Vgl. oben S. 4.

142) [107] Vitruv. VI, 5. bestimmt die Größe eines triclinium
so, daß die Breite die Hälfte der Länge und die Höhe die Hälfte
der addirten Länge und Breite betragen soll, also z. B. 32′ Länge,
16′ Breite u. 24′ Höhe.

143) [108] Varro L. L. VIII, 29. R. R.·I, 13. Sidon. Apoll.
Ep. II, 2. Plut. Lucull. 41. — Vitruv. VI, 4. will gar drei
Speisezimmer, eins nach O. für den Frühling und Herbst, eins
nach W. für den Winter und eins nach N. für den Sommer. Vgl.
auch Plut. a. a. O.

144) [109] Mart. X, 48, 6. XIV, 87, 1. Lamprid. Heliog.
25. | Sidon. Apoll. XVII, 6. Ueber die zum Essen gebrauchten
runden Tische vgl. Juven. 11, 120. Mart. IX, 59, 7 ff. u. Varro
L. L. V, 118. Das halbrunde Speisesopha, von Mart. XIV, 87.
Plin. Ep. V, 6, 36. u. Serv. zu Verg. Aen. I, 698. auch stibadium genannt, war von verschiedener Größe und faßte zuweilen
selbst 6 bis 8 Personen. (Auson. Ephem. p. 58. Bip. Mart. X,
48, 6. XIV, 87. Lamprid. Heliog. 29. Sidon. Apoll. Ep. I, 11.
Vgl. auch Böttiger Kl. Schr. III. S. 277.)

145) [110] Vgl. Kap. 2.

146) [111] In alter Zeit soll das Sitzen bei Tafel allgemein
üblich gewesen (Varro bei Isidor. Orig. XX, 11, 9. vgl. Serv. zu
Verg. Aen. VII, 176. u. Colum. XI, 1, 19.) und diese Sitte nach
Varro auch später von den Frauen bisweilen noch beibehalten wor=
den sein. (Vgl. Val. Max. II, 1, 2.) Gewiß aber ist, daß die
Kinder stets so speisten und zwar an einem besondern Tischchen (ad
fulcra lectorum). Vgl. Tac. Ann. XIII, 16. u. Suet. Oct. 64.
Claud. 32. Der Sitte bei Tafel zu liegen widerspricht nicht Mart.
III, 44, 15. (Ad coenam venio: fugas sedentem); denn hier ist
nur von der Zeit vor Beginn der Mahlzeit die Rede, wie VIII,
67, 6. zeigt, wo der Dichter einem zu früh zu Tische Kommenden

zurüst: Sternantur lecti, Caeciliane, sede (b. h. setze Dich einst=
weilen, bis die Tafel hergerichtet ist).
¹⁴⁷) [¹¹²] Vgl. Mart. III, 50, 3. Hor. Sat. II, 8, 77. Se=
nec. Controv. IV. 25. p. 259. Burs. Plaut. Truc. II, 4, 12. 16.
Most. II, 1, 37.
¹⁴⁸) [¹¹³] Petron. 31. Plaut. Pers. V, 1, 16. Nonius p.
544, 22.
¹⁴⁹) [¹¹⁴] Lamprid. Heliog. 25. Petron. 34. vgl. Sidon. Apoll.
Ep. I, 11.
¹⁵⁰) [¹¹⁵] Vgl. Varro L. L. VI, 85. IX, 47. Festus p. 133.
M. u. Quinct. Inst. I, 5, 57. Eine solche Serviette aber war
allerdings höchst nöthig, da die Römer den Gebrauch von Messer
und Gabel bei Tische nicht kannten, sondern feste Speisen mit den
Fingern (Ovid. A. A. III, 755. Mart. V, 78, 6. III, 17, 2.),
flüssige mit Löffeln aßen. (Mart. VIII, 71, 11 f. V, 18, 2. XIV,
120.) Bisweilen scheint man diese Servietten, welche Staats=
beamte, die das Recht hatten den latus clavus oder einen breiten
Purpurstreifen an der Toga zu tragen, aus Stolz wohl auch mit
einer Purpurkante umgaben (Mart. IV, 46, 17. Petron. 32.), auch
vorgesteckt zu haben. (Petron. a. a. O. u. Plin. VII, 2, 2. §. 12.)
Eingeladene Gäste pflegten, wie ihre eigenen Sklaven zur Bedienung,
so auch ihre eigenen Servietten mitzubringen (Mart. XII, 29, 11.
II, 37, 7. VII, 20, 13. Petron. 32.). Tischtücher (und zwar ge=
wöhnlich bunte oder reich gestickte) wurden erst seit Domitian Mode
und gleichfalls mantelia genannt (Isidor. XIX, 26, 6. Mart. XII,
29, 12. Lamprid. Heliog. 27. Alex. Sev. 37. Treb. Poll. Gall.
16.), worauf man vielleicht einen Unterschied zwischen mantele und
mappa machte.
¹⁵¹) [¹¹⁶] Petron. 33. 35. 36. Plin. XXXIII, 11, 49. §.
140. u. 52. §. 146. (wo auch mit Silber verzierte u. schildkrotene
repositoria erwähnt werden) Dig. XXXIV, 2, 19. §. 10.
¹⁵²) [¹¹⁷] Hor. Sat. II, 8, 11. Plaut. Men. I, 1, 1. Lucil.
b. Prisc. p. 870. P. Die gausape, woraus diese Wischtücher ver=
fertigt wurden, | war ein besonderer, in der Gegend von Patavium
fabricirter (Mart. XIV, 152. Strab. V, 1, 12. p. 218.), auf der
einen Seite glatter, auf der andern aber zottiger Wollenstoff (Mart.
XIV, 138. Strab. a. a. O. Plin. VIII, 48, 73. §. 193.), dessen
man sich auch zu Teppichen, Tisch= und Couvertdecken (Mart. XIV,
138. 152. 187. Petron. 28.), so wie zu Kleidern für kalte und
regnerische Witterung (Mart. VI, 59, 2. XIV, 145. Ovid. A. A.
II. 300. Pers. 4, 37. 6, 46.) bediente. Ein ähnlicher, grober
Wollenstoff wurde in Verona gearbeitet, woraus man die lodices
(Mart. XIV, 152.) verfertigte, die namentlich als Bettdecken (Ju=
ven. 6, 195. 7, 66. vgl. Suet. Oct. 83.) und Fußteppiche (Petron.
20.) benutzt wurden.
¹⁵³) [¹¹⁸] Vgl. Petron. 35. Bisweilen wurden jedoch auch

die Speisen in Schüsseln herumgereicht (Mart. VII, 47, 3.) Was das Brot der Römer betrifft, so bestand es aus einer Art viereckiger, nur zwei Zoll dicker, mehr zum Brechen als zum Schneiden eingerichteter Kuchen mit 6 bis 8 Einschnitten (Mart. IX, 92, 18. Hor. Ep. I, 17, 49. Juven. 5, 2.) und es gab natürlich sehr verschiedene Sorten desselben. Das beste (siligineus) wurde aus Weizenmehl bereitet (Sen. Ep. 123, 2. Plin. XXIII, 9, 20. §. 86. Vopisc. Aurel. 35.); die mit Kleien gemischten Mittelsorten hießen panis secundus oder secundarius (Plin. a. a. O. Suet. Oct. 76. Hor. Ep. II, 1, 123.) und die geringste aus Gerste und Kleien bereitete Sorte panis ater (Ter. Eun. V, 4, 17.), cibarius (Cic. Tusc. V, 34, 97. Isidor. XX, 2, 15.), plebeius (Sen. Ep. 119, 3.), durus, -sordidus (Sen. Ep. 18, 8.) Vgl. Juven. 5, 67 ff. und über die verschiedenen Brotsorten der Alten überhaupt Pollux VI, 72—74.

154) [119] Hor. Sat. II, 4, 41. Juven. 5, 80. 1. Mart. VII, 47, 3. Plin. XXXIII, 11, 52. §. 145. Viereckige lances werden Dig. VI, 1, 6. XXXIV, 2, 19. §. 4., zu Geldgeschenken dienende Dig. XII, 1, 11. u. XXX, 51. (53.) erwähnt.

155) [120] Benennung des Voressens: gustus: Mart. X, 48, 13. XI, 31, 4. 52, 12., gustatio: Petron. 21. 31., promulsis: Cic. ad Fam. IX, 16, 8. 20, 1. Speisen dabei: Schnecken (cochleae): Plin. Ep. I, 15, 2. Plin. H. N. IX, 32, 51. §. 101. IX, 56, 82. §. 173. Varro R. R. III, 14, 4. Celsus II, 24, 29., Austern (ostrea): Plin. IX, 54, 79. §. 169. XXXII, 6, 21. §. 59. Hor. Epod. 2, 49. Mart. XIII, 82. Plin. Ep. I, 15, 3. Celsus II, 24. 29. Colum. VIII, 16. Juven. 4, 140 ff. Gell. VII, 16. Macrob. III, 13, 12. p. 312. Jan. [Andere auf der Tafel beliebte Schalthiere waren murex (Mart. XIII. 87. Macrob. a. a. O. Celsus II, 24.), echinus (Plin. Ep. u. Colum. a. a. O. Plin. H. N. IX, 31, 51. §. 99. Mart. XIV, 86. Macrob. a. a. O.), pecten (Plin. IX, 33, 51. §. 101. XXII, 33, 52. §. 103. Gell. VII, 16. Celsus a. a. O.), sphondilus, balanus (Macrob. u. Colum. a. a. O.) u. s. w.] Eier: Cic. ad Fam. IX, 20, 1. Varro R. R. I, 2, 11. Hor. Sat. II, 4, 12. Mart. XII, 19. Plin. Ep. I, 15, 2. Appul. Met. IX. p. 656. Oud. Acron zu Hor. Sat. I, 3, 6. Pfaueneier: Petr. 33. Salat: Mart. XI, 53, 4. XII, 19. XIII, 14, 53. Plin. a. a. O. Der von Macrob. III, 13, 11 ff. gelieferte und von Böttiger Kl. Schr. III. S. 220 ff. übersetzte Küchenzettel eines luxuriösen Priesterschmauses führt freilich auch noch manche andre sowohl bei der gustatio, als bei der eigentlichen coena aufgetragene Gerichte an. Ich halte mich aber hier mehr an den etwas frugaleren Küchenzettel bei Horaz Sat. III, 8. und werde bei der später zu gebenden Beschreibung eines apicischen Gastmahls Gelegenheit haben noch anderer und raffinirterer Gerichte zu gedenken.

156) [121] Dieses garum (unserm Caviar ähnlich) wurde aus

den Eingeweiden und dem Blute verschiedener Seefische, besonders des uns unbekannten garus und des scomber (der Makrele) bereitet. | (Hor. Sat. II. 8, 46. Plin. XXXI, 7, 43. §. 93. Mart. III. 50, 4. XIII, 82. 102. Strab. III, 4, 6. p. 159. Galen. Vol. XII. p. 622. K. Celsus II, 29.) Die beste Sorte kam aus Spanien, besonders Neu-Carthago, und wurde sehr theuer bezahlt. (Strab. a. a. O. Plin. XXXI. 8, 43. p. 94. Seneca Ep. 95. 25. Mart. XIII. 102.) Auch das in Clazomenä, Leptis und Pompeji bereitete wird von Plin. a. a. O. gerühmt.

157) [122] Vgl. Mart. XIII, 82.

158) [123] Plin. XXVIII, 2, 4. §. 19. Mart. XIV, 121. VIII, 71, 10.

159) [124] Diese ligulae werden neben cochlearia erwähnt von Mart. VIII, 33. 71, 11. V, 18, 2. XIV, 120. Vgl. auch Cato R. R. 84. Böttiger („Womit löffelten die Alten?") in Kl. Schr. III. S. 233 ff. spricht mit Unrecht den Alten den Gebrauch von Löffeln gänzlich ab und versteht unter cochlear ein geleertes Schnecken= haus und unter ligula eine Art von Spatel oder ein Messerchen mit einer vorn etwas erweiterten Fläche.

160) [125] Vgl. Festus p. 329, 30. 344, 24. M. Isidor. XX, 4, 12. Liv. XXVI, 36. Plaut. Pers. II, 3, 15. Hor. Od. II, 16, 14. Sat. I, 3, 14. Plin. XXXIII, 12, 54. §. 153. Val. Max. IV 4, 3. Ein Salzfäßchen in Muschelform erwähnt Pers. 3, 25.

161) [126] Vgl. Isidor. XX, 4, 12. Dig. XXXIV, 2, 19. §. 9. Apic. VIII, 7.

162) [127] Ueber den Mundschenken eines Lüstlings vgl. Sen. Ep. 47, 5. und über die sogenannten delicati überhaupt Anm. 227. [192.]

163) [128] Cic. Verr. II, 4, 27. 62 f. Hor. Sat. II, 3, 144. Mart. IX. 96, 1. Petron. 75. Plin. XXXVII, 2, 7. §. 20. Dig. XXXIV, 2, 36.

164) [129] Ueber den sicilischen Honig vom Berge Hybla vgl. Mart. XI, 42. XIII, 104. 105. Der schlechteste Honig war der corsische: Plin. XXX, 4, 10. §. 28. vgl. Mart. IX, 26, 4. und Ovid. Am. I, 12, 10.

165) [130] So gewöhnlich (Mart. XI, 31. Lamprid. Heliog. 25.); bisweilen aber auch aus 6 bis 7 (Juven. 1, 94. Suet. Oct. 74.) Uebrigens vgl. Note 155.

166) [131] Die kleinen Seebarben (mulli) waren wenig geachtet (Mart. XIV. 97. vgl. Plin. IX, 17, 30. §. 64.); desto theurer aber wurden die großen bezahlt (Hor. Sat. II, 2, 33. Juven. 4, 15. 5, 92 ff. Mart. X. 37, 7. Sen. Ep. 95, 42. Macrob. Sat. III. 16 (II. 12), 9. p. 330. Jan.) Ueber die Seeaale vgl. Hor. Sat. II, 8, 42. Juven. 5, 99. Varro R. R. II, 6, 2. Colum. VIII, 16, 1. Mart. XIII. 80. Plin. IX, 54, 79. §. 169. Gell.

VII, 16. Andere beliebte Fische waren die Butte (rhombus): Plin. a. a. O. u. IX. 20, 36. §. 72. Hor. Sat. I, 2, 116. II, 2, 48. II, 8, 30. Perf. 6, 23. Mart. X, 30, 21. XIII, 81. Colum. VIII, 16, 7., der Flunder (passer): Hor. Sat. II, 8, 29. Plin. IX, 20, 36. §. 72. Colum. a. a. O., der Schellfisch (asellus): Varro L. L. V, 77. Gell. a. a. O. Plin. IX, 17, 28. §. 61. vgl. Petron. 24., der Meerwolf (lupus): Plin. a. a. O. Mart. XIII. 89. Hor. Sat. II, 2, 31 ff. Macrob. Sat. a. a. O. §. 11. p. 332. Colum. VIII, 16, 3. 4., der Stör (acipenser): Macrob. a. a. O. §. 2. p. 328. Colum. u. Gell. a. a. O. Mart. XIII, 91., der besonders früher sehr beliebt war (Plin. IX, 17, 27. §. 60.), später aber weniger (Hor. Sat. II, 2, 47.), der Lippfisch (?scarus): Plin. IX, 17, 20. §. 62. Colum. VIII, 17, 12. Ma= crob. u. Gell. a. a. O., die Makrele (scomber): Plin. IX, 15, 19. §. 49. Mart. III, 50, 9. IV, 86, 8. XIII, 102, 2. Catull. 95, 7. Perf. 1, 41. (vgl. Anm. 156. [121.]) u. f. w. Nicht sehr ge= schätzt waren der lacertus (f. oben Anm. 25.) und andere. |

167) [132] Sen. Ep. 47, 4. de vita beata 17, 2. vgl. de brev. vitae 12, 5. Petron. 36., wo der scissor sein Geschäft sogar nach dem Takte der Musik verrichtet. Bei Juven. 9, 109. heißt er carptor. Zuweilen besorgte dies Geschäft auch schon der structor (vgl. unten Anm. 213. [178.])

168) [133] Hor. Sat. II, 4, 44. 8, 89. Hasenbraten war übrigens ein sehr beliebtes Gericht (Mart. XIII, 92. Petron. 35. 36. Macrob. III, 13 (II, 9), 12. p. 315. Jan.), welches keinen Tag auf der Tafel des Kaisers Alexander Severus fehlen durfte. (Lamprid. Alex. Sev. 37.)

169) [134] Die Hasen waren in Italien selten und wurden da= her auch aufgezogen und gemästet (Macrob. Sat. a. a. O. §. 14. p. 316.)

170) [135] Ein Eber war gewöhnlich das Hauptstück einer größeren Mahlzeit (Juven. 1, 141. Plut. Symp. Qu. IV, 5. Hor. Sat. II, 3, 234. 4, 40. Macrob. Sat. a. a. O. Sen. Ep. 110, 11. Mart. III, 50, 8.) und wurde meistens ganz auf die Tafel gebracht (Juven. a. a. O. Plin. VIII, 51, 78. §. 210. Petron. 40.) Besonders berühmt waren die Eber Etruriens (wo eben auch Sutrium, das heutige Sutri, lag): Stat. Silv. IV, 6, 10. Mart. VII. 27. Catull. 39, 11. Im Laurentischen fanden sie sich sehr häufig: Mart. IX, 48, 5. X, 45, 4. Ovid. Fast. II, 231. Verg. Aen. X, 708 ff., desgleichen in Umbrien: Hor. Catull. und Stat. a. a. O., Lucanien: Hor. Sat. II, 3, 234. 8, 6. u. f. w.

171) [136] Vgl. Plin. VIII, 52, 78. §. 211.

172) [137] Die Fasane (aves Phasianae) waren sehr beliebt (Mart. XIII. 72. Lamprid. Alex. Sev. 37. Prob. Tac. 11.) und wurden von den Römern auch auf dem Hühnerhofe gezüchtet (Pal= lad. I, 19. Mart. III, 58, 16.) Ueber die Krammetsvögel vgl.

Varro R. R. III, 2, 15. Perf. 6, 24. Colum. VIII, 10. Hor. Sat. I, 5, 72. II, 5, 10. Mart. XIII, 92. Macrob. II, 4, 22. p. 241. u. III, 16, 16. p. 334. Jan. (in der dritten Stelle III, 13 (II, 9), 12. p. 313., wo Böttiger a. a. O. turdus durch Wein= droffel übersetzt, versteht Jan wohl richtiger den von Plin. XXXII, 11, 53. §. 147. u. Colum. VIII, 16. u. 17. erwähnten Fisch dieses Namens) und über die Einfaffung der Schüffeln damit Mart. XIII, 51.

¹⁷³) [¹³⁸] Der Kohl wurde in Salpeter gekocht, damit er eine hellgrüne Farbe bekam (Mart. XIII, 17. vgl. V, 78, 7.), so wie man auch den in Salz, Senf und Effig eingemachten Rüben ver= schiedene Farben zu geben verstand (Plin. XVIII, 13, 34. §. 128.) Artischocken (cardui) waren sehr beliebt (Plin. XIX, 8, 43. §. 152. 153. XX, 23, 99. §. 262.), desgleichen Spargel (asparagi: Plin. XIX, 4, 19. §. 54. 8, 42. §. 145 ff. Macrob. III, 13, 12. p. 313. Celfus II, 29. Juven. 11, 69. Apicius III, 3.) Pilze ver= schiedener Art, auch Champignons und Trüffeln, werden erwähnt Plin. XXII. 23, 47. §. 98. Juven. 5, 147. Mart. III, 60, 5. XIII. 50. Hor. Sat. II, 4, 20. Außerdem kamen Lauch (porrum) in Oel und Wein gekocht (Mart. V, 78, 4. Apicius III, 10.), Ampfer und Malven (Cic. ad Fam. VII, 26, 2. Hor. Epod. 2, 57.), Melonen und Kürbiffe mit Effig und Pfeffer zugerichtet (Api= cius III, 4, 7. Plin. Ep. I, 15, 2.), Gurken (Plin. XIX, 5, 23. §. 64. Apicius III. 6.), Oliven (Hor. Sat. II, 2, 46. Plin. Ep. a. a. O.) u. f. w. auf die Tafel. |

¹⁷⁴) [¹³⁹] Ueber Becher aus Murrha vgl. Mart. III, 82, 25. IV, 85. XIV, 113. Die erften dergleichen Gefäße brachte Pom= pejus aus dem Schatze des Mithridates mit nach Rom und weihte fie dem Capitolinifchen Jupiter (Plin. XXXVII, 2, 7. §. 18.), worauf bald der ganze Vorrath, den die Herrfcher Afiens und Aegyptens davon befaßen, nach Rom wanderte und die große Be= liebtheit des Gegenftandes endlich eine regelmäßige Zufuhr auf dem Handelswege veranlaßte, fo daß fpäterhin faft jeder vornehme und wohlhabende Römer dergleichen Gefäße befaß (Sen. Ep. 123, 6.) Was nun aber das Material felbft betrifft, über welches fich die Hauptftelle bei Plin. a. a. O. §. 18 ff. findet, fo mußten die Alten nur, daß es trotz feines Farbenglanzes kein Edelftein (Dig. XXXIV, 2, 19. §. 19.), fondern weich und zerbrechlich (Plin. XXXIII. prooem. §. 5.) und dabei undurchfichtig (Plin. XXXVII, 2, 9. §. 22. Mart. IV. 85.) war, und aus der Erde gegraben wurde (Plin. XXXIII. a. a. O. u. XXXVII, 13, 77. §. 204.; als Steinart bezeichnet fie Sidon. Apoll. Carm. XI, 20.), blieben aber fonft völlig im Unklaren darüber, und auch neuere Gelehrte haben die verfchiedenften Anfichten darüber aufgeftellt. Während es früher die Meiften für chinefifches Porzellan, Einige auch für chinefifchen Specftein oder Waffer=Yu erklärten, hält man es jetzt gewiß richtiger

für Flußspath, auf welchen die Angaben des Plinius am besten
passen. (Vgl. besonders Thiersch in b. Abhandl. b. baier. Acad.
1. Classe. 1835. S. 443 ff.) Uebrigens gab es auch unächte,
wahrscheinlich aus einer Glasmasse nachgeahmte Murrha. (Plin.
XXXVI, 27, 67. §. 198. vgl. Propert IV (V), 5, 26.)
175) [140] D. h. fast 1½ Million Reichsmark.
176) [141] Vgl. Plin. XXXVII, 2, 7. §. 20.
177) [142] Vgl. Plin. XIV, 6, 8. §. 60. Strab. V, 3, 6.
p. 234.
178) [143] Vgl. Plin. XXIII, 1, 20. §. 34. u. 22. §. 39.
179) [144] Vgl. Plin. XXIII, 1, 20. §. 34. Macrob. VII,
12, 9 ff. p. 611. Jan.
180) [145] Vgl. Cic. Verr. IV, 27, 62. Plin. XXXIII, 1,
2. §. 5. XXXVII, 2, 6. §. 14. u. 17. Mart. XIV, 109. Juven.
5, 43. 10, 26. Ebenso kommen auch mit Edelsteinen besetzte
Schüsseln und andere Gefäße (Plin. a. a. O. Auson. Epigr. 8.
Dig. XXXIV, 2, 19. §. 13.), auch sonstiger Hausrath (Sen. Ep.
110, 11.), ja ganz aus Edelsteinen verfertigte kleine Becher (Cic.
a. a. O. Verg. Geo. II, 506. Propert. III, 5 (IV, 4), 4. Sen.
de prov. 3. extr. Mart. XIV, 110.) vor, obgleich zuweilen dabei
wohl nur an Becher aus buntem Glase zu denken ist. (Mart. X,
49. Vopisc. Saturn. 8. u. anderw.)
181) [146] Ueber das Ausbringen von Gesundheiten (propinare
salutem), welches gewöhnlich mit den Worten bene te oder tibi
und hinzugefügtem Namen Statt fand, vgl. Plaut. Stich. III, 2,
16. Pers. V, 1, 20. Cic. Verr. II, 1, 26. Tibull. II, 1, 31.
Ovid. A. A. I, 601. Fast. II, 635. Wie es bei Zechgelagen mit
dem Ausbringen von Gesundheiten und dem Zutrinken herging,
werden wir im zweiten Kapitel sehen.
182) [147] Serv. zu Verg. Aen. I, 730. Petron. 60. (wo dazu
die Hausgötter auf die Tafel gestellt werden) Hor. Serm. II, 2,
124. | Vgl. auch Verg. Aen. VIII, 283. u. Hor. Od. IV, 5, 31.
Es wurde dabei die mola salsa, gesalzenes Schrot von gedörrtem
und gestampftem Spelt (Serv. zu Verg. Ecl. VIII, 82.), geopfert,
wozu das auf der Tafel stehende Salzfaß benutzt wurde. (Stat.
Silv. I, 4, 130. Liv. XXVI, 36, 5. Acro zu Hor. Od. II, 16,
14.) Das Nähere hierüber später, wenn von den Opferhandlungen
die Rede sein wird.
183) [148] Daß Petrons (c. 68.) Trimalchio dazu auch andere
Tische bringen läßt, ist bloß ein fader Scherz dieses Schlemmers.
184) [149] Bellaria (Conject): Gell. XIII, 11. Plaut. Truc.
II, 5, 27. Suet. Ner. 25. Bei den Griechen hießen sie ἐπιδειπ-
νίς (Athen. XIV, 85. p. 664. e.) und diesen Ausdruck brauchen
auch Mart. XI, 31, 7. u. Petron. 69. Honigäpfel: Plin. XV,
14, 15. §. 51. Mart. VII, 25, 7. XIII, 24. (über andere Aepfel=
sorten vgl. Plin. XV, 11, 10. §. 37 ff. Colum. V, 10, 19. XII,

45, 5. Macrob. III, 19. (II, 15.) p. 347 ff. Jan.), Faustbirnen (volema): Verg. Geo. II, 88. Cato R. R. 7, 4. Colum. V, 10, 18. XII, 10, 4. Plin. XV, 15, 16. §. 53. Macrob. a. a. O. §. 6. p. 353. (über andere Birnensorten vgl. Verg. u. Plin. a. a. O. Colum. V, 10, 17. Mart. V, 78, 18. Celsus II, 24. u. f. w.), Wachspflaumen: Plin. XV, 13, 12. §. 42. Colum. X, 404. (in welchen Stellen auch von andern Pflaumensorten die Rede ist). Andere beim Nachtisch aufgetragene Obstarten waren Kirschen, Quitten, Pfirsichen, Granatäpfel, Feigen, Mispeln, Maulbeeren, Nüsse, Kastanien, Mandeln u. s. w. (Vgl. überhaupt Colum. V, 10.) Ueber das Trocknen des Obstes vgl. Pallad. III, 25. XII, 7. Colum. XII, 14. Ueber die Käsesorten, von welchen die besten aus Gallien und Bithynien kamen, vgl. Plin. XXVIII, 9, 34. §. 131 f. XI, 42, 97. §. 240 f. Mart. XIII, 30—33.

185) [150] Plin. XXXVI, 26, 67. §. 198. Mart. IX, 22, 7. XII. 74. XIV. 111. Isidor. XVI, 15, 27. Ueber die besonders aus Aegypten kommenden, herrlich geschliffenen Glaswaaren vgl. Cic. pro Rab. 14, 40. Mart. XI, 11. XII, 74. XIV, 115. Treb. Poll. Claud. 17. Vopisc. Tac. 11. Daß man auch die Kunst verstand, das Glas verschiedenartig zu färben, ergiebt sich aus Plin. a. a. O. vgl. mit XXXVII, 6, 22. §. 83. u. 7, 26. §. 98.

186) [151] Ueber dieses Sprüchwort vgl., Acron. zu Hor. Sat. I. 3, 6. u. Cic. ad Fam. IX, 20, 1.

187) [152] Schon Augustus hatte der häufigen Feuersbrünste und Einbrüche wegen eine aus 7 Cohorten bestehende Nacht = und Feuerwache (vigiles nocturni) unter einem Praefectus vigilum ge= bildet, deren jede zwei Regionen der Stadt zu überwachen und die nächtliche Polizei in ihnen zu üben hatte (Suet. Oct. 30. Strab. V, 3, 8. p. 235. Dio Cass. LV, 26. Petron. 78. und besonders Paulus de off. Praef. vigil. in den Dig. I, 15.) Ihre Stärke wuchs allmählich bis zu 7000 Mann an, welche an geeigneten Plätzen der Stadt ihre 7 Stationen oder Casernen und außer= dem in jeder Region ein excubitorium hatten, d. h. wahr= scheinlich einen in der Mitte der Region | gelegenen Alarm= platz, wo immer nur einige Mann auf Wache waren. (Vgl. Dio Cass. a. a. O.)

188) [153] D. h. über 12 Millionen Reichsmark.

189) [154] Apicius besaß 100 (Sen. cons. ad Helv. 10, 3.), Vibius Crispus u. Crassus bloß an Ländereien 200 (Schol. des Juven. 4, 81. Plin. XXXIII, 10, 47. §. 134.), Tacitus vor seiner Thronbesteigung 280 (Vopisc. Tac. 10.), Seneca und Pallas, der Freigelassene des Claudius, 300 (Tac. Ann. XIII, 42. u. XII, 53.), der Augur Lentulus und der freigelassene Narcissus unter Claudius 400 Millionen Sest., d. h. über 70 Millionen Reichs= mark (Sen. de ben. II, 27. u. Dio Cass. LX, 34. Vgl. überhaupt

Nep. Att. 14. Plin. XIII, 15, 29. §. 91. XXXIII, 10, 47. §. 134. und Olympiod. bei Photius I. p. 63. Bekk.)

190) [155] Alle hier folgenden Andeutungen werden in der Be=schreibung des Hauses im 3. Kap. ihre Erklärung finden.

191) [156] Ueber den Unterschied von ordinarii und vulgares servi vgl. Dig. XLVII, 10, 15. §. 44. u. Sen. Ep. 110, 1., u. was die vulgares betrifft, Cic. pro Rosc. Am. 46, 134. artes vulgares, coquos, pistores, lecticarios.

192) [157] Die ordinarii (von Cic. Parad. V, 2, 36. auch lautiores genannt) werden von Suet. Galb. 12. Sen. de ben. III, 28. Dig. XIV, 4, 5. §. 1. XV, 1, 17. XLVII, 10, 15. §. 44. u. anderw. erwähnt.

193) [158] Diese vicarios gab ihnen entweder der Herr, oder sie kauften sich dieselben auch wohl von ihren Ersparnissen (vgl. Anm. 240. [205.]) selbst. Siehe überhaupt Plaut. Asin. II, 4, 28. Cic. Verr. I, 36. extr. III, 38, 86. Sen. de tranq. 8, 4. Hor. Sat. II, 7, 79. Mart. II, 18, 7. Dig. IX, 4, ·19. §. 2. XIV, 4, 5. XV, 1, 17. Inschr. bei Orelli 362. 1465. 2820 ff. 2860. 5961. 6279. Auch vicariae kommen vor: Orelli 2825. 2826. 3828. 6277.

194) [159] Siehe unten Anm. 241. [206.]

195) [160] Die Sklaven führten stets nur e i n e n Namen und zwar, nachdem sie früher blos nach ihrem Herrn Marcipor (d. i. Marci puer, Sklav des Marcus), Publipor, Quintipor u. s. w. be=nannt worden waren, später entweder hochtrabende Heroennamen, wie Castor, Pollux, Jason, Priamus, Achilles u. s. w., oder ihre Heimath bezeichnende, wie Geta, Davus, Phryx, Cappadox, Lydus, Syrus u. s. w., bisweilen auch von Blumen oder Edelsteinen ent=lehnte, wie Amiantus, Narcissus, Beryllus, Sardonyx und andere, oder griechische, wie Sosia, Dromo u. s. w., höchst selten aber römische. Weibliche Sklavennamen waren Semiramis, Arsinoe, Bacchis, Thais, Pamphila, Lesbia, Mysis, Dorias, Phrygia, Thessala und andere. Vgl. auch 2. Abth. 1. Band. S. 12.

196) [161] Cic. pro Caec. 20, 57. ad Fam. I, 3, 2. de or. I, 58, 249. Sen. Ep. 14. extr. Petron. 30. Quinct. decl. 345.

197) [162] Vgl. Cic. ad Att. XI, 1. in. u. de rep. V, 3, 5. Suet. Vesp. 22. Mart. V, 43, 5. XI, 40, 6. Petron. 29. Dig. XLVII, 10, 44. L, 16, 166. |

198) [163] Suet. Galb. 12. Vesp. 22. Juven. 1, 91. 7, 219. Macrob. Sat. II, 4. extr. p. 244. Jan. Cic. fragm. bei Nonius p. 193, 10. Inschr. bei Orelli 2782.

199) [164] Plaut. Asin. II, 2, 85.

200) [165] Petron. 29. extr.

201) [166] Plaut. Pseud. II, 2, 15. Cas. II, 8, 28. Cic. in Pis. 27, 67. Parad. V, 2, 36. Colum. XII, 3, 9. Uebrigens vgl. Varro L. L. VII, 33. u. Serv. zu Verg. Aen. I, 730.

²⁰²) [¹⁶⁷] Cic. Agr. II. 5, 13. Phil. II, 4, 8. ad Fam. XVI. 21, 8. Liv. XXXVIII, 55. Oefters hatte man auch ver= schiedene Schreiber für griech. und für latein. Briefe. (Inschr. bei Orelli 2437. 2997. librarii ab epistolis Graecis et Latinis.)

²⁰³) [¹⁶⁸] Ueber die anagnostae vgl. oben Anm. 52. Ein servus a bibliotheca wird z. B. bei Gruter p. 584, 6., ein biblio- thecarius bei Fronto Ep. IV, 5. p. 76. Mai erwähnt.

²⁰⁴) [¹⁶⁹] Vgl. oben Anm. 98. [44].

²⁰⁵) [¹⁷⁰] Cic. Lael. 20, 74. Sen. Ep. 89, 11. de ira II, 22. Quinct. Inst. I, 1 (2), 7.

²⁰⁶) [¹⁷¹] Plaut. Pseud. II, 2, 14. (wo er procurator peni heißt), Capt. IV, 3, 10 ff. Mil. III, 2, 11. 24.

²⁰⁷) [¹⁷²] Sen. de ben. III, 28. Cic. Verr. III, 4, 8. Plaut. Men. IV, 2, 105. Suet. Vitell. 16. Petron. 29. Dig XXXII, 61. Inschr. bei Orelli 5844. 6333. Er führte (gleich unsern Por- tiers) einen besondern Stab (Sen. de const. sap. 14, 2. Petron. 134.) und hielt sich in seiner cella wohl auch einen Hund. (Suet. a. a. O. Sen. de ira III, 37, 2. Plaut. Most. III, 2, 167. Ti- bull. II, 4, 34.; blos an die Wand gemalt erscheint der Hund bei Petron. 29., als Mosaik des Fußbodens bei Overbeck Pomp. I. S. 240.) In früherer Zeit war sogar der Thürhüter selbst wie ein Hund an die Kette gelegt worden. (Auct. de clar. rhet. 3. Ovid. Am. I, 6, 1. Colum. I. pr. §. 10.)

²⁰⁸) [¹⁷³] Coqui: Sen. Ep. 114, 24. Orelli 646. 2827. 4166. 6651. und culinarii: Scribon. 230. Orelli 7227.

²⁰⁹) [¹⁷⁴] Früher wurde von jeder Familie selbst gemahlen und gebacken; vom Ende des 2. Jahrh. v. Chr. an aber wurde die Bäckerei (womit immer auch das Mahlen des Getreides verbunden war: vgl. Overbeck Pompeji I. S. 275 ff. und II. S. 10 ff.) auch als förmliches Gewerbe in Rom betrieben (vgl. Plin. XVIII, 11, 28. §. 107. Plaut. Asin. I, 3, 48. Mart. XIV, 223.), welches, nachdem es schon unter Augustus eine Innung von Weißbäckern (collegium oder corpus siliginariorum: Inschr. bei Spon. Misc. p. 64. u. Orelli 1810.) und seit Trajan auch von Schwarzbrotbäckern (? collegium pistorum Aur. Vict. de Caes. 13.) gegeben hatte, welche damals 100 Mitglieder zählte (Fragm. Vat. p. 56. Mai §. 232., so schnell aufblühte, daß es im Jahre 312 n. Chr. schon 254 Bäckereien daselbst gab. (Curios. urb. und Notit. vgl. Preller Regionen S. 30. 31. 111.) Gleichwohl hatten auch später wohl= habendere Familien immer noch eigene Bäcker (auch Bäckerinnen: Dig. XXXIII, 7, 12. §. 5.) unter ihren Sklaven (Varro bei Gellius XV. 19. Suet. Caes. 48. Sen. Ep. 95, 24. | Paulus Sent. III, 6, 37. Inschr. bei Orelli 647.) und eigene Mühlen und Backöfen im Hause. (Vgl. unten Kapitel 3.) Dazu kommen noch Kuchen= und Confiturenbäcker (libarii und crustularii: Sen. Ep. 56, 2. dulciarii und lactarii: Lamprid. Heliog. 27.)

²¹⁰) [¹⁷⁵] Ueber die verschiedenen Stallbedienten vgl. Spart. Carac. 7. Claud. 2. Cic. de off. I, 26, 90. Ammian. XXX, 5. Orelli 2968. 6297. 6298. 6320. u. f. w. Zu der Klasse der Läufer (vgl. oben Anm. 47.) kann man auch die anteambulones (Suet. Vesp. 2. Mart. II, 18, 5. III, 7, 2. X, 74, 3.) rechnen, welche in der Stadt vor dem Herrn einherschritten und ihm den Weg bahnten (vgl. Acron. zu Hor. Ep. I, 18, 74. Plin. Ep. III, 14, 7. Lucian. Nigrin. 34.); zu welcher Dienstleistung sich aber auch oft Freigelassene und andere Clienten drängten. (Mart. a. a. O. vgl. mit III, 46.)

²¹¹) [¹⁷⁶] Man wählte zu ihnen natürlich nur große und starke Leute, besonders Syrer, Germanen, Gallier und später nament= lich Cappadocier. (Mart. IX, 2, 11. VI, 77, 4. Petron. 63. Vgl. Sen. Ep. 31, 9.) Sie trugen gewöhnlich eine gleichfarbige, meistens rothe Livrée.

²¹²) [¹⁷⁷] Suet. Tib. 21. Dom. 16. Cic. Verr. III, 4, 8. ad Att. VI, 2, 5. Sen. de const. 14. Orelli 2846. 2863. 2906. 4401. u. f. w.

²¹³) [¹⁷⁸] Orelli 6367. Sie standen unter einem tricliniarcha (Orelli 794. 2952. 6285. 6337.) und zu ihnen gehörte namentlich auch der structor, der die Speisen kunstgerecht anrichtete und auf dem repositorium ordnete, auch wohl vorschnitt. (Juven. 5, 120 ff. 7, 184. 11, 136 ff. Mart. X, 48, 15. Petron. 35. 36. Lamprid. Heliog. 27. Serv. zu Verg. Aen. I, 706.)

²¹⁴) [¹⁷⁹] Plaut. Aul. III, 5, 27. Nep. Att. 13. Cic. ad Att. II, 16, 1. VIII, 5, 1. Verr. I, 36, 92. Auch die Knaben hatten ihre pedissequi, die ihnen in einer Kapsel (capsa, daher capsarii genannt) die in der Schule nöthigen Gegenstände, Bücher, Schreibtafel u. f. w. nachtrugen. (Suet. Ner. 36. vgl. Claud. 35. u. Juven. 10, 117.)

²¹⁵) [¹⁸⁰] Cic. ad Att. IV, 5. pro Mur. 35, 77. Sen. de ben. I, 3. extr. VI, 33. Ep. 19, 10. 27, 4. Suet. Calig. 41. Ner. 10. Quinct. Inst. VI, 3. 93. Plin. Ep. II, 14, 6. Orelli 934. 2875. 6329. 6350. Selbst vornehme Damen hielten sich zu= weilen einen solchen nomenclator. (Suet. Oct. 19.) Zur Zeit der Republik, wo es galt sich durch öffentliche Ansprache der Bürger mit Nennung ihres Namens Gunst und Stimmen bei den Wahlen zu verschaffen, waren freilich dergleichen Nomenclatoren ein wirk= liches Bedürfniß gewesen. Ein Mißbrauch dieser Sitte war es, daß später auch bei Gastgelagen Nomenclatoren die Namen der auf= getragenen Gerichte verkünden mußten. (Plin. XXXII, 6, 21. §. 63. Petron. 47. vgl. Hor. Sat. II, 8, 25 ff.)

²¹⁶) [¹⁸¹] Sen. Ep. 27, 4.

²¹⁷) [¹⁸²] Vgl. oben Anm. 36. |

²¹⁸) [¹⁸³] Aus Inschriften ersieht man, daß unter den Haus= sklaven alle gewöhnlichen Handwerker vertreten waren; ja selbst

Gold- und Silberarbeiter waren darunter (Cic. Verr. IV, 24, 54. Orelli 2785.) Besonders aber finden sich unter der kaiserlichen Dienerschaft Handwerker und Künstler aller Art. Daß nicht selten Sklaven verschiedene Functionen zugleich übertragen waren, ergiebt sich aus Mart. III, 58. Dig. XXXII, 1, 65. §. 2. Orelli 2882. 2884. u. s. w.

²¹⁹) [¹⁸⁴] Vgl. Plaut. Trin. II, 1, 21. (wo früher vestispica edirt wurde).

²²⁰) [¹⁸⁵] Cubiculariae vielleicht bei Appul. Met. X, 28. p. 732. Oud., obgleich hier cubiculariis auch Ablativ von cubicularius sein kann; pedissequae bei Plaut. Aul. IV, 10, 77. Asin. I, 3, 31. (vgl. mit Trin. II, 1, 21.) Dig. XL, 4, 59. u. Cic. de or. I, 55. extr.

²²¹) [¹⁸⁶] Plaut. Trin. III, 2, 120. Vgl. auch Ovid. A. A. III, 209. u. Claud. in Eutrop. I, 464.

²²²) [¹⁸⁷] Früher hatten die Sklavinnen diesen Arbeiten unter Aufsicht und Mitwirkung der Frau vom Hause im Atrium ob= gelegen (Liv. I, 57. Ascon. zu Cic. pro Mil. 5.); späterhin aber bei überhand nehmender Weichlichkeit und Bequemlichkeit überließen die Hausfrauen diese Aufsicht einer solchen lanipendia (d. h. Woll= zuwägerin), unter welcher die Sklavinnen in einem besonderen Zim= mer (textrina oder textrinum) arbeiten mußten. (Dig. XV, 1, 27. XXIV, 1, 31. Schol. des Juven. 6, 476.) Noch gewöhnlicher aber war dies unstreitig auf dem Lande der Fall.

²²³) [¹⁸⁸] Ihnen stand ein besonderer decurio vor. Was die familia urbana (s. Note 228. [193.]) betrifft, vgl. Petron. 47. Vitruv. VII, 3, 10. und hinsichtlich der familia rustica (wo freilich eine solche Einrichtung kaum zu entbehren war), Colum. I, 9, 7. (u. Orelli Nr. 4184.)

²²⁴) [¹⁸⁹] Nachdem man sich früher mit einem oder ein paar Sklaven begnügt hatte (Appul. Apol. p. 430. Oud. Plin. XXXIII, 1, 6. §. 26. Juven. 11, 145 ff. Sen. de tranq. 8., weßhalb auch das Verhältniß zwischen Herren und Sklaven ein weit vertraulicheres gewesen war: Macrob. I, 11, 2 ff. p. 81 ff. Jan. Plut. Coriol. 24. Cat. mai. 3. 20. 21. Sen. Ep. 47, 1. Plin. a. a. O.), stieg die Zahl derselben nach und nach immer höher, so daß zuletzt von wirklichen Sklavenheeren die Rede sein konnte. (Plin. a. a. O. Sen. de tranqu. 8, 4. Plut. Crass. 2.) Schon zu Cicero's Zeiten hielt man sehr viele Sklaven (vgl. pro Mil. 10, 28. 21, 55. und dazu Ascon. p. 32. Orell. ad Att. VI, 1, 25.), und zehn war nach Horaz für ein anständigeres Hauswesen die geringste Zahl (Hor. Sat. I, 3, 12. vgl. mit I, 6, 107 ff.), während Vornehme 400 (Tac. Ann. XIV, 42.) und mehr hielten; später aber finden sich die fast unglaublichen Zahlen von 4000 (Plin. XXXIII, 10, 47. §. 135.), ja von 10,000 u. 20,000 Sklaven (Athen. VI, 104. p. 272. e.), von denen freilich wohl die Meisten auf den Landgütern be=

schäftigt waren. Die Gesammtzahl der Sklaven in der Stadt kann
man wohl zu 900,000 und ihr Verhältniß zu der freien Bevölke=
rung wie 3 : 2 annehmen. Vgl. überhaupt Tac. Ann. XIV, 43.
Petron. 37. 47. 53. Plin. XXXIII, 10, 47. §. 135. Sen. de
ben. VII, 10, 5. u. A.

²²⁵) [¹⁹⁰] So für die Toilette Barbiere (tonsores: Mart. VI,
52. Orelli 2883. 2998.), Friseure (ciniflones oder cinerarii: Acron.
zu Hor. Sat. I, 2, 98. Varro L. L. V, 129. Tertull. ad uxores
II, 8.), Schuhanzieher (calceatores: Plin. Ep. III, 16, 7. Inschr.
bei Murat. 909, 12.) u. A., für den Badedienst ein Salber (unctor:
Plin. XXIX, 1, 2. §. 4. Orelli 2791. 6369. oder aliptes: Cic.
ad Fam. I, 9, 15. Juven. 3, 76. 6, 422. Sen. Ep. 56, 2.),
Bademeister (balneator: Dig. XXXIII, 7, 13. §. 1. 7, 17. §. 2.
oder thermarius: Orelli 6445.) und Heizer (fornacator: Dig. XXXIII,
7, 14.), für die Tafel besondere Vorkoster (praegustatores: Plin.
XXI, 3, 9. §. 13. Tac. Ann. XII, 66. XIII, 16. Suet. Claud.
44. Orelli 2993. 6337.) und Abräumer (analectae: Mart. VII,
20, 17. XIV, 82. Sen. Ep. 27, 7.), für das Abholen
aus Gesellschaften advorsitores (vgl. das Personenverzeichniß zu
Plaut. Most. IV, 2. und Donat. zu Ter. Ad. 1, 1, 1.)
und Fackel = und Laternenträger (Cic. in Pis. 9, 20. Suet.
Oct. 29. Orelli 2845. 2930. vgl. Juven. 3, 285. u. Petron.
79.) u. s. w.

²²⁶) [¹⁹¹] Solche Zwerge (nani und nanae, auch pumiliones)
waren besonders eine Liebhaberei der Damen (Gell. XIX, 13. Clem.
Alex. Paed. III, 4. p. 271. Potter.), wurden jedoch auch von
Männern gehalten (Suet. Tib. 61. Plin. VII, 16, 16. §. 75. Ju=
ven. 8, 32. Propert. IV (V), 8, 41. Lamprid. Alex. Sev. 34.)
und mußten sogar Kämpfe mit einander aufführen (Stat. Silv. I,
6, 57 ff. Dio Cass. LXVII, 8.) Auch Blödsinnige (Cretins, mo-
riones, fatui u. fatuae) beiderlei Geschlechts waren als Gegenstände
des Lachens eine Liebhaberei der entarteten Römer (Mart. III, 82,
24. VI, 39, 15 ff. VIII, 13. XIV, 210. Sen. Ep. 50, 2.) und
wurden sehr theuer bezahlt. (Mart. VIII, 13. erwähnt einen für
20,000 Sest., d. h. 3510 Reichsmark, gekauften morio.)

²²⁷) [¹⁹²] Die paedagogia (Sen. Ep. 123, 7. de tranq. 1,
5. Dig. XXXIII, 7, 12. §. 32. Orelli 2941. 2942.) standen unter
einem paedagogus (Spart. Hadr. 2. Orelli 2937. 2939. vgl. 2943.
2944. u. s. w.) Ueber die Bestimmung der den heutigen Pagen
entsprechenden delicati, die aber auch wollüstigen Zwecken dienen
mußten, vgl. Dig. a. a. O. Cic. in Cat. II, 10, 23. Plin. XXXIII,
3, 12. §. 40. Ammian. XXIX, 3, 3. mit Cic. de Fin. II, 8, 23.,
aber auch Sen. Ep. 95, 24. Suet. Ner. 28. Tertull. Apol. 8,
13. Sie lebten und schliefen gemeinsam (Plin. Ep. VII, 119. 27,
13.), waren gleichmäßig, höchst zierlich gekleidet (Sen. de vita beata
17, 2. de tranq. 1, 10. Ammian. XXVI, 6, 15. Plin. a. a. O.)

und frisirt, trugen langes, gelocktes Haupthaar (Sen. Ep. 95, 24. 119, 14. Mart. III, 58, 30. XII, 70, 9. Petron. 27. 29. 57. 70.) und waren eitel auf ihre weibische Toilette.

²²⁸) [¹⁹³] Die in dem Gegensatze zu den Freien servi, in Bezug auf ihr dienstliches Verhältniß famuli, als Eigenthum des Herrn mancipia, und in Hinsicht ihres meist noch jugendlichen Alters pueri (welches | auch die gewöhnliche familiäre Anrede war) hießen. Die zu einem Haushalt gehörenden Sklaven bildeten zusammen die familia, welche in urbana (in der Stadt) und rustica (auf dem Lande) zerfiel.

²²⁹) [¹⁹⁴] Sen. de clem. I, 18, 2. Juven. 6, 219 ff. Petr. Chrysologus Serm. 141. Mit der folgenden Darstellung vgl. auch das in der 2. Abth. 1. Band. S. 7 ff. über das Sklavenwesen der Griechen Mitgetheilte.

²³⁰) [¹⁹⁵] Petron. 27. Mart. III, 82, 15. VI, 89. XIV, 119. Hor. Sat. I, 2, 117. Petron. 75. Sen. Controv. IV. in. p. 378. Burs.

²³¹) [¹⁹⁶] Cato R. R. 2, 7. Plut. Cat. mai. 5. Suet. Claud. 25. Dio Cass. LX, 29.

²³²) [¹⁹⁷] Juven. 6, 218 ff. Die gelindesten Strafen waren Versetzung aus der familia urbana in die rustica (Plaut. Most. I, 1, 17. Asin. II, 2, 76. Ter. Phorm. II, 1, 18 ff. Hor. Sat. II, 7, 117. Sen. de ira III, 29, 1. Petron. 69.), deren Loos freilich der weit schwereren Arbeit, besonders in der Stampfmühle (pistrinum). und der schlechteren Behandlung wegen noch viel härter war, als das jener (vgl. unten Kap. 4.) und Schläge (Plaut. Bacch. II, 3, 131. Asin. II, 2, 53. III, 2, 3 ff. Hor. Ep. II, 2, 15. Plut. Coriol. 24. Mart. XIV, 68.), meist mit Ulmenstöcken (Plaut. Asin. II, 2, 96. III, 2, 3. Pers. II, 4, 7. Amph. IV, 2, 9. Rud. III, 2, 22.), doch auch mit Lederpeitschen (Hor. Ep. I, 16, 47. II, 2, 15.) und Knuten aus knotigen Stricken (Hor. Epod. 4, 11.), die öfters auch mit Stacheln versehen waren (scorpiones: Isid. Orig. V, 27. vgl. Plaut. Pseud. IV, 7, 127. Most. I, 1, 56. u. im A. T. 1. Reg. 12, 14.), wobei der Sklav zuweilen sogar mit Gewichten an den Füßen aufgehängt wurde. Härtere Strafen waren Brandmarkung auf der Stirn, die wahrscheinlich in dem eingebrannten Buchstaben F bestand, welcher sowohl fur (Dieb) als fugitivus (Entlaufener) bezeichnete (Plaut. Cas. II, 6, 49. Mart. VIII, 75, 9. Sen. de ira III, 3. Plin. XVIII, 3, 4. §. 21. Petron. 109.) und nie wieder verschwand (Val. Max. VI, 8, 7. Mart. II, 29, 9., womit jedoch in Widerspruch steht, was derselbe X, 56, 6. berichtet). Dann das Tragen der furca, eines auf Schultern und Nacken liegenden gabelförmigen Holzblocks in Gestalt eines V, in dessen Gabel der Kopf stak, und an dessen Schenkeln die Hände fest gebunden wurden (Donat. zu Ter. Andr. III, 5, 12. Plut. Coriol. 24. Plaut. Cas. II, 6, 37. Rud. V, 2, 27. Mil. II, 4, 7. Hor.

Sat. II, 7, 66.), welche Strafe noch oft durch andere körperliche
Züchtigungen (Hiebe oder Stiche) geschärft wurde (Plaut. Most. I,
1, 53. Liv. I, 26. II, 36. Epit. l. LV. Suet. Ner. 49. Aur. Vict.
de Caes. 5. [Davon schrieb sich auch das bekannte Schimpfwort
furcifer (Gabelträger), etwa unserm Galgenstrick entsprechend, her.]
Endlich die Kreuzigung (Cic. Phi¹. I, 2, 5. Liv. XXII, 23. Plaut.
Mil. II, 4, 19. Tac. Hist. IV, 3, 11. Sen. de clem. I, 26.
Lactant. V, 19.), der oft noch Geißelung unter der furca voraus=
ging. (Plaut. Most. I, 1, 52. Cic. de div. I, 26, 55. Liv.
XXXIV, 26. Dion. Hal. VII, 68. Val. Max. I, 7, 4. Lactant.
II, 7, 20. Prudent. Ench. 41, 1. Tertull. adv. Iud. 13.) | Ge=
wöhnlich mußten die Verurtheilten unter Mißhandlungen aller Art
einen Bestandtheil des Kreuzes (nämlich das patibulum: Cic. Verr.
IV, 41, 90. Tac. Ann. XIV, 33. Macrob. I, 11, 3. p. 81. Jan.
u. s. w.) selbst nach dem Richtplatze vor der porta Esquilina tragen.
(Plaut. Most. a. a. O. Mil. II, 4, 7. Nonius p. 221, 10 ff.
Plut. de tard. dei vind. 9. Artemid. II, 41. Dion. Hal. VII, 69.
Jos. Ant. XIX, 3.) Dieses war aber ein aus zwei Theilen be=
stehender Holzblock, der geöffnet um den Hals des Verurtheilten ge=
legt und dann geschlossen wurde, so daß er nun die Gestalt eines
Balkens hatte. (Außer Dion. Hal. a. a. O. vgl. auch Plut. Qu.
Rom. Vol. VII. p. 132. R. u. Suid. v. Δίδυμον ξύλον.) In diesem
hangend wurde er nun' mit Stricken an dem schon errichteten Pfahle
hinaufgezogen (Lucan. VI, 543. 547. Firmicus Math. VI. 31.
Euseb. Hist. eccl. V, 1.), so daß nun erst durch diesen Querbalken
die Form des Kreuzes entstand, an welchem der Verbrecher, gewöhn=
lich mit Händen und Füßen angenagelt (Plaut. Most. a. a. O.
Justin. XXII, 7. XXX, 2. Ammian. XIX, 9, 1. Plin. XXIX,
4, 14. §. 57. Sen. de vita beata 19, 3. Lactant. IV. 13. No=
nius p. 366, 11 ff.), verschmachten und verhungern mußte, wenn
nicht eine Milderung des Todes durch Zerschmetterung der Glieder
(crura fracta) bestimmt worden war (Cic. Phil. XIII, 12, 27.
Isidor V, 27, 34. Tertull. a. a. O.) (Daß zuweilen der Ver=
brecher blos im patibulum hängend gekreuzigt wurde, ohne an=
genagelt zu werden, ersieht man aus Euseb. Hist. eccl. IV, 15.)
Der Leichnam blieb am Kreuze, an dessen oberem Ende ein Täfel=
chen das Verbrechen anzeigte (Suet. Dom. 10. Euseb. V, 1.), han=
gen, bis er verweste oder eine Beute der wilden Thiere wurde (Cic.
Tusc. I, 43, 102. Val. Max. VI, 2. Sen. Controv. VIII, 4.
Hor. Ep. I, 16, 48. Prudent. peristeph. XI, 65.) und ein Soldat
hielt dabei Wache (Petron. 71 f.) Hatte sich ein Sklav an seinem
Herrn zu rächen gewagt (was öfters vorkam: Cic. ad Fam. IV,
12, 2. Plin. Ep. III, 14. VIII, 14, 15. Tac. Ann. XIV, 42.
Appian. B. Civ. III, 98.) und die Mitsklaven den Mordversuch
nicht verhindert oder verrathen, so mußte die gesammte Sklaven=
familie mit dem Tode büßen. (Tac. Ann. a. a. O. Dig. XXIX,

5, 1. §. 25. 26. 28. 6. pr. 17. 19.) Einzelne Beispiele grenzen=
loser Grausamkeit gegen Sklaven finden sich bei Plut. Apopht. Vol.
VI p 779 R. Galen. Vol. V. p. 17 ff. K. Dio Cass. LIV, 23.
Plin IX. 23, 39. §. 77. Sen. de clem. I, 18. de ira III, 40,
2. Daß die Tortur bei den Sklaven öfters in Anwendung kam,
versteht sich nach dem bisher Gesagten wohl von selbst. (Vgl. Sen.
de ira III. 19, 1. Ep. 67, Quinct. Decl. 19. u. A.)

²³⁴) [¹⁹⁸] Suet. Claud. 25. Dio Cass. LX. 29. Sen. de ben.
III. 22, 3. Spart. Hadr. 18. Dig. 1. 6, 2. 1, 12. 1. §. 1. 8.
XIII 7 24. §. (vgl. auch Tac. Ann. VI. 11. und Gellius
V. 14.)

²³⁴) [¹⁹⁹] Milde und gute Behandlung der Sklaven empfehlen
Sen. Ep. 74. Varro R. R. I. 17, 5. Colum. I. 8, 10. u. A.
Beispiele treuer Anhänglichkeit der Sklaven an ihre Herren siehe bei
Val. Max. VI. 8. u. Macrob. I. 11, 16 ff. p. 85. Jan. Vgl.
auch Sen. Ep. 47, 3.

²³⁵) [²⁰⁰] Dies war nach Sen. Ep. 80, 7. der gewöhnliche
Lohn eines Sklaven, der etwa 3¹⁄₂ Reichsmark betrug.

²³⁶) [²⁰¹] Ueber täglich verabreichte Kost der Sklaven vgl.
Mart. XI. 108, 3. Hor. Ep. I, 14, 40. (auch Sat. I. 5, 67 ff.)
Daß sie auch täglich etwas Wein empfingen, sagt Cato R. R.
56. 57.

²³⁷) [²⁰²] Cato R. R. 56. Seneca Ep. 80, 7. Der modius
oder römische Scheffel wird zu 438 Kubikzoll berechnet.

²³⁸) [²⁰³] Ueber diese Häringslake (halec) vgl. Cato R. R.
58. (59.) Hor. Sat. II. 4, 73. Plin. XXXI, 8, 44. §. 95. Mart.
III. 77, 5.

²³⁹) [²⁰⁴] Cato R. R. 56 (57.) ff. Plaut. Stich. I, 2, 3.
Trin. IV. 2, 104. Dieses Deputat hieß demensum (Donat. zu Ter.
Phorm. I. 1, 9.)

²⁴⁰) [²⁰⁵] Ueber dies peculium der Sklaven vgl. Festus p.
249, 14. M. Varro R. R. I. 2, 17. 17, 5. Plaut. Most. I. 1, 59.
Sen. Ep. 80, 5. Ter. Phorm. I. 1, 7 ff. (u. dazu Donat.) Appulej.
Met. X. 14. p. 704. Oud. Dig. XV, 1, 5. §. 4. Jsidor. V, 25,
5. vgl. mit XVI. 18, 4. Cic. Verr. I, 36, 93. Parad. V, 2, 39.
u. s. w. Bei den Sklaven vornehmer Herren dienten auch die Ge=
schenke derer, welche vorgelassen zu werden wünschten, zur Vermeh=
rung desselben (Hor. Sat. I, 9, 57. Juven. 3, 184 ff. Ammian.
XIV, 6. Lucian. de merc. cond. 37.) Nicht selten erkauften sich
die Sklaven damit die Freiheit (Verg. Ecl. 1, 33. Sen. a. a. O.
u. de ben. VII. 4. Plaut. Rud. IV 2, 24. Plin. VII, 39, 40.
§. 128. Ter. Phorm. a. a. O. Tac. Ann. XIV, 42.) Von sehr
reich gewordenen Sklaven ist Plin. XXXIII. 10, 47. §. 134. Sen.
de ben. III. 28. Plaut. Asin. II, 4, 91. III, 3, 137. Cic. Verr.
I. 36, 92. die Rede.

²⁴¹) [²⁰⁶] Diese Art ehelichen Zusammenlebens hieß contu-

bernium und die so Lebenden selbst contubernales (Inschr. b. Orelli 2807. 2826. 2834 s.) Nur die Herren konnten es erlauben (Co=lum. I, 8, 5. Varro R. R. I, 17, 5. Plaut. Cas. prol. 66 ff. Petron. 56.), erlaubten es jedoch ihres eigenen Vortheiles wegen nicht ungern, da ihnen geborne Sklaven (vernae: vgl. Festus p. 372, 1.) daraus entsprangen; doch kommen auch Ausnahmefälle vor, wo sie sich die Erlaubniß abkausen ließen (Plut. Cat. mai. 21.) Bisweilen mußte auch das Loos die contubernales zusammenführen (Inschr. bei Orelli 2834.) In der Kaiserzeit galt das contubernium bereits als ein dauerndes und untrennbares, mithin fast ganz ehe=liches Verhältniß (Dig. XXXIII, 7, 12. §. 7.) und es kamen da=her nun auch bei Sklaven die Ausdrücke coniux, uxor und maritus vor (Dig. a. a. O. u. §. 33. Appulej. Met. VIII, 22. p. 564. Oud. Orelli 2840—2847.) Die im Hause gebornen und mit den Kindern des Hausherrn erzogenen Sklaven (vgl. Plut. Cat. mai. 20.) hatten natürlich eine größere Anhänglichkeit an die Familie, als die gekauften, und galten daher, als treu und zuverlässig, für die besten Sklaven (Tac. Ann. XIV, 44. vgl. Nep. Att. 13.) Man schenkte ihnen größeres Vertrauen, als jenen, und gestattete ihnen Vieles, was sich jene nicht erlauben durften (Hor. Epod. 2, 65. Sat. II, 6, 66. Mart. III, 58, 22.); weshalb sie aber auch nicht selten dreist und | vorlaut waren. (Hor. Sat. a. a. O. Sen. de prov. I, 6. Tac. Hist. II, 88. Mart. X, 3., wo sie vernaculi heißen.)

242) [207] Vgl. Sen. Ep. 47, 4. Macrob. I, 11, 13. p. 84. Jan. (Plin. Ep. III, 14.) u. oben Anm. 232. [197.]

243) [208] Vgl. Plaut. Cas. II, 1, 1. Mart. IX, 87, 7. Hor. II, 2, 134. Cic. ad Fam. XVI, 26. Tac. Ann. II, 2. Juven. 9, 102 ff. u. s. w.

244) [209] Sen. de clem. I, 24. Lamprid. Alex. Sev. 27.

245) [210] Serv. zu Verg. Aen. IX, 616. Cod. Theod. XIV, 10. 1.

246) [211] Cato R. R. 59. (60.) (vgl. mit 135. (136.) Plaut. Cas. II, 8, 59.)

247) [212] Vgl. unten Kap. 2.

248) Die Römer, die sehr zeitig zu Bett gingen (vgl. unten Note 399.), standen auch sehr früh wieder auf. (Vgl. z. B. Hor. Sat. I, 1, 10. u. Juven. 14, 190.)

249) [213] Appul. Met. IX, 32. u. 33. p. 653. 656. Oud. Petron. 31. Varro R. R. II, 6, 5.

250) [214] Siehe oben S. 37.

251) [215] Vgl. unten Anm. 254.

252) [216] Hatte auch der Gebrauch der etwas unbequemen, die freie Bewegung hindernden Toga in der Kaiserzeit schon sehr abgenommen, so mußte sie doch, wie bei seierlichen Handlungen, bei öffentlichen Spielen und im Theater, so auch bei diesen Clienten=

besuchen stets getragen werden. Ueber ihre Form und die Art, wie sie umgeworfen wurde, sie unten Kap. 2. S. 102 f.

253) [217] Mart. VII, 95. VIII, 44, 5. XI, 98. XII, 26, 3. XII, 59. Tiberius hatte zwar ein Edict gegen diese Sitte erlassen (Suet. Tib. 34.), es scheint aber, wie man aus Martial ersieht, sehr wenig genützt zu haben.

254) [218] Was ursprünglich die Clienten waren, haben wir oben S. 40. gesehen. Vgl. unten Anm. 404. auf S. 99. Später wurde die Zahl solcher Leute, die des Schutzes und der Hülfe eines mächtigen und angesehenen Mannes bedurften, durch das Zuströmen fremder Einwanderer, die ein solches Schutzverhältniß einer schutz= losen Selbstständigkeit vorzogen, und das Zunehmen der Freigelasse= nen, die ihren früheren Herrn nun als Patron verehrten (aber auch außer ihm noch einen andern Patron wählen konnten, was andern Clienten nicht gestattet war: Cic. ad Att. I, 12, 2. Suet. Caes. 2. Inschr. bei Orelli 3010.), immer größer und auch die un= bemittelten römischen Bürger fanden es gerathen, sich unter den Schutz eines solchen mächtigen Patrons zu begeben, mochte er Pa= tricier oder Plebejer sein. Früher nun hatte der Patron seinen Clienten, die selbst seinen Blutsverwandten noch vorgingen (Gellius V 13. XX, 1, 40. vgl. Dion. Hal. II, 10. Plut. Rom. 13. u. Serv. zu Verg. Aen. VI, 604.), nicht nur in allen Fällen Rath ertheilen (Hor. Ep. II, 1, 103 f.) und in jeder Beziehung Schutz und Hülfe gewähren, sondern sie auch vor Gericht vertreten müssen (Gellius XX, 1. Mart. II, 32. X, 18.); die Clienten dagegen hatten nicht nur die Verpflichtung gehabt, mit dem patronus in die Fremde zu ziehen (Liv. II, 16. Suet. Tib. 1. Dion. Hal. II, 46. V, 40.), sondern auch (wie im Mittelalter die Vasallen ihren Lehns= herrn gegenüber) sie selbst in den Krieg zu begleiten (Dion. Hal. II, 10. VI, 47. 63. | VII, 19. 21. IX, 14. 15. X, 15. 27. 43.) und ergriffen daher auch noch später nicht selten die Waffen zu ihrem Schutze (Liv. III, 14. Dion. Hal. VI, 47. IX, 41. XI, 22.); ferner mußten sie die Töchter derselben ausstatten, sie selbst aus der Ge= fangenschaft loskaufen und Geldstrafen für sie bezahlen (Liv. V, 32. Dion. Hal. II, 10. XIII, 5. Plut. Rom. 13.), überhaupt ihren Aufwand durch Beisteuern unterstützen, durften sie nie ver= klagen, noch gegen sie stimmen oder zeugen (Gell. V, 13. XX, 1. Dion. Hal. II, 9. 10. Plut. a. a. O., was jedoch ebenso auch vom Patron dem Clienten gegenüber gilt) und hatten ihnen endlich jeden Morgen ihre Aufwartung zu machen und sie auf das Forum zu be= gleiten. Schon in den letzten Zeiten der Republik jedoch hatte dies Verhältniß bedeutende, durch den Zeitgeist bedingte Modificationen erfahren und in der Kaiserzeit, wo es allerdings dem Namen nach noch fortdauerte (Juven. 1, 119 f. Tac. Hist. I, 4. III, 74. Suet. Oct. 40. Cal. 3. Digest. VII, 8, 3. IX, 3, 5. §. 1. XLIX, 15, 7. §. 1. Inschr. bei Orelli 3060 ff.), sich aber meist nur auf die

Freigelassenen beschränkte (so daß patronus jetzt fast = manumissor war: Suet. Caes. 27. Oct. 67.), artete es immer mehr aus, so daß zuletzt die Clienten fast nur noch Müssiggänger, Glücksritter und Hungerleider waren (Juven. 1, 100. 3, 149. 5, 131. Mart. II, 11. 14. 27. 37. III, 14. VII, 20. IX, 14. 19. u. s. w.), die auf Kosten der Schutzherren lebten und gewissermaßen deren Hofstaat bildeten, indem ihre Hauptverpflichtung darin bestand, dem Patron in aller Frühe (Sall. Cat. 28.) ihre Morgenvisite zu machen und, wenn er ausging, sein Gefolge zu bilden (Juven. 7, 142. Sen. Ep. 22, 9. Mart. III, 46. Wernsd. Poet. Lat. min. IV, 1. p. 259.) [Solche Morgenbesuche machten jedoch auch vornehme Männer anderen ihres Gleichen (Cic. ad Fam. VII, 28, 2. IX, 20, 3. ad Att. I, 18, 1. Sen. Ep. 22. 7. de ben. VI, 33.) und die größte Anzahl solcher Besucher fand sich im Vorzimmer des Kaisers (Suet. Oct. 27. 53. Tib. 32. Claud. 35. Galb. 17. Vesp. 4. Gell. IV, 1. XX. 1.)] Dafür waren die Clienten früher vom Patron gespeist und entweder mit am Tische desselben (Hor. Sat. II, 8, 41.), wenn auch nicht mit denselben Speisen, wie er selbst, bewirthet (Mart. III, 60. Plin. Ep. II, 6.), oder (wie es auch bei den von den Kaisern veranstalteten öffentlichen Speisungen des Volkes üblich wurde: Suet. Cal. 18. Dom. 4.) ihnen die Speise in einem Körbchen (sportula) gereicht worden (Suet. Claud. 21. Mart. VIII, 50, 10. vgl. Plin. Ep. II, 14, 4.), weshalb auch später das den Clienten gereichte Geschenk stets den Namen sportula behielt. Als nämlich die Zahl der Clienten so ungemessen wuchs, daß von einer Speisung kaum noch die Rede sein konnte, wurde dieselbe in eine Geldspende (gewöhnlich von 25 Asses, d. h. etwa 1½ Mark: Mart. I, 59. III, 7. IV, 68. VI, 88. X, 70. 74. Juven. 1, 120., doch auch zuweilen mehr: Mart. VIII, 42. IX, 100. X, 27. XII, 26.) verwandelt, die meistens nur an bestimmten Tagen der Woche, regelmäßig aber bei allen Familienfesten, besonders Geburtstagen und Hochzeiten (Mart. X, 27. Appul. Apol. p. 416. Ovd. Plin. Ep. | X, 117, (116.) 1.), gewöhnlich zur Zeit der coena (Mart. X, 70.), oder auch gleich beim Morgenbesuche (Juven. I, 128.) im Atrium oder Vestibulum dargereicht wurde (Juven. 1, 95 ff. 3, 249 ff.) Domitian hatte zwar die öffentliche Speisung selbst wieder hergestellt (Suet. Dom. 7. Mart. VIII, 50.), und daher wurden auch die Clienten eine Zeit lang wieder am Tische des Patrons gespeist (Mart. III, 60. 82.); nach seinem Tode aber kam wieder die Geldspende auf (Ascon. zu Cic. Verr. I, 8. p. 135. Orell.), die sich auch bis in die spätesten Zeiten erhielt (Symmach. Ep. IV, 55. IX, 97.) Auch andre Geschenke (Mart. II, 46. V, 18. 42. 82. VII, 53. VIII, 28. X, 11. 73. XII. 36.) und selbst Stellen auf den Landgütern (Colum. I. 12.) oder ein eigner kleiner Landbesitz (Hor. Ep. I, 7, 81. Mart. XI, 18. Juven. 9, 139.) wurden von den Clienten beansprucht. (Daß auch ganze Provinzen, so wie

Colonien und Municipien sich in Rom einen patronus zu wählen
pflegten, werden wir später sehen, wenn von den öffentlichen Ver=
hältnissen die Rede sein wird.)

²⁵⁵) [²¹⁹] Die Clienten machten sich zu diesen Visiten oft schon
in der Morgendämmerung auf den Weg, um nicht zu spät zu er=
scheinen (Mart. X, 70, 5. X, 82, 2. XII, 68. Plin. Ep. III, 12.
Juven. 5, 19 ff. Fronto Ep. I. p. 3. ed. Rom. 1846.), legten
dazu stets die Toga an (Juven. 1, 96. Mart. III, 46, 1. IX,
100. X, 82, 2. 96, 11. XII, 18, 5.), und ließen sich selbst vom
schlechtesten Wetter nicht abhalten. (Mart. III, 36, 4. X, 82, 3 f.
Juven. 5, 76 ff.) Die Audienz fand im Atrium (Hor. Ep. I, 5,
31. Juven. 7, 91. Mart. III, 38, 11. IX, 100, 2.) in den bei=
den ersten Stunden nach Sonnenaufgang statt, denn in der dritten
begannen die Gerichtssitzungen und Geschäfte (Mart. IV, 8.) Die
Clienten mußten oft lange auf den Eintritt warten oder wurden
auch gar nicht vorgelassen (Sen. de ben. VI, 34, 1. Mart. V,
22, 10. IX, 7, 3. Hor. Ep. I, 5, 31. Colum. I. praef. 9.), und
überhaupt nur selten so freundlich behandelt, wie von unserm Sul=
picius. (Petron. 44. Juven. 3, 184. Sen. de brev. vitae 14, 4.)
Ueber die Anrede ave domine vgl. Mart. I, 108, 10. VII, 39, 2.
IX, 7, 2. mit I, 112. II, 18, 5. II, 68. VII, 88. IX, 92. (Sen.
de ben. VI, 34, 3. u. Auson. Ephem. p. 58. Bip.), über die Be=
grüßung mit Handschlag und Kuß vgl. oben Anm. 253.   In der
späteren Kaiserzeit wurde es üblich dem Patron die Hand zu küssen
(Ammian. XXVIII, 4, 10. Claud. in Rufin. I, 442.), ja sogar
ihn fußfällig zu begrüßen (Claud. in Eutrop. II, 66.)

²⁵⁶) [²²⁰] Die römischen Häuser hatten im Erdgeschoß keine
auf die Straße gehenden Fenster. (Vgl. unten Kap. 3.) Domitian
halte zwar die Unmasse der auf die Straße herausgebauten und
somit diese verengenden Tabernen beschränkt (Mart. VII, 61.); auf
breiteren Straßen aber, so wie an freien Plätzen scheinen solche vor=
tretende Kaufläden, Werkstätten u. s. w. doch fortgedauert zu haben.
(Vgl. Herodian. VII, 12, 54.)

²⁵⁷) [²²¹] Denn auch Söhne von Bürgern trugen als Knaben
bis zu ihrem 15. oder 16. Jahre, wo sie die toga virilis anlegten,
eine toga | praetexta. (Vgl. Cic. Verr. I, 58, 151. Lael. 10, 33.
Liv. XXXIV, 7. u. f. w.)

²⁵⁸) [²²²] Vgl. oben Anm. 214. [179.]

²⁵⁹) [²²³] Siehe die Schilderung eines solchen Stutzers bei
Mart. III, 63. u. vgl. über ihre auf den Faltenwurf der Toga
verwendete Sorgfalt Macrob. Sat. III, 13, (II, 9,) 4. p.
307. Jan.

²⁶⁰) [²²⁴] Mart. I, 41, 9. XII, 57, 14. Sen. Ep. 56, 3.

²⁶¹) [²²⁵] Plaut. Merc. III, 4, 78. Menaech. V, 9, 93 ff.
Petron. 97.

²⁶²) [²²⁶] Besonders werden Juden (Mart. XII, 57, 13.

Schol. zu Juven. 4, 116.) und angebliche Schiffbrüchige (Juven. 14, 301. Mart. XII, 57, 12.) als Bettler erwähnt.

²⁶³) [²²⁷] Vgl. oben S. 11. mit Anm. 127. [93.]

²⁶⁴) [²²⁸] Schon Cicero Phil. II, 9, 21. erwähnt eine taberna libraria; seine eigentliche Blüthe aber erlangte der Buchhandel erst unter den Kaisern (Hor Ep. I, 20, 2. A. P. 345. Mart. I, 2, 7. 113, 5. 117, 13. IV, 72. XIII, 3. XIV, 94. Quinct. Inst. praef. Sen. de ben. VII, 6.) und nun hießen die bisher nur librarii genannten Buchhändler auch bibliopolae (Mart. a. a. O.) Da sie auch die Abschriften der Bücher besorgten, sahen sie mehr auf ihren Gewinn, als auf Correctheit (vgl. unten Anm. 271.), und verfuhren beim Abschreiben mit großer Eilfertigkeit (Mart. II, 1, 8. Sidon. Apoll. Ep. IX. 7.), weshalb auch manche Schrift=steller die Abschriften ihrer Bücher selbst durchsahen und verbesserten (Mart. VII, 11. 17, 7 f. vgl. auch Cic. ad Att. XVI, 6, 4. u. ad Fam. XVI, 22.), oder auch ihre Werke nur von ihren eigenen Schreibern abschreiben ließen und selbst einen Handel damit trieben, wie Pomponius Atticus, der auf diese Art auch die Schriften Cicero's vertrieb (Nepos Att. 13. Cic. ad Att. I, 7. II, 4, 1. XII, 6, 44. XIII, 12, 2. XV, 13, 1. XVI, 5, 5.); was besonders vor der Kaiserzeit der Fall gewesen sein mag, wo es noch keinen eigentlichen Buchhandel gab. (Cic. ad Qu. fr. III, 4, 5.) Die meisten Buchhandlungen Roms befanden sich auf dem Argiletum in der Nähe des Forum Julium in der 4. Region (Mart. I, 4. 118.), doch auch in dem auf's Forum Romanum mündenden Vicus Tuscus und in der Nähe der Curia (Hor. Ep. I, 20. 2. Ascon. zu Cic. pro Mil. p. 34.), im Vicus Sandalarius (Gell. XVIII, 4. Galen. IV. p. 361. XIX. p. 8. K.), in der Sigillarstraße (Gell. II, 3. V, 4.) und anderwärts. Sie dienten auch als Versamm=lungs = und Unterhaltungsörter der gebildeten Klasse (Gell. V, 4. XIII, 30. XVIII, 4.) Daß es auch in den Provinzen des Reichs Buchhandlungen gab, ersieht man aus Hor. Ep. I, 20, 13. A. P. 345. Plin. Ep. IX, 11, 2. Sen. de ben. VII, 6, 1. Mart. VII, 88. X, 104. XI, 3. XII, 3. Gellius IX, 4, 1. Sidon. Apoll. Ep. IX, 7. vgl. mit Hor. Od. II, 20, 13 ff. III, 30. Ovid. Trist. IV, 9, 19 ff. IV, 10, 128. Mart. I, 1, 2. III, 95, 7. V, 13, 3. u. f. w.

²⁶⁵) [²²⁹] Mart. I, 117, 11. Hor. Sat. I, 4, 71. A. P. 373. Sen. Ep. 33, 2.

²⁶⁶) [²³⁰] Mart. I, 117, 15. VII, 17, 5.

²⁶⁷) [²³¹] Mart. I, 117, 16. |

²⁶⁸) [²³²] Wie oft die Bücher (wahrscheinlich mit Hülfe des Dictirens) abgeschrieben wurden, ersieht man aus Plin. Ep. IV, 7, 2., wo von 1000 Exemplaren einer Schrift die Rede ist.

²⁶⁹) [²³³] Nach Mart. I, 67, 4. wurde ein Buch seiner Epi=gramme für 6 oder (wahrscheinlich in einer schöneren Ausgabe) für 10 Sestert. (d. h. 1 M. 30 Pf. oder 2 M. 20 Pf.) verkauft, so daß also, einen

Durchschnittspreis von 8 Sestert. angenommen, alle 14 Bücher zu=
sammen etwa 20 Mark gekostet haben würden, und nach XIII, 3, 3.
soll der Buchhändler dieses 13. Buch oder die Xenien (welche etwas
mehr als einen heutigen Druckbogen füllen) für 4 Sestert. oder fast
90 Pf. ablassen; 1, 118, 17. aber (einem wahrscheinlich erst später
hier eingeschalteten Epigramme) sagt er, daß der Martial (ver=
muthlich so weit er bis dahin erschienen war?) für 5 Denare (d. h.
3½ Mark) zu haben sei. Ein Schriftchen des Statius kostete nach
Silv. IV, 9, 9. zehn Asses.

²⁷⁰) [²³⁴] Anders läßt sich die Vervielfältigung der Bücher
nicht gut denken. Vgl. Anm. 268.

²⁷¹) [²³⁵] Die Correctheit der Bücher wird auch bei Gellius
V, 4. von einem Buchhändler behauptet. Daß aber gewöhnlich
das Gegentheil stattfand, zeigt die Klage Martials II, 8. Vgl.
auch Strab. XIII, 1, 54. p. 609. Cic. ad Qu. fr. III, 5, 6.
Symmach). Ep. I, 24. u. Gellius VI, 20.

²⁷²) [²³⁶] Mart. XIV, 186. Vgl. Sen. de tranq. 9. extr.

²⁷³) [²³⁷] Plin. XXV, 2, 4. §. 8. Auch durch Abbildungen
berühmter Männer illustrirte Werke werden erwähnt. (Plin. XXXV,
2, 2. §. 11.) Es ist viel darüber gestritten worden, wie die Ver=
vielfältigung von dergleichen Abbildungen bei den Römern bewerk=
stelligt worden sei. Manche haben sogar aus Plin. a. a. O.
schließen wollen, das dort erwähnte benignissimum Varronis inven-
tum sei schon der Kupferstich oder Holzschnitt gewesen, was aber
ganz unwahrscheinlich ist. Eher möchte dabei an den Gebrauch von
Schablonen zu denken sein. Vgl. besonders Becker's Gallus 2. Aufl.
I. S. 46 ff.

²⁷⁴) [²³⁸] Polemo fragm. p. 55. Jul. Capitol. Maxim. iun.
4. Jsidor. Orig. VI, 11, 4. Joseph. Ant. Jud. XII, 2, 11. vgl.
mit Suet. Ner. 10.

²⁷⁵) [²³⁹] Früher hieß es: „wenn sie nicht ein zu großes Ho=
norar verlangen," da auch ich ein bei den Römern übliches Schrift=
stellerhonorar annahm. Ich bin aber von dieser Ansicht zurück=
gekommen, weil sich keine sichern Beweisstellen dafür auffinden lassen
und weil es allerdings für die Buchhändler sehr bedenklich gewesen
wäre ein Honorar zu zahlen, da ihnen Nichts ein ausschließliches
Verlagsrecht sicherte, sondern einem Jeden, der ein Buch kaufte, frei
stand, es so oft abschreiben zu lassen, als er wollte, und dann selbst
damit zu handeln, also nach unsern Begriffen Nachdruck zu treiben.
(Vgl. besonders Göll Kulturbilder III. S. 116 ff.) Dem ältern
Plinius wurden allerdings für ein Werk 400,000 Sestertien, d. h.
nach dem Silbercourant 69,000, nach dem Goldcourant der Kaiserzeit
aber 87,000 Mark, geboten, aber freilich nicht von einem Buchhändler,
sondern von einem Privatmanne. Daß besonders Dichter Geschenke
für ihre Gedichte beanspruchten, ergiebt sich aus Mart. XI, 108.

²⁷⁶) So wurde z. B. zu Gellius Zeiten (II, 3, 5.) von einem

Freunde desselben das 2. Buch der Aeneide in einem für auto=
graphisch gehaltenen Exemplare für 20 Goldstücke (b. h. etwa 410
Mark) gekauft.
[277) [²⁴⁰] Dig. XXXII, 52. §. 6.
²⁷⁸) [²⁴¹] Die Fabrikation dieses Papiers beschreibt ausführ=
lich Plinius XIII, 12, 23. §. 74 ff. Früher hatte man es aus
Aegypten bezogen, wo die Papierfabrikation schon seit frühen Zeiten
blühte. (Plin. XIII, 12, 23. §. 76. Mart. XIII. 1, 3. Sym=
mach. Ep. IV, 28. Cassiod. Var. XI, 38. Philostr. Vit. Soph. II,
21, 2. Vopisc. Saturn. 8. Aurel. 45.) (Böttiger Kl. Schr. III.
S. 366 ff. sucht darzuthun, daß eigentlich die ersten unter Psam=
metich in Aegypten angesiedelten Griechen die Erfinder des Schreibe=
papiers gewesen wären. Daß sich die Griechen desselben schon vor
den Römern bedienten, unterliegt keinem Zweifel. Die ältesten
Stellen über den Gebrauch des Papiers finden sich bei Pollux VII,
210. 211.) Papierhändler in Rom werden im Cod. Just. XI. 17.
bei Diomed. p. 313. P., dem Schol. des Juven. 4, 24. u. in In=
·schr. | bei Orelli 4159., Papierniederlagen daselbst in der 4. Region
erwähnt. (Preller Regionen S. 7. u. 112.)

²⁷⁹) [²⁴²] Plin. a. a. O. §. 76. Dieses Packpapier hatte das
kleinste Format, blos eine Höhe von 6 digiti oder 4¹/₂ Zoll, wäh=
rend die bessern Sorten eine immer größere Höhe und zwar die
besten (Augusta und Liviana: Plin. a. a. O. §. 74. u. 80. Isidor.
Orig. VI. 10, 3., der fälschlich Libyana schreibt) von 13 digiti oder
9 Zoll hatten (Plin. §. 75. 78. Suet. de ill. gramm. 23.) Die
Breite der Bogen war stets dieselbe, 5—6 digiti. Kaiser Claudius
ließ aber auch Papier größeren Formates von 1 u. 1¹/₂ Fuß Höhe
fabriciren (Plin. a. a. O. §. 80.) Vgl. überhaupt Isidor. VI, 10.

²⁸⁰) [²⁴³] Die zu Herculanum aufgefundenen Papyrusrollen
sind gewöhnlich einen Palmo oder eine Spanne breit, eine auf der
Insel Elephantine gefundene aber hat eine Breite von 10 Zoll und
eine Länge von 8 Fuß (Philos. Mus. Nr. I. Nov. 1831.), ja bei
einer der herculanischen Schriftrollen ist der Streifen gar 92 Par.
Fuß lang (vgl. Ausland 1835. Nr. 116 s.)

²⁸¹) [²⁴⁴] Vgl. Dig. XXXII. 52. §. 6.

²⁸²) [²⁴⁵] Plin. XXVII, 7, 28. §. 52. XXXV. 6, 25. §. 41.
Vitruv. VII, 10. Vgl. auch Cic. ad Qu. fr. II, 156. u. Petron.
102. Die sehr gute, aus Gummi und Ruß bereitete und der
chinesischen Tusche ähnliche Tinte der Alten hatte so viel Körper,
daß sich die Buchstaben auf den verkohlten herculanischen Schrift=
rollen sehr gut erhalten haben. Daß man zuweilen auch mit Sepia
schrieb, erhellet aus Pers. 3, 12 ff. u. Auson. Ep. 4, 76. 7, 56.
Zum Schreiben des Titels brauchte man auch rothe Tinte. (Ovid.
Trist. I, 1, 7. Mart. III, 2, 11.)

²⁸³) [²⁴⁶] Tac. Ann. V, 8. Suet. Vitell. 2.

²⁸⁴) [²⁴⁷] Fissipes calamus: Auson. Epist. 7, 50. Uebrigens

vgl. über diese Rohrfeder Perf. 3, 11. 14. Cic. ad Qu. fr. 15. b. Mart. XIV, 209. Celsus V, 28, 12. u. A. Einer wirklichen Schreibfeder gedenkt zuerst Isidor. Orig. VI, 14, 13., welcher calamus und penna neben einander nennt.

285) [248] Aus Cnidus: Plin. XVI, 36, 64. §. 157. Auson. Epist. 7, 50 ff.; aus Aegypten: Plin. a. a. O. u. Appulej. Met. I. praef. p. 3. Oud.

286) [249] Diese waren ein Tintenfaß (erst sehr spät von Hieron l. III. in Ezech. c. 10. erwähnt), meistens wohl aus Bronze, bei Reichen aber gewiß auch aus Silber und Gold, ein Schwamm zum Auslöschen des Geschriebenen (Varro bei Nonius p. 96, 14. Paulus Sil. Ep. 51.; vgl. Suet. Oct. 85 Calig. 20. Mart. IV, 10, 5. Auson. Ep. 7, 54.) und zum Auswischen der Feder (Phanias Epigr. in Jacobs. Anth. Gr. II. p. 53. v. 2.), ein Lineal, ein Cirkel zum Abmessen der Columnen, ein Schleifstein zum Schärfen der Feder u. s. w. (Phanias a. a. O.) Alle diese Gegenstände wurden in einem Schreibzeuge (theca calamaria oder graphiaria) verwahrt. (Suet. Claud. 35. Mart. XIV, 19. Hieron. a. a. O.) Ueber den ganzen Schreibapparat der Alten vgl. außer Phanias auch noch 10 andre Epigramme der Anth. Gr. II. p. 128. n. 4. p. 179. n. 25. p. 200. n. 17. III. p. 197. n. | 10. u. 11. IV. p. 39. n. 2. p 57. n. 50—52. p. 199. n. 387. (Siehe Marquardt Privataltterth. II. S. 401 f. u. Abbildungen im Mus. Borb. I. tav. 12. XIV. tav. 31. bei Guhl u. Koner Fig. 479. u. Weiß Kostümk. Fig. 535.)

287) [250] Juven. 1, 5 f. Mart. VIII, 62. Plin. Ep. III, 5, 17. Dig. XXXVII. 11, 4.

288) [251] Hor. Ep. II, 1, 269. Perf. 1, 43. Mart. III, 2, 3 ff. 50, 9. IV, 87, 8 ff. VI, 60, 8.

289) [252] Mart. IV, 86, 11. Hor. Ep. I, 20, 17.

290) [253] Cic. ad Fam. VII, 18, 2. vgl. Catull. 22, 5. Mart. IV, 10. u. Plut. de garrul. Vol. VIII. p. 9. Reisk.

291) [254] Vitruv. II, 9, 13. Ovid. Trist. I, 1, 7. III, 1, 13. Mart. III, 2, 7. V, 6, 14. Hor. A. P. 331. Plin. XIII, 27, 13. §. 86. (wo sich freilich neben cedratos auch die Lesart citratos findet) Lucian. πρὸς ἀπαίδ. 16. T. III. p. 113.

292) [255] Lucian. a. a. O. Juven. 7, 23. Tibull. III, 1, 9.

293) [256] Der Auct. ad Herenn. I, 17, 27. hält schon sein erstes aus 27 Kapiteln bestehendes Buch für eine genügend starke Rolle (volumen). Cicero's 3 Bücher der Tusculanen füllten auch 3 Rollen (Cic. Tusc. III. 3, 6.) und der jüngere Plinius theilte eine einzige Schrift in 6 Rollen (Epist. III. 5, 5.) Die elephantinische Papyrusrolle des Homer enthält nur 678 Verse, so daß der ganze Homer 40 solche Rollen gefüllt haben würde.

294) [257] Tibull. III. 1, 11. Ovid. Trist. I, 1, 7. Cic. ad Att. IV, 4. b. 5. extr. Sen. de tranq. 9, 6. Mart. III, 2, 5. XII, 3, 17. vgl. auch Catull. 22, 7. (lora rubra). Zuweilen wurde

er auch nur außen auf die Rolle geschrieben. (Vol. Hercul. n. 1491.)

295) [258] Ovid. a. a. O. v. 8. Tibull. a. a. O. v. 13. Catull. a. a. O. Mart. I, 67, 11. III, 2, 9. IV, 91, 2. V. 6, 15. XI, 107. Hor. Epod. 14, 8. und dazu Porphyr., Stat. Silv. IV, 9, 7. Bemalte cornua werden von Tibull. III, 1, 13. u. Mart. III, 2, 9., weiße von Ovid. a. a. O. erwähnt.

296) [259] Catull. a. a. O. v. 8. Tibull. a. a. O. v. 10. Ovid. a. a. O. v. 11. u. Trist. III, 1, 13. Mart. I, 67, 10. I, 118, 16. VIII, 72, 8. Isidor. Orig. VI, 12, 3. Lucian. πρὸς ἀπαίδ. 16.

297) [260] Tibull. a. a. O. v. 9. Ovid. a. a. O. v. 5. Mart. a. a. O. u. III, 2, 10. V, 6, 14. VIII, 72, 1. X, 93, 4.

298) [261] Tibull. a. a. O.

299) [262] Edict. Diocl. p. 19. Momms. Dig. XXXII, 1, 52. §. 6. Sie wurden auch paginirt (Inschr. b. Orelli 3787 oder Mommsen I. R. N. 6828.) Bloß auf einer Seite beschriebene und auf der Rückseite gefärbte Pergamentrollen werden von Pers. 3, 10. u. Isidor. Orig. VI, 11, 4. erwähnt. Beide Arten von Büchern auf Pergament werden als codices und volumina unterschieden von Ulpian. in Dig. XXXII, 52. in.

300) Daß es auch außerhalb Rom Buchhandlungen gab, mit denen die römischen Buchhändler in Verbindung standen, ist schon in Note 264 gezeigt worden.

301) Vgl. Hor. Epist. II, 1, 268 ff. Mart. IV, 86, 8. Stat. Silv. IV, 9, 11 ff.

302) Alle hier genannten fora werden von Varro L. L. V. 32. erwähnt, außerdem das f. boarium bei Liv. XXI, 62. XXIX, 37. Plin. XXXIV, 2, 5. §. 10., das f suarium in Digest. I, 12, 1. §. 11., das f. piscatorium bei Liv. XXVI, 27. XL, 51. (vgl. Festus p. 238, 25. M. u. Plaut. Capt. IV, 2, 33.), das f. olitorium bei Liv. XXI, 1, 62. XXXIV, 53., das f. cupediarium oder cupedinis bei Symmach. Ep. VIII, 19 Appul. Met. I, 24. p. 73. Oud. u. Donat. zu Ter. Eunuch. II, 2, 25.

303) [263] Außer diesem forum piscatorium am forum Romanum und in der Nähe der Basilica Porcia gab es wahrscheinlich auch noch einen alten Fischmarkt (forum piscarium bei Varro L. L. V, 32, 146. u. Plaut. Curc. IV, 1, 13.) am Tiber, der später vielleicht nur noch für den Verkauf von Seefischen bestimmt war. |

304) [264] Nur selten werden noch ein forum pecuarium (Inschr. bei Muratori 528, 2. Fabretti 86, 157. u. Orelli 4114.), ein forum pistorum (Curios. u. Notit. in Preller's Regionen S. 22. u. 23.) und ein forum vinarium (Muratori 939, 5. 942, 8.) erwähnt.

305) [265] Das macellum magnum in der 2. Region oder auf dem Cälius wurde wahrscheinlich erst vom Nero angelegt und magnum zum Unterschiede von dem kleineren, schon seit Augustus vorhandenen macellum Liviae in der 5. Region oder auf dem Esquilinus

genannt. Ob sich nicht seit Anlegung dieser macella der Verkehr auf den oben erwähnten Marktplätzen bedeutend vermindert habe und auf sie übergegangen sei, ist uns nicht bekannt.

306) [266] Vgl. Philostr. Her. p. 283, 19. Kayser.

307) [267] Vgl. Dig. I, 12, 1. §. 11. Noch höher stieg die Bedeutung des forum suarium, als unter Aurelian die öffentlichen Vertheilungen von Schweinefleisch eingeführt worden waren. (Vopisc. Aur. 35. Zosimus II, 9.)

308) [268] Vgl. Suet. Calig. 40. Es gab verschiedene Arten derselben: botuli oder Blutwürste (Tertull. Apol. 9. vgl. Aristoph. Eq. 208.), tomacula oder Bratwürste (Petron. 31. Mart. I, 42, 9. Juven. 10, 355.), Lucanica oder geräucherte Würste (Mart. IV, 46, 8. XIII, 35. Apicius II, 4., vielleicht = hillae bei Hor. Sat. II, 4, 60.) Bei Apicius II, 3—5. finden sich auch verschiedene Wurstrecepte. Neben den geräucherten Würsten waren auch die Schinken sehr beliebt, besonders die aus Spanien (Strab. III, 4, 11. p. 162. Edict. Diocl. IV, 8.) u. Gallien (Varro R. R. II, 4, 10. Mart. XIII, 54. Isidor. Orig. XX, 1, 24. Ed. Diocl. a. a. O., woher überhaupt viel eingesalzenes und gepökeltes Schweinefleisch nach Rom kam: Strab. IV, 3, 2. u. 4, 3. p. 192. u. 197.) bezogenen. Vom ungeräucherten Schweinefleisch galten besonders die Gebärmutter, das Euter und die Leber als Leckerbissen. Besonders wohlschmeckend fand man die einer noch lebenden und auf grausame Weise zum Abortiren gezwungenen Sau ausgeschnittene Gebärmutter (vulva eiectitia. μήτρα ἐκβολάς: Plin. XI, 37, 84. §. 210. Athen. III, 58. p. 101. a.) Vgl auch Böttiger Kl. Schr. III. S. 224 f.

309) [269] Fast jeder Landmann zog und mästete Schweine (Varro R. R. II, 4, 3. Cic. de sen. 16, 56. Ovid. Fast. VI, 179. Juven. 11, 83.) Besonders lieferte auch Oberitalien oder Gallia cisalpina eine Menge derselben (Strab. V, 1, 12. p. 218.)

310) [270] Mart. VII, 60, 5. Juven. 3, 304.

311) [271] Vgl. ein pompejanisches Wandgemälde im Mus. Borb. IV. tav. A.. bei Overbeck Pompeji Fig. 313. Guhl u. Koner Fig. 456. u. Weiß Fig. 532.

312) [272] Vgl. Strabo V, 3, 9. p. 236.

313) [273] Jul. Capitol. Ant. Phil. 8.

314) [274] Cic. pr. Cael. 15, 36. Hor. Od. I, 8, 8. III, 12, 7.

315) [275] Vgl. Strab. V. 2, 5. p. 222.

316) [275] Strabo a. a. O. Von diesem bei den Römern ungemein beliebten Vergnügen wird im 6. Kapitel die Rede sein.

317) [276] Vgl. Strabo a. a. O.

318) [277] Die zuerst von Jul. Cäsar hier angelegten Septa waren ursprünglich unstreitig zu den Volksversammlungen bestimmt und enthielten daher gewiß in der Mitte einen großen, freien Raum, worin auch später noch Fechterkämpfe (Dio Cass. LV, 8. LIX, 10. Suet. | Oct. 43. Calig. 18. Claud. 21. Ner. 12.), ja selbst kleine

Seetreffen oder Naumachien (Dio Cass. LIX, 10.) gehalten wurden.
Im großen Brande unter Titus wurden sie zerstört (Dio Cass.
LXVI, 24.), aber vom Hadrian wieder hergestellt (Spart. Hadr.
19.) Umgeben waren sie, besonders nach der via lata heraus, mit
Pfeilerreihen (vgl. das Fragm. des Capitol. Plans bei Bellori Tom.
X. und die erhaltenen Ueberreste unterhalb Palazzo Doria), welche
schon seit Domitian, als die politische Bedeutung der Anlage längst
aufgehört hatte, die vornehmsten Kaufhallen Roms enthielten (Mart.
IX, 59, 1. X, 80, 4.)

³¹⁹) [²⁷⁸] Galen. de antid. I, 4. Plut. de fort. Rom. 12.
Aristib. encom. Romae p. 200, 10 ff. Plin. XI, 42, 97. §. 240.
Daß es Sitte war, die werthvollsten Sachen (wie bei uns in den
Schaufenstern) gleich am Eingange des Ladens aufzustellen, um
Käufer anzulocken, ersieht man aus Sen. Ep. 33, 2.

³²⁰) [²⁷⁹] Sie wurden theils in Rom selbst gefertigt (— wo es
ein collegium aurificum: Gruter p. 258, 7. 638, 9. Donati p.
225, 2., ein corpus argentariorum: Orelli 913. 1885. und ein
collegium vasculariorum: Orelli 1358. gab, zu welchen als Neben=
zweig die crustarii (Plin. XXXIII, 12, 55. §. 157. wo freilich in
Sillig's Ausg. bei Teucer die Worte crustarius, h. e. qui crustas
affigebat fehlen: vgl. auch Festus v. crustariae tabernae p. 53,
6. M.) gehörten, d. h. Künstler, welche in Silbergefäße allerlei Ein=
sätze einlegten, ohne daß diese Ornamente aus der Oberfläche her=
vortraten: vgl. überhaupt Gruter p. 31, 11. 638, 7. Orelli 2785.
3096. 4146—4149. 4156. 4302. 5085. 6304. 7217. 7218. Dig.
XXXIV, 2, 39. u. s. w. —), theils aus Griechenland und Etrurien
bezogen.

³²¹) [²⁸⁰] Das bei den Alten so beliebte corinthische Erz (über
dessen in's Reich der Fabel gehörende Entstehung vgl. Flor. II, 16.
Plin. XXXIV, 1, 3. §. 6. Petron. 50. Orof. V, 3.) war nach
der gewöhnlichen Annahme, gleich dem metallischen electrum, eine
Legirung von Gold, Silber und Kupfer (Plin. a. a. O. §. 5. Plut.
de Pyth. orac. 2. p. 395.), das Geheimniß der Mischung aber
frühzeitig verloren gegangen, was den Werth solcher Gefäße noth=
wendig erhöhen mußte, die von den Römern mit enormen Preisen
bezahlt wurden (Suet. Oct. 70. Tib. 34.); und dennoch wird von
Cicero Parad. V, 2. sogar ein Nachtgeschirr aus corinthischem Erz
erwähnt. Man scheint seine Aechtheit durch den Geruch geprüft zu
haben. (Aristot. Mir. ausc. c. 50. p. 97. u. Mart. IX, 59, 11.
vgl. unter Note 353.) Uebrigens vgl. überhaupt Cic. Verr. II, 34,
83. 72, 176. IV, 44, 98. pro Rosc Am. 46, 133. Tusc. II. 14,
32. Plin. IX, 40, 65. §. 139. XXXVII, 3, 12. §. 49. Verg.
Geo. II, 464. Hor. Ep. II, 1, 193. Prop. IV [V], 4, 6. Mart.
IX, 59, 11. u. s. w. Nach Plin. XXXIV, 1, 3. §. 8. gab es
drei Arten desselben, indem die eine mehr wie Silber, die andre
mehr wie Gold glänzte und die dritte zwischen beiden die Mitte

hielt. Es wurden daraus besonders Statuetten (Plin. XXXIV, 8, 18. §. 48. Plin. Fp. III, 6, 1.) und Geräthe verschiedner Art, doch zuweilen selbst größere Statüen gegossen (Plut. a. a. O., Plin. a. a. O. u. §. 82. Mart. XIV, 172. 177.) Spätere Kunstwerke aus sogenanntem corinthischen Erze (wie eine imago Corinthia Traiani bei Gruter 175, 9.) bestanden wohl nur aus einer Nach=ahmung desselben. Nach der neuesten Ansicht von Fiorillo (im Kunstbl. 1832. Nr. 97.) war es gar keine Legirung verschiedener Metalle, sondern nur sehr gereinigtes und raffinirtes Kupfer.

³²²) [²⁸¹] Vgl. oben Anm. 174. [139.] |

³²³) [²⁸²] Der Bernstein (electrum), über welchen sich die Hauptstelle bei Plin. XXXVII, 2. 3. §. 30—51. findet, war bei den Römern noch ein sehr theurer Luxusartikel.

³²⁴) [²⁸³] Auch Privatleute, die damals die Finger mit Ringen zu übersäen liebten (Mart. V, 11. XI. 59. Quinct. XI, 3, 142.), hielten sich solche Ringkästchen oder Daktyliotheken (Mart. XIV, 123. Plin. XXXVII, 1, 5. §. 11. Dig. XXXII, 1, 52. §. 8. u. 53. §. 1.) Ueber die Ringe mit Edelsteinen vgl. überhaupt Plin. a. a. O. §. 3 ff., über die Verfertigung der Ringe und Fassung von Per=len und Edelsteinen aber, worin die römischen annularii (Cic. Acad. II. 26, 86. Orelli 4144.) eine außerordentliche Fertigkeit besaßen, (Cic. Verr. IV, 25, 56. u. Anth. Lat. IV, 103. (= Orelli=Henzen 7252.)

³²⁵) Vgl. unten Kap. 5. Note 21.

³²⁶) [²⁸⁴] Das Nähere über die meisten dieser Gegenstände siehe unten Kap. 3. in der Beschreibung des römischen Hauses.

³²⁷) [²⁸⁵] Vgl. Mart. IX, 59, 3 ff.

³²⁸) [²⁸⁶] Mart. a. a. O. vgl. mit Sen. de const. 13.

³²⁹) [²⁸⁷] Vgl. Varro L. L. IX, 93. u. Dig. XXI, 1, 32.

§. 21. Die Sklaven waren theils als Kriegsgefangene vom Staate verkauft und hießen dann sub corona venditi (Cäs. B. G. III, 16. Liv. II. 17. IV, 34. V, 22. und öfter, Varro R. R. II, 10, 4. u. s. w.), weil sie mit einem Kranze auf dem Haupte verkauft wur=den (Festus p. 306, 4. M. Gellius VII, 4.), theils durch Menschenraub, besonders von Seiten der Seeräuber (Cic. de off. II. 16, 55. Strab. XI, 1, 13. p. 496. Achill. Tat. II, 18. V, 7. 17. u. s. w.), in Sklaverei gerathen, oder auch von ihren eigenen Landsleuten ver=kauft (Tac. Germ. 24. Ann. IV, 72.) und von den römischen Sklavenhändlern (die auch am Castortempel und anderwärts ihre Läden hatten: Plaut. Curc. IV, 1, 20.) auf den großen Sklaven=märkten zu Delos (Strab. XIV, 5, 2. p. 668.), Phaselis, Side (Strab. XIV, 3, 2. p. 664.) und Tanais (Strab. XI, 2, 3. p. 493.) erworben. Unter ihnen waren fast alle Nationen der Erde vertreten (Tac. Ann. III, 53. XIV, 44. Mart. VII. 30.) und die Römer wußten von den Repräsentanten jeder derselben den an=gemessensten Gebrauch zu machen. Zu allen eine größere geistige

Begabung und einen gewissen Grad von Bildung fordernden Ge=
schäften, zu Hausärzten, Pädagogen, Secretären u. s. w., nahm
man am liebsten Griechen, zu Kammerdienern und zur Bedienung
bei Tische Kleinasiaten, besonders Lycier und Phrygier (Juven. 5,
56. 11, 147., obgleich Cicero pro Flacco 27, 65. sich über Mysier,
Phrygier, Lydier und Carier sehr ungünstig ausspricht), zu Sänften=
trägern Cappadocier, Syrer (die aber in sittlicher Beziehung ebenso
verrufen waren, als Sardinier und Corsen: Cic. de or. II, 66,
265. ad Fam. VII, 24, 2. Festus p. 322, 27. M. Strab. V, 2, 7. p.
224.), Liburner, Gallier und Germanen (vgl. oben Anm. 211.), zu
Badedienern Aethiopier (Auct. ad Herenn. IV, 50, 63.), zu Pferde=
knechten und Stallbedienten Gallier (Varro R. R. II, 10, 4.), zu
Vorreitern Numidier und Mazaker (vgl. oben Anm. 46.) u. s. w. |
　330) [288] Mart. IX, 59, 5 f.
　331) [289] D. h. nach dem Silbercourant 1752, nach dem Gold=
courant aber 2175 Mark, freilich ein scheinbar hoher, aber
doch immer nur ein Mittelpreis, da junge, schöne Mädchen sogar
mit 90 Minen, d. h. 7020 Mark, und noch theurer bezahlt
wurden (Plaut. Pseud. I, 1, 50. Rud. I, 1, 45. Epid. I,
1, 50. Merc. II, 3, 90. Pers. IV, 4, 110.), und selbst ausgesuchtere
und geschicktere männliche Sklaven einen Preis von 8000 (Hor. Ep.
II, 2, 5. u. Colum. III, 3, 8.) und 10,000 Sest. (Dig. XXI, 1,
57. §. 1.) hatten, ja bei Mart. III, 62. Plin. VII, 39, 40. §.
129. Sen. Ep. 27, 6. u. Gellius XV, 19. selbst von (gelehrten)
Sklaven für 100,000, 130,000 u. 200,000, u. bei Plin. a. a. O.
§. 128. u. Suet. de gramm. 3. sogar für 700,000 Sest., d. h.
122,700, (resp. 152,000) Mark die Rede ist. (Vgl. auch Suet.
Caes. 47.) Freilich konnte man gemeine Sklaven und Sklavinnen
auch für 90—180 Mark (Dig. XV, 1, 11. §. 4. 5. 1,
37. §. 1. 1, 38. §. 2.) und wenn sie ein Handwerk oder
eine Kunst verstanden, für 360—1080 Mark (Cod. Just. VI,
43, 3. VII, 7, 1. §. 5.) kaufen, und Cato bezahlte nie für
einen Sklaven mehr als 1500 Drachmen, d. h. 1180 Mark
(Plut. Cat. mai. 4.) Natürlich aber richteten sich die Preise auch
nach dem jedesmaligen Vorrath von Sklaven und waren daher sehr
schwankend.
　332) [290] Suet. Oct. 69.
　333) [291] Mart. IX, 59, 3.
　334) [292] Plin. XXXV, 17, 58. §. 199. Tibull. II, 2, 59.
(oder 3, 60.) Pers. 6, 77. Mart. VI, 29, 1. IX, 29, 5. IX, 59, 5.
X, 76, 3. Suet. de gramm. 13. Rutil. Itin. 393. Da von Stat.
Silv. II, 1, 72. ein turbo catastae erwähnt wird, so vermuthet man,
daß das Gerüst vielleicht mit einer Drehscheibe, wie bei unsern
lebenden Bildern, versehen war, damit die Umstehenden die Sklaven
von allen Seiten besehen konnten.
　335) [293] Sen. Controv. I, 2. p. 69. Burs. Claud. in Eutrop. I, 35.

336) [294] Propert. IV (V), 5, 52.

337) [295] Prop. a. a. O. v. 51. Sen. Ep. 47, 7. Gellius IV, 2. Plin. Ep. V, 19, 3. Dig. XXI, 1, 1. Ueber die Pflicht der Verantwortung von Seiten des Verkäufers vgl. Varro R. R. II, 10, 5. Dig. a. a. O. Cic. de off. III, 17, 71. u. Hor. Ep. II, 2, 14 ff.

338) [296] Varro a. a. O. u. Gellius VII, 4.

339) [297] Plin., Tibull. u. Prop. in den Anm. 334. u. 336. angef. Stellen u. Juven. 1, 111.

340) [298] Mart. IV, 8, 4.

341) [299] Es gab in Rom eine große Menge geschäftiger Müßiggänger, die sich ohne Plan und Zweck beständig auf der Straße herumtrieben, die nie etwas zu thun hatten, aber sich im= mer das Ansehn gaben, als hätten sie gewaltig viel zu thun, und die nur ausgingen, um ohne Noth das Straßengedränge zu ver= größern. Man nannte sie aus einem uns unbekannten Grunde ardeliones und sehr treffende Schilderungen von ihnen geben Phädr. fab. II, 5. u. Sen. de tranq. 12. Vgl. auch Mart. VIII, 44, 4 ff. |

342) [300] Da sich bei den alten Schriftstellern nirgends An= gaben über die Volkszahl von Rom finden, so läßt sich nur aus dem Umfange der Stadt, der Zahl der Häuser und Getreideempfänger, sowie aus der Getreideconsumtion der ganzen Stadt ein ungefährer Schluß darüber machen. Vgl. besonders v. Wietersheim, Gesch. d. Völterwand. I. S. 242 ff., welcher nachweist, daß die Bevölkerung Roms nicht merklich über 1½ Million betragen haben könne. Von Becker=Marquardt III, 1. S. 101. wird dieselbe so bestimmt: Rö= mische Bürger, incl. Knaben männlichen Geschlechts, 320,000, freie weibliche Bevölkerung ebenfalls 320,000, Senatoren und Ritter 10,000, Garnison 20,000, Sklaven und Sklavinnen 960,000, also zusammen 1,630,000, so daß man mit Einschluß der großen Menge von Fremden als runde Zahl wohl 2 Millionen annehmen könne. (Doch scheint hier wenigstens das Verhältniß der freien weiblichen Bevölkerung zur männlichen anders bestimmt und die Zahl der ersteren etwas beschränkt werden zu müssen.)

343) [301] Juven. 3, 245 ff. Sen. de ira III, 6, 4.

344) [302] Solcher roth oder schwarz aufgetragener Mauer= schriften mit Bekanntmachungen aller Art (Wahlprogrammen, An= kündigungen von Fechterkämpfen, Vermiethungsanzeigen, Angaben gestohlener Gegenstände u. s. w.) haben sich in Pompeji mehrere gefunden. (Vgl. Mus. Borb. I. p. 4. II. p. 7. Overbeck Pompeji II. S. 98 ff., besonders S. 102 ff. Inschr. b. Orelli 2556. 2559. 4323. 4324. 7301. u. s. w.) Vgl. auch Dig. XLVII, 2, 43. §. 8.

345) [303] Mart. XII, 57, 4.

346) [304] Hor. Ep. I, 14, 24. ff.

347) [305] Verg. Copa 1 ff. 33. Dig. XXIII, 2, 43. §. 9., daher wohl bei Catull. 37, 1. salax taberna. Ueber diese gemeinen, nur für die niedrigste Volksklasse bestimmten Wirth= schaften (fumosa taberna bei Verg. Copa 3. u. uncta popina bei Hor. Ep. I, 14, 21.) vgl. Juven. 8, 172 ff. Eine Beaufsichtigung derselben durch den Aedilis (Suet. Tib. 34. Claud. 38.) war wohl höchst nöthig. (Vgl. Lipsius zu Sen. de vita beata T. VII. p. 236.) Freilich aber hob Claudius später dieses Aufsichtsrecht der Aedilen auf (Suet. Claud. 40.), und wir wissen nicht, ob es unter den Antoninen wieder hergestellt war, oder ob diese Wirthschaften noch immer die ungebundene Freiheit genossen, wie unter Nero und an= dern Kaisern.

348) [306] Vgl. Cic. in Pis. 6, 13. Juven. 8, 158. Suet. de gramm. 15. Appul. Met. VIII. in. p. 506. Oud.

349) [307] In diesen Tabernen pflegte man überhaupt gewöhn= lich sitzend, nicht liegend, zu speisen, wie die, sellariolae popinae bei Mart. V, 70, 3. vgl. mit V. 6. zu beweisen scheinen.

349b) [309] Varro R. R. 1, 2, 5. Cic. de div. II, 68, 142. Plin. Ep. III, 5, 11. VII, 4, 4. IX, 40, 2. Celsus I, 2. Mart. IV, 8, 4. Sen. Ep. 83, 6. Suet. Oct. 78. Calig. 38. Ner. 6. Sidon. Apoll. Ep. I, 2.

350) [310] Eine solche erwähnt z. B. Juven. 6, 353. Sie waren höchst wahrscheinlich an allen besuchten Orten der Stadt zu haben. Die im Curios. urbis und der Notit. in der 14. Region (jenseits des Tiberflusses) erwähnten castra lecticariorum aber waren wohl nur der Stationsort für die vom Staate zum Gebrauche für die Senatoren und Magistrate gehaltenen Sänftenträger. |

351) [311] Vgl. oben Anm. 264. [228.]

352) [312] Dieser Fronto, von dem wir noch eine Anzahl erst neuerlich entdeckter rhetorischer Aufsätze und Briefe besitzen, war unter Domitian, also zwischen 81 und 96 n. Chr., geboren, folg= lich zur Zeit unsrer Erzählung (164) etwa 70 Jahre alt. Er starb aber zwischen 166 und 170 n. Chr.

353) [313] Die tabernae argentariae (Liv. IX, 40. XXIV, 11. 27. Varro bei Nonius p. 532. M. u. L. L. VI, 9. p. 269. Flor. II, 6, 48.), welche von Staatswegen gebaut und deren Benutzungs= recht an die Geldwechsler verkauft wurde (Liv. XXVII, 11. XXXIX, 44. XL, 51. XLI, 27. XL, 51. XLI, 27. XLIV, 16. Dig. XVIII, 1, 32.), zerfielen in alte (Plaut. Curc. IV, 1, 19 ff. Liv. XLIV, 16. Plin. XXXV, 4, 8. §. 25.) und neue (Varro L. L. VI, 59. Liv. III, 48. XXVI, 27. XL, 51. XLIV, 16. Quinct. VI, 3, 58.) Erstere lagen an den beiden Langseiten des Forum, besonders beim Tempel des Castor (Cic. pro Quinct. 4, 17. Phil. VI, 5, 13. Plaut. Asin. I, 1, 116 f. Truc. I, 1, 51. Ter. Phorm. V, 8, 28. Adelph. II, 4, 13. Liv. XXIV, 11. 27. Vitruv. V, 1.),

letztere aber an der Nordseite desselben. (Vgl. auch Urlich im Rhein.
Muf. Neue Folge XII. S. 215 ff.) Die im Curios. urbis und der
Notit. als in der 8. Region (Forum Rom.) gelegen erwähnte Ba-
silica argentaria jedoch hatte mit den Geldwechslern Nichts zu
schaffen, sondern enthielt die Läden der Silberarbeiter, welche eben=
falls argentarii (Lamprid. Alex. Sev. 24. Cod. Theod. XIII, 4,
2. Orelli 7. 1885. 4146. 3217.) oder fabri argentarii (Dig.
XXXIV, 2, 39. Orelli 5085. 5755.) und argentarii vascularii
(Dig. XLIV, 7, 61. pr. Murat. 961, 5. Orelli 4127. 7217.)
hießen. Die Geldwechsler spielten übrigens in Rom eine bedeutende
Rolle und zerfielen in verschiedene Klassen. Während die ersten
derselben, die mit vollem Recht den Namen Banquiers verdienen,
in dem ihnen gebührenden Ansehn standen (Cic. pro Caec. 4, 10.
Suet. Vesp. 1. Aur. Vict. de vir. ill. 72, 2. Acro zu Hor. Sat.
I, 6, 86.), waren die untern Klassen, die wohl oft schmuzigen Wu=
cher trieben, und zu denen auch die vom Staate angestellten men-
sarii oder mensularii (Geldwechsler im eigentlichen Sinne) und
nummularii (Münzprobirer) gehörten, ziemlich verachtet. (Plaut. Pers.
III, 3, 28 ff. Curc. III, 1—13. IV, 2, 10 ff. 20 ff. Cas. prol.
25 ff. Truc. I, 1, 47 ff. Suet. Oct. 2. 70. Galb. 9. Mart.
XII. 57, 8. Petron. 56. Digest. II, 3, 19. §. 2. XVI, 3, 7. §.
2.) Die nummularii benutzten zur Prüfung der Aechtheit der Mün=
zen nicht blos den Probirstein (lapis Lydius: vgl. Theocr. 12, 36. Plin.
XXXIII, 8, 43. §. 126.), sondern selbst den Geruchssinn. (Arrian.
Diss. Epictet. I, 20. p. 110. Schweigh. Vgl. oben Note 321.)
Der Wirkungskreis der argentarii umfaßte namentlich vier Branchen,
Geldwechsel, Bankgeschäfte, Mäklergeschäfte, besonders bei Auctionen,
und Prüfung der Münzen, wozu in der Kaiserzeit noch die Ver=
pflichtung kam, der kaiserlichen Münze die neu geprägten Stücke
abzukaufen und in den Verkehr zu bringen. Die ihr Geschäft als
Privatleute treibenden argentarii hatten eine bestimmte Zahl und
bildeten, in mehrere societates geschieden, so gut wie jene vom
Staate angestellten, eine Corporation (corpus, collegium), in welche
nur freie Männer aufgenommen werden durften. Der Janus medius
auf dem Forum war die Börse derselben (Cic. de off. II, 25, 90.
Hor. Ep. I. 1, 54. mit d. Schol. Sat. II, 3, 18.) |

354) [314] Daß eine solche indische Gesandtschaft unter Marc.
Aurel's Regierung wirklich nach Rom kam, bezeugt Porphyr. de
abstin. IV, 17. (p. 356. ed. Rhoer.) Vgl. Lassen Ind. Alterth.
III. S. 62., wo es aber statt Antoninus Pius vielmehr Antoninus
Philosophus heißen muß.

355) [315] Vgl. über diesen Brand besonders Tac. Ann. XV,
38 ff. u. Dio Cass. LXII, 16 ff., außerdem aber Suet. Ner. 38.
Eutrop. VII, 14. u. A. und über die domus aurea Suet. Ner. 31.
Mart. Spect. 2, 1 ff. Plin. XXXVI, 15, 24. §. 111. Tac. Ann. XV, 42.

356) [316] Daß auch an Fäden gezogene, hölzerne Marionetten

(neurospasta) den Römern nicht unbekannt waren, ergiebt sich aus
Gellius XIV 1. u. Appulej. de mundo p. 351. Oud. Ueber die
Gaukler vgl. oben Anm. 64.

357) [317] Suet. Oct. 74.

358) [318] Juven. 6, 588.

359) [319] Juven. 3, 65. Lamprid. Heliog. 26. 32.

360) [320] Nach dem Breviar. des Curios. urbis und der Notitia befanden sich in Rom überhaupt 45 oder 46 lupanaria.

361) [321] Dies sagt wenigstens der Scholiast des Persius 1,
133., wo eine meretrix nonaria erwähnt wird.

362) [323] Ueber die unzüchtigen Tänze der Aegyptierinnen (der
heutigen Almehs) vgl. Strabo XVII, 1, 17. p. 801. und was die
Syrierinnen betrifft, Verg. Copa 1 ff. Juven. 3, 62 ff. u. Propert. III, 23, (17) 21.

363) [324] Das tympanum entsprach ganz unserem Tambourin
und bestand aus einem mit einem Fell überzogenen, breiten Holz-
oder Metallreifen, an welchem rings herum Schellen angebracht
waren; das cymbalum aber bildeten zwei halbkugelförmige, metallne
Becken, die entweder mit der hohlen Hand gefaßt und an einander
geschlagen wurden, oder, wie die Becken unsrer Militärmusik, zu
diesem Behuf mit Griffen von Leder versehen waren. Die crotala
oder Castagnetten sind schon in Anm. 74. erwähnt worden. Vgl.
Abbild. im Mus. Borb. II. tav. 25. IV. tav. 34. Guhl u. Koner
Fig. 248. u. 249. u. Weiß Fig. 270. 351.

364) [325] Unter Hadrian durften die öffentlichen Badehäuser
erst mit der achten Stunde geöffnet werden (Spart. Hadr. 22. vgl.
Lamprid. Alex. Sev. 24. u. Mart. XIV, 163.), früher aber, und
wahrscheinlich auch später wieder, konnte man auch schon vorher
baden (Vitruv. V, 11, (10) 1. Juven. 11, 204. Mart. X, 48,
3 f. vgl. Tertull. de ieiun. 16.) Ebenso hatten sie bis auf Alexander Severus vor Einbruch der Dunkelheit geschlossen werden müssen
(Vitruv. u. Lamprid. a. a. O., so daß bei Juven. 6, 419. wohl
nur von einem nächtlichen Privatbade die Rede ist), unter Alex.
Severus aber wurden sie auch beleuchtet (Lamprid. a. a. O.);
Tacitus jedoch erneuerte das Gebot, die Badehäuser Abends zu
schließen (Vopisc. Tac. 10.) In den Badehäusern zu Pompeji hat
man an 1000 Lampen gefunden. (Overbeck Pompeji I. S. 191.)

365) [326] Jeder Römer badete in der Regel wenigstens einmal des Tages, gewöhnlich in der 8. oder 9. Stunde vor der Hauptmahlzeit (Cic. ad Att. XIII, 52, 1. Plin. Ep. III, 1, 8. Mart.
IV, 8, 5. vgl. mit III, 36, 5. u. X, 70, 13.), oder in der 5. vor
dem Frühstück | (Juven. 11, 204. Lamprid. Alex. Sev. 30. Ga-
len. Vol. VI. p. 332. K. Epictet. Diss. I, 1, 29.); Manche aber
badeten auch öfter (Suet. de gramm. 23. vgl. Galen. X. p. 479. K.),
ja sogar vier- bis achtmal (Capitol. Gordiani 6. Treb. Poll.
Gallieni 17. Lamprid. Comm. 11.) Die Zahl der öffentlichen

Badehäuser aber, die schon Agrippa bedeutend vergrößert hatte
(Plin. XXXVI, 15, 24. §. 122.), betrug nach dem Curios. urbis
und der Not. in der späteren Kaiserzeit 952.
366) [327] Varro L. L. IX, 68. Inschr. b. Orelli 3324. vgl.
Gellius X, 3, 3.
367) [328] Vgl. Plin. XXXIII, 12, 54. §. 153. Mart. III,
51. 72. VII, 35. XI, 75. Plut. Cat. mai. 20. Doch scheinen es
meistens nur liederliche Frauenspersonen gewesen zu sein, welche die
Schaamhaftigkeit so sehr verleugneten (Quinct. Inst. V, 9, 14.
Amm. Marc. XXVIII, 4.); obgleich wir allerdings wissen, daß
selbst Damen sich von männlichen Sklaven im Bade bedienen ließen
(Inven. 6, 422. Mart. VII, 35. XI, 75. Clem. Alex. Parad.
III. 5. p. 273. Potter.) Edicte gegen das gemeinsame Baden bei=
der Geschlechter erließen Hadrian (Spart. Hadr. 18. Dio Cass.
LXIX, 8.), M. Antoninus (Capitol. Ant. Phil. 23.) u. Alexander
Severus (Lamprid. Al. Sev. 24.), nachdem Heliogabalus es sogar
durch sein eignes Beispiel befördert hatte. (Lamprid. Heliog. 31.)
368) [329] Der folgenden Beschreibung liegt eine Vergleichung
der noch vorhandenen, theils in dem durch einen Bergsturz ver=
schütteten Velleja (bei Placentia, dem heut. Piacenza), theils in
Pompeji ausgegrabenen Badehäuser (vgl. Mus. Borb. Vol. II. Gell.
Pompeiana I. p. 83 ff. II. p. 80 ff. Overbeck Pompeji I. S. 186 ff.
u. 204 ff.), sowie anderer auf der Insel Lipara, zu Caerwent in
England und anderwärts noch vorhandener zu Grunde. Haupt=
stellen über die Bäder der Römer sind Vitruv. V, 11. (10.) 12.
(11.) u. Galen. meth. med. X, 10. Vol. X. p. 708 ff. K. Vgl.
auch Lucian. Hipp. 5.
369) [330] Hor. Sat. I. 3, 137. Sen. Ep. 86, 8. Juven. 6,
447. Mart. III, 30, 4. In den Thermen, wo das Volk umsonst
baden sollte (Dio Cass. LIV, 29.), wurde dieser Quadrans (d. i.
1/4 As oder 3 — 4 Pfennige unsers Geldes) wohl nur noch als
Trinkgeld verabreicht. Vgl. Lucian. Hipp. 5.
370) [331] Daß in den Bädern viel gestohlen wurde, erhellet
aus Catull. 33. Dig. XLVII, 17. Tertull. Apol. 44. de idol. 5.
371) [332] Man pflegte entweder vor dem warmen Bade (Ga=
len. Vol. X. p. 537. K. Celsus I, 4.), oder noch gewöhnlicher
nach dem kalten und unmittelbar vor dem Ankleiden sich mit einer
Striegel (strigilis) von Horn oder Metall abschaben oder abreiben
und dann salben zu lassen, um der Transpiration ein Ende zu
machen (Galen. a. a. O. u. p. 479. vgl. Plin. Ep. III, 5, 4.)
und die strigilis und ampulla (Oelflasche) gehörte daher zu dem
nothwendigsten Badeapparat (Cic. de Fin. IV, 12, 30. Plaut.
Pers. I, 3, 44. Stich. I, 3, 75. (= v. 228.) Plin. XXVIII, 4,
14. §. 55. Appulej. Flor. I, 9. p. 34. Oud.) | Abbild. des Bade=
geräths siehe im Mus. Borb. VII. tav. 16. bei Overbeck Fig. 271.
Guhl u. Koner Fig. 474. Weiß Fig. 353.

³⁷²) [³³³] Vitruv. V, 11, (10.) 4. Plin. Ep. II, 17. 11.

³⁷³) [³³⁴] Charif. I, 12. Der eigentliche Name des Ofens ist hypocausis (Vitruv. V, 11, (10.) 1. vgl. Plut. Qu. conv. 9. Vol. VIII. p. 614. R.), doch heißt er auch zuweilen hypocaustum (Stat. Silv. I. 5, 59.), welches Wort ursprünglich das durch den Ofen geheizte Lokal bezeichnet. (Plin. Ep. II. 17, 11. Dig. XXXII. 1, 55.)

³⁷⁴) [³³⁵] Sen. Ep. 86, 6. Petron. 73.

³⁷⁵) [³³⁶] In manchen Bädern fand sich noch ein besonderer Raum zum Abreiben und Salben, destrictarium (Corp. Inscr. Lat. I. Nr. 1257.) oder unctorium (Plin. Ep. II, 17, 11.) Ueber das apodyterium vgl. Plin. Ep. V, 6, 25. 27. Isid. Orig. XV, 2, 41. u. Orelli Nr. 3278., über das tepidarium oder die cella tepidaria Celsus I, 3. Vitruv. V, 11, (10,) 4. u. Orelli Nr. 3228., über das caldarium oder die cella caldaria Celsus u. Vitruv. a. a. O. Sen. Ep. 86, 9. Plin. Ep. V, 6, 26. u. Orelli Nr. 5659., über das frigidarium oder die cella frigidaria Vitruv. a. a. O. Plin. Ep. II. 17, 11. V. 6, 25. 26. und über die piscina daselbst, die Petron. 73. cisterna nennt, Sen. Ep. 86, 6. Plin. Ep. II, 17, 11. Lamprid. Heliog. 19. Bisweilen fanden sich auch im frigidarium zwei Bassins (Plin. Ep. II, 17, 11.)

³⁷⁶) [³³⁷] Ammian. Marc. XVI, 10, 13.

³⁷⁷) [³³⁸] Vgl. Anm. 375.

³⁷⁸) [³³⁹] Sudatorium: Sen. Ep. 51, 6. (auch assa sudatio: Celsus III, 27, 3. und assa cella: Cic. ad Qu. fr. III, 1, 2.) und Laconicum: Cic. ad Att. IV, 10, 2. Vitruv. V 11, (10.) 5. Celsus I, 3. II, 17. Colum. praef. §. 16. Uebrigens vgl. Galen. Vol. VI. p. 228. K. Dio Cass. LIII, 27. Plaut. Stich. I, 3, 76. (v. 229.) Sen. Ep. 15, 3. 122, 6. u. s. w.

³⁷⁹) [³⁴⁰] Vitruv. a. a. O. u. V, 12, (11.) 2. Sen. de vita beata 7, 3. Celsus II, 17. III. 27, 3.

³⁸⁰) [³⁴¹] Vgl. Spart. Carac. 9. (cella soliaris.)

³⁸¹) Vgl. die pensiles balineae bei Plin. IX. 54, 79. §. 168. (Ueber das Schaukeln in Hängematten als diätetisches Mittel vgl. Corn. Celsus XI, 15. p. 100. Haller.)

³⁸²) [³⁴²] Diese Souterrains (suspensurae) waren nur zwei Fuß hoch und enthielten auf einem mit Ziegeln ausgelegten Fußboden in Zwischenräumen von 1½ Fuß mehrere Reihen gleich hoher Pfeiler, auf denen zwei Fuß im Quadrat haltende Ziegelplatten lagen, die den Fußboden der cellae bildeten, der aber wieder einen Estrich über sich hatte, auf welchem der Mosaikfußboden ruhte. (Vitruv. V, 11, (10.) 2. Pallad. 1, 40.) Ueber dem Ofen standen drei Kessel für kaltes, heißes und laues Wasser, aus denen es in die einzelnen Baderäume floß. (Vitruv. a. a. O. §. 1.)

³⁸³) [³⁴³] Sen. Ep. 90, 25. Stat. Silv. I, 5, 57 ff. Auson. Mos. 337 ff. Dio Cass. XLVIII, 51. Cassiod. Var. II, 39. Dig. VIII, 2, 13. XLIII, 21, 3. §. 6.

³⁸⁴) | ³⁴⁴| Vitruv. V. 11, (10.) 4. Plin. Ep. II, 17, 11.
Galen. Vol. X. p. 536. K.

³⁸⁵) | ³⁴⁵| Celsus I, 4. Galen. Vol. X. p. 722. K. Plin.
XXVIII. 4, 14. §. 55. Suet. Oct. 82. |

³⁸⁶) | ³⁴⁶| Plin. Ep. V. 6, 25.

³⁸⁷) | ³⁴⁷| Vgl. Sen. Ep. 56, 1. Juven. 6, 420 ff.

³⁸⁸) [³⁴⁸] Plin. Ep. II, 17, 12. V, 6, 27. Suet. Vesp. 20.

³⁸⁹) | ³⁴⁹| Quinct. Inst. I. 6, 44. vgl. Vitruv. V, 12. (11.)

³⁹⁰) | ³⁵⁰| Ob obige Beschreibung in allen Einzelnheiten gerade
auf die Thermen des Titus paßt, muß freilich dahin gestellt bleiben, da ein sicheres Urtheil darüber aus den noch erhaltenen Ueberresten derselben sich nicht gewinnen läßt.

³⁹¹) [³⁵¹] Juven. 6, 114 ff.

³⁹²) [³⁵²] Capitol. Ant. Phil. 19. 26. Aur. Vict. de Caes. 16.

³⁹³) [³⁵³] Spart. Hadr. 11. Vgl. Aur. Vict. de Caes. 39,
44. Capitol. Macrin. 12. Treb. Poll. Claud. 17. Dio Cass. LXXVII,
17. Uebrigens waren die frumentarii eigentlich wohl eine Art Fouriere.

³⁹⁴) | ³⁵⁴| Suet. Claud. 18. Mart. X, 48, 21. Sen. de ben.
III, 26. Dio Cass. LII, 37. LV 18. Epict. Diss. IV, 13, 15.
Vgl. Lamprid. Alex. Sev. 23.

³⁹⁵) [³⁵⁵] Aristid. Or. IX. p. 62. Jebb. Vgl. Capitol. Ant.
Pius 7. 10.

³⁹⁶) [³⁵⁶] Juven. 3, 165 ff. 223 ff.

³⁹⁷) [³⁵⁷] Mart. II. 57. Juven. 3, 180 ff.

³⁹⁸) [³⁵⁸] Juven. a. a. O. V. 168 ff. u. 7, 129 ff. 11, 46 ff.
Vgl. Mart. II, 57.

³⁹⁹) Die Römer gingen sehr zeitig, gewöhnlich gleich nach der
Mahlzeit, zu Bett, denn unsre Sitte, den Abend im Theater, in Ca-
sino's, auf Bällen, in Assembleen und Spielgesellschaften hinzu-
bringen, war ihnen völlig unbekannt.

⁴⁰⁰) [³⁵⁹] Neuerlich hat sich allerdings auch eine andere Ansicht Geltung zu verschaffen gesucht, indem man, sich auf Cic. de
Rep. II, 12, 23. u. Liv. I, 8., so wie auf die Bezeichnung der
Senatoren durch patres stützend, die Patricier bloß für die ersten
Senatoren Roms und deren Nachkommen hält, also zwei Klassen
alter Vollbürger, eine bevorzugte senatorische und eine ihr nach-
stehende nicht senatorische, eine adelige und nichtadelige, annimmt.
Allein dieser Ansicht widerstreitet Dion. Hal. II, 8. 12., der sich
auf die glaubwürdigsten römischen Schriftsteller beruft, und dessen
Angabe, daß der Name patres keineswegs nur die Senatoren, sondern die Gesammtheit der alten Vollbürger oder Patricier bezeichnet
habe, auch durch viele Stellen römischer Autoren bestätigt wird.
Vgl. Cic. de Rep. II, 37, 63. Liv. II, 23. 45. III, 31. IV, 1.
4. 43. VI, 41. 42. Festus p. 233. u. 293. M. Und da notorisch
bloß die Patricier die Curien bildeten und das Stimmrecht in den
Curiatcomitien, sowie die übrigen Vorrechte besaßen, so fragt es

sich), welche Stellung im Staate man überhaupt dieser namenlos in der Mitte zwischen Patriciern und Clienten oder Plebejern schwebenden zweiten Klasse alter Vollbürger anweisen soll, und warum diejenigen Plebejer, die später in den Senat aufgenommen wurden, dadurch nicht ebenfalls zu Patriciern wurden und mit ihren Nachkommen neue patricische Geschlechter, sondern einen neuen Adel neben dem alten patricischen bildeten? Die Sache weiter aus= zuführen, ist hier nicht der Ort.

[401]) Ohne auf eine Prüfung der sehr verschiedenen An= sichten über die Zeit der Entstehung einer jeden der drei Tri= bus, namentlich der Luceres, einzugehen, folge ich hier der ge= wöhnlichen Annahme, daß die Ramnes römischen, die Tities sabinischen und die erst etwas später hinzugekommenen Luceres etruskischen Ursprungs waren. Nach der Ansicht Lang's dagegen (Röm. Alterth. 2. Aufl. Berlin 1863. S. 84 f.) waren die Luceres vielmehr vom Tullus Hostilius hinzugefügte Albaner.

[402]) Wenn die Zahl und die Namen der 30 Curien von der Zahl und den Namen der geraubten Sabinerinnen hergeleitet wer= den (vgl. Plut. Rom. 14. Liv. I, 13. Cic. Rep. II. 8. Paul. Diac. p. 49, 4. M.), so ist dies jedenfalls ein Anachronismus, da von 30 Curien doch erst seit dem Hinzutritt der dritten Tribus oder der Luceres die Rede sein kann. Die uns erhaltenen Namen von 7 Curien siehe bei Lange a. a. O. S. 245.

[403]) Dieß geht sowohl aus dem Umstande, daß jede Curie ihre eigne Feldmark hatte (Dion. Hal. II, 7.), als aus ein paar Na= men derselben, Foriensis (nach dem Forum) und Veliensis (nach der Velia benannt), hervor. Nach Dion. Hal. II. 7. hätte jede Curie wieder aus 10 Decurien (oder Decaden) bestanden, und diese Decurien werden daher von Niebuhr u. A. für identisch mit den gentes gehalten, so daß die ursprüngliche Zahl der patricischen Ge= schlechter 300 gewesen wäre. Allein diese Nachricht steht ganz ver= einzelt da und wahrscheinlich hat Dionysius aus Irrthum die De= curieneintheilung der militärischen Centurien auch auf die Curien der Tribus übergetragen. |

[404]) [363] Vgl. Festus v. Patres p. 246. und Patrocinium p. 233. M. Lydus de mens. IV 50. Dion. Hal. II, 9. V. 40. IX, 60. Liv. II. 16. Vgl. oben Anm. 254. [218.] Wir finden dieses Institut der Clientel schon bei den Sabinern und Etruskern, durch die es erst nach Rom verpflanzt zu sein scheint. (Dion. Hal. II, 46. V. 40. IX, 5. X, 14. Liv. II, 16.) Wie es sich später gestaltete, haben wir oben Note 254. gesehen.

[405]) [361] Dion. Hal. III, 71. 72. Liv. I, 36. Cic. de Rep. II, 20, 35. Aur. Vict. de vir. ill. 6. Val. Max. III, 4, 2. Zonar. VII, 8. Festus s. v. Navia p. 169, 28. M.

[406]) [362] Vgl. Cic. Rep. II. 20, 35. Liv. I, 36. Aur. Vict. Epit. 9. Val. Max. III, 4, 2.

⁴⁰⁷) Festus p. 344, 24. M.

⁴⁰⁸) Liv. I. 30. Dion. Hal. III. 31. Daß zur Zeit der Ver=
einigung der Albaner mit Rom noch keine plebs existirte, ersehen
wir aus Liv. 1. 28. vgl. mit I. 16. Daher sind Dion. Hal. II,
8 f. u. Plut. Rom. 13. gewiß im Irrthum, wenn sie die plebs
für eben so alt, als Rom selbst, halten und die Plebejer mit den
Clienten identificiren.

⁴⁰⁹) | ³⁶⁷ | D. i. das griechische πλῆθος, die Menge. (Uebrigens
vgl. Gellius X, 20. Festus p. 330, 26. M. u. Gajus I. 3.) Unrichtig
aber ist es, wenn man aus der bekannten Formel populo plebique
(bei Liv. XXV. 12. XXIX, 27. Cic. pr. Mur. 1, 1. ad Fam.
X. 35. Tac. Ann. I. 8. Macrob. I. 17, 28. p. 154. Jan.) und aus
Stellen, wie Liv. II, 56. u. IV, 51., hat schließen wollen, daß
populus. d. h. die Patricier, und plebs einen Gegensatz gebildet
hätten, welcher Annahme andere Stellen, wie Liv. III, 71. u. IX,
46., widersprechen. Natürlich bezeichnete Anfangs, wo es noch gar
keine plebs gab, der Ausdruck populus bloß die Patricier, und so
entstand denn, als die plebs hinzugekommen war, jene Formel,
während man doch nun unter populus das ganze Volk, Patricier
und Plebejer, verstand.

⁴¹⁰) | ³⁶⁶ | Liv. I, 33. Nach Lange (der die vom Tullus Ho=
stilius nach Rom verpflanzten Albaner zu patricischen Luceres
macht: vgl. Note 401.) hätte erst Ancus Marcius den Grund zur
plebs gelegt (Vgl. Röm. Alterth. I. S. 356 ff.)

⁴¹¹) Schwerlich aber wurden sie sämmtlich in Rom selbst an=
gesiedelt (wie Cic. Rep. II. 18. Liv. I. 33. Dion. Hal. III, 43.
u. Strab. V, 3, 7. p. 234. annehmen). Vielmehr scheint die
Mehrzahl derselben in ihren früheren Wohnsitzen geblieben zu sein.

⁴¹²) Die Hauptstellen über die Servianische Reform der römischen
Staatsverfassung sind Liv. I, 42—44. Dion. Hal. IV, 13 26. u.
Cic. de Rep. II. 22. Ein andrer Irrthum des Dion. Hal. III,
37. ist, daß er die unterworfenen Latiner schon vor Servius
Tullius als plebejische Bürger in die Curien vertheilt werden läßt.

⁴¹³) | ³⁶⁸ | Livius I. 43 ff. Dion. Hal. IV, 9 f. 14. Zonar. VII, 9.

⁴¹⁴) | ³⁶⁹ | In früherer Zeit hatten nur die Patricierd aß Recht,
in den Volksversammlungen (comitia curiata) nach Curien ab=
zustimmen und in ihnen Gesetze zu sanctioniren (Dion. Hal. II, 14.
VII. 38.) und die Könige, Staatsbeamten und Priester zu wählen
(Dion. II. 22. 58. 60. III, 36. IV, 34. 40. 80. IX, 41. 44.
Liv. I, 17. IX, 34. 38. Cic. Rep. II. 13, 17. 18, 21. de leg.
Agr. I, 11, 26. II. 12, 30. Appian. de Reb. Pun. 112. Gellius
XIII, 15.); nur sie konnten Senatoren werden und Staatsämter
und Priesterstellen bekleiden (Dion. II, 9. Cic. Rep. II, 14, 26.
pro domo 14, 37. Liv. VI, 41. Tac. Ann. IV. 16.); nur sie
durften Auspicien und Familiensacra anstellen (Liv. IV, 6. VI. 41.);
nur in ihrer Hand (als Senatoren) lag die Rechtspflege, obgleich

in Capitalfachen eine Provocation an das gesammte | Volk statt finden konnte (Dion. Hal. II, 9. III, 22. IV, 35. VII, 22. IX, 46.) u. s. w.; und um den Gegensatz der beiden Stände streng auf= recht zu erhalten, waren selbst bis zu der im Jahre Roms 309 oder 445 v. Chr. erlassenen lex Canuleia Heirathen zwischen patri= cischen und plebejischen Familien streng verboten (Cic. de Rep. II, 37, 63. Liv. IV, 4. Dion. Hal. X, 60.) Späterhin aber gingen fast alle diese Vorrechte auch auf die Plebejer über. Nur in den Curiatcomitien hatten sie keine Stimme, da sie nicht Mitglieder der Curien waren (obgleich Einige, sich auf Dion. Hal. III, 31. 37. IV, 12. 20. stützend, selbst dies behaupten), während sie in den Volks= versammlungen, wo nach Centurien und Tribus abgestimmt wurde, gewöhnlich den Ausschlag gaben (Dion. Hal. IX, 41. 44. Cic. Legg. III, 19, 44. de leg. Agr. II, 2, 4. in Pis. 1, 2. pro Mil. 2, 33. de har. resp. 6, 11. post red. ad Quir. 2, 5. Gellius XV, 27.), obgleich auch die Patricier in ihnen zu stimmen das Recht hatten (Liv. II, 56. 60. V, 30. Dion. Hal. IX, 41. X, 41. XI, 45.) Ebenso waren die Plebejer von den patricischen sacris aus= geschlossen, während sie auch wieder ihre eigenen plebejischen sacra hatten, die jedoch nicht als Staats=, sondern nur als Privatsacra galten (Liv. X, 7. 23.). Dagegen konnten sie später nicht nur Senatoren und Richter werden, sondern, während man ihnen früher nur die Würde von Volksvertretern (tribuni plebis) zugestanden hatte, auch zu allen, selbst den höchsten Staatsämtern gelangen, das Consulat nicht ausgenommen; wie denn überhaupt unter den Kai= sern fast jeder Unterschied zwischen Patriciern und Plebejern ver= schwunden war.

⁴¹⁵) [³⁷⁰] Vgl. Cic. Brut. 16, 62. de Leg. II, 3, 6. Suet. Ner. 1. Liv. IV, 16.

⁴¹⁷) [³⁷¹] Dion. Hal. II, 13. Plin. XXXIII, 2, 9. §. 35. Liv. I, 13. 15. Plut. Rom. 26. Flor. I, 1, 15. Lydus de mag. I, 9. p. 128 Bekk. Serv. zu Verg. Aen. XI, 603. Irrthümlich werden zuweilen die celeres als Leibwache des Romulus (Liv. 1. 15. Plut. Rom. 26. Num. 7. Zonar. VII, 3, 4.) von den equites unterschieden. (Siehe dagegen Dion. Hal. II, 13.)

⁴¹⁸) Liv. I, 30 ff. Wenn wir freilich mit Lange die vom Tullus Hostilius aus den Albanern hinzugefügten 10 Turmen von Reitern eben für die centuria Lucerensis halten, so ist die ganze folgende Berechnung falsch und die Reiterei des Tarquinius Priscus bestand nur aus 600 Mann. (Vgl. Röm. Alterth. I. S. 385 ff.)

⁴¹⁹) [³⁷²] Cic. Rep. II, 20, 35. Liv. 1, 36. Dion. Hal. III, 71. Val. Max. III, 1, 2. Aur. Birt. de vir. ill. 6.

⁴²⁰) Cic. Rep. u. Liv. a. a. O. Bei Livius ist freilich die gewöhnliche Lesart MDCCC, allein der Cod. Med. giebt (wie Cicero) die richtigere Zahl MCC. (Lange freilich S. 385. hält vielmehr bei Cicero die Lesart für falsch, und setzt, um die Zahl 1800

herauszubringen, die er dann als unstatthaft bekämpft, voraus, man habe angenommen, die ersten 300 Reiter des Romulus wären mit dem Zutritt der Sabiner und Albaner jedesmal um 300 vermehrt und diese Zahl von 900 dann vom Tarquinius Priscus verdoppelt worden).

⁴²¹) Erst zu Livius' Zeiten erlaubte man sich den Ausdruck sex centuriae. (Liv. I, 36. 43.)

⁴²²) Cicero u. Livius a. a. O.

⁴²³) [³⁷³] Festus p. 334, 29. M. — Liv. I, 43. XLIII, 16. Cic. Rep. II, 22, 39. Dion. Hal. IV, 18.

⁴²⁴) Daher sagt Polyb. VI, 20., daß die römische Reiterei in den ältesten Zeiten ἀφιστίνδεν bestimmt worden sei.

⁴²⁵) [³⁷⁴] Dion. Hal. II. 13. VI. 44.

⁴²⁶) [³⁷⁵] D. h. im J. 443. v. Chr. Die Gründung Roms fällt bekanntlich in's J. 754 (nach Anderen 753) v. Chr. G.

⁴²⁷) [³⁷⁶] Liv. I, 43. XXIV 18. 53. XXIX, 37. XXXIX, 19. 42. 44. XLIII, 16. Dion. Hal. VI, 13. Dio Cass. LV, 31. LXIII, 13. Plut. Crass. 13. Cic. pro Cluent. 48, 134. Val. Max. II, 9, 6. IV. 1, 10. Suet. Oct. 38. Claud. 16. Vesp. 9. Gellius IV, 12. 20. Ueber das Verfahren dabei vgl. besonders Plut. Pomp. 22. Ein anderer für die Ritter wichtiger Tag war der 15. Juli jedes Jahres, wo ein feierlicher Aufzug (transvectio) statt fand (Dion. Hal. VI. 13. 15. Liv. IX, 46. Val. Max. II, 2, 9. Plin. XV, 4, 5. §. 19. Aur. Vict. | de vir. ill. 32. Zosim. II, 29.), welche Feierlichkeit vom Augustus mit jener Musterung (recognitio) vereinigt wurde und seitdem auch stets vereinigt blieb. (Vgl. die angef. Stellen des Suet. u. Dio Cass.)

⁴²⁸) Liv. XXIV. 11. Hor. Ep. 1, 1, 57. Suet. Caes. 33. Cic. Phil. I, 8, 20. Juven. I, 105. III. 153. Ovid. Am. III, 8, 9. 15, 5. Mart. IV 67. V, 26. Plin. H. nat. XXXIII, 2, 8. §. 32. Plin. Epist. I, 19. Tac. Ann. II, 33.

⁴²⁹) [³⁷⁷] Zur Zeit des Servius wohl blos 80,000 oder gar nur 40,000 Asses. Vgl. Becker's röm. Alterth. II, 1. S. 250. u. Marquardt Hist. equit. Rom. p. 8. Lange (Röm. Alterth. I. S. 419. 431 f. u. II. S. 20.) nimmt an, daß der census equester von jeher mehr betragen habe, nämlich das Zehnfache des Minimalcensus der ersten Klasse.

⁴³⁰) [³⁷⁸] Liv. I, 43. XXVI, 36. und andere in Note 427. angef. Stellen desselben, Dion. Hal. VI, 13. Val. Max. II, 9, 6.

⁴³¹) [³⁷⁹] Vgl. Hordiarium aes bei Paulus Diac. p. 102, 9. M. Ueber die Summen, die sie zur Anschaffung und Erhaltung der Rosse erhielten, vgl. Liv. I, 43. Varro L. L. VIII, 71. u. Gajus IV, 27. Da jedoch diese Summen (10,000 Asses zur Anschaffung und jährlich 2000 Asses zur Fütterung und Verpflegung des Pferdes) überaus groß sind, weichen die Ansichten der Alterthumsforscher darüber sehr von einander ab. Vgl. Becker Handb. d. röm. Alterth. II. S. 252. Note 13.

⁴³²) [³⁸⁰] Liv. V, 7. XXII, 11. Von nun an wurden die
equites vom Censor nicht mehr ἀριστίνδεν, sondern πλουτίνδεν
ausgewählt. (Polyb. VI, 20.)

⁴³³) [³⁸¹] Liv. V, 7. 12. VII, 41. Polyb. VI, 39. Für das
Fußvolk war der Sold erst kurz vorher im J. Roms 348 oder 406
v. Chr. eingeführt worden (Liv. IV, 59.)

⁴³⁴) [³⁸²] Plin. XXXIII, 2, 8. §. 32. Appian B. Civ. II,
13. Tac. Hist. IV, 53. u. f. w.

⁴³⁵) [³⁸³] Liv. Epit. LX. Varro b. Nonius p. 454. Florus
III, 17. Tac. Ann. XII, 60. Vellej. II, 6. Appian. B. Civ. I, 22.

⁴³⁶) [³⁸⁴] Der, um den Stand der Ritter wieder etwas zu
heben, aus denen, welche bis zum Großvater hinauf freigeboren
waren und den senatorischen Census (das zur Wahl in den Senat
nöthige Vermögen) hatten, eine besondere Klasse bildete, die illustres
hießen und denen er mehrere Vorrechte vor den übrigen einräumte.
(Liv. XXX, 18. Dio Cass. LIV, 30. LVI, 27. Suet. Oct. 40.
Tac. Ann. II, 59. IV, 58. VI, 18. XI, 4. XVI, 17. Vell. Pat.
II, 59. 88. Plin. Ep. VI, 15. Ovid. Trist. VI, 10, 35.)

⁴³⁷) [³⁸⁵] Suet. Tib. 42. Ner. 20. Tac. Ann. XIV, 15.
Dio Cass. LXI, 20. Vgl. auch Juven. 3, 33 ff. u. Mart. VII,
64. Wie gedrückt und unwürdig überhaupt damals die Stellung
der Ritter nicht selten war, zeigen die Gedichte Martials. (Vgl.
III. 95. V, 13. 17. IX, 49. XII, 26.)

⁴³⁸) [³⁸⁶] Schon seit dem zweiten punischen Kriege dienten
fast blos die Hülfstruppen zu Pferde und so kam es dahin, daß
es bereits zu Jul. Cäsar's Zeiten im Heere gar keine Reiter römischer Herkunft mehr gab. (Cäs. B. Gall. I, 15. Tac. Ann. IV, 73.)

⁴³⁹) [³⁸⁷] Früher hatten außer den höchsten Staatsbeamten
und Senatoren (Liv. XXVI, 36. vgl. mit IX, 46. XXIII, 12.
Plin. XXXIII, 1, 6. §. 18. 20. u. A.) nur die Ritter das Recht
gehabt, einen goldnen Fingerring zu tragen (Liv. IX, 7. Plin.
a. a. O. u. 2, 8. §. 32. Cic. Verr. III, 76, 176. 80, 185. Dio
Cass. XLVIII, 45. u. f. w.); den Plebejern waren nur eiserne Ringe
gestattet gewesen. Schon seit Hadrian aber maßten sich überhaupt
alle Freigeborne und Freigelassene auch goldne Ringe an. (Dig.
XL, 10, 7. vgl. mit Plin. a. a. O. §. 33.)

2. Kapitel.

Weitere in Rom gemachte Erfahrungen.

～～～

Am folgenden Morgen bat Sulpicius die ihn besuchenden Clienten noch etwas länger zu verweilen, ließ dann die ganze Dienerschaft zusammenrufen und auch mich in's Atrium ein= laden, wo nun die versprochene Freilassung (manumissio) des Castor erfolgen sollte, bei welcher mein gefälliger Wirth zur Verwunderung der Anwesenden blos meinetwegen auch einige Ceremonien hinzufügte, die sonst nur bei der feierlichen Frei= sprechung vor dem Prätor statt zu finden pflegen.[1]) Er gab nämlich dem Castor einen leichten Backenstreich,[2]) faßte ihn dann bei der Hand, drehte ihn einigemal im Kreise herum und sprach hierauf die feierlichen Worte: hunc hominem liberum esse volo („ich will, daß dieser Mensch frei sei"), worauf der nunmehrige libertus oder Freigelassene die Glückwünsche der als Zeugen dagebliebenen Clienten und seiner bisherigen Mitsklaven empfing, von welchen ihm auch ein schnell herbeigeholter Hut (pileus) aufgesetzt wurde, den er nun als freier Bürger zu tragen berechtigt ist,[3]) aber freilich in der Regel nicht wirklich tragen wird, da die Römer ebenso, wie wir Griechen, mit unbedecktem Haupte auszugehen pflegen. Da es Sitte ist, daß ein Frei= gelassener den Vor= und Geschlechtsnamen seines bisherigen Herrn und nunmehrigen Patronus mit irgend einem beliebigen Beinamen annimmt, als welcher auch nicht selten sein bis= heriger Sklavenname dient,[4]) so nannte sich unser Castor, der ja im Hause des Sulpicius verblieb, wo man sich nicht so leicht

an einen andern Namen gewöhnt haben würde, von nun an
Cajus Sulpicius Castor. Bei dieser Gelegenheit erfuhr ich auch,
daß eine vierfache Art der Freilassung stattfinden könne, indem
es außer der einfachen, nur im Hause inter amicos vorgenom=
menen, [5]) die auch bloß durch eine schriftliche Erklärung [6]) oder
selbst nur dadurch erfolgen kann, daß der Herr den Sklaven
mit zur Tafel zieht, [7]) auch noch drei feierliche Arten derselben
giebt, [8]) nämlich zuerst vindicta. d. h. | einen unter den oben
angegebenen, jetzt aber fast außer Gebrauch gekommenen Cere=
monien vor einem mit richterlichem imperium versehenen Ma=
gistratus (gewöhnlich dem Prätor oder auswärts dem Statt=
halter der Provinz) vorgenommenen Act, wobei der Lictor (der
öffentliche Diener desselben) dem Freizulassenden mit einem
Stabe, der eben vindicta genannt wird, einen leichten Schlag
auf den Kopf versetzt, durch ·welche symbolische Handlung die
Freilassung (vindicatio in libertatem) ·bezeichnet werden soll,
worauf der Magistratus die Freiheit des Sklaven ausspricht,
dem nun die Umstehenden ihre Glückwünsche abstatten; [9]) zwei=
tens censu. indem der Herr den Sklaven in die Censuslisten
der Bürger eintragen und beim lustrum. d. h. dem feierlichen
Opfer am Ende des Census oder der Bürgerabschätzung, als
solchen bestätigen läßt, [10]) oder vielmehr bestätigen ließ, da, seit=
dem nach Vespasian's Zeiten das Lustrum ganz weggefallen ist,
diese Art der Freilassung fast gar nicht mehr vorkommt; und
endlich testamento. oder die im letzten Willen des Herrn aus=
gesprochene Freilassung, welche auf doppelte Weise stattfinden
kann, entweder so, daß der Testator den Sklaven direct für frei
erklärt, in welchem Falle dieser gleich vom Todestage des Testa=
tors an als frei gilt, oder so, daß erst der Erbe gebeten wird,
die Freilassung zu bewirken, zuweilen selbst unter der Bedingung.
daß er von dem Sklaven eine gewisse Summe dafür zu be=
anspruchen hat, wo dann Letzterer natürlich bis zur Erfüllung
der Bedingung noch Sklav verbleibt. [11]) Was nun das Ver=
hältniß der Freigelassenen (liberti oder libertini) [12]) betrifft, so
kommt der Fall, daß sie, wie unser Castor, im Hause des Herrn
und ihrer bisherigen Stellung verbleiben, wohl nur selten vor [13])
und blos nach der minder feierlichen Freisprechung, die doch
eigentlich nur ein faktisches, kein rechtlich (iure Quiritium) be=
gründetes Freisein herbeiführt. [14]) Meistens gründen sie viel=

mehr nun einen eignen Haushalt und fangen mit ihrem er=
sparten peculium. oft aber auch durch ein ihnen vom Herrn
geliehenes Kapital oder ein Geschenk desselben unterstützt,¹⁵)
einen Handel, ein Handwerk oder sonstiges bürgerliches Gewerbe
an,¹⁶) bleiben aber dennoch immer als Clienten in einer ge=
wissen Abhängigkeit von ihrem frühern Herrn,¹⁷) obgleich die
Verpflichtungen gegen ihn mehr aus einem Pietätsgefühle her=
vorgehen, als sich auf ein Recht desselben gründen.¹⁸) Später=
hin aber ist das Benehmen der Freigelassenen gegen ihre frühe=
ren Herren immer rücksichtsloser geworden,¹⁹) so daß jetzt sogar
gegen solche undankbare und pflichtvergessene Menschen förmliche
Strafen | haben festgesetzt werden müssen.²⁰) Es ist dieß aber
hauptsächlich eine Folge der großen Reichthümer, die sich die=
selben durch Handel und Industrie erworben haben, da jetzt
fast alle größeren Handelsgeschäfte und Werkstätten in den Hän=
den von Freigelassenen sind, die sich wieder ganze Heere von
Sklaven als Arbeiter und Gehülfen halten. Namentlich sollen
die Freigelassenen der Kaiser oft im Besitz fabelhafter Reich=
thümer sein²¹) und in übertriebenem Luxus mit den Höchsten
und Vornehmsten wetteifern.²²) Obgleich aber der Stand der
Freigelassenen, besonders seit sie am Hofe eine so bedeutende
Stellung einnehmen, auch an äußerem Ansehn immer mehr ge=
wonnen hat, da Viele derselben in den Ritterstand und Söhne
von ihnen, die stets als Freigeborne gelten, selbst in den Senat
aufgenommen worden sind,²³) so werden sie doch von den Frei=
gebornen nie als völlig ebenbürtig betrachtet, besonders da sie
größtentheils den Hochmuth, die Unwissenheit, Gemeinheit und
Unverschämtheit vom Glück begünstigter Emporkömmlinge zei=
gen;²⁴). ja selbst eine mit einer Freigelassenen geschlossene Ehe
ist nicht eben sehr ehrenvoll,²⁵) obgleich schon öfters der Fall
vorgekommen sein soll, daß der Patronus seine eigene Liberta
heirathete.²⁶) Keine Liberta aber darf sich ohne Einwilligung
des Patronus verheirathen.²⁷)

Nachdem mir beim Frühstück diese Belehrungen durch Sul=
picius zu Theil geworden waren, begann ich wieder in Be=
gleitung des Narcissus meine Wanderungen durch die Stadt,
die wir heute in großer Aufregung fanden, da eben ein Staats=
courier (tabellarius publicus)²⁸) mit der Nachricht von einem
großen Siege des Feldherrn Statius Priscus über die Parther

eingetroffen war, [29]) während der Mitregent und Adoptivbruder
des Kaisers, Lucius Verus selbst, der das Obercommando in
diesem Kriege führt, ohne sich um denselben zu kümmern, in
Syrien nur seinen Vergnügungen leben soll. [30]) Es war natür=
lich, daß dieses freudige Ereigniß das Tagesgespräch in allen
Barbierstuben, [31]) Buchläden, Wirths= und Badehäusern bildete,
und daß man dem Erscheinen der nächsten Zeitungsblätter (acta
diurna) [32]) begierig entgegen sah. Wir waren aber kaum ein
paar hundert Schritte gegangen, als Galenus, der eben auf dem
Wege war mich aufzusuchen, mit einem Fremdenführer [33]) uns
begegnete. Ich kehrte daher mit ihm sogleich wieder nach Hause
zurück und stellte ihn auch meinem Gastfreunde vor, mit dem
ich schon von ihm gesprochen hatte und | der sehr erfreut war,
seine Bekanntschaft zu machen. Er lud ihn auch für einen der
nächsten Tage zu Tische ein und wir erfuhren von ihm, daß er
schon übermorgen seine Vorlesungen im Friedenstempel [34]) be=
ginnen und uns eine Einladung dazu noch übersenden werde.

Als er sich verabschiedet, weil er noch andre Besuche machen
wollte, trat ich meine Entdeckungsreise auf's Neue an, und
hatte ich gestern namentlich dem Straßenleben und den Kauf=
mannsläden meine Aufmerksamkeit gewidmet, so beschloß ich
heute und in den nächsten Tagen besonders die Werkstätten der
Künstler und Handwerker in's Auge zu fassen und, wo es mir
der Mühe werth schien, zu besuchen, ohne jedoch auch Kauf=
läden, die mich interessirten, von meinen Beobachtungen aus=
zuschließen. Ich fand dabei allerdings die meisten Industrie=
zweige vertreten, muß jedoch gleich hier die Bemerkung voraus=
schicken, daß im Ganzen die Gewerbthätigkeit in Rom weit ge=
ringer ist, als man bei der so überaus großen Einwohnerzahl
erwarten sollte, da bei der unermeßlichen Zufuhr von Industrie=
erzeugnissen aller Länder der Erde [35]) die meisten hiesigen Hand=
werker, die, wie schon bemerkt, größtentheils Freigelassene sind,
sich die bei ihnen gesuchten Waaren im Wege des Handels
billiger verschaffen können, als sie selbst bei der hier herrschen=
den Theuerung dieselben herzustellen im Stande sind, so daß
sie gewöhnlich mehr Händler mit fremder Arbeit, als Verfertiger
eigner Erzeugnisse sind, und man nie mit Sicherheit wissen
kann, was von den in den Werkstätten zum Verkauf aus=
gestellten Waaren in ihnen selbst entstanden ist, wenn es auch

für eigene Arbeit ausgegeben wird. So wenig nun aber bei
Erwähnung der ausgezeichneteren Handelsartikel von den zum
täglichen Lebensbedarf nothwendigsten Dingen, d. h. vom Ge=
treide=, Holz=, Vieh=, Wein=, Oel=, Honig=, Obst= und Salz=
handel die Rede sein konnte,³⁶) eben so wenig werde ich hier
der einfachsten und gewöhnlichsten Handwerke, der Fleischer,
Bäcker (von denen auch schon gelegentlich gesprochen wurde),
Schneider, Schuhmacher (sandalarii), von denen eine Straße
Roms, der Vicus Sandalarius, den Namen trägt, der Weber,
Färber, Schlosser, Schmiede, Tischler, Zimmerleute, Maurer,
Gerber u. s. w. gedenken, sondern mich nur auf die mich be=
sonders interessirenden, theils selteneren, theils eine größere Kunst=
fertigkeit verlangenden Gewerbe beschränken. Zu Ersteren rechne
ich auch die Walker (fullones),³⁷) die mir heute zuerst aufstießen
und in Rom eine gar nicht unbedeutende | Rolle spielen, da
sie nicht bloß die aus der Weberei kommenden wollnen Stoffe
durch Walken, Scheren u. s. w. für den Gebrauch appretiren,
sondern sich auch mit der Reinigung getragener Kleidungsstücke
beschäftigen. Da diese nämlich fast alle von Wolle und meistens
von weißer Farbe sind, so haben die Walker immer alle Hände
voll zu thun, den vergilbten und schmuzig gewordenen Togen
und Tuniken wieder ein schmuckes Ansehen zu geben. Sie bil=
den eine besondre Innung³⁸) und haben ihre Werkstätten natür=
lich am Wasser, entweder an einer der zahlreichen öffentlichen
Wasserleitungen,³⁹) (wie die von mir besichtigte an der aqua
Virgo), oder an einem Brunnen. Ihr Geschäft verrichten sie
in Gruben oder Bütten stehend mehr durch Stampfen mit den
Füßen, als durch Waschen mit den Händen, dann kratzen sie
die über eine Querstange gehängten Kleider mit einer Karde
von Dornen auf, schwefeln sie unter einem Drahtgestelle⁴⁰) und
bringen sie zuletzt unter eine Presse. Interessanter war mir
freilich eine große Töpferei,⁴¹) worin nicht nur eine Menge von
Lampen in den verschiedensten Formen,⁴²) sondern auch archi=
tektonische Verzierungen an Säulen, Friese und Gesimse, Röhren
zur Luftheizung, Platten zur Bekleidung der Fußböden und
Wände⁴³) u. s. w., besonders auch eine Unmasse kleiner, be=
malter Figürchen (sogenannte sigilla oder sigillaria,⁴⁴) von
denen eine Straße der Stadt ihren Namen hat) als Kinder=
spielzeug, sowie endlich Wirthschaftsgeräthe aller Art⁴⁵) aus gut

geschlemmtem Thone von weißer oder rother, aber auch von
grauer und schwarzer Farbe gefertigt, größere und feinere Kunst=
arbeiten aber, wie ganze Statüen [46]) und schön geformte und
gemalte Vasen, [47]) nicht vorgenommen wurden. [48]) Eine drollige
Unterbrechung meiner Beobachtungen veranlaßte übrigens wäh=
rend meines Besuchs der Töpferwerkstatt eine junge, ausländische
Sklavin, die eine vor einer halben Stunde gekaufte Flasche
(ampulla) wiederbrachte und mit verweinten Augen höchst ver=
legen in kauderwälschen Worten eine Entschuldigung stammelte,
weil sie etwas ganz Andres hätte bringen sollen, worauf es sich
denn bei weiterem Examiniren herausstellte, daß das mit der
römischen Sprache und den römischen Sitten noch wenig ver=
traute Mädchen beim Gürtler eine gleich zu erwähnende bronzene
bulla hatte kaufen sollen, und daher von seiner Herrin wahr=
scheinlich sehr hart angelassen worden war, als es eine Thon=
flasche gebracht hatte, um | am Halse eines zarten Knaben als
Schmuck zu paradiren.   Noch über dieses komische Mißverständ=
niß lachend, betrat ich eine ganz in der Nähe sich zeigende Satt=
ler= und Riemerwerkstatt, wo Saumsättel (clitellae), [49]) Riemen=
zeug (loramenta) aller Art, Mantelsäcke (avertae), Schläuche
(utres), Verdecke für Sänften und Wagen (segestria), [50]) Staub=
decken für letztere (pulvicaria), [51]) Peitschen (flagella) u. s. w.
fabricirt wurden, aber auch schon ganz fertige, mit vollem Ge=
biß versehene Zäume (frena lupata), [52]) mit zierlichen Schnallen
(fibulae) geschmückte Gürtel (zonae), mit Metallplättchen und
Buckeln (bullae) verzierte Schwertkoppel (baltei) und Leder=
panzer (loricae) und andre dergleichen Gegenstände zum Verkauf
ausgestellt waren.

Größeres Interesse hatten für mich die verschiedenen Werk=
stätten der in Metall arbeitenden Künstler und Handwerker.
Der Gold= und Silberarbeiter, deren Zahl in Rom sehr be=
deutend ist und welche die zierlichsten Arbeiten, außer Ringen,
goldnen Halsketten und Kränzen zur Belohnung ausgezeichneter
Kriegsthaten u. s. w., namentlich auch kostbaren Frauenschmuck
liefern, von welchen Gegenständen ich bei andrer Gelegenheit
sprechen werde, habe ich schon früher gedacht; [53]) heute waren es
besonders die Bronze= und Kupferarbeiter, die Erzgießer und
Ciselirer, kurz die fabri aerarii, welche meine Aufmerksamkeit
in Anspruch nahmen.   In einer Erzgießerei sah ich nicht nur

mehrere schon im Guß vollendete Arbeiten, Kannen, Kessel, Lampen und Lampenfüße, Laternen, kleine Heerde oder Kohlen= becken, Schnellwaagen mit Gewichten in den zierlichsten Formen (meistens von Köpfen), Siebe und andre Hausgeräthe, Säulen= capitäle, Thürflügel, Sessel, Dreifüße, zierliche Candelaber und Statuetten aus Bronze und selbst aus sogenanntem corinthischen Erz (denn auch dieses, von dem ich schon oben gesprochen habe,[54]) wird in Rom nachgeahmt),[55]) von denen einige selbst schon ein= gesetzte Augen von Silber hatten,[56]) während andre noch unter den Händen der Ciselirer (caelatores)[57]) ihre Ausfeilung und Vollendung erhielten, sondern wohnte auch einem Erzgusse selbst bei, indem mehrere Arbeiter eben damit beschäftigt waren, ein paar Brunnenfiguren, wie ich aus den aufgestellten Modellen sah, einen sitzend angelnden Fischer und einen Knaben, der eine Gans im Arme hält, in hohle Formen zu gießen, die in ausgemauerten, mit einem eisernen Roste versehenen und mit Erde ausgefüllten Gru= ben standen. Die Manipulation bei dieser Arbeit aber, die mit der | bei uns üblichen fast ganz übereinstimmt, ist folgende:[59]) Es wird zuerst vom Bildhauer das Modell zu der zu gießenden Figur über einem festen Kern aus Wachs gearbeitet, auf dieses Wachsmodell dann die Röhren gesetzt, durch welche das Metall aus dem Ofen in die Form laufen soll, und dasselbe nun mit dem sogenannten Mantel, d. h. einem durch mehrmaliges Auf= tragen einer Tünche von Thon entstehenden, ein paar Zoll dicken Ueberzuge, umgeben, hierauf die Form in die Grube gebracht, die vollends mit Lehm und Erde ausgefüllt wird, und ein Feuer auf dem Roste angezündet, um das Wachs heraus zu schmelzen und den Thonüberzug hart zu brennen. Nun erst läßt man das geschmolzene Metall in die so entstandene hohle Form lau= fen, bis die überlaufenden Füllröhren zeigen, daß dieselbe völlig gefüllt ist. Ist dann die Masse erkaltet, so wird die Erde aus der Grube beseitigt, der Mantel zerschlagen, der Kern vorsichtig herausgenommen, die durch die Röhren entstandenen Auswüchse abgefeilt und nun die Statüe den Ciselirern zur Vollendung übergeben. — Hieran knüpfe ich sogleich den Bericht über den Besuch einer Gürtlerwerkstatt am folgenden Tage, wo ich die Buckeln und Medaillons zur Verzierung von Wehrgehängen, Schwertgriffen, Schwertscheiden, Panzern u. s. w., wie ich sie schon gestern benutzt gesehen hatte, ferner die kleinen, runden

Schildchen zum Kopf= und Brustschmuck der Pferde (phalerae), [60]) die, von Gold und Silber gefertigt, auch zur Belohnung krie= gerischer Tapferkeit dienen [61]) und dann vermittelst einer Oese an einen kreuzweise über die Brust geschlungenen Riemen be= festigt getragen werden, und die Kapseln (bullae), welche die Knaben bis zum Anlegen der toga virilis am Halse tragen, [62]) sodann Kupferplättchen (laminae, bracteae) mit getriebener Ar= beit zum Belegen und Beschlagen der verschiedenartigsten Gegen= stände, zu denen aber freilich noch häufiger dünnes Silber= und Goldblech verwendet wird, [63]) und endlich auch kunstreiche Re= liefs aus Bronze und Kupfer getrieben, um als emblemata in Hausgeräthe verschiedener Art und Waffen eingesetzt zu werden, [64]) theils schon fertig und zum Verkauf ausgestellt, theils noch in Arbeit befindlich erblickte und die Kunstfertigkeit bewundern mußte, womit die Arbeiter ihre Stifte, Stempel und Hämmer zu handhaben verstanden, so daß sich die zierlichsten erhabenen Figuren unter ihren Händen bildeten. [65]) Als Gegensatz dazu gedenke ich der von mir beobachteten Arbeit eines Künstlers, der mit Hülfe des Grabstichels in silberne | Gefäße, Bronze= schilder, Candelabervasen, besonders aber in Toilettenkästchen und in die Rückseite von Handspiegeln [66]) die kunstreichsten Zeich= nungen, meistens mythologische Gegenstände, in Umrissen ein= gravirte, und mir auch ein paar kupferne und versilberte Spiegel mit erotischen Darstellungen zeigte, worauf die eingravirten Fi= guren wieder mit einer schwarzen, glänzenden Masse ausgefüllt waren und so auf dem blank polirten Metall um so deutlicher hervortraten. [67]) Auf meine Frage, ob er sich auch mit Stein= schneiden beschäftige, entgegnete er, daß er zwar dergleichen Ar= beiten nicht zurückweise, wenn sie bestellt würden, daß sie aber eigentlich Sache der Gemmenschneider wären, deren sich hier eine namhafte Anzahl, größtentheils Landsleute von mir, nieder= gelassen hätten, die von den Goldschmieden stets in Anspruch genommen wären. [68])

Kaum hatte ich seiner Bude den Rücken gekehrt, so wurde meine Aufmerksamkeit durch eine vor einem Laden haltende prachtvolle Sänfte, die nur einer Dame angehören konnte, auf diesen gelenkt und ich erblickte durch die offen stehende Thür desselben eine vornehme Frau im Gespräche mit mehreren Mäd= chen, die an kunstreichen Stickereien arbeiteten, was mich ver=

anlaßt, auch über die Industrie der Kunststickerei und Kunst=
weberei ein paar Worte hinzuzufügen, obgleich ich mich dabei
weniger auf eigne Beobachtung der Arbeit selbst beziehen kann,
als vielmehr größtentheils nur an bereits vollendet vorliegende
Stoffe und die mir durch Vitellia zu Theil gewordene Be=
lehrung halten muß. Was zuerst die Stickerei betrifft, die an
Decken und Teppichen, Vorhängen und Kleidungsstücken an=
gebracht wird, so ist sie doppelter Art und besteht entweder im
Kreuz= oder im Plattstich, wonach auch zwei Klassen von Stickern
unterschieden werden, die mit Kreuzstich arbeitenden phrygiones.[69]
unstreitig so benannt, weil die Kunst zu sticken, wofür die
Römer den sehr bezeichnenden Ausdruck haben „mit der Nadel
malen" (acu pingere),[70] von den Phrygiern erfunden worden
sein soll,[71] und die den Plattstich anwendenden plumarii,[72]
die ihren Namen vermuthlich der Aehnlichkeit ihrer kunstreichen
Arbeiten mit dem bunten Gefieder der Vögel verdanken.[73] Am
häufigsten jedoch sind Stickereien in Gold,[74] wozu nicht nur
Goldfäden, sondern auch Flittern oder kleine Goldblättchen ver=
wendet werden,[75] woraus man Arabesken, Sterne, Kreuze
u. s. w. bildet. Doch kommen in beiden Arten | der Stickerei
auch die schwierigsten Arbeiten, Brustbilder, Inschriften, ja selbst
ganze Gruppen von mehreren Figuren und scenische Dar=
stellungen vor.[76] Weit wichtiger und umfangreicher aber ist
freilich die Kunstweberei. Ich spreche hier nicht von der Her=
stellung einfarbiger oder gestreifter (virgatae)[77] und gewürfelter
(scutulatae),[78] meistens rautenförmiger[79] Stoffe, sondern nur
von kunstreich gemusterten Arbeiten (polymita),[80] die man füg=
lich Malereien der Webekunst nennen kann.[81] Denn außer
Blumen, Thierfiguren,[82] oft monströsen und fabelhaften,[83]
werden auch Namen und Sprüche,[84] Brustbilder,[85] ja selbst
ganze Landschaften und historische Scenen[86] in Decken und
Teppiche eingewebt. Besonders prachtvoll sind auch die mit
Goldfäden durchwirkten oder ganz aus solchen gewebten Stoffe,
die sogenannten Attalica aulaea oder peripetasmata[87] und
Attalicae vestes,[88] denn nicht blos zu Teppichen und Decken,
sondern auch zu Kleidern[89] werden solche Stoffe verwendet.
Dies möge genug sein von der Weberei. — Jetzt setze ich meine
Wanderung weiter fort und gelange zu meiner nicht geringen
Freude heute noch in eine große Glasfabrik[90] in einer nach ihr

benannten Straße, dem Vicus vitrarius. ⁹¹) Hier sah ich nicht
nur Glas gießen, sondern hatte auch Gelegenheit die Kunst der
Glasbläser, Glasdreher und Glasschleifer zu bewundern. Was
die erstgenannte Arbeit betrifft, so werden nicht blos Tafeln von
Fensterglas ⁹²) und bunte dergleichen von größerer Dicke zum
Belegen der Fußböden, sowie gewöhnlicher glatter Hausrath,
Kannen, Flaschen, Schüsseln, Teller, Büchsen, Aschenurnen, Spiel=
steine (calculi), ⁹³) Spielbälle, ⁹⁴) Glasperlen und dergleichen ge=
gossen, sondern auch ganz nette, kleine Figuren von Göttern,
Menschen und Thieren, besonders aber Vasen und Becher von
buntem Glas mit daran geschmolzenen weißen Reliefs von großer
Schönheit ⁹⁵) und eben solche, nicht minder kunstvolle Tafeln zur
Decorirung der Wände, ⁹⁶) die dann von den Glasschleifern noch
ciselirt und weiter ausgearbeitet werden. Die Glasbläser ⁹⁷)
schufen aus dünnen Glasröhren Trinkgläser, Salbenfläschchen,
Büchschen, Trichter und andre dergleichen Gegenstände. Be=
sonders interessant aber war es den Glasschleifern zuzusehen, die
theils Pasten und Perlen von buntem Glas so zu behandeln
wußten, daß sie völlig ächten Edelsteinen glichen und ohne
Weiteres als Gemmen oder Cameen in Ringe eingesetzt werden
konnten, ⁹⁸) theils, wie schon gesagt, die gegossenen Reliefs cise=
lirten, ⁹⁹) | theils endlich mit kunstgeübter Hand Inschriften und
bildliche, gewöhnlich landschaftliche Darstellungen in Pokale ein=
schliffen. Auch die Arbeit der Glasdreher, welche freilich nicht
eben sehr zierlich ausfallende Reliefs mit dem Dreheisen aus=
arbeiteten, war beachtenswerth. ¹⁰⁰) Besonders merkwürdig aber
erschien mir die Kunst von ein paar Arbeitern, die sich diatre=
tarii nennen ¹⁰¹) und Figuren und Inschriften aus der Glas=
masse herauszuschneiden verstehen, so daß diese das Ansehen netz=
artig durchbrochener Arbeit erhält und die Inschriften frei daran
zu schweben scheinen. ¹⁰²) Natürlich müssen dergleichen Kunst=
werke sehr theuer bezahlt werden, finden aber doch sehr bald
ihre Käufer, oder werden vielmehr meistens auf Bestellung ge=
arbeitet. Mit Bewunderung der Industrie der Römer, die uns,
ihre Lehrer, fast überflügelt haben, verließ ich auch diese
Künstlerwerkstatt, denn von Handwerkern kann hier nicht mehr
die Rede sein.

    Am folgenden Morgen führte mich Narcissus zu ein paar
ihm befreundeten und schon längst in Rom angesiedelten Lands=

leuten von mir, welche herrliche plastische Kunstwerke aus Elfenbein und Marmor lieferten. Wir fanden beide mit ihrer Arbeit beschäftigt und baten sie dieselbe ungestört fortzusetzen, da ihnen zuschauen zu dürfen uns große Freude machen würde. Diodorus aus Sicyon arbeitete als Elfenbeinschnitzer (elaborarius) [103]) eben an einem von Schlangen umgebenen Gorgonenkopfe, der zur Ver= zierung einer Thüre bestellt war, [104]) zeigte uns aber auch mehrere schon vollendete, noch weit kunstreichere, zum Theil aus vielen Figuren bestehende und Jagd= und Kampfscenen, Gelage und dergleichen darstellende Reliefs, welche Wagen, Bettgestelle, Sessel u. s. w. zieren sollten, [105]) sowie kleinere dergleichen, zu Schalen der Notizbücher bestimmt, [106]) ferner zierlich geschnitzte Be= kleidungen von Bett= und Tischfüßen, Schwert= und Messer= griffe [107]) und eine Menge niedlicher Haarnadeln, deren Köpfe aus den verschiedensten Figuren, einer stehenden, allerliebsten Venus, einer Gemse, einer Pinie, einer ausgestreckten Hand u. s. w. bestanden. [108]) Den Menophantus [109]) aber fanden wir in seiner geräumigen Werkstatt eben an einer lebensgroßen, schon ziemlich vollendeten Flora arbeitend, während ein paar Gehülfen nach Thonmodellen an Grabmonumenten meißelten, auf welchen für die Inschrift, oder auch für das hinzuzufügende Brustbild des Verstorbenen ein leerer Raum gelassen wurde, andre, schon geübtere Gehülfen aber aus Thon und Wachs später in Marmor oder durch Erzguß auszuführende [110]) Kunst= werke modellirten; doch sahen wir auch noch eine reizende, dem berühmten knidischen | Meisterwerke des Praxiteles nachgebildete Venus, an der mir nur der Gesichtsausdruck weniger gefallen wollte, einige Büsten, namentlich eine sehr fleißig ausgeführte des regierenden Kaisers, und einen höchst zierlichen Marmortisch von fabelhaften, geflügelten Thiergestalten mit Löwenklauen ge= tragen, [111]) welche Kunstwerke theils bestellt waren, theils noch auf einen Käufer warteten, auch wurden uns einige sogenannte oscilla gezeigt [112]) kleine Marmorscheiben mit zierlichen Reliefs, die dazu bestimmt sind, zum Schmuck von Gärten und Säulen= gängen an Baumzweigen oder an Architravbalken zwischen den Säulen aufgehangen zu werden. [113]) Während Menophantus noch damit beschäftigt war, uns alle diese Gegenstände zu zeigen, hielt eine Sänfte vor der Thüre und es trat ein eben aus= gestiegner vornehmer Herr in die Werkstatt, um den bestellten

Marmortisch in Augenschein zu nehmen, von dessen Ausführung
er sich so befriedigt zeigte, daß er auch die noch im Entstehen
begriffene Flora kaufen wollte, und als er hörte, daß auch sie
auf Bestellung gearbeitet werde, dafür den Auftrag ertheilte,
nach Vollendung derselben für ihn eine Diana anzufertigen, da
die Venus unstreitig noch viel weniger zu haben sei, was Meno=
phantus durch die Mittheilung bestätigte, daß sie nächstens auf
eine Villa der Kaiserin wandern werde, deren Gesichtszüge er
auch seinem Werke habe geben müssen, [114] so sehr sich auch sein
Künstlergefühl dagegen gesträubt habe, und so erklärte sich denn
auch sehr natürlich jene sofort bemerkte Mangelhaftigkeit; ich
aber erhielt dadurch eine Bestätigung dessen, was mir Narcissus
schon früher von der Sittenlosigkeit der Kaiserin vertraut hatte.
Die Ankunft dieses Kunstmäcens nöthigte uns, unsern Besuch
bei Menophantus abzukürzen, und ich schied von ihm mit auf=
richtiger Bewunderung seiner ausgezeichneten Kunstfertigkeit, der
er mit vollem Recht schon einen außerordentlichen Ruf verdankt.
Nun entließ ich den Narcissus, um ihn seinen Geschäften nicht
länger zu entziehen, und setzte meine Wanderung, nur von einem
Sklaven begleitet, allein fort. Nachdem ich noch einen Blick in
die Werkstatt eines Stellmachers und Wagenbauers [115] geworfen,
wo nicht nur verschiedene Arten der schon früher gelegentlich er=
wähnten Staats = und Reisewagen angefertigt und lackirt wur=
den, [116] sondern wo ich auch gewöhnliche vier = und zweirädrige
Fuhr= und Lastwagen (plaustra oder plostra und sarraca), Pack=
(carri) und Transportwagen (arcerae), sämmtlich entweder mit
Speichen= (rotae radiatae) oder mit Scheibenrädern (tympana)
versehen, [117] | sowie Sänften, sowohl Tragbetten als Tragsessel,
in Arbeit befindlich sah, besuchte ich zuletzt noch ein großes, im
Vicus Tuscus zwischen mehrern Seidenhandlungen [118] eröffnetes
Kleidermagazin und eine Waffenhandlung im Vicus Jugarius,
die mir Gelegenheit boten, mir von der Kleidung und Bewaff=
nung der Römer die vollständigste Kenntniß zu verschaffen. In
der Kleiderhandlung, [119] deren speculativer Besitzer, der Frei=
gelassene P. Fannius Apollophanes, nicht nur über der Laden=
thüre außer seinem Namen ein paar zierliche Marmorreliefs
mit bildlichen Darstellungen des Verkehrs in beiden Abtheilungen
seines Magazins, [120] sondern auch der Sitte der Römer folgend,
den in ihr Haus Eintretenden durch ein in die Thürschwelle

8*

durch Mosaik eingelegtes SALVE zu begrüßen, auf der Schwelle seines Ladens die Worte SALVE LVCRVM („sei gegrüßt, Gewinn") hatte anbringen lassen, [121]) fand ich Alles, was nur irgend hier gesucht werden konnte, um einen Römer oder eine Römerin vom Kopfe bis zu den Füßen zu bekleiden, zu reicher Auswahl aufgehäuft, auf der einen Seite die männlichen, auf der andern die weiblichen Kleidungsstücke, und erhielt, da ich selbst Mehreres einkaufte, leicht die Erlaubniß mir Alles mit Muße zu betrachten. [122]) Hier beschaute ich denn mit Staunen zuerst das Ehrenkleid des römischen Bürgers, die toga. die kein Fremder und kein Sklav, ja selbst kein des Bürgerrechts verlustig gegangener Verbannter tragen darf. [123]) Sie war in mehreren Exemplaren von feinerem, wie von gröberem weißen Wollenzeug, [124]) von verschiedener Länge und Weite und mit oder ohne Purpurstreif, [125]) auch von schwarzgefärbter oder dunkler Naturwolle, wie sie Trauernde und Angeklagte zu tragen pflegen, vorhanden, und ich wunderte mich nun, da ich sah, welche Masse von Tuch dazu verwendet wird, nicht mehr darüber, daß sie sich so vielfach um den Körper schlingen läßt und einen so reichen, malerischen Faltenwurf bildet, wie wir ihn mit unserm griechischen Mantel, [126]) zu dem weit weniger Stoff verwendet wird, nicht herzustellen vermögen. [127]) Denn sie besteht aus einem eigens für dieses Gewand gewirkten Streifen Tuch von durchschnittlich acht Ellen Länge (da er die dreifache Körperlänge haben muß) und von verschiedener Breite (je nachdem die Toga enger oder weiter und mithin auch wohlfeiler oder theurer sein soll), der unstreitig den Webstuhl in rechteckiger Gestalt verläßt, aber beim Zuschneiden durch Abrundung der untern Ecken [128]) eine elliptische Figur bekommt, [129]) so daß deren Durchschnitt in der Mitte, wie schon bemerkt, etwa acht, an den Seiten | aber bei der jetzt üblichen Weite etwa fünf Ellen, oft jedoch auch noch weniger beträgt, da römische Stutzer die Toga nicht weit und bauschig genug bekommen können und ihr daher einen fast kreisrunden Zuschnitt geben lassen. [130]) Was nun die Art betrifft, wie sie umgeworfen und getragen wird, so ist diese eine doppelte. Das Anlegen der engeren Toga, wie sie früher allgemein üblich war, als man sie noch der Wärme wegen [131]) ohne Tunica auf bloßem Leib trug, [132]) dem sie sich daher möglichst anschließen mußte, und wie sie auch jetzt noch von ärmeren

Leuten getragen wird, ist sehr einfach. Sie wird von hinten
her so über die linke Schulter geworfen, daß die runde Seite
nach außen fällt, dann hinter dem Körper weg über die rechte
Schulter gezogen, so daß der Arm darin wie in einer Binde
ruht, während der ganze übrige Theil der Toga, den Vorder=
körper und linken Arm völlig bedeckend, wieder über die linke
Schulter geschlagen wird und nun als Zipfel über den Rücken
hinabhängt. [133] Von einem Bausch oder sinus aber kann dann
keine Rede sein. Ungleich mühsamer und verwickelter ist das
Umwerfen der jetzt üblichen weiten Toga, das ich erst begriff,
nachdem es mir von Narcissus wiederholt gezeigt worden war.
Sie wird nämlich erst der Länge nach zu einem Doppelgewande
zusammengelegt, jedoch so, daß die Falte nicht gerade in die
Mitte kommt, sondern die eine Hälfte etwas größer wird, als
die andre, und nun zuerst über die linke Schulter geschlagen, so
daß der Zipfel vorn bis auf die Erde herabreicht und man leicht
darauf treten kann, [134] hinten aber in doppelter Länge des
Körpers herunter hängt. Dieses hinten herabhängende Stück
wird nun unter dem rechten Arme durchgezogen und wieder über
die somit zweimal damit bedeckte linke Schulter zurückgeworfen,
jedoch so, daß man durch Zusammenraffen auf der Brust einen
Bausch (sinus) bildet, dessen breite und tiefe Falten (in denen
man ein Taschentuch [sudarium], [135] einen Geldbeutel [marsu-
pium], [136] ein Notizbuch [137] und dergleichen Gegenstände, die
man stets zur Hand zu haben wünscht, leicht verbergen kann) [138]
sich auf der Schulter wieder zusammenschließen, während der
untere Theil Leib und Schenkel bis zum Schienbeine bedeckt.
Endlich wird noch das zuerst übergeworfene Drittel der Toga,
welches nun unter dem sinus liegt, etwas hervor und über ihn
hinausgezogen, um dem ganzen, kunstreichen Wurfe mehr Halt
und Festigkeit zu geben, und dieses hervorgezogene | Stück nennt
man umbo. [139] Es ist unglaublich, welchen Fleiß die Römer
auf zierlichen Faltenwurf der Toga verwenden, und Narcissus
versicherte mir, daß Manche jedes Fältchen sorgfältig vor dem
Spiegel ordneten und selbst dünne Bretchen zwischen die Falten
stellten, um sie in ihrer Lage zu erhalten, den Bausch aber die
Nacht über durch Zangen zusammenhalten ließen. [140]) — Neben
den Togen hingen eine Menge Leibröcke (tunicae) von zweierlei
Art, obere oder eigentliche Tuniken (tunicae superiores oder

suppara) [141]) und untere (tunicae interiores oder subuculae), [142]) denn zum vollständigen Anzuge gehören jetzt zwei über einander angelegte Tuniken, [143]) nachdem früher, wie wir schon sahen, gar keine getragen wurden. Sie bestehen aus einem Brust= und Rückenstücke, welche bis auf die Armlöcher zusammengenäht wer= den, [144]) haben entweder gar keine, oder nur bis zur Hälfte des Arms reichende Aermel, [145]) und werden gewöhnlich gegürtet, wo sie dann bis an die Kniekehlen reichen, während Soldaten und Reisende sie noch kürzer tragen; [146]) werden sie aber nicht ge= gürtet, wie dies bei der gleich zu erwähnenden tunica laticlavia stets der Fall ist, oder wie es zu Hause zu geschehen pflegt, wo man sich's gern bequemer macht, [147]) so reichen sie bis über das Knie herunter. Die hier vorhandenen Tuniken aber waren nicht blos weiße und feinere für römische Bürger, sondern auch gröbere von verschiedener Farbe für Sklaven und Fremde, und unter ersteren befanden sich auch welche mit zwei breiten oder schmalen angewirkten [148]) Purpurstreifen (tunicae laticlaviae und angusti= claviae), [149]) die parallel und vertikal vom Halse an bis zum untern Saume herablaufen, erstere für Magistrate und Sena= toren, letztere für Ritter bestimmt. Auch eine mit Franzen be= setzte Tunika fiel mir auf. [150]) Die ebenfalls wollnen [151]) subu= culae oder Untertuniken sind fast nur von weißer Farbe, sonst aber von den oberen nicht verschieden, nur enger, als jene, und werden gewöhnlich nicht gegürtet. Nun kam ich zu den für kaltes und schlechtes Wetter bestimmten Ueberwürfen. Da fand ich denn zuerst die höchst unbequeme und häßlich aussehende paenula, eine dicke, dunkelfarbige [152]) Hülle von zottigem Fries (gausapa), [153]) oder auch von Leder, [154]) ohne Aermel, aber mit einem über den Kopf zu ziehenden cucullus versehen, [155]) die, der ganzen Länge nach vorn zugenäht oder zugeheftet, sackartig über den Kopf gesteckt wird, eng an den Körper anschließt, den sie völlig bedeckt, und da sie den freien Gebrauch der Arme hin= dert, [156]) stets von einer andern Person ausgezogen werden muß. [157]) Sie ist übrigens bei schlechtem Wetter die gewöhn= liche Tracht der | Sklaven, namentlich der Sänftenträger und Maulthiertreiber, [158]) wird aber, besonders auf der Reise, [159]) auch von Vornehmen getragen, [160]) und zwar von beiden Ge= schlechtern, [161]) und gewöhnlich blos über der Tunica. Dann sah ich die unsrer χλαῖνα entsprechende, weite und bequeme laena, [162]) wie jene aus dickem, zottigem Wollenzeuge gefertigt, [163]) aber da sie hier von Reichen, wie von Armen, von Männern, wie von Frauen [164]) getragen und selbst als Putz betrachtet wird, auch in verschiedenen hellen Farben vorhanden, [165]) und die ihr ähnliche, auch dicke und doppelte [166]) abolla, [167]) die man eigentlich gleichfalls zum Schutz gegen üble Witterung trägt, [168]) die aber zuweilen doch auch zum Putze zu dienen scheint, da eben einer der vielen ab= und zugehenden Käufer den Laden wieder verließ, weil er keine purpurrothe fand, [169]) und stolz die Nase rümpfte, als man ihm dafür, weil ihm eine dergleichen lacerna zu leicht war, einen rothen byrrus anbot. Dies ist nämlich ein andres grobes und steifes Gewand [170]) von rother Farbe, [171]) von der es eben seinen aus unserm πυῤῥός entstandenen Namen führt, und mit einer Kappe für den Kopf (cucullus) [172]) ver= sehen, [173]) da es besonders für den Winter, [174]) aber freilich eigentlich nur für gemeine Leute und Sklaven bestimmt ist. [175]) Jetzt aber folgten leichtere und zierlichere Mäntel; zuerst die leichte und flatternde [176]) lacerna, [177]) die man bei ungünstigem Wetter über der Toga trägt, [178]) wohl mehr um diese, als sich selbst davor zu schützen, [179]) und die auch von Soldaten statt des ihr sehr ähnlichen Sagum angelegt wird. [180]) Sie war in sehr vielen Exemplaren von verschiedener Farbe (meistens freilich weiß, doch auch scharlach= und purpurroth, ja selbst braun und schwarz) [181]) und mit und ohne Fransen, [182]) mit und ohne cucullus oder Kappe für den Kopf [183]) vorräthig. Auch das Kriegerkleid (sagum), welches die Form unsrer macedonischen Chlamys hat, d. h. aus einem viereckigen Stück Tuch von läng= licher Gestalt besteht, das mit den zwei Zipfeln der schmälern Seite um die Schultern geworfen und auf der rechten Schulter durch eine Schnalle (fibula, zusammengehalten wird, [184]) so daß es bis zu den Waden herabreicht und bei ruhiger Haltung des Körpers gewöhnlich den linken Arm bedeckt, fehlte nicht, war jedoch nur in ein paar Exemplaren von feinerer Wolle und purpurrother Farbe als paludamentum für Anführer [185]) vor= handen, weil der Vorrath durch den parthischen Krieg erschöpft und noch nicht wieder ersetzt worden war, da das Sagum zu Hause und im Frieden nicht getragen wird. | Zu reicher Aus= wahl dagegen und fast in allen Farben [186]) fand sich ein anderes Gewand, die synthesis, ein bequemes, leichtes und aus der

feinſten Leinwand gefertigtes Kleidungsſtück, das man gewöhn=
lich zu Hauſe, namentlich bei der Mahlzeit benutzt, [187]) bei der
man natürlich die unbequeme Toga nicht brauchen kann, in der
bloſen Tunica zu erſcheinen aber für unſchicklich gilt. Am hellen
Tage darin auszugehen, würde gegen allen Anſtand verſtoßen, [188])
während man allerdings Abends beim Nachhauſegehen von einem
Gaſtmahle weniger bedenklich iſt; [189]) nur am Feſte der Satur=
nalien, wo die größte Ungebundenheit herrſcht, ſoll es die ganz
gewöhnliche Tracht ſein. [190]) Einen großen Contraſt zu dieſem
zierlichen Gewande bildete endlich der einfache, linnene [191])
Schurz (subligar. subligaculum) für Feuerarbeiter, denen ſelbſt
die Tunica noch zu warm iſt, für Sklaven, Fiſcher und Ring=
kämpfer, [192]) oder auch für Badende beider Geſchlechter. [193]) Daß
es neben dieſen römiſchen Kleidungsſtücken auch nicht an den
bei andern Nationen, namentlich bei uns Griechen üblichen Ge=
wändern fehlte, verſteht ſich wohl von ſelbſt. Eher konnte man
ſich wundern, daß ſelbſt für Kopf und Füße geſorgt war. Und
dennoch fanden ſich als Kopfbedeckung [194]) zuerſt dunkelfarbige,
düten= oder trichterförmige Kappen (cuculli) vor, die man bei
ſchlechtem Wetter und auf der Reiſe, oder wenn man unerkannt
bleiben will, [195]) an die Pänula oder Lacerna heftet [196]) und
über den Kopf in's Geſicht hereinzieht, die aber ſonſt nur von
Sklaven und gemeinen Leuten getragen werden; [197]) ſodann Filz=
hüte [198]) von dreifacher Art, nämlich der pileus, [199]) eigentlich
eine ſpitz zulaufende Filzkappe ohne Krempe, die wir ſchon oben
den Freigelaſſenen als Zeichen der Freiheit aufſetzen ſahen, die
aber auch von gewiſſen Prieſtern [200]) und an den Saturnalien
vom ganzen Volke [201]) getragen wird; ſodann der petasus, ein
flacher Hut mit kleiner Krempe, mit welchem gewöhnlich die
komiſchen Schauſpieler auf der Bühne erſcheinen, [202]) und end=
lich die causia [203]) mit breiten, ſich nach oben zu erhebenden
Krempen, die man namentlich im Theater trägt, um ſich gegen
die Sonnenſtrahlen zu ſchützen, [204]) die aber auch die gewöhn=
liche Kopfbedeckung von Schiffern und Seeleuten iſt. [205]) Was
endlich die Fußbekleidung betrifft, [206]) ſo fand ich Schuhe (calcei) von ſehr verſchiedener Art, aber auch Stiefeln und San=
dalen. Von Schuhen, der gewöhnlichen Fußbekleidung für jeden
Stand und beide Geſchlechter, die ſtets zur Toga getragen und
auch mit ihr zugleich im Hauſe abgelegt werden, [207]) zeigten ſich

zuerst die nur den höchsten Staatsbeamten und den Patriciern
gestatteten, [208]) sehr ! zierlichen mullei [209]) von rothem Leder
mit sehr dicken Sohlen, welche vorn nur das halbe Fußblatt
bedecken, hinten aber bis zum Anfange der Wade heraufgehen
und hier mit kleinen Haken (malleoli) versehen sind, durch welche
die Riemen gezogen werden, die sie am Fuße festhalten. [210])
Der obere Rand ist gewöhnlich mit einem Löwenkopfe oder einer
andern dergleichen Decoration geschmückt. Daneben standen die
schwarzen Schuhe der Senatoren und Ritter, [211]) die mit vier
Riemen hinauf gebunden werden [212]) und, wenn sie für Sena=
toren bestimmt sind, eine Agraffe von Elfenbein in Form eines
Halbmondes zur Verzierung haben. [213]) Viel zahlreicher waren
natürlich die gewöhnlichen schwarzen Schuhe für Bürger, die
bis an den Knöchel heraufgehen und dort einfach zugebunden
werden; [214]) doch auch diese gab es hier in verschiedenen Sor=
ten, theils feiner, theils gröber. [215]) Von den nur für die Sol=
daten bestimmten Stiefeln (caligae), [216]) die bis an das halbe
Schienbein reichen und da gebunden werden, gilt dasselbe, was
ich eben vom Sagum bemerkte. Groß dagegen war die Menge
der vorhandenen Sandalen (sandalia [217]) oder soleae), [218]) welche
Männer nur im Hause, zum Ausgehen aber blos dann tragen,
wenn sie zur Tafel eingeladen sind, wo sie, wie wir schon ge=
sehen haben, vor der Mahlzeit abgelegt werden, oder wenn sie
in bloser Tunica mit übergeworfener Lacerna und am Feste der
Saturnalien in der Synthesis auf die Straße gehen, nie aber
zur Toga, zu der nothwendig Schuhe gehören, [219]) während sie
bei Frauen allerdings die gewöhnliche Fußbekleidung bilden. [220])
Sie zerfallen in zwei Gattungen, eigentliche Sandalen mit Rie=
men, und blose Pantoffeln (socci) [221]) ohne solche (wie sie auch
die Schauspieler in Lustspielen tragen), [222]) jene mit einfacher
Sohle von Leder oder Kork und mit den verschiedenartigsten
Riemen und Verzierungen versehen. Auch die Art, wie sie am
Fuße befestigt werden, ist verschieden. Gewöhnlich geht ein
Riemen zwischen der großen und zweiten Zehe hindurch und ist
hier durch eine meistens herzförmige Zunge (ligula) [223]) mit
einem andern verbunden, der am Fußblatt hinauf läuft und
durch eine zweite Zunge mit dem Knöchelriemen zusammen=
hängt; doch theilt sich auch zuweilen gleich an der ersten Zunge
der Riemen in zwei, die, ebenfalls in der Länge über das

Fußblatt laufend, durch zwei andre Zungen an die Knöchel=
riemen befestigt sind; doch sah ich auch Sandalen, wo die Rie=
men in künstlich verflochtenen Schlingen über den ganzen Fuß
und ziemlich weit herauf liefen und eine Art von durchbroche=
nem Schuh | bildeten, oder wo ringsherum schlingenartige, lederne
Schleifen angebracht waren, durch welche dann ein Schnürriemen
gezogen wird, der sämmtliche Schleifen über dem Knöchel fest=
hält. ²²¹) Die socci waren in mehreren Farben vorhanden, ²²⁵)
auch mit Wolle gefüttert, ²²⁶) und ich fand darunter auch unsre
griechischen crepidae, ²²⁷) d. h. ein Mittelding zwischen Pan=
toffel und Sandale, indem sie zwar ein Oberleder haben, aber
doch noch mit Riemen geschnürt werden ²²⁸) und dabei, ver=
schieden vom eigentlich römischen Schuhwerk, gleichmäßig ge=
schnittene Sohlen haben, so daß sie gewechselt werden können. ²²⁹)
— Uneingedenk des von ihnen entlehnten römischen Sprichworts
ne sutor supra crepidam, ²³⁰) widmete ich nun, nachdem ich
mit Beschauung des männlichen Anzugs fertig war, meine Auf=
merksamkeit auch noch der andern Seite des Magazins, wo ein
paar eben anwesende Frauen freilich ziemlich große Augen
machten, einen Mann ihre Garderobe so gründlich durchmustern
zu sehen, sich aber gleichwohl durch meine Gegenwart im An=
probiren verschiedner Kleidungsstücke nicht im Mindesten beirren
ließen und mich lachend fragten, ob ich vielleicht eine Stola
für meine Frau, oder eine schöne Palla für ein Liebchen kaufen
wollte, in welchem Falle sie erbötig wären, mir auszusuchen zu
helfen. Um eine Gelegenheit zu finden, mir ihre Belehrung
über so Manches zu erbitten, und nicht am Ende gar von ihnen
für einen Schneider gehalten zu werden, der nach neuen Mode=
mustern suche, ging ich schnell auf ihren Gedanken ein und ent=
schloß mich, noch einen schönen, seidnen Mantel (palla) zu
kaufen, um ihn meiner gastfreien Wirthin als ein kleines Zei=
chen meiner Dankbarkeit zu überreichen. Indem ich mich also
als einen Fremdling bezeichnete, der sich eine genaue Kenntniß
der römischen Sitten zu verschaffen wünsche und allerdings zu=
gleich auch einen solchen Kauf beabsichtige, begann ich unter
ihrer Führung meine Musterung. Wie nothwendig aber eine
weibliche Belehrung war, um sich unter den hunderterlei ver=
schiedenen Gewändern zurecht zu finden, welche die stets wech=
selnde Mode hier zusammenzuhäufen geboten hatte, davon konnte

mich schon der erste Blick auf diese Mannigfaltigkeit von
Schnitten, Farben und Stoffen überzeugen,[231]) und so ver=
dankte ich denn meinen zuvorkommenden Führerinnen vorerst
die Ueberzeugung, daß fast alle hier sich zeigenden Kleidungs=
stücke, soweit sie für Römerinnen bestimmt waren, sich trotz
aller Verschiedenheit auf | drei Hauptgattungen zurückführen
ließen, auf die stola, die palla und die tunica interior, welche
drei Stücke zum vollständigen Anzuge einer Römerin durchaus
erforderlich sind. Ich fand also außer den schon oben erwähn=
ten, beiden Geschlechtern gemeinsamen Kleidungsstücken, die
meistens hier noch bunter, verzierter und aus feinern Stoffen
verfertigt waren, als die männlichen, zuerst das Hauptgewand
der verheiratheten Römerinnen, die stola,[232]) d. h. eine bis auf
die Füße herabreichende,[233]) faltige Tunica mit halben, an der
Seite aufgeschlitzten und durch Agraffen zusammengehaltenen
Aermeln,[234]) die jedoch zuweilen auch wegfallen, wenn die
darunter getragene tunica interior dergleichen hat. Sie ist am
untern Rande mit einer breiten Falbel (instita) versehen,[235])
auf welcher der wesentlichste Unterschied dieser weiblichen Ober=
tunica von der männlichen beruht, und die, so lange die Stola nicht
gegürtet ist, auf dem Boden hinschleppt; gewöhnlich aber wird
diese so unter der Brust gegürtet, daß das hinter dem Gürtel=
band heraufgezogene Gewand hier einen Bausch von Falten
bildet,[236]) während es unten die Füße sichtbar werden läßt und
nicht mehr beim Gehen hindert. Dasselbe war auch in ein paar
Exemplaren vorhanden, die vorn herunter ein dem latus clavus
der Männer entsprechender, breiter Streifen mit Goldstickerei
zierte.[237]) Das zweite Hauptstück der weiblichen Kleidung ist die
unsern πέπλος repräsentirende,[238]) als Ueberwurf über der
Stola getragene palla, die an die Stelle des gleich zu erwähnen=
den ricinium trat, ein großes, viereckiges Stück Zeug, welches
gleich der männlichen Toga gewöhnlich auf doppelte Weise über=
geworfen, auch bisweilen gegürtet wird.[239]) Es wird nämlich
entweder so angelegt, daß man ein Drittel desselben über die
linke Schulter fallen läßt, den übrigen Theil aber über den
Rücken legt und nun entweder über die rechte Schulter nach
vorn nimmt, so daß die Palla den ganzen Körper bedeckt, oder
ihn unter dem rechten Arme hindurchzieht, so daß der Aermel
der Stola sichtbar bleibt, in beiden Fällen aber das Ende des

Gewandes wieder über die linke Schulter oder den linken Arm zurückgeschlagen wird; auf beide Arten aber bildet es einen höchst malerischen Ueberwurf, wie denn dies Kleidungsstück überhaupt auf verschiedene, vom Geschmacke der Besitzerin abhängige Weise in den mannigfachsten und zierlichsten Windungen um den Kör= per geschlungen, auch schleierartig über den Kopf gezogen werden kann. ²⁴⁰)   Fast noch reizender aber nimmt es sich in der Weise aus, wie es gleich unserm doppelten Chiton von jungen Mäd= chen, freilich aber auch von Buhlerinnen getragen wird, ²⁴¹) in= dem es Stola und Palla zugleich bildet, die Arme fast ganz frei läßt und lang herabfließend mit seinem oberen, erst der Länge, dann wieder der Breite nach zusammengeschlagnen und mithin auf der rechten Seite offen bleibenden | Theile, dessen beide Hälften auf den Schultern durch Spangen zusammen= gehalten werden, ²⁴²) Brust und Rücken bedeckt, so daß es, wenn man diese Spangen löst und es nicht gegürtet ist, ganz vom Körper herunter fällt, weshalb anständige Mädchen stets eine Untertunica mit Aermeln darunter zu tragen pflegen. ²⁴³) Beide Kleidungsstücke aber waren in verschiedenen Farben und sowohl von Wolle, als von Seide und Halbseide ²⁴⁴) vorhanden, aber auch mit Stickereien, goldnen Streifen und Kanten (patagia) ²⁴⁵) oder mit goldgestickten, purpurrothen Einsatzstücken (segmenta) ²⁴⁶) geschmückt, und auch die mir schon an leichtfertigen Tänzerinnen aufgefallenen, durchsichtigen Gewänder ²⁴⁷) fehlten nicht und waren sogar durch ein paar rothseidne, mit Gold gestickte Exem= plare vertreten, da, wie meine gütigen Beratherinnen achsel= zuckend einräumen mußten, selbst von sittenlosen Frauen der höchsten Stände öftere Nachfrage darnach ist, die sie zu Hause selbst als einziges Gewand, d. h. als Untertunica, tragen sollen. ²⁴⁸) Als ich aber hier neben der toga praetexta für unverheirathete Mädchen ²⁴⁹) auch ein paar ganz dunkelfarbige Togen hängen sah und verwundert fragte, ob denn auch die Frauen zur Trauer eine Toga trügen, erhielt ich lachend die Antwort, daß ehrbare Frauen sich wohl hüten würden, in einer solchen Toga zu er= scheinen, da sie die vorgeschriebene Tracht für liederliche Dir= nen ²⁵⁰) oder verurtheilte Ehebrecherinnen ²⁵¹) sei, wenn sie sich auf der Straße sehen ließen, daß aber der gute Apollophanes wohl lange auf ihren Absatz werde warten müssen, weil jene Geschöpfe von dieser Tracht nichts wissen möchten und sich

lieber in einer Palla [252]) oder blos in einer solchen kurzen Tunica
ohne Falbel zeigten, [253]) wie ich sie hier auch als Tracht der
Sklavinnen erblicke, da ihnen eine Stola zu tragen streng ver=
boten sei, diese Gebranntmarkten aber sich wohl am liebsten
ganz in's Haus verkröchen. Ich mußte also meines Irrthums
wegen reuig um Verzeihung bitten. Ungleich einfacher, als diese
bunten Tuniken, waren natürlich die den dritten Haupttheil der
Frauenkleidung bildenden weißwollnen Unterkleider (tunicae in-
teriores oder subuculae), die gewöhnlich keine Aermel haben,
eng am Körper anliegen, [254]) und außer dem Hause nie ohne
Stola oder Palla, dann aber gegürtet getragen werden, [255]) zu
Hause jedoch sehr oft das einzige Gewand der Frauen bilden.
Das einzige linnene Frauengewand, das sich mir zeigte, war
das supparum oder der supparus, [256]) ein leichtes, von den
Schultern bis auf die Füße herabgehendes, sonst aber der Tunica
ähnliches Gewand mit Aermeln, [257]) das man statt der Stola
über der subucula trägt. [258]) | Andre, gleichfalls vorhandene
Garderobestücke der Frauen sind das ricinium, [259]) welches vor
Einführung der Palla allgemein getragen wurde, jetzt aber nur
noch bei Begräbnissen umgeworfen wird, [260]) ein viereckiges Stück
Tuch, in das man sich hüllt, indem man es schleierartig am
Kopfe befestigt [261]) und über die linke Schulter oder den linken
Arm zurückwirft, [262]) das aber nur den Oberkörper bedeckt; [263])
endlich ein paar Gegenstände, über die natürlich flüchtig hin=
weggegangen und nach deren Bestimmung nicht weiter gefragt
wurde, das Busenband und der schon erwähnte Schurz für
Badende. Jenes aber, das gewöhnlich aus weichem Leder, [264])
auch aus Leinwand besteht und, wie ich später erfuhr, verschiedne
Namen führt, unter denen strophium der gewöhnlichste ist, [265])
wird über die untere Tunica geschlungen, [266]) um den Busen
etwas zu heben und ihm eine straffere, gefälligere Form zu
geben, oder auch um eine zu große Fülle desselben etwas zu be=
schränken. [267]) Was zuletzt noch das Schuhwerk betrifft, [268]) so
stimmt es mit dem der Männer völlig überein, nur daß es aus
feinerem Leder (aluta) besteht [269]) und viel zierlicher und bunt=
farbiger, ja selbst mit Seiden= und Goldstickerei verziert er=
scheint. [270]) Fast hätte ich noch ein paar Dinge zu erwähnen
vergessen, die auch nothwendig zum vollständigen Anzuge einer
römischen Dame gehören, und die ich daher hier gleichfalls ver=

treten fand, den Fächer (flabellum)²⁷¹) und den Sonnenschirm (umbella). ²⁷²) Erstere bestanden aus Pfauenfedern²⁷³) und dünnen Holzplättchen und waren verschiedentlich verziert, letztere aber nur von Seide und in verschiedenen Farben vorhanden. Nachdem ich alle diese Herrlichkeiten sattsam beschaut hatte, wählte ich eine schöne, purpurfarbige Palla aus, deren Stoff mir von den Frauen besonders angepriesen wurde, und verabschiedete mich von ihnen mit dem verbindlichsten Danke. Vom Apollophanes aber erfuhr ich, als ich meine Einkäufe bezahlte, daß er fast alle seine Waaren selbst verfertigen lasse, indem sich unter seinen Sklaven eine namhafte Anzahl Schneider und Schneiderinnen, ²⁷⁴) Schuhmacher, ²⁷⁵) und selbst ein paar Bortenwirker (limbolarii oder lorarii)²⁷⁶) und Kürschner (pelliones) ²⁷⁷) befänden. — In der Waffenhandlung, die ich nun aufsuchte, fand ich vielerlei und zum Theil prächtige und kunstvolle Sachen, namentlich von Helmen und Schilden, sowie auch eine Menge blos für Fechter bestimmte Waffen, keineswegs aber doch Alles, was ich zu sehen wünschte, um eine vollständige Kenntniß | der römischen Bewaffnung zu gewinnen, und so bemühte ich mich denn an einem der folgenden Tage Zutritt in ein kaiserliches Zeughaus (armamentarium)²⁷⁸) zu erhalten, was mir auch durch eine Empfehlung des Sulpicius sehr leicht gelang, und ich will daher hier gleich zusammenstellen, was sich an beiden Orten meiner Beobachtung darbot. Vor allen Dingen sind Krieger = und Fechter = oder Gladiatorenwaffen wohl zu unterscheiden. Was nun die ersteren betrifft, so fand ich die einfacheren, jetzt abgekommenen Waffen einer früheren Zeit natürlich nur noch im Zeughause zu historischer Erinnerung aufbewahrt. Dahin gehörten besonders die frühesten Bronzehelme, oder richtiger Sturmhauben, die völlig einem ehernen pileus gleichen, die Leinwandpanzer (loricae linteae), ²⁷⁹) die blos aus mehreren Leinwandlagen bestehen, und die bronzenen Schilde ²⁸⁰) und Beinschienen (ocreae), ²⁸¹) statt deren jetzt eine Art Beinkleid von Leder getragen wird, das eng anschließend bis auf die halbe Wade hinabreicht und ganz gut zu dem Riemengeflechte paßt, womit die Füße bis über die Knöchel hinauf umwickelt werden. Die Beinschienen wurden nur am rechten Beine getragen, ²⁸²) bedeckten, der Körperform genau entsprechend ²⁸³) und mit einem weichen Stoff gefüttert, nur das Knie und Schien-

bein bis zum Knöchel und wurden hinten, wo sie offen waren,
mit Riemen zugezogen. Ich sah aber auch dergleichen, die mit
reicher Cälatur versehen waren. Hinsichtlich der Helme [284] unter=
scheidet man eigentlich zwei Gattungen, eherne cassides [285]) und
lederne galeae, [286]) doch werden beide Ausdrücke auch mit ein=
ander verwechselt [287]) und galea ist jetzt die gewöhnliche Bezeich=
nung aller. Am zahlreichsten vertreten fand ich halbkugelförmige
Helme mit einem hinten bis zum Nacken verlängerten und etwas
aufgebogenen, vorn aber die Stirn bis zum Auge bedeckenden
Metallrande und zu beiden Seiten angefügten Backenstücken
(bucculae). [288]) die unter dem Kinne zusammengebunden wer=
den. [289]) Auf dem Scheitel zeigt sich ein einfacher Metallknopf.
Die Helme der Centurionen und höheren Anführer haben im
Ganzen dieselbe Form, nur daß sie gewöhnlich im Nacken etwas
tiefer hinabgehen und statt des einfachen Stirnschildes einen sehr
breiten, etwas vortretenden und nach oben gebogenen Rand, oder
auch gleich unsern altgriechischen Helmen ein wirkliches Visier
haben. [290]) Den Hauptunterschied jedoch bildet der Helmbusch,
crista oder iuba genannt, [291]) der gewöhnlich aus drei, [292]) aber
| auch mehrern aufrecht stehenden und nach Außen herabhangen=
den; etwa 1½ Fuß langen [293]) Federn oder auch aus Roß=
haaren [294]) von rother, weißer oder schwarzer Farbe [295]) besteht.
Auch diese Helme waren öfters mit kunstreicher Cälatur ver=
ziert. [296]) Von Panzern (loricae) [297]) erblickte ich im Zeughause
außer ein paar veralteten Leinwandkollern, [298]) die auch wohl
nie in allgemeinem Gebrauche gewesen sind, vielerlei Arten.
Am zahlreichsten vertreten waren die jetzt allgemein üblichen
Lederpanzer mit Metallüberzug, deren Beschaffenheit folgende ist.
Fünf bis sieben, etwa drei Finger breite und auf Lederriemen
aufgeheftete Streifen von Eisen= oder Bronzeblech bedecken die
Brust vom Nabel an bis unter die Achseln und werden mit
Haken um den Körper gegürtet; an dieses Bruststück (pectorale) [299])
schließen sich oben vier bis fünf ähnliche Metallstreifen zum
Schutze der Schultern (humeralia), [300]) die wie Tragbänder an
jenes angehaft werden, von dessen unterm Rande endlich noch
einige dicke Lederstreifen oder Metallschienen herabhangen, um
den Unterleib zu schützen. [301]) Von den drei andern Sorten
waren nur wenige Exemplare vorhanden, nämlich zuerst voll=
ständige, aus einem Brust= und Rückenstücke bestehende Metall=

panzer, die auf den Schultern durch Agraffen oder fibulae zu=
sammengehalten werden ³⁰²) und der Körpergestalt nach Brust=,
Bauch) und Rippenform so getreu nachgebildet sind, daß sie
sich allen Formen des Körpers fest anschmiegen können ³⁰³) und
selbst wie ein aus Erz getriebener menschlicher Rumpf erscheinen;
sodann den ganzen Oberkörper bedeckende Schuppen= und Ketten=
panzer (loricae squamatae ³⁰⁴) und loricae hamis consertae). ³⁰⁵)
die völlig einer kurzen, eng anschließenden Tunica mit halben
Aermeln gleichen. Erstere, die auch die kaiserliche Garde oder
die Prätorianer tragen, ³⁰⁶) bestehen aus kleinen Schuppen von
Eisenblech, die auf Leder oder Leinwand aufgenäht sind und
mannigfache Formen zeigen, ³⁰⁷) letztere aber sind aus eisernen
Ringen zusammengefügt. ³⁰⁸) Besonders jedoch bewunderte ich
in der Waffenhandlung ein paar kostbare, für Anführer be=
stimmte Bronzepanzer, den einen unten gerade und mit Schup=
pen bedeckt, den andern aber von den Hüften nach dem Unter=
leibe zu ausgeschweift und ohne Schuppen, die beide mit ein=
gelegtem, in Silber getriebenem Bildwerk, und zwar jener mit
mehrern Gorgonenköpfe, Adler, Rosse und dergleichen zeigenden
Medaillons, dieser aber mit Arabesken und einer Victoria auf
einem Viergespann prachtvoll verziert waren. ³⁰⁹) Was die
Schilde betrifft, ³¹⁰) so zeigten sich mir drei an Größe und Form
verschiedene Gattungen, sehr große, viereckige (scuta), größere
runde (clipei) und kleine runde (parmae), sämmtlich theils in
einfacheren, theils in mehr oder weniger verzierten Exemplaren.
Das scutum des schweren Fußvolks läßt sich füglich mit einer
Stubenthür vergleichen, ³¹¹) denn es besteht aus einer doppelten,
mit Leder überspannten Lage von Holz ³¹²) und hat eine Länge
von 4, eine Breite von 2½ Fuß, ³¹³) dabei ist es mit einem
Metallrande umgeben und in der Mitte mit einem Buckel
(umbo), ³¹⁴) an der innern Seite aber mit einer, öfters jedoch
mit zwei Handhaben (ansae) ³¹⁵) versehen. Ich fand es in der
verschiedensten Weise theils mit Malerei, theils mit Cälatur
verziert, ³¹⁶) die gewöhnlich in einem oder ein paar Kränzen
um den umbo her und außerdem in Blitzstrahlen und geflügelten
Donnerkeilen, in einfachen und doppelten Adlern u. s. w. be=
steht. ³¹⁷) Der clipeus ist von Erz, ³¹⁸) ovalrund ³¹⁹) und ge=
wölbt, ³²⁰) hat ebenfalls eine oder zwei Handhaben ³²¹) und,
die Malerei natürlich abgerechnet, dieselben Verzierungen, wie

das scutum. Die parma endlich, eine Waffe des leichten Fuß=
volks und der Reiterei, ist kreisrund, [322]) hält etwa drei Fuß
im Durchmesser und besteht aus Holz, mit Leder überzogen.
Auch sie fand ich mit cälirten Lorbeerkränzen und in der Mitte
meistens mit einem Medusenhaupte verziert. [323]) Unter den An=
griffswaffen interessirten mich besonders die Schwerter (gladii) [324])
ihrer schön· geformten Griffe (capuli) und ihrer reichverzierten
Scheiden (vaginae) wegen. Die Schwerter der Römer sind aber
von doppelter Art, sogenannte gallische von ziemlicher Länge
und Schwere, nur mit e i n e r Schneide und ohne Spitze, die,
als nur zum Hiebe tauglich, gegenwärtig wohl nicht mehr in
Gebrauch sind, und die jetzt allgemein üblichen hispanischen, [325])
kurz (nur für die Reiterei etwas länger), [326]) breit, zweischneidig
und mit einer Spitze (mucro) versehen; alle aber haben nur
einen kurzen Griff ohne Handschutz durch Stichblatt und Bügel
und werden entweder an einem über die Schulter hängenden
und mit Schnallen und Buckeln verzierten Wehrgehänge (balteus), [327]) oder an einem um den Leib geknüpften Gürtel (cingulum, cinctorium) [328]) auf der rechten Seite getragen, während
an der linken Seite ein dolchartiges Schlachtmesser (pugio)
steckt. [329]) Die bronzenen Griffe der besseren Schwerter sind
zierlich modellirt und endigen meistens in | einen Adler= oder
Löwenkopf, die Scheiden derselben aber zeichnen sich oft durch
kunstreiche Reliefarbeit von edlen Metallen aus. Der Waffen=
händler zeigte mir namentlich ein kostbares Schwert, das er
nebst dem schon erwähnten Panzer mit der Victoria auf Be=
stellung des Kaisers für den Mitregenten Lucius Verus habe
anfertigen lassen und welches zugleich mit jenem in den nächsten
Tagen nach Syrien gesendet werden würde, um denselben bei
seiner bevorstehenden Vermählung mit Lucilla, der Tochter des
Kaisers, zu schmücken. [330]) Die Scheide bestand aus massivem
Silber und war mit zwei herrlichen Reliefs und dem Medaillon
des gemeinsamen Wohlthäters und Adoptivvaters beider Kaiser,
des Antoninus Pius, geschmückt, [331]) während sich außer andern
Verzierungen auch vier goldne Ringe für das Wehrgehänge
daran fanden. [332]) Die verschiedenen Speere (hastae, veruta,
lanceae) und Wurfspieße (pila und iacula), unter denen mir
nur das pilum durch sein überaus langes Eisen auffiel, die
Bogen (arcus) mit ihren oft zierlichen Köchern und die Schleu=

dern (fundae), an denen es nicht viel zu sehen gab, erwähne ich
nur der Vollständigkeit wegen. Weit mehr nahmen die Fechter=
waffen meine Aufmerksamkeit in Anspruch, die ganz andre, zum
Theil höchst eigenthümliche Formen zeigen und größtentheils
reich verziert, ja oft mit Zierrathen geradezu überladen sind,
wovon mich zu überzeugen der ansehnliche Vorrath der Waffen=
handlung Gelegenheit bot. Am meisten fällt der Unterschied
zwischen den Fechter= und Kriegerhelmen auf. Erstere, die
weniger eng an den Kopf anschließen, als Letztere, und ein weit
plumperes und ungefälligeres Aussehn haben, weichen von diesen
besonders durch den breiten, schwerfälligen und weit abstehenden
Rand, den oft seltsam geformten Kamm und das große und
complicirte Visir auffallend ab, während der eigentliche, meistens
mit verschiedenen Reliefs[333]) verzierte Helmkopf mit dem der
Kriegerhelme übereinstimmt. Der Rand[334]) ist gewöhnlich vorn
in die Höhe und hinten herunter gebogen, der eigentlich für
den Roßhaar= oder Federbusch bestimmte und in diesem Falle
oben mit kleinen Löchern am Rande durchbohrte Kamm aber
war an manchen Helmen gar nicht für einen solchen eingerichtet;
wenigstens sah ich einen solchen, der vorn in einen Greifenkopf
endigte, und einen andern, der mit Reliefs verziert, nach Außen
mehr eine viereckige, als sichelförmige Gestalt hatte, und bei dem sich
an der Seite der Helmhaube eine schneckenförmig gewundene
Hülse zur | Aufnahme eines aufrecht stehenden Feder= oder Roß=
haarbusches zeigte. Das Seltsamste daran aber ist das aus
vier Stücken zusammengesetzte Visir, welches unten aus zwei
massiven, zuweilen gleichfalls mit Reliefs geschmückten Platten,
oben aber aus zwei andern dergleichen mit vielen Löchern[335])
besteht, welche, ebenso zum Hindurchsehen, wie zum Schutze für
Stirn und Augen bestimmt, mit dem obern Rande an den
Schirm des Helms, mit dem untern aber an die untern, Mund
und Kinn schützenden Platten befestigt sind. Die theils vier=
eckigen, theils runden und stark gewölbten Schilde gleichen im
Ganzen denen der Soldaten, nur daß sie leichter und verzierter
sind, als die meisten derselben; doch sah ich auch eins von ganz
abweichender Form, welches, wie man mir sagte, den Namen
galerus führt[336]) und zum Schutze des Halses bestimmt, an
den Aermel des linken Arms befestigt wird. Es hatte eine der
Form der Achsel und des Oberarms entsprechende, vortretende

Wölbung, von welcher zu beiden Seiten eine mit Reliefs (einem
Herkules= und ein paar Harphienköpfen in Medaillons) ver=
zierte Platte mit abgerundeten Ecken emporstieg. Fechterpanzer
zeigten sich mir nicht; dagegen sah ich außer ungemein reich
geschmückten Beinschienen mit herrlichen Reliefs, verschiedene
Theatermasken, Vogelfiguren u. s. w. darstellend, auch der=
gleichen Armschienen für den rechten Oberarm, wie sie von
Kriegern nie getragen wurden. Die Schwerter und Dolche
gleichen denen der Letztern; zu den Angriffswaffen der Gladia=
toren aber kommt auch noch eine ganz eigenthümliche, eine drei=
zackige Harpune (fuscina oder tridens), [337] womit die sogenann=
ten retiarii ihren Gegner, den sie mit einem ihm über den Kopf
geworfenen Netze an sich zu ziehen suchen, wenn ihnen dies ge=
lungen, zu tödten pflegen, wie sich später zeigen wird, wenn ich
von den Fechterspielen der Römer werde sprechen können, denen
beizuwohnen es mir bis jetzt noch an Gelegenheit fehlte. [338] —
Während ich noch diese Waffen mustere, dringen mir ganz aus
der Nähe disharmonische Töne verschiedener musikalischer In=
strumente in's Ohr, denen ich nach Verlassen der Waffenhand=
lung nachgehe, da ich voraussetze, daß sie aus einer Instru=
mentenhandlung kommen müssen, wo ich weitere Gelegenheit
finden werde, meine Kenntnisse zu bereichern. Ich hatte mich
nicht getäuscht und trete also in den Laden ein, wo ich alle
möglichen Instrumente von Holz, Schildkrot, Elfenbein und
Metall zum Verkauf ausgestellt und mehrere Personen, auch
einige lockere Citherspielerinnen und Flötenbläserinnen, mit Pro=
biren derselben beschäftigt finde. Auch ich geselle mich zu ihnen,
kaufe, nur um nicht ganz leer wieder fortzugehen, eine elfen=
beinerne Flöte und wirke mir vom Verkäufer die Erlaub=
niß aus, meine Wißbegierde befriedigen und mir Alles genau
besehen, auch ihn um Belehrung über den Gebrauch der mir
noch unbekannten Instrumente bitten zu dürfen. | Hier fand ich
denn zuerst die verschiedensten Saiteninstrumente (und darunter
auch fast alle bei uns in Griechenland gebräuchliche), deren Auf=
zählung hier folgen mag. Sie zerfallen in drei Klassen, die
Lyra mit ihren Nebenarten, die Cither und die Harfe. Die
Lyra, [339] die sich besonders zur Begleitung lyrischer Lieder eignet
und wohl eher, als die Cither erfunden wurde, wird von einem
aus dem Rücken= und Bauchschilde der Schildkröte [340] zusammen=

gesetzten, geschlossenen Schallkasten gebildet,[341]) in dessen für die
Vorderbeine des Thiers bestimmte Oeffnungen bei den meisten Exem=
plaren, die ich sah, die Hörner einer Ziege[342]) mit den Wurzel=
enden, bei andern aber auch nur hornförmig ausgeschweifte Holz=
stäbe eingefügt waren, die in der Nähe ihrer Spitzen ein Quer=
stab oder Joch verband, während auf das flache Bauchschild
ein Steg gesetzt war, über welchen die im Schallkasten mit
Knoten befestigten Saiten gespannt und oben entweder einfach
um das Joch geschlungen waren, oder durch Wirbel vermittelst
eines Stimmschlüssels gespannt wurden.[343]) Die Zahl der
Darmsaiten[344]) war sehr verschieden,[345]) meistens sieben, doch
auch acht bis zwölf,[346]) bei einem Exemplare sogar fünfzehn,[347])
wie sich denn überhaupt auch das ganze Instrument der Form
und Verzierung nach sehr verschieden zeigte, da es sich im Lauf
der Zeiten immer mehr vervollkommnt hat und immer leichter
und zierlicher geworden ist. Uebrigens wird es zwischen den
Knien gehalten und die Saiten mit einem aus Holz oder Elfen=
bein bestehenden Stäbchen, dem Plectrum,[348]) gestrichen. Fer=
ner fand ich auch unsre Nebenarten der Lyra, die Barbytus,[349])
ein tieftönendes Instrument, das sich von jener blos durch un=
gleich größere Länge, also auch der Saiten, unterscheidet, und
die hochtönige, nur mit vier kurzen Saiten bespannte[350]) Sam=
buca.[351]) Dagegen fragte ich vergebens nach unsrer Pectis[352])
und Magadis,[353]) die man in Rom nicht zu kennen scheint.
Nun richtete ich meine Aufmerksamkeit auf die Cithern,[354]) von
denen ich schön mit Elfenbein, ja selbst mit Gold verzierte[355])
vorfand. Die Cither unterscheidet sich von der Lyra nament=
lich durch ihren viereckigen, aus Holz=, Metall=, ja selbst Elfen=
beinplatten bestehenden Schallkasten, an welchen sich zwei hohle,
ebenfalls durch ein mit Wirbeln zum Spannen der Saiten ver=
sehenes Querholz oder Joch verbundene Arme anschließen. Die
Größe richtet sich nach der Zahl der Saiten, die immer eine
ungleiche ist (drei, fünf, sieben, neun), und das Instrument, das
bald mit, bald ohne Plectrum gespielt wird,[356]) eignet sich be=
sonders zur Begleitung feierlichen Gesanges, wird aber auch
nicht selten selbstständig und ohne Gesang benutzt. Unter den
sich mir hier zeigenden Cithern von der verschiedensten, nur in
der Hauptsache sich gleichbleibenden Gestalt, sah ich auch eine
ägyptische, die einen halbkugelförmigen Schallkasten und vier

Saiten auf einem langen und schmalen Griffbrete hatte. [357])
Die dritte Klasse der Saiteninstrumente endlich bildete die
unsrer Magadis sehr ähnliche Harfe oder das Psalterium, [358])
das seiner dreieckigen Gestalt wegen auch Trigōnon genannt
wird. [359])   Seine dem Spielenden zugewendete und nach vorn
gekrümmte Seite ist der Resonanzboden, in welchen die dicken
mit dem vordern vertikalen Arme parallel laufenden und nach
hinten immer kürzer werdenden Saiten mit Knöpfchen befestigt
und unten um den horizontalen dritten', und auf dem Schooße
des Spielenden ruhenden Arm, [360]) der die Stelle des Jochs der
Cither bildet, geschlungen sind. [361]) | — Die andre Hälfte des
Magazins enthielt die Blasinstrumente. Am zahlreichsten waren
hier die Flöten [362]) vertreten, und zwar sowohl die ein-, als
die doppelröhrigen, aus Buchsbaumholz, Knochen und Elfenbein, [363]) ganz wie bei uns in Griechenland. Von Ersteren waren
auch noch einige alte, kurze und bloß drei bis vier Löcher zeigende
vorhanden, [364]) die meisten aber waren von neuerer Construction, verlängert und auch mit Seitenlöchern versehen, die durch
Klappen oder vielmehr zum Verschieben eingerichtete Pflöckchen
oder Wirbel geschlossen und wieder geöffnet werden konnten.
Bei Einigen derselben war das Rohr am untern Ende gekrümmt und erweiterte sich daselbst nach Art der Tuba oder
des Hornes, [365]) und eine solche Flöte heißt eine phrygische [366])
oder berecyntische. [367])   Die jetzt in allgemeinen Gebrauch gekommene Doppelflöte [368]) besteht aus zwei Röhren, die entweder
mit zwei gesonderten oder mit einem gemeinsamen Mundstücke
von Rohr geblasen werden. Die mit der rechten Seite des
Mundes geblasene und mit der rechten Hand gegriffene tibia
dextra giebt durch wenigstens drei Löcher die tieferen, die links
geblasene tibia sinistra aber durch mindestens vier Löcher die
höheren Töne [369]) und zwar so, daß auf beiden Röhren wieder
die dem Mundstück näheren Löcher höhere, die von ihm ent-
fernteren aber tiefere Töne hervorbringen. [370])   Mit der rechten
beginnt man gewöhnlich [371]) und fällt dann mit der linken ein,
weshalb jene incentiva, diese aber succentiva heißt. [372]) Beide
Rohre·sind meistens von gleicher Länge und Gestalt, doch auch
zuweilen von ungleicher, und daher unterscheidet man tibiae
pares und impares. In letzterem Falle ist das eine Rohr gerade, das andre, kürzere, aber unten hornartig gekrümmt und

zu einem Schallbecher erweitert.[373]) Selbst unsre Syrinx[374]) fehlte nicht, d. h. die aus mehreren, meistens sieben oder neun, durch Wachs verbundenen Stücken Rohr von ungleicher Länge bestehende Hirten= oder Panflöte, die am Munde hin= und her= geführt und so geblasen wird, in der eigentlichen Musik aber nicht in Gebrauch ist. Interessanter waren mir die mir größten= theils noch unbekannten Metallinstrumente,[375]) nämlich die Tuba,[376]) eine gerade, sich nach der Mündung zu bedeutend erweiternde Metallröhre, die durch ein becherartiges Mundstück aus Knochen[377]) geblasen wird, einen rauhen und tiefen Ton hat,[378]) und die man nur beim Heere, bei Opfern, festlichen Spielen und Leichenbegängnissen zu hören bekommt; ferner der Lituus,[379]) eine gekrümmte, dem gleichnamigen Augurstabe ähnliche Tuba von höherem Tone,[380]) die nur vom Militär, namentlich der Reiterei, zu Signalen gebraucht wird; sodann das Horn,[381]) eigentlich nur eine verlängerte und über den Kopf des Bläsers nach vorn ge= krümmte Tuba, und die schneckenförmig gekrümmte Bucina,[382]) deren man sich beim Militär,[383]) beim Blasen zur Tafel[384]) und im Hirtenleben bedient.[385]) Endlich fanden sich, damit Nichts fehle, was als Musikinstrument in Rom benutzt wird, auch noch die Handpauke,[386]) die Becken[387]) und die Holzklappern,[388]) ja selbst die ägyptische metallne Isisklapper[389]) vor. | — So kehrte ich denn aus den Werkstätten und Kaufläden, an deren Wänden ich nicht selten auch Malereien gefunden hatte, die sich auf die darin betriebenen Geschäfte bezogen (wobei zuweilen auf drollige Weise allerliebste Amoretten die Stelle der Arbeiter vertraten),[390]) oder die darin verkäuflichen Gegenstände dar= stellten, immer reich an Erfahrungen, aber freilich auch meistens mit ziemlich leerem Beutel nach Hause zurück, da ich, um meine Wißbegierde zu befriedigen, gewöhnlich auch kleine Einkäufe zu machen genöthigt war.

Andre interessante Erlebnisse dieser Tage waren folgende. Zuerst war ich so glücklich den Kaiser zu sehen, der sich eben in völligem Gegensatz zu dem Prunke früherer Kaiser, von dem man mir fast unglaubliche Dinge erzählte, bloß von einigen Dienern und Clienten begleitet, gleich jedem gewöhnlichen Se= nator, von dem er sich nur durch die kaiserliche Purpurtoga[391]) unterschied, in eine Senatssitzung tragen ließ, denen er sehr häufig beiwohnen soll.[392]) Er ist ein Mann von 43 Jahren[393])

und etwas kränklichem, aber höchst würdevollem Aeußern, dessen
ernste, sich fast nie verändernde Mienen schon auf den ersten Blick
den strengen, stoischen Philosophen verrathen. [394]) Denn wie
herablassend er auch die Begrüßungen der ihm Begegnenden,
die so respectvoll stehen blieben und zur Seite traten, [395]) daß
es der anteambulones wahrlich nicht bedurft hätte, um seinen
Trägern Platz zu schaffen, nach allen Seiten hin erwiderte, und
so huldvoll er auch ein paar ihm überreichte Bittschriften ent=
gegen nahm, [396]) so umspielte doch kein Lächeln seine fest=
geschlossenen Lippen und seine Züge trugen deutlich den Stempel
häuslichen Kummers und drückender Regierungssorgen. Ein
paar Tage später hatte ich allerdings Gelegenheit ihn auch
von größerem Glanze umgeben zu erblicken, als er seiner ab=
reisenden Tochter Lucilla das Geleit bis Brundisium gab, [397])
wo sie sich zu ihrer Vermählung mit Lucius Verus nach Asien
einschiffen sollte; ja Sulpicius versprach mir sogar, mich an
einem allgemeinen Empfangstage dem Kaiser selbst vorstellen
zu wollen, wenn er von seiner Reise zurückgekehrt sei, und ich
freue mich schon jetzt darauf, auch dieses merkwürdige Ereig=
niß meinen Lesern berichten zu können. — Ferner war ich auch
Zeuge eines feierlichen Begräbnisses. Eine in den Vormittags=
stunden [398]) vor einem ansehnlichen Hause des Vicus Patricius
hin= und herwogende und sich in das Haus selbst hineindrän=
gende Volksmasse, sowie mehrere vor demselben haltende Wagen
erregte meine Aufmerksamkeit, und als ich auf Befragen meine
schon durch eine vor der Thür hingepflanzte Cypresse [39.]) ver=
anlaßte Vermuthung bestätigt fand, daß es sich hier um ein
Begräbniß und zwar einer hochgestellten Persönlichkeit handle,
und erfuhr, daß die Leiche des früheren Consuls Sextius La=
teranus [400]) jetzt noch ausgestellt zu sehen sei, daß man sich aber
bereits zum Leichenzuge versammle, schickte ich meine Sänfte
nach Hause zurück und beschloß der ganzen Ceremonie bei=
zuwohnen, die, so feierlich sie auch sein sollte und so großes
Schaugepränge sich auch dabei entfaltete, doch in Folge so man=
cher damit verknüpfter Seltsamkeiten wenig geeignet war in
eine ernste oder gar traurige Stimmung zu versetzen. Auch ich
suchte mir daher Zutritt in's Haus zu verschaffen, wo natür=
lich die der Ausstellung der Leiche vorhergehenden Handlungen [401])
schon verrichtet waren, und fand im Atrium [402]) bereits eine

Menge Leidtragender versammelt, in der Mitte desselben aber
lag auf einem hohen, mit golddurchwirkten Purpurdecken be=
hangenen und mit Blumen und Laubgewinden bekränzten [403])
Todtenbette (lectus funebris), von dem fast nur die zierlich
aus Elfenbein geschnitzten Füße zu sehen waren und neben
welchem silberne Rauchpfannen ihre Wohlgerüche ausströmten, [404])
die Leiche selbst, das in die Höhe gerichtete Gesicht der Thüre
zugekehrt, [405]) mit der toga praetexta bekleidet [406]) und das
Haupt mit einer ihm im Leben zu Theil gewordenen goldnen
Ehrenkrone geziert, [407]) im Munde aber den üblichen Sesterz
als Fährgeld für den Charon haltend, [408]) während mehrere
Lictoren ein Hinzudrängen zu ihr verhinderten. [409]) Jetzt for=
derte der Anordner des Leichenzugs (designator) [410]) zur Bil=
dung desselben auf und Alles strömte nun wieder auf die
Straße hinaus, wo sich der Zug in folgender Ordnung ent=
wickelte. Voraus schritt ein Musikchor von zehn Mann (sitic-
cines) [111]) Trauerweisen blasend und ihnen folgte eine Anzahl
Klageweiber (praeficae), welche in sehr unmelodischen Tönen
ein Loblied auf den Verstorbenen anstimmten. [412]) Nun aber
erschien zu meiner nicht geringen Verwunderung auch ein Haufe
von Schauspielern (mimi), welche nicht etwa nur auf den Ver=
storbenen passende Stellen tragischer Dichter recitirten, [413]) son=
dern auch zur Belustigung der Zuschauer komische Scenen auf=
führten, in welchen die von Einem derselben dargestellte Per=
son des Verstorbenen selbst die Hauptrolle spielte, indem manche
Eigenheiten und Sonderbarkeiten desselben auf lächerliche Weise
nachgeahmt und verspottet wurden, [414]) was auf mich einen sehr
verletzenden Eindruck machte. Nicht minder sonderbar fand ich
es, daß nun mehrere Personen mit Wachsmasken [415]) und im
Costum früherer Zeiten, sowie mit den Insignien verschiedener
Staatsämter geschmückt [416]) erschienen, welche die Ahnen des
Verstorbenen in möglichst treuem Conterfei darstellten, und die
bereit stehenden Wagen besteigend [417]) unter Vortritt von Li=
ctoren [418]) am | Trauerzuge sich betheiligten, welcher seltsame
Gebrauch an die Stelle des früher üblich gewesenen Voraus=
tragens der Ahnenbilder getreten ist. Ihnen folgten Lictoren
mit gesenkten Fasces [419]) und mehrere durch das Testament des
Verstorbenen freigelassene Sklaven [420]) mit dem Hute, dem Zei=
chen der erlangten Freiheit, auf dem Kopfe, [421]) und nun erst

erschien die Leiche selbst, offen [422]) auf dem schon erwähnten
Parabebette liegend, [423]) von den nächsten Verwandten und
Freigelassenen getragen, [424]) und hinter ihr her schritt noch ein
langer Zug von Verwandten, Freunden und Leidtragenden, die
Männer in schwarzen Togen, die Frauen in weißen Gewän=
dern, [425]) und ohne allen und jeden Goldschmuck, [426]) auch ein
paar derselben, die unmittelbar hinter der Leiche gingen und
mir als Töchter des Verstorbenen bezeichnet wurden, mit völlig
aufgelöstem Haar, [427]) und ihren Schmerz durch Ringen der
Hände, Zerraufen des Haars und Zerschlagen der Brust auf
eine weder ihrem, noch des Verstorbenen Alter angemessene,
offenbar nur dem Herkommen fröhnende Weise äußernd. [428])
So bewegte sich der lange Zug, dem ich mit einer großen
Menge von Zuschauern folgte, zuerst auf's Forum, wo Halt ge=
macht und die Tragbahre vor der Rednerbühne (rostra) [429])
niedergesetzt wurde, [430]) die Repräsentanten der Ahnen aber von
ihren Wagen herabstiegen und sich auf den elfenbeinernen, curu=
lischen Stühlen niederließen, [431]) was — ich kann es nicht
leugnen — troz aller Sonderbarkeit einen imposanten Anblick
gewährte. Nun bestieg ein Bruder des Verstorbenen die Redner=
bühne und hielt die Leichenrede (laudatio funebris), [432]) von der
ich freilich in der Entfernung, wo ich stand, nur wenig hören
konnte. Nach Beendigung derselben sezte sich der Zug ganz in
voriger Ordnung wieder in Bewegung, und nun ging es durch
die Porta Esquilina nach dem Erbbegräbnisse der gens Sextia [433])
an der Via Tiburtina [434]) hinaus. Dieses nimmt einen be=
deutenden, mit einer Mauer umgebenen Raum ein und enthält
außer dem von Gartenanlagen umgebenen, [435]) unterirdischen
Grabgewölbe (dessen Beschaffenheit ich später auch kennen lernen
sollte) und dem schönen, sich altarähnlich auf mehreren Stufen
erhebenden Grabmonumente von weißem Marmor selbst [436])
auch noch einen umfriedigten Raum zum Verbrennen der Leiche
(ustrinum), [437]) ein Gebäude für die Versammlung beim Leichen=
mahle (apparitorium) [438]) und ein Häuschen zur Wohnung des
Freigelassenen, der die Aufsicht über die ganze Anlage führt. [439])
In | dem ustrinum war bereits ein von Blumengewinden und
Cypressenzweigen umgebener Holzstoß in Form eines Altars [440])
errichtet, auf den nun unter Blumenstreuen [441]) die Leiche ge=
sezt [442]) und von den Anverwandten auch alle dem Verstorbenen

besonders werth gewesene Gegenstände (Kleider, Schmucksachen, Ge=
räthschaften),[443] sowie von den anwesenden Freunden und Frei=
gelassenen ihre letzten Geschenke (Teppiche, Kleidungsstücke, Weih=
rauch, Spezereien u. s. w.) niedergelegt wurden,[444] um mit ver=
brannt zu werden. Hierauf zündete der Bruder des Verstorbenen mit
abgewendetem Gesichte[445] den Holzstoß an, und mit dem Ver=
brennen der Leiche ging es ziemlich schnell, da ja brennbare
Stoffe genug um sie her aufgehäuft waren.[446] Als der Scheiter=
haufen niedergebrannt war, wurde die noch glimmende Asche
mit Wein gelöscht,[447] die Versammlung aber rief dem Voll=
endeten noch das letzte Lebewohl zu[448]) und trennte sich dann,
um nach der Stadt zurückzukehren, während nur noch die
nächsten Angehörigen zurückblieben,[449] um die Asche zu sam=
meln,[450] zu trocknen und von einer Urne umschlossen im Grab=
gewölbe beizusetzen,[451] worüber aber gewöhnlich einige Tage
vergehen sollen.[452] Auch ich trat nun den Rückweg an und
erkannte kurz darauf in einem der vom Begräbniß zurückkehren=
den Freigelassenen jenen Töpfer, in dessen Werkstatt ich mich
vor ein paar Tagen umgesehen hatte. Ich schloß mich ihm so=
gleich an und erfuhr von ihm, daß er auch die Urne geliefert
habe, welche die Asche seines früheren Herrn umschließen sollte;
unterwegs aber empfing ich von ihm noch mancherlei Be=
lehrungen über die Grabstätten der Römer und die Art, wie
deren irdische Ueberreste darin beigesetzt werden, und will die=
selben auch meinen Lesern nicht vorenthalten.[453] Die Grab=
gewölbe der vornehmen Familien sind größtentheils unterirdisch,
zuweilen aber auch über der Erde erbaut. Erstere gleichen, ent=
weder aus dem Felsen herausgehauen oder ausgemauert, in ihrer
Einrichtung förmlich einem Hause, in welches der Verstorbene
einziehen und worin er mit Bequemlichkeit wohnen soll, wes=
halb sie oft eine große Ausdehnung haben und eine Menge
einzelner Räume enthalten, worüber man sich nicht wundern
kann, da sie nicht nur alle Mitglieder einer und derselben gens,
sondern gewöhnlich auch ihre Freigelassenen, ja selbst andre
Clienten und Freunde aufzunehmen bestimmt sind;[454] wie denn
auch der ehrliche Töpfer nicht zu erwähnen vergaß, daß seine
eigne Asche einst gleichfalls in dem Erbbegräbniß des Lateranus
ruhen werde. In allen nämlich finden sich an den Wänden
größere oder kleinere Nieschen für Sarkophage (arcae, capuli)[455]

oder Aschenurnen, denn nicht | immer werden die Leichen ver=
brannt, sondern auch zuweilen in Sarkophagen von Thon,
Marmor, Alabaster oder Bronze beigesetzt, welche Sitte früher
allgemein gewesen sein soll [456]) und von manchen Familien noch
bis jetzt beibehalten worden ist. [457]) Für den Fall nun, daß
die Nieschen nicht ausreichen, hilft man sich durch steinerne
Bänke an der Wand unterhalb derselben, auf welche Sarkophage
und Urnen hingestellt werden. Zu jeder Niesche aber gehört
noch eine über ihr angebrachte Marmortafel mit dem Namen
des Verstorbenen. Ist in einem Grabgewölbe eine große Menge
solcher Nieschen in mehreren Reihen über einander vorhanden,
so nennt man es wegen seiner Aehnlichkeit mit einem Tauben=
schlage ein columbarium, [458]) und dergleichen Columbarien haben
auch als gemeinsame Grabstätten die Kaiser für ihre Frei=
gelassenen und Sklaven, Begräbnißgesellschaften [459]) für ihre
Mitglieder und Spekulanten für die minder bemittelte Volks=
klasse erbauen lassen. [460]) Die unterirdischen Grabkammern sind
gewöhnlich viereckig, in quadrater oder oblonger Form, nicht
selten aber auch gewölbt und in der Mitte mit einem Trag=
pfeiler versehen. Durch Fenster in der Decke empfangen sie nur
ein spärliches Licht, so daß, wenn nicht die Lampen (lucernae
sepulcrales) darin angezündet werden, die oft prachtvollen,
meistens einen heitern Charakter tragenden Wandmalereien und
Reliefs nur schwer zu erkennen sind. Finden sich die Grab=
gewölbe über der Erde, so sind sie, nur für e i n e Person [462])
oder eine einzelne Familie (Mann, Frau und Kinder), [463]) nicht
für eine weit verzweigte gens bestimmt, gewöhnlich von ge=
ringeren Dimensionen und mit dem Grabmonumente in ver=
schiedner Weise überbaut, sonst aber in Bezug auf innere Ein=
richtung den vorher beschriebenen gleich. In allen finden sich
Lampen und Candelaber, die an gewissen Tagen, namentlich
aber am Todestage, angezündet werden, [464]) verschiedne Gefäße
mit Wohlgerüchen und Geräthschaften zu Opfern und Todten=
mahlen, [465]) und wenn die Leichen in Sarkophagen beigesetzt
werden, auch alle oben genannte Lieblingssachen und Liebesgaben,
die man dann natürlich nicht verbrennt, sondern dem Ver=
storbenen mit in's Grab giebt, und denen man, damit es ihm
in seiner neuen Wohnung ja an Nichts gebreche und alle
Pflichten der Pietät gegen ihn erfüllt werden, oft selbst Tische

und Stühle, Wein und allerlei Speisen, Trinkbecher, Messer, Löffel u. s. w. beifügt. ⁴⁶⁶) Zu diesen Mittheilungen des Töpfers füge ich nun noch hinzu, was ich hinsichtlich des Aeußern der Grabmäler selbst zu beobachten Gelegenheit hatte. An den Meisten derselben, nicht etwa bloß an den riesigen Mausoleen der Kaiser Augustus und Hadrianus, ⁴⁶⁷) sondern auch an den Erbbegräbnissen vieler vornehmen und reichen Fa= milien muß ihre Großartigkeit und Pracht wahrhaft in Er= staunen versetzen. Sie zeigen sich, leicht in die Augen fallend, besonders an stark besuchten Plätzen vor der Stadt in der Nähe der Thore und an den Landstraßen, namentlich an der Appischen, wo ich sie schon bei meiner Reise nach Rom bewundert hatte, ⁴⁶⁸) in den verschiedensten Formen. Am häufigsten erheben sie sich auf einem quadraten Fundamente in runder Kapellenform, doch nicht selten auch in Form viereckiger Tempel oder Altäre, ja selbst in Gestalt einer Pyramide, wie das Grabmal des Cestius an der Porta Ostiensis. ⁴⁶⁹) Sie sind meistens von Marmor erbaut und haben alle reichen architektonischen Schmuck durch Säulen, Gesimsornamente u. s. w., und zeigen sämmtlich Re= liefs und Inschriften. Gewöhnlich führen mehrere Stufen zu ihnen hinan, und sie sind von einer niedrigen Mauer umgeben, ⁴⁷⁰) so daß um sie her ein kleiner Hof entsteht, ⁴⁷¹) dessen Thüre der Straße zugekehrt ist, während sich die oft sehr niedrige Thüre zum Grabmale selbst meistens an der Rückseite desselben befindet. Neben den Grabmälern dieser Art, die man füglich Grabhäuser oder Grabpaläste nennen könnte, giebt es nun aber auch viele kleinere ohne eine hohle Grabkammer, also monu= menta im eigentlichen Sinne, die bloß aus einem auf einem viereckigen Fundamente ruhenden, altarförmigen Aufsatze be= stehen, übrigens aber meistens fast eben so reich verziert sind, wie jene Grabhäuser, besonders durch Reliefs. Selbst das be= scheidenste Grab aber zeigt wenigstens eine Grabsäule (cippus), ⁴⁷²) die oft in einer Halbkugel endigt, oder einen liegenden Grab= stein (mensa) ⁴⁷³) mit einer Inschrift. ⁴⁷⁴) — Nur für kurze Zeit wurde meine Unterhaltung mit dem Töpfer durch ein sehr unerfreuliches Schauspiel unterbrochen, das sich uns darbot. Wir sahen nämlich einen Sklaven, selbst das patibulum ⁴⁷⁵) tragend, an welchem er gekreuzigt werden sollte, unter Geißel= hieben zum Richtplatze vor der Porta Esquilina ⁴⁷⁶) führen,

wobei ich leider aus dem geringen Aufsehen, welches die Sache
bei den Leuten | machte, den Schluß ziehen mußte, daß dies eine
gar nicht selten vorkommende Erscheinung sei, was auch von
meinem Begleiter bestätigt wurde. Mich aber beschlichen ganz
eigenthümliche Gefühle, wenn ich mir dachte, daß diesem Elen=
den, wenn er in seiner fernen Heimath gestorben, vielleicht ein
eben so ehrenvolles, wenn auch minder feierliches Begräbniß zu
Theil geworden wäre, wie diesem Consular. Wie viele Spröß=
linge der edelsten Geschlechter fremder Völker mögen in Rom
als Sklaven schmachten und erst durch ihre beklagenswerthe
Lage zu Verbrechern werden! Genügt doch zuweilen schon der
Versuch, sich wieder in Freiheit zu setzen, oder eine einzige gegen
ihren Peiniger ausgestoßene Verwünschung, sie an's Kreuz zu
bringen. — Dankbar für die mir gemachten Mittheilungen
trennte ich mich am Thore von meinem Begleiter und bestieg
eine Miethsänfte, um mich nach Hause tragen zu lassen; unter=
wegs aber sah ich an einer Straßenecke einen großen Menschen=
haufen, der sich stieß und drängte, um eine Mauerschrift zu
lesen, und erfuhr auf meine Frage, was es gebe, von Einem,
der seinen Zweck erreicht und sich eben mit lachendem Gesichte
wieder aus dem Menschenknäuel herausgearbeitet hatte, daß ein
Spaßvogel ein höchst beißendes Epigramm auf die Kaiserin und
ein Liebesverhältniß derselben mit einem Pantomimen [477]) an=
geschrieben habe. Natürlich fiel es mir nicht ein, den sich hin=
zudrängenden Menschenhaufen vergrößern zu helfen, doch nehme
ich aus diesem Vorgange Veranlassung von solchen Einfällen des
Stegreifs, die theils mit Farbe oder Kohle angeschrieben, theils
in den Mörtel eingekritzelt alle Wände der Häuser und Garten=
mauern bedecken, wo sich nur irgend ein Plätzchen dazu findet,
ein paar Worte hinzuzufügen. [478]) Ich spreche also hier nicht
von den schon oben erwähnten, mit großen, schwarzen oder
rothen Buchstaben angeschriebenen Ankündigungen von Fechter=
spielen, Wahlempfehlungen, Anzeigen von Diebstählen, verlornen
Gegenständen, zu vermiethenden Lokalitäten u. s. w., sondern
von den momentanen Ergüssen guter oder schlechter Laune, der
Neckerei, des Spottes und Hohnes, des Uebermuths, der Aus=
gelassenheit und Sittenlosigkeit, wodurch hier nicht immer blos
ungebildete und rohe Gesellen, sondern auch Witzköpfe und Spaß=
vögel ihren Empfindungen Luft zu machen oder ihr Licht leuch=

ten zu lassen pflegen, so daß es gar nicht uninteressant ist, auch ihnen einige Aufmerksamkeit zu schenken, da sie nicht wenig dazu beitragen den Charakter und die Denkweise | der Bevölkerung von Rom kennen zu lernen. Da finden sich denn Stellen aus bekannten griechischen und römischen Dichtern, freilich oft gewaltig verunstaltet, oder variirte Reminiscenzen aus ihnen, Bruchstücke von Briefen, Empfehlungen von Gastwirthschaften und liederlichen Häusern, aber auch von Handwerkern, Schreibern, Lohnkutschern, Packträgern und dergleichen Leuten, oder umgekehrt Warnungen vor ihnen und Beschwerden über sie, zärtliche Grüße und rührende Abschiede, Liebesseufzer aller Art in Prosa und in Versen, Räthselaufgaben mit darunter geschriebenen, oft sehr verfehlten Auflösungen, anzügliche Epigramme auf Personen aller Stände, besonders des schönen Geschlechts, und neben Lobpreisungen von Gladiatoren, Schauspielern und Gauklern auch Denuntiationen eines stattgefundenen Stelldicheins, eines verübten Ehebruchs, eines gespielten Betrugs u. s. w., sowie Verwünschungen und Insulten der gröbsten Art, Alles bunt durcheinander und meistens mit schauderhafter Orthographie, auch nicht selten von ungeschickten oder unanständigen Zeichnungen unterbrochen, kurz eine Musterkarte von Einfällen und Expectorationen der verschiedensten Art, die aber eine sehr beliebte Unterhaltung der vielen müß'gen Pflastertreter abzugeben scheinen, da man stets sie neugierig studirende Leser erblicken kann, und wundern muß man sich nur, daß die Polizei dem Unfuge, der damit getrieben wird, nicht steuert.

Ich mußte nun eilen nach Hause zu kommen, da heute der Tag war, wo Sulpicius den Galenus zu Tische gebeten und ihm zu Ehren ein kleines Gastmahl veranstaltet hatte. Ehe ich aber von diesem spreche, habe ich zu berichten, daß ich vorher schon in Begleitung des Sulpicius dem ersten öffentlichen Vortrage des Galenus beigewohnt hatte, in welchem er eine bewundernswerthe Fülle medicinischer Gelehrsamkeit entwickelte und Lehren vortrug, deren Richtigkeit Jedermann einleuchten mußte, dabei aber freilich auch das hiesige Medicinalwesen einer so schonungslosen Kritik unterwarf, daß er mehrmals von den zahlreich anwesenden Aerzten durch lautes Murren und Widerspruch unterbrochen wurde, die jedoch stets um so lebhafterer Applaus der übrigen Zuhörer zum Schweigen brachte. Wir

spendeten ihm, als er sich zur Mahlzeit einfand, unser auf=
richtigstes Lob dafür. Zu dieser nun waren auch noch sechs
andere Gäste eingeladen [179]) und unter ihnen ein eben in Rom
lebender, gelehrter und geistreicher Landsmann von uns, der
Lucianus aus Samosata in Syrien, der sich bereits als Schrift=
steller rühmlichst bekannt gemacht hat, [180]) und jener Verschwen=
der und Schlemmer, der Ritter Servilius, zu dessen üppigen
Gelagen mir Sulpicius eine Einladung verschaffen wollte. Da
ich sogleich Gelegenheit haben werde dieses ungleich luxuriösere
Gastmahl zu beschreiben, so beschränke ich mich hier nur darauf
zu erwähnen, daß das heutige Mahl, an welchem Vitellia nicht
Theil nahm, in dem prachtvollen, großen Speisesaale an einem
wirklichen Triclinium gehalten wurde, [181]) und durch Menge und
Trefflichkeit der Speisen und Getränke, durch glänzendes Tafel=
geschirr und schmucke Dienerschaft dem Range und Reichthum
des | Wirthes alle Ehre machte, jedoch nur unter geistreichen
und interessanten Gesprächen verlief, [182]) die besonders Lucianus
durch Witz und Laune belebte, bei denen aber auch Servilius,
ein ungebildeter Glückspilz, der schon von seinem Vater, einem
kaiserlichen Freigelassenen, großen Reichthum geerbt und den=
selben durch Staatspachtungen noch außerordentlich vermehrt
hatte, durch seine Unwissenheit und Prahlerei nicht selten zu
einem nur mit Mühe verbissenem Gelächter Veranlassung gab,
allen sonstigen Augen= und Ohrenreiz durch Musiker, Pantomi=
men, Gaukler und Tänzer, wodurch Schlemmer ihren Gelagen
eine besondre Würze zu geben vermeinen, ausschloß, weshalb auch
Servilius nicht umhin konnte, seine Verwunderung darüber un=
verholen auszusprechen. Noch bemerke ich, daß fast alle Gäste
ihre eignen Sklaven zur Bedienung und ihre eignen Servietten
mitgebracht hatten, [183]) was mir als eine sehr sonderbare Sitte
erscheint. Als wir einen eben aufgetragnen Aal von seltener
Stärke bewunderten, konnte sich der prahlerische und rücksichts=
lose Servilius nicht enthalten zu bemerken, daß seine Fischteiche
noch ungleich stattlichere Exemplare enthielten, wovon wir uns
nächstens überzeugen sollten, denn er erlaube sich, die ganze an=
wesende Gesellschaft für übermorgen zu Tische einzuladen. So
hatte denn Sulpicius wirklich erreicht, was er bezweckte und
was dem Servilius die Ehre verschafft hatte, heute sein Gast
zu sein. Dieser vorläufigen Einladung folgte am nächsten Tage

auch noch eine förmliche durch zierliche Täfelchen, die ein Sklav
des Servilius dem Sulpicius und mir mit der an Ersteren ge=
richteten Bitte überbrachte, daß er die Güte haben möchte,
einige andere dergleichen mit den Namen und Wohnungen der
seinem Herrn noch unbekannten Gäste vom vorigen Tage aus=
zufüllen, worauf er wieder flüchtigen Fußes davon eilte, um
auch die übrigen Einladungen noch an den Mann zu bringen.
In großer Spannung sah ich dem mich erwartenden Gelag
entgegen. Kaum hatte am folgenden Tage der mit Beobachtung
der Hausuhr beauftragte Sklav [484]) die neunte Stunde ver=
kündet, so bestieg ich mit Sulpicius die unsrer harrende Sänfte,
um uns in die Via sacra zu dem prahlerischen Verschwender
tragen zu lassen. Vor seinem prächtigen Hause angelangt, aus
dem uns schon der gewürzreiche Duft der Küche entgegenströmte,
wurden wir sogleich von mehreren reich gekleideten Sklaven
empfangen. „In den Apollosaal!" [485]) rief, als wir in's Atrium
eingetreten, der | Atriensis den Sklaven zu, unstreitig nur um
uns wissen zu lassen, daß mehrere dergleichen Säle im Hause
vorhanden waren, denn sicherlich mußten die Sklaven schon
wissen, in welchem derselben heute gespeist werden sollte; und
so wurden wir denn durch mehrere glänzende Räume, von deren
Wänden zum Theil der schwarze, äthiopische Spiegelstein (lapis
obsidianus) [486]) das Abbild der Vorüberschreitenden zurückstrahlte,
in einen Saal geführt, dessen überladene Pracht allerdings schwer
zu beschreiben ist, obgleich ein geläuterter Geschmack doch Man=
ches daran auszusetzen finden konnte. Es war ein sogenannter
Oecus Aegyptius, [487]) d. h. sein mittler Haupttheil war höher,
als der ihn auf allen vier Seiten umgebende und durch corinthische
Säulen aus weißem etrurischen Marmor [488]) von ihm getrennte
Gang, der nur die Höhe der Säulen selbst hatte, während sich
über diesen noch eine zweite Reihe von Säulen erhob, die etwa
um ein Viertel niedriger waren und die Decke des Mittelraumes
trugen, ein reich vergoldetes Gebälk mit vertieften Feldern (lacunar), [489]) das sich, wie ich später sah, durch einen verborgnen
Mechanismus öffnen und wieder schließen ließ. Der Gang aber
hatte seine eigne Decke, und bildete sonach eine Gallerie, auf der
man um den Mittelraum herumgehen und in ihn hinabsehen
konnte. Die Wände des Saals schmückten, durch Pilaster von
gelbem, numidischem Marmor von einander getrennt und von

reichen, erhaben modellirten Arabesken⁴⁹⁰) umgeben, recht ge=
lungene Malereien,⁴⁹¹) Scenen aus der Ilias und Odyssee dar=
stellend,⁴⁹²) unter welchen ein Gastmahl der Götter, wobei
Apollo die Versammlung durch Saitenspiel unterhält,⁴⁹³) das
Hauptgemälde bildete, welchem der Saal, unstreitig auch seinen
Namen verdankte. Von der Decke hingen silberne Lampen von
kunstreich getriebener Arbeit herab, während zwischen den Säulen
noch prächtige Candelaber von Bronze durch den an sich dun=
keln Raum ein blendendes Lichtmeer ergossen. Auf dem Mosaik=
fußboden, welcher einem bunten Teppich mit eingewirkten Blu=
men und Thierfiguren glich,⁴⁹⁴) erhoben sich zwei Speisetafeln
von Cedernholz mit Gold und Schildpatt verziert und auf zier=
lich geschnitzten Füßen von Elfenbein ruhend standen um sie
her die, wie gewöhnlich, für je drei Personen bestimmten, mit
Purpurdecken behangenen Polster, auf denen wieder seidne, mit
Goldtressen besetzte Kissen zum Auflegen der Ellbogen ruhten;
an die Wände aber lehnten sich mehrere | marmorne Seitentische
(abaci),⁴⁹⁵) worauf eine Unmasse von Trink= und Speisegeschirr
von Gold und Silber, kostbaren Vasen und andern Prunkgefäßen
prangte. Während wir mit andern sich unterdessen einfindenden
Gästen, deren Zahl endlich bis zu siebzehn anwuchs, alle diese
Herrlichkeiten anstaunten, erschien Servilius selbst in einer
purpurrothen, golddurchwirkten Synthesis, alle Finger mit
Ringen bedeckt und einen Kranz von Rosen und Myrthen auf
dem Haupte,⁴⁹⁶) und belehrte uns gleich nach den ersten Be=
grüßungen und Küssen, daß das Meiste von dem, was wir hier
sähen und was unsern Beifall zu finden schiene, die Arbeit
seiner eignen Sklaven sei, unter denen sich außer Maurern und
Tischlern auch sehr geschickte Marmor=, Gyps= und Mosaik=
arbeiter, Anstreicher und Stubenmaler, Holzschnitzer, Vergolder
u. s. w. befänden.⁴⁹⁷) Nur die eigentlichen Gemälde wären von
ein paar griechischen Künstlern gefertigt und die Metallsachen,
Vasen u. s. w. natürlich durch Kauf erworben. Unterdessen
ordnete der Tricliniarch mit seinen Untergebenen die Tafeln,
breitete nach neuer Sitte mit Gold gestickte Tischtücher darüber,⁴⁹⁸)
legte die mit Goldfransen besetzten Servietten⁴⁹⁹) von feinster
sidonischer Leinwand zurecht (denn Servilius liebte es nicht,
daß man eigne Sklaven und Servietten mitbrächte) und neben
jede ein Goldlöffelchen zum Ausschlürfen der Austern und

(Eier.⁵⁰⁰) Salzfässer von Onyx und Murrha⁵⁰¹) und Becher von Krystall mit erhaben geschliffenen Figuren vollendeten die Ausstattung der Tafeln. Nun wurde auch allen Gästen, die nicht schon selbst eine Synthesis mitgebracht hatten, eine solche aus der Garderobe des Servilius verabreicht, um die schwer=fällige Toga damit zu vertauschen, und auf einen Wink seines Herrn lud dann der Tricliniarch, nachdem er noch einen prüfen=den und wohlgefälligen Blick auf seine Anordnungen geworfen, die Gäste ein sich zu lagern, und wies ihnen ihre Plätze an.

Ich hatte die Ehre, nebst Sulpicius, Galenus, Lucianus, dem gewesenen Consul Vettius Aquilinus, dem Senator Scribonius Curio, einem angesehenen Sachwalter Namens C. Trebonius und ein paar andern Gästen der sehr gemischten Gesellschaft an eine Tafel gewiesen zu werden, an welcher natürlich dem Consular der Ehrenplatz⁵⁰²) an der linken Seite des mittlern Lagers zu Theil ward, auf welchem außerdem noch die beiden Senatoren ihre Plätze erhielten, während uns Anderen überlassen blieb uns nach eigenem Gefallen zu ordnen. Rosen=bekränzte, schöne Knaben mit sich herabringelnden Locken und in bunten, hochgeschürzten Tuniken lösten uns nun die Sandalen von den Füßen und drückten uns duftende Veilchenkränze auf die Stirne, während Andre in silbernen Kannen | und Becken das mit Wohlgerüchen versetzte und durch Eis abgekühlte Wasser zum Benetzen der Hände herumreichten. Der Speisemeister (promus condus)⁵⁰³) las nun den Speisezettel vor und das Voressen begann, während ein auf der oben erwähnten Gallerie aufgestelltes Musikchor (symphoniaci)⁵⁰⁴) seine Weisen in den Saal herunter ertönen ließ. Ich will in der folgenden Schilde=rung des Gelags⁵⁰⁵) meine Leser nicht durch eine Aufzählung aller einzelnen Gerichte ermüden, besonders da sie im All=gemeinen denen glichen, die wir schon bei der Beschreibung des mir zu Theil gewordenen Empfangsmahles kennen gelernt haben,⁵⁰⁶) sondern nur das besonders Merkwürdige, nament=lich in der raffinirten und oft sonderbaren Weise, wie die Speisen aufgetragen wurden, kurz erwähnen, und bemerke dabei nur, daß beide Tafeln stets auf ganz gleiche Art besetzt wurden. Auf dem ersten mit Schildpatt kunstreich ausgelegten Reposi=torium zeigte sich in Mitten der mit den verschiedensten Ge=richten bedeckten silbernen Schüsseln ein Esel von corinthischem

Erz, von deſſen Rücken, wie bei den zu Markte kommenden,[507] zu beiden Seiten Körbe, hier freilich von Silber, herabhingen, mit weißen und ſchwarzen Oliven gefüllt.[508] Indem wir nun an= fingen von den verſchiedenen Gerichten zu koſten, die geſchäftigen Diener aber, die feingekleidet in großer Anzahl die Tafeln umkreiſten, in goldnen Bechern das feinſte Mulſum[509] kredenzten und außer den in einer Schüſſel dampfenden, warm zubereiteten Auſtern=von friſchen ſo viele herumreichten, als nur immer ein Jeder verlangte, wurde ein zweiter Aufſatz auf die Tafel ge= ſtellt, der eine aus Holz geſchnitzte und mit Federn bekleidete Henne darſtellte, wie ſie mit geſpreizten Flügeln ein Ei aus= brütete,[510] ein paar Sklaven aber durchſuchten ihr Strohneſt und vertheilten die gefundenen Pfaueneier unter die Gäſte. Der fade Servilius ſprach dabei: „Werthe Freunde, auf meinen Befehl ſind der Henne Pfaueneier untergelegt worden; aber beim Herkules! ich fürchte, ſie haben ſchon angeſetzt. Doch ver= ſuchen wir's, ob ſie noch auszuſchlürfen ſind." Wir nahmen alſo unſre Löffelchen, um mit ihrer Spitze die Eier aufzupicken, ſahen aber ſogleich, daß ſie aus feinem Mehl gebacken waren und das Küchlein, welches wir darin zu finden gefürchtet hatten, ſich in eine feiſte, in ein ſtark gepfeffertes Dotter verſteckte Feigendroſſel verwandelte. Auch die Henne ſelbſt wurde nun vom Seiſſor emporgehoben und ihrem geöffneten Leibe entquollen Trüffeln, andre kleine Pilze, Radieschen und dergleichen Sachen. Jetzt verſtummte die Muſik | und es erſchien ein Greis mit langherabwallendem Silberhaar und Bart, den Lorbeerkranz auf dem Haupte, ließ ſich auf einen Seſſel zwiſchen beiden Tricli= nien nieder und begann mit ſonorer, ſein weißes Haar Lügen ſtrafender Stimme ein recht hübſches mileſiſches Mährchen[511] vorzutragen, dem keine große Aufmerkſamkeit geſchenkt wurde, für das ſich aber doch Einer der Gäſte am andern Tiſche leb= haft zu intereſſiren ſchien, welcher mir als ein ſehr geiſtreicher und witziger Platoniker aus Madara in Afrika Namens Appu= lejus[512] bezeichnet wurde, der früher als Sachwalter in Rom gelebt, große Reiſen gemacht und ſich auch ſchon als Schrift= ſteller nicht geringen Ruf erworben habe, welcher durch einen merk= würdigen Prozeß in Folge einer Anklage wegen Zauberei, wo mög= lich, noch erhöht worden ſei, ſeit welcher Zeit er in Karthago lebe, von wo er nur einmal zum Beſuch herübergekommen ſei.

Mit der Erzählung des Mährchens endete auch das Vor=
essen, bei dessen Abtragen übrigens ein Sklav das Unglück hatte
eine kostbar geschliffene Krystallschale auf den Boden fallen zu
lassen, wo sie in tausend Stücke zerbrach. Servilius berief ihn
zu sich. „Dein Name?" frug er. — Menelaus. — „Zu welcher
Decurie gehörst du?"⁵¹³) — Zur zwanzigsten. „Gut. Jetzt
kehre die Scherben zusammen. Morgen wirst du auf eins meiner
Landgüter gebracht, wo du in der Tretmühle⁵¹⁴) keine Gelegen=
heit mehr haben wirst Krystallschalen zu zerbrechen." Sulpicius
erlaubte sich jedoch eine Fürbitte für den Unglücklichen ein=
zulegen und Servilius sprach: „Nun gut, meinem verehrten
Gaste zu Liebe sei dir die Strafe erlassen. Hoffentlich nimmst
du dich künftig mehr in Acht;" und zu uns gewendet fuhr er
fort: „Aus der Schale mach' ich mir natürlich nichts, denn
die ist sehr leicht zu ersetzen. Nur die Ungeschicklichkeit des
Burschen sollte bestraft werden; denn blos geschickte und ge=
wandte Leute will ich um mich haben." „Versteht sich, da er
selbst so überaus geschickt ist", raunte mir mein Nachbar in's
Ohr, der Sklav aber fiel dem Sulpicius zu Füßen und bedeckte
seine Hand mit heißen Küssen. Während wieder Wasser zum
Waschen der Hände herumgereicht wurde, trugen schöne, mit
Epheu bekränzte Jünglinge vier wohlvergypste Amphoren⁵¹⁵)
herein, deren Aussehen allerdings der prahlerischen Mittheilung
des Servilius, daß sie gerade vor 100 Jahren gefüllt worden,
zu entsprechen schien. Auch versäumte er nicht auf die kaum
noch lesbare Aufschrift der Täfelchen an ihrem Halse P. SILIO
NERVA COS. aufmerksam zu machen und den | anwesenden
Consular zu fragen, ob dieser nicht vor einem Säculum sein
Vorgänger im Amte gewesen sei? wobei es sich herausstellte,
daß jener Silius Nerva gerade in dem Jahre das Consulat ver=
waltet habe, wo der Philosoph Seneca und der Dichter Luca=
nus, der Theilnahme an einer Verschwörung gegen den Kaiser
Nero beschuldigt, hingerichtet worden wären, und daß der Wein
allerdings im nächsten Jahre seinen hundertsten Geburtstag
feiern werde. „Den er aber, so wahr mir Bacchus helfe! doch
nicht erleben soll," rief Servilius, während der durch sein Alter
trübe gewordene Inhalt der entkorkten Amphoren in einem
silbernen Seihgefäß (colum)⁵¹⁶) geläutert und dann, in dem
reich mit erhabnen Figuren verzierten Crater gemischt, in die

Becher der Gäste vertheilt wurde, deren Veilchenkränze Ser=
vilius nun mit Epheugewinden zu vertauschen befahl, weil jetzt
der Dienst des Bacchus beginne. Nun erschienen unter mancherlei
andern, auf verschiedne Weise zubereiteten Fischen auch die ver=
sprochnen Riesenaale, die nach der Versicherung des Servilius
zusammen einige 40 Pfunde wogen und allerdings Alles über=
trafen, was ich bis jetzt von Thieren dieser Art gesehen hatte.
Während wir dieselben noch bewunderten, traten unter Beifalls=
gemurmel der Gäste zwei Gladiatoren ein, halbnackte, unheim=
liche Gestalten [517]) mit den oben beschriebenen, plumpen Helmen
auf dem Kopfe, das Gesicht völlig vom Visir bedeckt und Arme
und Beine mit dicken Binden umwickelt, in der Faust ihre
kurzen Schwerter schwingend. Anfangs glaubte ich, daß es
blos darauf abgesehen sei ihre Kunstfertigkeit im Fechten zu
zeigen, und ergötzte mich mit den andern Gästen an der Art,
wie sie geschickt die Hiebe parirten und einander listig zu täu=
schen suchten, bald aber sah ich zu meinem Schrecken, daß es
bittrer Ernst sei, denn in wachsender Kampfbegierde drangen sie
immer hitziger auf einander ein, immer dichter fielen die Hiebe,
und schon sah ich das Blut aus mehrern leichten Wunden an
ihnen herabrieseln, als aber bei einem kräftig geführten Stoße
das Blut aus einer klaffenden Brustwunde bis zu unsrer Tafel
herüberspritzte und die dem Kampfe gespannt zuschauenden Gäste
schon zu wetten begannen, [518]) wer den Andern kampfunfähig
machen würde, da erhob sich mit edler Würde Galenus und
bat, sich entfernen zu dürfen, da er als Jünger Aeskulaps be=
rufen sei Wunden zu heilen, nicht aber ruhig zuzuschauen, wie
man sich solche blos zur Kurzweil Andrer schlage. Verwundert
staunten die meisten Gäste den kühnen | Sprecher an, und schon
wollte sich ein unwilliges Gemurmel hören lassen, als aber
unter Andern an unserm Tische auch der Consular und Sul=
picius dem Galenus beifällig zunickten, gebot Servilius, freilich
mit etwas langem Gesichte, den Fechtern abzutreten, und rief:
„Schickt uns dafür den Grypus und Messenio! Da soll unser
weichherz'ger, werther Gast kein Blut mehr fließen sehen." Diese
Worte machten der eingetretenen Verstimmung schnell ein Ende
und das zustimmende Gelächter der Gäste ließ mich nun ein
komisches Schauspiel erwarten. Servilius aber verließ jetzt den
Saal und kehrte kurz darauf in einer weißen, goldgestickten

Synthesis zurück, wie er denn überhaupt im Verlaufe der Mahl=
zeit dieselbe noch mehrmals wechselte. [519]) Bald nach ihm traten
nun ein paar mißgestaltete und phantastisch ausstaffirte Zwerge
ein, die unter den possirlichsten Grimassen das Fechterspiel zu
großer Belustigung der Zuschauer mit stumpfen Waffen fort=
setzten, [520]) bis sich der Eine, scheinbar zum Tode getroffen,
zappelnd am Boden wälzte, der Andre aber mit stolzer Sieger=
miene auf sein Schwert gestützt, das fast eben so lang war, als
er selbst, mit quäkender Stimme den Kampfpreis forderte, der
in einem ihm unter allgemeinem Gelächter vom Servilius zu=
geworfenen Krammetsvogel bestand. Jetzt verkündete der Speise=
meister einen neuen Gang von Gerichten, unter denen nament=
lich Flamingozungen [521]) meine Verwunderung erregten, und
schallendes Gelächter erhob sich, als ein feister, gemästeter Haase
aufgetragen wurde, der sich durch angesetzte Taubenflügel in
einen Pegasus hatte verwandeln lassen müssen. [522]) Schon wie=
der sollte unsre Aufmerksamkeit durch ein neues, überraschendes
Schauspiel gefesselt werden. [523]) Die Musik erhob sich von
Neuem; vier Sklaven trugen ein gegen acht Fuß in's Gevierte
haltendes Bretterpodium herein und es erschienen zuerst zwei
etwa 12jährige, syrische Mädchen, die phrygische rothe Mütze
auf dem Haupte und blos mit ganz kurzen, eng anschließenden
Beinkleidern angethan. Sie steckten schnell eine Menge von
Dolchen mit aufwärts gekehrten Spitzen und nicht viel mehr
als handbreit von einander entfernt in jenes Podium und be=
gannen nun mit gesenktem Kopfe und nach der Decke gestreckten
oder über den Kopf zurückgebeugten Beinen auf den Händen
gehend zwischen jenen einen eben so gefährlichen, als kunstreichen
und immer wilder werdenden Tanz, dem man nur mit ängstlich
klopfendem Herzen zuschauen konnte, da ihre Stirnen fast die
Spitzen der Dolche berührten, die bei dem | geringsten Fehl=
griff auch die kleinen Hände schonungslos durchbohren mußten;
doch sie beendigten glücklich ihr vermessenes Spiel und ein Stein
fiel mir vom Herzen, als sie jetzt mit Beifall überschüttet ihre
Dolche wieder zusammenrafften und sich entfernten, worauf so=
fort zwei andre, schon völlig erwachsene, hochgeschürzte Mädchen
an ihre Stelle traten, die durch ihre bräunliche Hautfarbe den
ägyptischen Ursprung deutlich genug verriethen und nun mit
wunderbarer Gewandtheit und Schnelligkeit bald das eine, bald

das andre Bein, bald den ganzen zart gebauten Körper vor=
wärts und rückwärts durch kleine Reifen schmiegten, wozu aber
freilich Beinkleider anzuziehen fast noch nöthiger gewesen wäre,
als bei ihren Vorgängerinnen, weshalb ich herzlich froh war,
als das sehr unanständige Schauspiel unter stürmischem Bei=
fallklatschen sein Ende gefunden hatte. Das Podium wird nun
wieder fortgetragen und Sklaven reinigen mit Besen aus Pal=
menzweigen [524]) den Mosaikfußboden von Staub und herab=
gefallenen Brocken. Da Servilius unter der Versicherung, sein
Keller enthalte noch so manche Amphora desselben Jahrgangs,
fortwährend zum Trinken nöthigt, so bewirkt der feurige Fa=
lerner eine immer gehobenere Stimmung; die Unterhaltung wird
von Minute zu Minute lebendiger und Witzworte und Epi=
gramme, nicht immer der decentesten Art, jagen förmlich ein=
ander. Das Gesundheittrinken nimmt kein Ende, die Gesichter,
auf denen dicke Schweißtropfen perlen, fangen an sich zu röthen
und zu glänzen, und Manchem sitzt der Kranz schon ziemlich
schief auf den Ohren. Da — als sollte heute der Sinnenreiz
kein Ende nehmen — hüpfen plötzlich, mit enthusiastischem
Applaus empfangen, neun spanische Tänzerinnen, [525]) junge,
schöne Mädchen, mit fliegendem Haar und kurzgeschürzten, nebel=
artigen Gewändern in den Saal und beginnen ihre üppigen
Tänze, bald mit geöffneten Armen den Gästen auf den Fuß=
spitzen entgegenschwebend, bald wieder neckisch zurückfliehend, die
reizenden Glieder bald hebend, bald senkend, die gewagtesten
Stellungen annehmend, die reizendsten Gruppen bildend. War
ihr Tanz weniger unzüchtig und ungleich graziöser, als der
früher in Fundi und am Circus gesehene, so war er auch nur
um so verführerischer. Jetzt wirft sich plötzlich die Wildeste der
Tänzerinnen mit einem raschen Sprunge an der Seite des Ser=
vilius auf's Lager hin und die Uebrigen folgen lachend ihrem
Beispiel, sich auf die andern Polster vertheilend. [526]) In dem=
selben Augenblicke aber | öffnet sich zu meiner nicht geringen
Verwunderung die Decke und ein Regen von Rosenblättern
strömt, Gewänder und Tische bedeckend, auf die Versammlung
herab. Die Gäste fangen an die üppigen Mädchen unter tau=
send Schäkereien mit den ausgesuchtesten Leckerbissen zu füttern
und ihnen fleißig zuzutrinken, diese aber thun ihnen ungenirt
Bescheid und schlürfen den edlen Rebensaft in vollen Zügen;

kurz es scheint, als wolle sich ein förmliches Bacchanal ge=
stalten. Jetzt erst erschien das Hauptstück der Mahlzeit, ein
riesiger Eber mit neun ihn umgebenden Ferkelchen, die vom
Bäcker aus süßem Teige täuschend nachgebildet waren, während
der Structor dem Eber selbst, dessen aus Glas eingesetzte Augen
im Scheine der Lampen unheimlich funkelten, eine solche Stel=
lung gegeben hatte, als ob er eben vom Speere des Jägers ge=
troffen zusammenbräche, zu welcher Situation aber freilich die
aus Palmenzweigen geflochtenen Körbchen mit Datteln, die an
seinen mächt'gen Hauern hingen, wenig passen wollten. Nun
begann der als Jäger costümirte Scissor ihn mit seinem Waid=
messer zu zerlegen, schöne Knaben aber vertheilten die Datteln
und reichten Jedem der Gäste eins der Spanferkelchen als mit=
zunehmendes Geschenk,⁵²⁷) so daß wir leicht errathen konnten,
daß sie uns beim Oeffnen noch mancherlei Ueberraschungen be=
reiten würden. Zu unsrer nicht geringen Verwunderung aber
wurde bald nach dem Eber auch noch ein zahmes Schwein
gleich ihm ganz auf die Tafel gesetzt. „Aber beim Herkules!"
rief Servilius scheinbar entrüstet, „was ist das? Ich glaube
wahrlich, der Koch hat vergessen das Schwein auszunehmen.
Ruft ihn sogleich herbei!" Dieser erschien mit einem höchst
trübseligen Gesichte und gestand sein Versehen ein. Servilius
aber überhäufte ihn mit Schmähungen und befahl: „Aus=
gekleidet!" Sogleich wollten ein paar Sklaven den armen
Schelm entkleiden, sämmtliche Gäste aber legten ein gutes Wort
für ihn ein, und so sprach denn Servilius: „Nun so möge
dir's einmal ohne Züchtigung hingehen. Zur Strafe aber sollst
du das Versäumte sofort in unsrer Gegenwart nachholen." Mit
plötzlich ganz verwandelter Miene ergriff nun der Koch das
Messer und schlitzte dem Schweine zu beiden Seiten den Bauch
auf, woraus zu unsrer höchsten Ueberraschung eine Menge der
verschiedenartigsten Würste hervorquoll.⁵²⁸) Ein schallender
Applaus belohnte diesen neuen Scherz des über seine glücklichen
Einfälle selbstgefällig lachenden Servilius, und damit endete die
| Hauptmahlzeit. Abermals öffnete sich jetzt die Decke und
herabschwebte ein großer silberner Reisen,⁵²⁹) an welchem Sal=
benfläschchen von Krystall und Alabaster, mit den feinsten Oelen
gefüllt, vergoldete Kränzchen und andre allerliebste Kleinig=
keiten hingen; die Mädchen aber bemächtigten sich rasch der=

selben, schütteten den Inhalt der Fläschchen über unsre Ge=
wänder, so daß sofort die süßesten Wohlgerüche den Saal durch=
strömten, und vertheilten sodann die Fläschchen selbst nebst den
übrigen kleinen Geschenken unter sämmtliche Gäste. Unterdessen
war der Nachtisch aufgetragen worden. In der Mitte des Re=
positoriums zeigte sich ein kunstreich aus Thon modellirter Ver=
tumnus, [530]) in der Rechten ein Winzermesser, in der Linken
eine Schale mit den verschiedensten Obstsorten haltend, während
ihn rings umher andre Schalen mit getrockneten Trauben,
Mandeln und zierlich geformtem Backwerk aller Art umgaben.
Jetzt wurde feuriger Chierwein in kleinen Bechern von Murrha
kredenzt und der prahlerische Verschwender hätte wahrlich nicht
erst nöthig gehabt zu versichern, daß es ächte sei. Die Unter=
haltung wurde nun immer ausgelassener und die muthwilligen
Tänzerinnen nahmen, ohne über manche der ihnen präsentirten
Kunstwerke der Bäckerei zu erröthen, [531]) den lebhaftesten An=
theil daran. Einer der Gäste recitirte jetzt folgende Distichen,
die mir Sulpicius später in den Gedichten Tibull's zeigte: [532])

> „Bringt mir berauchten Falerner [533]) des längst vergessenen Consuls,
>   Nehmet vom Chiischen Faß heute den Spund mir hinweg.
> Feiert den Tag mit Wein und erröthet am Fest nicht des Rausches,
>   Nicht daß ihr ohne Geschick setzet den wankenden Fuß."

Appulejus aber fügte sogleich ein eignes Epigramm hinzu, das
ungefähr also lautete: [534])

> „Nimmer verschmäht dein Geschenk, o gnädiger Bacchus, der Dichter,
>   Aber auch du sei stets, Göttin von Paphos, ihm hold.
> Steht ihr beide im Bund sein Dasein ihm zu versüßen,
>   Gönnet dem Crösus er gern Berge von glänzendem Gold.
> Hier nur waltet ihr beide; drum ruft er mit Worten des Dankes:
>   Heil dem gastlichen Haus, Heil seinem gütigen Herrn!"

Lauter Applaus folgte diesen Worten; Servilius aber rief mit
schon etwas heiserer Stimme: „Auf denn zum Venussaale!"
und augenblicklich schoben schwarzbraune Nubier mit kräftigen
Armen die Lecti sammt den darauf Liegenden in den Nebensaal
hinüber; | denn dem üppigen Gastmahl (convivium) sollte auch
noch ein Trinkgelag (comissatio) mit Würfelspiel (alea) fol=
gen. [535]) Dieser Saal war nicht minder prächtig, als der vorige,
aber ein so genannter corinthischer, mit rothgeäderten Marmor=
säulen und mäßig gewölbter Decke. Die mit Rosengewinden

behangenen Wände schmückten erotische Gemälde, die Haupt=
zierde desselben aber war eine herrliche Statüe der Venus Ana=
dyomene aus parischem Marmor. In der Mitte zeigte sich ein
Bassin von schwarzem Marmor, in welchem Goldfischchen munter
umhergaukelten, während ein der Muschel eines Triton ent=
springender Wasserstrahl eine angenehme Kühle im Saale ver=
breitete. Zwischen den Säulen waren Vorhänge angebracht,
die zugezogen werden konnten, um jeden Luftzug abzuhalten;
dann aber erhielt der Saal durch die von der Decke herab=
hangenden Lampen nur noch eine matte Beleuchtung. Den Fuß=
boden bildeten blos grüne und weiße Würfel, aber vor den
schwellenden Ruhebetten waren kostbar gewirkte Teppiche aus=
gebreitet. Servilius, der es darauf abgesehen zu haben schien
seine Gäste unter den Tisch zu trinken, verlangte jetzt größere
Pokale, um, wie er sagte, nun alten Faustianer[536]) nach grie=
chischer Sitte zu trinken[537]) und befahl zugleich Würfelbretter,
Becher und Würfel zu bringen. Die Würfelbretter waren von
polirtem Terebinthenholz, die Würfelbecher zierlich aus Elfen=
bein gedreht und auf den Würfeln vom reinsten Krystall die
Zahlen von Gold eingelegt. So beginnt denn an mehreren
Tischen das alle Leidenschaften entfesselnde Würfelspiel,[538])
während die Mädchen, jetzt auch in ihrem Aeußern völlig in
Bacchantinnen verwandelt, in wilden Sprüngen die Tische um=
kreisen und uns, die wir am Spiele keinen Antheil nehmen und
noch nüchtern sind, unter allerlei spöttischen Neckereien zutrinkend
die gewaltigen Krystallpokale aufnöthigen, die auf einen Zug
geleert werden müssen, da sie sich nicht niedersetzen lassen. „Dein
Name, schönes Kind?" frug mein Nachbar unsre verlockende
Hebe. „Neära" hieß es. „Also flugs sechs Cyathos eingeschenkt!
Auf dein Wohl, reizende Neära."[539]) Sie dankte durch einen
Kuß und richtete dann schelmisch an mich die Frage: „Und
welchen Namen trinkt denn mein ernster Philosoph hier?" So
war ich denn fast gezwungen dem Beispiele meines Nachbars
zu folgen und mit den Worten: „Recht so! und nun nicht mehr
so sauertöpfisch drein geschaut! Laßt uns das Leben genießen!"
empfing ich gleichen Lohn. Da aber umschlang sie ein Vorüber=
wankender und deklamirte sie entführend mit schwerer Zunge
folgende Verse: |

„Wenn zu feurigen Küssen sie beugt den blendenden Nacken
    Und sie dann wieder, zum Schein spröde sich stellend, versagt,
Die doch, ist's ihr auch größere Lust sie sich rauben zu lassen,
    Selber die Küsse sich stiehlt, zaudert der lässige Freund. 540)

„Seht doch!" rief mein Nachbar. „Auch im Rausche hat er
doch seinen Horaz nicht vergessen; das lob' ich mir."
Lucianus aber schmeichelte der ihn verlockenden Schönen durch folgendes
recht nette Stegreifgedichtchen:

Satt schon bin ich des Weins; doch willst du trunken mich machen,
    Koste mir vor und dann reiche den Becher mir dar.
Denn es führt mir herüber des Bechers Fähre ja Deinen
    Kuß und verkündet die Gunst, die er empfangen von Dir.
Wessen bedarf es denn mehr, um mich in Rausch zu versetzen,
    Tauschest Küsse Du so, reizende Hebe, mit mir? 541)

worauf diese, ohne sich der Vermittelung des Bechers zu be-
dienen, ihn mit zahllosen Küssen überschüttete. — „Lykoris, denk'
an mich!" tönt es jetzt von einem der Spieltische herüber, indem Appulejus den Becher schüttelt. 542)   „Welches von der
Schaar deiner Mädchen rufst denn du zu Hülfe, Popilius? die
Chione oder Philänis, die Galla oder Erotium?" fragt ein
Andrer. „Die ich mir eben denke. Gebt Acht, es wird der
Venuswurf." Lautes Gelächter verräth, daß er sich irrte. „Wie
steht es, Gargilius?" ruft mit lallender Zunge der trunkene
Servilius; „tausend Denare, wer zuerst von uns den Venereus
wirft." 543)   „Es gilt," erwiedert dieser; „und doppelt so viel
zahlt, wer den Hundewurf thut." So tönt es rings um uns
her; immer lauter klappern die Becher, immer häufiger fallen
die Würfel, immer höher steigen die Wetten. Gelächter und
Verwünschungen wechseln. Unbeachtet rollen die Goldstücke auf
den Boden und werden von den Mädchen und Sklaven verstohlen aufgehoben. Schon waren Einige trunken mitten im
Spielen entschlummert; Andre taumeln den Becher schüttelnd
wieder in die Kissen zurück und lassen die Würfel auf die Erde
fallen, wo sie liegen bleiben. Auch die muthwilligen Dirnen
fangen an halbberauscht auf die Ruhebetten und in die Arme
der Männer hinzusinken und die erotischen Scenen an den Wänden scheinen sich verkörpern zu wollen. Herzlich froh war ich
daher, als jetzt Sulpicius zum Aufbruch drängte, nachdem Galenus, Trebonius und Andre sich schon früher entfernt hatten.

Ich gestand ihm, daß ich schon lange wie auf Kohlen gesessen, und er versicherte mir dagegen, nur meinetwegen so lange ge= blieben zu sein, weil es ja einmal mein Wunsch sei, das römische Leben in allen seinen Schattirungen kennen zu lernen. Noch hörten wir im Vorübergehen aus dem Apollosaale das Gelächter und wüste Geschrei der ebenfalls trunknen Sklaven herüber= schallen, die sich unstreitig über die Reste des Mahles hergemacht hatten. Schon war es fast Mitternacht, als wir unsre längst auf uns wartende Sänfte bestiegen und von Laternenträgern geleitet, [544]) ganz übersättigt und wüst im Kopfe von den uns heute gebotenen Genüssen vom üppigen Gelage des Verschwen= ders, dessen | Haushalt sicherlich das Vierfache von dem des Sulpicius kostet, während sein Vermögen dem meines Gast= freundes wahrscheinlich nicht einmal gleich kommt, nach Hause zurückkehrten. Besonders aber freute ich mich, dabei außer dem Appulejus auch den Trebonius kennen gelernt zu haben, in dessen Familie ich noch manche frohe Stunde verleben und dabei auch eine einfache, aber höchst anständige, bürgerliche Haushaltung kennen lernen sollte.

Für den folgenden Tag war ein Ausflug nach der Villa des Sulpicius bei Tribur beabsichtigt; ehe ich jedoch von diesem und der Villa selbst berichte, möge erst in einem neuen Kapitel die Beschreibung des Hauses in der Stadt folgen, dem wir jetzt auf einige Tage den Rücken kehren wollten.

Anmerkungen zum 2. Kapitel.

---

¹) So verfährt auch Labeo bei Appian. B. Civ. IV, 135., der gleichfalls den Sklaven, der ihm als Freigelassener den Tod geben soll, bei der Hand faßt und im Kreise herumdreht.

²) Welcher später an die Stelle des Schlages auf den Kopf (vgl. unten Anm. 9.) getreten zu sein scheint (Claud. IV. Cons. Hon. 615 f. Isidor. Orig. IX, 4, 48. Sidon. Apoll. Carm. 2. extr. in Anth. Lat. II, 545. Malala Chron. p. 182. Dind. vgl. Phädrus II, 5. extr.)

³) Plaut. Amph. I, 1, 306. Pers. 5, 82. Sen. Ep. 47, 16. Suet. Tib. 4. Mart. II, 68, 4. Plut. Flam. 13. Diod. Exc. l. XXXI. p. 625. Wess. Nach Serv. zu Verg. Aen. VIII, 569. empfingen freilich die Freigelassenen den Hut als Zeichen der Freiheit im Tempel der Feronia, ihrer Schutzgöttin, was aber natürlich nur von der feierlichen Freilassung gelten kann. Dann ging auch dem Aufsetzen des Hutes ein Scheeren des Kopfes und Bartes voran. (Plaut., Pers. u. Serv. a. a. O. Liv. XLV, 44.) Die Stelle des Hutes vertrat im Nothfall auch blos eine um den Kopf geschlungene wollene Binde (Liv. XXIV, 16.) Ueber den pileus der Römer selbst vgl. oben S. 120. Daß der Freigelassene als nunmehriger Bürger auch die Toga zu tragen berechtigt war, versteht sich von selbst.

⁴) So heißt, um nur ein Beispiel anzuführen, auf einer Inschr. bei Gruter p. 523, 5. der frühere Sklav Trophimus als Freigelassener L. Atilius Trophimus. Uebrigens vgl. oben S. 12. u. 62. Note 137.

⁵) [⁴] Sen. de vita beata 24, 2. Plin. Ep. VII, 16, 4. Gajus I, 41. 44. Paulus Sent. VII, 16. Instit. I, 5. §. 1.

⁶) [⁵] Per epistolam: Paulus und Inst. a. a. O. Theoph. I, 5, 1.

⁷) [⁶] Per mensam: Theoph. I, 5, 4. vgl. Tac. Ann. XV, 54.

8) [7] Cic. Top. 2, 10. vgl. Inst. I, 5. §. 1. Erst Justinian
hob jeden Unterschied zwischen der feierlichen und unfeierlichen Frei=
lassung auf. (Inst. I, 5. 6. 7. Cod. V, 6. Nov. 78.)

9) [8] Der Hergang bei dieser feierlichen Freilassung war
eigentlich dieser: Der Herr ging mit dem freizulassenden Sklaven
zu einem höheren Magistratus, gewöhnlich dem Prätor (Liv. XLI,
9. Dig. I, 10, 18.), wo eine dritte Person, später meistens nur der
Lictor (Schol. zu Persius 5, 88.), als assertor libertatis dem Skla=
ven mit den Worten hunc ego hominem liberum esse aio einen
Stab, eigentlich festuca (Plaut. Mil. IV, 1, 15. Pers. 5, 175.
Gajus IV, 16. Paulus Diac. p. 86, 4. M.), uneigentlich aber dieses Actes
wegen selbst vindicta genannt (Boeth. zu Cic. Top. 2. | p. 288.
Or. Hor. Sat. II, 7, 76. Pers. 5, 88.), auf den Kopf legte (vgl.
dieselben Stellen), durch welche symbolische Handlung er sich das
Recht vindicirte, über den Sklaven zu verfügen und ihn in Freiheit
zu setzen, worauf der Herr, der eben sein Recht über den Sklaven
aufgeben wollte, ohne Einspruch dagegen zu erheben, denselben bei
der Hand ergriff und mit den Worten hunc hominem liberum esse
volo (Paulus p. 159. M. vgl. Gajus a. a. O.) ein paarmal im Kreise
herumdrehte (Appian. B. Civ. IV, 135. Pers. 5, 75. 78. Paul.
Diac. a. a. O.) und dann aus der Hand losließ (manu misit).
Nun folgten die Bestätigung der Freiheit durch den Magistratus
und der Glückwunsch der Anwesenden mit den Worten Cum tu es
liber, gaudeo. (Plut. Men. V, 7, 42. V, 9, 87. Epid. V, 2,
46. Ter. Adelph. V, 9, 15. Vgl. überhaupt Paul. Diac. v.
manumiss. p. 159. M. Varro L. L. VI, 30. Isidor. Orig. IX,
4, 47. 48. u. Quinct. Decl. 242. mit Gajus VI, 16.) Späterhin
fielen fast alle diese Formalitäten weg (Inst. I, 5, 2. Dig. XL,
2, 7. Gajus I. 20.) und nur das wurde festgehalten, daß diese
feierliche Freilassung vor einem Magistratus erfolgen mußte (Liv.
XLI, 9. vgl. Dig. L, 10, 18.) War der Freilassende selbst ein
Magistratus, so mußte die Handlung vor einem höher stehenden
Staatsbeamten vor sich gehen (Dig. IV, 1, 14. IV, 2, 18.)

10) [9] Cic. pro Caec. 34, 99. Boeth. zu Cic. Top. 2. p.
288. Or. Ulpian. I, 8. Gajus I, 17. 44. Theoph. I, 5, 4. Ob
jedoch die Bestätigung beim Lustrum wirklich nöthig war, ist zweifel=
haft. (Vgl. Cic. de Or. I, 40, 183.)

11) [10] Dion. Hal. IV, 24. Inst. I, 5, 1. Boeth. a. a. O.
Ulpian. I. 9. II, 7. 8. Gajus II, 266 f. Daher libertus futurus
auf Inschr. bei Orelli 2980. 5006. Diese Art der Freilassung
mußte namentlich stattfinden, wenn der Herr den Sklaven auch zum
Erben einsetzen wollte. (Plin. Ep. IV, 10. Inst. II, 19, 1. Ul=
pian. XXII, 12, 7. Gajus II, 186 f. 153. Vgl. überhaupt
Dig. XL. 4.)

12) [11] Liberti hießen sie in Bezug auf den früheren Herrn
und nunmehrigen Patron, libertini aber in Bezug auf ihr Verhältniß

zum Staate als Stand, so daß man, wenn der Name des Patrons dabeisteht, nur den Ausdruck libertus gebrauchen darf. Früher hatte man allerdings mit liberti die Freigelassenen selbst, mit libertini aber die Kinder derselben bezeichnet. (Suet. Claud. 24. Isidor. Orig. IX, 4, 47. vgl. Drak. zu Liv. IX, 46.)

[13]) Plin. Ep. II, 17, 9. Dig. IX, 2, 5. §. 1. VII, 8, 2. §. 4.

[14]) Cic. pro Mil. 12, 33. Plin. Ep. IV. 10. Dosith. de manum. 4.

[15]) Dig. XXXVIII, 1, 4. vgl. mit Liv. II, 5, 9. IV, 45, 2. XXII, 33, 2. u. Marini Pap. Dipl. p. 305. (bei Marquardt I. p. 171.)

[16]) Nicht selten auf Rechnung des früheren Herrn, den sie einen Antheil des Gewinnes zahlen mußten (Dosith. Hadr. sent. §. 8.)

[17]) Cic. ad Qu. fr. I, 1, 4. vgl. mit Dion. Hal. IV, 23. Liv. XLIII, 16, 4. Vgl. Anm. 19. Ueber die Pflichten der Frei=gelassenen gegen ihre frühern Herren vgl. Dig. XXV, 3. XXXVII, 15. XXXVIII, 1. 2. Appian. Mithr. 60. Dion. Hal. IV, 24. u. s. w.

[18]) Wenn nicht die Freigelassenen sich eidlich zu gewissen Leistungen verpflichtet hatten. (Dig. XXXVIII, 1, 7. §. 2. 3. XII. 6, 26. §. 12. vgl. Cic. ad Att. VII, 2, 8. ad Fam. XIV 4, 4.

[19]) Tac. Ann. XIII, 26. |

[20]) Wie Verbannung aus Rom (Tac. a. a. O.), selbst Ver=urtheilung zur Arbeit in den Steinbrüchen und Bergwerken (Dosith. Hadr. sent. §. 3. Dig. I, 12, 1. XXXVII, 14, 1.), ja sogar körper=liche Züchtigung (Dig. I, 16, 9.) und Zurückversetzung in die Skla=verei. (Dig. XXV. 3, 6. IV, 2, 21. vgl. mit Tac. a. a. O.) Früher hatten die Herren sogar die Todesstrafe über sie verhängen dürfen (Val. Max. VI, 1, 4. Suet. Caes. 48.) Eine gelindere Bestrafung war Ausschließung vom Familienbegräbnisse. (Vgl. Inschr. b. Gruter 862, 5. 844, 4. u. Fabretti 194.)

[21]) Vgl. oben S. 70. Anm. 189.; über den Reichthum der Freigelassenen überhaupt aber auch Sen. Ep. 27, 5. Plut. Pomp. 2. Mart. III, 31, 6. V, 13, 6. u. s. w.

[22]) Sen. Qu. Nat. I, 17, 10. Ep. 86, 7. Mart. III, 82. XI, 37. u. andere Epigramme auf Zoilus, der auch ein Freigelassener war (III, 29.)

[23]) Plin. Ep. III, 14, 1. Suet. Claud. 24. Suidas v. Θεόδωρος.

[24]) Sen. Ep. 27, 5. Sen. Controv. II, 97. Mart. III, 82. u. s. w.

[25]) Liv. XXXIX, 19. Sen. Contr. III, 21. Cic. Phil. II, 2, 3. III, 6, 16 f. XIII, 10, 23. ad Att. XVI, 11, 1., der so=gar dem Antonius die Ehe mit der Tochter eines Freigelassenen vorwirft, obgleich doch diese schon als freigeboren gelten mußte.

Den Senatoren waren Ehen mit Freigelassenen selbst gesetzlich ver=
boten. (Ulpian. XIII, 1. XVI, 2.)

²⁶) Inschr. bei Orelli 3024 ff.

²⁷) Liv. XXXIX, 19.

²⁸) Daß nicht bloß Privatpersonen ihre eignen Briefboten
hielten, sondern daß es auch vom Staate angestellte tabellarios
publicos gab, haben wir schon S. 51. Anm. 36. gesehen. In Be=
zug auf Letztere verweise ich hier nur noch auf Gruter 625, 1. u.
Orelli 230. 1918. 2917. 3308. u. s. w. (Die Stellen des Brev.
cnr. nrb. und der Not. siehe bei Preller Regionen S. 30. u. 31.)
Auch tabellarii castrenses werden von Dio Cass. LXXVIII, 14. u.
bei Orelli 3249. erwähnt. (Sie sind aber nicht mit den tabularii,
Archivaren und Rechnungsführern, zu verwechseln, welches Irr=
thums sich auch Preller in der angef. Schrift S. 235. schuldig ge=
macht hat.) |

²⁹) Der große vom Statius Priscus, Statthalter von Cappa=
docien (Orelli 5480.), bei Europus erfochtene Sieg (Lucian. de
hist. conscr. 20. 24. 28.) und die Einnahme von Artaxata fallen
allerdings wohl schon in's Jahr 163, da aber Marc Aurel in
Folge derselben erst im Jahre 164 den Titel Armeniacus annahm
(Capitol. Ant. Phil. 9. vgl. Eckhel VII. p. 72.), so möge dieser
kleine Anachronismus verziehen sein.

³⁰) Capitol. Ant. Phil. 8. Verus 4.

³¹) Die Barbierstuben (tonstrinae), in denen der Bart ge=
schoren, das Haupthaar verschnitten, die Härchen an Armen und
Beinen ausgerauft und die Nägel geputzt wurden (Hor. Ep. I, 1,
94. Plaut. Aulul. II, 3, 33 f. Mart. III, 74. VIII, 47. XI, 84.
XIV, 36. Val. Max. III, 2, 15. Tibull. I, 8, 11.), waren Haupt=
plätze der Unterhaltung und wurden selbst von denen, die unter
ihren Sklaven eigne tonsores und tonstrices hatten, (denn auch von
Frauenhänden ließ man sich gern diesen Dienst erweisen: Plaut.
Truc. II, 4, 51. IV, 2, 59. 4, 3. Mart. V, 52. II, 17. Orelli
2883. Dig. IX, 2, 11. in. XXXIII, 7, 12. §. 6.), oft besucht,
um Tagesneuigkeiten zu hören (vgl. Plaut. Epid. II, 2, 13 f.
Asin. II, 2, 86. Ter. Phorm. I, 2, 39 f.), die sich überhaupt bei
der Sitte der Römer mehr außer als in dem Hause zu leben und
sich müßig in der Stadt umherzutreiben (vgl. oben S. 92. Anm.
341.), mit unglaublicher Schnelligkeit von Mund zu Mund ver=
breiteten.

³²) Obgleich die Römer noch keine eigentlichen Zeitungen in
unserm Sinne kannten, so waren doch die acta diurna urbis (Tac.
Ann. XIII, 31.) oder populi Romani (Plin. VIII, 40, 61. §. 145.),
auch acta urbis (Petron. 53. Lamprid. Commod. 15.) oder urbana
(Cic. ad Att. VI, 2.) und acta schlechthin (Cic. ad Div. II, 15.
XII, 8. Plin. II, 56, 57. §. 147. X, 2, 2. §. 5. u. s. w.), voll=
ständig vielleicht acta populi Romani diurna genannt (vgl. Schmidt

Das Staatszeitungswesen der Römer in dessen Zeitschr. f. Geschichts=
wiss. I. (Berlin 1844. S. 352.), ein Ersatz derselben. Diese Tages=
chronik, in welcher nicht nur alle neuen Gesetze, Senatsbeschlüsse,
Edikte der Magistrate, Hofberichte und Vorgänge in der kaiserlichen
Familie, Gerichtsverhandlungen, Staatsangelegenheiten, merkwürdige
Ereignisse u. s. w., sondern auch, wie in unsern Tagesblättern, un=
bedeutende Tagesneuigkeiten (Tac. Ann. XIII, 31.) und Annoncen
aller Art zur Kenntniß des Publikums gebracht wurden, raisonnirende
Leitartikel aber ausgeschlossen waren, trat, als Staatsanstalt vom
Jul. Cäsar um's J. d. St. 695 (59 v. Chr.) begründet (Suet.
Caes. 20.), an die Stelle der früher vom Pontifex Maximus ge=
schriebenen und in dessen Wohnung auf weißen Tafeln ausgestellten
Annalen, die zwischen 624 u. 631 nach Erb. d. St. eingegangen
waren, vermuthlich weil sie stabil bei ihrer alten, trocknen Form
geblieben und daher das Interesse des Volks an ihnen erloschen
war. Auch die acta diurna wurden wahrscheinlich von Actuaren
unter Aufsicht des Prätor urbanus oder eines andern Magistratus
auf Täfelchen geschrieben und in der Wohnung des Letzteren öffent=
lich ausgestellt, so daß Jeder sie lesen und abschreiben konnte; und
so gab es denn auch in Rom eine Klasse von Leuten, welche sich
ein Geschäft daraus machten, sie wenigstens theilweise zu copiren und
diese Auszüge ihren Abonnenten zu überbringen oder selbst nach
auswärts zu versenden. Stellen, in denen sie erwähnt werden, sind
außer den schon angeführten noch Suet. Tib. 5. Calig. 8. 36. Claud.
41. Cic. ad Fam. XII, 22, 1. 23, 2. 28, 3. Tac. Ann. III, 3.
XII, 24. XVI, 22. Sen. de ben. II, 10. III, 16. Plin. Ep. V,
14. VII, 38. IX, 15. Juven. 2, 136. 9, 84. Capitol. Ant. Phil.
9. Gord. 4. Vopisc. Prob. 2. u. s. w. Die Aechtheit der unter
dem Namen der Dodwell'schen Fragmente bekannten angeblichen
Ueberreste von ihnen (vom 28. März bis 3. April des J. d. St.
585, vom 11., 28. u. 29. Aug. des J. 691 und vom 1. Mai des
J. 698) ist noch sehr zweifelhaft. (Vgl. Zell Ueber d. Zeitungen
d. alten Römer. Heidelb. 1873. S. 109 ff.)

33) Daß es auch solche in Rom gab, ist wohl kaum zu be=
zweifeln. (Vgl. auch Sen. Cons. ad Marc. 25, 2. Suet. Oct. 6.
Mart. IX, 20. Spart. Pesc. Niger. 12.)

34) In diesem Tempel war auch ein großer Theil der Schriften
des Galenus aufbewahrt, wurde aber im J. 191 n. Chr. bei dem
Brande des Tempels unter Commodus, dessen Leibarzt Galenus ge=
worden war, ein Raub der Flammen.

35) Vgl. Aristid. Or. XIV. Vol. I. p. 326. Dind. |

36) Der Getreidehandel, der in den Händen reicher Groß=
händler (negotiatores frumentarii) war, die ein eignes Collegium
bildeten (Dig L. 5, 9. §. 1. 6, 5. §. 3. Orelli 3331.), wurde be=
sonders von Augustus (Suet. Oct. 42.), Claudius (Suet. Claud. 18.)
und Alexander Severus (Lamprid. Al. Sev. 22.) gefördert. Die

Holzhändler (lignarii oder negotiatores materiarii), nach welchen in Rom eine Straße vor der Porta Trigemina, wo sie ihre Nieder=
lagen hatten, den Namen inter lignarios führte (Liv. XXXV, 41, 10.), bezogen namentlich Holz zum Haus= und Schiffbau zum Theil aus fernen Gegenden (Strab. XIII, 1, 51. p. 606. Hor. Od. I, 14, 11.), zunächst aber durch Flößen auf dem Tiber aus Etrurien (Strab. V, 2, 5. p. 222.), und ließen es auf ihren Zimmerplätzen bearbeiten (vgl. Inschr. b. Gruter 642, 6. Murat. 984, 4. Orelli 4248. 4278.), werden aber gewiß auch mit Brenn= und Nutzholz für Tischler ꝛc. gehandelt haben. Viehhändler (mercatores pe-
cuarii) konnten nur die heißen, welche ganze Heerden aus fernen Gegenden zu Markte brachten (Orelli 913. 4114. vgl. mit 3166. 3672. Plaut. Capt. IV, 2, 125. (v. 905.) Plin. VII, 12, 10. §. 54. u. Cod. Theod. XIV, 4.), während die Fleischer einzelne Stücke Vieh von den Gutsbesitzern selbst bezogen (Varro R. R. II, 5, 11. Colum. VII, 3, 13.), eben so wie diese auch Wildpret, Geflügel und Fische an Köche und Kleinhändler (macellarii: Suet. Caes. 26. Vesp. 19. Varro R. R. III, 2, 11. [daher taberna macellaria bei Val. Max. III, 4, 4.] oder propolae, z. B. piscatores propolae b. Orelli 4109.) verkauften. Was den Weinhandel betrifft, so wur=
den früher, ehe im 1. Jahrh. v. Chr. der italische Weinbau auf=
zublühen anfing (vgl. Catull. 27, 1. Varro R. R. I, 2, 65. Cato R. R. 19—28. 33. 41. 43. u. anderw. Plin. XIV, 6, 8. §. 62.), besonders griechische Weine eingeführt (Plaut. Curc. I, 1, 79. Poen. III, 8, 86. Galen. Vol. XIV. p. 28., die besten aus Chios und Lesbos: Galen. Vol. VI. p. 275. 334. X. p. 832. Athen. I, 51. p. 28. e. f. Hor. Od. I, 17, 21. Gellius XIII, 5., sowie von der Insel Cy=
prus: Plin. XIV, 7, 9. §. 74.), die später auch aus italischen nachgemacht wurden (Cato R. R. 6. 105. 112.), und zu diesem griechischen und italischen Weinhandel kam dann auch noch der sicilische (Plin. XIV, 6, 8. §. 66. 15, 17. §. 97. Mart. XIII, 117. 125. Athen. I, 48. p. 27. d. Dioscor. V, 19. Aelian. Var. hist. XII, 31.) und spanische (Varro R. R. V, 5. Plin. XIV, 6, 8. §. 71. Mart. I, 26, 5. VII, 53, 6.), denn die französischen, besonders von Lugdunum ausgeführten (vgl. Orelli 4077. 7007. 7254.) Weine waren, den mit Pech versetzten von Vienna ausgenommen (Plin. XIV, 4, 6. §. 57. Plut. Qu. Symp. V, 3. Mart. XIII, 107. Colum. XII, 23.), ihres räucherigen Geschmackes wegen wenig be=
liebt (Mart. III, 82, 23. XIII, 123. XIV, 118.) Wie ausgedehnt der Weinhandel der Römer war, ersieht man schon daraus, daß er nach Plin. XIV, 11, 13. §. 87. etwa 80 berühmte Sorten um=
faßte, von welchen Italien selbst zwei Drittel lieferte. (Verzeich=
nisse der Weinsorten geben außer Plin. a. a. O. §. 53—76. auch Athenäus I, 47 ff. p. 26—34. Galen. Vol. VI. p. 334—339. XIV. p. 28 ff. u. anderw. u. Oribas. V, 6.) Man kann sich aber darüber nicht wundern, weil, einige künstlich bereitete | Getränke

abgerechnet, deren Hauptbestandtheil aber, die Obstweine ausgenom=
men, immer wieder Wein bildete, Wein und Wasser die einzigen
Getränke der Römer waren, da sie die unserm Bier ähnlichen
Gerstengetränke der Gallier, Germanen und Aegyptier (cerevisia,
zythum und camum) zwar kannten (Plin. XXII, 25, 82. §. 164.
Tac. Germ. 23, 1. Strab. III, 3, 7. p 155. XVII, 1, 14. p.
799. u. 2, 5. p. 824. Athen. I, 61. p. 34. b. Digest. XXXIII, 6, 9.
Ed. Diocl. II, 11. 12.), aber keinen Gebrauch davon machten.
(Künstliche Getränke waren außer dem Honigwein [mulsum, s. oben
S. 4. u. 49.] der Rosinenwein [passum: Varro b. Nonius p. 551.
Colum. XII, 39. Pallad. XI, 19. Plin. XIV, 9, 11. §. 81. 21,
28. §. 135. Plaut. Pseud. II, 4, 51. Verg. Geo. II, 93. Celsus
II, 18.], die gekochten Moste in drei Sorten [caroenum auf ²/₃,
defrutum auf ¹/₂ und sapa auf ¹/₃ eingekocht: Pallad. XI, 18.
Isidor. XX, 3, 15. Plin. XIV, 7, 9. §. 80. Varro bei Nonius
p. 551. u. Colum. XII, 20, 2. 21., welche jedoch über die beiden
letzten Bezeichnungen differiren], die gewürzten oder auf verschiedene
Pflanzen, wie Rosen, Myrthen, Veilchen, Wermuth, Kalmus, Anis,
Senf u. s. w., abgezogenen und unsern Liqueuren entsprechenden
Weine [Dioscor. V, 36—75. Plin. XIV, 16, 19. §. 104 ff. Col.
XII, 35. Oribas. I. p. 401 ff.] und endlich die aus Aepfeln, Bir=
nen, Datteln, Feigen, Maulbeeren u. s. w. bereiteten Obstweine
[Plin. XIV, 16, 19. §. 102. 103. Pallad. III, 25, 11. 19. Dios=
cor. V, 32. 34. 40 ff. Oribas. I. p. 399 ff.]). Der Oel= und
Honighandel waren beide gleich wichtig, da das Oel nicht nur
das gewöhnliche Brennmaterial war, sondern auch zur Bereitung
der Speisen verwendet wurde (Hor. Sat. II, 4, 50. Galen. Vol. VI. p.
353. u. A.), indem Butter nur als Heilmittel gebraucht ward
(Galen. Vol. VI. p. 683. XII. p. 274. Theophanes Nonnus 23. 83.
u. Marcell. Emp. IX. p. 81. bei Marquardt I. S. 338.), der
Honig aber überall unsern den Alten unbekannten Zucker ersetzen
mußte. Ueber die Oelhändler vgl. Orelli 3254. 3331. 4074. 6476.
7243., über die Honighändler Varro R. R. III, 16, 17. Appulej.
Met. I, 5. p. 25. Oud. Orelli 5091. Obsthändler (pomarii) wer=
den bei Hor. Sat. II, 3, 227. Orelli 2525. 6131. und in Bezug
auf Pompeji im Corp. Inscr. Lat. IV. n. 149. 180. 183. u. s. w.,
Händler mit eingemachten Früchten (salgamarii) Colum. XII, 56,
1., endlich Salzhändler (salarii, salinatores, welche Namen jedoch
auch Salinenpächter bezeichnen) bei Mart. IV, 86, 9. u. Arnob.
II, 38. erwähnt.

³⁷) Plin. XXVIII, 6, 18. §. 66. XXXV, 15, 50. §. 175.
Mart. VI, 93, 1. XIV, 51, 2. Orelli 3291. oder Mommsen I.
R. N. 2208. Als Wäscher und Reiniger der Stoffe heißen sie auch
lavatores oder lotores (Ed. Diocl. VII, 54. Orelli 7240. Spon.
Miscell. p. 64. Fabretti 6. n. 19.) Der ars fullonica gedenken
Plaut. Asin. V, 2, 55. (v. 907.) u. Plin. VII, 56, 57. §. 196.

Ueber das Verfahren der Walker vgl. Plin. XVII, 8, 4. §. 46.
XXXV, 17, 57. §. 197. XXVIII, 6, 18. §. 66. 8, 26. §. 91.
11, 48. §. 174. XXXV. 15, 50. §. 175. u. besonders Hippocr. de
diaeta I, 14. |

[38]) Vgl. Orelli 4056. 4091. Mommsen I. R. N. 2208.

[39]) Für deren Benutzung sie vor der Anlegung von Agrippa's
Wasserleitung eine Abgabe entrichten mußten. (Frontin. de aequaed.
§. 94. u. 98.)

[40]) Das ganz große Aehnlichkeit mit den Crinolinen unsrer
Damen hatte. Vgl. überhaupt die in der fullonica zu Pompeji ge=
fundenen Wandgemälde im Mus. Borb. IV. tav. 49. bei Overbeck
Fig. 213—215. u. Guhl u. Koner Fig. 468. u. 469. Ueber die Gru=
ben (lacus) und Bütten oder Tröge (pilae) der Walker vgl. Fron=
tin. de aquaednct. §. 98. u. Cato R. R. 14, 2., über das Stampfen
mit den Füßen Nonius p. 245. Hippocr. de diaet. I. 14. u. Sen.
Ep. 15, 4., über die Dornenkarde (spina fullonica, statt deren man
auch die Stacheln des Igels gebrauchte: Plin. VIII, 37, 56. §.
135.) Plin. XVI. 44, 92. §. 244. XXIV. 13, 68. §. 111. XXVII,
10, 66. §. 92. u. Dioscor. IV, 160., über das Schwefeln Plin.
XXXV. 15, 50. §. 175. Daß die Walker auch getragene Klei=
dungsstücke reinigten und appretirten, ergiebt sich nicht nur aus den
Anm. 37. angeführten Bezeichnungen, sondern auch aus Ed. Diocl.
VII, 54—63. vgl. mit Plaut. Epid. V, 1, 10. und Nonius p.
466, 21.

[41]) Töpfereien (figlinae: Plin. III, 6, 12. §. 82. u. f. w.)
gab es in Rom schon seit den ältesten Zeiten auf dem Vaticanus,
Esquilinus u. anderwärts (Juven. 6, 344. Mart. I, 18, 2. Festus
v. salinum p. 344, 25. M. Muratori 503, 18.) Wie großartig der Be=
trieb der Töpferei in späterer Zeit war, sieht man besonders daraus,
daß selbst die Kaiser Tiberius, Caligula, Claudius, Nero, Domitian,
Hadrian, die beiden Antonine, L. Verus und Commodus große
Töpfereien an verschiedenen Orten besaßen, aus denen auch ihre
Wittwen noch bedeutende Revenüen zogen. (Vgl. Furlanetto La-
pidi Patavine p. 538. Fabretti 501, 61. 510, 151. 512, 163.
514, 197. 517, 286. 519, 297. 298. Borghesi Annali 1840. p.
239. n. 24. p. 240. n. 25. 26. p. 241. n. 28. p. 243. n. 43.
p. 246. n. 57. u. Bull. 1858. p. 19. 46. Marini Atti p. 240.
241. 318. 667. 769. Murat. 500, 9. 17. Gruter p. 594, 1.
Orelli 4370. u. A. bei Marquardt II. S. 285 ff.)

[42]) In den ältesten Zeiten, wo man in Italien noch kein Oel
baute (Plin. XV. 1, 1.), brannte man daselbst Lichte (candelae)
von Wachs oder Talg (Varro L. L. V 119. Appulej. Met. IV,
19. p. 281. Oud.), später aber war der Gebrauch der Lampen ein
allgemeiner, mit denen nicht nur Privathäuser, sondern auch öffent=
liche Gebäude, wie Thermen (vgl. oben S. 95. Anm. 364.) und
zuweilen bei Abendvorstellungen Theater und Amphitheater (Suet.

Calig. 18. Tac. Ann. XIV, 21. Stat. Silv. I, 6, 85 ff. Suet.
Dom. 4. Dio Cass. LXVII, 8.), auch bei besondern Veranlassungen
und festlichen Gelegenheiten öffentliche Plätze und ganze Städte er=
leuchtet wurden (Lucil. Sat. 1, 23. vgl. mit Cic. Verr. II, 22, 58.
54, 141. de N. D. I, 9, 22. Plut. Cic. 22. Suet. Calig. 18. Dom.
4. Dio Cass. LXIII, 4. 20. LXVII, 8. LXXIV, 1. 16. Mart.
X, 6, 4. Stat. Silv. 1, 2, | 231. 4, 123. III, 5, 26. 70. Claub.
nupt. Hon. et M. 206 f. Appulej. Met. IV, 26. p. 294. Oud. u.
f. w. vgl. mit Tac. Ann. XIV, 20 f. XVI, 5. [siehe auch Beck=
mann Beitr. zur Gesch. d. Erfind. I. S. 63 ff. u. II. S. 520 ff.]),
denn eine beständige Straßenbeleuchtung gab es in Rom nicht. Sie
wäre auch unnöthig gewesen, da man in Rom sehr zeitig zu Bette
ging, und wenn man einmal des Nachts von einem Gelage nach
Hause zurückkehrte, mit Fackeln voranleuchtende Sklaven genügten.
Die Lampen wurden zwar zuweilen auch aus Alabaster und öfters
aus Bronze, selbst aus Silber und Gold, gewöhnlich aber aus Thon
verfertigt, und zeigten nicht nur auf der Oberfläche oft vortrefflich
ausgeführte Reliefs, sondern auch selbst die verschiedensten Formen
(eines Menschen= oder Thierkopfes, einer Theatermaske, eines Phallus
u. s. w.: vgl. z. B. Mus. Borb. V. tav. 20. VI. tav. 30. 47. XIV.
tav. 38. Overbeck Pompeji II. S. 55. Fig. 251. u. 252. Guhl
u. Koner Fig. 457. Weiß Fig. 332. u. 519.), bestanden aber
stets aus zwei Haupttheilen, dem Oelbehälter mit einer Oeffnung
auf der Oberfläche zum Eingießen des Oels, die gewöhnlich durch
einen Deckel verschlossen werden konnte, und einer vorspringenden
Tülle für den Docht; doch fanden sich auch zum Aufhängen be=
stimmte Lampen mit zwei, drei, vier und mehrern, ja selbst zwölf
und zwanzig Dochten, und diese waren mit zwei oder drei Oehren
für die Ketten versehen, an denen sie aufgehangen wurden, während
andre, zum Aufstecken auf einen Leuchter bestimmt, unten ein Loch
hatten. Die meisten aber waren unten flach, um auf den Tisch
gestellt zu werden, wenn sie aber in einen Untersatz zu stehen kamen
oder aufgehangen werden sollten, convex. Von allen diesen Lampen
sind in den Museen noch zahlreiche Exemplare zu finden.

[43]) Gewöhnliche Mosaikfußböden wurden entweder aus kubisch
oder aus ährenförmig gestalteten Thonplatten (tesserae oder spicae)
zusammengesetzt (Vitruv. VII, 1. extr. Plin. XXXVI, 25, 62. §.
187.), aber zu den ganz feinen Mosaiken (über welche z. B.
Overbeck Pompeji II. S. 224 ff. zu vergleichen ist) nahm man nicht
bloß bunte Stifte aus Stein oder Glas, sondern auch aus Thon
(Plin. a. a. O. §. 184. vgl. mit Stat. Silv. I, 3, 54.) Die Tafeln
zum Bekleiden der Wände am Fries waren viereckig, von ver=
schiedener Länge und Höhe, meistens bunt bemalt und mit Löchern
zum Annageln versehen.

[44]) Sen. Ep. 12, 3. Mart. XIV, 182. (vgl. Macrob. I, 10,
24. p. 80. 11, 46 ff. p. 93. Jahn.) Sie bildeten auch einen

Haupttheil der an den Saturnalien vertheilten Geschenke (Sen. Ep. 12, 3. Suet. Claud. 12. Spart. Hadr. 17. Carac. 1. Macrob. I. 11, 49. p. 94. Jan.)

45) Vgl. unten Kap. 3. die Beschreibung des Hauses und seiner Geräthschaften.

46) Die ältesten Statüen in Rom waren sämmtlich aus ge= branntem Thon (Plin. XXXIV. 7, 16. §. 34. XXXV. 12, 45. §. 157. Cic. de Div. I. 10, 16. Sen. Ep. 31. a. E. Cons. ad. Helv. 10, 7. Ovid. Fast. 1. 202. Prop. IV (V,) 1, 5. Juven. 11, 115 f.), und meistens in Etrurien gefertigt (Plin. a. a. O. §. 154. u. 157. Tertull. Apol. 25.); aber auch später wurden nicht nur die Modelle zu den Marmorstatüen (Plin. a. a. O. §. 155.), son= dern auch noch lebensgroße Statüen selbst aus Thon geformt, wie die in Pompeji gefundenen des Jupiter und der Juno, nach Andern des Aesculap und der Hygiea (f. Overbeck I. S. 97 f.), und wohl meistens stückweise zusammengesetzt (vgl. Phädrus IV, 15.) |

47) Ueber diese Vasen vgl. Band 2. S. 332. mit Note 232., auch 2. Abth. 1. Band. S. 224. Note 126.

48) [47] Andre Thongebilde waren Sarkophage (Plin. XXXV, 12, 46. §. 160.), Brunnenschalen, Badewannen, große, mannshohe Fässer u. dergl. Daß feinere Thonwaaren lieber von auswärts be= zogen wurden, läßt sich aus Plin. a. a. O. schließen. Es wurden auch theils Mauer=, theils Dachziegel aus gereinigter und mit Heckfel durchkneteter Ziegelerde fabricirt und entweder gestrichen (Plin. XXXV. 14, 49. §. 170. Vitruv. II. 3, 2. und besonders Isidor. XV. 8, 16.), oder in eine Form gedrückt (Pallad. VI, 12.), dann an der Sonne getrocknet und zuletzt gebrannt (Cato R. R. 39.) Die Dachziegel waren theils Flach=, theils Hohlziegel und die untersten der Letzteren oder die Stirnziegel (tegularum extremi im- brices: Plin. XXXV, 12, 43. §. 152. oder antefixa: Liv. XXVI, 23. XXXIV, 4. Paulus Diac. p. 8, 11. M.) gewöhnlich mit einer plastischen Verzierung, meistens Götterköpfen oder Masken, versehen. Die Ziegeleien lagen jedoch vor der Stadt, z. B. an der Via salaria. (Vgl. Marquardt II. S. 252. Note 2330.)

49) [48] Denn Reitsättel kannten damals die Römer noch nicht, sondern bedienten sich statt derselben bloser Decken oder Schabracken (ephippia: Caes. B. G. IV. 2. Cic. de Fin. III, 4, 15. Hor. Ep. I, 14, 43. Varro R. R. II, 7. Appulej. Met. X, 18. p. 713. Oud. Gellius V, 5. Nonius p. 108, 29.) Erst im Cod. Just. XII, 51, 12. u. Cod. Theod. VIII, 547., sowie bei Veget. de re vet. IV, 6, 4. kommen auch wirkliche Reitsättel unter dem Namen sellae vor. Daher haben auch die Römer noch keinen Ausdruck zur Bezeichnung des Sattlerhandwerks, während andre Lederarbeiter unter den Namen capistrarii (Orelli 4158.), d. i. Halftermacher, tabernacularii (Gruter p. 642, 8. Orelli 6101.), d. i. Zeltmacher, und utricularii (Gruter p. 428, 10. Doni El. V. Nr. 184. Mu=

rat. 531, 4. 5. 532. 1110, 1.), b. i. Schlauchmacher (obgleich auch
die den Alten schon bekannten Sackpfeifer denselben Namen führen:
Suet. Ner. 54.) erwähnt werden. Von den Schuhmachern ist unten
S. 188. Anm. 275. die Rede.

⁵⁰) [⁴⁹] Varro de L. L. V, 166. u. bei Nonius p. 11, 16.
Lucil. Sat. 15, 6. Ed. Diocl. VIII, 42. vgl. mit Mart. XI, 98, 11.

⁵¹) [⁵⁰] Edict. Diocl. VIII, 43.

⁵²) [⁵¹] Hor. Od. I, 8, 6. Verg. Geo. III, 206. u. daf. Serv.,
Ovid. Trist. IV, 6, 2. Am. I, 2, 15. Im Ed. Diocl. X, 5.
frenum equestre cum salivario instructum.

⁵³) [⁵²] Siehe oben S. 89. Anm. 320. [279.] u. S. 94.
Anm. 353. [313.]

⁵⁴) [⁵³] Vgl. oben S. 89. Anm. 321. [280.]

⁵⁵) [⁵⁴] Vgl. eine Inschr. bei Orelli 4181. mit Suet. Oct. 70.

⁵⁶) [⁵⁵] In die Bronzestatüen (bisweilen aber auch in Mar=
morstatüen) wurden gewöhnlich die aus Silber, Stein oder Glas
verfertigten Augen besonders eingesetzt, was die Arbeit der fabri
ocularii (Orelli 4185. vgl. mit 4224.) war. Vgl. Visconti zu
Mus. Pio-Clem. T. VI. p. 5., auch Böttiger Kl. Schr. II. S. 349.

⁵⁷) [⁵⁶] Doch bezeichnet der Name caelatores (Cic. Verr. IV,
27, 63. Plin. XXXIV, 8, 19. §. 85. Quinct. Inst. II, 21. extr.
Juven. 9, 145. u. s. w.), der von dem Instrumente, womit sie ar=
beiten, dem caelum, hergeleitet ist, auch die erhabne Bildwerke aus
| Metallblech herstellenden oder getriebene Arbeit liefernden Künstler.
Ueber das caelum selbst, d. h. einen Meißel oder Grabstichel, der
durch Treten eines Rades in Bewegung gesetzt wird, vgl. Varro b.
Nonius p. 197, 2. Mart. VI, 13. Quinct. a. a. O. Stat. Silv.
IV, 6, 26. Auson. Epigr. 55, 11. u. s. w.

⁵⁸) [⁵⁷] Bronzene Brunnenfiguren dieser Art haben sich in
Pompeji gefunden. Siehe Overbeck II. S. 169. u. 159. Die letztere
erwähne ich besonders deshalb, weil sie lebhaft an Labenwolf's
Gänsemännchen auf dem Brunnen des Obstmarktes in Nürnberg
erinnert.

⁵⁹) [⁵⁸] Ich bin hier der noch jetzt üblichen Weise in Ver=
gleichung mit dem gefolgt, was Marquardt II. S. 274. aus Mi=
chaelis Das Corsinische Silbergefäß. Leipz. 1859. S. 4. mittheilt.

⁶⁰) [⁵⁹] Cic. Verr. IV, 12, 29. Liv. (IX, 46.) XXII, 52.
Verg. Aen. V, 310. Juven. 11, 103. Plin. XXXVII, 12, 74. §.
194. vgl. Suid. II. p. 1409. Bernh. Daher equus phaleratus bei
Liv. XXX, 17. extr. Suet. Calig. 19. Claud. 17. u. anderw. Sie
waren am Rande mit Löchern versehen, um auf Riemen befestigt
werden zu können, und wurden meistens von Bronze, oft aber auch
von Silber, ja von Gold (Appulej. Met. X, 18. p. 712. Oud.)
verfertigt und mit Relief verziert, so daß sie zuweilen einen be=
deutenden Kunstwerth hatten. (Cicero a. a. O.) (Ueber die neuer=
lich in Lauersfort gefundenen phalerae vgl. O. Jahn Die Lauers=

forter Phalerae. Bonn 1860. und W. Rein in den Annali dell'
Inst. XXXII. p. 161 ff.)

[61] [60] Liv. XXXIX, 31. extr. Sall. Jug. 85. Suet. Oct.
25. Vgl. auch Silius XV, 255. Flor. III, 10, 26. Verg. Aen.
IX, 458., wohl auch v. 359. u. Liv. IX, 46.

[62] [61] Ursprünglich hatten nur patricische Knaben das Recht
eine solche (unstreitig von den Etruskern entlehnte) goldne bulla
von runder oder herzförmiger Gestalt zu tragen (Plin. XXXIII, 1,
4. §. 10.), späterhin aber alle freigeborenen (Cic. Verr. I. 58, 152.
Aur. Vict. de vir. ill. 6. Macrob. Sat. I, 6, 10. p. 39. Jan.),
u. selbst den Söhnen der Freigelassenen war wenigstens eine bulla
von Leder gestattet (Juven. 5, 165. Macrob. a. a. O.), die gleich=
zeitig mit der toga praetexta (s. oben S. 82. Anm. 257.) abgelegt
und den Laren geweiht wurde. Sie enthielt wahrscheinlich irgend
ein Amulet zum Schuße gegen Beschreiung und Bezauberung (vgl.
Macrob. a. a. O. u. Plin. XXVIII, 4, 7. §. 39.), da die Römer,
wie wir später sehen werden, sehr abergläubisch waren.

[63] [62] Ueber so verzierte Waffen vgl. Overbeck Pompeji II.
S. 83 ff., Brönsted Die Bronzen von Siris. Kopenh. 1837. u.
Mus. Borb. III. tav. 60. IV, 13. V, 29., über Lagergestelle (lecti aerati,
inargentati und inaurati) Liv. XXXIX, 6, 7. Plin. XXXIV, 3, 8.
§. 14. XXXVII, 1, 6. §. 12. Suet. Calig. 32. Mart. VIII, 33,
6. Dig. XXXIII, 10, 3. §. 3., über Thürflügel Zosim. V, 31.
(wo von den mit Gold beschlagenen Thüren des capitolinischen
Tempels die Rede ist), über Wagenkasten (carrucae argento caela-
tae) Plin. XXXIII, 11, 49. §. 140. Vopisc. Aurel. 46, 3., über
Kasten und Kästchen (cistae u. cistellae) Marquardt II. S. 269 ff.
u. s. w. Die fabri aerarii, welche sich mit dieser Arbeit beschäftig=
ten, hießen | bractearii (Inschr. b. Gruter 1074. n. 12. u. Doni VIII,
19., wo selbst eine bractearia erwähnt wird; nicht zu verwechseln mit den
bractatores oder Goldschlägern: Jul. Firm. Math. VIII, 16. Doni IX,
1.), während andre Künstler in Erz die Namen cassidarii (Orelli
4160. Marini Atti I. p. 251.) und parmularii (Orelli 4302 =
2462.), d. i. Helm= und Schildverfertiger, fusores ollarii (Gruter
630, 9. vgl. Plin. XXXIV, 9, 20. §. 98.), d. i. Topfgießer, can-
delabrii (Orelli 4157. Doni VIII, 90.), d. i. Candelabermacher,
lanternarii (Orelli 6292.), d. i. Laternenmacher, sacromarii (Orelli
4274.), d. i. Gewichtmacher u. s. w. führten. Von ihnen sind die
gewöhnlichen Eisenarbeiter (fabri ferrarii: Plaut. Rud. II, 6, 47.
[v. 531.] Gruter 640, 3. Orelli 4083., die in Rom eine Innung
bildeten: Orelli 4066. vgl. mit 4188. Ed. Diocl. VII, 11.), d. i.
Schlosser (claustrarii: Lamprid. Heliog. 12, 2. Alex. Sev. 24.),
Zeugschmiede (ferramentarii: Firm. Math. 3, 13. extr. u. dolabrarii:
Orelli 4071. 4081.), Messerschmiede (cultrarii: Orelli 4175. Corp.
Inscr. L. I. n. 1213.), Schwertfeger (gladiarii: Orelli 4197.) und
Sichelmacher (falcarii, nach denen eine Straße in Rom benannt
war: Cic. Catil. I, 4, 8. pro Sull. 18, 22.), wohl zu unterscheiden.

⁶⁴) [⁶³] Cic. Verr. IV, 23, 52. Paul. Sent. III, 6, 8. vgl.
Sen. Ep. 5, 2.

⁶⁵) [⁶⁴] Die Alten scheinen die getriebene Arbeit nur mit Bun=
zen, nicht auf die leichtere Art mit Stanzen ausgeführt zu haben.

⁶⁶) [⁶⁵] Die Handspiegel der Römer bestanden aus gegossenen
und geschliffenen, oft auch vergoldeten oder versilberten Metall=
platten aus einer Composition von Kupfer, Zinn und Zink (später
auch von massivem Silber: Plin. XXXIV, 17, 48. §. 160.), die
eine runde Form (Mart. IX, 17, 5.) und gewöhnlich einen Stiel
oder Griff hatten und fast stets auf ihrer Rückseite zierliche Gra=
virungen zeigten. Waren sie, wie häufig, in die erwähnten Toiletten=
kästchen (cistae) eingelegt, so fiel der Griff natürlich weg. Vgl. Abbild.
bei Overbeck Fig. 272. Guhl u. Koner Fig. 229. u. Weiß Fig. 265.

⁶⁷) [⁶⁶] Ueber dieses Nielliren vgl. Marquardt II. S. 282 f.,
welcher mit Vergleichung von Jahn's Alterth. aus Vindonissa in
d. Mittheil. d. antiq. Ges. in Zürich XIV, 4. (1862.) S. 94.
Anm. 4. mit Taf. V, 7—11. lehrt, daß das Niello aus einer leicht=
flüssigen Composition von Silber, Kupfer, Blei, Schwefel und Borax
besteht, die, wenn sie zusammengeschmolzen und abgekühlt ist, pul=
verisirt und auf die gravirte Metallplatte gestreut wird, die man
nun im Feuer erhitzt, so daß das wieder in Fluß kommende Niello die
tief gravirte Zeichnung ausfüllt. Ueber herrliche in Pompeji gefundene
Kunstwerke der Toreutik vgl. Overbeck II. S. 230 ff. mit Fig. 326.

⁶⁸) [⁶⁷] Auf der Unmasse noch vorhandener antiker Gemmen
erscheinen nur Namen griechischer Steinschneider, und wenn sich ja
einmal ein Römer unter sie verirrt, so schreibt er seinen Namen
wenigstens mit griechischen Buchstaben (z. B. Ϙηλιξ). Vgl. Brunn,
Gesch. d. Gr. Künstler II. S. 445. 503. citirt von Marquardt a.
a. O. S. 298. Sie hießen übrigens gemmarum scalptores (Plin.
XX, 13, 51. | §. 134. XXIX, 6, 38. §. 132. XXXVII, 4, 15.
16. §. 60. 63.) oder cavatores (Orelli 4155.) und zu ihnen ge=
hörten auch die Edelsteinschleifer (politores gemmarum: Firm. Math.
IV, 7. oder blos gemmarii: Murat. p. 941, u. Orelli 2661. 4195.)
Pinkerton Essay on Medals T. I. p. 181. u. Böttiger Kl. Schr.
III. S. 112. glauben, daß sich die alten Graveurs bei ihrer Arbeit
auch schon einer mikroskopischen Hülfe bedient haben müßten, und
in der That berechtigen die ungemein feinen, oft nur durch die Loupe
erkennbaren Gemmenfigürchen zu dieser Vermuthung.

⁶⁹) [⁶⁸] Plaut. Aul. III, 5, 34. Men. II, 3, 72. Titinius
bei Nonius p. 3, 16. u. in Ribbeck's Com. Lat. Rel. p. 115. Ar=
nob. II. p. 88. Harald.

⁷⁰) [⁶⁹] Ovid. Met. VI, 23. Daher stragula picta bei Tibull.
I, 2, 77. u. Cic. Tusc. V, 21, 61., toga picta bei Liv. X, 7, 10.
Lamprid. Alex. Sev. 40, 8. Capitol. Gord. tres 4., picti reges
bei Mart. X, 72, 2. u. s. w. (Von der toga picta und tunica
palmata des capitolinischen Jupiter, womit nur zuweilen auch fremde

Könige, Triumphatoren und die höchsten Magistrate bei feierlichen
Aufzügen geschmückt wurden und die dann stets in den Tempel zu=
rückwanderten, wird später die Rede sein. Vgl. Band 2. S. 29 f.)
Uebrigens vgl. die Abbild. einer Stickerin am Stickrahmen bei
Panofka Griechinnen und Griechen Fig. 3. zu S. 5.

71) [70] Vgl. Plin. VIII, 48, 74. §. 195.

72) [71] Varro bei Nonius p. 162, 25. Vitruv VI, 7. extr.
Gruter p. 649. n. 8. Ars plumaria bei Hieron. Ep. 29, 6., vestes
plumandi difficultate praenobiles bei Vopisc. Carin. 20, 5.

73) [72] Vgl. Propert. III, 7, (VI, 6,) 50., wo pluma versi-
color ein Kissen mit buntgesticktem Ueberzug ist, mit Petron. 55.,
wo der Pfau plumato amictus aureo Babylonico heißt, und Pru=
dent. Hamart. 295., wo freilich von der Weberei die Rede ist und
ein avium versicolorum indumenta novis texens plumea telis er=
wähnt wird. Vielleicht gehört hierher auch Mart. XIV, 146. (Doch
findet sich von Teppichen auch auro plumatus bei Lucan. X, 125.)
Dahingestellt mag es bleiben, ob Böttiger Recht hat, wenn er (Kl.
Schr. II. S. 271.) annimmt, diese Art der Stickerei habe davon
ihren Namen, daß der Ausdruck plumae vorzugsweise von den
Pfauenfedern gebraucht worden sei und die plumarii auf ihren
Stickereien namentlich die Pfauenaugen nachgeahmt hätten. Daß
die Römer eine Stickerei mit wirklichen Federn gekannt hätten, wie
Becker (Gallus II. S. 244 ff.) annimmt, läßt sich nicht nachweisen.

74) [73] Außer Lucan. a. a. O. vgl. z. B. Verg. Aen. I, 648.
Suet. Ner. 25. (chlamys distincta stellis aureis), Plut. Aem. Paul.
33. Dio Cass. LXIII, 20. Procop. de aed. III, 1. p. 247. ed. Bonn.

75) [74] Athen. XII, 29. p. 525. d.

76) [75] Vgl. Claud. de rapt. Pros. I, 244—267.

77) [76] Verg. Aen. VIII, 660. Silius IV, 155.

78) [77] Juven. 2, 97. Plin. VIII, 48, 73. §. 191. Prudent.
Hamart. 289.

79) [78] Vgl. Censorin. p. 84, 14.

80) [79] Plin. VIII, 48, 74. §. 196. Petron. 40. Mart.
XIV, 150. Ueber so gewirkte Teppiche vgl. Saumaise zu d. Script.
Hist. Aug. T. II. p. 858.

81) [80] Vgl. Philostr. Imag. II, 5. p. 815. u. Aristenät.
Ep. I, 27.

82) [81] Plaut. Pseud. I, 2, 14. (v. 146.) Curt. III, 3, 18.
Ammian. XIV, 6. Philostr. Imag. II, 31. p. 856.

83) [82] Claud. in Eutr. I, 350 ff. Oribas. II. p. 310. Clem.
Alex. Paed. II, 40. p. 235 ff. vgl. mit Plaut. a. a. O.

84) [83] Plin. XXXV, 9, 36. §. 62. Ovid. Met. VI, 576.
vgl. mit v. 582. Vopisc. Carin. 20, 5. Auson. Epigr. 38, 4.
Epist. 23, 13. |

85) [84] Auson. Grat. act. p. 294. Bip. Treb. Poll. trig. tyr.
14, 4. Macrob. V, 17, 5. p. 449. Jan.

86) [85] Vgl. Ovid. Met. V, 70 ff. Catull. 64, 50 ff. und
die Stellen griech. Schriftsteller über dergl. Webereien bei Mar=
quardt II. S. 143.

87) [86] Cic. Verr. IV, 12, 27. Plin. VIII, 48, 74. §. 196.
Propert. II, 32, (III, 30,) 12. Silius XIV, 659. vgl. Suet.
Ner. 50.

88) [87] Propert. III, 18, (IV, 17,) 19.

89) [88] Verg. Geo. II, 464. Aen. III, 483. IV, 262. (= X,
75.) VIII, 167. Tibull. II, 3, 83. Ovid. A. A. II, 299. Met.
III, 556. Silius IV, 155. Suet. Calig. 19. Plin. XXXIII, 3, 19.
§. 63. Lamprid. Heliog. 23. u. Sen. Ep. 90, 45. Marquardt II.
S. 145 f. zeigt, daß die Alten sich dazu nicht, wie wir, mit Gold=
draht übersponnener Seidenfäden, sondern dünner, biegsamer und
riemenförmiger, nur auf einer Seite vergoldeter Streifen einer
zarten, vegetabilischen Substanz bedient haben, welche Kunst, Gold=
fäden für die Weberei herzustellen, noch im Mittelalter bekannt war,
jetzt aber verloren gegangen ist.

90) [89] Die Glasfabrikation wurde erst in der Kaiserzeit wahr=
scheinlich aus Campanien (Plin. XXXVI, 26, 66. §. 194.) in Rom
eingeführt, nahm aber schon seit Tiberius schnell einen bedeutenden
Aufschwung (Strab. XVI, 2, 25. p. 758. Plin. a. a. O. §. 195.
Dio Cass. LVII, 21.), so daß von Alexander Severus die vitrarii
gleich den Vertretern andrer blühender Industriezweige mit einer
Abgabe belegt wurden (Lamprid. Alex. Sev. 24.) Ueber die Her=
stellung der Glaswaaren durch Gießen, Blasen, Drehen und Schleifen
vgl. Plin. a. a. O. §. 193.

91) [90] Vgl. Jordan de vicis urbis Romae in den Nuove
Mem dell' Inst. 1865. p. 231.

92) [91] Fenster von lapis specularis sind schon oben S. 57.
Anm. 77. erwähnt worden, daß aber auch Glasfenster nicht erst in
sehr später (vgl. z. B. Lactant. de opif. dei 8, 11.), sondern schon
in der ersten Kaiserzeit in Gebrauch kamen, sieht man aus den in
Herculanum, Pompeji u. Velleja gefundenen Fensterscheiben (Winckel=
mann Werke II. S. 251. 343. Gell. Pomp. I. p. 96. Mazois
II. p. 52. 93. Overbeck Pomp. I. S. 332. u. Marquardt II. S.
343.) Die oft erwähnten specularia bezeichnen daher unstreitig auch
Glasfenster und die eine Innung bildenden (Murat. p. 529. u.
Doni IX, 36.) specularii (Dig. L, 6, 6. Cod. Just. X, 64, 1.
Cod. Theod. XIII, 4, 2. p. 57.) sind Hersteller von Fensterscheiben.

93) [92] Vgl. Ovid. A. A. II, 207. Mart. VII, 72, 8.

94) Vgl. Petron. c. 27. mit Plat. Phaed. c. 50. u. Apoll.
Rhod. III, 144., auch Böttiger Amalthea I. S. 24. u. Kl. Schr.
III. S. 351.

95) [93] Man verfertigte namentlich herrliche Gefäße dieser Art
von buntem (braunem oder azurblauem) Glase mit angeschmolzenen
weißen und opaken Reliefs, die einen wunderbaren Eindruck machen.

Außer der berühmten Portlandvaſe vgl. die in Pompeji gefundenen
koſtbaren Gefäße, die ſich bei Minutoli Taf. III, 1. Zahn II. Taf.
77. (vgl. auch Overbeck II. S. 238 f. Fig. 331.) u. im Mus. Borb.
XI, 28. 29. abgebildet finden.
⁹⁶) [⁹⁴] Vgl. Vopiſc. Firm. 3, 2. Plin. XXXVI, 15, 24.
§. 114. 26, 67. §. 196. u. Suet. Dom. 14., wo ſo belegte Wände
beſchrieben werden, in denen man ſich ſpiegeln konnte. Vgl. auch
Caylus in d. Mém. de l'Acad. des B. Lettr. T. XXIII. p. 362 ff.
⁹⁷) [⁹⁵] Sen. Ep. 90, 31.
⁹⁸) [⁹⁶] Plin. XXXVI, 26, 67. §. 198. XXXVII, 6, 22. §.
83. 7, 26. §. 98. 12, 75. §. 197. Iſidor. Orig. XVI, 15, 27.
Treb. Poll. Gall. duo 12, 5. Ueber künſtliche Nachahmung von
Edelſteinen vgl. Böttiger Kl. Schr. II. S. 135 ff.
⁹⁹) [⁹⁷] Quinct. Inst. II, 21, 9. Mart. XII, 74, 5. XIV,
94, 1. vgl. mit Appulej. Met. II, 19. p. 136. Oud.
¹⁰⁰) [⁹⁸] Auch von allen dieſen Arbeiten haben ſich einzelne
Exemplare in Pompeji, Populonia und anderwärts gefunden. Eines
höchſt kunſtreich geſchliffenen Craters gedenkt auch Achilles Tatius
II, 3. Vgl. Marquardt II. S. 340 f., der S. 356 f. auch vom
Filigranglaſe und den Milleſiori handelt.
¹⁰¹) [⁹⁹] Cod. Just. X. 64, 1. Cod. Theod. XIII, 4, 2.
¹⁰²) [¹⁰⁰] Von den ſechs uns erhaltenen Bechern dieſer Art
zeigen drei die Inſchriften BIBE VIVE MULTIS ANNIS oder bloß
BIBE MULTIS ANNIS, oder griechiſch ΠΙΕ ΖΗΣΑΙΣ ΚΑΛΩΣ.
Vgl. Winckelm. Werke III. S. 293. Kunſtblatt 1826. Nr. 90.
u. ſ. w. bei Marquardt II. S. 341 f.
¹⁰³) [¹⁰¹] Murat. p. 947, 6. Fabretti 89, 168. Orelli 4180.
Cod. Just. X, 64, 1. Cod. Theod. XIII, 4, 2.
¹⁰⁴) [¹⁰²] Ueber ſolche Thürverzierungen aus Elſenbein vgl.
Cic. Verr. IV, 56, 126. Verg. Geo. III, 26 ff. Propert. II, 31,
(III, 29,) 12. Diod. V, 46. Athen. V, 38. p. 205. b.
¹⁰⁵) [¹⁰³] Vgl. currus eburnus bei Ovid. ex P. III, 4, 35.,
lecti eburati bei Plaut. Stich. II, 2, 54. (v. 377.) vgl. mit Suet.
Caes. 84., u. die sella curulis mit Elſenbeinverzierungen bei Ovid. ex P.
IV, 9, 27. Bei Triumphzügen wurden aus Elſenbein geſchnitzte Dar=
ſtellungen der eroberten Städte mit einhergetragen. (Quinct. VI,
3, 61. Ovid. ex P. III, 4, 105.)
¹⁰⁶) [¹⁰⁴] Vgl. über dieſe Diptycha oben S. 52. Anm. 38.
¹⁰⁷) [¹⁰⁵] Plin. XXXIII, 12, 54. §. 152. Juven. 11, 131 ff.
Clem. Alex. Paed. II, 3, 37. p. 189. Pott.
¹⁰⁸) [¹⁰⁶] Siehe die Abbildungen bei Overbeck Pompeji II.
S. 78. Fig. 272. Guhl u. Koner Fig. 472. Weiß Fig. 416.
¹⁰⁹) [¹⁰⁷] Dieſen Namen gebe ich dem Künſtler, weil wir wirk=
lich noch eine ſchöne, in Rom gefundene und im Palaſte Chigi auf=
geſtellte Venus mit ſeinem Namen beſitzen, die er ſelbſt als Copie
(freilich nicht der knidiſchen) bezeichnet; doch ſcheint derſelbe aller=

dings einer etwas früheren Zeit anzugehören. (Vgl. Overbeck Gesch.
b. griech. Plastik II. S. 354.)

¹¹⁰) Ueber die Wachsmodelle für den Erzguß vgl. oben S. 110.
Hier bietet sich eine Gelegenheit auch von solchen Wachsbildnern
zu sprechen, welche die Masken der Ahnenbilder (vgl. oben S. 136.
mit Note 415.), die Theatermasken (vgl. unten Kap. 6.), zierliche
Püppchen als Kinderspielzeug und bis zur Täuschung nachgeahmte
Früchte (Diog. Laert. VII, 177. Plin. XXXV, 12, 45. §. 155.)
lieferten.

¹¹¹) [¹⁰⁸] Siehe Overbeck Pompeji Figur 249. zu II. S. 51.

¹¹²) [¹⁰⁹] Verg. Geo. II, 389. Macrob. Sat. I, 7, 31. u.
11, 48. p. 58. u. 94. Jan. Ueber ihre lange verkannte Be=
stimmung vgl. Overbeck Pompeji II. S. 150. |

¹¹³) [¹¹⁰] Ueber bildliche Darstellungen von Ateliers der Stein=
hauer (die sich gewöhnlich durch ein Ladenschild ankündigten: siehe
Orelli 4222. 4223.) auf Gemmen und Reliefs vgl. Jahn in den
Berichten d. K. Sächs. Ges. d. Wiss. XIII. (1861.) S. 295 ff. mit
Taf. VI. u. IX., übrigens aber auch Overbeck Pompeji II. S. 9.
Außer den marmorarii (Sen. Ep. 88, 18. 90, 15. Vitruv. VII, 6.
Gruter p. 640, 6. 7. Orelli 2507. 3534. 4219. 4220. 4223.
Mommsen I. R. N. 2525. 2610. u. s. w.), zu denen auch die bloß
Hausverzierungen liefernden marmorarii subaedani (Murat. 1185,
8. Orelli 7245.) gehörten, erscheinen auch noch lapidarii (Petron.
65. Dig. XIII, 6, 5. §. 7. Gruter p. 640, 5. Orelli 4208. 4220.
6445., später auch quadratarii genannt: Cod. Theod. XIII, 4, 2.),
die bloß in gewöhnlichem Haustein (lapis quadratus) arbeiteten und,
in so fern sie auch Inschriften verfertigten, lapicidae hießen (Varro
L. L. VIII, 62. Sidon. Apoll. Ep. III, 12. vgl. Orelli 3246.),
die man aber ja nicht mit Steinbrechern (exemtores: Plin. XXXVI,
15, 24. §. 125.) verwechseln darf. Die die Mosaikfußböden ver=
fertigenden pavimentarii (Murat. p. 527, 6. Doni Cl IX. Nr. 35.
Orelli 6445.) oder tessellarii (Cod. Theod. XIII, 4, 2.) können
wohl beiden Gattungen angehören; gewöhnliche Steinsetzer aber
hießen silicarii (Frontin. de aquaed. 117.) Von den verschiednen
Marmorarten wird im 3. Kap. die Rede sein.

¹¹⁴) [¹¹¹] Daß dergleichen öfters vorkam, ist bekannt. Vgl.
Overbeck Gesch. d. griech. Plastik II. S. 374.

¹¹⁵) [¹¹²] Carpentaria fabrica: Plin. XVI, 8, 13. §. 34. Sie
führten nach der verschiedenen Gattung von Wagen, die sie fertigten,
auch verschiedene Namen: redarii (Capitol. Max. et Balb. 5., wie
aber auch die Kutscher der Reda heißen: Cic. pro Mil. 10, 29.),
essedarii (Murat. 958, 8.), cisiarii (Murat. 979, 6. Orelli 4163.,
anderwärts die Kutscher des Cisium: vgl. oben S. 46.), carpentarii
(Lamprid. Alex. Sev. 52. Dig. L, 6, 6. Doni VIII, 31.) u. s. w.
Um hier auch der übrigen in Holz arbeitenden Handwerker zu ge=
denken, so waren es Tischler (fabri lignarii: Liv. XXXV, 41. Pallad.

I, 6. u. s. w.), namentlich Kunsttischler (fabri intestinarii: Orelli
4184. = Mommsen I. R. N. 3671. ebendas. 2877. Cod. Theod.
XIII, 4, 2.), die nach den Arbeiten, die sie fertigten, in lectarii
(Orelli 4183.), armariarii (Orelli 7219.), arcarii (Orelli 2414.
über beide Benennungen vgl. Marquardt II. S. 312.) u. laquearii
(Cod. Theod. XIII, 4, 2.) zerfielen; ferner Zimmerleute (fabri tig-
narii oder tignuarii: Cic. Brut. 73, 257. Dig. L, 16, 235. §. 1.
Gruter p. 194. 2. p. 360, 2. p. 435, 8. Orelli 7230., fast überall
Innungen bildend: Orelli 60. 417. 820. 2155. 3217. 4087.
5634. 6745. 7200. 7231. 7260.), zu denen auch die Schiffszimmer=
leute (fabri navales: Grut. p. 640. 1. Orelli 3140. 4084. 4245.
7106. oder naupegi: Dig. L, 6, 6.) gehören; endlich die Drechsler
(tornatores: Firmicus Math. IV, 7.), die jedoch wohl nur selten
in Holz, gewöhnlich in Knochen und Elfenbein arbeiteten. S.
oben S. 114.

116) [113] Ein pictor quadrigularius kommt auf einer Inschr.
b. Orelli 4262. vor.

117) [114] Die plaustra waren von verschiedener Größe (Cato
R. R. 10, 2. Varro R. R. I, 22, 3. Isidor. Orig. XX, 12, 3.)
Die sarraca waren für schwere Lasten bestimmt (Vitruv. X, 1, 5.
Juven. 3, 255. Sidon. Apoll. Ep. IV, 18. in. Capitol. Ant. Phil.
13, 3. Quinct. Inst. VIII, 3, 21.) Die offnen carri dienten besonders
zum militärischen Gebrauche (Cäf. B. G. I, 3. 6. 24. Liv. X, 28.
Auct. B. Hisp. 6. Nonius p. 195, 29.), die verschlossenen, kasten=
artigen arcerae wurden als Transportwagen auch von schwer Er=
krankten und Gebrechlichen benutzt (Gellius XX, 1, 25. 29. Varro
L. L. II, 31. extr. Nonius p. 55, 2.) Ueber die Räder rotae
radiatae und tympana vgl. Probus zu Verg. Geo. I, 163. u. Varro
R. R. III, 5, 13.

118) [115] Vgl. Mart. XI, 28, 11. u. unten Anm. 244.

119) [116] Negotiatores vestiarii erscheinen im Cod. Just. X,
47, 7., in den Dig. XXXVIII, 1. 45. und auf Inschr. bei Orelli
3643. 4729. 5400. 7286. und Mommsen I. R. N. 1554. 4512.
vgl. auch Cato R. R. 135. u. Preller Regionen S. 151. (Speciellere
Namen derselben sind sagarii: Orelli 4251. (= Mommsen 2524.)
u. 4275. Gruter p. 650, 1. Fabretti p. 34. n. 167. p. 495. n.
189. u. Reines. X, 9. XI, 103. u. paenularii: Orelli 7259.
Mommsen 3399.)

120) [117] Solche schön gearbeitete Marmorreliefs finden sich
wirklich noch in Florenz. Vgl. Jahn in d. Ber. d. K. S. Ges. d. W.
Phil. hist. Cl. 1861. S. 371 ff. mit Abbildung auf Taf. XI. u.
Marquardt II. S. 188., wo auch mehrere Firmen von Kleider=
händlern bei Murat. p. 185, 2. Grut. p. 650, 1. u. Orelli 4294.
4295—5004. 5683. erwähnt werden, und darunter auch ein P.
Fannius Apollophanes de vico Tusco.

¹²¹) [¹¹⁸] Diese Inschr. findet sich bei einem Hause in Pompeji.
Vgl. Oberbeck Pomp. II. S. 102.

¹²²) Im Allgemeinen vgl. über die Kleidung der Römer be=
sonders Weiß Kostümkunde II. S. 954 ff., auch Böttiger Kl. Schr.
III. S. 22 ff.

¹²³) [¹¹⁹] Plin. Ep. IV, 11, 3. Suet. Claud. 15. Lucian. de
merc. cond. 24.

¹²⁴) [¹²⁰] Früher trug man die Toga von grober Wolle (da=
her toga densa, pinguis, hirta bei Suet. Oct. 82. Hor. Sat. I, 3,
15. Quinct. Inst. XII, 10, 47.), bei überhand nehmendem Luxus aber
zuletzt von so feinem, besonders in Tarent gefertigtem (Lucian. rhet.
praec. 15.) Tuche, daß die Purpurstreifen der Tunica hindurch
schimmerten (Varro bei Nonius p. 536, 33. vgl. Diod. Sic. Exc.
l. XXXVI. Vol. II, 2. p. 152. Dind. u. Ovid. A. A. III, 445.)
und solche Togen heißen daher bei Varro a. a. O. vitreae, bei
Sen. Ep. 114, 21. perlucidae. Vgl. auch toga levis u. rasa bei
Mart. VII, 86. II, 85. Plin. VIII, 48, 74. §. 195. Ueber die
verschiedene Feinheit des Stoffs vgl. Mart. VIII, 28. Später
finden sich auch seidne und halbseidne Togen (Quinct. XII, 10, 47.)

¹²⁵) [¹²¹] Die höheren Staatsbeamten trugen die mit einem
angewebten Purpurstreifen umsäumte toga praetexta, die wir oben
S. 82. Anm. 257. schon als Tracht der Knaben kennen gelernt
haben. Uebrigens vgl. unten Anm. 148. Ueber die toga pulla
oder sordida (d. h. nicht etwa schmuzige, sondern unscheinbare,
dunkelfarbige) der Trauernden und | Angeklagten siehe Tac. Ann.
III, 2. Juven. 3, 213. 10, 243. Prop. IV, (V,) 7, 28. Tibull.
III, 2, 16. Mart. I, 104, 5. Cic. in Vat. 2, 12. ad Att. VIII,
4, 12. Verr. II, 25, 55. Suet. Vitell. 15. Dion. Hal. VIII,
45. Dio Cass. XXXVIII, 14, 16. u. A. vgl. mit Nonius p.
549, 30.

¹²⁶) Vgl. 2. Abth. 1. Band. S. 88. u. Abbild. bei Weiß
Fig. 253. a. b. c. u. 378. b. c.

¹²⁷) Ich verweise unter unzähligen Abbildungen der Kürze
wegen blos auf Weiß Fig. 377. u. Guhl u. Koner Fig. 464.

¹²⁸) [¹²²] Daher toga rotunda bei Quinct. XI, 3, 139. (der
Hauptstelle über diesen Gegenstand, §. 137—141.) u. Isidor. Orig.
XIX, 24, 3.

¹²⁹) [¹²³] Andere geben ihr ohne Noth eine ovale Form und
lassen mithin auch die obern Ecken abgerundet werden. Die hier
gegebene Darstellung gründet sich weniger auf Weiß's (Kostümkunde
II. S. 956 ff. mit bildlicher Darstellung), als auf v. d. Launitz's
(Verhandl. d. Philol. Vers. 1865. S. 49 ff.) u. Marquardt's (Röm.
Privatalterth. II. S. 163 ff.) Untersuchungen.

¹³⁰) [¹²⁴] So hat z. B. die Toga des von Horaz Epo l. 4, 7.
verspotteten Freigelassenen eine Weite von 6 Ellen. Cic. Cat. II,
10, 22. erwähnt velis amictos, non togis.

¹³¹) [¹²⁵] Hor. Sat. I, 3, 14. Vgl. toga pinguis bei Suet. Oct. 82.

¹³²) [¹²⁶] Gellius VII, 12, 3. Nicht nur der jüngere Cato (Hor. Ep. I, 19, 13. Lucan. II, 386.), sondern selbst Augustus (Suet. Oct. 73.) trug noch eine solche, die daher Horaz Ep. I, 18, 30. überhaupt als Tracht bescheidner Leute bezeichnet.

¹³³) [¹²⁷] Vgl. die Abbild. bei Weiß Fig. 367. u. 378. a. So lange die Römer die Toga auch im Kriege trugen, wo diese Art sie anzulegen ganz unpraktisch gewesen wäre, zogen sie diesen Zipfel fest um den Leib herum, so daß er einen Gürtel bildete, der, obgleich beide Arme nun frei waren, das Herabfallen der Toga verhinderte. Es war dies der sogenannte cinctus Gabinus (Liv. V, 46. VIII, 9. X, 7. Verg. Aen. VII, 612. Paulus Diac. p. 225, 5. Festus p. 189, 13. M.), über welchen vgl. Serv. zu Verg. a. a. O. (Der bei Claud. de III. Cons. Hon. 3. de IV. Cons. Hon. 6. de VI. Cons. Hon. 594. Prudent. Peristeph. X, 1015. u. Isidor. Or. XIX, 24, 7. erwähnte cinctus Gabinus ist eine ganz andre Tracht späterer Zeiten, auf welche nur der alte Name übergetragen wurde.)

¹³⁴) [¹²⁸] Suet. Calig. 35.

¹³⁵) [¹²⁹] Auch der Gebrauch seiner, linnener Taschentücher, doch nur zum Abtrocknen des Schweißes bestimmt und daher Schweißtücher (sudaria) benannt, war den Römern durchaus nicht unbekannt. (Catull. 12, 14. 25, 7. Quinct. VI, 3, 60. XI, 3, 148. Suet. Ner. 48. Mart. XI, 40, 3. Val. Max. IX, 12, 7. Petron. 67.) Später nannte man sie oraria (Vopisc. Aurel. 48. Augustin. Civ. Dei XXII, 8, 7. Prudent. Peristeph. I, 86. Etym. M. v. γλώσσων) und gebrauchte sie auch, um im Circus und den Theatern Beifall zuzuwinken (Vopisc. a. a. O.), wozu man sich früher des Zipfels der Toga bedient hatte (Ovid. Am. III, 2, 74.) Als Schnupftücher aber wurden sie nicht benutzt und waren als solche auch unnöthig, da bei dem Klima Italiens und der ganzen Lebensweise der Alten Schnupfen nur selten vorkam und öfteres Schneuzen überhaupt vermieden wurde. (Arrian. Diss. Epictet. III, 11. Tac. Ann. XVI, 4. Juven. 6, 146 ff. vgl. mit Plaut. Mil. glor. III, 1, 192.) Im Nothfalle und zu Hause schneuzte man sich mit der bloßen Hand. (Mart. VII, 37.) Vgl. überhaupt Böttiger Kl. Schr. III. S. 93 ff.

¹³⁶) [¹³⁰] Plaut. Epid. II, 2, 3. Rud. V, 2, 26. Varro R. R. III, 17, 2. |

¹³⁷) [¹³¹] Vgl. oben S. 52. Anm. 38.

¹³⁸) [¹³²] Der sinus vertrat also die Stelle unsrer Rocktaschen.

¹³⁹) [¹³³] Pers. 5, 33. u. Tertull. de pallio 5. in. (der überhaupt über das Umwerfen der Toga zu vergleichen ist). Dasselbe bezeichnet wohl Macrob. Sat. III, 13, 4. p. 308. Jan. (oder II, 9. p. 358. Bip.) durch den Ausdruck nodus.

¹⁴⁰) [¹³⁴] Vgl. Macrob. u. Tertull. a. a. O.

¹⁴¹) Varro L. L. IV, 30. Nonius p. 540, 8. (Plaut. Ep. II, 2, 49.)

¹⁴²) Varro a. a. O. Nonius p. 542, 22. Hor. Epist. I, 1, 95. Suet. Oct. 82. (Vgl. auch Becker Gallus III. S. 118 f.)

¹⁴³) [¹³⁵] Plaut. Aul. IV, 4, 20. Calpurn. Ecl. 3, 29. vgl. mit Hor. Ep. I, 1, 95. Daher bei Quinct. XI, 3, 138. u. Nonius p. 536, 18 ff. tunicae im Plural. Augustus trug aus Gesund=heitsrücksichten sogar vier Tunifen über einander (Suet. Oct. 82.)

¹⁴⁴) [¹³⁶] Varro L. L. IX, 79. Suet. Oct. 94. Joseph. Ant. III, 7, 41.

¹⁴⁵) [¹³⁷] Langärmelige Tunifen (manicatae) galten für weibisch, wurden aber doch, besonders späterhin, auch von Männern getragen (Gellius VI, 12. Cic. Cat. II, 10, 22. in Clod. et Cur. 5, 1. Suet. Caes. 45. Calig. 52. Plin. Ep. III, 5, 15. Vopisc. Aurel. 48.) Früher trug man auf Reisen zum Schutz und zur Wärme wohl auch blose Ueberzugärmel (manicas). Daher der merkwürdige römische Ausdruck manicas accipere (Cic. Phil. XI, 11, 26.), ganz unserm „Manschetten bekommen" entsprechend.

¹⁴⁶) [¹³⁸] Quinct. XI, 3, 138. Hor. Sat. I, 5, 6.

¹⁴⁷) [¹³⁹] Hor. Sat. II, 1, 73.

¹¹⁸) [¹⁴⁰] Plin. VIII, 48, 73. §. 193. Doch auch angenäht: Dig. XXXIV, 2, 19. §. 5. u. 2, 23. §. 1. Manche glauben, nur der angustus clavus sei doppelt, der latus clavus aber blos einfach gewesen, in welchem Falle jedoch, besonders aus einiger Entfernung gesehen, zwischen beiden fast gar kein Unterschied stattgefunden haben würde. Die Stelle bei Herodian. V, 5, 9. beweist nichts, da in ihr gar nicht von römischer Tracht die Rede ist, und für den Doppel=streifen der laticlavia scheint bei Quinct. XI, 3, 138. der Plural purpurae zu sprechen. Der latus clavus der Toga war allerdings nur einfach. Ob man aus Varro L. L. IX, 79. schließen darf, daß die clavi auch am Rücken herunter hingen, bleibt zweifelhaft.

¹⁴⁹) [¹⁴¹] Festus p. 209, 23. M.

¹⁵⁰) [¹⁴²] Suet. Caes. 45.

¹⁵¹) [¹⁴³] Hor. Ep. I, 1, 95. Sie entspricht, den Stoff ab=gerechnet, unserm Hembe. Der Name tunica interior findet sich bei Val. Max. VII, 4, 5., der andre subucula bei Hor. a. a. O. Varro L. L. IV, 30. u. bei Nonius p. 542, 22. Suet. Oct. 82. u. Festus p. 309, 29. M.

¹⁵²) [¹⁴⁴] Acron. zu Hor. Ep. I, 11, 18. Mart. XIV, 129.

¹⁵³) [¹⁴⁵] Mart. XIV, 145. Plin. VIII, 48, 73. §. 193. Vgl. oben S. 64. Anm. 152.

¹⁵⁴) [¹⁴⁶] Mart. XIV, 130. Sen. N. Qu. IV, 6, 2.

¹⁵⁵) Vgl. unten Note 195 ff. u. die Abbild. bei Weiß Fig. 380.

¹⁵⁶) [¹⁴⁷] Cic. pro Mil. 20, 54.

·¹⁵⁷) [¹⁴⁸] Cic. ad Att. XIII, 33, 4.

¹⁵⁸) [¹⁴⁹] Plaut. Most. IV, 2, 74. — Sen. de ben. III, 28, 5. Mart. IX. 22, 9. — Cic. pro Sest. 38, 82. Suet. Ner. 31.

¹⁵⁹) [¹⁵⁰] Cic. pro Mil. a. a. O.

¹⁶⁰) [¹⁵¹] Lamprid. Alex. Sev. 27. Dio Cass. LXXII, 21.

¹⁶¹) [¹⁵²] Dig. XXXIV, 2, 23. §. 2. Der paenula matro-
narum gedenken Cicero bei Quinct. VIII, 3, 54. und Lamprid.
a. a. O.

¹⁶²) [¹⁵³] Vgl. Plut. Numa 7.

¹⁶³) [¹⁵⁴] Daher bei Paulus p. 117, 10. duplex. (vgl. Verg.
Aen. V, 421. u. Rep. Dat. 3.) u. b. Varro L. L. V, 133. duarum
togarum instar.

¹⁶⁴) [¹⁵⁵] Juven. 5, 130. Mart. VIII, 59, 10. Hieron.
Ep. 22.

¹⁶⁵) [¹⁵⁶] Juven. 3, 283. Pers. I, 30. Verg. Aen. IV, 262.
Hieron. a. a. O.

¹⁶⁶) [¹⁵⁷] Serv. zu Verg. Aen. V, 421.

¹⁶⁷) [¹⁵⁸] Mart. IV, 53, 5. VIII, 48, 4.

¹⁶⁸) [¹⁵⁹] Juven. 4, 76. Daher Soldatentracht bei Nonius
p. 538, 16.

¹⁶⁹) [¹⁶⁰] Mart. VIII. 48, 1. vgl. mit Suet. Calig. 35. Ueberhaupt kamen in der Kaiserzeit bei überhand nehmendem Luxus mit
Purpur verzierte oder ganz purpurne Gewänder immer mehr in die
Mode (vgl. Mart. auch I, 96, 7. II, 57, 2. XIV, 154. 156.),
nachdem noch Augustus Privatleuten das Tragen des Purpurs
untersagt (Dio Cass. XLIX, 16.) und selbst Nero diesem Luxus
noch gesteuert hatte (Suet. Ner. 32.) Es entstanden nun nicht
bloß in Rom (außer Suet. a. a. O. vgl. Murat. p. 962, 6. 982,
10. Fabretti IX. n. 175. Gruter 621, 4. Orelli 4271.), sondern
in sehr vielen Städten des Reichs (vgl. Murat. p. 949, 8. p. 973,
6. Gruter 649, 9. Orelli 4250. 5176. 7271. Mommsen I. R.
N. 117. 3765. 6225. 7220.) Handlungen der purpurarii, und selbst
die spätern Kaiser legten nach dem Vorgange des Alexander Severus (Lamprid. Al. Sev. 40.) Purpurfabriken an und verkauften
das Erzeugniß derselben. (Cod. Just. IV, 40, 1. Procop. hist.
arc. 25. Außer der Hauptfabrik in Tyrus gab es nach der Not.
dign. occid. 25. im Occident neun kaiserliche Purpurfabriken.) Der
Purpur aber, den diese officinae (Plin. IX, 36, 61. §. 129. 38,
62. §. 133.) lieferten, war sehr verschiedener Art, bald besser und
dem ächten tyrischen näher kommend, bald schlechter; wie es denn
überhaupt, selbst bei dem ächten, mehrere Sorten davon gab, die
in der Farbe wie im Stoff wesentlich differirten. Der ächte Purpur hatte immer eine dunkle Farbe (Vitruv. VII, 13. nennt die
schwarze, blauschwarze, violette und rothe) und violetter oder dunkel-
rother war der beliebteste, doch wußte man durch verschiedene Farben-
mischungen auch hellrothen, heliotrop= und malvenblauen und selbst
goldgelben herzustellen (Plin. XXI, 8, 22. §. 46. vgl. mit XXII,
21, 29. §. 57. u. Colum. de cultu hort. 101.). Die Hauptstelle
darüber findet sich bei Plin. IX, 36, 61. §. 129 ff. Vgl. besonders Schmidt, Die Purpurfärberei und der Purpurhandel im Alterth.

in f. Forsch. auf d. Gebiete d. Alterth. I. S. 96 ff. u. Marquardt II. S. 120 ff. Ein Purpurfärber erscheint bei Cic. ad Fam. II, 16, 7. Daß die Färber (infectores: Cic. a. a. O. Plaut. Aul. III, 5, 36. 47. Plin. XX, 7, 25. §. 59. Paulus Diac. p. 112, 6. M. u. f. w. oder offectores: Orelli 7264. Paulus p. 192, 10.) ge= wöhnlich nur in einer Farbe arbeiteten, | ersieht man aus den ver= schiedenen Namen derselben: cerinarii (Plaut. a. a. O. v. 36.), crocotarii (ebendas. v. 47.), flammearii (ebendas. v. 36.), spadicarii (Firm. Math. III, 7, 1.), violarii (Plaut. a. a. O. v. 36.), d. h. Wachsgelb=, Saffrangelb=, Feuerroth=, Braun= u. Violetfärber.

170) [161] Sulp. Sever. Dial. I, 14.

171) [162] Anth. Lat. Burm. II. p. 407. oder Meyer Anth. n. 385, 5. vgl. mit Paulus p. 31, 6. u. Schol. zu Juven. 3, 283.

172) [163] Von dieser Capuze ist S. 120. die Rede.

173) [164] Schol. zu Juven. 8, 145. vgl. Cod. Theod. XIV, 10, 1.

174) [165] Augustin. Serm. 161. §. 10.

175) [166] Cod. Theod. a. a. O.

176) [167] Mart. VI, 59, 5. Sulp. Sever. Dial. I. 14.

177) [168] Cic. Phil. II, 30, 76. Hor. Sat. II, 7, 55. Pers. 1, 54. (wo sie der Schol. fälschlich mit dem byrrus verwechselt). Mart. II, 46, 3. VII, 86, 8. u. f. w.

178) [169] Mart. II, 29, 3 f. VIII, 28. extr. XIV, 137. Augustus hatte dieß einmal verboten (Suet. Oct. 40.), später aber kehrte sich Niemand mehr an dieses Verbot, und man trug sie selbst bei öffentlichen Spielen (Suet. Claud. 6.) und an Feiertagen (Gel= lius XIII, 21.) statt der Toga. (Nach Böttiger Kl. Schr. III. S. 205. war sie ein bloser Mantelkragen, der nur Kopf und Schultern bedeckte und stets mit einer Kapuze versehen war, was schwer zu beweisen sein dürfte.)

179) [170] Wenigstens nennt sie Juven. 9, 29. munimenta togae.

180) [171] Propert. III, 12, (IV, 11,) 7. IV, (V,) 3, 18. Ovid. Fast. II, 746. Vellej. II, 70. 80. Corn. Gall. b. Wernsd. P. L. min. III. p. 190.

181) [172] Weiß: Suet. Claud. 6. Mart. IV, 2, 6. XIV, 137.; scharlachroth: Mart. XIV, 131.; purpurfarbig: Mart. II. 29, 3. V, 8, 11. VIII, 10. IX, 22, 3. Juven. I, 27.; schwarz oder wenigstens dunkelfarbig: Mart. I, 96, 4. IV, 2, 2. Suet. Oct. 40. Welcher Luxus mit diesem Kleidungsstück getrieben wurde, ersieht man aus Mart. IV, 61, 4., wo einer für 10,000 Sestert. (d. h. etwa 1750 Mark) gekauften Lacerna Erwähnung geschieht.

182) [173] Schol. des Pers. 1, 54. u. Isidor Or. XIX. 24, 14., in welchen Stellen man zwar statt pallium fimbriatum lieber fibulatum lesen will (vgl. Marquardt II. S. 174.), wobei man jedoch die folgenden Worte Isidor's Inde autem lacernae quasi

amputatis capitibus fimbriarum, neque ita laxis, ut sunt paenu-
larum ganz überjehen zu haben jcheint. Ob die lacerna eine fibula
hatte, wiſſen wir nicht.

¹⁸³) [¹⁷⁴] Mit einer Kapuze verjehen erſcheint die Lacerna bei
Hor. Sat. II. 7, 55. (vgl. auch Mart. XIV, 132.); daß jene aber
auch blos daran geheſtet wurde, ergiebt ſich aus Mart. XIV, 139.,
wo die weiße Lacerna durch die angeheſtete, wahrſcheinlich abfärbende
Kapuze eine andre Farbe erhält.

¹⁸⁴) [¹⁷⁵] Liv. XXX, 17, 13. Varro bei Nonius p. 538, 28.
Appian. Pun. 109. vgl. mit Liv. XXVII, 19, 12. Strab. III, 3,
7. p. 155. Appian. de reb. Hisp. 42. 43. Bopisc. Prob. 4. 5.
u. Tac. Germ. 17. Daß es auch ohne fibula getragen wurde, läßt
ſich aus Treb. Poll. XXX. tyr. 9. §. 10. ſchließen.

¹⁸⁵) [¹⁷⁶] Liv. XXX, 17, 13. Nonius p. 538, 31. Früher
waren die Namen sagum und paludamentum identiſch und Letzteres
wurde | auch den gemeinen Soldaten und Lictoren beigelegt (Liv.
I, 26, 2. XLI, 10, 7. LIV, 39, 11. Nonius p. 538, 31.), ſpäter
aber unterſchied man das ſcharlachrothe (Plin. XXII, 2, 3. §. 3.
Silius XVII, 396. Caeſ. B. G. VII, 88. Jſidor. XIX, 24, 9.)
paludamentum der Officiere von dem sagum der Gemeinen. (Varro
L. L. VII, 37. Hirt. B. Afr. 57. Appulej. Apol. 22. p. 442. Oud.
vgl. mit Suet. Oct. 26. Vitell. 11. Treb. Poll. XXX tyr. 22.
§. 23. Gallien. 6. u. Lamprid. Alex. Sev. 54.) Uebrigens trugen
Erſtere das paludamentum auch von weißer Farbe (Val. Max. I,
6, 11. Hirt. B. Afr. a. a. O.), natürlich in Stoff und Schmuck
von dem sagum der Gemeinen verſchieden.

¹⁸⁶) [¹⁷⁷] Mart. II, 46, 4. X, 29, 4. Petron. 30.

¹⁸⁷) [¹⁷⁸] Capitol. Max. duo 30, 5. Max. iun. 4. Dio Caſſ.
LXIX, 18. Manche pflegten ſie ſogar während der Mahlzeit mehrmals zu wechſeln (Mart. V, 79, 2.) Vgl. oben S. 150.

¹⁸⁸) [¹⁷⁹] Daß ſich der Kaiſer Nero erlaubt habe, auch am
Tage in der loſen Syntheſis und unbeſchuhet auszugehen, wird von
Suet. Ner. 51. als öffentliches Aergerniß bezeichnet.

¹⁸⁹) Vgl. z. B. Dio Caſſ. LXIX, 18.

¹⁹⁰) [¹⁸⁰] Mart. VI, 24. XIV, 1, 1. Die Syntheſis wurde
auch von Frauen getragen (Dig. XXXIV, 2, 33.) und man beſaß
ſie gewöhnlich in mehreren Exemplaren (vgl. Mart. II, 46, 4.),
worauf ſich unſtreitig auch ihr Name bezieht, der eigentlich eine
ganze Garnitur gleicher Gegenſtände bezeichnet. Ihre nähere Be-
ſchaffenheit aber kennen wir nicht; nur kann ſie kein bloſer Ueberwurf geweſen ſein, da ſie angezogen wurde. Wahrſcheinlich alſo
hat man ſich darunter eine Art Tunica, nur viel weiter, vielleicht
auch mit weiten Aermeln, zu denken, alſo eine Art von Schlafrock
der modernen Zeit.

¹⁹¹) [¹⁸¹] Lange Zeit kannten die Römer nur zwei Kleidungs-
ſtücke von Leinwand, dieſen Schurz und die Buſenbinde der Frauen,

wie denn überhaupt die Linnenweberei der Römer nicht von Be=
deutung war. Die Leinweber (linteones: Plaut. Aul. III. 5, 38.
Serv. zu Verg. Aen. VII, 14. Gruter p. 38, 15. Orelli 7239.)
lieferten auch meistens nur grobe Leinwand zu Segeln, Planen
(Plin. XIX, 1, 1. 2. §. 1—8. u. 1, 6. §. 23. 24.), chirurgischen
Bandagen (Colum. VI, 16, 2.), Sacktuch zum Durchsieben (Plin.
XXI, 18, 73. §. 122. XXXIV, 18, 52. §. 172.) und grobes Garn
zu Fischer= und Jagdnetzen (Verg. Geo. I, 142. Ovid. Met. III,
153. VII, 768. 807. XIII, 931. Plin. XIX, 1, 2. §. 10. 11.).
Die wenige Leinwand für den Hausbedarf wurde gewöhnlich im
Hause selbst gesponnen und gewebt. (Dig. XXXII, 1, 70. §. 11.
Vgl. oben S. 21.)

¹⁹²) [¹⁸²] Isidor. Or. XIX, 22, 5.

¹⁹³) [¹⁸³] Mart. III. 87, 4. Uebrigens vgl. Cic. de Off. I,
35, 129. u. Nonius p. 29, 20. Daß Sklaven auch bei Tische blos
im linnenen Schurz aufwarteten, darf doch wohl aus Suet. Calig.
26. noch nicht geschlossen werden. — Damit sich meine Leser nicht
wundern, daß ich der Beinkleider (braccae) gar keine Erwähnung
gethan, so bemerke ich, daß diese barbarische Tracht den Römern,
wie den Griechen, völlig fremd war und stets von ihnen verspottet
wurde (Cic. in Pis. 23. in., pro Font. 11. in., ad Fam. IX, 15,
2. Ovid. Trist. V, 10, 33.). Seit Ende des 2. Jahrh. jedoch
scheinen die Kaiser scharlachrothe Beinkleider getragen zu haben
(Lamprid. Alex. Sev. 40.) und unter den spätern halbbarbarischen
Kaisern mag der Gebrauch | derselben so eingerissen sein, daß Hono=
rius ein Verbot ergehen ließ, sie in der Stadt zu tragen. (Vgl.
Salmas. zu Lamprid. a. a. O.) Früher dagegen bedienten sich die
Römer statt ihrer zuweilen bloser Binden (fasciae), die um die
Beine gewickelt wurden (Cic. de har. resp. 21, 44. Hor. Sat. II,
3, 255.) und zwar sowohl um Schenkel als Schienbeine, weshalb
fasciae feminales und crurales oder tibiales unterschieden wurden
(Suet. Oct. 82. Dig. XXXIV, 2, 25. §. 4.); doch galt dies für
eben so weichlich, als dergleichen Binden um den Unterleib (ven-
tralia: Plin. VIII, 48. 73. §. 193. XXVII, 7, 28. §. 52.) oder
Hals (focalia: Hor. a. a. O. Mart. XIV, 142.) zu tragen, und
wurde nur aus Gesundheitsrücksichten verziehen (Quinct. XI, 3, 144.)

¹⁹⁴) Vgl. die Abbild. bei Weiß Fig. 382. u. bei Guhl u.
Koner Fig. 223.

¹⁹⁵) [¹⁸⁴] Juven. 6, 118. 330. 8, 145. Martial. V, 14, 6.
XI, 98, 10. Lamprid. Heliog. 32. Capitol. Verus 4. vgl. Cic.
Phil. II, 31, 77.

¹⁹⁶) [¹⁸⁵] Mart. XIV, 139. Vgl. oben Anm. 183.

¹⁹⁷) [¹⁸⁶] Colum. I, 8. Lamprid. Heliog. 33. Ein warmer,
gefütterter cucullus scheint die sogenannte gallische Bardenkapuze ge=
wesen zu sein (bardocucullus: Mart. I, 53, 5. XIV, 128.) Uebrigens
vgl. O. Jahn in d. Bericht. d. K. S. Ges. d. Wiss. Philol.-hist.

Klasse XIII. (1861.) S. 369 f. u. Abbild. daselbst Taf. X, 6. Bull. Nap. VI, 1. Mus. Borb. IV. tav. A. u. Caylus Recueil III, 44, 4.

¹⁹⁵) [¹⁸⁷] Die auch den Griechen bekannte Kunst aus Wolle und Thierhaaren Filz zu bereiten, hieß bei den Römern ars coactiliaria (Capitol. Pert. 3. Dig. XXXIV, 2, 25. §. 1.) und die sie Ausübenden coactiliarii (Orelli 4206 = Mommsen I. R. N. 6848. vgl. auch Gruter p. 648, 3.) Außer Hüten wurden auch Sohlen, Socken und Pferdedecken aus Filz gemacht. (Ed. Diocl. VII, 52. 53.)

¹⁹⁹) [¹⁸⁸] Liv. I. 34. Stat. Silv. IV, 9, 23. Appulej. Met. XI, 8. p. 770. Oud. (wo auch von einem aus Lumpen zusammengeflickten Pileus die Rede ist) u. f. w. Vgl. die schon oben S. 157. Anm. 3. angeführten Stellen. Böttiger Kl. Schr. III. S. 203. identificirt den pileus mit dem cucullus (der allerdings zuweilen auch pileus genannt worden sein mag: vgl. z. B. Mart. XIV, 132.) und läßt ihn auch die Schultern und den obern Theil des Körpers bedecken.

²⁰⁰) [¹⁸⁹] Die Salii und Flamines trugen nach Dion. Hal. II, 70. u. Plut. Num. 7. πίλους ἰψηλούς.

²⁰¹) [¹⁹⁰] Mart. XI, 6, 4. XIV, 1, 2. (Böttiger a. a. O. S. 204. läßt in Folge seiner eigenthümlichen Vorstellung vom pileus am Saturnalienfeste Jedermann mit einer außer den Schultern auch Stirn und einen Theil des Gesichts verhüllenden Kapuze herumlaufen, um sich so unkenntlich als möglich zu machen.) Daß gemeine Leute den pileus auch sonst trugen, ersieht man aus Hor. Ep. I, 13, 15.

²⁰²) [¹⁹¹] Plaut. Amph. prol. 143. 145. I, 1, 287. Pseud. II, 4, 45. IV. 7, 90. Der Kaiser Augustus trug bei Spaziergängen stets einen Petasus (Suet. Oct. 82.)

²⁰³) [¹⁹²] Plaut. Pers. I, 3, 75. Val. Max. V, 1, 4.

²⁰⁴) [¹⁹³] Mart. XIV, 29. Dio Cass. LIX, 7.

²⁰⁵) [¹⁹⁴] Plaut. Mil. IV, 4, 41. Auch Kaiser Caracalla trug gewöhnlich eine Causia. (Herodian. IV, 8, 2.)

²⁰⁶) Vgl. die Abbild. bei Weiß Fig. 383. u. 384. u. bei Guhl u. Koner Fig. 225.

²⁰⁷) [¹⁹⁵] Cic. de Rep. I, 12. in., pro Mil. 10, 28. Phil. XIII, 13, 28. Plin. Ep. IX, 17, 3. Suet. Oct. 73. (so daß ebendas. 78. calceatus wohl allgemeiner zu nehmen ist, so wie auch bei Plin. a. a. O. calcei statt soleae stehen). Gewöhnlich werden die calcei zugleich mit der Toga erwähnt. (Plin. Ep. VII, 3, 2. Tertull. de pall. 5.)

²⁰⁸) [¹⁹⁶] Cato bei Festus 142, 24. M. Lyd. de mag. I, 32. Ed. Diocl. IX, 6 — 8. Vielleicht aber waren auch die patricii calcei (Plut. | Qu. R. 76. Vol. VII. p. 137. R. Zonaras VII, 9. Lydus de mag. I, 17. u. Orelli 543.) von den blos curulischen mullei noch verschieden und nur diese roth, jene aber schwarz. Die

späteren Kaiser trugen statt der mullei bis an die Knie hinauf=
reichende Stiefeln von rothem Leder (Procop. de aed. III, 1. p.
247. Bonn. Coripp. de laud. Just. min. II, 104.), die von den
Parthern entlehnt waren und auch mit parthischem Namen zancae
oder zangae hießen (Treb. Poll. Claud. 17, 6. Cod. Theod. XIV,
10, 2. 3. u. Acron. zu Hor. Sat. I, 6, 28.)

²⁰⁹) [¹⁹⁷] Plin. IX, 17, 30. §. 65. Vopisc. Aurel. 49. Sie
sollen ihren Namen von der rothen Farbe des Fisches mullus (die
Seebarbe, der Rothbart) haben. (Plin. a. a. O. Isidor. Or. XIX,
34, 10. vgl. mit Ovid. Halient. 123. u. Auson. Mos. 117.)

²¹⁰) [¹⁹⁸] Isidorus a. a. O.

²¹¹) [¹⁹⁹] Hor. Sat. I, 6, 27. Schol. des Juven. 1, 111.
Isidor. XIX, 34, 4. (wo unter patricii die Senatoren zu verstehen
sind: vgl. Schol. zu Juven. 7, 192.) Lydus de mag. I, 17. Vgl.
Cic. Phil. XIII, 13, 28.

²¹²) [²⁰⁰] Isidor. a. a. O. Vgl. lora patricia bei Sen. de
tranq. 11, 7.

²¹³) [²⁰¹] Juven. 7, 192. u. das. d.⸱ Schol. Stat. Silv. V,
2, 27. Mart. I, 49, 31. II, 29, 7. Nach Plut. Qu. Rom. 76.
Vol. VII. p. 137. R. bedeutet der Halbmond (der gewöhnlich von
Elfenbein war: Philostr. Vit. Soph. II, 1, 8.) das Zahlzeichen C
(100), mit Bezug auf die ursprüngliche Zahl der Senatoren. (Vgl.
Isidor. Or. XIX, 34, 10.)

²¹⁴) [²⁰²] Vgl. Sidon. Apoll. Ep. IV, 20. Carm. 7, 457.
und die Abbildung im Mus. Borb. VII. tav. 20. Sie glichen ganz
unsern hohen Schuhen.

²¹⁵) [²⁰³] Ein Schuh der letzteren Art, für Schnee und Schmutz
bestimmt (Juven. 14, 186.), hieß pero (Verg. Aen. VII, 690.
Juven. 14, 186. Isidor. Or. XIX, 34, 13. Sidon. Apoll. Ep.
IV, 20., vielleicht auch Appulej. VII, 18. p. 481. Oud. vgl. Per=
sius 5, 102.)

²¹⁶) [²⁰⁴] Cic. ad Att. II, 3. in. Suet. Calig. 52. Justin.
XXXVIII, 10. Daß sie eigentlich nur für die Soldaten bestimmt
waren, ersieht man aus Plin. VII, 43, 44. §. 135. vgl. mit Sen.
de brev. vitae 17, 3. u. de ben. V, 16., wo sie geradezu statt
militia gebraucht werden, [wie wir vom Gamaschendienst sprechen],
aus Suet. Oct. 25. Vitell. 7. u. Juven. 3, 322., wo caligatus
soviel als miles gregarius ist, und aus Dig. XXVII, 1, 10., wo
von einer caligata militia die Rede ist. Dagegen vgl. auch Ed.
Diocl. XI, 5. 6. 10., woraus sich ergiebt, daß sie auch von Bauern,
Maulthiertreibern und Weibern getragen wurden, während Galen.
XVIII, 1. p. 682. K. auch von Schnürstiefeln der Jäger spricht.
(Vgl. Verg. Ecl. 7, 32. Aen. I, 337.) Daß sie mit Nägeln be=
schlagen waren, sagen Plin. IX, 18, 33. §. 69. Joseph. B. Jud.
VI, 8, 1. u. Ed. Diocl. a. a. O.

²¹⁷) [²⁰⁵] Ter. Eun. V, 7, 4. Albinov. in obit. Maecen. 65. Inschr. b. Murat. 929, 1. Gubius p. 200, 5. u. s. w. |

²¹⁸) [²⁰⁶] Plaut. Truc. II, 5, 26. Cas. III, 5, 6. Hor. Sat. I, 3, 128. Ovid. A. A. II, 212. Juven. 6, 111. Pers. 5, 169. Propert. II, 29, (III, 27,) 40. Gellius XIII, 21. (al. 22.) u. s. w.

²¹⁹) [²⁰⁷] Vorwürfe, daß Männer in Sandalen ausgehen, finden sich bei Cic. Verr. V, 33, 86. in Pis. 6, 13. Phil. II, 30, 76. Tac. Ann. II, 59. Suet. Calig. 52. Gellius a. a. O. u. anderw.

²²⁰) [²⁰⁸] Vgl. Cic. de har. resp. 21, 44. u. die Anm. 218. angeführten Stellen.

²²¹) [²⁰⁹] Cic. de Or. III, 32, 127. Plaut. Bacch. II, 3, 97. Trin. III, 2, 94. Ter. Heaut. I, 1, 72. Suet. Calig. 52. Plin. XXXVII. 2, 6. §. 17. u. s. w.

²²²) [²¹⁰] Hor. A. P. 80. 90. Ep. II, 1, 174. Ovid. Rem. 375. ex P. IV, 16, 30. Mart. VIII, 3, 13. Quinct. X, 2, 22. Plin. VII, 30, 31. §. 111. u. s. w.

²²³) [²¹¹] Mart. II, 29, 7. Juven. 5, 20. u. anderw.

²²⁴) [²¹²] Alle diese verschiedenen Arten zeigen sich an alten Statüen.

²²⁵) [²¹³] Mart. II, 29, 7. vgl. mit Vopisc. Aurel. 49. (wo calcei wohl überhaupt Schuhwerk bezeichnet) u. Ed. Diocl. IX, 12 ff.

²²⁶) [²¹⁴] Mart. XIV, 65. Ed. Diocl. a. a. O.

²²⁷) [²¹⁵] Cic. pro Rab. Post. 10, 27. Liv. XXIX, 19. Suet. Tib. 13. Hor. Sat. I, 3, 127. Plaut. Pers. IV, 2, 3. Pers. 1, 127. Gellius III, 21. (al. 22.) u. s. w. Ihnen ähnlich waren vermuthlich auch die von Cic. Phil. II, 30, 76. u. Gellius a. a. O. erwähnten soleae Gallicae.

²²⁸) [²¹⁶] Plin. IX, 35, 56. §. 114.

²²⁹) [²¹⁷] Isidor. XIX, 34, 30. Daß dagegen die Sohlen der römischen Schuhe nach dem Fuße geschnitten waren (was unsre Schuhmacher einbällig nennen) und daher nicht gewechselt werden konnten, ersieht man aus Suet. Oct. 92.

²³⁰) [²¹⁸] Plin. XXXV, 10, 36. §. 85. Es entspricht völlig unserm „Schuster, bleib bei deinem Leisten"

²³¹) [²¹⁹] So schwierig es sein möchte, eine Uebersicht unsrer heutigen Damengarderobe zu geben, eben so schwierig war es auch schon im alten Rom, wie man aus der Unmasse von Namen er-sieht, die sich bei Plautus Epid. II, 2, 40 ff. vgl. mit Aul. III, 5. finden, mögen sich auch dieselben größtentheils nur auf ver-schiedene Stoffe und Unwesentliches in Schnitt und Verzierung be-ziehen. Etwaige Irrthümer in der folgenden Darstellung dürften daher leicht zu entschuldigen sein.

²³²) [²²⁰] Varro L. L. VIII, 28. X, 27. Cic. Phil. II, 18, 44. Hor. Sat. I, 2, 29. 94 ff. Mart. III, 91, 4. Val. Max. II.

1, 5. Sen. de vita beata 13, 3. Nonius p. 537, 24. Dig. XXXIV. 2, 23. §. 2. u. f. w.

²³³) [²²¹] Hor. Sat. I, 2, 99. Ovid. ex P. III, 3, 51. Ti= bull. I, 6, 67.

²³⁴) [²²²] Mus. Borb. II. tav. 40. Mus. Pio-Clem. III, 10. Vis= conti Mon. Gab. T. 6. n. 15., citirt von Marquardt II. S. 181. |

²³⁵) [²²³] Hor. Sat. I, 2, 30. Ovid. A. A. I, 32. vgl. eben= daselbst II, 600. Marquardt II. S. 178. vermuthet, daß sie viel= leicht auch eine Schleppe hatte. Sie wurde auch von Männern ge= tragen (Ennius bei Nonius p. 537, 24.), besonders von Flöten= spielern (Ovid. Fast. VI, 654.) und von den Isispriestern (Appulej. Met. XI, 24. p. 804. Oud.)

²³⁶) [²²⁴] Ennius a. a. O. Vgl. Abbild. bei Weiß Fig. 390. u. 391. u. Guhl u. Koner Fig. 465.

²³⁷) [²²⁵] Das unten erwähnte patagium. Vgl. Anm. 245. u. Abbild. bei Weiß Fig. 392.

²³⁸) [²²⁶] Servius zu Verg. Aen. I. 479.

²³⁹) [²²⁷] Sen. Troad. 91. Verg. Aen. VI, 555., vielleicht auch Hor. Sat. I, 8, 23.

²⁴⁰) [²²⁸] Vgl. Appulej. Met. XI, 3. p. 758. Oud., aber auch Becker's August. II, 80. Mus. Borb. III. tav. 37. u. Bronzi di Ercol. tav. IV. p. 15. u. tav. XXVII. (citirt von Marquardt II. S. 181.) u. überhaupt Weiß Fig. 394—400 u. Guhl u. Koner Fig. 465—467.

²⁴¹) [²²⁹] Plaut. Men. I, 3, 14. (v. 197.) u. II, 3, 72. (v. 426.) Tibull. IV, 2, 11.

²⁴²) [²³⁰] Vgl. Mus. Borb. II. tav. 4—7. (wo Becker, Gallus II. S. 142., sich selbst widersprechend, dies Gewand fälschlich für die Stola hält, während er doch S. 143. richtig sagt, daß die Stola, die überhaupt gar keine Tracht für junge Mädchen war, stets eine Fabel gehabt habe) Bronzi di Ercol. tav. LXX. p. 273. LXXI. p. 277. LXXII—LXXVI.

²⁴³) [²³¹] Daß man sie zuweilen auch mit einer Schleppe ge= tragen habe, ist von Manchen aus Ovid. Am. III, 1, 9. III, 13, 23. vgl. mit Stat. Achill. I, 262. geschlossen worden; allein hier hat man wohl die allerdings auf der Erde schleppende palla der Gottheiten, Seher und Citharöden (Verg. Aen. XI, 576. Propert. III, 17, (IV, 16,) 32. Tibull. III, 4, 35. Ovid. Met. XI, 165. Val. Fl. Arg. I, 385.) mit der davon ganz verschiedenen palla als Frauentracht verwechselt. Uebrigens bleibt freilich hinsichtlich der palla noch Manches zweifelhaft, da sie von den Alten selbst bis= weilen mit der Tunica verwechselt und bald als ein langes, mantel= ähnliches Oberkleid (Hor. Sat. I, 2, 99. Nonius p. 537, 32. Appulej. Met. XI, 4. p. 758. Oud. Sidon. Apoll. XV, 13. Isidor. XIX, 25, 2.), bald als ein kurzes, tunicaähnliches Unterkleid (Varro L. L. V, 130. Ovid. Met. XIV, 262 ff. Mart. I, 39.) bezeichnet

wird, weßhalb Manche sie für ein Mittelding zwischen Mantel und Tunica (tunicopallium: Nonius a. a. O. Serv. zu Verg. Aen. 1, 6. Schol. zu Hor. Sat. I, 2, 99.) halten, das ungegürtet Aehn= lichkeit mit einem Mantel (pallium) gehabt habe, gegürtet aber (Serv. Troad. I, 91.) nichts Anderes, als eine Stola gewesen sei.

²⁴⁴) [²³²] Seidenstoffe bezog man zuerst von den nach dem Seidenwurme (σήρ, chinesisch Sse) benannten Serern oder heutigen Chinesen; später aber kamen die Seidenstoffe in geringerer Qualität gewöhnlich aus Assyrien (Plin. XI, 22, 26. §. 76.) und waren aus der vom bombyx, einem Seidenwurme, der nicht, gleich dem chine= sischen, auf Maulbeerbäumen künstlich gezogen wird, sondern wild auf Cypressen, Terebinthen, Eschen und andern Baumarten lebt, ge= lieferten Seide gefertigt. | Seitdem unterschied man Coae Vestes (s. oben S. 57. Anm. 75.) und bombycinae vestes (Propert. II, 3, 15. Juven. 6, 260. Dig. XXXIV, 2, 23, 1. Appulej. Met. VIII, 27. p. 579. Oud. vgl. auch Isidor. XIX, 22, 13. 15.), die von un= gleicher Qualität, aber gleich durchsichtig waren. (Mart. VIII, 33, 15. 68, 7. XIV, 24.) Da jedoch auch diese Stoffe noch sehr theuer bezahlt werden mußten, so wurden sie gewöhnlich aufgelöst und mit Leinen zu einer leichten Halbseide verwebt und die daraus ver= fertigten bunten und immer noch durchsichtigen Gewänder sind es, die bei den Römerinnen seit dem ersten Jahrh. als sericae vestes so beliebt waren, aber auch selbst von männlichen Weichlingen ge= tragen (Tac. Ann. II, 33. Suet. Calig. 52. Dio Cass. XI, 8. LVII, 15.) und seit dem dritten Jahrh. bei beiden Geschlechtern sehr gewöhnlich wurden (Ammian. XXIII, 6. p. 412. Solin. c. 50. p. 202. Momms. Vopisc. Tac. 10. Carin. 49.) Nun machte man wieder einen Unterschied zwischen ganz= und halbseidnen Ge= wändern (holosericae: Symmach. Ep. IV, 8. und subsericae: Vo= pisc. Aur. 19. Symmach. Ep. V, 20.) Nachdem man auch rohe Seide (metaxa: Dig. XXXIX, 4, 16. §. 7.) einzuführen angefangen hatte, zerfielen die Seidenhändler in sericarii (Inschr. b. Reines. p. 617. n. 25. Orelli 1368. 4252. Marini Atti p. 94. u. anderw.), holosericopratae und metaxarii (Cod. Just. VIII, 14, 27.) Vgl. überhaupt Marquardt II. S. 103 ff.

²⁴⁵) [²³³] Nonius p. 540, 4. Tertull. de pall. 3. Appulej. Met. II, 9. p. 112. Oud. Paulus Diac. p. 221, 2. M. Die Verfertiger derselben hießen patagiarii (Plaut. Aul. III, 5, 35. Inschr. bei Doni VIII, 79.) und die damit verzierten Gewänder vestes auro clavatae (Vopisc. Bonos. 15. Schol. des Juven. 6, 482.)

²⁴⁶) [²³⁴] Ovid. A. A. III, 169. Juven. 2, 124. Val. Max. V, 2, 1. vgl. Hor. A. P. 15. Solche Kleider hießen vestes seg= mentatae (Isidor. XIX, 22, 18. Symmach. Ep. IV, 42.) Ein segmentarius findet sich bei Orelli 7278.

²⁴⁷) [²³⁵] S. oben S. 9. mit Anm. 75.

²⁴⁸) Vgl. Abbild. im Mus. Borb. I tav. XXIII. Vol.

III. t. 9. 36. u. VII. t. 7. 20. u. XI. t. 2. 48. u. anderw., auch
bei Weiß Fig. 385.

²⁴⁹) [²³⁶] Denn auch diese trugen eine solche bis zu ihrer Ver=
heirathung so gut wie die Knaben bis zum Anlegen der toga viritis.
(Propert. IV, (V,) 11, 33.) Vgl. S. 82. Anm. 257.

²⁵⁰) [²³⁷] Cic. Phil. II, 18, 44. Hor. Sat. I, 2, 63. u. das.
Acron. Tibull. IV, 10, 3. Vgl. Isidor. XIX, 25, 5.

²⁵¹) [²³⁸] Juven. 2, 68. Mart. II, 39. X, 52. Vgl. Heinecc.
zu Lex. Jul. et Pap. Popp. p. 130 ff.

²⁵²) [²³⁹] Daß auch diese den Buhlerinnen verboten gewesen
sei, dürfte sich schwerlich beweisen lassen. Vgl. oben Anm. 241.
Außerhalb Rom scheinen sie sich selbst nicht gescheut zu haben eine
Stola zu tragen, um ihren Stand zu verbergen.

²⁵³) [²⁴⁰] Vgl. Hor. Sat. I, 2, 83 ff. Juven. 6, 446.

²⁵⁴) [²⁴¹] Nonius p. 542, 22. vgl. mit p. 539. extr.

²⁵⁵) [²⁴²] Vgl. Abbild. bei Weiß Fig. 386. u. 387. Dieses
unserm Hembe entsprechende Kleidungsstück wurde später durch die
castula (Varro bei Nonius p. 548, 29.) ersetzt, deren Beschaffenheit
wir nicht kennen. Nur das sagt uns Varro, daß sie auf dem bloßen
Leibe getragen und unter der Brust gegürtet wurde. |

²⁵⁶) Vgl. Plaut. Epid. II, 2, 45. (wo sich eine Menge von
Modenamen weiblicher Kleidungsstücke findet) Lucan. II, 364.
Nonius c. 14. p. 536 ff.

²⁵⁷) [²⁴³] Nonius p. 540, 8. Lucan. II, 363. Plaut. Epid.
II, 2, 48. Varro L. L. V, 131. Ribbeck's Com Lat. fr. p. 154.
u. 224. u. Wernsb. P. Lat. min. IV. p. 425. (= Meyer Anth.
Lat. 695. v. 23.)

²⁵⁸) [²⁴⁴] Varro a. a. O. u. Isidor. Opera ed. Migne VII. p.
1374. bei Marquardt II. S. 95. Nach Becker (Gallus III. S. 119.
u. 140.) wäre es identisch mit dem indusium des Varro.

²⁵⁹) [²⁴⁵] Varro L. L. V, 132. Festus p. 274, 32. M. Nonius
p. 542, 1. Isidor. Or. XIX, 25, 4. Servius zu Verg. Aen.
I, 282.

²⁶⁰) [²⁴⁶] Cic. de Leg. II, 23, 59. Varro b. Nonius a. a. O.

²⁶¹) [²⁴⁷] Isidor. Or. XIX, 25, 3. 4. verwechselt ricinium
und stola.

²⁶²) [²⁴⁸] Varro, Isidor. u. Servius a. a. O.

²⁶³) [²⁴⁹] Dies schließe ich daraus, weil es Nonius a. a. O.
palliolum femineum breve nennt. Unstreitig verwandt damit war
die (viereckige, purpurrothe, mit Franzen versehene) rica der Fla-
minica oder Gattin des Flamen Dialis (Paulus p. 288, 10. Festus
p. 277, 5. M. Gellius X, 15. Nonius in Ribbeck's Com. L. fr. p.
224, 71.), welche Festus a. a. O. ein parvum ricinium nennt und
die man sich als einen Schleier zu denken hat.

²⁶⁴) [²⁵⁰] Vgl. Mart. XIV, 66. mit Catull. 64, 65.

²⁶⁵) [²⁵¹] Catull. a. a. O. Cic. har. resp. 21, 44. Nonius

p. 538, 7. Andre Namen sind mamillare (Mart. XIV, 66.), amictorium (Mart. XIV, 149.), taenia (Appulej. Met. X, 21. p. 716. Oud. vgl. Pollux VII, 65.) und fascia pectoralis (Mart. XIV, 134. Ovid. A. A. III, 274. Propert. IV, (V,) 9, 49.)
²⁶⁶) [²⁵²] Turpilius bei Nonius p. 538, 10.
²⁶⁷) [²⁵³] Ueber seine doppelte Bestimmung vgl. Ter. Eun. II, 3, 23. u. Mart. XIV, 134. Es vertrat also einigermaßen die Stelle der Schnürbrust unsrer Damen; doch hüte man sich, dabei an ein wirkliches Zusammenschnüren des Körpers zu denken, da eine künstlich hergestellte Wespentaille, wie sie unsre Modedamen zur Schau zu tragen pflegen, dem nur für natürliche, plastische Schön= heit empfänglichen Römer ein Gräuel gewesen wäre.
²⁶⁸) Vgl. Abbild. bei Weiß Fig. 402. (u. Guhl u. Koner Fig. 225.)
²⁶⁹) [²⁵⁴] Doch erwähnt das Ed. Diocl. IX, 12 ff. auch rindslederne Frauensandalen mit einfacher oder doppelter Sohle.
²⁷⁰) [²⁵⁵] Joh. Chrysost. Vol. VII. p. 510. Clem. Aler. Paed. II, 11.
²⁷¹) [²⁵⁶] Ter. Eun. III, 5, 47. 50. Mart. III, 82, 11. vgl. Cic. pr. Flacc. 23.
²⁷²) [²⁵⁷] Mart. XI, 74, 6. XIV, 28. Juven. 9, 50. (wo ein grüner Sonnenschirm erwähnt wird).
²⁷³) [²⁵⁸] Propert. II, 24, (III, 18,) 11. Claud. in Eutrop. I, 108 ff.
²⁷⁴) [²⁵⁹] Zu den Schneidern (sartores: Nonius p. 7, 28. oder sarcinatores: Plaut. Aul. III, 5, 41. Gajus III, 143. 162. 165. 205. Paulus Sent. II, 31, 29. Orelli 7274.) und Schnei= derinnen (sarcinatrices: Orelli 645. 5372. 7275. u. anderw.) sind auch die Hemden= und Brustbindenmacher (indusiarii: Plaut. Aul. III, 5, 35. und strophiarii: Plaut. Aul. III, 5, 42.) zu rechnen. Flickschneider, | die aus Lumpen Kleider für Sklaven (centones) zu= sammennähten (Colum. R. R. I, 8, 9.), hießen centonarii (Tertull. de praescr. 39. Cod. Theod. XIV, 8, 1. 2.) Daß der Lumpen= handel in Rom bedeutend war, ersieht man aus Cato R. R. 135.
²⁷⁵) [²⁶⁰] Die Schuhmacher (sutores: Plaut. Aul. I, 1, 34. III, 5, 39. Cic. pr. Flacco 7, 47. Juven. 3, 294. u. s. w. oder calceolarii: Plaut. Aul. III, 5, 38.) bildeten gleich den Gerbern (coriarii: Plin. XVII, 9, 6. §. 51. Orelli 4074. 4170.) schon zu Numa's Zeiten in Rom eine Innung (Plut. Numa 17. — ein collegium sutorum, aber nicht in Rom, erscheint auf Inschr. bei Doni Cl. I. n. 131. und Murat. p. 529, 7.) und zerfielen nach den verschiedenen Arten von Schuhwerk, das sie fertigten, in solearii (Plaut. Aul. III, 5, 40. Gruter p. 648, 13. Orelli 4085.), san- dalarii (nach denen die Schustergasse, vicus Sandalarius, in Rom benannt war: Gellius XVIII, 4, 1. Gruter p. 79, 5. p. 621, 3. Orelli 18. Galen. Vol. XIV. p. 620. 625. K., in welcher der Apollo Sandalarius einen Tempel hatte: Suet. Oct. 57.), caligarii

(Jsibor. Or. XIX, 34, 2. Gruter p. 649, 1. Orelli 4286. 7221.),
crepidarii (Gellius XIII, 21. extr.) u. gallicarii (Hieron. praef. in
Reg. S. Pach. c. 6.) Ein Schuhflicker hieß sutor cerdo (Mart.
III, 16. III, 59.) oder sutor veteramentarius (Suet. Vitell. 2.),
eine Schuhmacherwerkstatt sutrina (Plin. X, 43, 60. §. 122. XXXV,
10, 37. §. 112. Liv. XXIII, 30. in. Appulej. Flor. I, 9. p. 36.
Oud.), mit welchem Namen auch das ganze Handwerk bezeichnet
wird (Vitruv. VI. praef. extr. Varro bei Nonius p. 168, 17.)
Abgebildet findet sich ein Schuhmacherladen in Pitt. d'Ercol. I.
tav. 35. p. 187. und ein Schuhmacher bei der Arbeit in d. Ver.
d. phil. hist. Cl. d. K. S. Gef. d. Wiff. 1861. S. 371.

276) [261] Ein limbolarius erscheint bei Plaut. Aul. III, 5,
45. und auf einer Inschr. bei Doni Cl. 8. n. 27. = Murat. 937,
8. Orelli 4213., ein lorarius (den wenigstens Marquardt II. S.
187. für einen Bortenmacher hält) bei Maffei Mus. Ver. p. 295, 3.

277) [262] Die pelliones (Plaut. Men. II, 3, 52. (v. 404.)
Lamprid. Alex. Sev. 24. Dig. L, 6, 6. Cod. Theod. XIII, 4, 2.
Gruter p. 648, 7.) lieferten Anfangs bloß Schafpelze für Hirten
und Sklaven auf dem Lande (vgl. Colum. R. R. I, 8, 9.), später
aber auch feinere Pelze (Cato bei Festus p. 265, 3. v. Ruscum)
und gegen die Kaiferzeit hin wurden Pelzröcke (Paulus Sent. III,
6, 79. Dig. XXXIV, 2, 23. §. 3.) immer gewöhnlicher, außer
welchen die Kürschner auch Pelzdecken fertigten (Dig. XXIV, 2, 24.).
Pelzhändler heißen pellarii (Firmicus Math. IV, 7.) und pellio-
narii (Reinef. cl. I. n. 283. u. X. n. 8. Spon. Miscell. p. 65.
Doni Cl. 2. n. 1.) und Pelzhandlungen erwähnt Varro L. L.
VIII, 55.

278) [263] Varro L. L. V, 128. Cic. pro Rab. perd. 7, 20.
de har. resp. 14, 31. Liv. XXXI, 23. Tac. Hist. I, 80. Juven.
13, 83. u. f. w. Oefters jedoch bedeutet dies Wort ein Arfenal
für die Flotte. |

279) [264] Liv. IV, 20. X, 38. Suet. Galb. 19. Sil. Jtal.
IV, 291. Sie scheinen überhaupt niemals allgemein in Gebrauch
gewesen zu fein.

280) Wie fie in Gräbern Etruriens gefunden worden sind.
Vgl. Müller Die Etrusker I. S. 391. Note 97. u. Abeken Mittelitalien S. 394.

281) [266] Varro L. L. V, 116. Liv. I, 43. IX, 40. Veget.
I, 20. Festus p. 181, 23. M. Juven. 6, 257. Plin. XXXIV,
7, 18. §. 43. Sidon. Apoll. Ep. III, 3. (Bei Verg. Aen. VII,
634. u. VIII, 624. werden selbst silberne und goldne ocreae erwähnt.) (Unter dem tibiale in Dig. XLIX, 16, 14. ist wohl etwas
Andres zu verstehen. Vgl. Suet. Oct. 82.)

282) [267] Veget. a. a. O.

283) [268] Siehe die Abbild. im Mus. Borb. IV. tav. 44. bei
Overbeck Fig. 273. f. u. bei Weiß Fig. 442. u. 443.

²⁸⁴) Vgl. Abbild. im Mus. Borb. IV. tav. 44. V. tav. 29. bei Over=
beck Fig. 273., bei Weiß Fig. 436—438. u. bei Guhl u. Koner Fig. 496.
²⁸⁵) [²⁶⁹] Isidor. Orig. XVIII, 14. (der ausdrücklich den Unter=
schied erwähnt) Cäs. B. G. VII, 45. B. Afr. 16. Plaut. Trin.
III, 2, 10. Plin. XIII, 3, 4. §. 23. Tac. Germ. 6. (wo wir
cassis aut galea lesen) Lucan. VII, 586. Stat. Theb. IV, 129.
u. s. w.

²⁸⁶) [²⁷⁰] Isidor. a. a. O. Plin. VII, 56, 57. §. 200. Cäs.
B. G. II, 21. Propert. IV, (V,) 10, 20. Verg. Aen. VII, 688.
VIII, 620. u. s. w. Dasselbe ist unstreitig der galerus bei Varro
L. L. V, 116. (etwas Anderes aber der galerus der Fechter. Vgl.
unten Anm. 336.)

²⁸⁷) [²⁷¹] Vgl. Cic. Verr. IV, 44, 97. (galeae aeneae), Verg.
Aen. V, 490. (galea aerea) u. Ovid. Met. VIII, 25 s. (wo cassis
u. galea als identisch vorkommen).

²⁸⁸) [²⁷²] Liv. XLIV, 34. Juven. 10, 134.

²⁸⁹) [²⁷³] Vgl. molles galeae habenae bei Val. Fl. VI, 365.

²⁹⁰) [²⁷⁴] Daher galea clausa (mit geschlossnem Visir). Vgl.
Sil. Ital. XIV, 636 s. Stat. Theb. IV, 20. Quinct. Decl. III.
12. In Pompeji hat man auch einen seltsamen Helm mit Visir
gefunden, an welchem die als Widderköpfe gestalteten Backenstücke
sich herauf= und herunterschieben lassen und im ersteren Falle sich
an die Schläfe und Backenknochen schließen, im letzteren Falle aber
die Wangen bis zum Kinn bedecken, während eine vorn angebrachte
Erzzunge sich auf die Nase legt, um diese gegen Schwerthiebe zu
schützen, und eine Oeffnung zwischen ihr und den Backenlaschen den
Augen freien Spielraum gestattet, so wie auch für die Ohren ein
Einschnitt im Rande des Helmes angebracht ist. Vgl. die Ab=
bildung und Beschreibung bei Overbeck II. S. 80 ff. Auch der
oben angeführte Rand glich dem aufgeschlagenen Visir eines Ritter=
helmes.

²⁹¹) [²⁷⁵] Stat. Theb. VIII, 398. Achill. I, 437. Verg.
Aen. VIII, 620. IX, 50. 365. XII, 89. 483. Plin. VII, 56, 57.
§. 200. Liv. X, 38 s. Sil. Ital. XIII, 377. — Verg. Aen. II,
412. VII, 875. Valer. Fl. III, 196. Propert. IV (V,) 10, 20.
u. s. w.

²⁹²) [²⁷⁶] Crista oder iuba triplex bei Val. Fl. III, 62. u.
Verg. Aen. VII, 785.

²⁹³) [²⁷⁷] Vgl. Polyb. VI, 2. u. Veget. II, 16.

²⁹⁴) [²⁷⁸] Verg. Aen. II, 391. u. das. Serv. II, 412. VII,
785. X, 869. Sil. Ital. V, 133. VIII, 427.

²⁹⁵) [²⁷⁹] Nivea iuba bei Stat. Theb. IV, 130. Sil. Ital.
IV, 14. u. olorinae pennae bei Verg. Aen. X, 187., rubra crista
bei Verg. Aen. XII, 89. Später nahm man auch germanische
Gänsefedern dazu (Plin. X, 22, 27. §. 54.)

²⁹⁶) [²⁸⁰] Auch die Köpfe von Thierfellen vertraten zuweilen

die Stelle der Helme. (Polyb. VI, 20. Val. Fl. VI, 379. Pro=
pert. IV, (V.) 10, 20. vgl. Verg. Aen. VII, 688. u. Sil. Ital.
II, 156. IV, 561.) Ein solcher Helm hieß cudo. (Sil. Ital. VIII.
494. XVI, 59.) Auf dem Marsche trug man einen ledernen Ueber=
zug über dem Helme, der vor dem Kampfe abgenommen wurde.
(Plut. Lucull. 27.)

²⁹⁷) Vgl. Abbild. bei Overbeck Fig. 273., Weiß Fig. 438—
441. u. Guhl u. Koner Fig. 497.

²⁹⁸) [²⁸¹] Liv. IV, 20. X, 38. Suet. Galb. 19. Sil. Ital.
IV, 291. vgl. Plin. XIX, 1, 2. §. 12.

²⁹⁹) [²⁸²] Varro L. L. IV, 24. Plin. XXXIV, 7, 18. §. 43.

³⁰⁰) [²⁸³] Digest. XLIX, 16, 14.

³⁰¹) [²⁸⁴] Auf alten Denkmälern erscheinen an gemeinen Sol=
daten auch einfache Lederkoller, die Brust und Rücken bedecken und
ganz eng an dem Körper anliegen, aber so kurz sind, daß sie kaum
bis an die Hüften reichen. Isidor. Orig. XVIII, 13, 1. ist im Irr=
thume, wenn er von der lorica, die doch eben von den Lederriemen
ihren Namen hat, sagt: Lorica nominata est eo, quod loris careat,
[also wie lucus a non lucendo?], solis enim circulis ferreis con-
texta est. Vgl. dagegen Varro L. L. V, 116.

³⁰²) [²⁸⁵] Sil. Ital. VII, 624 f. vgl. mit Val. Max. III, 2, 24.

³⁰³) [²⁸⁶] Ammian. Marc. XXIV, 2. Dadurch unterschieden
sie sich wesentlich von den Ritterpanzern des Mittelalters, mit denen
sie sonst große Aehnlichkeit hatten.

³⁰⁴) [²⁸⁷] Isidor. Orig. XVIII, 13, 2. Verg. Aen. IX, 707.
XI, 487. Ovid. Met. III, 64. Sil. Ital. I, 527. II, 401 f. V,
140 f. Dio Cass. LXXVIII, 37.

³⁰⁵) [²⁸⁸] Verg. Aen. III, 467. V, 259. Lucan. VII, 499 f.
Sil. Ital. V, 140. Val. Fl. VI, 233. Claud. in Ruf. II, 357.
Sidon. Apoll. Ep. II, 322.

³⁰⁶) [²⁸⁹] Dio Cass. LXXVIII, 37.

³⁰⁷) [²⁹⁰] Servius zu Verg. Aen. XI, 770. Isidor. Orig.
XVIII, 13. 2. Amm. Marc. XVI, 10. Vgl. Verg. Aen. IX, 707.
XI, 488. u. Sil. Ital. V, 140. In Pompeji hat sich auch ein
aus kleinen Knochenplatten bestehender Schuppenpanzer gefunden.
Vgl. Overbeck II. S. 81. u. Fig. 273.

³⁰⁸) [²⁹¹] Also den Panzerhemden des Mittelalters ähnlich.

³⁰⁹) [²⁹²] Vgl. oben S. 168. Anm. 63.

³¹⁰) Siehe Abbild. im Mus. Borb. IV. tav. 44. bei Overbeck
Fig. 273. u. bei Weiß Fig. 443—445.

³¹¹) [²⁹³] Die Griechen nannten es daher auch ϑυρεός.

³¹²) [²⁹⁴] Polyb. II, 50. Varro L. L. V, 115. Amm. Marc.
XXI, 2. vgl. mit Plin. XVI, 40, 77. §. 209. Von dem Ueberzuge
handeln Polyb. a. a. O. Liv. XXIII, 19. u. Amm. Marc. XXIV, 2.

³¹³) [²⁹⁵] Polyb. a. a. O. u. VI, 23. vgl. mit Liv. IX, 19.
XLIV, 38. Verg. Aen. VIII, 662. u. Plut. Aem. Paul. 20.

³¹⁴) [²⁹⁶] Polyb. a. a. O. u. XV, 15. Liv. IV, 19. IX, 41. XXX, 34. Verg. Aen. II, 546. VII, 633. X, 884. Justin. XXXIII, 21. Juven. 2, 46. |

³¹⁵) [²⁹⁷] Anm. Marc. XXI, 2.

³¹⁶) [²⁹⁸] Liv. IX, 40. Hirt. B. Hisp. 25. Juven. 11, 107. Sil. Ital. VIII, 385 f. XVII, 401.

³¹⁷) [²⁹⁹] Vgl. Col. Trai. 26. 71. 72. 91. 110. Col. Anton. 21. 31. 45.

³¹⁸) [³⁰⁰] Liv. 1. 43. XLV, 33.

³¹⁹) [³⁰¹] Daher von Dichtern orbis genannt: Verg. Aen. II, 227. III, 637. X, 546. Vgl. auch Ovid. Met. XIII, 851. XV, 192.

³²⁰) [³⁰²] Cavum clipeum nennt ihn Varro L. L. V, 19. Vgl. Dio Cass. LXXVIII, 37., wo er als eine Waffe der Prä-torianer erscheint.

³²¹) [³⁰³] Verg. Aen. II. 443. 671.

³²²) [³⁰⁴] Varro L. L. V, 116. Uebrigens vgl. Liv. II, 6. 20. IV. 38. XXXI, 35. Verg. Aen. IX, 548. XI. 711. u. f. w.

³²³) [³⁰⁵] Vgl. die Abbildung bei Overbeck Figur 273. n. Uebrigens kommen alle diese Schildformen, auch viereckige, nach unten schräg zulaufende, und selbst sechseckige Schilde auf den Re-liefs der Triumphbögen und Ehrensäulen vor.

³²⁴) [³⁰⁶] Mucro u. ensis sind bloß dichterische Bezeichnungen. Ueber die Schwerter der Römer vgl. Polyb. II, 30. 33. III, 114. VI, 23. Liv. XXII, 46. XXXI. 34. Veget. I, 12. Flor. II, 7. Dio Cass. XXXVIII, 49. u. Suidas v. μάχαιρα II. p. 731. Bernh. Uebrigens siehe Abbild. bei Overbeck Fig. 273. Guhl u. Koner Fig. 501. u. Weiß Fig. 445. u. 446.

³²⁵) [³⁰⁷] Polyb. VI, 23. Vgl. Liv. XXII, 46. u. Suidas a. a. O.

³²⁶) [³⁰⁸] Dion. Hal. VIII, 67.

³²⁷) [³⁰⁹] Verg. Aen. V, 314. Quinct. XI, 3, 140.

³²⁸) [³¹⁰] Polyb. VI, 23.

³²⁹) [³¹¹] Bisweilen aber auch umgekehrt. Vgl. Joseph. B. Jud. III, 5. Sidon. Apoll. Ep. II, 393. Ueber den pugio vgl. auch Suet. Vitell. 15. Galba 11. u. Paul. Diac. p. 235. M.

³³⁰) [³¹²] Diese Vermählung fand wirklich im J. 164 statt. (Capitol. Ant. Phil. 9. u. Verus 7.)

³³¹) [³¹³] Daß nicht erst Marc Aurel den Verus an Kindes-statt annahm, wie Capitol. Ant. Phil. 5. Verus 2. u. Spart. Ael. 5. behaupten, sondern daß beide schon vom Antoninus Pius adop-tirt wurden, geht aus Inschr. bei Gruter p. 29, 13. 258, 2. Mu-rat. p. 1021, 7. (= Orelli 878.) u. aus Digest. XXVI, 2, 19. §. 1. hervor.

³³²) [³¹⁴] Dieser Beschreibung ist das kostbare, bei Mainz ge-fundene, aber freilich mit dem Brustbilde des Tiberius geschmückte Schwert zu Grunde gelegt. Vgl. Klein und Becker Schwert des

Tiberius. Mainz 1850. u. Lersch Das sogenannte Schwert des Tiberius. Bonn 1849.

335) [315] Meistens zeigt sich vorn ein Kopf als Zierrath.

334) [316] Der einige Aehnlichkeit mit den Krempen unsrer großen Panama= oder Pflanzerhüte hatte.

335) [317] Also den Anblick eines großlöchrigen Durchschlags gewähren würde, wenn sich zwischen den großen, runden Oeffnungen nicht auch noch kleinere viereckige zeigten.

336) [318] Juven. 8, 208. |

337) [319] Juven. 2, 143. 8, 201 ff. Mart. V, 24, 12. Arnob. adv. gentes VII, 2.

338) [320] Ueber Gladiatorenwaffen vgl. z. B. Liv. IX, 40. Dio Cass. LXXII, 19. Juven. 6, 256. Plin. XXXIII, 9, 45. §. 129. Juven. u. Mart. a. a. O. u. Isidor. Orig. XVIII, 53 ff., besonders aber die in Pompeji gefundenen derartigen, von Overbeck II. S. 83 ff. (vgl. mit I. S. 168. u. 175.) beschriebenen Waffen, sowie das Bull. Napol. I. p. 113 ff. Friedländer II. S. 384 ff. Guhl u. Koner II. S. 335 ff. und Weiß S. 1141 ff. Abbildungen von Kriegerwaffen siehe im Mus. Borb. IV. tav. 44. V. tav. 29. 36. bei Overbeck Fig. 273. Guhl u. Koner Fig. 496—508. u. Weiß Fig. 433 — 447., von Fechterwaffen im Mus. Borb. III. tav. 60. IV. tav. 13. 29. VII. tav. 14. X. tav. 31. bei Overbeck Fig. 274. 275. Guhl u. Koner Fig. 487. u. Weiß Fig. 480. 481.

339) *) Λύρα, lyra: Hor. Od. I, 6, 10. 10, 6. III, 369. Ovid. Her. 3, 118. Am. II, 18, 26. III, 12, 40. A. A. III, 50. Remed. 705. Fast. V, 105. ex P. III, 4, 46. IV, 16, 28. Isidor. III, 21, 3. 8. u. s. w.

340) Weshalb auch das ganze Instrument nicht selten χέλυς (Anth. Pal. VII, 23. 24. Ovid. Her. 15, 181. Sen. Troad. 321. (330. Peip. et Richt.) Stat. Silv. I, 5, 11. III, 3, 64.) oder testudo heißt (Verg. Geo IV, 464. Hor. Od. I, 32, 14. III, 11, 3. IV, 3, 17. Ars P. 395. Val. Flacc. I, 187. 277. u. s. w.)

341) Vor dieser Vervollkommnung des Instruments bildete blos der Rückenschild der Schildkröte den Resonanzboden, über dessen Ränder die Saiten hinweggespannt wurden.

342) Daher κέρατα, cornua genannt. (Cic. N. D. II, 59. extr.)

343) Der Querstab hieß ζυγὸν, ζύγωμα, iugum, der Steg μάγας, μαγάδιον, die Wirbel κόλλοπες, κόλλαβοι, der Stimmschlüssel χορδότονον.

344) Porphyr. p. 294. Früher waren die Saiten wohl nur aus Hanf oder Flachs gesponnen gewesen (Censorin. 12. Pollux IV. p. 64. Etym. M. p. 188, 17.)

345) Sie stieg von vier auf fünf und sieben (Hom. H. in Merc.

*) Die folgenden Noten bis 389. fanden sich früher in Note 342. und in Note 50. zum 5. Kapitel.

51. Verg. Aen. VI, 646. Plin. VII, 56, 57. §. 204. Cassiob. Var.
II, 40.), später aber auf die oben angegebene Zahl.
³⁴⁶) Nicom. Harm. man. p. 35. Pausan. III, 12, 10. Boëth.
de mus. I, 20. (In Sparta jedoch hatten die Ephoren alle Saiten
über sieben abzuschneiden befohlen.) (Plut. Inst. Lac. p. 238.)
³⁴⁷) Vgl. Stackelberg Gräber der Hellenen Taf. II. Andre
Abbild. siehe bei Guhl u. Koner I. S. 220 ff. Weiß Fig. 346. u.
530. und über die Tonverhältnisse vgl. Fortlage im Art. Rythmica
in Pauly's Realencykl. VI, 1. S. 592 ff.
³⁴⁸) *Πλῆκρον*, plectrum: Cic. N. D. II, 59. extr. Ovid.
Met. XI, 168. Hor. 3, 113. 15, 198. u. s. w. Bei Dichtern
heißt daher zuweilen das ganze Instrument plectrum. (Hor. Od.
II, 13, 26. Tibull. III, 4, 39.)
³⁴⁹) *Βάρβιτος*, barbitus: Athen. IV, 81. p. 183. b. XIV,
37. p. 635. d. Hor. Od. I, 32, 4. III, 26, 3. Ovid. Her. 15,
7., bei Athen. IV, 77. p. 175. e. 80. p. 182. e. u. Auson. Epigr.
43, 3. *βάρβιτον*, barbiton u. bei Isidor. III, 21, 3. barbita.
Daß dieses Instrument auch zu einer Zeit, wo sein Gebrauch in
Griechenland selbst abgekommen war, in Rom bei feierlichen Gelegenheiten noch gespielt wurde, ersehen wir aus Dion. Hal. VII, 72.
³⁵⁰) Athen. XIV, 34. p. 633. f. Arist. Quinct. de mus.
p. 101.
³⁵¹) *Σαμβύκη*, sambuca: Athen. IV, 77. p. 175. e. XIV,
34. p. 633. f. u. 40. p. 637. b. Vitruv. VI, 1. Perf. 5, 95.
Macrob. Sat. II, 10, 7. (III, 14, 7. Jan.) Festus p. 325, 31.
Müll. Die sie spielten hießen sambucini (Mart. Cap. 9. p. 313.
Grot.), sambucinae (Plut. Stich. II, 2, 57.) und sambucistriae
(Athen. IV, 3. p. 129. a. 77. p. 175. d. Liv. XXXIX, 6. Festus
a. a. O. u. Arnob. II. p. 92. Harald.)
³⁵²) Die *πηκτίς* (Athen. IV, 78. p. 175. f. 81. p. 183. b.
XIV, 36. p. 635. b. u. 38. p. 636. a. c. Pind. Fragm. 91. p.
617. Polyb. VIII, 3. Aelian. Var. Hist. XV, 50.) war nur zwei-
saitig. (Athen. IV, 81. p. 183. b.)
³⁵³) Die *μαγάδις* (Athen. IV, 35. p. 151. d. e. 80. p. 182.
d. e. XIV, 36. p. 634. c. f. u. 635. a. 37. p. 635. c. 38. p.
636. a. c. f. Alkman fr. 81. Bergk. Pollux IV, 61. Aristot.
Probl. 19, 18. Plat. Rep. III. p. 399. b.) war dreieckig, wie
unsre Harfe (Etym. M. p. 715, 52.), umfaßte zwei volle Octaven
und hatte 20 Saiten. (Athen. XIV, 37. p. 635. c.) Die linke
Hand spielte die tiefen, die rechte die ihnen in der Octave entsprechenden höheren Töne. Der Gebrauch des Plectrums fand weder
bei ihr, noch bei der Pectis statt. Von Einigen wurde sie mit
dieser für identisch gehalten (Athen. XIV, 36. p. 635. c.), von
Andern aber richtiger von ihr unterschieden. (Athen. XIV, 38. p.
636. a. b.)
³⁵⁴) *Κίθαρις* oder *κιθάρα*, cithara: Athen. IV, 80. p. 182. e.

VIII, 46. p. 352. c. XIV, 42. p. 637. f. Verg. Aen. VI, 120.
IX, 776. Auct. ad Herenn. IV, 47. Plin. IX, 8, 8. §. 28. u. f. w.
Einige identificiren sie mit der Lyra (Ovid. Fast. II, 104. 115.
Her. XV, 200. 202.), aber fälschlich. (Vgl. Sidon. Apoll. Carm.
I, 18.)

355) Auct. ad Herenn. a. a. O.

356) Die Cither wurde anfangs mit der Linken gehalten und
mittelst des Plectrums mit der Rechten gespielt; später aber spielte
man sie auch mit beiden Händen, entweder mit oder ohne Plectrum,
und im ersteren Falle so, daß man die Saiten mit den Fingern der
Linken riß und gleichzeitig mit der Rechten durch das Plectrum
schlug. (Vgl. Verg. Aen. VI, 647. u. Appulej. Flor. II, 15. p.
53. Oud.; daher intus u. foris canere bei Cic. Verr. I, 20, 53.
u. dazu Asconius T. I. p. 459. Gräv. vgl. auch Philostr. Icon.
I, 10. p. 779.) Die sie Spielenden hießen citharistae (Cic. de
Div. II, 64. extr. Verr. a. a. O. Phil. V, 6, 15. u. f. w.) u.
citharistriae (Ter. Phorm. I, 2, 32. 94. u. f. w.) und wenn sie
dazu sangen, citharoedi (Cic. Tusc. V, 40, 116. pro Mur. 13, 29.
Auct. ad Herenn. IV, 47. Hor. A. P. 355. Quinctil. I, 12, 3.
IV, 1, 1. Mart. V, 56, 9. XI, 75, 3. XIV, 215. u. f. w.) u.
citharoedae (Inschr. bei Gruter p. 654, 2. u. Orelli 2611.)

357) Abbild. dieses ganz unsrer Guitarre ähnlichen Instruments
siehe in d. Déscript. de l'Egypte. Vol. II. pl. 41. u. bei Clarac
Musée du Louvre II. pl. 119.

358) Ψαλτήριον, psalterium: Athen. IV, 81. p. 183. c. d.
Varro bei Nonius p. 215, 16. Cic. de har. resp. 21. in. Verg.
Ciris 178. Quictil. I, 10, 31. Isidor. III, 21, 2. 3. 7. u. f. w.
Die sie Spielenden hießen psaltae (Quinct. I, 10, 18. Mart. Cap.
9. p. 313. Grot. Sidon. Apoll. Ep. VIII, 9.) u. psaltriae (Ter.
Adelph. II, 3, 34. 51. 4, 5. IV, 2, 19. 3, 9. 4, 7. 7, 6. 25.
40. V, 3, 56. 9, 10. Cic. pro Sext. 54, 116. Liv. XXXIX, 6.
Juven. 6, 336. Aur. Vict. Epit. 76. u. f. w.)

359) Plat. Rep. III. p. 399. b. Athen. a. a. O.

360) Das Instrument war nämlich viel kürzer, als unsre auf
dem Boden stehende Harfe.

361) Vgl. die Abbild. in Weiß's Kostümkunde II. Fig. 347.

362) Die sogenannten Flöten der Griechen und Römer (αὐλοί,
tibiae) glichen eigentlich weit mehr unsern Klarinetten oder Oboen
und wurden durch ein Mundstück von Rohr (γλωττίς bei den
Griechen) geblasen, welches erst beim Gebrauche aufgesteckt, sonst
aber (in mehreren Exemplaren) in einem dazu bestimmten Behält=
niß (γλωττοκομεῖον) aufbewahrt wurde. Die Flötenbläser (tibi-
cines) banden sich, wenn sie im Freien oder in großen Räumen,
wie Tempeln und Theatern, bliesen, gewöhnlich einen ledernen Riemen, eine Art von Kappzaum (im Allgemeinen ἱμάς: Plut. de
cohib. ira T. II. p. 456. c., speciell στόμις, χειλώτηρ, φορβειά:

Hesych. v. φορβειά T. IV. p. 254. Schmidt.), in welchem sich nur eine kleine Oeffnung zum Durchstecken der Mundstücke befand, um den Mund, theils damit der Athem beim Blasen nicht auf einmal zu stark ausströme und das Hervorbringen der sanfteren Töne ver= hindere (Schol. zu Aristoph. Vesp. 580.), theils damit man das unschöne Aufblasen der Backen nicht sehe. Diese Mundbinde war wohl auch zuweilen mit Erz beschlagen. (Vgl. Hesych. s. v. ἐπί- χαλκον. T. II. p. 175. Schmidt., wo statt τῶν αὐλῶν unstreitig τῶν αὐλητῶν zu lesen ist.) Uebrigens vgl. Böttiger Kl. Schr. I. S. 51. u. die Abbild. in Burney History of Music p. 521. Mus. Borb. I. tav. 31. bei Guhl u. Koner Fig. 242. l. u. Weiß Fig. 349. c. u. 529.

363) Plin. XVI, 36, 66. §. 172. Verg. Geo. II, 193. und daselbst Servius.

364) Diese einfache Rohrflöte diente auch den Hirten als Schalmeie. (Theocr. XX, 29. Verg. Ecl. I, 2. II, 26. III, 27.)

365) Verg. Aen. VII, 737. Ovid. Met. III, 533. Tibull. II, 1, 86. Stat. Theb. VI, 120.

366) Tibull. a. a. O.

367) Ovid. Met. XI, 16. Fast. IV, 181. Hor. Od. I, 18, 13.

368) Tibiae geminae: Plin. VII, 56, 57. §. 204.

369) Appulej. Flor. I, 3. p. 10. Oud. Serv. zu Verg. Aen. IX, 618.

370) Macrob. Somn. Scip. II, 4, 5. p. 150. Jan.

371) Solin. c. 2.

372) Varro R. R. I, 2.

373) Vgl. überhaupt die Abbild. verschiedener Flöten bei Weiß Fig. 349. u. 529. u. bei Guhl u. Koner Fig. 242.

374) Σῦριγξ, syrinx: Hom. Il. XVIII, 526. Theocr. I, 14 ff. VIII, 18. XX, 28. Verg. Ecl. II, 36 ff. Ovid. Met. II, 682. Tibull. II, 5, 31. Mart. XIV, 61. Eine Abbild. dieser unsrer Papagenopfeife siehe bei Weiß Fig. 350. u. Guhl u. Koner Fig. 240.

375) Ihre Bläser hießen im Allgemeinen aeneatores (Sen. Epist. 84, 10. Ammian. XXIV, 4. Festus p. 20, 7. M. Gruter p. 264, 1. Orelli 4059. 6792.), speciell aber tubicines (Pers. III, 103. mit d. Schol. Hor. Sat. I, 6, 44. Propert. II, 7, 12. II, 13, 20. (oder III, 5, 4.) IV, (V,) 11, 9. Ovid. Her. XII, 139. Serv. zu Aen. XI, 192. Orelli 3521. 5050. 5726.) und liticines (Varro L. L. IV, 16. extr. Stat. Silv. IV, 7, 19. Gellius XX, 2. Ammian. XIV, 2. Orelli 3579—4105.), d. h. Trompeter, und cornicines (Sen. Lud. de mort. Claud. 12. Hor. a. a. O. Petron. 78. Orelli 3520.) und bucinatores (Caes.. B. Civ. II, 35. Orelli 3522. 6791.), d. h. Hornisten.

376) Tuba (unsrer Trompete entsprechend): Cic. Cat. II, 6, 13. Caes. B. G. VIII, 20. B. C. III, 46. Liv. XXIX, 27. Tac. Hist. II, 29. Nepos Chabr. 1. Gellius XX, 2. Plin. XI, 51, 112. §. 269. Verg. Geo. II, 72. Aen. XI, 192. Hor. Sat. I, 6, 43. Pers. 3, 103. Ovid. Her. XII, 140. u. s. w.

³⁷⁷) Pollux IV, 11, 85.

³⁷⁸) Verg. Aen. IX, 503. Ovid. Met. I, 98. Propert. IV, (V,) 4, 61. Silius V, 12. Ennius bei Priscian. VIII. p. 842.

³⁷⁹) Lituus (die Zinke): Cic. de Divin. I, 17. in. Verg. Geo. III, 183. Hor. Od. I, 1, 23. II, 1, 18. Ovid. Fast. III, 216. Stat. Theb. VI, 228. Lucan. I, 237. Val. Flacc. VI, 166. Gel=lius V, 8. u. s. w. Oft neben der Tuba genannt: Hor. u. Lucan. a. a. O.

³⁸⁰) Sen. Oed. 734. (753. Peip. et Richt.) Stat. Theb. a. a. O.

³⁸¹) Cornu: Cic. pro Sulla 5, 17. Verg. Aen. VII, 615. Hor. Od. II, 1, 17. Tac. Ann. I, 68. u. s. w.

³⁸²) Bucina (unserm Waldhorn ähnlich): Plin. IX, 33, 52. §. 103. Veget. III, 5. Isidor. XVIII, 4. (der sie mit der Tuba identificirt) Festus p. 32, 9. M.

³⁸³) Liv. XXVI, 15. Silius VII, 154. Cic. pro Mur. 9, 22. Sen. Thyest. 799. Propert. IV, (V,) 4, 63. Veget. II, 22. Isi=bor. a. a. O.

³⁸⁴) Tac. Ann. XV, 30. vgl. Polyb. XIV, 4.

³⁸⁵) Varro R. R. II, 4. III, 13. Propert. IV, (V,) 11, 29.

³⁸⁶) Tympanum, das Tambourin. Vgl. oben S. 84. Note 323.

³⁸⁷) Cymbalum: Vgl. ebendas.

³⁸⁸) Crotala (Castagnetten): Vgl. oben S. 52. Note 71.

³⁸⁹) Sistrum: Vgl. Band 2. S. 164. mit Note 324. Ab=bildungen von Saiteninstrumenten finden sich bei Guhl u. Koner Fig. 237—239. u. Weiß Fig. 346. 347. 530. (vgl. auch Mus. Borb. II. tav. 56. III. tav. 5. V. tav. 51.), von Blasinstrumenten bei Guhl u. Koner Fig. 242—246. u. Weiß Fig. 348—350. 529. (vgl. auch Mus. Borb. I. tav. 31. II. tav. 56. IV. tav. 34. VII. tav. 9.), von Tambourin, Becken, Sistrum u. s. w. im Mus. Borb. II. tav. 25. IV. tav. 34. VII. tav. 9. 34. 37. bei Overbeck Fig. 315. Guhl u. Koner Fig. 248. 249. u. Weiß Fig. 351. |

³⁹⁰) [³²¹] Siehe Overbeck Pompeji II. S. 199. Fig. 316.

³⁹¹) [³²²] Suet. Ner. 32. Vopisc. Tac. 10. Aur. 12. Firm. 2. Prob. 10. Lamprid. Diad. 3. Trebell. Gall. 16. Amm. Marc. XV, 5. Cassiod. Var. I, 2. Zosim. II, 41, 28. IV, 4, 8. Lyd. de mag. II, 4. u. s. w.

³⁹²) [³²³] Capitol. Anton. Phil. 10.

³⁹³) [³²⁴] Er wurde am 26. April 121. zu Rom auf dem mons Caelius geboren (Inschr. bei Orelli 1104 u. Capitol. Anton. Phil. 1.) und bestieg am 7. März 161. den Thron.

³⁹⁴) [³²⁵] Capitol. Anton. Phil. 4.

³⁹⁵) [³²⁶] Caligula hatte zwar diese Sitte einmal aufgehoben (Dio Cass. LIX, 7.), man folgte ihr aber später doch immer wie=der, namentlich bei einem so verehrten Kaiser, wie Marc Aurel.

396) [327] Vgl. Macrob. Sat. II, 4, 3. 31. p. 233. 243. Jan. mit Sen. de benef. III, 27.

397) [328] Capitol. Anton. Phil. 9.

398) [329] Dergleichen feierliche Leichenbegängnisse fanden in der Regel zu einer Zeit statt, wo das größte Leben auf den Straßen herrschte und man daher auf eine große Zahl von Zuschauern mit Gewißheit rechnen konnte. (Inschr. b. Orelli 4716. vgl. mit Hor. Ep. II, 2, 74.) Die Leichen der Armen dagegen, sowie die der Kinder, wurden ohne allen Prunk gewöhnlich in der Nacht (Serv. zu Verg. Aen. XI, 142. Donat zu Ter. Andr. I. 1, 81. 88.) bei Fackelschein (Serv. zu Verg. Aen. I, 727. VI, 224. Isidor. Orig. XX, 10, 5.) durch Leichenträger (vespillones: Suet. Dom. 17. Mart. I, 47, 1. Festus p. 368, 17. Paulus Diac. p. 368, 17. M. Dig. XXI, 2, 31.) auf einer Bahre (sandapila: Mart. II, 81. VIII, 75, 14. IX, 2, 12. Suet. Domit. 17. Fulgent. de serm. ant. 1. vgl. mit Hor. Sat. I, 8, 9. Juven. 8, 175. u. Mart. X, 5, 9.) oder in einem elenden Todtenkasten (arca: Hor. Sat. I, 8, 9. Lucan. VIII, 738.) hinausgetragen (Suet. u. Paulus a. a. O. Eutrop. VII, 23. Ammian. XXIX, 2. Sidon. Apoll. Ep. II, 8.) und auf einem der allgemeinen Begräbnißplätze (puticuli: Varro de L. L. V, 25. Frontin. p. 21, 15. L. Festus p. 217, 8. Paulus p. 216. M.), namentlich vor der Porta Esquilina (Varro a. a. O.) haufenweise verbrannt (Mart. VIII, 75, 10.) und die übrig= gebliebenen Knochen zusammen in Gruben geworfen (Varro a. a. O.), wovon eben diese Begräbnißplätze ihren Namen hatten. (Was die Kinder betrifft vgl. Serv. zu Verg. Aen. XI, 143. Tac. Ann. XIII, 17. Sen. de brev. vitae 20. extr., de tranq. an. 11, 5. Ep. 122, 10., hinsichtlich der Erwachsenen aber Paulus a. a. O. Mart. VIII, 75. u. Dion. Hal. IV, 40.) Ein solches Begräbniß hieß tacitum (Sen. de tranq. an. 1, 9. Ovid. Trist. I, 3, 22.) oder plebeium (Propert. | II, 13, 24. oder III, 5, 8.) u. bei Kin= dern acerbum (Tac. Ann. XIII, 17. Serv. zu Verg. Aen. III, 64. XI, 28) funus. Uebrigens gab es auch bei den Römern schon ein unsern Sterbekassenvereinen ähnliches Institut, indem sich Ge= nossenschaften (collegia tenuiorum: Dig. XLVII, 22, 1. 3. §. 3.) gebildet hatten, welche zu den Beerdigungskosten ihrer Mitglieder durch monatliche Beiträge zusammenschossen und den Hinterlassenen derselben eine bestimmte Summe dazu (ein funeraticium: Orelli 2417. 4107. 4420. 6086. 6087.) einhändigten. (Vgl. besonders Mommsen de colleg. et sodal. Rom. p. 92 ff.) Hauptstellen über die Gebräuche bei römischen Leichenbestattungen sind Verg. Aen. VI, 212 ff. Cic. de Leg. II, 21 ff. Petron. 71 ff. Tibull. III, 2. Ovid. Trist. III, 3. Propert. I, 17. II, 3. IV, (V,) 7. Appulej. Flor. IV, 19. p. 94. Oud.

399) [330] Plin. XVI, 33, 60. §. 139. Serv. zu Verg. Aen. II, 714. III, 64. Lucan. III, 442. Paulus Diac. p. 63, 15. M.

Vgl. auch Verg. Aen. VI, 216. Ovid. Trist. III, 13, 21. u. unten Anm. 440. Auch eine vor das Trauerhaus gesetzte Kiefer vertrat zuweilen die Stelle der Cypresse (Plin. XVI, 10, 18. §. 40.)

400) [331] Ein Titus Sextius Lateranus war zufolge der Fasti Coss. unter Antoninus Pius Consul im J. der Stadt 907. oder 154. n. Chr.

401) [332] Nachdem die nächsten Anverwandten des Verstorbenen vielleicht durch einen letzten Kuß gleichsam den entfliehenden Athem aufzufangen gesucht (Cic. Verr. V, 45, 118. Verg. Aen. IV, 684.), jedenfalls aber ihm die Augen zugedrückt (Plin. XI, 37, 55. §. 150. Sen. Controv. IX, 27. p. 268. Burs. Lucan. III, 740. Verg. Aen. IX, 487. Ovid. Trist. III, 3, 44. Her. 1, 113. Am. III, 9, 49. u. s. w.) und die Wehklage (conclamatio) erhoben hatten (Quinct. Decl. VIII, 10. Serv. zu Verg. Aen. VI. 218. Liv. IV, 40. Lucan. II, 23. vgl. Sen. de tranq. an. 11, 7. Ovid. Trist. III, 3, 43. Ammian. XXX, 10. u. s. w.), wurde der Leich= nam mit heißem Wasser abgewaschen und vom Salber (pollinctor), einem Sklaven des gleich zu erwähnenden libitinarius (Dig. XIV, 3, 5.), mit wohlriechenden Oelen und Spezereien gesalbt (Lucian. de luctu 11. Pers. 3, 103. vgl. Plaut. Asin. V, 2, 60. Poen. prol. 63. Fulgent. de serm. ant. 2.), um eine schnelle Verwesung zu verhindern, da eine 7tägige Ausstellung der Leiche üblich war (Serv. zu Verg. Aen. V 64.), die vollständig angekleidet (also jeder freie Bürger in der Toga: Juven. 3, 171. Liv. XXXIV, 7.) und mit allen Insignien eines verwalteten Amtes geschmückt auf das Paradebett gelegt wurde (Pers. a. a. O. Ovid. Met. IX, 502. Suet. Oct. 100. Capitol. Ant. P. 5. u. s. w. Ueber bildliche Darstellungen dieser Ausstellung vgl. Marquardt I. S. 354.) Unter= dessen wurde auch dem Tempeldiener der Leichengöttin Venus Libi= tina (libitinarius) Anzeige vom Todesfalle gemacht, der den Namen des Verstorbenen in die Todtenlisten eintrug und gegen Bezahlung die zur Bestattung nöthigen Geräthschaften aus dem Tempel lieferte, sowie die dazu erforderlichen Sklaven stellte. (Plut. Qu. Rom. 23. Dig. XIV, 3, 5. §. 8. Sen. de ben. VI, 38. Petron. 38. 78. | Vgl. Liv. XL, 19. Val. Max. V, 2, 10. u. Tab. Heracl. bei Mazoch. p. 415. u. 420.) Bei einem öffentlichen, vom Staate selbst ausgerichteten Begräbnisse (publicum funus: vgl. Cic. Phil. IX, 7, 17. Val. Max. V, 1, 1. 2, 10. Tac. Ann. III, 48. VI, 11. Dio Cass. XLVI, 38. LIV, 12.) ging dem Leichenbegängnisse ein Aufruf zur Theilnahme durch einen Herold voraus (daher indicti- vum funus: Varro de L. L. V, 160. VII, 42. Paulus Diac. p. 106, 13. Festus p. 334, 27. M. vgl. Cic. de Leg. II, 31, 61. de prov. cons. 20, 45. Suet. Caes. 84.) Die Formel der Einladung war: Ollus Quiris leto datus. Exsequias (z. B. L. Quinctio, Titi filio) ire quibus commodum est, iam tempus est. Ollus ex aedibus

effertur. (Varro de L. L. V, 160. VII, 42. Feſtus p. 254, 34. M. vgl. Ter. Phorm. V, 9, 37.)

402) [333] Wenn die Ausſtellung zuweilen im Veſtibulum (wie bei Auguſtus: Suet. Oct. 100.) oder auf dem Forum (wie bei der Virginia: Dion. Hal. XI, 39. u. Octavia: Dio Caſſ. LIV, 35.) erfolgte, ſo geſchah dies nur ausnahmsweiſe, um dem ganzen Volke den Zutritt zu ermöglichen.

403) [334] Lucian. de luctu 11. Minuc. Felix Oct. 12, 6. vgl. mit Dion. Hal. XI. 39. Auch wurden zuweilen Blumen vor dem Leichenzuge her geſtreut (Plin. XXI, 3, 7. §. 19.) Ueber das mit Elfenbein verzierte und mit Purpurdecken behangene Todtenbett vgl. Dio Caſſ. LVI, 34.

404) [335] Paulus Diac. p. 18, 7. s. v. acerra.

405) [336] Plin. VII, 8, 6. §. 46. vgl. Sen. Ep. 12, 3.

406) [337] Liv. XXXIV, 7. Polyb. VI, 53. Ueberhaupt pflegte man den Leichen Vornehmer und Reicher die koſtbarſten Gewänder anzuziehen (Suet. Ner. 50. Val. Max. V, 5, 4. Lactant. II, 4, 9. vgl. Verg. Aen. V, 221.); geweſene Beamte aber wurden in ihrer Amtstracht mit allen Inſignien ihrer Würde beerdigt.

407) [338] Cic. de Leg. II, 24, 60. Serv. zu Verg. Aen. XI, 80. Skelette mit goldnen Kränzen auf dem Haupte ſind öfters in Gräbern Italiens gefunden worden. (Vgl. Bull. d'Inst. 1833. p. 203 ff.)

408) [339] Nach der Meinung der Alten mußten die Seelen der Verſtorbenen (körperloſe, aber doch mit einer Art leiblicher Exiſtenz begabte Schattengebilde) vom Charon, dem Fährmann der Unterwelt, über die Flüſſe derſelben gefahren werden, um in die Wohnungen der Seligen zu gelangen, dafür aber ein Fährgeld ent= richten, weshalb ihnen ein Geldſtück (bei den Griechen ein Obolus) in den Mund geſteckt wurde. (Pauſan. X, 28, 1. Verg. Aen. VI, 299 ff. Juven. 3, 267.) Daß dieſe griechiſche Sitte auch bei den Römern beſtanden habe, iſt von Manchen wohl ohne Grund be= zweifelt worden. (Vgl. Juven. a. a. O. u. Propert. IV, (V,) 11, 7., ſo wie die Nachrichten über die in italiſchen Gräbern gefundenen Skelette mit Münzen im Munde bei Marquardt I. S. 355.) All= gemein aber war der Glaube, daß der Schatten eines Verſtorbenen, der unbeſtattet geblieben, unſtät umherirren müſſe, ohne Zutritt in die Unterwelt zu finden, und darauf gründet ſich namentlich die große Sorge für eine gehörige und möglichſt feierliche Beſtattung von Seiten der Hinterlaſſenen.

409) [340] Vgl. Cic. de Leg. II, 24, 61.

410) [341] Hor. Ep. I. 7, 5. u. daſelbſt Acron u. Schol. Crucq. Sen. de ben. VI, 38. Donat. zu Ter. Adelph. I, 2, 7. Orelli 3212. = Mommſen I. R. N. 4394. Bei Cicero a. a. O. wird der designator (welcher ſomit die Stelle unſrer Leichenbitter vertrat) wohl durch den Ausdruck dominus funeris bezeichnet.

411) [342] Nonius p. 54, 26. Gellius XX, 2. Auf zehn war die Zahl derselben schon durch die XII Tab. beschränkt (vgl. Cic. de Leg. II, 23, 29.) Sie bestanden aus Tuba= (Perf. 3, 103. mit d. Schol. Hor. Sat. I, 6, 44. Propert. II, 7, 12. II, 13, 20. (oder III, 5, 4.) IV, (V,) 11, 9. Ovid. Her. 12, 139. Serv. zu Verg. Aen. XI, 192.), Horn= (Sen. lud. de morte Claud. 12. Hor. a. a. O. Petron. 78.) und Flötenbläsern (Suet. Caes. 83. Ovid. Fast. VI, 660. Trist. V, 1, 48. Paulus Diac. p. 93, 1. M.) Der von Serv. zu Verg. Aen. V, 138. gemachte Unterschied, daß Tuba= bläser die Leichen älterer, Flötenbläser aber die jüngerer Personen begleitet hätten, dürfte auf einem Irrthume beruhen.

412) [343] Nonius p. 66, 31. u. 145, 25. Varro de L. L. VII, 70. Paulus p. 223, 16. M. vgl. Plaut. Truc. II, 6, 15. u. Hor. A. P. 431. Ob diese Sitte Klageweiber zu miethen auch in der spätern Kaiserzeit | noch fortdauerte, wissen wir freilich nicht; beim Begräbniß des Pertinax wenigstens wurde die stets übliche naenia (Cic. de Leg. II, 24, 62. pro Mil. 32, 86. Suet. Caes. 81. Quinct. VIII, 2, 8. Nonius p. 145, 25. u. f. w.) nicht von Frauen, sondern von Männern und Knaben gesungen (Dio Cass. LXXIV, 4.)

413) [344] Vgl. Suet. Caes. 84.

414) [345] Suet. Vesp. 19. Vgl. Dion. Hal. VII, 71. 72., wo selbst komische Tänze von Silenen und Satyrn bei Leichen= begängnissen vornehmer Personen erwähnt werden.

415) [346] Diese in eine von dem Gesichte der Verstorbenen ge= nommene Form gegossenen (vgl. Plin. XXXV, 12, 44. §. 153.), bemalten und an eine Büste, von der sie abgenommen werden konnten, angesetzten Wachsmasken der Vorfahren (imagines: vgl. Plin. XXXV, 2, 2. §. 6. Juven. 8, 2. 8. Sall. Jug. 4, 5.) wurden im Atrium aufbewahrt (Juven. 8, 19. vgl. Vitruv. VI, 3, 6.¹, bei einer Beerdigung aber aus ihren Schränken herausgenommen (Val. Max. VIII, 15, 1.) und Schauspielern aufgesetzt, welche die Ahnen vorstellen mußten. (Vgl. Polyb. VI, 53. Hor. Epod. 8, 11. u. Tac. Ann. III, 76.) Nach Böttiger Kl. Schr. I. S. 386. wären diese Wachsmasken bei feierlichen Processionen lebensgroßen, als Consuln, Dictatoren, Triumphatoren u. s. w., angekleideten Pup= pen gerade so aufgesetzt worden, wie unsern Kinderpuppen die Köpfe, was aber der genauen Darstellung des Polybius widerspricht. Den= noch hält auch Zell (Ferienschriften. Neue Samml. I. S. 162.) die Ahnenbilder für angekleidete „Wachsfiguren", die mit den im Atrium aufgestellten Wachsmasken oder Wachsbüsten Nichts gemein ge= habt hätten.

416) [347] Bei gewesenen Feldherren wurden sogar, wie beim Triumphzuge, erbeutete Waffen und Abbildungen eroberter Städte oder unterworfener Völker mit vorangetragen (Dio Cass. LVI, 34. LXXIV, 4. Dion. Hal. VIII, 59. Tac. Ann. I, 8.)

⁴¹⁷) [³⁴⁸] Je mehr solche Wagen mitführen, desto feierlicher war das Begräbniß, weßhalb gewöhnlich auch die Ahnen aller verwandten Familien mit vorgeführt wurden (Tac. Ann. III, 76. IV, 9.) Die Zahl derselben ging manchmal in die Hunderte (Serv. zu Verg. Aen. VI, 862. 875. vgl. Hor. Sat. I, 6, 42. Plut. Sulla 38. u. Propert. II, 13, 19. (oder III, 5, 3.) Daß jedoch die imagines der Ahnen nicht stets in Wagen fuhren, sondern auch der Leiche voranschritten, scheint aus Propert. a. a. O. geschlossen werden zu müssen.

⁴¹⁸) [³⁴⁹] Polyb. VI, 53.

⁴¹⁹) [³⁵⁰] Ruthenbündel, aus denen ein Beil hervorragte, die als symbolisches Zeichen der Herrschergewalt den Consuln und überhaupt den höchsten Staatsbeamten von den Lictoren vorangetragen wurden. (Es wird davon später bei Darstellung der Staatsverfassung die Rede sein.

⁴²⁰) [³⁵¹] Liv. XXXVIII, 55. Appian. Mithr. 2. Cod. Just. VII, 6, 5., aus welcher letzten Stelle vgl. mit Dio Cass. LXXIV, 4. wir ersehen, daß zuweilen solche Freigelassene auch auf der Tragbahre standen, um die Fliegen von der Leiche wegzuscheuchen, gleich als ob sie einem Schlafenden diesen Dienst erwiesen.

⁴²¹) [³⁵²] Vgl. oben S. 104. mit Anm. 3. auf S. 157.

⁴²²) [³⁵³] Vgl. Dio Cass. LXI, 7. mit Vellej. II, 4, 6., wo aus der Nachricht, daß Scipio Africanus, weil er ermordet worden war, velato capite begraben worden sei, zu schließen ist, daß es sonst aperto capite geschah. |

⁴²³) [³⁵⁴] War die Leiche in einen Sarg (capulus) eingeschlossen, so lag dafür auf dem Bette wenigstens eine Wachsfigur des Verstorbenen, d. h. eine bekleidete Holzpuppe mit einer Wachsmaske, wie es namentlich bei den Leichen der Kaiser der Fall gewesen zu sein scheint. (Appian. B. Civ. II, 147. Dio Cass. LVI, 34. Herodian. IV, 2.)

⁴²⁴) [³⁵⁵] Plin. VII, 44, 45. §. 142. Val. Max. VII, 1. 1. Vellej. I, 11, 7. Pers. 3, 106. Serv. zu Verg. Aen. VI, 222.

⁴²⁵) [³⁵⁶] Weiße Trauerkleider der Frauen waren erst in der Kaiserzeit aufgekommen. (Herodian. IV, 2, 3. Plut. Qu. Rom. 23. [T. VII. p. 95. Reisk.] Stat. Silv. III, 3, 3. Vgl. oben S. 124.) Früher hatten Alle, Frauen wie Männer, schwarze Gewänder getragen. (Varro bei Nonius p. 549. extr. Juven. 3, 213. 10, 245. Propert. IV (V.) 7, 28. Tac. Ann. III, 2. Tibull. III, 2, 18. Paulus Diac. p. 236, 6. M. Serv. zu Verg. Aen. III, 64.)

⁴²⁶) [³⁵⁷] Liv. XXXIV, 7. vgl. mit IX, 7. Dion. Hal. V, 48. VIII, 62.

⁴²⁷) [³⁵⁸] Petron. 111. Plut. Qu. Rom. 11. Vol. VII. p. 82. R.

⁴²⁸) [³⁵⁹] Propert. II, 13, 27. (oder III, 5, 11.) II, 24, 52. (oder III, 19, 36.) Lucian. de luctu 12. Petron. a. a. O. Serv.

zu Berg. Aen. III, 67. vgl. mit Cic. de Leg. II, 23, 59. Plin. XI, 37, 58. §. 157. Stat. Theb. III, 125. IX, 354. u. Festus p. 273, 30. M.

⁴²⁹) [³⁶⁰] Auf dem Marktplaße befand sich die öffentliche Rednerbühne (suggestus: Flor. I, 11.), die mit den Schnäbeln (rostra) eroberter Schiffe geziert war (Liv. VIII, 14. Varro de L. L. V, 155. Cic. pro leg. Man. 18, 55. Flor. a. a. O. Plin. XVI, 4, 3. §. 8. Isidor. XV 2, 27.) und daher selbst diesen Namen führte. Von ihr aus wurden nicht nur die Ansprachen der Magistrate an das Volk (Cic. pro leg. Man. 1, 1. 18, 55. Plin. Pan. 65. Suet. Caes. 17. 20. Claud. 22. Ner. 47. Dion. Hal. II, 26. u. s. w.), sondern auch die Leichenreden (laudationes funebres) gehalten. (Suet. Oct. 100. Tib. 6. Calig. 10. Tac. Ann. XVI, 6. Quinct. XII, 6, 1. Dio Cass. LIV, 35. LVI, 34. u. s. w.)

⁴³⁰) [³⁶¹] Polyb. VI, 53. vgl. Dion. Hal. IV, 40. V, 17. XI, 39. Plut. Lucull. 43.

⁴³¹) [³⁶²] Polyb. a. a. O. Die sella curulis war übrigens eine Auszeichnung der höchsten Magistrate und bestand aus einem der Form nach sehr einfachen, aber reich mit Elfenbein verzierten (Liv. V, 41. Hor. Ep. I, 6, 53. Ovid. ex P. IV, 5, 18. 9, 27. Dion. Hal. III, 61. 62. Appian. B. Civ. I, 70. 71. Lyd. de mag. I, 32.) Sessel ohne Rück= und Armlehne und auf gekreuzten Füßen ruhend (Plut. Mar. 5.), den jene Staatsbeamten überall mit sich führten und auf welchem sie bei allen öffentlichen Handlungen saßen.

⁴³²) [³⁶³] Polyb. VI. 53. Liv. II, 47. 61. VIII, 40. Suet. in den Anm. 429. angeführten Stellen u. A. Bei einem funus publicum sprach ein vom Senate beauftragter Leichenredner (Quinct. Inst. III, 7, 2.) Zuweilen (besonders in früherer Zeit) fand selbst bei Frauen eine | solche ladatio funebris statt. (Liv. V, 50. Plut. Camill. 8. Cic. de Or. II, 11, 44.)

⁴³³) [³⁶⁴] Solche Familienbegräbnisse erwähnen z. B. im All= gemeinen Cicero de Off. I, 17, 55. de Leg. II, 22, 55., speciell aber Ders. Tusc. I, 7, 13. Suet. Ner. 50. Vellej. II, 119, 5. Val. Max. IX, 12, 1. Festus p. 262, 5. M. u. A.

⁴³⁴) [³⁶⁵] Daß sich auch an ihr, wie überhaupt an allen Landstraßen, Grabmäler fanden, ersieht man z. B. aus Plin. Ep. VII, 29, 2. Vgl. Marquardt I. S. 363 ff. u. übrigens auch oben S. 13. u. Anm. 123. zum 1. Kap.

⁴³⁵) [³⁶⁶] Vgl. Petron. 71. Mart. I, 116, 1. Serv. zu Berg. Aen. V, 760. Orelli 4373. 4395. 4456. 4509 Solche Ruhe= stätten hießen Gartengräber (cepotaphia: Orelli 4514. 4515. 4516. 6359.)

⁴³⁶) [³⁶⁷] Die Construction eines solchen Grabmals lernen wir aus einer Inschr. zu Salona bei Lanza Lap. Sal. n. XXIX.

u. Orelli 7365. kennen. Uebrigens vgl. die Abbildungen bei Over=
beck Pompeji II. Fig. 216. u. 225. u. bei Guhl u. Koner II. S.
108. Fig. 409. u. 410.

437) [368] Vgl. Inschr. bei Gruter p. 656, 3. 755, 4. Orelli
4517. 7371. (= Mommsen I. R. N. 6410.) mit Paulus Diac. p. 32,
5. M. Daß aber nicht alle Grabstätten ein dergleichen ustrinum
hatten, ersieht man aus Orelli 4384. u. 4385. Dagegen gab es
auch für den allgemeinen Gebrauch bestimmte ustrina.

438) [369] Vgl. Orelli 4132. = 4433. u. Marini Atti II.
p. 646. und siehe die Abbildung eines solchen Triclinium funebre
zu Pomp. b. Overbeck II. S. 28. Fig. 224. Noch größere Grabanlagen
enthielten nach Marquardt I. S. 370 f. auch noch besondre aedi-
culas mit Statüen der Verstorbenen (Orelli 4456.), eine ara vor
dem Monumente (Orelli 4323.), Pavillons (Orelli 4337. 4456.),
einen Brunnen (Orelli a. a. O.), zuweilen selbst Ackerland und
Obstgärten (vgl. Orelli 4371. 4561. 4517.) mit Scheunen und
Wirthschaftsgebäuden (vgl. Orelli 4369.) Gehörte kein Grundstück
zu der Grabanlage, von dessen Ertrag die Erhaltungskosten, die
Todtenfeste u. s. w. bestritten werden konnten, so wurde hierzu ein
Kapital fundirt (Orelli 4412. 4414. bis 4416.)

439) [370] Vgl. Petron. 71. u. Orelli 4353. 4368. 4369.
4371. und über die custodia sepulcri überhaupt auch Orelli 4366.
u. 4367.

440) [371] Verg. Aen. VI, 177. u. daselbst Serv. u. Sil. Ital.
XV, 387. vgl. mit Ovid. Met. VIII, 479. u. Trist. III, 3, 21.
Der Cypressen um den Scheiterhaufen her gedenken Verg. Aen. V,
216. u. daselbst Serv. Ovid. Trist. a. a. O. u. Sil. Ital. V, 535.
Aus Plin. XXXV, 7, 31. §. 49. ersehen wir, daß er zuweilen auch
bemalt wurde. Die Scheiterhaufen, auf denen Personen der niedern
Stände verbrannt wurden, waren natürlich weit einfacher. Der
Leichnam des ermordeten Pompejus wurde von seinem Freigelasse=
nen Philippus mit den morschen Ueberresten eines alten Fischer=
kahns verbrannt (Plut. Pomp. c. 80.), und dieß nennt Lucan.
VIII, 736. in der Beschreibung dieser Scene ein plebeium funus.
Wäre bei allen Begräbnissen ein so hoher Holzstoß aufgethürmt
worden, wie bei der Bestattung der Vornehmeren, so möchte sich
doch wohl ein großer Holzmangel fühlbar gemacht haben, über den
doch nirgends geklagt wird. (Vgl. hierüber Böttiger Kl. Schr. III.
S. 147 ff.)

441) Vgl. z. B. Verg. Aen. V, 79. VI, 883 f.

442) [372] Tibull. I, 1, 61. Appian. B. Civ. I, 48.

443) [373] Lucian. Nigrin. 30. Lucan. IX, 175 ff. So wur=
den auch den Kriegern ihre Waffen, den Handwerkern ihre Werk=
zeuge, den Frauen ihre Toilettengegenstände, den Kindern ihr Spiel=
zeug mit in's Grab gegeben. Vgl. Marquardt I. S. 368. |

444) [374] Suet. Caes. 84. Tac. Ann. III, 2. Verg. Aen.

VI, 221. Tibull. II, 4, 44. Sil. Ital. X, 562. 571. Val. Fl.
III, 313. Stat. Silv. II, 1, 157 ff. III, 3, 38.
445) [375] Verg. Aen. VI, 224.
446) Auch war die Matratze, auf welcher der Leichnam ver=
brannt wurde, mit Binsen, Wollgras, Papyrus und anderm Pflanzen=
zunder gestopft, der leicht Feuer fing. (Vgl. Mart. VIII, 44, 14.
X, 97, 1. Plin, XVI, 37, 70. §. 178.)
447) [376] Verg. Aen. VI, 226. Stat. Silv. II, 6, 90. Orelli
4836. Inschr. bei Henzen Bull. 1859. p. 207., citirt von Mar=
quardt I. S. 378.
448) [377] Die gewöhnlichen Formeln dabei waren Have oder
vale, pia (candida) anima, — terra sit tibi levis, — molliter
cubent ossa, — ossa bene quiescant. Vgl. Serv. zu Verg. Aen.
II, 644. u. XI, 97. (wo sich die Formel salve aeternum aeternum-
que vale findet) u. Orelli 4731—4760. Ueber die dreimalige
Wiederholung des Vale vgl. Verg. Aen. VI, 507. u. schon Hom.
Od. IX, 65.
449) [378] Sen. de ira II, 33, 6. Cons. ad Helv. 2, 5. Pro=
pert. IV, (V,) 1, 127. Tibull. I, 3, 5.
450) [379] Tibull. III, 2, 9—27.
451) [380] Die Urnen waren gewöhnlich von Thon (Propert.
II, 13, 32. oder III, 5, 16.), doch auch zuweilen von Glas, Stein
(besonders Marmor), Bronze, Silber und Gold. (Vgl. Marquardt
II. S. 379.) Das Beisetzen (componere: Propert. II, 24, 25. oder
III, 19, 19. Ovid. Fast. III, 547. Tibull. III, 2, 26. Verg.
Aen. I, 249. Tac. Hist. I, 47. Orelli 4832. oder condere: Cic.
de Leg. II, 22, 56. Verg. Aen. III, 68. VI, 152. Ovid. Met.
VIII, 235. XIV, 442. Suet. Oct. 100. Orelli 4717.) der Urnen
und Särge scheint man ungegürtet und mit bloßen Füßen vor=
genommen zu haben. (Vgl. Suet. a. a. O. und ein Relief bei
Visconti im Mus. Pio-Clem. V. p. 217. pl. XXXIV.)
452) [381] Dio Cassius LVI, 42.
453) [382] Vgl. die Beschreibungen und Abbildungen alter
Gräber Italiens bei Overbeck Pompeji II. S. 20 ff. Fig. 216—243.
u. Guhl u. Koner II. S. 98 ff. Fig. 392—410.
454) [383] Cic. pro Arch. 9, 22. (mit d. Schol. Bob. p. 358.
Orell.) u. de Leg. II, 22, 55. Inschr. bei Orelli 4353. 4355. 4369.
4373 ff. 4386 ff. 4400. u. s. w. Später, als die Zahl der Frei=
gelassenen so außerordentlich wuchs, wurden in's Familienbegräbniß
nur noch diejenigen derselben aufgenommen, die zu Erben eingesetzt
oder im Testamente ausdrücklich dazu berechtigt worden waren.
(Dig. XI, 7, 6. Orelli 4400. 4402.)
455) [384] Arca: Plin. XIII, 13, 27. §. 84. Hor. Sat. I, 8,
9. Val. Max. I, 1, 12. Aur. Vict. de vir. ill. 42. Dig. XI, 7,
7. Orelli 3560. 4396. 4429. 4563. 4570. u. anderw.; capulus:
Plaut. Asin. V, 2, 42. Appulej. Met. IV, 18. p. 277. VIII, 13.

p. 544. X, 12. p. 699. Oud. Nonius p. 4, 21. Paulus Diac. p. 61, 12. M. Nach Plin. II, 96, 98. §. 210. vgl. mit XXXVI, 17, 27. §. 131. fand sich bei Assos in Kleinasien eine Steinart, welche die Eigenschaft besaß einen Leichnam in einem daraus verfertigten Sarge binnen 40 Tagen völlig aufzuzehren und die daher sarcophagos („Fleischfresser") genannt wurde; woher sich unsre Bezeichnung eines größeren und massiveren Sarges schreibt, die jedoch auch schon bei den Römern vorkommt (Orelli 194. 4554. 4478.) Ueber die noch in großer Anzahl vorhandenen | und oft zugleich mit Urnen in den Gräbern gefundenen Sarkophage vgl. die von Marquardt I. S. 377. angeführten Stellen.

456) [³⁸⁵] Cic. de Leg. II, 22, 56. vgl. mit 23, 60. Plin. VII, 54, 55. §. 187.

457) [³⁸⁶] Cic. u. Plin. a. a. O. Auch arme Leute und ganz kleine Kinder wurden stets unverbrannt begraben. (Plin. VII, 16, 16. §. 72. Juven. 15, 140.) Späterhin wurden überhaupt die Leichen nur noch selten verbrannt. (Macrob. Sat. VII, 75. p. 594. Jan.) In frühern Zeiten mögen wohl auch die Verstorbenen im eignen Hause verbrannt und begraben worden sein. (Isidor. Orig. XV, 11. in. vgl. mit Verg. Aen. IV, 494. 504. Serv. zu Aen. VI, 152. XI, 205. u. Appian. B. Civ. IV, 11.)

458) [³⁸⁷] Inschr. bei Fabretti p. 9 ff. u. Orelli 2975. 4513. 4544. u. s. w. Vgl. die Abbildung eines solchen Columbariums bei Guhl und Koner II. S. 102. Fig. 398.

459) [³⁸⁸] Siehe oben S. 198. Anm. 398. Ueber solche sepulcra communia (Instit. II, 1, 9.) vgl. Inschr. b. Orelli 4073. 4093. 4103. 4437. 4539.

460) [³⁸⁹] Von allen diesen drei Arten der Columbarien haben sich einzelne erhalten. (Vgl. die davon handelnden Schriften bei Marquardt I. S. 373.) Das im J. 1852. an der Via Appia entdeckte Columbarium einer Grabgesellschaft enthält in 9 Reihen 300 Nieschen (loculi), jede für zwei Urnen (ollae), also im Ganzen Raum für 600 Urnen. Vgl. Henzen in b. Annali d'Inst. 1856. p. 8 ff.

461) Vgl. darüber 2. Abth. 1. Band. S. 154. (Diese Noten= zahl ist im Texte weggelassen worden.)

462) Vgl. Orelli 4361. 4394. 4423. u. s. w.

463) Vgl. Orelli 4351. 4352. 4359. 4362. u. s. w.

464) [³⁹⁰] Suet. Oct. 98. Dig. XL, 4, 44. Inschr. in Brit. Mus. Marbles P. V. pl. VIII. Fig. 2., bei Marini Atti II. p. 639. u. Orelli 4416. Vgl. auch Raoul-Rochette in b. Mém. de l'Inst. T. XIII. p. 565. u. Passeri Luc. fict. I. p. XXV.

465) [³⁹¹] Ja sogar ganze Küchenapparate mit Kesseln und Kohlenbecken, Feuerzangen u. s. w. Vgl. Gerhard Etrur. Spiegel S. 32. (citirt von Marquardt I. S. 369.) Die vielen in den Gräbern gefundenen gemalten Vasen dienten gleichfalls zu solchen

Zwecken und nur höchst selten auch zur Aufnahme der Asche von
Verstorbenen.

⁴⁶⁶) [³⁹²] Vgl. die Angaben der in römischen Gräbern gefun=
denen Gegenstände bei Marquardt I. S. 368.

⁴⁶⁷) Vgl. oben S. 30.

⁴⁶⁸) Vgl. oben S. 13. mit Note 123.

⁴⁶⁹) Die Literatur über dieses bekanntlich noch vorhandene
Grabmal siehe in Pauly's Realencycl. II. S. 289. Note *). Eine
andre, noch größere Grabpyramide hatte sich anfangs unter dem
Namen sepulcrum Romuli, dann eben so falsch als sepulcrum Sci-
pionis Africani bis in's 15. Jahrh., wo Alexander VI. sie abbrechen
ließ, erhalten. Vgl. Becker Handb. d. Röm. Alterth. I. S. 662.

⁴⁷⁰) Vgl. Orelli 4373. 4377. 4498. 4509. 4517. 4518. 4522.

⁴⁷¹) Vgl. Orelli 4400. 4510. 4523. 4571.

⁴⁷²) Persius I, 37. Hor. Sat. I, 8, 12 f. Inschr. bei Orelli 4524.

⁴⁷³) Der griechischen τράπεζα entsprechend. Vgl. 2. Abth.
1. Band. S. 154.

⁴⁷⁴) Die reiche Literatur über die sepulcra der Alten siehe in
Pauly's Realencycl. VI, I. S. 1061.

⁴⁷⁵) [³⁹³] Vgl. oben S. 77. Anm. 232.

⁴⁷⁶) [³⁹⁴] Suet. Claud. 25. Tac. Ann. II, 32. XV, 60.
Plut. Galb. 28. Schol. Crucq. zu Hor. Sat. I, 8, 14.

⁴⁷⁷) [³⁹⁵] Daß die jüngere Faustina unter ihren Liebhabern
besonders Gladiatoren und Pantomimen begünstigte, berichtet Capi=
tol. Anton. Phil. 19. und 23.

⁴⁷⁸) [³⁹⁶] Was in Pompeji der Fall war, wird gewiß noch
weit mehr in Rom der Fall gewesen sein. Vgl. aber über diese
pompejanischen Diapinti und Graffiti Overbeck II. S. 101 ff.

⁴⁷⁹) [³⁹⁷] Es war also die volle Zahl der Musen vertreten,
wie es Varro bei Gellius XIII, 11. vorschreibt, dem zufolge ein
Gastmahl hinsichtlich der Gäste von der Zahl der Grazien nur bis
zu der der Musen, d. h. von dreien bis zu neunen, steigen soll.
(Vgl. auch Macrob. Sat. 1, 7, 12. p. 48. Jan.) Bekannt aber ist,
daß diese Zahl, die allerdings die gewöhnliche war (Plaut. Stich.
III, 2, 33. Gellius XIII, 11, 2.), auch nicht selten überschritten
wurde. (Vgl. Plut. Qu. conv. V, 5. u. Macrob. a. a. O.) | Bis=
weilen stellte es wohl auch der Wirth den eingeladenen Gästen frei,
noch andre nicht Geladene mitzubringen, die dann umbrae (Schatten)
hießen. (Plut Qu. conv. VII, 6. Hor. Sat. II, 8, 22. Ep. I, 5,
30.) In diesem Falle mußten allerdings wohl auch mehr als
drei Personen auf einem Lectus Platz finden, was sonst für un=
anständig galt. (Cic. in Pis. 27, 67. Hor. Sat. I, 4, 86.)

⁴⁸⁰) [³⁹⁸] Der berühmte Schriftsteller Lucianus, geboren im
J. 120. oder 130. n. Chr., verweilte unter der Regierung der beiden Antonine und des Commodus öfters in Rom.

⁴⁸¹) [³⁹⁹] Vgl. oben S. 16.

⁴⁸²) [⁴⁰⁰] Fein gebildete Römer liebten, gleich den Griechen, Nichts so sehr, als eine geistreiche und witzige Unterhaltung beim Mahle (Cic. ad Fam. IX, 24, 3. Juven. 9, 10.), bei dem sie ge= wöhnlich nur einen engern Kreis gleichgesinnter und auf gleicher Stufe der Bildung stehender Freunde um sich versammelten, damit eine allgemeine Unterhaltung statt finden konnte (Plut. Qu. conv. I, 1, 5.) Besonders lud man dazu Männer ein, welche die Gabe be= saßen auf witzige, launige und spannende Weise zu erzählen (vgl. Mart. VII, 76. X, 97, 10.). Gespräche über Gegenstände aus dem Gebiete der Kunst und Wissenschaft waren der angenehmste Nachtisch. (Plut. de san. praec. 20.) Auch Recitation von Dichterwerken, selbst Dramen, war dabei nicht ausgeschlossen, um ästhetische Tisch= gespräche herbeizuführen (vgl. Pers. 1, 30 ff. Plin. Ep. I, 15, 2. vgl. IX, 17. 40.), obgleich dies allerdings zuweilen übertrieben wurde. (Plut. Qu. conv. I, 1, 5. Mart. V, 78, 25.) Auch gab man gern Räthselfragen auf. (Plut. Qu. conv. V. prooem. §. 5.) Sinnenreiz durch Musiker, Gaukler, Tänzerinnen u. s. w. überließ man dagegen den Gelagen halbgebildeter Genußmenschen.

⁴⁸³) [⁴⁰¹] Vgl. oben S. 64. Anm. 150.

⁴⁸⁴) [⁴⁰²] Die Römer kannten nur Sonnen= und Wasseruhren und auch diese erst seit dem 3. Jahrh. v. Chr. (Nach Plin. VII, 60, 60. §. 213. kam die erste Sonnenuhr im J. 293. v. Chr. nach Rom, die dann in den J. 263. und 164. besser eingerichtet wurde, die erste Wasseruhr aber erst im J. 159.) Wo sich nun eine solche im Hause befand, (was wohl nur von größeren Haushaltungen gilt, wo es vielleicht auch beide Arten von Uhren neben einander gab, wie z. B. in Bädern: Lucian. Hipp. 8.), da war ein Sklav dazu angestellt sie zu beobachten und jedesmal den Anfang einer neuen Stunde auszurufen. (Mart. VIII, 67. Juven. 10, 216. Petron. 26.) Nun theilten aber die Römer, die eine Eintheilung des Tags in Stunden überhaupt erst seit Einführung der Sonnenuhren kannten (Censorin. 23. §. 6. vgl. mit Varro L. L. VI, 89. u. Plin. a. a. O.), sowohl den Tag, den sie von Sonnenaufgang bis Sonnenuntergang annahmen, als die übrige Zeit oder die Nacht gleichmäßig in 12 Stunden (vgl. z. B. Cic. pro Rosc. Am. 7, 19.), woraus der große Uebelstand entsprang, daß die Stunden des Tags und der Nacht nur in den Aequinoctien gleich waren, sonst aber in ihrer Länge das ganze Jahr hindurch schwankten, was auch die Construc= tion der Uhren äußerst schwierig machte. Dieselbe genauer aus= einander zu setzen, ist hier nicht der Ort. Ich bemerke nur, daß die Einrichtung der Sonnenuhren von Vitruv. I, 6., die der Wasser= uhren von demj. IX, 9. ausführlich beschrieben wird, daß sich von ersteren (vgl. Abbild. bei Overbeck Pompeji Fig. 276.), die im Ganzen ebenso eingerichtet waren, wie bei uns, noch zweierlei Arten erhalten haben, theils sphärisch ausgehöhlte, halbkugelförmige, theils auf einer ebnen Fläche (von Marmor oder Erz) eingehauene mit

rother Farbe ausgefüllten Linien, und daß man bei Letzteren nicht an
die einfache alte Clepsydra, sondern an eine complicirtere Vorrichtung
zu denken hat. Erstere nämlich, deren man sich nur bei Gericht
und im Lager (Veget. III, 8. Caes. B. G. V, 13.) bediente, dort
um die Zeit zu bestimmen, wie lange ein Redner sprechen durfte,
hier zur Ablösung der Wachen, bestand blos aus einem gläsernen,
kegelförmigen Gefäß, welches eine kleine Oeffnung hatte, durch
welche nach und nach das Wasser sickerte, bis das Gefäß leer und
somit die bestimmte Zeit verflossen war; bei Letzterer aber oder der
Hausuhr konnte in jenen Kegel noch ein zweiter eingeschoben und
es durch die so bewirkte Verengerung oder Erweiterung der Mün=
dung so eingerichtet werden, daß weniger oder mehr Wasser ausfloß
und demnach die Zeit der Entleerung (d. h. der Stunden) bald
länger, bald kürzer war, was unstreitig nach einer daran angebrach=
ten Scala regulirt wurde. Uebrigens verweise ich auf den Art.
Horologium in Pauly's Realencyklop. III. S. 1403 ff. und Rein
zu Becker's Gallus II. S. 302 f.

⁴⁸⁵) [⁴⁰³] Wie es in vornehmen Häusern mehrere Triklinien
gab (s. oben S. 16.), so auch mehrere oeci. Im Hause des be=
kannten Verschwenders Lucullus fand sich unter andern auch ein
Apollosaal. (Plut. Lucull. 41.) Ueber die Pracht solcher Säle vgl.
z. B. Lucan. X, 110 ff.

⁴⁸⁶) [⁴⁰⁴] Plin. XXXVI, 26, 67. §. 196. Suet Dom. 14.

⁴⁸⁷) [⁴⁰⁵] Vitruv. VI, 3, 8 ff. erwähnt vier Arten von occi;
außer den beiden hier genannten, dem ägyptischen und korinthischen,
auch noch den einfachen, blos auf vier Säulen ruhenden Tetrastylos
und (den in Italien wenig in Aufnahme gekommenen) cyzicenischen
mit Glasthüren, durch die man in's Grüne sehen konnte, wie wir
ihn im 4. Kapitel auf der Villa des Sulpicius kennen lernen werden.

⁴⁸⁸) [⁴⁰⁶] Der etrurische Marmor wurde bei Luna gebrochen
(Strab. V, 2, 5. p. 222. Plin. XXXVI, 6, 7. §. 48. 18, 29.
§. 135. Stat. Silv. IV, 2, 29.) und ist der heutige carrarische.
Andre weiße Marmorarten waren besonders der parische (Plin. IV,
12, 22. §. 67. XXXVI, 5, 4. §. 14 ff. Strab. X, 5, 7. p. 487.
Sidon. Apoll. Carm. 22, 140. Isidor. Orig. XVI, 5, 8.), und pen=
telische (Strab. IX, 1, 23. p. 399. Cic. ad. Att. I, 8, 2. Plut.
Poplic. 15.) übrigens vgl. auch Plin. a. a. O. §. 44. und Stat.
Silv. I, 5, 39. II, 2, 92. Hierher gehört auch der Alabaster (onyx
alabastrites), aus welchem nach Plin. XXXVI, 7, 12. §. 59. sogar
Säulen gefertigt wurden. Weit beliebter aber waren später die
bunten Marmorarten (marmor maculosum: Plin. XXXVI, 6, 5.
§. 44. Sen. Ep. 115, 8.), der goldgelbe aus Numidien (Plin.
XXXV, 1, 1. §. 3. XXXVI, 6, 8. §. 49. Hor. Od. II, 18, 4.
Mart. IX, 75, 8. Stat. Silv. I, 5, 36. II, 2, 92. Capitol. Gord.
32, 2. Isidor. Orig. XVI, 5, 16.), der graublaue vom Hymettus
(Plin. XXXVI, 3, 3. §. 7. Hor. Od. II, 18, 3.), der grüne aus

Thessalien (Paul. Silent. 641. oder 224 ff.) und Aegypten (Plin.
a. a. O.), dem auch der grüne Porphyr Lakoniens (Pauf. III, 21, 4.
vgl. Mart. IX, 75, 9. Plin. XXXVI, 7, 11. §. 55. Stat. Silv.
v, 5, 40. II, 2, 90. Sidon. Apoll. Carm. 5, 38. Isidor. Orig.
XVI, 5, 2.) zuweilen substituirt wurde, der grüngeäderte caryftische
(Strab. X, 1, 6. p. 446. Plin. IV, 12, 21. §. 64. XXXVI, 6, 7.
§. 48. Mart. IX, 75, 7. Stat. Silv. II, 2, 93. Capitol. a. a. O.
Sidon. Apoll. Carm. 22, 140. Isidor. XVI, 5, 15.), der synna=
bifche oder phrygifche weiße mit violetten Adern (Strab. XII, 8,
14. p. 577. Hor. Od. III, 1, 41. Mart. IX, 75, 8. Stat. Silv.
I. 5, 37. II, 2, 89. Capitol. a. a. O. Sidon. Apoll. Carm. 5,
37. 22, 138. u. A.), der schwarze vom Tänarus in Lakonien (Strab.
VIII, 5, 7. p. 367. Plin. XXXVI, 28, 29. §. 135.), von der
Insel Chios (Strab. XIV, 1, 35. p. 645. Plin. XXXVI, 6, 8.
§. 50.) und von Alabanda (Plin. XXXVI, 8, 13. §. 63.), der
schwarz und weiß gefleckte aus Proconnesus (Strab. XIII, 1, 16.
p. 588. Plin. a. a. O. §. 47.) u. f. w. (Vgl. überhaupt Strab.
IX, 5, 16. p. 437. Stat. Silv. II, 2, 93. IV, 2, 28. Isidor.
Orig. XVI, 5, 7.) Auch der rothe Granit von Syene (Stat. Silv.
II, 2, 86. IV, 2, 27. Plin. XXXVI, 8, 13. §. 63. Isidor. XVI,
5, 11.) und der purpurroth und weiß gefprenkelte Porphyr aus
Aegypten (Plin. a. a. O. §. 57. Sidon. Apoll. Carm. 22, 141. 5,
35. Isidor. Orig. XVI, 5, 5.) waren geschätzt.

489) [407] Cic. Tusc. V, 21, 62. Vitruv. VII, 2. extr. Juven.
1, 96. Isidor. Orig. XIX, 12. u. f. w. Auch mit dem vertiefte
Felder zeigenden Täfelwerk der Decken wurde großer Luxus getrieben.
Es war von der kunstreichsten, mit Schnitzwerk versehenen Tischler=
arbeit (Sen. Ep. 90, 42.), oft mit Elfenbein ausgelegt (Sen. N.
Qu. I. prol. 7. Hor. Od. II, 18, 2.) oder vergoldet (Verg. Aen. I,
726. Sen. Ep. 90, 8. 115, 9. Plin. XXXIII, 3, 18. §. 57.
Senec. Controv. II. p. 121. Burs. Sidon. Apoll. Ep. II, 10.
p. 152.), nicht selten auch durch Malerei geziert (Plin. XXXV,
11, 40. §. 124.). Ueber die besonders in Triklinien übliche Einrich=
tung deffelben, daß die einzelnen Stücke fich auseinander schieben
ließen, und fo aus der geöffneten Decke Körbe mit Backwerk, Blu=
men, Früchten u. f. w., sowie verschiedene Geschenke für die Gäste
herabgelassen werden konnten, vgl. Sen. Ep. 90, 12. Suet. Ner.
31. u. Petron. 60.

490) [408] Ueber dergleichen aus Stucco, einer aus dem feinsten
Gyps= und Marmorpulver gemischten Masse, modellirte Ornamente
vgl. Overbeck Pompeji II. S. 140. u. 180.

491) [409] Ueber die antike Wandmalerei vgl. Overbeck a. a. O.
II. S. 180 ff. und besonders Donner's gediegene Abhandlung:
„Die erhaltenen antiken Wachsmalereien in technischer Beziehung"
in dem gleich anzuführenden Helbig'fchen Werke S. I — CXXVII.
und über die herculanifchen und pompejanifchen Gemälde neben den

von Overbeck und Helbig (Wandgem. der vom Vesuv verschüttt.
Städte Campaniens. Leipz. 1868.) gegebenen Umrissen namentlich
die colorirten Prachtwerke von Zahn (Die schönsten Ornamente und
merkwürdigsten Gemälde aus Pompeji, Herculanum und Stabiä.
Berl. 1827—59. 3 Bde.) und Ternite (Wandgemälde aus Pompeji
und Herculanum. Berl. 1839 ff. 11 Lief.) so wie die Kupferstich=
werke Le pitture antiche d'Ercolano etc. I—V. Napoli 1757—79.
fol. und Real Museo Borbonico. I—XVI. Napoli 1824—57. 8.
Da es, wie uns Pompeji gezeigt hat, bei den Römern Sitte
war, alle Wände der Zimmer, Speisesäle u. s. w. mit Ma=
lerei zu bedecken, so muß hier wenigstens das Nothwendigste darüber
mitgetheilt werden. Was zuerst die Herrichtung der Wände betrifft,
worauf gemalt werden sollte, so wurden dieselben nach Vitruv's
(VII, 3, 5 f.) Vorschrift zuerst mit einer groben Schicht von Sand
und Kalk bedeckt (berappt) und diese Grundlage dann mit drei
dünnen Lagen feineren Kalkmörtels überzogen, auf diese aber wieder
drei Schichten immer feiner werdenden Marmormörtels in der Art
gelegt, daß, bevor die eine noch völlig getrocknet war, bereits die
folgende darüber aufgetragen und dann die oberste mit einem Schlag=
holze festgeschlagen und geglättet wurde. (Plinius XXXVI, 23, 55.
§. 176. läßt den ersten groben Bewurf ganz unerwähnt und spricht
neben drei Lagen von Sandmörtel nur von zwei Lagen Marmor=
stucks. Und wirklich finden sich in mehrern Gebäuden Pompeji's
nur diese zwei, ja bisweilen selbst nur eine Lage Marmorstuck
und statt dieser bei ordinäreren Gebäuden auch blos eine sehr harte
Schicht von Kalk und zerstoßenen Scherben von Thongefäßen.)
Diese Masse aber hatte eine so große Festigkeit, daß sie nie Risse
bekam und daß man Stücke davon wie Marmorplatten aussägen
und in andre Wände einsetzen konnte, was auch wirklich nicht selten
geschah, und die alten Künstler konnten ihre Malereien weit leichter
und besser darauf ausführen, als die heutigen auf unserm modernen
Verputz. Ueber die Art nun, wie die Farben auf sie aufgetragen
wurden, ist viel gestritten worden. Am richtigsten hat man wohl
nur zweierlei Malerei zu unterscheiden, die reine Frescomalerei und
die Malerei a tempera; denn daß die früher angenommene dritte
Art, die Enkaustik, von der unten die Rede sein wird, bei der Wand=
malerei nicht angewendet wurde, dürfte jetzt als ausgemacht gelten.
(Vgl. auch Plin. XXXV, 7, 31. §. 49.) Bei der fast ausschließlich
in Gebrauch gewesenen Frescomalerei wurde die Farbe auf den noch
nassen Kalkgrund aufgetragen und ging mit demselben eine chemische
Vermischung ein, so daß sie sich nie abblätterte und weder abgewa=
schen, noch, ohne den Grund zugleich mit zu zerstören, abgekratzt
werden konnte; bei der Malerei a tempera aber, die als Wand=
malerei nur seltener angewendet wurde, trug man die Farben, die
einen Zusatz von Eigelb (Plin. XXXV, 6, 26. §. 45.), oder auch
von Gummi (id. XIII, 11, 20. §. 67.) und Leim (id. XXVIII,

17, 71. §. 236.) erhalten hatten, auf den trocken gewordenen Kalk=
bewurf auf, und dieselbe war wieder von doppelter Art, entweder mit
dick aufgetragener Farbe, so daß sie sich ohne Verletzung des Grun=
des abschaben, aber nicht mit einer Messerklinge absprengen läßt,
oder mit dünn aufgetragener, die sich nicht so leicht abkratzen, wohl
aber mit einem Messer in Blättchen von der Dicke eines Karten=
blatts absprengen und abheben läßt. Irrig aber ist die frühere
Ansicht, daß zwar alle Wandflächen, welche den Grund für andere
Malerei abgeben sollten, al fresco, die feineren Gemälde darauf
aber gewöhnlich a tempera gemalt gewesen wären, wenn auch ein=
geräumt werden muß, daß die Malerei a tempera mitunter zur
Nachbesserung (Retouche) und detaillirteren Ausarbeitung der Fresco=
malerei in Anwendung gebracht worden ist. Ganz selbstständige
Wandmalereien a tempera aber dürften sich schwerlich nachweisen
lassen. Uebrigens wurden bei allen Frescobildern die Contoure der
Zeichnung in den feuchten Stuck leicht eingedrückt und die Farben
gewöhnlich sehr dick aufgetragen. Doch auch bei solchen Malereien
wurden oft noch einzelne Partien, namentlich wo Zinnober ver=
wendet war, der, wenn er ohne einen solchen Schutz den Sonnen=
strahlen ausgesetzt ist, eine chemische Zersetzung erleidet, mit einer
dünnen Wachsschicht überzogen (gleichsam gefirnißt), um sie gegen
die Einwirkung der Witterung zu schützen. (Vitruv. VII, 9, 3.
Plin. XXXIII, 7, 40. §. 122.) Es wurde dabei gebleichtes Wachs
und Farbe mit Hinzufügung von etwas Oel zusammengeschmolzen
und mit einem Pinsel heiß aufgetragen, dann durch ein vor der
Wand hin und her geführtes Kohlenbecken nochmals eingeschmolzen,
damit es sich gleichmäßig vertheilte, und endlich dieser Wachsüber=
zug noch mehrmals mit einer Wachskerze überfahren und mit Linnen=
tüchern abgerieben. (Vgl. Vitr. u. Plin. a. a. O.) Dieses Verfahren
aber darf keineswegs mit der eigentlichen Enkaustik verwechselt wer=
den. Die Farben, deren man sich bediente, waren fast blos Mineral=
farben, für Weiß Kreide, für Gelb Ocher (für Orange mit Mennig
gemischt), für Roth rothe Erde (Röthel), Mennig und gebrannter
Ocher (nur selten auch Zinnober), für Blau Kupferoxyd, für Braun
gebrannter Ocher, für Grün Veroneser Grünerde, Grünspan und
eine Mischung davon mit Kupferoxyd; aus dem Pflanzenreiche nahm
man nur das Kohlenschwarz und aus dem Thierreiche blos den
Saft der Purpurmuschel, gewöhnlich mit Kreide gemischt (purpurissum)
und das (nur selten gebrauchte) Elfenbeinschwarz. (Vgl. Plin.
XXXV, 6, 12. — 7, 32. §. 12—50.) Was nun die Malereien
selbst betrifft, so sind die in Pompeji gefundenen natürlich von sehr
verschiedenem Kunstwerthe und in demselben Gemach zeigt sich oft
die Hand eines ächten Künstlers neben der eines blos handwerks=
mäßig arbeitenden Stubenmalers. Aber auch die von Letzteren ge=
schaffenen Ornamente, Umrahmungen der Hauptbilder u. s. w., sind
nicht mit der Schablone, sondern aus freier Hand gemalt. Die

feineren Gemälde zeigen bei aller Vortrefflichkeit der Zeichnung doch öfters eine große Flüchtigkeit der Ausführung und daher eine gewisse Zerflossenheit der Bilder ohne klar und scharf hervortretende Contoure; worüber man sich nicht wundern kann, wenn man bedenkt, wie sehr die Maler (meistens wohl Griechen, unter welchen namentlich die sicyonische Malerschule berühmt war), bei der allgemeinen Vorliebe für solche Wandmalerei in Anspruch genommen sein mußten. Die Malereien selbst lassen sich auf vier Hauptgattungen zurückführen, Architekturen, Landschaften, Genrebilder (tragische, komische und satyrische Scenen, dazu Stillleben, Thier-, Frucht- und Blumenstücke) und historische Gemälde (gewöhnlich aus der Mythologie entlehnt). Die Wände sind in der Regel durch hellfarbige, horizontale Streifen dreifach abgetheilt, in einen Fries, in die eigentliche Wandfläche und in einen Sockel. Letzterer von dunkler (meistens schwarzer) Farbe enthält nur sehr einfache Ornamente, Blättergewinde, einzelne Pflanzen, kleine Thiergestalten (besonders Vögel) und dergl. Die eigentliche Wandfläche, welche entweder weiß gelassen oder mit einer lebhaften Farbe grundirt ist, wird durch dünne Säulchen oder Streifen von Arabesken in mehrere (gewöhnlich drei) Felder getheilt und diese sind in einfacheren Häusern entweder gar nicht, oder bloß mit kleinen und leichten Ornamenten, einem von einer Säule zur andern gehenden Blumengewinde oder einem in der Mitte sich zeigenden Vogel, Greif, Pegasus u. s. w. verziert, in den vornehmeren Häusern aber, wo auch die Felder selbst nicht selten verschiedene Farben haben (z. B. abwechselnd grün und roth oder roth und gelb) und die Gliederung derselben oft eine reiche und meistens phantastische Architektur zeigt, erheben sie sich von menschlichen Brustbildern, Stillleben, Thierstücken und Landschaften bis zu schwebenden Tänzerinnen und Bacchanten, Göttergestalten aller Art, ja endlich bis zu ganzen Gruppen und historisch-mythologischen Scenen, bei denen es freilich meistens auf Sinnenreiz durch üppige, ja selbst höchst lascive Darstellungen abgesehen ist, die sich aber größtentheils durch gefällige Zartheit, Leichtigkeit, Natürlichkeit und Einfachheit der Composition auszeichnen, und von dem schwarzen, rothbraunen, tiefgelben oder blauen Hintergrunde fast plastisch hervortreten. Gewöhnlich enthält das Mittelfeld eine größere Gruppe, die Seitenfelder aber bloß einzelne schwebende Figuren oder kleinere Gruppen nur von ein paar Figuren. Der Fries endlich ist in der Färbung meistens am hellsten gehalten und in den besseren Häusern ebenfalls verschiedentlich mit Fruchtstücken, Thierfiguren, kleinen Landschaften u. s. w. verziert. — Außer der Wandmalerei übten die Alten nun aber auch die Malerei auf Holztafeln und Elfenbein und nur zu dieser Art von Malerei bedienten sie sich der Enkaustik, von der jetzt noch die Rede sein muß, obgleich uns freilich nur sehr dürftige Nachrichten davon zugekommen sind, indem wir uns bloß an die wenigen Worte bei Ovid. Fast. III, 831. tabulamque coloribus uris und Plin. XXXV, 11, 41. §. 149. cera, et in ebore, cestro i. e. viriculo (oder veruculo) und Pollux VII, 126 — 129. zu halten haben, über welche Stellen besonders Donner (dem ich überhaupt hier folge) a. a. O. S. XII ff. zu vergleichen ist. Es gab drei Arten der Enkaustik (vgl. Plin. a. a. O.), zuerst eine unserm Oelfarbenanstrich zu vergleichende und bei Schiffen (Ovid. Fast. IV, 275. Plin. XXXV, 7, 31. §. 49.), Thürschwellen (Auson. Epigr. 26.) und architektonischen Holzverzierungen (Vitruv. IV. 2, 2.) angewendete rohere, wobei das mit einem Zusatz von Farbenpulver geschmolzene Wachs mit dem Pinsel aufgetragen und nach Vollendung des Anstrichs mittelst einer Kohlenpfanne einge= brannt wurde; sodann aber zwei feinere, besonders nur zur Por= traitmalerei und zu kleineren Darstellungen angewendete (Plin. XXI, 14, 49. §. 85. XXXV, 11, 40. §. 124. u. 147.), entweder auf Holztafeln oder auf Elfenbein, deren Technik sich der Hauptsache nach gleich blieb. Das Wachs wurde nebst einem Zusatz von Harz oder Oel mit dem Farbenpulver zusammengeschmolzen und daraus Pasten von der Weichheit des Modellirwachses gebildet, welche die Maler in Farbenkästen mit vielen Fächern (Varro R. R. III, 17. vgl. mit Plin. XXI, 14, 49. §. 85. u. Sen. Epist. 121.) in den verschiedensten Farbentönen vor sich stehen hatten. Dieses weiche, aber nicht flüssige, Wachs wurde nun, natürlich nicht mit einem dazu völlig ungeeigneten Pinsel, sondern mit einer kleinen Kelle oder Spatel (dem cestrum oder veruculum des Plin. und wohl auch der ὑπογραφίς des Pollux) auf die glatte Fläche der Holz= oder Elfenbeintafel aufgetragen, nachdem man vorher die Umrisse der Zeichnung mit dem untern, spitzigen Ende des Spatels eingravirt hatte, und dann mittelst eines glühend gemachten Eisenstabes (des rhabdion: Plut. de sera num. vind. 22. u. Timäus Lex. p. 276. zu Plat. Leg. VI. p. 769.) eingeschmolzen oder eingebrannt. (Hier= nach werden die Ansichten Böttiger's Kl. Schr. II. S. 85 ff. Welcker's Kl. Schr. III. S. 414 ff. und Andrer zu berichtigen sein.) Es hat sich aber außer auf ein paar Medaillons und einem Köffer= chen von Elfenbein (vgl. Donner S. XXV. Note 79 — 81.) von dergleichen Malereien ebensowenig Etwas erhalten, als von Staffelei= bildern, die jedoch sehr mannigfaltig und oft sehr kunstreich gewesen sein müssen. (Vgl. überhaupt Plin. XXXV, 3—11. §. 15—150.) Die Oelmalerei auf Leinwand war den Alten unbekannt.

492) [410] Vgl. Overbeck Pompeji II. S. 206 ff.

493) [411] Vgl. Hom. Jl. I, 601 ff.

494) [412] Wie Malerei an den Wänden, so war auch ein künstlich von Stein ausgelegter Fußboden ein unerläßliches Requisit des Zimmerschmucks und die zahlreichen uns erhaltenen Mosaiken zeigen uns die allmähliche Vervollkommnung dieser Kunst bis zur Erzeugung unübertrefflicher, aus einiger Entfernung betrachtet, förmlichen in Stein ausgeführten Gemälden gleichender Meisterwerke,

wie namentlich die im J. 1831. in der Casa del Fauno zu Pompeji aufgefundene, 18 Fuß lange, leider an der einen Seite etwas be= schädigte Alexanderschlacht, wovon auch Overbeck Pomp. II, S. 225 f. eine mit Abbildung in Buntdruck begleitete Beschreibung geliefert hat. Den Anfang der Mosaik bildete eine zu Signia (dem heutigen Segni) gemachte und daher opus Signinum benannte Erfindung. (Vitruv. VIII, 7. Plin. XXXV, 12, 46. §. 165. XVII, 8, 4. §. 46. Colum. I, 6, 12. VIII, 15, 3. 17, 1. Dig. XLIII, 21, 1. §. 10.) Man goß nämlich auf den festgestampften Fußboden eine Gyps= und Mörtelmasse aus, die man gleichmäßig vertrieb und mit Ziegelmehl oder einem sonstigen Stoffe roth färbte, dann aber, ehe sie noch völlig erstarrte, durch incrustirte Stückchen weißen Steins verschiedene Linien und Figuren darauf herstellte. Diese eingelegten Steine wurden nun nach und nach immer größer, die Figuren im= mer reicher und mannigfaltiger, so daß der Gypsmörtelgrund zuletzt gänzlich verschwand und an die Stelle des opus Signinum nun das pavimentum sectile trat (Vitruv. VII, 1. Suet. Caes. 46. vgl. Plin. XXXVI, 25, 60 f. §. 184 f.), d. h. ein ganz mit zerschnitte= nen Marmorplatten, anfangs bloß von weißer und schwarzer, später aber auch von sehr verschiedenen bunten Farben belegter Fußboden, auf welchem die bald breiteren, bald schmäleren Marmorstreifen zu verschiedenen geometrischen Figuren zusammengesetzt wurden, die fast wie Stick= oder Häkelmuster erscheinen. Bald aber begnügte man sich auch damit nicht mehr, sondern nahm nun statt der Marmor= platten kleine, buntfarbige Stifte von Marmor und andern noch kostbareren Steinarten (Achat, Onyx u. f. w.), auch von buntem Glas, und setzte daraus die mannigfaltigsten Figuren zusammen. So hatte man denn nun die eigentliche Mosaik (musivum opus: Spartian. Pesc. Nig. 6. Treb. Poll. XXX tyr. 24. Orelli 3323. 4239. 6599.), und jene geometrisch zusammengesetzten Streifen wur= den fast nur noch als Einrahmung für die aus Steinstiften herge= stellten Bilder benutzt, die bald in mehrern kleinen Medaillons mit Masken, musikalischen Instrumenten, Thierfiguren u. dgl., bald aber auch in größeren, den ganzen Fußboden einnehmenden Figuren= gruppen, | mythologischen Darstellungen, Wettfahrten im Circus, ja, wie wir oben sahen, selbst ganzen Schlachtscenen bestanden, die nicht einmal auf den Fußboden beschränkt blieben, sondern zuweilen auch zum Schmuck der Wände dienen mußten. (Sen. Ep. 115, 9.) (Die fortschreitende Kunst der Mosaik erkennt man deutlich aus den Abbildungen bei Zahn Ornam. u. Gemälde rc. 2. Folge. Taf. 56, 79, 96, 99.) Die Art aber, wie man bei Herstellung solcher Mo= saiken verfuhr, war folgende: Der Grund wurde festgestampft oder noch besser mit einer Unterlage von Steinplatten belegt und auf diese ein langsam trocknender, guter Kitt aufgetragen, in welchen die bunten, vierkantigen Stifte, die aber auch abgerundet und ver= schiedenartig gestaltet werden konnten, nach einem vorgezeichneten

Muster eingelegt wurden. Wenn dann der sie verbindende Kitt getrocknet war, ward die Oberfläche geglättet und bildete nun eine feste, dem Eindringen von Staub und Feuchtigkeit unzugängliche Masse.

495) [413] Diese kleinen Prunktische, auf denen das Gold= und Silbergeräth und andre Prunksachen ausgestellt wurden, waren im J. 187. v. Chr. aus Asien nach Rom gekommen (Liv. XXXIX, 6. Plin. XXXIV. 3, 8. §. 14. vgl. Denf. XXXVII, 2, 6. §. 14. Cic. Verr. IV, 16, 35. 25, 57. Petron. 21. 22. 73. Sidon. Apoll. Ep. XVII, 7.) Sie hatten meistens eine viereckige Tischplatte mit einem Rande (corona: Dig. XXXIV, 2, 19. §. 14.), die auf einem Unterfaße (trapezophoron: Cic. ad Fam. VII, 23, 3. Dig. XXXIII, 10, 3.) von Marmor, Bronze oder Silber, an welchem sich Sphinxe, Greife, Delphine u. f. w. zeigten, oder wenigstens auf zierlich gearbeiteten, als Füße dienenden Thier=, meistens Löwen= klauen ruhten (vgl. Overbeck Pompeji II. S. 51. Fig. 248. u. 249. Mus. Borb. III. tav. 30. 59. IV. tav. 56.) und zuweilen auch mit verschließbaren Tischkästen versehen waren (Sidon. Apoll. Carm. 17, 7.) (Auch die Ausdrücke mensae eburneae: Dig. XXXIII, 7, 12. §. 43., argenteae: Petron. 73. Dig. XXXIV, 2, 28. und aureae: Mart. III, 31, 4. beziehen sich wohl mehr auf das Trapezophoron, als auf die Tischplatte.) Auch gab es dergleichen mit runden Tischplatten, die auf drei Füßen ruhten, welche die Gestalt eines griech. Dreifußes hatten, und delphicae hießen (Cic. Verr. IV, 59, 131. Mart. XII, 66, 5. Orelli 3094. Procop. B. Vand. I, 21. Acron zu Hor. Sat. I, 6, 116. Schol. zu Juven. 3, 204. Pollux X, 81. p. 421. Bekk.), und endlich auf einem Fuße ruhende monopodia (Liv. XXXIX, 6. extr. Plin. XXXIV, 3, 8. §. 14.

496) [414] Ueber die Sitte sich bei Gastmählern zu bekränzen vgl. Ovid. Am. I, 6, 37. Mart. XI, 8, 10. (III, 65, 8.) Plut. Qu. Conv. III, 1., auch Hor. Od. II, 7, 24. 11, 14. III, 29, 3. Nepos Ages. 8. u. f. w. und über die Kränze überhaupt Plin. XXI, 1. 2. §. 1—4.

497) [415] Die mit Dekoration der Zimmer beschäftigten Ar= beiter waren (die gewöhnlichen Maurer, structores oder structores parietarii: Cod. Just. X, 64, 1. Inschr. b. Reinef. XI, 112. Orelli 4285. 6354. Jul. Firm. VIII, 24. und die Hersteller der Estrichs, pavimentarii: Murat. p. 527, 6. Doni Cl. IX. n. 35. -Orelli 6445. abgerechnet) die gypsarii (Ed. Diocl. VII, 30.) oder gypso- plastae (Cassiod. Var. VII, 5.), die musivarii (Cod. Just. X, 64, 1. Cod. Theod. XIII, 4, 2. (Cassiod. a. a. O., Orelli 4238.) oder tessellarii (Cod. Theod. a. a. O.), die tectores (Vitruv. VII, 3. Varro R. R. III, 2, 9. Cic. pro Planc. 25, 62. Augustin. de civ. dei IV, 22. Tertull. de idol. 8. Dig. XIII, 6, 5. §. 7. Orelli 4288. 4803. 6545. Mommsen I. R. N. 5462.), die albarii (Vitruv. VII, 2. Tertull. a. a. O. Ed. Diocl. VII, 7. Orelli 4142.), albatores

(Orelli 6971.) oder dealbatores (Cod. Just. X, 64, 1. Corp. Inscr. Lat. IV, p. 10. n. 222.), die inauratores (Jul. Firm. IV, 15. Murat. p. 971, 1. Gruter p. 1074, 12. Orelli 4201.), die pictores parietarii (Ed. Diocl. VII, 8, 9., wohl auch bei Varro a. a. O. und Veget. II, 9. unter pictores und in der Inschr. bei Orelli 7225. unter coloratores zu verstehen) und die marmorarii (Sen. Ep. 88, 15. 90, 13. Vitruv. VII, 6. Gruter p. 640, 6. 7. Orelli 2507. 3553. 4219. 4220. 7245.).

498) [416] Vgl. oben S. 64. Anm. 150. (Der seidnen Kissen auf den Speisesophas gedenkt Mart. III, 82, 7.)

499) Vgl. ebendaselbst.

500) [417] Vgl. oben S. 17. mit Anm. 158.

501) [418] Siehe oben S. 18. mit Anm. 174. u. S. 66. Anm. 160.

502) [419] Die Plätze am Triclinium waren gewöhnlich nach einer strengen Etikette geordnet. Der hinten quer vorstehende Lectus (lectus medius) war für die vornehmsten Gäste bestimmt und der erste Platz rechts auf ihm der Ehrenplatz, der locus consularis, (während auf den übrigen der Platz rechts für den untersten galt); dann folgte als lectus summus der zur Linken und auf ihm die Plätze für die übrigen Gäste in der Reihe von links nach rechts, und endlich als lectus imus der zur Rechten, für den Wirth, dessen Frau und ein Kind oder einen Freigelassenen bestimmt, und die Plätze auf ihm ebenfalls von links nach rechts, so daß also dem Range nach die 9 Plätze an der Tafel (vgl. oben Anm. 479.) so auf einander folgten:

Vgl. besonders Plut. Qu. Ehrenplatz Nr. 1. (wel= gen am rechten, nicht am war, damit der Consul Wirth zu liegen kam u. men, auch wohl Unter= vgl. außer Plut. a. a. O.

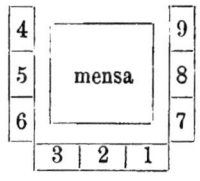

conv. I, 2. 3. Ueber den cher unstreitig beswe= linken Ende des Lectus hier gleich neben den Meldungen leicht anneh= schriften geben konnte) qu. 3. auch Sen. Contr.

IX, 25. p. 251. Burs. u. Mart. VI, 74, 1. und über die Plätze auf dem lectus imus Suet. Cal. 24. Cic. ad Fam. IX, 26, 2. Sen. a. a. O. u. Petron. 38.

503) [420] Vgl. Seite 21. mit Anm. 206. zum 1. Kap.

504) [421] Ueber die Tafelmusik durch eine Hauskapelle vgl. Plut. Qu. conv. VII, 7. 8. u. Anton. 24. Macrob. Sat. II, 4, 28. p. 243. Jan. Liv. XXXVI, 6. Petron. 32. 33. und öfter, und über letztere überhaupt Cic. pro Mil. 21, 55. pro Rosc. Am. 46, 134. Verr. V, 25, 64. Plaut. Stich. II, 2, 57 f. Hor. Ep. II. 2, 9. Gellius XIX, 9. Orelli 2610. 2885. u. Henzen in den Annali d'Inst. 1856. p. 10. n. 7. p. 18. n. 92.

505) [422] Ich bin hier, wie Becker im Gallus I. S. 160 ff., hauptsächlich der Beschreibung von Trimalchio's Gelag bei Petron.

28 ff. gefolgt, natürlich mit Weglassung der Auswüchse und Ueber=
treibungen seiner satyrischen Darstellung. Einiges habe ich auch aus
Simons Culturbildern aus altröm. Zeit. Berl. 1868. entlehnt.
Aus Hor. Sat. II, 8. u. Macrob. III, 13. (vulgo II, 9.) p. 312. ff.
Jan. können höchstens die verschiedenen Gerichte erkannt werden.

506) [423] Vgl. oben S. 16. ff.

507) [424] Vgl. oben S. 24.

508) [425] Petron 31.

509) [426] Vgl. oben S. 4. u. 17.

510) [427] Petron. 32.

511) [428] Die in Miletus aufgekommenen milesischen Mährchen
vertraten bei den Alten die Stelle unsrer Romane und Novellen.
Vgl. Appulej. Met. I. in., der seinen goldnen Esel selbst ein solches
nennt, Capitol. Albin. 11. 12. u. A. Ueber die Sitte aber bei
Gastmählern dergleichen Vorträge halten, namentlich auch Gedichte
vorlesen zu lassen, vgl. Plut. Qu. conv. VII, 8, 3. Perf. 1, 30.
Juven. 6, 434 ff. 11, 179 ff. Mart. IV, 82. Plin. Ep. I, 15, 2.
III, 5, 10. IX, 17, 3.

512) [429] Appulejus war um's J. 130. n. Chr. zu Madaura
geboren (Apol. 24. vgl. Met. XI, 27. p. 812. Oud.) Sein oben
erwähnter Prozeß fällt noch in die Regierung des Antoninus Pius,
also vor 161. (Apol. 85.) Nach demselben lebte er in Karthago.
Ueber die Zeit seines Todes ist nichts bekannt.

513) [430] Vgl. oben S. 22.

514) [431] Siehe oben S. 76. Anm. 232.

515) [432] Die Weine der Römer lagerten (wie wir unten
Kap. 3. des Weiteren sehen werden) in mannshohen, mit einem ver=
pichten Deckel versehenen (Plin. XIV, 21, 27. §. 135.) Stückfässern
(dolia oder cupae) von Thon, aus denen sie, wenn sie lange erhalten werden sollten, in die gleichfalls thönernen, zweihenkligen
amphorae abgefüllt wurden (Galen. XVII, 2. p. 164. K.) Diese
verschloß man dann mit einem Thonpfropfen, der mit Pech (Colum.
XII, 32. Hor. Od. III, 8, 10. vgl. mit Plin. a. a. O.) oder Gyps
(Colum. XII, 39, 2. 41, 1, 42. 3.) verklebt wurde, und befestigte
einen Zettel (pittacium: Petron. 34.) mit Angabe der Weinsorte
und des Jahrgangs (durch den Namen des Consuls: Hor. Od. III,
8, 11. 21, 1. 28, 8. Epod. 13, 6. Tibull. II, 1, 27. Petron.
a. a. O.) daran. Bisweilen wurde diese Etikette (nota) auch auf
die Amphora selbst geschrieben (vgl. Plaut. Poen. IV, 2, 13.) und
enthielt außer jenen beiden Angaben auch das Maaß der Amphora
und den Namen des Weinhändlers. (Vgl. Marquardt H. S. 72 ff.)
Sie hatten übrigens keine Füße, sondern mußten im Keller an die
Wand gelehnt und im Triclinum auf ein besonderes Gestell (incitega:
Paulus Diac. p. 107, 3. M. ἐγγυϑήκη bei Athen. V, 45. p. 209 f.
vgl. Dig. XXXII, 1, 100. §. 3.) gesetzt werden. Der gleich vom
Fasse weg getrunkene Wein hieß vinum de cupa (Cic. in Pis. 27.

extr.) ober vinum doliare (Digest. XVIII, 6, 1. §. 4.), ber auf Amphoren abgezogene aber, ber allein bei Gaſtmählern aufgetragen wurde, vinum defusum. (Cic. de Fin. II, 8, 23. u. anberw.)

516) [433] Ein ſolches colum mit einer Menge kleiner Löcher iſt abgebildet im Mus. Borb. II, 60. III, 31. ſo wie auf einer Inſchr. bei Gruter p. 928, 5. (Vgl. auch Becker's Gallus III. S. 236. u. Overbeck Pomp. II. S. 70. Fig. 226.) Ueber das Durchſeihen des Weins vgl. Plut. Qu. conv. VI, 7. Das unſerm Durchſchlag ähnliche Gefäß, in welches man oft auch noch einen Filtrirſack hing (Cic. de Fin. II, 8, 23. Plin. XIV, 22, 28. §. 138. XIX, 4, 19. §. 53., woburch aber nach Hor. Sat. II, 4, 54. ber Wein an Geſchmack verlor), wurde auf den Crater (ober das Miſchgefäß) ge= legt, und man that auch wohl Eis hinein und goß den Wein barüber, wenn man ihn recht kalt trinken wollte. (Mart. XIV, 103. 104. vgl. mit 116.) Ueber die Sitte den Wein durch Eis zu kühlen überhaupt vgl. Sen. Ep. 78, 22. Mart. V, 64. VI, 86. IX, 22, 8. XII, 17, 6. XIV, 105. 117. Juven. 5, 63. u. ſ. w. Dagegen liebten Andre wieder die ſogenannte calda (calida), b. h. mit heißem Waſſer gemiſchten Wein (Juven. a. a. O. Mart. VI, 86. VIII, 67. Sen. Ep. 78, 23. u. ſ. w.), bem vielleicht auch Gewürze zugeſetzt wurden. Ein in ber Form unſern Punſchterrinen, in der Einrichtung aber unſern Theemaſchinen ähnliches Bronzegefäß, worin die calda bereitet und warm erhalten wurde, findet man ab= gebildet im Mus. Borb. III, 63., in Overbeck's Pomp. II. S. 67. Fig. 260. u. in Becker's Gallus III. S. 242.

517) [434] Vgl. die Abbildung bei Overbeck Pomp. I. S. 168. Fig. 127. Weiß Koſtümkunde II. Fig. 481. Ueber Fechterſpiele bei Gaſt= mählern, die in Rom wenigſtens in einzelnen Beiſpielen vorkommen, vgl. Capitol. Verus 4. u. Lamprid. Heliog. 25. mit Athen. IV. p. 153. Es war dies eigentlich eine campaniſche Sitte (Strab. V, 4, 13. p. 250. Liv. IX, 40, 17. Silius XI, 51 ff.)

518) [435] Siehe unten S. 225. Anm. 543.

519) [436] Vgl. Mart. V, 79, 2.

520) [437] Stat. Silv. I, 6, 60 ff. Dio Caſſ. LXVII, 8. Uebrigens vgl. oben S. 75. Anm. 226. und über Poſſenreißer bei Gaſtmählern überhaupt Plin. Ep. IX, 17, 1. Macrob. Sat. II, 1, 9. p. 217. Jan. Juven. 8, 190 f. Lamprid. Alex. Sev. 34. u. A.

521) [438] Die Zunge des Flamingo (phoenicopterus) galt für einen Leckerbiſſen (Plin. X, 49, 68. §. 133. Mart. XIII, 71. Suet. Vitell. 13. Sen. Ep. 110, 11.); und wie Heliogabal Zungen von Pfauen und Lerchen ſpeiſte, ſo auch das Gehirn von Flamingos. (Lamprid. Heliog. 20.)

522) [439] Petron. 36.

523) [440] Ueber die folgenden Gauklerproductionen vgl. die oben S. 56. Anm. 64. angeführten Stellen und über die Sitte ſie auch bei Gaſtmählern vorzuführen Plut. Qu. conv. I, 4., über den

hier erwähnten Schwertertanz aber Plat. Euthyd. p. 294. Xenoph. Symp. §. 11. und die Abbildung bei Guhl und Koner Fig. 300. (Ebendaselbst ist Fig. 301. u. 302. eine solche Gauklerin abgebildet, die bloß auf den Armen liegend und die Beine über den Kopf zurückbiegend mit den Zehen einen Bogen spannt und einen Pfeil abschießt. Vgl. auch Mus. Borb. VII. tav. 58.), unten gegen Ende des 6. Kap. u. 2. Abth. 1. Band. S. 278. mit Note 16.

524) [441] Der Luxus ging wirklich so weit, daß man die Besen aus Palmenzweigen machte. (Mart. XIV, 82. Hor. Sat. II, 4, 83.)

525) [442] Ueber die Gaditanischen Tänzerinnen vgl. oben S. 56. Anm. 73. und über ihr Auftreten bei Gastmählern Plin. Ep. I, 15, 3. Macrob. Sat. III, 14, 4. (II, 10.) p. 317. Jan. und Jahn in d. Berichten d. K. S. Gesellsch. der Wiss. 1851. S. 168 ff. Auch Sängerinnen und Citherspielerinnen (Liv. XXXIX, 6, 7. Macrob. a. a. O. Sidon. Apoll. Ep. IX, 13.), die wohl nicht immer die anständigsten Lieder sangen (vgl. Quinct. Inst. I, 2, 8.), Flötenbläserinnen (Plut. Qu. conv. VII, 7.), namentlich wohl die berüchtigten asiatischen ambubaiae (Hor. Sat. I, 2, 1. Suet. Ner. 27 Petron. 74. vgl. mit Juven. 3, 62 ff., deren Name vom syrischen Worte abub, anbub, die Pfeife, hergeleitet wird), und Mimen (Plut. Qu. conv. VII, 8. Macrob. Sat. a. a. O.) wurden zu dergleichen üppigen Gelagen zugezogen. Vgl. auch Suet. Tib. 42. u. Tac. Ann. XV, 37.

526) [443] Vgl. das eine ähnliche Scene darstellende Vasen= gemälde im Mus. Borb. V. tav. 51. bei Guhl u. Koner Fig. 299.

527) [444] Petron. 40.

528) [445] Petron. 49.

529) [446] Petron. 60. Ueber die Sitte beim Nachtisch Kränze und Salben zu vertheilen vgl. Nepos Ages. 8. mit Hor. Od. II, 7, 8. II, 11, 16. Mart. X, 19, 20. u. oben S. 184. Anm. 496.

530) [447] Auch ich verwandle mit Becker den die Früchte im Schooße haltenden Priapus des Petronius in einen Vertumnus, den Gott der Blüthen und Früchte, obgleich ich ihn eigentlich bei= behalten mußte, wenn ich ein solches Gelag getreu schildern wollte.

531) [448] Vgl. Mart. IX, 2, 3. XIV, 69.

532) [449] Tibull. II, 1, 27 ff. Im 2. Verse habe ich mich unsern Sitten accommodirt. Vgl. aber oben S. 218. Anm. 515.

533) [450] Man stellte in Italien den jungen Wein, um sein Gutwerden zu beschleunigen, in Rauchkammern auf. (Galen. XI. p. 663. XIV. p. 17. 19. Colum. I, 6, 20. Pallad. XI, 14, 8. und außer Tibull. a. a. O. auch Hor. Od. III, 8, 9.) Doch wird diese Sitte, die namentlich in Gallien übertrieben wurde (Plin. XIV, 6, 8. §. 68. Mart. X, 36.), von Plinius XXIII, 1, 22. §. 39. getadelt.

534) [451] Daß man aber freilich in seinen uns hinterlassenen Werken vergebens suchen würde.

⁵³⁵) [⁴⁵²] Auf das eigentliche Mahl folgte oft noch ein Trink=
gelag (Suet. Dom. 21. Vitell. 13. Tit. 7. Cic. pro Cael. 15, 35.
Liv. XLIV, 13. u. f. w.), das zuweilen auch in einem andern Lokal
gehalten wurde (Liv. XL, 7.) und bei dem es gewöhnlich sehr wild
und unanständig zuging (Cic. Cat. II, 5, 10. pro Mur. 6, 13. vgl.
Mart. III, 68. X, 19, 18 ff.). Die griechische, von den Römern
wohl nicht regelmäßig nachgeahmte (vgl. Hor. Sat. II, 6, 67.)
Sitte, dabei einen Trinkmeister (magister oder arbiter bibendi, rex
convivii) zu erwählen (Plut. Qu. conv. I, 4. Cic. Cat. mai. 14, 46.
Varro L. L. V, 122. und bei Nonius p. 142, 8. Hor. Od. II,
7, 25.), oder vielmehr durch den Venuswurf der Würfel (vgl. Anm.
538.) bestimmen zu lassen (Hor. Od. I, 4, 18. II, 7, 25.), welcher
die Mischung des Weins und das Maaß vorschrieb, in welchem
der Reihe nach getrunken werden sollte (Plut. a. a. O. Cic. Verr.
V, 11, 28.), habe ich unberücksichtigt gelassen. Ueber das dabei
übliche Graeco more bibere vgl. Anm. 537.

⁵³⁶) [⁴⁵³] Das Faustianum vinum war eine besonders beliebte
Sorte des Falerners. (Plin. XIV, 6, 8. §. 62.)

⁵³⁷) [⁴⁵⁴] Die Eigenthümlichkeit des Trinkens nach griechi=
scher Sitte bestand darin, daß man einen mit reinem Wein gefüll=
ten, größeren Becher (Cic. Verr. I, 26, 66. Plaut. Rud. II, 3,
32. Curc. II, 3, 81. Hor. Sat. II, 8, 35.) einem Andern zutrank,
der ihn leeren mußte, und dabei den Namen dessen nannte, dem
man den Becher übergab. (Cic. a. a. O. u. Tusc. I, 40, 96.
Athen. X, 41. p. 432. d.) Ueber das Zutrinken überhaupt vgl.
auch Plaut. Stich. V, 4, 30. (v. 710.) Verg. Aen. I, 737 f.
Sen. de ira II, 33, 4. Juven. 5, 127. Mart. II, 15. VIII,
6, 13.

⁵³⁸) [⁴⁵⁵] Ueber das Würfelspiel bei Gastgelagen vgl. Plut.
Qu. conv. I, 4. Plaut. Curc. II, 3, 75. Suet. Oct. 71. Juven. 1,
88 ff. Was aber das Spiel selbst betrifft, so sind bei den Römern,
wie bei den Griechen, zwei Arten desselben zu unterscheiden, das mit
tali (ἀστράγαλοι) und das mit tesserae (κύβοι). Die meistens aus
Knochen, später aber auch aus Elfenbein (Propert. II, 24, 13.
[oder III, 18, 13.] Mart. XIV, 14.) Krystall (Petron. c. 33.) oder
Metall bestehenden tali waren mehr länglich, als viereckig, und hat=
ten nur vier ebene, an den beiden schmäleren Seiten aber abgerun=
dete Flächen, auf welchen sie nicht stehen bleiben konnten. Jene
vier Flächen nun zeigten auf zwei einander gegenüberstehenden Sei=
ten die Zahlen 1 und 6, auf, den beiden andern 3 und 4 (oder
eben so viele Augen), die Zahlen 2 und 5 dagegen fehlten ganz.
(Vgl. Eustath. zu Hom. Od. I. p. 1397, 36. Rom. und Pollux
IX, 99.) Zu dem Spiele mit ihnen (alea), welches später das ge=
wöhnlichste war, nahm man 4 Würfel (Cic. de div. I, 13, 23.),
die aus einem Becher von Horn, Buchsbaum oder Elfenbein (fritillus: Juven. 14, 5. Mart. IV, 14, 8. V, 84, 3. XI, 6, 2.

XIII, 1, 7. XIV, 1, 3. Sidon. Apoll. Ep. II, 9.), der auch zu=
weilen eine thurmähnliche Gestalt hatte und inwendig mit stufen=
artigen Absätzen versehen war, über welche die Würfel beim Aus=
schütten herabrollen und sich daher drehen mußten, und der in die=
sem Falle pyrgus (Sidon. Apoll. Ep. VIII, 12. Isidor. XVIII, 61.
Schol. zu Juven. a. a. O.) oder turricula (Mart. XIV, 16.), auch
phimus (Hor. Sat. II, 7, 17. vgl. Pollux VII, 203.) und orca
(Pers. 3, 50. Pompon. bei Prisc. III, 6. p. 615. P.) hieß, auf
eine dazu eingerichtete Tafel (tabula: Petron. 33. (wo sie aus
Terebinthenholz gefertigt ist), Isidor. Orig. XVIII, 60. alveus oder
alveolus: Plin. XXXVII, 2, 6. §. 13. Varro bei Gellius I, 20.
Cic. de Fin. V, 20, 56. Suet. Claud. 33. Paulus Diac. p. 8, 1. Anth.
Lat. III, 77. = n. 915. Meyer) geschüttet wurden, die eine Länge
von 3—4 und eine Breite von 3 Fuß (Plin. a. a. O.) und dabei
einen erhöhten Rand hatte (Bekk. Anecd. p. 275, 15.), damit die
Würfel nicht herunter fallen konnten. Von dem Spiele selbst wissen
wir nur, welcher der beste und welcher der schlechteste Wurf war.
Jener hieß Venereus (scil. iactus) oder schlechthin Venus (Propert.
IV. (V,) 8, 45. Suet. Oct. 71. Hor. Od. II, 7, 25.) und weil
dadurch der rex convivii bestimmt wurde (s. Anm. 535.), auch
basilicus (Plaut. Curc. II, 3, 80.), und erfolgte dann, wenn alle
vier Würfel verschiedene Zahlen zeigten, also 1, 3, 4, 6. (Mart.
XIV, 14. Lucian. Amor. 16.); dieser aber | hieß canis (der Hund:
Ovid. Trist. II, 474. A. A. II, 206. Propert. u. Suet. a. a. O.),
vielleicht auch volturius (Plaut. Curc. II, 3. 78.), und bestand
darin, daß alle vier Würfel die Eins zeigten (Isidor. Orig. XVIII,
66. Suet. a. a. O.). Wahrscheinlich also galten vier gleiche Zah=
len nur einfach, also 4 mal 6 auch bloß 6, je verschiedener aber
die Zahlen waren, desto höher auch der Wurf, weshalb eben
1 + 3 + 4 + 6 der Venuswurf war. — Die tesserae dagegen
waren ganz so eingerichtet, wie unsre Würfel (Isidor. XVIII, 63—66.
Gellius I, 20. vgl. Eustath. zu Il. XXIII. p. 1289, 57. u. Od. I.
p. 1397, 36. Rom.), und man spielte nur mit dreien (Ovid. A. A.
III, 355. Schol. zu Aristoph. Ran. 1400. Photius p. 77. Pors.
Agath. in Anth. Gr. Jac. IV. p. 30. n. 72, 33.), später selbst nur
mit zweien derselben (Sen. de morte Claud. a. E. Eustath. zu
Od. I. p. 1397, 16. Hesych. v. κύβος T. II. p. 546. Schm., vgl.
überhaupt Mart. XIV, 15.) und bei diesem Spiele entschied die
Zahl der Augen (Pollux IX, 95.), so daß 3 Sechsen der beste
(Aeschyl. Agam. 33. Photius p. 602, 9. Pors. Suidas II. p. 1215.
Bernh. Eustath. zu Od. I, p. 1397, 17.), 3 Einsen der schlechteste
Wurf war, die ebenfalls Venus und Canis hießen. (Isidor. XVIII,
65., nach welchem die Päsche früher die Namen unio, binio, trinio,
quaternio, quinio, senio führten, später aber der Pasch Eins canis,
Drei suppus und Vier | Ianus hieß.) Da mit sehr hohen Einsätzen
gespielt wurde, verlor man oft ungeheure Summen (Suet. Oct. 71.

Juden. 1, 89 ff. Mart. XIV, 15.), weßhalb auch das Würfeln
als Hazardspiel streng verboten war (Plaut. Mil. II, 2, 9.
Cic. Phil. II, 23, 56. Hor. Od. III, 24, 58. Ovid. Trist. II, 471.
Cod. Just. III, 43. Dig. XI, 5, 1. 2.) Doch scheint man sich
wenig an das Verbot gekehrt (vgl. Cic. de sen. 16, 58. Juven.
14, 4. Mart. IV, 14.) und besonders in den Schankwirthschaften
heimlich viel gespielt zu haben (Mart. XV, 84.). Nur zum Scherz
bei Tafel aber war das Spiel erlaubt (Dig. XI, 5, 4.) und an den
Saturnalien herrschte auch in dieser Beziehung völlige Freiheit
(Mart. IV, 14. V, 84. XI, 6.) Die aleatores standen übrigens
in schlechtem Rufe (Cic. Cat. II, 10, 23. Phil. II, 27, 67. Ovid.
Trist. II, 471 ff. u. s. w.), besonders da sie sich auch zuweilen fal=
scher, mit Blei ausgegossener Würfel bedienten, welche stets auf eine
bestimmte Seite fielen (Aristot. Problem. XVI, 12.). Um hier gleich
auch der verwandten Spiele zu gedenken, so werden als andre Ha=
zardspiele erwähnt 1) das par impar, wobei man errathen mußte,
ob der Gegner eine gerade oder ungerade Zahl von Geldstücken oder
andern Dingen in der Hand hielt (Hor. Sat. II, 3, 248. Nux. 79.
Suet. Oct. 71.), welches Spiel jedoch bei den Römern weniger
üblich war, als bei den Griechen (Aristot. Rhet. III, 5, 4. Pollux
IX. 7, 101. Plato Lys. p. 206. E. Aristoph. Plut. 807. 1058.),
2) das mit Geldstücken gespielte und unserm „Kopf oder Schrift"
entsprechende caput aut navis (Kopf oder Schiff, weil die Rückseite
des As ein Schiff zeigte) (vgl. Macrob. Sat. I, 7, 22. p. 53. Jan.
Aur. Vict. de or. g. R. 3, 5.) und 3) das besonders von gemeinen
Leuten und Sklaven getriebene micare digitis (Cic. de Off. III,
23, 90. Suet. Oct. 13. Varro b. Nonius p. 347, 27. u. s. w.),
welches | das noch jetzt in Italien übliche Moraspiel ist und darin
besteht, daß beide Spieler gleichzeitig und blitzschnell die geballte
Faust öffnen und die Zahl der vom Gegner ausgestreckten Finger
errathen müssen. Auf dasselbe gründete sich das von einem grund=
ehrlichen Menschen gebrauchte Sprichwort dignus est, quicum in
tenebris mices (Cic. Off. III, 19, 77. Petron. 44.). — Spiele, bei
denen es nicht bloß auf's Glück, sondern auch auf die Geschicklichkeit
der Spieler ankam, waren die Brettspiele, von denen die Römer
namentlich zwei kannten, den ludus latrunculorum und den ludus
duodecim scriptorum, für welche die beiden Seiten des Brettes oder
der tabula lusoria eingerichtet gewesen zu sein scheinen (Mart. XIV,
17.). Von Ersterem giebt Salejus Bassus Paneg. in Pis. 180 ff.
b. Wernsd. P. Lat. min. IV, 1. p. 267. eine ziemlich genaue Be=
schreibung. (Vgl. auch Ovid. A. A. II, 207 f. Trist. II, 477 ff.
Sen. Ep. 106, 11. 117, 30. Mart. VII, 72, 8. Vopisc. Proc.
13. Pollux IX, 98.) Es war ein unserm Schach ähnliches Be=
lagerungsspiel und wurde mit Steinen oder Figuren (latrones:
Ovid. A. A. III, 357. Mart. a. a. O., latrunculi: Sen. a. a. O.
oder milites: Ovid. Trist. a. a. O., was identisch mit latrones ist:

vgl. Varro L. L. VII, 52. Plaut. Mil. I, 1, 76. Paulus p. 118,
16.) von Glas (Ovid. A. A. II, 208. Mart. a. a. O.) oder Wachs
(Plin. VIII, 54, 80. §. 215.) auf der durch perpendikulare und
horizontale Linien in Felder getheilten (Varro L. L. X, 22. Pollux
a. a. O.) tabula latruncularia (Sen. Ep. 117, 30.) gespielt. Die
Figuren unterschieden sich durch weiße und schwarze Farbe (Salej.
Vass. 182. vgl. Ovid. Trist. a. a. O. u. Mart. XIV, 17.) und
zerfielen, auch der Form nach verschieden (Plin. a. a. O.), in
Bauern (mandrae: Salej. 191. Mart. a. a. O.) und Offiziere
(latrones), die sich theils in gerader Richtung, theils springend be=
wegten (Isidor. Orig. XVIII, 67.). Die Kunst des Spielers bestand
darin, entweder die Figuren des Gegners zu schlagen, was dann
erfolgte, wenn man eine feindliche Figur zwischen zwei der seinigen
gebracht hatte (Ovid. A. A. III, 357. Trist. II, 477. Mart. a.
a. O. u. Pollux IX, 98.), oder festzusetzen (alligare: Sen. Ep.
117, 30.), und matt oder geschlagen (ad incitas redactus: Plaut.
Poen. IV, 2, 86.) war, wer keine Figur mehr ziehen konnte. Der
Sieger hieß imperator (Vopisc. Proc. 13.) und je weniger Figuren
er dabei verloren hatte, desto rühmlicher war der Sieg. (Salej. 194 f.
Sen. de tranq. 14, 4.) Der ludus XII scriptorum endlich scheint
unserm Puffspiel ähnlich gewesen zu sein, indem man sich außer
zweifarbiger Steine (calculi) auch der Würfel dazu bediente, durch
welche das Fortrücken der Steine bestimmt wurde. (Vgl. darüber
zwei Epigr. der Anth. Lat. III, 76. u. 77. = Meyer n. 914.
915. und zwei andre der Anth. Gr. Jac. III. p. 62. n. 68. u. 69.,
übrigens auch Cicero b. Nonius p. 170, 28. Ovid. A. A. II,
203 f. Trist. II, 475 f. u. Quinct. XI, 2, 38.) Man spielte mit
je 15 Steinen von weißer und schwarzer Farbe auf einer durch
12 halbirte Linien in 24 Felder getheilten Tafel, auf der man von
1 bis 24 vorschritt (Agath. in | Anth. Gr. III. p. 30. n. 72.
Vgl. Jacobs zur Anth. Gr. XI. p. 99 ff. u. Meyer zu Anth. Lat. 1613,
54. (citirt von Marquardt II. S. 437.) und Hermann zu Becker's
Charikles II. S. 304. Man konnte auch einen Zug zurücknehmen,
wenn man ihn bereute (Cic. b. Nonius a. a. O), und die Kunst
des Spiels bestand besonders darin, die Ungunst der Würfel durch
geschicktes Setzen der Steine auszugleichen und zu vermeiden, daß
man nicht zu viele einzelne Steine erhielt, die der Gegner schlagen
und wegnehmen konnte. (Ter. Adelph. IV, 7, 21. vgl. mit Plut.
de animi tranq. Vol. VII. p. 828. R. u. Pyrrh. 26. Plat. Rep.
X. p. 604. c. u. A.)

[539]) [456] Es war Sitte der Trinkgelage, bei ausgebrachten
Gesundheiten so viel Cyathos, als der Name der Person, die man
leben ließ, Buchstaben enthielt, auf einen Zug zu leeren. (Mart.
I, 71. IX, 93, 3. XI, 36, 7. vergl. Ovid. Fast. III, 532. mit
Plaut. Curc. II, 3, 80. Plin. XIV, 22, 28. §. 145. u. Ambros.
de Helia et ieiunio c. 13. 17. bei Marquardt I. S. 347., in

welcher letzteren Stelle der Pokal als Trinkhorn erscheint). Übrigens
enthielt der Cyathus (Ter. Ad. IV, 2, 52. Hor. Od. I, 29, 8.
III, 19, 12. Mart. I, 72, 1. Juven. 9, 47. u. s. w.) oder $^1/_{12}$
sextarius $2^1/_2$ Pr. Cubikzoll, entsprach also unserm Spitzglas,
und so viel hielt also auch der Schöpflöffel, mit welchem der
Wein in den Pokal gegossen wurde. Sechs Cyathi, die hier geleert
werden, bildeten eine hemina. (Sen. de ira II, 33, 4. Plaut. Mil.
III, 2, 18. vgl. mit Pers. 1, 130.)

540) [457] Hor. Od. II, 12, 25 ff., von mir in dem uns ge=
läufigern elegischen Metrum übersetzt.

541) Einem Epigramm des Agathias in der griech. Anthologie
nachgeahmt.

542) [458] Ueber das Anrufen der Geliebten beim Würfelspiel,
um sich dadurch einen glücklichen Wurf zu sichern, vgl. Plaut. Capt.
I, 1, 5. Curc. II, 3, 77. Asin. IV, 1, 34 f.

543) [459] Wetten waren in Rom nichts Seltenes (vgl. Plaut.
Epid. V, 2, 34. Catull. 44, 4. Ovid. A. A. I, 168. Verg. Ecl.
3, 31. Gellius V, 4, 2.) und zwar in Bezug auf rein zufällige
Dinge verboten (Dig. XI, 5, 3.), mögen aber doch beim Würfelspiel
oft genug vorgekommen sein.

544) [460] Daß es in Rom keine Straßenbeleuchtung gab,
haben wir schon oben S. 165. Anm. 42. gesehen.

---

3. Kapitel.

Das römische Haus und seine Geräthschaften.

Damit meine Leser die Bauart und Einrichtung eines rö=
mischen Hauses kennen lernen, lasse ich eine etwas genauere
Beschreibung des Wohnhauses meines Gastfreundes folgen,[1]
dem, seit auch in dieser Beziehung griechischer Geschmack in Rom
Eingang gefunden hat, in der Hauptsache alle Häuser der wohl=
habenderen Römer gleichen mögen, während allerdings die ge=
wöhnlichen, viel kleineren Bürgerhäuser nicht nur den Schmuck
desselben, sondern auch so manche in ihm vorhandene Räumlich=
keiten ganz entbehren, die drei wesentlichen Theile jedoch, das
Atrium, Tablinum und Peristyl, mit ihm gemein haben, die
von mir schon früher geschilderten insulae oder Miethhäuser da=
gegen,[2] welche aus vielen Parzellen und einzelnen, kleinen
Familienwohnungen bestehen, natürlich eine wesentlich davon
verschiedene Einrichtung haben müssen. Werfen wir zuerst einen
Blick auf das Aeußere vom Hause des Sulpicius, dessen Ein=
fachheit freilich, wie bei allen römischen Privathäusern, mit dem
prachtvollen Innern nicht im Einklang steht, so hat es zwei in
einer Tiefe von etwa 20 Fuß vortretende Seitenflügel und über
dem Erdgeschoß nur noch ein Stockwerk, aber auch dieses nur
an den beiden Flügeln und am Hintergebäude, während der
mittlere Haupttheil des Gebäudes nicht überbaut ist,[3] das
übrigens nur einen in Quadratform gearbeiteten Bewurf von
weißem Stuck mit einem mannshohen rothbraunen Sockel
hat. Das Erdgeschoß hat gar keine Fenster und enthält in den
beiden Flügeln rechts den Buchladen des Narcissus, links eine
Spezereihandlung, welche Tabernen aber nur von der Straße
her einen Zugang haben und mit dem Hause selbst in keiner

weiteren Verbindung stehen;[4]) im obern Stockwerk jedoch zeigt
sich eine Anzahl kleiner Fenster und zwar in jedem der beiden
Flügel zwei nach der Alta semita heraus und auf der Mittags-
seite, wo das Haus an eine enge Nebenstraße stößt, noch sechs
andere.[5]) Das Dach ist, wie fast bei allen Häusern Roms,
flach und mit Steinplatten belegt,[6]) auf dem Hinterhause aber
bildet es ein sogenanntes, mit ausländischen Pflanzen in Kübeln
besetztes solarium,[7]) von welchem man eine reizende Aussicht
auf den campus Agrippae, das forum suarium und die herrlichen Gärten des Pincius genießt. Wollen wir uns nun das
Innere beschauen, so betreten wir von der Straße aus zuerst
auf ein paar Stufen[8]) das vestibulum,[9]) d. h. einen offnen und
unbedeckten, vorn mit einem verschließbaren Gatter versehenen
Raum vor der zurücktretenden Fronte des Mittelgebäudes und
zwischen den bis vor an die Straße reichenden Seitenflügeln,
also auf drei Seiten von Wänden des Hauses umschlossen,[10])
welches, wie wir schon sahen,[11]) der Versammlungsort der zum
Morgenbesuch kommenden Clienten ist, ehe sie in's Atrium eingelassen werden,[12]) während sie sich bei schlechtem Wetter in
einem vor dem Mittelgebäude befindlichen und sonach gewissermaßen noch zum Vestibulum gehörenden Porticus versammeln
können.[13]) In Letzterem sind auch mehrere von den Vorfahren
des Sulpicius im Kriege erbeutete Waffen und Schnäbel
punischer Schiffe, die Einem derselben in dem nach ihm benannten
Hafen Sardiniens (dem portus Sulpicius) in die Hände fielen,
als Trophäen aufgehängt,[14]) sowie auch ein paar auf Holztafeln
gemalte Abbildungen von Sulpiciern eroberter Städte zu
schauen;[15]) in den Häusern der höhern Staatsbeamten aber
stehen hier auch die Fasces der Lictoren.[16]) Von dem Vestibulum aus steigt man auf ein paar Stufen[17]) zu der gerade
in der Mitte des Gebäudes befindlichen Hausthüre (ianua)
hinauf, auf deren Schwelle (limen inferum)[18]) ein in Mosait
ausgeführtes SALVE den Eintretenden begrüßt.[19]) Die Thürpfosten (postes) zwischen pfeilerartigen Vorsprüngen (antae)[20])
sind aus dem wohlriechenden Holze des maurusischen Citrus geschnitzt,[21]) die gleichfalls hölzernen Thürflügel (fores, valvae)[22])
selbst aber, welche sich nicht, wie bei uns in Griechenland, nach
Außen, sondern nach Innen öffnen,[23]) haben eine mit Schild-
platt ausgelegte Bekleidung oder Verschalung (antepagmenta)[24])

15*

und das Schloß derselben, welches natürlich nicht blos aus einem hölzernen Riegel, wie an den auch nur einen Flügel zeigenden Thüren gemeiner Bürgerhäuser besteht, sondern kunstreich aus Eisen gearbeitet ist,[25]) bleibt den ganzen Tag über offen, so daß man stets ungehindert eintreten kann,[26]) indem man nur die nicht in Angeln, sondern in Zapfen hangenden Thürflügel auf=zudrücken braucht,[27]) doch pflegt man, wenn man nicht in's Haus gehört, erst den Thürklopfer in Bewegung zu setzen, um nicht unerwartet einzutreten.[28]) Dieß thun nun auch wir und gelangen so zuerst in eine kleine, vorn offne und etwas schräg an=steigende Flur zwischen der Hausthür und dem Atrium, das so=genannte ostium,[29]) in welchem bereits der reiche Wandschmuck des Hauses durch treffliche Malerei beginnt, indem sie auf rothem Grunde rechts auf Seepferden und Delphinen reitende Nereiden, links aber schwebende Bacchanten und Bacchantinnen und im schwarzen Sockel verschiedene bunte Vögel zeigt. An dieselbe stößt die Zelle des Thürhüters,[30]) in welcher den in andern Häusern gehaltenen wirklichen Kettenhund[31]) nur ein sich in Mosaik auf dem Fußboden zeigender vertritt, dem aber gleich=wohl die Warnung CAVE CANEM („Nimm dich vor dem Hunde in Acht") beigefügt ist.[32]) Durch das Ostium treten wir nun unmittelbar in das geräumige und prächtige atrium,[33]) den Grundbestandtheil des römischen Hauses, das aber jetzt freilich nur noch als Empfangshalle benutzt wird. Es ist auf drei Seiten von Wohn=, Arbeits= und Speisezimmern mit Flügel=thüren oder blos durch Vorhänge (vela) geschlossenen Thür=öffnungen[34]) umgeben und erweitert sich hinten in zwei Seiten=räume, alae genannt, welche, wie wir gleich sehen werden, die Ahnenbilder der Familie enthalten, während vorn aus ihm rechts und links in besondern Treppenhäusern auch Stiegen in das obere Stockwerk führen, neben welchen sich auf der einen Seite auch die Zelle des uns schon bekannten Atriensis findet. In der Mitte des viereckigen Raumes zeigt sich das impluvium,[35]) ein vertieftes Bassin unter dem compluvium[36]) oder der Decken=öffnung, in welchem sich das Regenwasser von den Dächern sammelt und aus dem es durch unterirdische Abzüge abfließt. Das Atrium hat nur an den vier Seiten ein schmales, schräg abfallendes Dach, dessen Sparrwerk aber durch eine gerade, reich mit Stuccatur (vergoldete Rosetten in hellblau gefärbten, ver=

tiefsten Feldern) gezierte Decke verkleidet ist, wogegen der
unbedeckte Raum in der Mitte nur durch Vorhänge gegen die
Sonnenstrahlen geschützt werden kann. [37]) Was nun den
Schmuck des Atrium betrifft, so sind die Wände | durch geriefte
Pilaster von gelbem, numidischem Marmor [38]) mit weißen
Capitälen in Felder getheilt, deren untere Hälfte mit Platten
von tänarischem schwarzen Marmor belegt ist, während die
obere schöne von einem Künstler aus Sicyon ausgeführte Ge=
mälde (die Entführung der Europa, Apollo und Daphne, die
von Theseus verlassne Ariadne, Venus mit Adonis u. s. w.) auf
rothbraunem Grunde zeigt. Der Fußboden besteht aus Würfeln
von weißem und schwarzem Marmor und um das Impluvium
her läuft eine Mosaik von Blumen= und Laubgewinden. An den
Ecken, wo sich das Atrium zu den in gewöhnlichen Bürger=
häusern ganz fehlenden Alä erweitert, stehen den Pilastern ent=
sprechende corinthische Säulen und eben solche zeigen sich hinten
am Eingange zum Tablinum. Ein paar andre Zierden desselben,
einen prachtvollen Tisch von lunesischem Marmor, der dem
Innern des Hauses zugewendet neben dem Impluvium steht [39])
und auf welchem zwischen kostbaren etrurischen Vasen die Haus=
uhr [40]) ihren Platz gefunden hat, sowie das solium oder den
Staatssessel des Hausherrn werden wir unten kennen lernen,
wenn von den Geräthschaften des Hauses die Rede ist. (Das
Atrium gewöhnlicher Bürgerhäuser ist natürlich viel kleiner und
entbehrt fast allen diesen Schmuck, sich auf eine einfache Wand=
malerei beschränkend.) Die beiden mit dem Atrium zusammen=
hangenden alae, [41]) deren Wände noch reichere Malerei schmückt,
welche Scenen aus der römischen Geschichte darstellt, in denen
Ahnen des Hausherrn die Hauptrolle spielen, namentlich zwei
Triumphzüge derselben, d. h. wenigstens die auf der Quadriga
stehenden Triumphatoren selbst mit ihrer nächsten Umgebung, [42])
während die Decke dasselbe Getäfel und der Fußboden dieselbe
Mosaik zeigt, wie jenes, enthalten zahlreiche Ahnenbilder (imagines) der alten und berühmten Familie des Sulpicius [43]) in
kleinen, tempelartigen Schränken, [44]) unter denen sich Inschriften
(tituli) finden, welche die Namen, Würden und Thaten der dar=
gestellten Personen enthalten [45]) und chronologisch so geordnet sind,
daß sie eine Art von Stammbaum bilden. [46]) Die Ahnenbilder
selbst aber bestehen, wie wir schon bei Beschreibung des Leichen=

begängnisses gesehen haben,[47]) aus Wachsmasken, die, in eine
von dem Gesichte des Verstorbenen selbst genommene Form gegossen, an Holzbüsten angefügt sind, von denen sie auch wieder
abgenommen werden können, um bei Begräbnissen die uns
schon bekannte Rolle zu spielen. Auf eben diesen Glanz der
Familie durch den Ruhm der Ahnen aber beziehen sich auch die
Wandgemälde. Aus dem Atrium, welches auf zwei Seiten von
den schon erwähnten Wohn= und Speisezimmern oder Triclinien,
an der Hinterseite aber | von den gleich zu beschreibenden Loka=
litäten umgeben ist, treten wir nun durch eine blos mit einem
Vorhang bekleidete, breite Thüröffnung im Hintergrunde in das
tablinum,[48]) d. h. in das Arbeitskabinet des Sulpicius, worin
er auch seine Documente und die Urkunden seiner Familie (tabulae), von denen es eben seinen Namen hat,[49]) aufbewahrt,
so daß es auch als Familienarchiv betrachtet werden kann. Es
bildet ein längliches Quadrat von etwa 20 F. Länge und 16 F.
Breite, so daß es kaum den vierten Theil vom Raume des
Atrium einnimmt, und ist, wie vorn nach dem Atrium, so auch
hinten nach dem Peristyl zu nur durch Vorhänge geschlossen, so
daß der darin arbeitende Hausherr, wenn diese zurückgeschlagen
sind, von seinem Lager aus beide Haupttheile des Hauses bequem
übersehen kann. Damit er aber in seinen Arbeiten nicht gestört
wird und Niemand sein Arbeitszimmer zu betreten braucht,
als wer mit ihm selbst zu sprechen hat, führen zu beiden
Seiten desselben schmale Gänge (fauces genannt)[50]) in das
Peristyl und die es umgebenden Gemächer. Die Ausstattung
des Tablinum, worin ich so manche Stunde an der Seite des
Sulpicius zubringe, ist im Vergleich zu der des Atrium und der
Alä einfach zu nennen. Im Hintergrunde zeigen sich neben dem
Ausgange zwei Säulen, die ganz denen am Eingange entsprechen.
Die Wände, welche eine hellblaue Färbung haben, schmücken nur
einzelne Figuren von schwebenden Genien, Tänzerinnen und
dergleichen und in Nieschen die Marmorstatuetten des Apollo
und Merkur, die Decke aber zeigt ein sehr kunstreich geschnitztes
Getäfel und der Fußboden eine zierliche, weiße Mosaik mit
einer schwarzen mäandrisch gewundenen Einfassung. Neben dem
Tablinum und jenseits der Fauces findet sich links an der
Morgenseite[51]) die Bibliothek, rechts aber die Pinakothek, die
beide jetzt in keinem vornehmen Hause mehr fehlen dürfen,[52])

sollte auch jene nie benutzt werden, [53] diese aber nur werthlose und stümperhafte Arbeiten enthalten. Das nicht große Biblio= thekzimmer zeigt nur eine ganz leichte und einfache Malerei der Wände und auch der Fußboden nur eine kunstlose Mosaik, der Hauptschmuck aber besteht in 12 weißen Marmorbüsten der be= rühmtesten Dichter und Philosophen Griechenlands und Roms. [54] Die Schriftrollen selbst, mehrere hunderte an der Zahl, enthalten besonders Gedichte, historische und philosophische Werke in griechischer und lateinischer Sprache und werden, größtentheils in purpurfarbigen Hüllen, wie wir sie schon aus dem Buchladen | des Narcissus kennen, [55] in zierlichen, rings an den Wänden stehenden, offnen Schränken (armaria) von etwa 6 Fuß Höhe aufbewahrt. [56]   Die Pinakothek, die gleich der Bibliothek ihr Licht von oben her empfängt, enthält eine, zwar nur kleine, aber auserlesene Sammlung von Gemälden griechischer Künstler (mythologische und historische Scenen, Landschaften u. s. w.) auf Holztafeln, [57] die in die dunkelgrün gefärbten Wände eingelassen sind. [58]   In der Mitte derselben aber steht, von einer sehr zier= lichen Mosaik umgeben, eine Tafel, die mit allerlei seltnen und historisch merkwürdigen Gegenständen, besonders früherer Jahr= hunderte, besetzt ist, so daß die Pinakothek zugleich als ein Anti= quitätenkabinet betrachtet werden kann. [59]   Doch verfährt Sul= picius bei Sammlung solcher Raritäten nicht mit der Leicht= gläubigkeit Anderer, welche sich rühmen, Spähne der Argo, Becher des Laomedon und Nestor, Schmucksachen der Dido u. s. w. zu besitzen, [60] sondern hält sich mehr an Naturmerkwürdig= keiten, z. B. ein paar Schalen von Bernstein, in welchen eine Fliege und eine Ameise ihr Jedermann sichtbares Grab gefunden haben, an historisch beglaubigte Alterthümer, wie in seiner Familie fortgeerbte Waffenstücke, (einen Helm und ein Schwert), welche Ahnherren von ihm in den Schlachten bei Asculum gegen Pyrrhus und bei Pydna gegen Perseus geführt, eine goldne Ehrenkrone, die ein andrer nach einem Siege über die Samniter empfangen hat, einen Dolch, den ein späterer Vorfahr gegen Pompejus hatte zücken sollen, was aber glücklicher Weise nicht zur Ausführung gekommen war, u. s. w., [61] und endlich an einige Kunstwerke berühmter Meister, an deren Aechtheit sowohl ihres Kunstwerthes, als der hinzugefügten Namen ihrer Verfer= tiger wegen nicht zu zweifeln ist, wie goldne und silberne Becher mit erhabenen Figuren von der Hand des Myron und Mentor und Anderes dergleichen. Was die um das Atrium her liegenden Wohn= und Speisezimmer betrifft, so sind Letztere gleichfalls mit vorzüglichen Wandmalereien und schönen Mosaikfußböden ge=schmückt. Das nach Nordwest hinter der Pinakothek gelegene und nach dem Peristyl zu ganz offne Sommertriclinium zeigt auf schwarzem, durch bunte Arabesken in Felder getheiltem Grunde einen Triton, der auf einem Seepferde eine Nereide durch's Meer führt und von Amor auf einem Delphin begleitet wird, die Leda mit einem Neste von Kindern, die den Schwaneneiern ent=krochen sind, und einen sich im Quell spiegelnden Narcissus, im hellen Fries aber einen Kampf zwischen Kriegern zu Fuß und Amazonen | auf Streitwagen, während dem ihm schräg gegenüber=liegenden und nach Südost schauenden Wintertriclinium ein Ur=theil des Paris, ein Silen, der das Dionysoskind mit beiden Händen emporhebt, und Perseus mit Andromeda auf blauem Grunde, im Fries aber ein Bacchuszug zum Schmucke dient. Die Wohnzimmer, in die ich zum Theil nur einen flüchtigen Blick werfen konnte, sind einfacher dekorirt und unterscheiden sich im Ganzen nicht von den mir angewiesenen Gemächern, so daß die unten folgende Beschreibung dieser vollständig genügen wird. Aus dem Tablinum oder durch die erwähnten Fauces treten wir nun in den dritten Haupttheil des Hauses, das peristylium oder den innern Hof, einen viel größeren Raum, als das Atrium, welches er auch durch architektonischen Schmuck weit hinter sich läßt. Heiterkeit und Luftigkeit ist sein vorherrschender Charakter. Den mittleren, wie beim Atrium unbedeckten Raum umgiebt ein Porticus, den 24 corinthische Säulen von weißem, mit violetten Adern durchzogenem synnadischen Marmor bilden (je acht auf den langen und je vier auf den kurzen Seiten),[62]) und dessen Architrav abwechselnd Löwen= und Greifenköpfe als antefixa zieren. Zwischen den Säulen aber sind rothseidne Vorhänge angebracht, die, an Ringe befestigt, welche eine am Architrav hinlaufende Eisenstange umgeben, auf= und zu=gezogen werden können, so daß dann der Porticus eine schattige, rosig beleuchtete Promenade bildet. Die blaßgelb ge=färbten Wände über und zwischen den vielen Thüren der diesen Hof umgebenden Räumlichkeiten schmückt eine leichte und luftige Malerei von Blumen= und Blättergewinden. In der Mitte aber zeigt sich ein weißes Marmorbassin mit einem Spring=

brunnen, dessen hoher Strahl der Muschel eines auf ihr blasenden, bronzenen Triton entspringt, der auf dem Wasserspiegel des Bassins zu schwimmen scheint. Letzteres aber ist noch von herrlich duftenden Blumenbeeten und Gruppen von Strauch= werk, also einem sogenannten viridarium [63]), sowie von weißen Marmorstatuen der Diana und Flora, des Apollo und Bacchus umgeben, die ein zierliches Bronzegitter umschließt. Betrachten wir uns nun die Umgebungen dieses reizenden Aufenthalts, so zeigt sich uns im Hintergrunde der prächtige Speisesaal (oecus) mit ein paar an ihn stoßenden Gesellschaftszimmern (exedrae)[64]) und hoch darüber die grüne Laubkrone des Solarium. Der ziemlich geräumige Speisesaal selbst ist von einer Gallerie um= geben, die auf | 10 Säulen von schwarzem Marmor mit weißen Capitälen ruht und deren Balustrade ein kunstreiches Relief, den Raub der Sabinerinnen darstellend, zu großer Zierde gereicht. Die über einem schwarzen, mit Fischen und Vögeln bemalten Sockel in abwechselnd grüne und rothe Felder getheilten Wände schmücken, von Architekturen und Arabesken eingerahmt, aus= gezeichnete Gemälde mit Scenen aus Vergil's Aeneis (die Flucht des Äneas aus dem brennenden Jlium; Aeneas auf dem Meere von den Nymphen umringt, in welche seine Schiffe verwandelt worden; Latinus führt ihm die Lavinia als Gemahlin zu; Venus überbringt ihm die von Vulkan gefertigten Waffen, und als Hauptbild in der Mitte das Gastmahl bei der Dido). Der Fries ist von vergol= detem Stucco, die Decke zeigt gleichfalls reiche Stuccaturarbeit und der Fußboden eine kunstreiche Mosaik, eine Kampfscene aus der Aeneis darstellend. Werden die breiten Thüren geöffnet, so hat man einerseits die Aussicht auf das Viridarium des Peristyls, andrerseits auf den hinter dem Hause befindlichen, schönen Garten. Die vorn nach dem Peristyl zu ganz offnen, an den übrigen drei Seiten aber von einer auf 8 gedrechselten und mit getriebenem Silber überkleideten Füßen stehenden Ruhebank um= gebenen exedrae oder Gesellschaftszimmer zu beiden Seiten des oecus schmücken sechs aus der Ilias entlehnte Gemälde (Achilles vom Centaur Chiron im Lautenspiel unterrichtet; derselbe unter die Töchter des Lykomedes versteckt und vom Ulysses entdeckt; Paris entführt die Helena; Vulkan, welcher der Thetis die für Achilles geschmiedeten Waffen zeigt; Ueberbringung derselben durch die auf einem Delphin reitende Thetis; und Uebergabe der Briseis durch

Achilles an die Herolde des Agamemnon), im Sockel aber auf
Meerthieren reitende Nereiden und ein weiß und schwarz ge=
würfelter Mosaikfußboden. Man sieht hieraus, wie reich und
doch nicht überladen, wie geschmackvoll und anständig das Haus
des Sulpicius im Gegensatze zu dem des Servilius dekorirt ist.
Die übrigen Seiten des Peristyls, das auch noch einen besondern
Eingang von der Nebenstraße aus hat, damit die Sklaven nicht
stets durch das Vorderhaus und Atrium hindurch zu passiren
brauchen, umgeben Wohnzimmer, besonders aber Schlafgemächer,
die Hauskapelle, die Badezimmer, die Küche, die Bäckerei und
mehrere Vorrathskammern, namentlich die Speise= (cella pe-
naria | oder penuaria),[65]) Wein= (cella vinaria)[66]) und Oel=
kammer (cella olearia).[67]) Von den Schlafgemächern sah ich
nur das, worin die Kinder des Hauses mit ihrem Pädagogen
schlafen, und welches mit dem Wohnzimmer derselben zusammen=
hängt oder vielmehr so in dasselbe hineingebaut ist, daß es einem
Alkoven (zotheca)[68]) gleicht. Vor den Schlafzimmern der
Eltern soll sich auch noch ein Vorzimmer (procoeton)[69]) finden.
Die Hauskapelle (sacrarium, auch lararium genannt)[70]) be=
findet sich in dem Winkel neben dem einen Gesellschaftszimmer
und ist ein kleiner und dunkler, nur durch einen Candelaber er=
leuchteter Raum, der im Hintergrunde in einer Niesche (aedi-
cula)[71]) die silbernen Statuetten der Laren oder Hausgötter
enthält,[72]) welche eine cinctu Gabino aufgeschürzte Toga um=
hüllt[73]) und vor denen ein kleiner, von einer Steinbank um=
gebener Altar von Marmor steht. In dem neben der Bäckerei
gelegenen und mit heiterer Malerei (namentlich einem Diana
im Bade belauschenden und dafür bestraften Actäon) und reicher
Stuccatur geschmückten Badehause (balneum),[74]) welches ich
öfters benutze, befindet sich sowohl ein apodyterium, als ein
frigidarium und caldarium, beide mit kleinen Marmorbassins.
Seine Einrichtung ist übrigens im Kleinen dieselbe, wie bei den
von mir schon beschriebenen öffentlichen Bädern, und im Cal=
darium vermißt man auch das in einer muschelförmig über=
wölbten Niesche angebrachte labrum nicht. Die geräumige
Küche (culina)[75]) liegt fast in der Mitte zwischen Speisesaal
und Sommertriclinium, so daß in beide die Speisen aus ihr
leicht gelangen können, und enthält einen gemauerten Herd und
einen Gußstein (fusorium oder confluvium)[76]). Auch sie zeigt

Malerei, nämlich die Haus und Herd schützenden heiligen Schlangen und verschiedenes Küchengeräth. Neben ihr findet sich auf der einen Seite, freilich nicht recht passend, der Abtritt (latrina),[77] vermuthlich damit auch das schmuzige Wasser der Küche durch den aus ihm in die Kloaken führenden Kanal mit abfließen kann; auf der andern Seite aber die Bäckerei (pistrinum)[78] mit einem runden, 7—8 Fuß tiefen und eben so breiten Back= ofen und einer aus drei thönernen Röhren von 10 Zoll Durch= messer bestehenden Esse, wie sich auch in der Küche findet. In einem Seitenraume der Bäckerei stehen ein paar Handmühlen (molae oder moletrinae),[79] welche aus zwei Theilen zusammen= gesetzt sind, von denen der obere, trichterförmige (catillus),[80] mittels einer Stange (molile oder molcurum)[81] herumgedreht | wird und dadurch die in den untern (meta), eine scheiben= förmige Basis, geschütteten Körner zermalmt. In der kühlen, nach Norden gelegenen cella vinaria[82] sind die großen kürbis= förmigen und ausgepichten[83] Thonfässer (dolia oder cupae)[84] meistens zur Hälfte oder ganz in den Boden eingegraben;[85] doch stehen auch ein paar über der Erde und neben ihnen lehnt an den Wänden eine große Anzahl langer und schlanker, ver= pichter oder vergypster und mit Aufschriften versehener Henkel= krüge (amphorae), in welche der Wein aus jenen Fässern ab= gefüllt wird;[86] die cella olearia aber enthält ähnliche, mit Wachs ausgestrichene Fässer.[87] Steigen wir nun auf einer etwas steilen, steinernen Treppe in das obere Stockwerk hinauf,[88] so finden wir hier zuerst im vordern Theile beider Seitenflügel die Gastzimmer, die man unstreitig nur deshalb hierher verlegt hat, um den Fremden die Aussicht auf die Straße zu vergönnen. Die mir angewiesenen Gemächer befinden sich im rechten Flügel über dem Buchladen des Narcissus und ihre Fenster gehen auf die Alta Semita heraus, aus ihnen aber gelange ich durch einen bei den Stuben des procurator und dispensator vorbeiführenden Corridor, in welchen auch die Treppe mündet, in mein Schlaf= gemach, welches die Aussicht auf das Peristyl hat. Die weiter hinten gelegenen Räume, sowie das ganze obere Geschoß des Hinter= hauses und des linken Flügels, mit Ausnahme der den meinigen entsprechenden Fremdenzimmer vorn heraus, enthalten nur Sklavenwohnungen (cellae familiares oder familiaricae)[89] und zwar für die servi ordinarii besondere Gemächer, für die vul-

gares aber gemeinſame (ergastula), doch ſelbſt die weißgetünchten
Wände dieſer ſind durch gelbe und rothe Linien in Felder ein=
getheilt und mit Laubgewinden, Candelabern, Vaſen und der=
gleichen bemalt. Alle dieſe oberen Lokalitäten heißen, weil
wenigſtens von den Sklaven auch in ihnen gegeſſen wird, coenacula ⁹⁰) und zerfallen in cubicula diurna und nocturna, ⁹¹)
welche letztere auch dormitoria genannt werden. ⁹²) Was nun
meine Zimmer betrifft, ſo zeigen ſie an den Wänden recht ge=
fällige Malerei, mit Getäfel bekleidete Decken und einen Fuß=
boden von opus Signinum ⁹³) mit eingelegten Sternen von
ſchwarzem und weißem Marmor. Das eine hat einen ſchwarzen
mit Theatermasken und Vaſen bemalten Sockel und ſeine durch
phantaſtiſche Architektur in Felder getheilten blauen Wände
ſchmücken die Darſtellungen von Perſeus und Andromeda, Her=
kules mit Omphale und der ſchlafende Endymion von Luna be=
lauſcht. Das andre nicht ſo reich dekorirte zeigt in dem rothen
Sockel verſchiedne Pflanzen und auf den abwechſelnd gelben und
grünen, durch rothe Borden getrennten Wänden graziöſe
ſchwebende Tänzerinnen und Bacchantinnen mit Thyrſus
und Tympanum, ⁹⁴) und ſelbſt das Schlafzimmer iſt durch
tanzende und verſchiedene Inſtrumente ſpielende Amoretten auf
rothbraunem Grunde geziert, während den Sockel Felder von
mancherlei täuſchend nachgeahmten Marmorarten bilden. (Einen
ähnlichen Schmuck aber haben, wie ich ſpäter namentlich im
Hauſe des Trebonius ſah, auch die gewöhnlichſten Bürgerhäuſer
aufzuweiſen, die außer dem Atrium, Tablinum und Periſtyl
nur noch wenige Wohn= und Schlafzimmer für den Hausherrn
mit ſeiner Familie und ein paar Sklaven enthalten.) ⁹⁵) Hinter
dem Hauſe endlich, an deſſen Fronte hier auch eine Sonnenuhr
angebracht iſt, findet ſich noch ein nicht gar großer, aber
reizender Garten (xystus), ⁹⁶) in welchen man durch ſchmale
Gänge (fauces) neben dem Speiſeſaale gelangt. Ihn umgiebt
auf der Seite des Hauſes ein Porticus von 12 doriſchen Säulen
aus rothem Porphyr mit weißen Marmorcapitälen, die Seiten=
wände aber ſind mit Bäumen, Geſträuchen, Lauben u. ſ. w.
bemalt, die, von buntgefiederten Vögeln belebt, die Garten=
anlagen fortzuſetzen und die Ausſicht zu erweitern ſcheinen; auf
der vierten Seite endlich, dem Hauſe gegenüber, findet ſich ein
erhöhtes, vorn offenes und von einer Weinlaube beſchattetes

Triclinium, zu welchem auf beiden Seiten einige Stufen hinan=
führen. Seine mit Ruhebänken umgebenen Wände sind durch
Pilaster in Felder getheilt und mit Platten vielfarbigen, herrlich
schimmernden Marmors belegt und in der Mitte steht ein mar=
mornes Monopodium mit runder Platte. Unter dem mit ein=
facher Mosaik bekleideten Fußboden laufen Röhren hin, die
das Wasser der Aqua Virgo in den Garten leiten, welches aus
einer bronzenen Maske an der Baluſtrade des Tricliniums über
mehrere abgerundete Stufen schäumend in eine ziemlich große,
viereckige und mit einem Marmorrande umgebene Piscina her=
unterplätschert, die dem Garten eine angenehme Kühlung ver=
schafft und in deren hellem Gewässer Goldfischchen munter herum=
spielen, während sich in ihrer Mitte auf einer gerieften Säule,
welche ein Wasserrohr umkleidet, ein runder Marmortisch mit
nach unten gebogenem Rande erhebt, aus dessen Mittelpunkte
ein Springbrunnen emporschießt, der dann von der Marmor=
platte herab eine prächtige Kaskade bildet. Die Gartenanlagen
selbst (mit deren Beschreibung ich mich hier nicht befassen will,
da sich bei Schilderung der Villa und ihres ungleich größeren
Gartens eine passendere Gelegenheit dazu finden wird) bestehen
aus schattigen Laubgängen, Baumgruppen und Blumenbeeten
und werden dabei noch durch mehrere Hermen und Statuen der
Pomona, Flora, des Vertumnus und Priapus geziert, denn auch
dieser Hüter der Gärten darf natürlich nicht fehlen, producirt
sich aber wenigstens in möglichst decenter Weise.

Doch kehren wir nun in's Haus zurück, um uns auch sein
Mobiliar und seine Geräthschaften etwas genauer zu betrachten.
Was zuerst das nothwendigste von allen Mobilien, das Lager
oder den lectus betrifft, so hat das meinige, das in einer
Nieſche steht und so hoch ist, daß ich es nur mit Hülfe eines
Fußbänkchens (scamnum, scabellum) [97]) ersteigen kann, [98]) ein
Gestell (sponda) [99]) von Cedernholz [100]) mit Bronzefüßen (ful-
cra) [101]) in Gestalt von Löwenklauen, und eine niedrige Lehne
am Kopfende [102]) und ist mit Gurten (fasciae, institae oder
restes) bespannt, [103]) auf denen das Polster ruht; die Lager des
Sulpicius und seiner Gattin aber sollen mit Elfenbein und
Schildkrot belegt sein [104]) und silberne Füße haben, [105]) und die
weit niedrigern lecti der Triclinien sind ganz von Bronze, [106])
die im Oecus aber mit vergoldeten Füßen versehen. [107]) Das

Polster (culcita, auch torus) [108]) und das runde Kopfkissen
(cervical, auch pulvinus) [109]) scheinen, der Weichheit nach zu ur=
theilen, mit Federn gestopft zu sein, [110]) während gewöhnlich
Wollenflocken dazu verwendet werden. [111]) Der Ueberzug des
Polsters ist von purpurrothem Wollenstoff, die darüber gebreitete
und bis auf den Boden herabreichende Decke aber (torale), [112])
sowie der Ueberzug des Kopfkissens von dergleichen Seiden=
zeug. [113]) Die Decken (stragula, peristromata) [114]) zum Zudecken
bestehen auf meinem Lager aus zottigem Wollenstoff von pur=
purrother Farbe, [115]) doch soll es auch dergleichen seidene und
reich gestickte oder kunstreich gewebte geben, [116]) während sich
allerdings die Sklaven, deren Lager natürlich weit einfacher
ist, [117]) mit weißen Wollen= oder Linnendecken begnügen
müssen. [118]) Der freistehende Lectus im Tablinum des Sul=
picius hat (so gut wie die Lager der Triclinien) [119]) auch eine
Rücklehne, [120]) an welcher hier eine Art von Schreibepult an=
gebracht ist. [121]) Nach den lectis erwähne ich wohl am pas=
sendsten die Sessel (sellae) und hier zunächst die eine gewisse
Aehnlichkeit mit jenen zeigenden Lehnstühle (cathedrae), [122]) die
eine hohe, schräg ablaufende, oben breiter werdende und ge=
polsterte Rücklehne haben, welche sich unmittelbar an den ziem=
lich langen Sitz [123]) anschließt, so daß der Körper behaglich in
ihnen ruhen kann. Armlehnen finden sich jedoch an ihnen
nicht. [124]) Sie werden besonders von Frauen benützt, [125]) aber
auch zum Besuch kommenden Männern angeboten, [126]) und auch
in meinem Wohnzimmer, sowie im' Tablinum des Sulpicius,
steht ein solcher, von dessen sonstiger Ausstattung übrigens ganz
dasselbe gilt, was ich eben von den Lagern bemerkte. Ihnen
verwandt ist das im Atrium stehende und an die Throne der
Götter und Könige erinnernde solium, worauf sitzend vornehme
Männer ihren Clienten Audienz zu ertheilen pflegen, [127]) d. h. ein
steif aussehender Staatssessel mit gerade stehender Rückenlehne,
auch mit Armlehnen und seiner Höhe wegen mit einer Fußbank
versehen und, wenigstens in unserm Hause, reich mit Elfenbein=
schnitzerei verziert. Die übrigen Sessel im Hause sind von sehr
verschiedner Form, mit und ohne Lehne, mit Gestellen von Holz
oder Metall, und im ersteren Falle, gleich denen der lecti, mit
Elfenbein, Schildkrot u. s. w. ausgelegt, mit entweder geraden
oder anmuthig geschweiften und zierlich gedrechselten Füßen, die

zuweilen auch eine kreuzweise Stellung haben,[128]) und unter
ihnen zeigen sich auch für zwei Personen eingerichtete, bisellia
genannt.[129]) Gepolstert aber ist keiner von allen, sondern es
werden nur Kissen darauf gelegt, wenn man weich sitzen will.[130])
Zierliche Ruhebänke finden sich nur in den exedris und im
Garten, gewöhnliche Holzbänke nur in den Sklavengemächern.
Eine fast eben so große Mannigfaltigkeit, wie die Sessel, zeigen
auch die Tische, deren Zahl natürlich ungleich kleiner ist. Von
jenen fabelhaft theuern[131]) Monopodien,[132]) wie ich dergleichen
bei Servilius mehrere gesehen,[133]) d. h. auf einem Fuße von
Elfenbein ruhenden[134]) Säulentischen, deren runde, schön ge-
maserte[135]) Platten massiv aus dem Stamm eines einzigen
Citrus[136]) seinem ganzen Durchmesser nach geschnitten sind und
deren Preis natürlich mit der Größe der Platte steigt, findet
sich im Hause des Sulpicius nur einer im Tablinum, für gewöhnlich, um ihn zu schonen, mit einer purpurrothen Gausape
bedeckt.[137]) Dagegen enthält es mehrere uns schon bekannte
kleine Prunktische (abaci)[138]) mit viereckigen, auf Löwenklauen,
einer kauernden Sphinx u. s. w. ruhenden Marmorplatten,
namentlich im Oecus, dann runde und viereckige Speisetische
von kostbaren Holzarten | mit Schildkrot ausgelegt und auf zier-
lichen Bronzefüßen ruhend, auch im Atrium jenen schon erwähnten und dem bei Menophantus gesehenen[139]) sehr ähnlichen,
prächtigen Marmortisch, den zwei von einander abgewendete
Greife tragen, während den Raum zwischen ihnen Delphine,
Blumen und Laubranken ausfüllen. In den Wohnzimmern und
so auch in den meinigen, stehen einfachere Tische, meistens von
Ahorn-, auch von Buchenholz[140]) mit drei oder vier, zum
Theil geschwungenen Rehfüßen. An die Tische reihen sich die
bronzenen Dreifüße (tripodes),[141]) die, ursprünglich freilich zum
Tragen eines Kessels bestimmt, jetzt oft mit Tischplatten versehen werden, um als mensae Delphicae[142]) zur Aufstellung von
Prachtgefäßen, Blumenvasen und dergleichen zu dienen, und dann
außerordentlich zierlich gearbeitet sind. Gewöhnlich erscheinen sie
etwas ausgeschweift, oben mit Sphinxen, Greifen, Panisken-
hermen verziert und unten in Löwenklauen oder Bocksfüße
endigend, und unter ihnen fiel mir besonders einer auf, dessen
Platte sich durch eine künstliche Vorrichtung höher und niedriger
stellen läßt, indem die drei Beine durch bewegliche mit Schar-

nieren versehene Querstäbe mit einander verbunden sind, welche
in einen Ring endigen, der an einem an die Beine gefügten
Metallstabe auf= und abläuft, so daß die Platte bei breiterer
Auseinanderstellung der Füße erniedrigt, bei engerer aber er=
höht werden kann.¹⁴³) Gewöhnliche Dreifüße werden wir
unter dem Küchengeräthe finden. Jetzt kommen wir, in der
Beschreibung der Zimmerausstattung fortfahrend, zu den
Schränken und Kisten, die zur Aufbewahrung von Kleidern,
Büchern, Kostbarkeiten, aber auch von Hausgeräth und Speisen,
sowie zum Verschluß des Geldes dienen.¹⁴⁴) Sie sind natürlich
von sehr verschiedner Beschaffenheit und ihre größere oder ge=
ringere Zierlichkeit richtet sich nach dem Werthe der in ihnen
aufbewahrten Gegenstände. Die schönsten sind aus Cedernholz
gefertigt, mit zierlicher Schnitzerei versehen und mit Schildkrot
oder Metall=, selbst Silberplatten belegt, welche getriebene Re=
liefs enthalten, wie wir sie schon in der Gürtlerwerkstatt kennen
gelernt haben,¹⁴⁵) die in den Vorrathskammern und Sklaven=
gemächern stehenden aber sind freilich nur aus gewöhnlichem
Holze gearbeitet und mit Eisen beschlagen. Der in mein Schlaf=
zimmer gestellte ist einer der ersteren Art und seine Bronze=
platten zeigen verschiedne Arabesken und von Blätterwerk um=
gebene Masken. | Unter den Kisten oder Laden, von denen im
Allgemeinen dasselbe gilt, wie von den Schränken, interessirten
mich besonders die im Tablinum stehenden¹⁴⁶) Geldkisten des
Sulpicius, die auf einem Fundamente von Mauerwerk ruhend
und unstreitig in demselben festgemauert aus starkem und dickem
Holze bestehen, im Innern mit Kupfer ausgeschlagen und aus=
wendig mit Silberplatten verziert sind, welche in getriebener
Arbeit einen Merkur, einen Hund und Greife als Hüter der
ihnen anvertrauten Schätze zeigen. Von den Bibliothekschränken,
den Schränkchen der Ahnenbilder und den verschließbaren Kästen
der abaci ist schon früher die Rede gewesen.¹⁴⁷) Noch habe ich
auch der Spiegel, Candelaber, Leuchter und Lampen zu gedenken.
Was die Ersteren betrifft, so bedienen sich die Römer zwar ge=
wöhnlich nur metallner Handspiegel, wie sie uns schon bekannt
geworden sind,¹⁴⁸) doch soll sich im Wohnzimmer der Vitellia
auch ein großer, die ganze Gestalt zurückwerfender¹⁴⁹) und be=
weglicher Spiegel vorfinden, der auf Löwenfüßen ruhend hin
und her gerückt werden kann, und auch an der Wand meines

Schlafzimmers hatte man einen solchen, freilich nur von kleine=
rem Umfang, aufgehängt. Die im Atrium und Tablinum, dem
Oecus und den Triclinien aufgestellten bronzenen Candelaber [160])
gereichen diesen Räumen zu ganz besonderer Zierde, da sie sich
durch die kunstvollste Arbeit auszeichnen. Sie sind, je nachdem
sie auf dem Fußboden oder auf einem Tische stehen, von ver=
schiedener Größe, haben aber sonst im Ganzen dieselbe Be=
schaffenheit, indem sie aus drei Stücken zusammengesetzt sind,
dem Fuß, dem Schaft (scapus) [151]) und der Platte, worauf die
Lampe, zuweilen auch zwei, in seltnern Fällen selbst drei solche
stehen; doch giebt es auch dergleichen ohne Platte, die, zum An=
hängen von Lampen bestimmt, in so viele Arme auslaufen, als
sie Lampen tragen sollen, sowie andre mit einer Vorrichtung
den obersten Theil des Schaftes mit der Platte hinauf und
hinunter zu schieben, um die Lampe nach Belieben hoch oder
niedrig zu stellen. Bei den großen Candelabern besteht der
Fuß gewöhnlich aus drei Thierklauen, die zuweilen durch
Akanthusblätter oder andre vegetabile Ornamente verbunden
sind, der Schaft aber gleicht einer sehr schlanken, meistens ge=
rieften Säule, an welcher statt des Capitals ein Knauf in Form
eines Blumenkelchs oder einer Vase die Platte trägt; doch
finden sich unterhalb desselben zuweilen auch noch andre Ver=
zierungen, wie z. B. an einem vergoldeten | Candelaber, den ich
im Hause des Servilius sah, eine sitzende Sphinx.[152]) Die
kleineren, auf den Tisch zu stellenden Candelaber, bei denen eine
noch größere Mannigfaltigkeit herrscht, weichen von jenen zu=
weilen in der Weise ab, daß der Fuß ganz wegfällt (wie sich
z. B. bei dem, der auf dem Tische eines der mir angewiesenen
Zimmer steht, statt desselben ein Felsblock zeigt, aus welchem ein
Baumstamm herauswächst, dessen sich theilende Zweige Platten
zu zwei Lampen tragen, während ihn selbst ein auf dem Fels=
block sitzender Silen umfaßt), oder daß dagegen die Platte fehlt
(wie ich in Kaufläden einen dem mir hingestellten ganz ähnlichen
sah, an welchem sich der Baumstamm in vier Aeste theilte, von
denen Lampen herabhingen, während dem weit vortretenden und
zierlich ausgeschweiften Fußgestell auch noch ein kleiner, auf
einem Löwen reitender Amor zur Zierde gereichte).[153]) Hiernächst
muß ich der silbernen Hängelampen oder Kronleuchter (lych-
nuchi pensiles) [154]) von höchst zierlicher Form gedenken, wie sie

in den Speisesälen sowohl des Sulpicius als des Servilius an silbernen Ketten von der Decke herabhangen. Neben den ge= wöhnlichen Lampen von Thon, Bronze oder Silber, von deren überaus mannigfaltigen Formen ich schon früher gesprochen habe, [155]) giebt es in jeder Haushaltung noch zum Theil sehr zierlich geschnitzte hölzerne Leuchter, [156]) mit einem Stifte ver= sehen, auf welchen die Wachs= oder Talgkerze gesteckt wird, und Laternen, meistens von Bronze und von viereckiger oder cylin= drischer Gestalt, mit einer Handhabe zum Tragen versehen, von welcher sie an Ketten herabhangen, und mit einem durchlöcherten, gewöhnlich kuppelartig gestalteten Deckel geschlossen, der ab= gehoben werden kann, um die Lampe hineinzusetzen, welche, auf einem Zapfen fest stehend, ebenfalls einen Deckel hat, um das Ausschütten des Oels zu verhüten. [157]) Um das Licht durch= scheinen zu lassen, hat man sich früher andrer durchsichtiger Stoffe bedient, [158]) jetzt aber wird fast allgemein das Glas dazu verwendet.

Der Tafel= und Trinkgeschirre ist zwar schon öfters ge= legentlich gedacht worden, es möge hier aber noch eine voll= ständigere Uebersicht derselben folgen. Von Ersteren sind im Hause des Sulpicius Schüsseln, Schalen und Näpfe in so ver= schiedner Form und von so verschiednen Namen vorhanden, daß sich diese alle zu merken, eine zu schwere Aufgabe sein würde. Fragen wir zunächst nach dem Material, woraus sie verfertigt sind, so finden sich zuerst Gefäße von gut glasirtem, meistens rothbraunem Thon, [159]) doch auch diese gewöhnlich mit kunstreich verzierten Rändern und Henkeln, wo solche vorhanden sind, ferner von schön geschliffenem Krystallglas, noch häufiger aber von Metall, Bronze, corinthischem Erze [160]) oder Silber, und dann fast stets mit erhabenen Verzierungen, die entweder gleich mit gegossen, oder bald in getriebner Arbeit ausgeführt, bald als emblemata eingesetzt, [161]) oder als crustae [162]) in dünnen Silberstreifen darum gelegt sind. An einigen silbernen Gefäßen bestehen die eingesetzten Reliefzierrathen aus Gold [163]) oder aus Bernstein, [164]) und sowohl diese, als einige patellae von ge= diegenem Golde und ein paar von Murrha, [165]) welche auf den Prunktischen ausgestellt waren, hatten früher die kaiserliche Tafel geschmückt und waren vom Sulpicius in einer vom vorigen Kaiser veranstalteten Auction erstanden worden, wie dergleichen

am Hofe öfters vorkommen sollen. [166]) Was nun aber die
Form und die Namen derselben anlangt, so giebt es zuerst
größere und tiefere Schüsseln (patinae [167]) und catini) [168]) theils
mit, theils ohne Deckel und Henkel, [169]) und darunter die sich
durch ihre Größe auszeichnenden, ursprünglich zum Herumreichen
des Brodes bestimmten mazonoma; [170]) dann kleinere patellae [171])
und catilli [172]) und eine Menge flacher lances [173]) von sehr
verschiedener Gestalt, rund, eckig, besonders rautenförmig, und
oval, sodann viereckige, ebenfalls flache paropsides, [174]) silberne,
mit einem Goldrande und goldnen Verzierungen versehene
chrysendeta, [175]) kleine, dem Namen nach für Pilze bestimmte
boletaria, [176]) schildförmige scutulae, [177]) und wie sie sonst noch
heißen mögen. Daß es auch an den uns schon bekannten Auf=
tragebretern oder Repositorien, Salzfässern, Essigfläschchen,
Löffeln [178]) und andern für die Tafel nöthigen Gegenständen
nicht fehlte, versteht sich wohl von selbst. Die Trinkgeschirre
sind gleichfalls größtentheils schon erwähnt worden. Ich erinnere
daher hier nur in aller Kürze an die Weinfässer (dolia) und
Weinkrüge (amphorae) in der cella vinaria, an das Mischgefäß
(crater), das Seihgefäß (colum) und die Schöpfkelle (trulla) im
Triclinium [179]) und verweile nur etwas länger bei den ver=
schiednen Trinkbechern und Trinkschalen, nachdem ich voraus=
geschickt habe, daß mehrere derselben auch ein bestimmtes
Quantum von Wein fassen. Da nämlich die amphora als
Maaß von Flüssigkeiten [180]) in acht congios, der Congius
aber in sechs sextarios und der Sextarius wieder in zwölf
cyathos zerfällt, so giebt es auch für diese Maaße eingerichtete
Trinkgefäße, [181]) zu denen auch noch der vier cyathos umfassende
triens [182]) als das dem Gehalte nach gewöhnlichste Trinkglas
kommt, während die $1/2$ Amphora umfassende urna [183]) natür=
lich nur ein Aufbewahrungsgefäß sein kann, der cyathus aber
auch kein wirkliches Trinkgefäß, sondern, wie wir schon beim
Gastmahle des Servilius gesehen haben, eine Art von Schöpf=
kelle ist, womit einem Jeden eine bestimmte Zahl von Becherchen
in einen größern Pokal zugemessen wird. Die wirklichen Trink=
gefäße theilen sich ihrer Gestalt nach in drei Klassen, zuerst in
große, mit Henkeln versehene Pokale, zu denen der mit einem
hohen Fuße versehene cantharus, [184]) die trulla [185]) (denn mit
diesem Namen wird nicht blos die oben erwähnte Schöpfkelle

bezeichnet), der unten abgerundete scyphus,[186]) der auch ohne
Henkel vorkommt, das nach seinem Erfinder, dem korinthischen
Töpfer Therikles benannte poculum Thericleum,[187]) das car-
chesium [188]) mit einem sich in der Mitte verengendem Bauche
und bis zum Fuße hinabgehenden Henkeln, und die capis oder
capula [189]) gehören; sodann in die kelchartigen Pokale (calices)[190])
in sehr verschiedner Form, mit und ohne Henkel und Fuß, zu
denen auch die olla,[191]) ein napfartiges, unten breites und oben
sich verengendes Gefäß, gerechnet werden kann, die aber auch
mitunter ziemlich seltsam geformt erscheinen, als Thierköpfe, die
als Trinkhörner gebraucht werden,[192]) als Phalli,[193]) Beine,
Schuhe, besonders aber als Kähne, daher auch cymbia genannt[194]);
und endlich in die flachen, gewöhnlich runden und unsern
griechischen φιάλαι entsprechenden Schalen (paterae).[195]) Außerdem muß ich auch noch der in der Mitte ausgebauchten, mit
engem, sich an der Mündung erweiterndem Halse und einem
Henkel versehenen Flaschen (lagenae)[196]) gedenken, in denen zuweilen den Gästen der Wein vorgesetzt wird und wie man sie
gewöhnlich in Weinhandlungen sieht, denen sie meistens auch als
Aushängeschild dienen. Was aber das Material aller dieser
Gefäße betrifft, so gilt davon ganz dasselbe, was ich oben von
den Tafelgeräthschaften berichtete, nur daß hier Glas und
Kryſtall noch häufiger vertreten ist, als dort, daß auch kleine
Becher von Murrha öfter vorkommen, als größere Eßgeschirre
aus diesem kostbaren Stoffe, und daß es endlich nicht nur mit
Edelsteinen besetzte, sondern sogar ganz aus Edelsteinen ge-
schnittne | Becher giebt,[197]) wenn auch nicht im Hause des
Sulpicius. Habe ich zum Schlusse auch noch der eigentlich zur
Bereitung der calda dienenden, großen und bauchigen, mit
einem Deckel versehenen und gewöhnlich auf drei Füßen (Löwenklauen, Bocksfüßen u. s. w.) ruhenden Mischgefäße (sinus,
lepistae, galeolae)[198]), des Spülnapfs (echinus)[199]) und des
Kühlgefäßes (gillo)[200]) gedacht, so wird so ziemlich Alles erschöpft sein, was sich über den Trinkapparat der Römer berichten läßt, und ich kann nun zu den Küchen- und Wirthschafts-
geräthen übergehen; denn ich stand nicht an, mich zu großer
Verwunderung der hier beschäftigten Dienerschaft auch in der
Küche und den Vorrathskammern auf's Genaueste umzusehen
und mir über alles mir Auffallende Auskunft geben zu lassen.

Unter den Kochgeschirren (cocula), [201] die ich theils von Thon, theils von Kupfer oder Bronze vorfand, nenne ich zuerst die bronzenen Kessel (ahena und cortinae), [202] die gewöhnlich durch einen Deckel verschließbar und unten abgerundet sind, oder spitz zulaufen, so daß sie auf einem Dreifuß ruhend an's Feuer gesetzt werden müssen, und entweder oben einen beweglichen Henkel, oder an beiden Seiten dergleichen Ringe haben, an denen man sie anfassen kann; sodann die eigentlichen, theils thönernen, theils kupfernen Kochtöpfe (ollae, auch cacabi und cucumae genannt), [203] meistens bauchig und mit zwei Ohren zum Anfassen versehen, oft auch mit einer Stürze bedeckt; ferner die flacheren, meistens ovalrunden Pfannen (sartagines, im Allgemeinen auch patinae und patellae genannt), [204] deren charakteristisches Merkmal in einem horizontalen Stiele besteht, und unter denen ich auch eine kleine, viereckige und mit 4 Löchern versehene zum Eierbacken sah, und endlich die auch als Kuchenform benutzten Näpfe (hirneae). [205] Es folgen nun die zum Kochen und Braten nöthigen Eisen- und Bronzegeräth- schaften. Hier erwähne ich außer den zum Herde [206] gehörigen Rosten (craticulae), den Dreifüßen (tripodes) und dem Brat- spieße (veru) [207] besonders noch einen neben dem Herde stehenden niedrigen und schlanken Ofen von Bronze, der seiner Aehn- lichkeit mit einem Meilensteine wegen miliarium heißt [208] und dazu dient eine Quantität Wasser, die durch mehrere die Feuerung umgebende Röhren läuft, schnell zum Kochen zu bringen, und ein paar kleine, auf 4 Füßen ruhende Herde oder Kohlenbecken von demselben Material und zierlicher Form, welche, mir schon von den Mahlzeiten im Triclinium her be- kannt, dazu gebraucht werden, die Speisen warm zu erhalten, und bei denen um die zum Aufschütten von Kohlen bestimmte Feuerplatte her ein erhöhter, doppelter und oben verschließbarer Rand läuft, welcher den auf diesen kleinen Herd zu stellenden Schüsseln als Grundlage dient und zugleich immer einiges heiße Wasser enthält. [209] Andre Metallgeräthschaften der Küche sind Durchschläge (cola), Trichter (infundibula), Siebe (cribra), größere und kleinere Schöpfkellen (truae und trullae), Kohlenschaufeln (batilla), Feuerzangen (forpices), und zweierlei Mörser (auch von Stein), pilae zum gröberen Zerstoßen und mortaria zum feineren Zerreiben. [210] Noch unbedeutendere

Sachen, wie hölzerne Rührlöffel (rutabula), Quirle (rudes und
rudiculae), die Reisbesen (scopae), die an Stielen befestigten
Waschschwämme (peniculi oder penicilli), die Kehreulen (perticae) zur Beseitigung der Spinnengewebe und dergleichen,²¹¹)
übergehe ich und spreche lieber von einem mich ungleich mehr
interessirenden Gegenstande, den ich in der Küche fand, nämlich
einer bronzenen Schnellwage (statera),²¹²) die so eingerichtet
ist, daß der zu wägende Gegenstand sowohl an einem Haken
aufgehängt, als auf eine an 4 Ketten hangende Schale gelegt
werden kann. Haken und Schale aber hängen in Ringen des
horizontalen Wagebalkens, der aus zwei Schenkeln von ungleicher Länge besteht, so daß an den kürzeren von ihnen der
zu wägende Gegenstand, an den längeren, aber, der eine ab-
getheilte Scala zeigt, das sich stets gleich bleibende (bei meiner
Wage hier aus einem Satyrkopfe bestehende)²¹³) Gewicht gehängt wird, welches an einem Ringe hangend hin und her
geschoben werden kann, und, je nachdem es dem zum Aufhängen
des Wagebalkens dienenden Haken genähert oder von ihm entfernt wird, mit Hülfe der Scala die Schwere des Gegenstandes,
den man wägen will, genau angiebt.²¹⁴) Zum Schlusse erwähne ich noch die verschiednen Wasser- und Waschgefäße. Da
finden sich denn auf einem besondern Platze der Küche (dem
sogenannten urnarium)²¹⁵) zum Wasserholen und zum Sprengen
beim Kehren bestimmte bronzene Eimer (situlae)²¹⁶) mit verzierten Rändern und entweder bloß mit zierlichen Ohren zum
Anfassen oder mit einem sich in Ringen am Rande bewegenden
Henkel versehen, und andre dergleichen (urnae),²¹⁷) an denen
sich gewöhnlich 3 Henkel befinden, zwei kleinere an den Seiten
und ein größerer hinten, und die beim Wasserholen auf dem
Kopfe oder der Schulter getragen werden,²¹⁸) wo dann im
ersteren Falle ein ausgestopfter Ring²¹⁹) untergelegt wird, um
den Druck auf den Kopf zu schwächen, die aber auch zur Aufbewahrung des Wassers dienen; ferner zum Wasserschöpfen und
Wassertragen bestimmte Henkeltöpfe (urcei und urceoli) von
Thon oder Metall,²²⁰) und Becken (matulae oder matel-
liones),²²¹) Wasserkannen (aquiminaria),²²²) Gießkannen (nas-
siternae),²²³) Waschbecken und Waschkannen unter verschiednen
Namen²²⁴) und von verschiedner Form, besondre Becken zum

Waschen der Füße,[225]) und Mehreres dergleichen. Mit dieser Darstellung der verschiednen Geräthschaften, deren Kenntniß ich durch manches kleine Geschenk erkaufte, womit ich die Spott= sucht der über meine Neugier und Topfgukerei lachenden Skla= vinnen zum Schweigen brachte, beschließe ich meine Beschreibung des römischen Hauses, um nun zur Betrachtung der Villa und des Landlebens der Römer überzugehen.

Anmerkungen zum 3. Kapitel.

---

¹) Die Hauptstellen über den Häuserbau der Römer sind Vitruv. VI. u. Plin. Epist. II, 17. V, 6. Doch würden wir uns aus ihnen noch keine richtige Vorstellung von einem römischen Hause zu machen im Stande sein, wenn uns nicht das aus seinem Grabe erstandene Pompeji trefflich zu Hülfe käme, und an die hier gemachten Entdeckungen werden wir uns daher zu halten haben, obgleich Pompeji keinen einzigen großen Privatpalast, sondern nur Bürgerhäuser von mittleren Dimensionen enthält. Der Hauptunterschied zwischen dem antiken römischen und dem modernen Hause besteht darin, daß ersteres (— wir sprechen hier nur von einer domus, nicht von einer insula: vgl. S. 14 f. Anm. 134. —) einen viel größeren Flächenraum einnimmt, aber eine ungleich geringere Höhe hat, daß es eine weit größere Anzahl einzelner Räumlichkeiten enthält, aber meistens von so winzigem Umfange, daß wir uns höchst unbehaglich darin fühlen und nicht wissen würden, wie wir auch nur die Hälfte unsers Mobiliars darin unterbringen sollten, und daß endlich nicht die Straße, sondern der Hof es ist, worauf man bei der ganzen Anlage hauptsächlich Rücksicht genommen hat, so daß sich fast alle Wohnzimmer u. s. w. mit ihren Thüren und Fenstern um ihn her gruppiren, die Straßenfaçade aber meistens nur kahle Wände und höchstens im oberen Stockwerk wenige kleine Fenster zeigt. Ueber das alte römische Wohnhaus siehe auch Krause Deinokrates (Jena 1863.) S. 526 ff. mit dem nach Marini (zu Vitruv. Vol. IV. tab. 106.) auf Taf. I. Fig. 5. beigefügten Grundrisse des Hauses eines vornehmen Römers. Vgl. auch die Pläne in Becker's Gallus II. S. 142. Overbeck's Pompeji Fig. 157. Weiß Kostümk. Fig. 495. u. Guhl u. Koner Fig. 382. Die neuere Literatur über die baulichen Einrichtungen des römischen Hauses siehe bei Becker a. a. O. S. 145. und in Rein's Zusätzen dazu.

²) Vgl. oben S. 14. u. 61. Anm. 134.

³) Man würde sehr irren, wenn man aus den Gebäuden Pom=
peji's, die allerdings nur ein Erdgeschoß zeigen, den Schluß ziehen
wollte, daß alle nur von e i n e r Familie bewohnten domus der
Römer blos ein Parterre enthalten hätten; denn auch die pom=
pejanischen Häuser sind unstreitig zum Theil wenigstens überbaut
gewesen, wie die in mehrern noch sichtbaren Treppen deutlich zeigen,
und haben die oberen Stockwerke nur durch Einsturz verloren. (Vgl.
jedoch auch Overbeck I. S. 325 f.) Daß aber nicht blos die insulae, sondern auch viele domus in Rom wenigstens theilweise über=
baut waren, ersieht man aus Varro L. L. V, 162. Cic. Agr. II.
35, 96. u. Paulus Diac. p. 54. M. (vgl. mit Plaut. Amph. III,
1, 3.), aus welchen Stellen auch erhellet, daß diese oberen Gemächer
coenacula hießen.

⁴) Daß die Hausbesitzer dergleichen Tabernen vermietheten,
sehen wir z. B. aus Cic. ad Att. XIV, 9, 1. Zuweilen gehörte
dazu auch noch ein Oberstübchen im ersten Stockwerke, zu welchem
eine Treppe | aus ihnen hinauf führte und welches die Wohnung
des Abmiethers des Ladens oder der Werkstatt bildete. (Vgl. Orelli
4323. 4331.)

⁵) Daß die Häuser Roms in den obern Stockwerken nach der
Straße herausgehende Fenster hatten, ergiebt sich aus Mart. I,
86, 2. XI, 61, 3. Liv. 1, 41. XXIV, 21. Juven. 3, 270. vgl.
mit Plaut. Most. IV, 2, 27. Hor. Od. I, 25, 1. Propert. IV,
(V,) 7, 15. u. Dig. IX. tit. 3., daß diese aber nur klein waren,
erhellet aus Cic. ad Att. II, 3, 2. Uebrigens haben wir schon
oben S. 171. Anm. 92. gesehen, daß die Römer in der Zeit, von
welcher wir hier sprechen, bereits Glasfenster kannten. Vergitterte
Fenster erscheinen bei Plaut. Mil. II, 4, 25. u. Colum. VIII, 17.

⁶) In andern Häusern auch mit einem festen Paviment von
Stuck, zuweilen auch mit Metallplatten (Dig. L, 16, 242. §. 2.),
ja sogar vergoldeten (Orelli 3272.) Doch gab es auch schräge
Dächer und zwar entweder tecta pectinata, wenn sie nur nach zwei
Seiten spitz zuliefen und also vorn ein dreieckiges Giebelfeld der
Wand umschlossen (vgl. Aristoph. Aves 1110. u. Böttiger Kl. Schr.
I. S. 286.), oder testudinata, wenn sie nach allen vier Seiten schräg
abfielen (Festus p. 213. M. vgl. Colum. XII, 5.) Auch konische
Dachform wird von Sidon. Apoll. Ep. II, 2. u. Carm. 18, 3 f.
erwähnt. Dergleichen Dächer hatten natürlich eine Sparrwerk (am-
brices und asseres: Paulus Diac. p. 16. M.) und waren früher wohl
mit Stroh oder Schindeln, später aber mit Ziegeln gedeckt, und
zwar so, daß Plattziegel (imbrices: Plaut. Mil. II, 6, 24. Most.
I, 2, 28. Plin. XXXV, 12, 43. §. 152. u. 46. §. 159. Isidor.
XIX, 10, 15. Nonius p. 125, 17. u. s. w.) die Grundfläche bil=
deten, auf deren Fugen dann wieder Hohlziegel (tegulae: Plaut.
a. a. O. u. Mil. II, 2, 22. Vitruv. II, 1, 7. 8, 18. 19. Plin.
a. a. O. vgl. mit §. 159. Juven. 3, 201. Isidor. u. Nonius

a. a. O. u. A.) gelegt wurden, um jene zu schließen, während wieder andre Hohlziegel (tegulae colliciarum) in den Ecken, wo die Dachseiten zusammenstießen, zugleich die Dachrinnen (colliciae) bildeten (Paulus Diac. p. 114. M. vgl. Vitruv. VI, 3.) Siehe besonders Overbeck Pompeji I. S. 241 ff.

[7]) Solarium (woraus unser Söller entstanden ist), eigentlich ein Ort, wo man sich sonnt: Plaut. Mil. II, 3, 69. 4, 25. Suet. Ner. 16. Tac. Ann. XV, 43. Dig. VIII, 2, 17. Daß auf den Solarien der flachen Dächer förmliche Gärten, sogar mit Wasserbassins, angelegt wurden, berichten die beiden Seneca Ep. 122, 8. u. Controv. V, 5. Die Solarien bei Suet. u. Tac. a. a. O. aber sind nicht auf dem Dache, sondern auf Säulen ruhende Balkons an der Fronte des Hauses. — Der campus Agrippae war nach Preller (Regionen S. 138.) eine Wiederholung des Marsfeldes im Kleinen, eine weitläufige, besonders zu erheiternden Spielen und Zerstreuungen bestimmte Anlage mit Gärten, Porticus, gymnasiast. Uebungsplätzen u. s. w., der Mons Pincius aber war besonders von prächtigen Gärten (des Lucullus, Pompejus, Sallustius u. s. w.) bedeckt und hieß deswegen auch collis hortorum. Vom Forum suarium ist oben S. 29. die Rede gewesen.

[8]) Sen. Ep. 84, 12. vgl. mit Suet. Ner. 8. u. Vitell. 15.

[9]) Gellius XVI, 5, 2. vgl. mit Varro L. L. VII, 81. Plaut. Most. III, 2, 130. Cic. pro Caec. 12, 35. pro Mil. 27, 75. ad Att. IV, 3, 5. Liv. II, 49. Suet. Oct. 100. Calig. 42. Vesp. 25. Colum. VIII, 3, 8. IX, 12. Isidor. XV, 7, 2. u. s. w.

[10]) Suet. Ner. 31.

[11]) Vgl. oben S. 24.

[12]) Doch kann vielleicht aus Gellius XVI, 5, 2. vgl. mit Ael. Gallus §. 8. geschlossen werden, daß diese Benutzung des Vestibulum im Zeitalter der Antonine, wo überhaupt das Institut der Clientel schon in Verfall zu gerathen begonnen hatte, bereits veraltet war und daß man damals vielmehr ein Wartezimmer im Innern des Hauses selbst mit diesem Namen bezeichnete, so wie später im Cod. Theodos. IX, 3, 1. besonders sichre Räume im Innern der Gefängnisse vestibula carcerum heißen. (Vgl. Marquardt I. S. 230 ff.) Daß man aber auch schon früher das Vestibulum im Innern des Hauses zu suchen habe, dürfte sich doch aus Dichterstellen, wie Verg. Aen. II, 469. VI, 273. 573 ff., und Ungenauigkeiten, wie bei Liv. V, 41., kaum beweisen lassen. In kleineren Bürgerhäusern, die keine vortretenden Seitenflügel hatten, war wenigstens, wie sich bei mehrern Häusern in Pompeji zeigt, die Hausthür gewöhnlich einige Schritte einwärts gerückt, so daß dadurch ein kleines Vestibulum entstand, dessen es hier freilich zur Aufnahme von Clienten nicht bedurfte.

[13]) Vgl. Suet. Ner. 16. u. Tac. Ann. XV, 43. mit Plaut. Most. III, 2, 130.

¹⁴) Plin. XXXV, 2, 2. §. 7. vgl. mit Liv. X, 7. XXII, 57. Cic. Phil. II, 28, 68. Suet. Ner. 38. Verg. Aen. II, 504. VII, 183 ff. Silius VI, 434. u. f. w. Ueber jenes Factum hinsicht= lich der punischen Schiffe, deren Verluft dem Admiral Hannibal das Leben koftete, vgl. Zonar. VIII, 11. mit Polyb. I, 24. u. Orof. IV, 8.

¹⁵) Livius XXXVIII, 43. Sogar Quadrigen waren daselbst aufgestellt: Juven. 7, 126. Suet. Ner. 31. Tac. Ann. XI, 35. vgl. Verg. Aen. VII, 184.

¹⁶) Aur. Vict. de vir. ill. 20. Claud. de IV. cons. Hon. 416. de Prob. et Olybr. cons. 233.

¹⁷) Sen. Ep. 84, 12. Suet. Ner. 8. Vitell. 15. Tac. Hist. I, 29. Dio Caff. LXVIII, 5.

¹⁸) Denn auch der Sturz der Thüre hieß limen, aber superum. (Plaut. Merc. V, 1, 1. Plin. XXIX, 4, 26. §. 83. Nonius p. 336, 10 ff.) Gewöhnlich jedoch bezeichnet limen ohne weitern Zu= satz die Schwelle.

¹⁹) Bisweilen hing sogar ein Vogel (Papagei oder Elster) über der Hausthüre, dem man gelehrt hatte dem Eintretenden das Salve oder griechisch χαῖρε zuzurufen. (Petron. 28. Perf. prol. 8. Mart. VII, 87, 6. XIV, 76.) Ueber der Thüre gewöhnlicher Bürger= häuser zeigte sich auch nicht selten ein guter Spruch (wie: Nihil intret mali, Felix hic locus, Hic habitat felicitas u. f. w.), eine Bitte an den Vulcan, das Haus vor Feuer zu bewahren (Plin. XXVIII, 2, 4. §. 20. | Paulus Diac. p. 18, 15. M. Orelli 1384.) oder der Name des Besitzers. (Vgl. Marquardt I. S. 229.)

²⁰) Vitruv. III, 1. IV, 4. 6. Ifidor. XV, 7, 8. Paulus Diac. p. 16, 15. M. vgl. Serv. zu Verg. Geo. II, 417.

²¹) Plaut. Most. III, 2, 133 ff. u. Stat. Silv. I, 3, 35. vgl. mit Mart. XIV, 90. Der citrus, aus welchem, wie wir bald sehen werden, auch Tischplatten gefertigt wurden, war übrigens nicht der Citronenbaum, wie oft fälschlich angenommen wird, son= dern die afrikanische Thuia cypressiodes, schon von den Griechen θυία genannt.

²²) Genau genommen jedoch ist ein Unterschied zu machen zwischen fores, einfachen Flügelthüren, und valvae, breiten, aus mehrern zusammenklappenden Theilen bestehenden Thüren. (Ifidor. Or. XV, 7, 4. u. de diff. verb. I, 308. Serv. zu Verg. Aen. I, 449.) Letzteren ähnlich waren die Thüren der Kaufläden, die sich, aus mehrern Brettern bestehend, in einander schieben ließen. (Vgl. Overbeck Pompeji II. S. 4. u. Marquardt I. S. 233.) Daß die Thüren der Privathäuser in der Regel von Holz waren, ersieht man aus Plin. XXXIV, 3, 7. §. 13., wo es dem Camillus zum Vorwurf gemacht wird, daß er bronzene Thüren hatte, wie sie sich gewöhnlich nur an Tempeln fanden.

²³) Plin. XXXVI, 15, 24. §. 112. (wo es als eine dem

P. Valer. Poplicola und seinem Bruder verliehene ehrenvolle Aus=
zeichnung erwähnt wird, daß sich ihre Hausthür nach Außen öffnen
durfte), Dion. Hal. V, 39. u. Ascon. zu Cic. in Pis. p. 13. Orell.
Der von Isidor. u. Servius in den Anm. 22. citirten Stellen ge=
machte Unterschied, daß sich die fores nach Außen, die valvae aber
nach Innen geöffnet hätten, beruht wohl nur auf einem aus der
Aehnlichkeit der Wörter fores und foras hervorgegangenen Irr=
thume.

²⁴) (Vitruv. IV, 6. VI, 7. Cato R. R. 14, 2. 4.) Zuweilen
waren sie auch mit Elfenbein, ja selbst mit Gold verziert (Plaut.
Asin. II, 4, 20. Cic. Verr. IV, 56, 124.)

²⁵) Die Thüren hatten in früherer Zeit und bei gewöhnlichen
Bürgerhäusern auch wohl noch später blos an jedem Flügel zwei
Riegel (pessuli: Plaut. Aul. I, 2, 25. Ter. Eun. II, 3, 37. III,
5, 55. Appul. Met. I, 11. p. 44. III, 15. p. 199. Oud. Paulus Diac.
p. 187, 1. M. Prudent. c. Symm. I, 65.), von denen der eine in
die Schwelle, der andre in den Sturz eingeschoben wurde, außer=
dem aber auch noch im Innern einen Querbalken (sera: Varro
L. L. VII, 108. Ovid. Fast. I, 266. 280. Am. I, 6, 24. A. A.
II, 636. Tibull. I, 2, 6. Petron. 16. Nonius p. 41, 10. Paulus
Diac. p. 25, 10. 187, 1. M.), der in die Thürpfosten eingelegt wurde
und weggenommen werden mußte, wenn die Thüre geöffnet werden
sollte, oder statt desselben ein paar Krampen oder Haken (repagula:
Ovid. Met. V, 120. Appul. Met. I, 14. p. 50. Oud. [Festus p.
281, 6. M. mit verdorbener Lesart] oder uncini: ebendas. III, 15. p.
199.), die beweglich an den Pfosten hangend in Ringe an den
Thürflügeln eingehakt wurden. Dieser Verschluß aber war nur in=
wendig angebracht, so daß stets Jemand im Hause sein mußte, um
die Thüre zu öffnen. Da man nun aber das Unbequeme dieser
Einrichtung bald fühlte, so kamen später auch wirkliche, von Außen
zu öffnende Schlösser hinzu, und zwar Anfangs wohl von Holz,
aus einem vertikal an das Aeußere der | Thüre befestigten Stück=
chen Balken von etwa 1 Fuß Länge und ¹⁄₂ Fuß Breite bestehend,
durch das ein in ein Loch der Mauer eingreifender, etwa 20 Zoll
langer und 5 bis 6 Zoll hoher Riegel mit mehrern Löchern in seiner
oberen Hälfte ging, in welche eben so viele im obern Theile des
Schlosses steckende Bolzen eingriffen. In den untern hohlen Theil
dieses Riegels wurde nun ein gleichfalls hölzerner Schlüssel gesteckt,
der statt des Bartes eine Art Kamm mit eben so vielen Zinken
hatte, als das Schloß Bolzen enthielt, mit denen, wenn man sie
in die Löcher des Riegels eindrückte, jene Bolzen in die Höhe ge=
hoben wurden, so daß sich nun der Riegel herausziehen und so die
Thüre öffnen ließ. (An ein solches Schloß ist bei Appul. Met.
IV, 10. p. 259. Oud. zu denken. Auch ebendas. I, 14. p. 50. u.
IX, 20. p. 631. bezeichnet wohl der Ausdruck pessuli jene Bolzen.)
Die ersten eisernen Schlösser, die später an die Stelle der hölzernen

traten, hatten wohl Anfangs eine ähnliche Einrichtung, nur daß der Riegel durch die in ihn eingreifenden Zinken des Schlüssels nicht gehoben, sondern vorwärts und rückwärts geschoben wurde, und wenn das an der antiken Bronzethüre von San Cosma e Damiano in Rom befindliche Schloß (vgl. Annali d'Inst. 1854. p. 109 ff. tav. 30.) wirklich gleichfalls antik ist, so war den Römern auch der Gebrauch eines Radschlosses bekannt, das den Riegel vor= und rück= wärts schiebt. Daß sich aber die Schlösser nach und nach immer mehr der Construction unsrer jetzigen näherten, sehen wir aus mehrern der zahlreichen in Pompeji gefundenen Schlüssel (vgl. Ab= bild. bei Guhl u. Koner Fig. 461.), während die Schlösser selbst so von Rost zerfressen sind, daß sich aus ihnen die ursprüngliche Beschaffenheit nicht mehr erkennen läßt. Daß man nun auch in= wendig wirkliche Schlösser anbrachte, die der ianitor öffnen mußte, damit Niemand ohne sein Vorwissen das Haus verlassen konnte, ersieht man aus Appul. Met. IX, 20. p. 630 f. vgl. mit I, 15. p. 53. Varro R. R. I, 13, 2. u. Petron. 28., daß man aber Anfangs auswendig und inwendig besondre Schlösser hatte, die nur von Außen oder von Innen geöffnet werden konnten, aus Plaut. Most. II, 1, 58. Später wird man unstreitig die Sache bequemer einzurichten gelernt haben. (Vgl. besonders Böttiger „Schlösser u. Schlüssel des Alterthums" in Kl. Schr. III. S. 129 ff. und die Auseinandersetzung und Abbildungen bei Marquardt I. S. 236 ff.)

²⁶) Plaut. Merc. IV, 1, 11. Stich. II, 1, 36. Bacch. III, 4, 8. Most. II, 2, 14. Nur in Ausnahmefällen waren die Thüren auch am Tage verschlossen (Plaut. Cist. III, 18.), stets aber bei Nacht (Appul. Met. IX, 20. p. 631. Oud.)

²⁷) Die Thüren der Alten drehten sich nicht, wie die unsrigen, in Angeln, sondern an Zapfen (cardines: Plaut. Amph. IV, 2, 6. Asin. II, 3, 8. Verg. Aen. II, 480. Ovid. Met. XIV, 782. Plin. XVI, 40, 77. §. 210. 43, 84. §. 230. Appul. Met. I, 11. p. 45. Oud. Nonius p. 202, 18. Isidor. XV, 7, 6. 14, 4. u. s. w.), die sich in Löchern der Schwelle und des Sturzes drehten und zuweilen auch von Erz waren (Verg. Cir. 222.) Uebrigens vgl. auch Overbeck Pom= peji I. S. 239.

²⁸) Plut. de curios. Vol. VIII. p. 53. R. vgl. mit Plaut. Asin. II, 3, 2. Petron. 16. 92. Appul. Met. I, 22. p. 68. IX, 20. p. 631. Oud.

²⁹) Isidor. XV, 7, 4. vgl. mit Vitruv. VI, 7. (10.) u. Plut. Qu. Rom. 111. Becker's (Gallus II. S. 158.) auf diese Stelle des Vitruv sich stützende Annahme, daß dieser Raum durch eine zweite Thür vom Atrium getrennt gewesen wäre, wird durch die Häuser Pompeji's widerlegt, und Vitruv spricht vom griechischen, nicht vom römischen Hause. |

³⁰) Vitruv. VI, 7, 1. Suet. Vitell. 16. Petron. 29.
³¹) Siehe oben S. 72. Anm. 207.

³²) So im Hause des tragischen Dichters in Pompeji im Mus. Borb. II. tav. 56., bei Overbeck I. S. 240. Fig. 160. u. Guhl u. Koner II. S. 219. Fig. 463.

³³) Das Atrium war der Grundbestandtheil des römischen Hauses und einst der Mittelpunkt des Familienlebens, in welchem man wohnte, auf dem am impluvium stehenden und die Hausgötter tragenden Herde opferte und kochte (Serv. zu Verg. Aen. I, 726. Varro bei Nonius p. 83, 19. vgl. Hor. Sat. II, 6, 65 f., wovon es unstreitig auch seinen von ater, schwarz, abzuleitenden Namen hatte: Serv. a. a. O. Isidor. XV, 3, 4.), speiste (Serv. u. Hor. a. a. O.) und früher wenigstens auch im lectus genialis (Hor. Epist. I, 1, 87. Paulus Diac. p. 94, 11., welcher der Thüre gegenüber stand: Prop. IV, (V,) 11, 85. Gellius XVI, 9. Ascon. zu Cic. Mil. p. 43. Orell.) schlief. Nur Vorrathskammern und Wirthschaftsräume um= gaben es (Varro L. L. V, 162.) Nach und nach aber kamen auch noch andre Wohn= und Schlafgemächer, sowie endlich das Tablinum und Peristyl hinzu, und der lectus genialis nebst dem Herde mit den Laren und Penaten verschwand daraus. Ueber die 5 Arten von Atrien vgl. Vitruv. VI, 3, 1. u. Overbeck Pomp. I. S. 241 ff. Das tuscanicum war das einfachste von allen, blos ein viereckiger Hof mit einem schrägen Dache, beim tetrastylon kamen 4 Säulen hinzu, welche die Dachbalken stützten, beim corinthium noch mehrere Säulen und eine größere Oeffnung im Dache, so daß nun das Im= pluvium von einer förmlichen Säulenstellung umgeben war; beim displuviatum war das Dach nicht nach Innen, sondern nach Außen geneigt, so daß der Regen nicht im Impluvium zusammenfloß, son= dern durch Röhren in die Cisterne geleitet wurde; das testudinatum endlich, bei dem dasselbe stattfand, war ganz bedeckt (ohne daß je= doch dabei an eine gewölbte Decke gedacht werden muß) und hatte statt der Oeffnung des Compluvium wahrscheinlich ein Fenster, durch welches Licht hinein fiel. Das einfache Atrium ohne Tablinum und Alae hieß nach der jetzt fast allgemeinen Ansicht auch cavum aedium oder cavaedium (Vitruv. a. a. O. u. VI, 5, 1. Varro L. L. V, 161. Plin. XIX, 1, 6. §. 25.), über welchen Namen viel gestritten worden ist, indem Andre darunter vielmehr das Peristyl oder, wie Becker Gallus II. S. 182 ff., der sich auf Plin. Ep. II, 17, 4. beruft, einen ganz besondern, sowohl vom Atrium als Peristyl ver= schiednen Raum zwischen jenem und dem Tablinum verstehen, welche Meinung durch jene Stellen vollständig widerlegt wird. Plinius a. a. O. spricht gar nicht von seinem Hause in der Stadt, sondern von seiner Villa bei Laurentum und versteht unter cavaedium höchst wahrscheinlich ein zweites, kleineres Atrium oder dasselbe, was Cic. ad Qu. fr. III, 1, 2. u. ad Att. I, 10, 3. atriolum nennt. (Vgl. Marquardt I. S. 225.) Uebrigens vgl. Abbild bei Overbeck Fig. 181. u. 184. Guhl u. Koner Fig. 388. u. Weiß Fig. 497.

³⁴) Daß die Wohnzimmer statt der Thüren zuweilen nur Vor= hänge hatten, ersieht man aus Lamprid. Heliog. 14. u. Isidor.

XIX. 26, 7. vgl. mit Suet. Claud. 10. Tac. Ann. XIII, 5. Sen. Ep. 30, 1. u. N. Qu. IV, 13, 7.
[35]) Varro L. L. V, 161. Vitruv. VI, 4. Cic. Verr. I, 56, 147. Ter. Phorm. IV, 4, 26. Liv. XLIII, 13. Paulus Diac. p. 108, 14. M. | Im weitern Sinne hieß so der ganze unbedeckte Raum sowohl im Atrium als im Peristyl. (Cic. Verr. I, 23, 61. u. dazu Ascon. p. 177. Orell. Plaut. Mil. II, 2, 4. II, 3, 16. 69. Ter. Eun. III, 5, 40. Serv. zu Verg. Aen. II, 512.)
[36]) Varro L. L. V, 26. R. R. I, 13, 3. Vitruv. VI, 3. Suet. Oct. 92. Paulus Diac. p. 108, 24. M.
[37]) Ovid. Met. X, 595. Plin. XIX, 1, 6. §. 25. Dig. XXXIII, 7, 12. §. 20.
[38]) Siehe oben S. 209. Anm. 488.
[39]) Bei Varro L. L. V, 26, 35. (vgl. mit Gloss. in Mai Class. Auct. Vol. VI. p. 514., wo catipulum steht) cartibulum genannt.
[40]) Vgl. oben S. 208. Anm. 484.
[41]) Vitruv. IV, 7, 2. VI, 3, 4.
[42]) Daß man Bilder von Vorfahren, die Triumphe gefeiert hatten, im Atrium aufhing, sehen wir aus einem Gedichte in Wernsdorf's P. Lat. min. IV. p. 238, 8. vgl. mit Juven. 8, 1. u. Festus p. 295. M. Nach den Fast. Capit. u. triumph. vgl. mit Livius VII, 15. IX, 27. 28. triumphirten 3 Sulpicier, C. Sulp. Peticus, 4 maliger Cos. in den J. R. 390 = 364 v. Chr., 393 = 361, 399 = 385 u. 401 = 323, C. Sulp. Longus, 3 maliger Cos. in den J. 417 = 337, 431 = 323 u. 440 = 314 (beide später auch Dictatoren), und ein andrer C. Sulp., Cos. des J. 406 = 258. Ueber diese Ahnenbilder selbst vgl. oben S. 201. Note 415.
[43]) Die Ansichten über die Bestimmung der alae sind sehr verschieden. (Vgl. Galiani zu Vitruv. VI, 3, 6. p. 131. Note 6. Stieglitz Archäol. d. Baukunst Th. II. Abth. 2. S. 172. Böttiger Sabina Th. II. S. 102. Note 1. Müller Handb. d. Archäol. §. 296. S. 384. Overbeck Pompeji S. 192. der 2. Aufl. Krause Deinokrates S. 539. u. A.) Die von mir mit Marini angenommene Bestimmung gründet sich auf Vitruv. a. a. O., der freilich nicht ganz deutlich schreibt. Gewöhnlich heißt es, die Ahnenbilder ständen im Atrium (Ovid. Fast. I, 591. Am. I, 8, 63. Juven. 8, 19. Mart. II, 90, 6. V, 20, 5 ff. Plin. XXXV, 2, 2. §. 6. Sen. Cons. ad Polyb. 14, 3.), von welchem allerdings die alae nur Theile waren.
[44]) Plin. a. a. O. Auson. Epigr. 26, 10. vgl. mit Polyb. VI, 53. u. Vopisc. Flor. 6.
[45]) Plin. a. a. O. Liv. III, 58. X, 7. Val. Max. IV, 4, 1. V, 8, 3. Tibull. IV, 1, 30.
[46]) Plin. a. a. O. Suet. Ner. 37. Galb. 2. Sen. de ben. III, 28, 2. Mart. IV, 40, 1. Neue Familien, welche keine Ahnenbilder aufstellen konnten, ersetzten sie durch silberne oder bronzene

Portraitmedaillons der Kaiser oder berühmter Personen, womit sie statt jener die alae schmückten, und die daher clypeatae imagines hießen (Macrob. Sat. II, 3, 4. p. 227. Jan. vgl. mit Plin. a. a. O. §. 4.)

47) Siehe oben S. 136. mit Anm. 415.

48) Vitruv. VI, 3, 5. 6. Plin. XXXV, 2, 2. §. 7. Festus p. 356, 33. M.

49) Die ursprüngliche Form des Namens war daher tabulinum, wie auch Plin. XXX, 2, 2. §. 7. (wenigstens nach vielen Handschr.) Appulej. Flor. IV, 23. p. 103. Oud. u. A. schreiben. Varro bei Nonius p. 83, 21. glaubt vielmehr, daß mit dem Namen ein maenianum tabulis fabricatum bezeichnet werde, was Marquardt I. S. 250. Note 1555. billigt, welcher mit Vergleichung von Hygin. de mun. castr. §. 2. 3. 31. 32. 34. 43. u. Dig. L, 16, 242. §. 4. | vermuthet, daß ursprünglich vielleicht ein Bretterverschlag das Tablinum vom Atrium getrennt habe.

50) Vitruv. VI, 3, 6. Auch über diese fauces gehen die An= sichten sehr auseinander. Stieglitz z. B. bringt sie mit dem Vor= hause in Verbindung oder hält sie gar für dieses selbst, zu welcher irrigen Meinung allerdings Macrob. Sat. VI, 8, 23. p. 546. Jan. leicht verführen konnte. Auch Genelli Exeget. Briefe über Vitruv. I. S. 45. läßt sie durch die Tiefe des Vorderhauses bis zum Atrium oder bis zum Peristyl laufen u. Stratico T. III. P. II. p. 40. setzt sie sogar zwischen die alae und das atrium. Marini aber T. II. p. 23. Note 29. Becker Gallus II. S. 180. und Rein zu dieser Stelle halten sie, wie ich, für Durchgänge vom Atrium zum Peristyl neben dem Tablinum.

51) Also nach der Vorschrift Vitruv's VI, 7. (oder 4, 1. bei Schneider).

52) Was die Bibliothek betrifft, vgl. außer Vitruv. a. a. O. Sen. de tranq. 9, 4. 7. Petron. 48. Mart. VII, 17. Sidon. Apoll. Ep. II, 9. IV, 11. VIII, 4. Paul. Sent. III, 6, 51., hin= sichtlich der Pinakothek aber Vitruv. VI, 5. 7. u. 8. (oder 3, 8. 4, 2. u. 5, 2. bei Schneid.) u. Plin. XXXV, 2, 2. §. 11. vgl. mit Cic. Verr. I, 21, 57.

53) Vgl. Sen. de tranq. 9, 4. 6. 7.

54) Plin. XXXV, 2, 2. §. 9. Suet. Tib. 70. Auch Por= traits der Schriftsteller wurden in Bibliotheken aufgehängt. (Mart. IX, 1. Pausan. I, 18, 9.)

55) Siehe oben S. 26.

56) Vitruv. VII. praef. Vopisc. Tac. 8. Plin. Ep. II, 17, 8. Sidon. Apoll. Ep. II, 9. Dig. XXXII, 1, 52. §. 3. 7. Bei Suet. Oct. 31. u. Juven. 3, 219. heißen sie foruli. Zuweilen lagen die Schriftrollen wohl auch in offnen Repositorien (nidi bei Mart. I, 118, 15. VII. 17, 5. vgl. auch Sen. de tranq. 9, 6.)

57) Vgl. oben S. 213 f. Anm. 491.

⁵⁸) Plin. XXXV, 10, 37. §. 113. 118. 40. §. 125. 130. u. anderw. Dig. XIX, 1, 17. §. 3. Vielleicht wurden aber auch solche Gemälde in Rahmen (formae ligneae: Vitruv. II, 8, 9.) aufgehängt. Vgl. Cic. Verr. IV, 55, 122. u. Plin. a. a. O. §. 118.

⁵⁹) Vgl. Hor. Sat. II, 3, 21. Mart. VII, 19. VIII, 6. Petron. 52.

⁶⁰) Martial. a. a. O.

⁶¹) Zur Beglaubigung der Möglichkeit dieser Reliquien verweise ich auf Eutrop. II, 13. Liv. XLV, 35. VII, 15. 18. u. Cic. ad Att. IX, 19, 2. X, 3. b., was aber die folgenden Becher des Myron und Mentor betrifft, auf Mart. III, 41. IV, 39. VI, 92. VIII, 51. IX, 60. u. Plin. XXXIII, 11, 53. §. 147.

⁶²) Das größte Peristyl Pompeji's (im Hause des Fauns) enthält gar 44 Säulen und die in den Palästen Roms unstreitig noch mehrere. Nach Vitruv. V, 9. durften die Säulen nicht über vier Durchmesser von einander abstehen und nicht höher sein, als der Porticus breit war. Uebrigens vgl. Overbeck's Pompeji Fig. 190.

⁶³) Cic. ad Att. II, 3, 2. Plin. XVIII, 2, 2. §. 7. Celsus I, 2.

⁶⁴) Ueber oecus siehe oben S. 144. u. 209. Anm. 487., über exedrae aber Vitruv. VI, 5. (oder 3, 8. Schn.) vgl. mit V, 11, 2. u. VII, 9, 2. Cic. N. D. I, 6, 15. de Or. III, 5, 17. Nach Vitruv. VI, 5. sollen sie gleiche Höhe mit dem Oecus und die halbe Breite desselben haben.

⁶⁵) Varro L. L. V, 162. Plaut. Amph. I, 1, 4. Cic. de Sen. 16, 56. Serv. zu Verg. Aen. I, 704. Dig. XXXIII, 9, 3.

⁶⁶) Cic. a. a. O. Vitruv. I, 4, 2. Plin. XIV, 13, 14. §. 89.

⁶⁷) Cic. a. a. O. Vitruv. VI, 9. (oder 6, 2. Schneid.) Cato R. R. 13. Varro R. R. I, 13. Colum. I, 6. XII, 50. Pallad. I, 20. |

⁶⁸) Plin. Ep. II, 17, 21. V, 6, 38. Sidon. Apoll. Ep. VIII, 6. IX, 11. Murat. p. 620, 21. 690, 2. Gruter p. 49, 3. Orelli 1368. 2006. 3889.

⁶⁹) Varro R. R. II. praef. Plin. Ep. II, 17, 10. 23.

⁷⁰) Sacrarium: Cic. ad Fam. XIII, 2. Verr. IV, 2, 4. pro Mil. 31, 86. Dig. I, 8, 9. §. 2.; lararium: Lamprid. Alex. Sev. 29. 31. Capitol. Ant. Phil. 3.

⁷¹) Plinius XXXVI, 13, 19. §. 87. Petron. 29. Juven. 8, 110. Tibull. I, 10, 22.

⁷²) Petron. a. a. O. Uebrigens vgl. die Abbild. bei Overbeck Pompeji I. S. 253. Fig. 170.

⁷³) Pers. 5, 31. Ovid. Fast. II, 634. Ueber den cinctus Gabinus siehe oben S. 176. Anm. 133.

⁷⁴) Vgl. oben S. 35 ff.

⁷⁵) Varro R. R. I, 13. Colum. I, 6. Cic. ad Fam. XV, 18, 1. Petron. 2. Festus p. 65, 12. M.

⁷⁶) Pallad. I, 37.

⁷⁷) Latrina aus lavatrina zusammengezogen. Vgl. Varro L. L.
V. 118. Colum. X, 85. Suet. Tib. 58. Nonius p. 212, 7. Da
sich übrigens im Hause in der Regel nur ein Abtritt vorfand, so
hat man wohl anzunehmen, daß sich die Herrschaft gewöhnlich der
Nachtstühle (sellae familiaricae: Varro R. R. I, 13, 4. oder pertu-
sae: Cato R. R. 157., bei Heliogabal mit goldnem Becken: Lam=
prib. Heliog. 32.) u. Nachttöpfe (matulae: Plaut. Most. II, 1, 39.
matellae: Mart. VI, 89, 1. XII, 32, 13. Nonius p. 543, 16.,
später oft von Silber, ja zuweilen sogar von Gold, Murrha und
Onyx: Mart. I, 38. Petron. 27. Lamprib. Heliog. 32.) bediente,
die von den Sklaven bloß in die Latrina ausgeleert wurden (Mart.
III. 82. VI. 89. XIV, 109. Petron. a. a. O.)

⁷⁸) Ter. Andr. I, 2, 28. III, 4, 21. Heaut. III, 2, 19.
Phorm. II, 1, 19. Cic. de Or. I, 11, 46. Isidor. XV, 6, 4. vgl.
Suet. Oct. 4. (In den meisten dieser Stellen ist freilich von
der Tretmühle die Rede, die von den Sklaven zur Strafe gedreht
werden mußte.)

⁷⁹) Molae: Cic. ad Att. II, 1, 9. Liv. XXVIII, 45. Ovid.
Fast. VI, 38. 312. 348. A. A. III, 290. Plin. XVIII, 7, 14.
§. 72. XXXVI, 18, 29. §. 135. Cato R. R. 10. Colum. XII,
52, (54,) 2. Gellius III, 3. Isidor. XX, 8, 6. Festus p. 141,
20. M. u. s. w.; moletrinae: Nonius p. 63, 25. Man unterschied
Handmühlen (molae manuariae: Dig. XXXIII, 7, 26. §. 1.) und
Roßmühlen (molae iumentariae: Dig. a. a. O. oder, weil sie ge=
wöhnlich von Eseln gedreht wurden, asinariae: Cato R. R. 10, 4.
11, 4.) und Erstere waren in früherer Zeit Stampf= oder Stoß=
mühlen (trusatiles: Cato R. R. a. a. O. Gellius III, 3, 14., über
welche Beckmann Gesch. d. Erfind. II. S. 3. zu vergleichen ist),
später aber stets Drehmühlen (versatiles); auch kommen bei Vitruv.
X. 5, (10,) 1. Pallad. I, 42. u. im Cod. Just. II, 42, 10. §.
97. (vgl. | Strab. XII. 3, 30. p. 556. u. Plin. XVIII, 10, 23.
§. 97.) bereits Wassermühlen (molae aquariae) vor. Neben den Ge=
treidemühlen werden bei Varro R. R. I, 55, 5. auch Oelmühlen
(molae oleariae) erwähnt. Die Einrichtung der gewöhnlichen Müh=
len war, wie wir aus den uns erhaltenen ersehen, folgende: Auf
einer steinernen, scheibenförmigen Basis stand in einer Rinne ein
massiver, steinerner Kegel, die meta, in welchen eine vertikale eiserne
Achse eingelassen war, um welche sich der catillus drehte, d. h. ein
andrer hohler Steinkegel, der in Gestalt eines Doppeltrichters so
über jenen gestülpt war, daß zwischen beiden ein enger Zwischen=
raum blieb. Wo die beiden Trichter zusammenstießen, befand sich
eine eiserne Scheibe mit 5 Löchern, durch deren mittelstes jene
Achse lief, während durch die andern die in den obern Trichter ge=
schütteten Körner allmählich in jenen leeren Raum zwischen dem
untern Trichter und der Meta herunterfielen, in welchem sie nun

durch Umdrehen des Catillus zermalmt wurden. Dieses aber er=
folgte vermittelst zweier in der Mitte des letzteren an ihm befestigter
Balken, an welchem entweder Menschenhände oder Esel die Mühle
in Bewegung setzten. Den Eseln wurden dazu die Augen verbunden.
(Lucian. Asin. 42. Appulej. Met. IX, 11. p. 614. Ond.) Uebrigens
vgl. O. Jahn in d. Berichten d. K. S. Gesellsch. d. Wiss. 1861.
S. 341 ff.

⁸⁰) Catillus und meta: Dig. XXXIII, 7, 18. §. 5.

⁸¹) Molile: Cato R. R. 11. 12. molucrum: Festus p.
141, 20. M.

⁸²) Welche die Stelle unsrer Keller vertrat. Die gewölbten
Souterrains (hypogaea oder concamerationes: Vitruv. VI, 11. (oder
8, 1. Schn.) Isidor. XV, 3, 12.) wurden vermuthlich zur Auf=
bewahrung von Brennmaterial und dergleichen benutzt.

.⁸³) Plin. XIV, 21, 27. §. 134. Colum. XII, 42, (43), 1.
43, (44), 2. 7. Pallad. X, 11. Geopon. VI, 4.

⁸⁴) Dolia: Colum. a. a. O. Varro R. R. I, 65. Plin.
a. a. O. §. 133.; cupae: Petron. 60. vgl. Cäs. B. Civ. II, 11.
u. Plin. XVI, 10, 28. §. 42. Ueber ihre Beschaffenheit vgl. oben
S. 218. Anm. 515. Hölzerne Weinfässer waren den Römern zwar
nicht unbekannt, wurden aber von ihnen nicht gebraucht (Plin.
a. a. O. §. 132.)

⁸⁵) Plin. a. a. O. §. 133. Colum. XII, 17, 5. Dig. XXXIII,
6, 3. 7, 8.

⁸⁶) Ueber die amphorae und ihre Etiquetten vgl. ebenfalls oben
S. 218. mit Anm. 515. und über sie als Maaß von Flüssigkeiten
unten Anm. 180.

⁸⁷) Mit Wachs ausgestrichene Oelfässer werden von Colum.
XII, 52, 16. u. Cato R. R. 69. erwähnt.

⁸⁸) Siehe oben S. 249. Anm. 3.

⁸⁹) Vitruv. VI, 10. (oder 7, 2. Schn.) Varro R. R. I, 13, 4.
Cato R. R. 14. Colum. I, 6.

⁹⁰) Varro L. L. IV, 33. Cic. Agr. II, 35, 96. Plaut.
Amph. III, 1, 3. Liv. XXXIX, 14. Hor. Ep. I, 1, 91. Juven.
10, 18. Suet. Vitell. 7. Prudent. c. Symm. I, 281. Isidor. XV,
3, 7. Paulus p. 54, 6. M.

⁹¹) Plin. Ep. I, 3, 1.

⁹²) Plin. Ep. II, 17, 9. Plin. H. N. XXX, 6, 17. §. 51. |

⁹³) Ueber das opus Signinum vgl. oben S. 215. Anm. 494.
Gedielte Fußböden kannten die Römer gar nicht.

⁹⁴) Der thyrsus der Bacchanten (Hor. Od. II, 19, 8. Stat.
Theb. XIV, 614. Sen. Oedip. 628. Herc. fur. 904. u. f. w.)
war ein mit Weinreben und Epheu umwundener und mit einem
Fichtenzapfen gekrönter Stab. Ueber das tympanum vgl. oben S.
95. Anm. 363.

⁹⁵) Alle in dieser Beschreibung des Hauses vorkommende

Dekorationen und Wandgemälde (nur mit Ausnahme der oben S. 233. erwähnten aus der Aeneide) haben sich in Pompeji vorgefunden. Ueber die Wandmalerei der Alten vgl. übrigens oben S. 210 ff. Anm. 491.

⁹⁶) Plin. Ep. II, 17, 17. V, 6, 16. 19. IX, 36, 3. Suet. Oct. 71. Sen. de ira III, 18. Nach Vitruv. V, 11. u. VI, 10. (oder 7. Schn.) ist darunter eigentlich ein Spaziergang unter freiem Himmel zu verstehen.

⁹⁷) Varro l. L. V, 35. Ovid. A. A. II, 211.

⁹⁸) Varro a. a. O. Ovid. Fast. II, 350 ff. Serv. zu Verg. Aen. IV, 685. Vgl. Abbildungen bei Guhl u. Koner Fig. 189. bis 192. u. Weiß Kostümk. Fig. 342. 343. u. 525.

⁹⁹) Hor. Epod. 3, 22. Ovid. Met. VIII, 656. Fast. II, 345. Suet. Caes. 49. Petron. 97. Mart. III, 91, 9. u. s. w. Vgl. Anm. 102.

¹⁰⁰) Oder aus anderm theuern Holze: Propert. III, 7, (IV, 6,) 49. Pers. 1, 52.

¹⁰¹) Varro L. L. VII, 16. Plin. XXXIV, 2, 4. § 9. Ovid. ex P. III, 3, 14. Propert. II, 13, (III, 5,) 21. IV, (V,) 7, 3. Juven. 6, 22. 11, 95. Gellius V, 15. Isidor. XIX, 26, 3.

¹⁰²) Vgl. Pollux VI, 9. X, 34. u. Phryn. p. 130. Andre, besonders für zwei Personen bestimmte Betten hatten auch, wie unsre Sopha's, eine Rücklehne (pluteus: Isidor. XX, 11, 5. Mart. III, 91, 10.) und dann hieß der vordere Theil, wo man einstieg, sponda, der hintere aber pluteus (Isidor. a. a. O. vgl. Suet. Caes. 49. u. Ovid. Am. III, 14, 32.)

¹⁰³) Hor. Epod. 12, 12. Cato R. R. 10. Fasciae heißen sie bei Cic. de Div. II, 65, 134. Mart. V, 62, 6. IX, 159., institae bei Petron. 97. u. im Gloss. Isid. h. v., restes bei Lucil. Sat. VI. fr. 13. p. 39. Dousae.

¹⁰⁴) Betten mit Schildkrot furnirt: Juven. 6, 80. Appulej. Met. X, 34. p. 749. Oud. Plin. IX, 11, 15. §. 39., mit Elfenbein: Hor. Sat. II, 6, 103. Plaut. Stich. II, 2, 53., mit Silber: Suet. Calig. 32. Plin. XXXIV, 3, 8. §. 14., mit Gold: Cic. Tusc. V, 21, 61. Plaut. a. a. O. Sen. Ep. 110, 11. Suet. Caes. 49. Vgl. auch Varro L. L. IX, 47. Aelian. Var. Hist. XII, 29. u. Dig. XXXII, 100. XXXIII, 10, 9. §. 1. Heliogabal hatte ein Bett von gediegenem Silber (Lamprid. Heliog. 20.)

¹⁰⁵) Dig. XXXII. 100. Vgl. die vorige Anm.

¹⁰⁶) Cic. Verr. IV, 26, 60. Plin. XXXIV, 3, 8. §. 14.

¹⁰⁷) Vgl. Anm. 104.

¹⁰⁸) Culcita: Varro L. L. V, 167. Cic. Tusc. III, 19, 46. Sen. Ep. 87, 2. 108, 23. Mart. V, 62, 5. Petron. 38. 97. 98. | Lamprid. Heliog. 19.; torus: Ovid. Met. VIII, 656. XI, 610. A. A. II, 370. Plin. VIII, 48. 73. §. 193. u. anderw.

¹⁰⁹) Cervical: Isidor. XIX, 26, 4. Suet. Ner. 6. Mart.

XIV, 146. Plin. XX, 20, 82. §. 217. Juven. 6, 352. Petron. 32.; pulvinus: Sall. Jug. 74. Sen. de ira III, 37. Catull. 6, 9. Celsus III, 18. Plin. XXVI, 11, 69. §. 111. XXVIII, 19, 79. §. 260. Nep. Pelop. 3. Curt. III, 6, 7. [110]) Cic. Tusc. III, 19, 46. Plin. X, 22, 27. §. 54. Ovid. Met. XI, 611. Juven. 1, 159. 6, 88. Mart. XII, 17, 8. XIV, 146. Appulej. Met. X, 34. p. 749. Oud. vgl. Venant. VII, 4, 6. u. Lamprid. Heliog. 19. Die Federn wurden wohl auch zuweilen bunt gefärbt (Propert. III, 7, (IV, 6,) 50.), da sie durch die dünnen Ueberzüge hindurchschimmern konnten, sowie Trimalchio bei Petron. 38. mit Purpurwolle gestopfte Kissen hat. (Becker, Gallus II. S. 246., denkt sowohl bei Propert. als bei Mart. a. a. O. gewiß mit Unrecht an Kissen, die mit bunten Federn gestickt waren.)

[111]) Plin. VIII, 48, 73. §. 192. Plaut. Mil. IV, 4, 42. Bei Aermeren bestand dieses tomentum (Varro L. L. IV, 35. Tac. Ann. VI, 23. Suet. Tib. 54. Plin. XIX, 1, 2. §. 13. Mart. XIV, 159. 160. Petron. 38. Isidor. XIX, 27, 3.) bloß aus Stroh oder Heu (Varro a. a. O. Plin. VIII, 48, 73. §. 193. Ovid. Met. VIII, 655. Mart. a. a. O. Sen. de vita beata 25, 2. vgl. mit Ep. 108, 23. u. oben S. 48. Anm. 19.)

[112]) Varro L. L. V, 167. Hor. Sat. II, 4, 84. Petron. 40. Dig. XXX, 10, 5.

[113]) Mart. III, 82, 7. Hor. Epod. 8, 15.

[114]) Vestes stragulae: Varro L. L. V, 167. Cic. Verr. II. 1, 10. II, 7, 20. IV, 26, 59. Liv. XXXIV, 7. XXXIX, 6; Dig. L, 16, 45. oder stragula: Cic. Tusc. V, 21, 61. Mart. II, 16, 6. XIV, 147. Tibull. I, 1, 65. Val. Max. IV, 3, 11. peristromata: Cic. Phil. II, 27, 67. Plaut. Stich. II, 2, 54, Pseud. I, 2, 12.

[115]) Zottige hießen tapeta und tapetia: Mart. XIV, 147. Ovid. Met. XIII, 638. Plin. VIII, 48, 73. §. 192. Nonius p. 542, 13. Silius IV, 270. Purpurrothe erwähnen Plaut. Stich. u. Pseud. a. a. O. Mart. a. a. O. u. II, 16, 3. Cic. Phil. II, 27, 67. Vgl. Sen. Ep. 90, 42.

[116]) Cic. Tusc. V, 21, 61. Plaut. a. a. O. Auch zeltartige Himmelbetten zum Schutze gegen die Mücken, sogenannte conopea oder conopia (Hor. Epod. 9, 16. Juven. 6, 80. Propert. III, 11. (IV, 10,) 45. Varro R. R. II, 10, 8.), waren den Alten nicht unbekannt.

[117]) Das Lager der Sklaven bestand oft sogar bloß aus Matten von Binsen, Rohr oder Bast (Ovid. Fast. VI, 680. Augustin. c. Faust. V, 5. vgl. Pollux X, 35.) Solche armselige Lager hießen grabati (Cic. de Div. II, 63, 129. Sen. Ep. 18, 5. 20, 8. Petron. 52.), welcher Name jedoch später auch auf die luxuriösesten Lager überging (Dig. XXXIII, 7, 20. grabatus argento inaurato tectus.)

¹¹⁸) Cadurca: Juven. 6, 537. mit dem Schol. u. 7, 221. vgl. Plin. XIX, 1, 2. §. 13. ¹¹⁹) Suet. Calig. 26. Propert. IV, (V,) 8, 68. ¹²⁰) Vgl. oben S. 260. Anm. 102. ¹²¹) Dies scheint wenigstens aus Pers. 1, 106. Juven. 2, 7. u. Sidon. Apoll. Ep. II, 9. geschlossen werden zu können. Sonst aber schrieb man auch so, daß man das Schreibmaterial oder die Schriftrolle auf dem einen, durch Einbiegung des Fußes gehobenen Schenkel ruhen ließ. (Galen. de usu part. III. p. 214. Kühn.) Schreibtische, an denen man sitzend arbeitete, waren den Alten un= bekannt. Man las, studirte und schrieb vielmehr liegend auf einem lectus lucubratorius (bei Suet. Oct. 78. lectica lucubratoria, oder lectulus cubicularis (Rutil. Lupus II. p. 105. Rulnnk.) Vgl. Plin. Ep. V, 5, 5. Ovid. Trist. I, 11, 37. A. A. III, 52, 2. Sen. Ep. 72, 2. Suet. Oct. 78. Pers. 1, 52. u. s. w. Die Lucu= brationen oder gelehrten Nachtarbeiten selbst fanden übrigens nie vor Mitternacht, wo man schlief, sondern erst gegen Anbruch des Tages hin und daher im Herbst und Winter allerdings auch noch bei Lampenlicht statt.

¹²²) Hor. Sat. I, 10, 91. Juven. 1, 65. 6, 90. 9, 52. Mart. III, 63, 7. XI, 99, 1. XII, 18, 18. 38, 1. Plin. XVI, 37, 68. §. 175. Auch sie scheinen eine Art Pult gehabt zu haben, um darauf schreiben zu können. Vgl. Propert. IV, (V,) 5, 37. mit Phädr. III, 8, 4.

¹²³) Juven. 9, 52.

¹²⁴) Vgl. die Abbild. im Mus. Borb. III, 22. IV, 51. 97.

¹²⁵) Siehe Anm. 122.

¹²⁶) Sen. de clem. I, 9. Plin. Ep. II, 17, 21. VIII, 21, 2.

¹²⁷) Cic. de Leg. I, 3, 10. de Or. III, 33, 133. Hor. Ep. I, 5, 31. II, 1, 103. Sat. I, 1, 10. vgl. Plut. Cat. mai. 24. Vgl. Abbild. bei Guhl u. Koner Fig. 442.

¹²⁸) Vgl. überhaupt die Abbild. im Mus. Borb. I. tav. 31. IV, 18. VI, 28. XIII, 21. 36. bei Overbeck Pompeji II. S. 50. Fig. 247. Guhl u. Koner Fig. 187. 188. Weiß Kostümk. Fig. 339—341. 524. 534. Manche derselben gleichen fast ganz unsern modernsten Stühlen.

¹²⁹) Varro L. L. V, 128. Vgl. die Abbild. im Mus. Borb. II. tav. 31. bei Overbeck Pompeji II. S. 46. Fig. 244. Guhl u. Koner Fig. 444.

¹³⁰) Vgl. die Abbild. in Pitture d'Ercol. I. p. 155. II. p. 159. III. p. 35. u. Mus. Borb. VI, 28. XII, 18. Nur die Klapp= stühle hatten ein Lederpolster. Stühle aus Strohgeflecht s. im Mus. Borb. IX, 38.

¹³¹) Sen. de ben. VII, 9. Juven. 1, 137 f. Plin. XXXIV, 3, 8. §. 14. Ders. erwähnt XIII, 15, 29. §. 92. dergleichen Tische im Preise von 500,000, 1,000,000, 1,200,000 u. 1,400,000 Sest.,

b. h. in runder Summe nach dem Silbercourant der Republik 87,000, 174,000, 210,000 u. 243,000, nach dem Goldcourant der Kaiserzeit aber 108,000, 216,000, 261,000 u. 303,000 Mark unsers Geldes.

[132]) Liv. XXXIX, 6. Plin. XXXIV, 3, 8. §. 14.

[133]) Nach Dio Cass. LXI, 10. besaß Seneca nicht weniger als 500 solcher Tische! Mag dies auch stark übertrieben sein, so sieht man doch daraus, welcher Luxus hierin in Rom herrschte.

[134]) Mart. II, 43, 9. IX, 22, 5. Lucan. X, 144. Juven. II, 122. vgl. Lucian. Gallus 14.

[135]) Plin. a. a. O.

[136]) Vgl. oben S. 251. Anm. 21.

[137]) Mart. XIV, 138. So standen sie auch in den Meubles= handlungen (Mart. IX, 59, 7.) Ueber die gausapa vgl. oben S. 64. Anm. 152.

[138]) Siehe oben S. 216. Anm. 495. u. vgl. Abbild. bei Overbeck Fig. 248. 249. Guhl u. Koner, Fig. 446. 447. u. Weiß Fig. 327.

[139]) Vgl. oben S. 114.

[140]) Mart. II, 43, 10.

[141]) Vgl. Aen. V, 110. Hor. Od. IV, 8, 2. Cic. N. D. III. 16, 42. u. s. w. Vgl. Abbild. im Mus. Borb. V. tav. 60. VI. tav. 13. 14. IX. tav. 13. Mus. Pio-Clem. VII. tav. 12. XV. tav. 6. Musée Napol. IV. pl. 14. bei Overbeck Fig. 250. u. Weiß Fig. 363.

[142]) Cic. Verr. IV, 59, 131. Mart. XII, 66, 7. Porphyr. zu Hor. Sat. I, 6, 116. Orelli 2505. 3094. vgl. Procop. B. Vand. I, 21.

[143]) Vgl. die Abbild. im Mus. Borb. XV. tav. 6. u. bei Overbeck Fig. 250.

[144]) Ueber die (nach Plin. XVI, 43, 84. §. 229.) besonders aus Buchenholz fabricirten Schränke (armaria) vgl. Cic. pro Cael. 21, 52. pro Cluent. 64, 179. Plaut. Epid. II, 3, 3. Capt. IV, 4, 10. Cato R. R. 11. Petron. 29. Isidor XV, 5, 4. Dig. XXXIII, 10, 3. §. 1. 2. u. s. w., über die Kisten und Kästchen (scrinia, capsae, arcae) Varro L. L. V, 128. Plin. VII, 25, 26. §. 94. Sall. Cat. 46. Sen. de ira II, 23. Hor. Sat. I, 1, 120. I, 4, 22. Ep. II, 1, 112. 286. Ovid. Trist. I, 1, 106. Cic. in Caec. 16, 51. Catull. 68, 36. Cato R. R. 11, 3. Gellius X, 15. Dig. a. a. O. u. s. w. Vgl. die Abbild. eines Schrankes bei Overbeck Fig. 316. u. Weiß Fig. 528. und von Kisten und Laden bei Weiß 345.

[145]) Siehe oben S. 111.

[146]) Juven. 11. 26. Appian. B. Civ. IV, 44. Dig. XXXII, 1, 52. §. 9. Wie groß sie zuweilen waren, ersieht man aus Appian. a. a. O., wo ein Mensch darin versteckt wird. Vgl. auch

Dio Caff. XLVII, 7. Sonst standen sie auch öfters im Atrium
(Serv. zu Verg. Aen. I, 730. IX, 648.)

147) Ueber die Bücherschränke vgl. oben S. 231. u. 256. Anm.
56., über die Schränke der Ahnenbilder S. 229. mit Anm. 44. u.
über die verschließbaren Kästen der abaci S. 216. Anm. 495.

148) Vgl. oben S. 111. mit Anm. 66. auf S. 169.

149) Vgl. Sen. N. Qu. I, 17., aus dessen Beschreibung c.
15 ff. hervorzugehen scheint, daß er von beweglichen Toiletten=
spiegeln spricht. Daß es aber auch an der Wand hangende Spiegel
gab, läßt sich (ganz abgesehen von Plin. XXXVI, 26, 67. §. 196.
wo wohl nicht von Wandspiegeln, sondern von in die Wand ein=
gesetzten Platten von lapis obsidianus die Rede ist: vgl. oben S.
144.) aus Vitruv. IX, 9. (8.) u. Dig. XXXIV, 2, 19. §. 8. vgl.
mit Isidor. XVI, 15, 15. u. Bopißc. Firm. 3. schließen, und daß
es Glas=, nicht Metallspiegel waren, dürfte kaum zu bezweifeln sein,
da die Römer Glasspiegel kannten (Plin. XXXVI, 26, 66. §. 193.)
und ihnen daher gewiß den Vorzug vor leicht anlaufenden und das
Bild doch nicht so deutlich zurückwerfenden Metallspiegeln gaben.
Die Handspiegel waren gewöhnlich rund oder oval und mit einem
stielartigen Griff oder auch mit einem Postament zum Aufstellen
versehen. (Vgl. die Abbild. bei Overbeck Fig. 272. Guhl u. Koner
Fig. 472. u. Weiß Fig. 265.) Uebrigens vgl. besonders Beckmann's
Abhandl. über die Geschichte der Spiegel in s. Gesch. der Erfind. III.
S. 467 ff.

150) Candelabra: Plin. XXXIV, 3, 6. §. 11. Varro L. L.
V, 119. Mart. XIV, 43. Paulus Diac. p. 46, 7. M. Auch alte
Marmorcandelaber | haben sich erhalten; sie standen aber wohl nur
in Tempeln, wie man aus ihrer Größe und massiven Gestalt zu
schließen berechtigt ist. (Vgl. Marquardt II. S. 301.) Im All=
gemeinen vgl. Böttiger Kl. Schr. III. S. 314. u. Abbild. im Mus.
Borb. I. tav. 54. II, 13. IV, 57. VI, 47. 61. VII, 30. 32. IX,
41. XIII, 14. bei Overbeck Fig. 253. 254. Guhl u. Koner Fig.
458. 459. Weiß Fig. 520. 521. u. s. w.

151) Plin. XXXIV, 3, 6. §. 11.

152) Vgl. die Abbild. bei Overbeck Fig. 254. m.

153) Vgl. die Abbild. ebendas. Fig. 253. b—e.

154) Plin. XXXIV, 3, 8. §. 14. Verg. Aen. I, 726.

155) Siehe S. 108. u. 165. Anm. 42. Hier möge nur noch
die Bemerkung Platz finden, daß man es sehr gut verstand, die
Quantität des hinein zu gießenden Oels nach der Zeit zu berechnen,
wie lange die Lampen brennen sollten, so daß man sie nicht aus=
zulöschen brauchte, indem sie zu rechter Zeit langsam verglommen
und von selbst verlöschten, weshalb die Griechen von einem Ein=
schläfern der Lampen sprachen. (Phrynich. bei Pollux VII, 178.
vgl. Ovid. Her. 18, (19,) 195.) Man konnte daher nach

dem Abbrennen der Lampe selbst die Nachtzeit berechnen. (Paul. Silent. in b. Anthol. Lat. T. III, 28. p. 79.)

¹⁵⁶) Im Allgemeinen funalia (Verg. Aen. I, 727. u. daselbst Serv., Isidor. XX, 15, 5. Donat. zu Ter. Andr. I, 1, 88.) oder speciell, je nachdem sie zu Wachs= oder Talgkerzen (vgl. S. 164. Anm. 42.) bestimmt waren, ceriolaria (Orelli 2505. 2506. 2515. 4068.) oder sebacearia (Inschr. im Bull. d'Inst. 1867. p. 8—30., citirt von Marquardt II. S. 302.) Böttiger, der (Kl. Schr. III. S. 310.) den Gebrauch von Wachs= und Talgkerzen bei den Alten fast ganz in Abrede stellt, will freilich auch von solchen Leuchtern nichts wissen.

¹⁵⁷) Vgl. die Abbild. im Mus. Borb. V. tav. 12. u. bei Over= beck Fig. 266.

¹⁵⁸) Horn (Plaut. Amph. I, 1, 185. (v. 341.) Plin. XI, 37, 45. §. 126. Mart. XIV, 61.), Blase (Mart. XIV, 62.) oder ge= ölte Leinwand (Plaut. Bacch. III, 3, 42. (v. 446.) u. Cic. ad Att. IV, 3, 5.)

¹⁵⁹) Ueber die rothen Thongefäße vgl. besonders Isidor. XX, 4, 1—6. mit Plin. XXXV, 12, 46. §. 160. u. Mart. XI, 27, 5. XIV, 114. Wie kostbar solche Gefäße oft waren, ersieht man aus Plin. X, 51, 72. §. 141., wo von einer patina des tragischen Schauspielers Clodius Aesopus für 100,000 Sest. (b. h. nach dem Silbercourant der Republik 17,541, nach dem Goldcourant der Kaiserzeit aber 21,753 Mark unsers Geldes) die Rede ist.

¹⁶⁰) Vgl. oben S. 89. Anm. 321.

¹⁶¹) Vgl. oben S. 111.

¹⁶²) Cic. Verr. IV, 23. 52. Dig. XXXIV, 2, 32. §. 1. Paulus p. 53, 6. M. vgl. Juven. 5, 38.

¹⁶³) Dig. XXXIV, 2, 19. §. 5. Paul. Sent. III, 6, 89. Sen. Ep. 5, 5.

¹⁶⁴) Dig. XXXIV, 2, 32. §. 5. Mart. VIII, 51, 5. vgl. Juven. 5, 37 s. 14, 307.

¹⁶⁵) Vgl. oben S. 68. Anm. 174.

¹⁶⁶) Dergleichen Auctionen veranstalteten die Kaiser Caligula (Suet. Cal. 38.), Nerva (Dio Cass. LXIII, 2.), Trajan (Plin. Pan. 50.), Antoninus Pius (Capitol. Ant. P. 7.), Antoninus Philo= sophus (Capitol. Ant. Phil. 17. 21. Aur. Vict. de Caes. 16, 9. Eutrop. VIII, 13.) u. Pertinax (Capitol. Pert. 8.)

¹⁶⁷) Paterae: Varro L. L. V, 120. Plaut. Pseud. III, 2, 51. (v. 840.) Mil. glor. III, 1, 164. (v. 759.) Ter. Eun. IV, 7, 46. Cic. ad Att. IV, 8. a. Hor. Sat. II, 8, 43. Plin. XXIII, 2, 33. §. 68. XXXIV, 11, 25. §. 109. Isidor. XX, 4, 10. Dig. XXX. 7, 18. §. 3. (Auch mit zierlichen Stielen: Mus. Borb. IV. tav. 15.)

¹⁶⁸) Catini: Varro L. L. V, 120. R. R. I, 63. Hor. Sat. I, 3, 92. 6⁻, 115. II, 2, 39. Cato R. R. 84. Pers. 3, 111. Juven. 6, 343. Nonius p. 546, 9. Isidor. XX, 6, 5. |

169) Vgl. Mus. Borb. X. tav. 14.

170) Hor. Sat. II, 8, 86. Varro R. R. III, 4, 3. vgl. Pollux VI, 87.

171) Hor. Ep. I, 5, 2. Perf. 4, 17. Mart. V, 78, 7. XIII, 81, 1. XIV, 114. Juven. 6, 343. 10, 64. Plin. XIX, 8, 54. §. 171. XXX, 8, 21. §. 68. Nonius p. 543, 32. Paulus Diac. p. 249, 17. Sie wurden auch gewöhnlich bei den Opfern ge= braucht.

172) Hor. Sat. I, 3, 90. II, 4, 75. Petron. 50. Val. Max. IV, 3, 5. Colum. XII, 57, (59,) 1. Charif. p. 266. M.

173) Plaut. Curc. II, 3, 44. Cic. ad Att. VI, 1, 13. Hor. Sat. II, 4, 40. Ovid. ex P. III, 5, 20. Juven. 5, 80. Mart. VII, 48, 3. XI, 31, 19. Plin. XXXIII, 11, 52. §. 145. Isidor. XX, 4, 11. Paulus Diac. p. 117, 2. M. Dig. VI, 1, 6. (XII, 1, 11.) XXXIV, 2, 19. §. 4.

174) Auch paropsides: Mart. XI, 27, 5. 31, 18. Juven. 3, 142. Isidor. XX, 4, 10. Suet. Galb. 12. Dig. XXXVI, 2, 19. §. 9. Nach Athen. IX, 3. p. 367. c. waren sie besonders für die Zukost bestimmt. Vgl. Abbild. im Mus. Borb. V. tav. 13.

175) Mart. II, 43, 11. VI, 94, 1. XIV, 97. Isidor. XX, 4, 8.

176) Mart. XIV, 101. Trebell. Poll. Claud. 17. Apic. II, 1. V, 2. Schol. des Juven. II, 137.

177) Mart. VIII, 71, 7. XI, 31, 19. scutellae: Cic. Tusc. III, 19, 46. Isidor. XX, 4, 11. oder aspides: Dig. XXXIV, 2, 19. §. 6. 2, 32. §. 1.; gabatae: Mart. VII, 48, 3. XI, 31, 18. Isidor. XX, 4, 11.; magidae u. langulae bei Varro L. L. V, 120.; disci bei Appulej. Met. II, 24. p. 150. Oud. u. Isidor. XX, 4, 9.

178) Vgl. oben S. 64. Anm. 151. u. S. 66. Anm. 159. 160. 161.

179) Die Stellen, wo diese Gegenstände bereits erwähnt worden sind, zeigt das Register.

180) Durch eine genaue Ausmessung des in der Dresdener Antikensammlung befindlichen farnesischen congius (vgl. Becker Gallus III. S. 219.) hat sich herausgestellt, daß die amphora 28⁴/₅ Dresb. Kannen hielt, also 5 amphorae = 1 Ohm oder 2 Eimer sind. (Vgl. auch 3. Band. S. 11.) Der auch oft erwähnte cadus (κάδος: Plaut. Stich. III, 1, 24. Hor. Od. I, 35, 26. II, 7, 20. III, 15, 16. Verg. Aen. I, 195. Ovid. Met. XII, 243. Tibull. II, 1, 28. Colum. XII, 28, 4. Plin. XIV, 9, 11. §. 83. 22, 28. §. 142. XVIII, 30, 73. §. 307. Mart. XI, 36, 6. Nonius p. 546, 29. u. f. w.) war kein römisches, sondern ein griechisches Maaß und zugleich das gewöhnliche Gefäß zur Aufbewahrung griechischen Weins. (Plin. XIV, 15, 17. §. 97. vgl. Tibull. a. a. O.)

181) Congius: Plin. XIV, 22. 28. §. 144. vgl. mit XIV, 9, 11. §. 85. XVI, 11, 22. §. 55. XVII, 28, 47. §. 264. Liv. XXV. 2.; sextarius: Hor. Sat. I, 1, 74. Vopisc. Tac. 11. Gellius III, 14. vgl. Plin. XXXVII, 2, 7. §. 18.; cyathus: Plaut. Rud. V,

2, 35. (v. 1319.) Ter. Adelph. IV, 2, 52. Hor. Od. I, 29, 8.
III, 19, 12. Juven. 9, 47. Mart. I, 71, 1. X, 66, 5. XI, 36, 7.
Plin. XX, 21, 84. §. 224. Isidor. XX, 5, 4. vgl. mit Mart. XI, |
27, 2. Plin. XIV, 9, 11. §. 85. XXV, 12, 76. §. 124. XXX,
9, 23. §. 77. Colum. VIII, 4, 5. u. s. w.
[182]) Mart. I, 106, 8. IV, 82, 5. VI, 86, 1. VIII, 51, 24.
X, 13, 5. 49, 1. XIV, 103. Propert. III, 10, (IV, 9,) 29.
Pers. 3, 100.
[183]) Juven. 12, 44. Hor. Sat. I, 1, 54. Cato R. R. 148.
(vgl. mit 10. 11. 13.) Colum. XII, 41. (42.) Vgl. Pers. 5, 145.
Plin. XVII, 28, 47. §. 263. u. s. w. Die urnae aereae in Dig.
XXXIII, 7, 13. in. scheinen Maaße zum Verkaufe zu sein.
[184]) Verg. Ecl. 6, 17. Plaut. Asin. V, 2, 56. (v. 906.) Stich.
V, 4, 11. (v. 693.) Rud. V, 2, 32. (v. 1319.) Pers. V, 2, 40.
Hor. Od. I, 20, 1. Macrob. V, 21, 2. 14. 16. p. 480. 487 f.
Jan. Plin. XXXIII, 11, 53. §. 150. Isidor. XX. 6, 3. Nonius
p. 545, 8. vgl. Pollux VI, 96. u. Athen. XI, 47 f. p. 473 f.
[185]) Hor. Sat. II, 3, 143. u. das. Acron. Cato R. R. 10.
11. 13. Juven. 3, 108. Mart. IX, 96, 1. Dig. XXXIV, 2, 36.
[186]) Verg. Aen. VIII, 278. u. das. Serv. Hor. Od. I, 27, 1.
Epod. 9, 33. Tibull. I, 10, 8. Mart. VIII, 6, 11. Suet. Ner.
47. Plin. XXXIII, 12, 55. §. 155. XXXVII, 2, 7. §. 19.
Petron. 52. Macrob. V, 21, 2. p. 480. Jan. Gellius III, 24.
Nonius p. 545, 18. Dig. VI, 1, 23. §. 2.
[187]) Cic. Verr. IV, 18, 38. vgl. mit Plin. XVI, 40, 76.
§. 205.
[188]) Verg. Geo. IV, 380. Aen. V, 77. Ovid. Met. VII,
246. XII, 318. Mart. VIII. 56, 15. Macrob. Sat. V, 21, 3 ff.
p. 480. Jan. Nonius p. 546, 20.
[189]) Capis u. capula: Varro L. L. V, 121. u. bei Nonius
p. 547, 16. Paulus Diac. p. 48, 9. M. Liv. X, 7, 10. Plin. XXXVII,
2, 8. §. 20. Petron. 52. oder capedo: Cic. Parad. 1, 2. 11. u.
capeduncula: Cic. N. D. III, 17, 43.
[190]) Varro L. L. V, 127. (mit falscher Etymologie) Plaut.
Capt. IV, 4, 8. Cic. Tusc. III, 19, 44. Hor. Sat. II, 4, 79. II,
6, 68. Ep. I, 5, 19. Mart. XII, 70, 5. XIV, 94. 96. 102. 108.
109. Juven. 5, 46 ff. Macrob. VI, 21, 18. p. 489. Jan. Nonius
p. 545, 22. Isidor. XX, 5, 5. vgl. Athen. XI, 60 f. p. 480 f. Mit
Henkeln kommen sie bei Plin. XXXVI, 26, 66. §. 195. vor.
[191]) Bei Pers. 5, 148. führt sie das Epitheton. sessilis. Vgl.
auch . Nonius p. 146, 8. u. 545, 1. u. Gellius XVI, 7. Wahr=
scheinlich gehört hierher auch das ciborium bei Hor. Od. II, 7, 21.
mit d. Schol. vgl. Athen. XI, 54. p. 477. e. Aber nicht zu entscheiden
ist, wohin die uns ganz unbekannten Trinkgefäße modiolus (Dig.
XXXIV, 2, 36.), culigna (Paul. p. 51, 2. Cato R. R. 132.),
amystis (auf e i n e n Zug zu leeren: Isidor. XX, 5, 4.), cissybium

(Macrob. V, 21, 11 ff. p. 485. Jan. vgl. mit Athen. XI, 7. p. 338., wahrscheinlich von κισσός, der Epheu, benannt), epichysis (Plaut. Rud. V, 2, 32. Varro L. L. V, 127.) und andere gehören.

¹⁹²) Trinkgefäße von Terra cotta in Gestalt von Hirsch=, Pferde=, Hunds= und Schweinsköpfen siehe im Mus. Borb. V, 20. VIII, 14. bei Guhl u. Koner Fig. 203. u. Weiß Fig. 332. |

¹⁹³) Juven. 2, 95.

¹⁹⁴) Cymbium: Paulus Diac. p. 51, 10. M. Nonius p. 545, 26. Isidor. XX, 5, 4. Macrob. V, 21, 7 ff. p. 483. Jan. Verg. Aen. III, 66. V, 267. Mart. VIII, 6, 2. Plin. XXXVII, 8, 34. §. 113. vgl. Pollux. VI, 16. u. Athen. XI, 63. p. 481. d. Höchst wahr= scheinlich identisch mit scaphium: Plaut. Stich. V, 4, 11. (v. 693.) Bacch. I, 1, 37. Pers. I, 1, 44. Cic. Verr. IV, 17, 37. 24, 54. u. mit gaulus: Plaut. Rud. V, 2, 32. Eine andre Art von Patera war die batiaca: Plaut. Stich. V, 4, 12. (v. 694.) vgl. Isidor. Gloss. p. 5. u. Athen. XI, 68. p. 484. e. Abbildungen von Trink= bechern und Trinkschalen siehe im Mus. Borb. XIII, 49. III, 15. V, 27. VI, 62. X, 52. u. anderw.

¹⁹⁵) Phialae: Varro L. L. V, 122. Mart. III, 41, 1. VIII, 33, 2. 23. 51, 1. Juven. 5, 39. Plin. XXXIII, 12, 55. §. 156. Isidor. XX, 5, 2. vgl. Pollux VI, 46.

¹⁹⁶) Auch lagonae: Hor. Sat. II, 8, 41. Mart. IV, 46, 9. VII, 61, 5. Cato R. R. 122. Colum. X, 387. XII, 12. 2. Plin. XVI, 31, 56. §. 128. XXVIII, 11, 48. §. 174. Petron. 22. Appulej. Met. II, 15. p. 125. Oud. u. f. w. Man pflegte sie zu versiegeln. (Hor. Ep. II, 2, 134. Mart. IX, 87, 7. Cic. ad Fam. XVI, 26, 2.) Uebrigens vgl. O. Jahn in d. Berichten d. K. S. Gesellsch. d. Wiss. 1857. S. 197 ff. u. Abbild. von allerlei Trinkgeschirr aus Thon und Glas bei Overbeck Fig. 270.

¹⁹⁷) Vgl. oben S. 69. Anm. 180. Silberne Trinkgeschirre werden z. B. von Verg. Aen. V, 267. Mart. III, 41. VIII, 33. 51. Plin. XXXIII, 12, 54. §. 153. 156., goldne von Juven. 5, 39. Mart. XIV, 95. und sonst erwähnt.

¹⁹⁸) Sinus oder sinum: Varro L. L. V, 123. IX, 21. Verg. Ecl. 7, 33. u. daf. Serv. (Philarg. zu Verg. Geo. III, 177.) Plaut. Curc. I. 1, 82. I, 2, 22. (v. 109.) Rud. V, 2, 32. Nonius p. 547, 20. Anth. Lat. Burm. II. p. 363. Lepista (nicht lepesta, wie im Texte gedruckt ist): Varro L. L. V, 123. Nonius p. 547, 24. Serv. a. a. O. (nach Paulus Diac. p. 115, 6. M. ein vas aquarium.) Galeola: Varro b. Nonius p. 547, 19. Serv. a. a. O., aus wel= chem auch erhellet, daß statt aller dieser drei Bezeichnungen später der Name acratophoron aufgekommen sei, der sich übrigens schon bei Cic. de Fin. III, 4. 15. u. Varro R. R. I, 8, 5. findet.

¹⁹⁹) Hor. Sat. I, 6, 117., wo wenigstens echinus gewöhnlich für einen Spülnapf gehalten wird.

²⁰⁰) Anth. Lat. V, 84. u. 130. Vol. II. p. 369. u. 406.

Burm. (ober n. 1050. u. 1070. Meyer.) u. Cassian. de instit. coenob. IV, 16.

²⁰¹) Jsidor. XX, 8, 1. Paulus Diac. p. 39, 3. M.

²⁰²) Athenum: Berg. Aen. I, 213. VI, 218. Ovid. Met. VI, 645. Petron. 74. Dig. XXXIII, 7, 18. §. 3. Serv. zu Berg. Aen. VI, 218. (besonders auch von den Färbern gebraucht: Ovid. Fast. III, 822. vgl. Sen. Herc. Oet. 663. (667.) Stat. Silv. I, 2, 151. u. s. w., bei Paulus Diac. p. 28, 4. M. auch ein ahenulum.) Cortina: Plaut. | Poen. V, 5, 12. Plin. XV, 6, 6. §. 22. XXXVI, 26, 65. §. 191. Cato R. R. 66. (ebenfalls auch zum Färben benutzt: Plin. IX, 38, 62. §. 134. XXIV, 13, 68. §. 111. XXXV, 6. 25. §. 43. 11, 42. §. 150.) Bgl. Abbildungen im Mus. Borb. III. tav. 63. V, 44. 58. IX, 56. XII, 59. u. bei Oberbeck Fig. 261. und von allerlei Küchengeräth überhaupt im Mus. Borb. V. tav. 58. 59. bei Oberbeck Fig. 261. 262. Guhl u. Koner Fig. 449.

²⁰³) Olla: Plin. XV, 22, 24. §. 90. ‚XXX, 9, 23. §. 77. XXXIV, 9, 20. §. 98. Cic. ad Fam. IX, 18, 4. Avien. fab. 11. Jsidor. XX, 8, 2. Wernsdorf P. Lat. min. VI, p. 575. Paulus Diac. p. 23, 14. M. Nonius p. 543, 8. Cacabus: Varro L. L. V, 127. Colum. XII, 41, 2. (ob. 42, 1.) 46, (48,) 1. Jsidor. XX, 8, 3. Dig. XXXIII, 7, 18. §. 3., (nicht bloß von Thon und Kupfer, sondern sogar von Silber: Dig. XXXIV, 2, 19. §. 12. u. Lamprid. Heliog. 19.) Cucuma: Petron. 135. 136. Mart. X, 79, 4. Jsidor. a. a. O. Dig. XLVIII, 8, 1. §. 3.

²⁰⁴) Plin. XVI, 11, 22. §. 55. Juven. 10, 64. Jsidor. XX, 8, 5.

²⁰⁵) Plaut. Amph. I, 1, 273. 275. Cato R. R. 81. (bei Nonius p. 546, 28. fälschlich cyrnea). Eine zierliche Pastetenform in Muschelgestalt mit einem Gorgonenkopfe in der Mitte siehe unter andern Küchengeräthschaften abgebildet bei Oberbeck Pomp. II. S. 68. Fig. 261.

²⁰⁶) Außer den gewöhnlichen gemauerten Herden gab es auch sehr zierliche und einige Aehnlichkeit mit unsern Kochmaschinen zeigende, tragbare Herde von Bronze. Siehe die Abbildung und Beschreibung eines solchen im Mus. Borb. V. tav. 44. bei Oberbeck Pomp. II. S. 66. Fig. 259. Guhl u. Koner Fig. 453. Weiß Fig. 522 a. (Bgl. auch die tragbaren Oefen und Kohlenbecken in Anm. 208. u. 209.)

²⁰⁷) Craticula: Mart. XIV, 22. Cato R. R. 13.; tripodes: s. oben S. 227. Anm. 141.; veru: Varro L. L. IV, 27. R. R. V, 127. Plaut. Rud. I, 2, 46. Berg. Aen. I, 212. V, 103., (auch von Holz: Berg. Geo. II, 396. Ovid. Fast. II, 363. Plin. XXX, 10, 27. §. 88.)

²⁰⁸) Pallad. I, 40. V, 8. Cato R. R. 20. 22. Sen. N. Qu. III, 24. vgl. Athen. III, 54. p. 98. c.; zuweilen sogar von Silber:

Dig. XXXIV, 2, 19. §. 12. Er wurde auch in Bädern benutzt:
Paul. Sent. III. 6, 65. In Pompeji fand sich ein ähnlicher, trag=
barer und auf 3 Löwenfüßen ruhender Ofen von Eisenblech mit
einer verschließbaren Thüre, deren Griff ein Gänsekopf bildet, und
beweglichen Henkeln am obern Rande, in welchen ein kupferner
Kessel eingelassen ist, der durch darunter geschüttete Kohlen erhitzt
wurde, die ein durch zwei mit Löwenköpfen verkleidete Löcher be=
wirkter Luftzug brennend erhielt. Vgl. Overbeck Pomp. II. S. 65.
Fig. 257. u. Weiß Fig. 522. a. so wie Mus. Borb. IV. tav. 58.
59. VI. tav. 14. und Becker's Gallus II. S. 225.

²⁰⁹) Vgl. die Abbildungen ebendaselbst und im Mus. Borb. II.
tav. 46. III, 63. V, 44. bei Overbeck Fig. 258. Guhl und Koner
Fig. 452. Weiß Fig. 522. b. c. Sie wurden, gleich den oben er=
wähnten tragbaren Ofen, vielleicht auch dazu benutzt, die Zimmer
zu erwärmen, was sonst gewöhnlich durch Luftheizung mittelst Röh=
ren geschah, die die Wärme aus einem Hypokaustum in die Zimmer
leiteten. (Vgl. Plin. Ep. II, 17, 23. u oben S. 36. mit Anm.
373.) Doch geschieht auch schon wirklicher Kamine (camini) Er=
wähnung (Hor. Sat. I, 5, 81. | Ep. I, 11, 19. Cic. ad Fam. VII,
10. 2. Suet. Vitell. 8. Sidon. Apoll. Ep. II, 2. Isidor. XIX,
6, 6. vgl. Plin. XVII, 11, 16. §. 80.), weshalb wohl nicht daran
zu zweifeln ist, daß man nicht bloß in der Küche, sondern auch
an den Wohnzimmern Rauchfänge oder Essen anbrachte, obgleich
man allerdings darauf bedacht war, durch Brennen trocknen oder
mit Oelhefen (amurca) bestrichenen Holzes (Hor. Od. III, 17, 13.
Mart. XIII, 15. Plin. XV, 8, 8. §. 34. Cato R. R. 130.) den
Rauch möglichst zu beschränken. (Vgl. Rein's Zusätze zu Becker's
Gallus II. S. 226 f.) Im südlichen Italien waren freilich solche
Kamine und mithin auch Feueressen nicht nöthig, weshalb man sich
nicht wundern kann, daß sich solche in Pompeji nicht gefunden
haben.

²¹⁰) Colum: Colum. XII, 19, 4. 38, 7. Appulej. Met. III,
3. p. 177. Oud. Mart. XIV, 103. 104. (vgl. auch oben S. 219.
Anm. 516.); infundibulum: Cato R. R. 10, 11. Colum. III, 18.
extr. Pallad. VII, 7, 2. vgl. Mus. Borb. V. tav. 15.; cribrum: Pers.
3, 112. Colum. VIII, 5, 16. Plin. XVIII, 11, 28. §. 108.
XXXIII, 5, 26. §. 87. Plaut. Rud. I, 2, 14. Poen. III, 1, 10.
Ovid. Met. XII, 437. u. s. w.; trua: Paulus Diac. p. 9, 12. M.
Nonius p. 19, 14.; trulla: Paulus Diac. p. 31, 1. Apic. IV, 2. Cato
R. R. 13. s. oben S. 15. mit Anm. 128.; batillum: Hor. Sat. I,
5, 36. Plin. XXXIII, 8, 44. §. 127.; forpex: Cato R. R. 10.
11.; pila: Cato R. R. 10. 18. Plin. XVIII, 10, 23. §. 97.
Isidor. IV, 11. 4.; mortarium: Cato R. R. 74. Colum. XII, 55,
(57,) 1. Plin. XXXIII, 8, 41. §. 123. XXXIV, 18, 50. §. 168.
XXXV, 6, 26. §. 43. XXXVI, 22, 43. §. 157. Scrib. Larg. 111.
Isidor. IV, 11, 6. Mehrere dieser Gegenstände finden sich abgebil=

bet im Mus. Borb. V. tav. 58. 59. Overbeck's Pomp. II. S. 68.
Fig. 261. u. 262. u. bei Guhl u. Koner II. S. 188. Fig. 449.
[211]) Rutabulum: Colum. XII, 20, 4. 5. 23, 1. (sonst aber
auch eine Kohlenkrücke: Cato R. R. 10. Festus p. 262, 9. M.);
rudis: Cato R. R. 79. Plin. XXXIV, 18, 50. §. 168; rudicula:
Cato R. R. 95. Colum. XII, 46, (48,) 8. Plin. XXXIV, 18,
54. §. 176.; scopae: Plaut. Stich. II, 2, 23. Cato R. R. 152.
Petron. 34. Mart. XIV, 32. Plin. XVI, 26, 45. §. 108. XXIII,
9, 83. §. 166. vgl. auch oben S. 220. Anm. 524.; peniculi: Ter.
Eun. IV, 7, 7. Paulus Diac. p. 208, 7. vgl. Mart. XII, 48, 7.
u. Plaut. Men. I, 1, 1.; u. penicilli: Plin. IX, 45, 69. §. 148.
XXXI, 11, 47. §. 125. vgl. Dig. XXXIII, 7, 12. §. 22. (welcher
Ausdruck sonst auch einen Pinsel bezeichnet. Sie wurden auch zum
Reinigen des Schuhwerks gebraucht: Plaut. Men. II, 3, 40. Festus
p. 230, 24. M.); u. perticae (quibus araneae detergantur): Dig.
a. a. O.

[212]) Vitruv. X, 8. Plin. XXXI, 3, 23. §. 38. Suet. Vesp.
25. Petron. 35. Stat. Silv. IV, 9, 46. u. anderw. Eine feine
Goldwage erwähnt z. B. Cic. de Or. II, 38, 159.

[213]) Vgl. oben S. 110.

[214]) Ebenso gab es auch besondre Wagen, entweder blos mit
Haken oder blos mit Schalen, ferner dergleichen mit doppeltem
Balken und | doppelter Scala, also verschiednen Aufhängungspunkten
für den zu wägenden Gegenstand, und endlich Wagen mit zwei
gleich langen Schenkeln und zwei Schalen, so daß nur der eine
Schenkel, an welchem das verschiebbare Gewicht (am häufigsten in
Gestalt einer Eichel, oft aber auch eines Satyr- oder Minervakopfes
u. s. w.) hing, eine Scala zeigte. Siehe die Abbild. im Mus. Borb.
I. tav. 55. u. VIII. tav. 16. bei Overbeck Fig. 265. und Guhl u.
Koner Fig. 476.

[215]) Varro L. L. IV, 27. u. bei Nonius p. 544, 17.

[216]) Plaut. Amph. II, 2, 39. Dig. XVIII, 1, 40. §. 6.
Anth. Lat. Burm. I. p. 493., woraus auch erhellet, daß sie ursprünglich für den Ziehbrunnen bestimmt waren.

[217]) Varro L. L. V, 126. Prop. IV, (V,) 4, 16. 11, 28.
Plaut. Pseud. I. 2, 24. Hor. Od. III, 11, 12. Juven. 1, 164.
Ovid. Fast. III, 14. Val. Fl. I, 219. u. s. w. Der griech. Name
hydria findet sich Cic. Verr. II, 19, 47. Sulp. Sev. Dial. I, 43.
Isidor. XX, 6, 4. u. anderw.

[218]) Propert. IV, (V,) 4, 16. 11, 27.

[219]) Bei Paulus Diac. p. 16, 6. arculus u. p. 45, 1. caesticillus
genannt.

[220]) Urceus: Mart. XIV, 106. vgl. XI, 57, 3. Cato R. R.
13. Colum. XII, 50, (52,) 8. Gellius X, 24, 10. Plin. XVIII,
30, 73. §. 307. XIX, 5, 24. §. 71. 8, 39. §. 129. Dig. XXX,

7, 18. u. f. w.; urceolus: Colum. XII, 16, 4. Juven. 3, 203.
10, 64. Mart. XIV, 105.

²²¹) Matella u. matellio: Nonius p. 543, 16. u. 547, 7.
Cato R. R. 10. 11. (sonst freilich auch ein Nachttopf: vgl. oben
S. 258. Anm. 77.)

²²²) Ein aquiminarium von Silber wird Dig. XXXIV, 2, 19.
§. 12. u. 2, 21. §. 2. erwähnt.

²²³) Plaut. Stich. II, 2, 28. (v. 352.) Cato R. R. 10, 2.
11, 3. Festus p. 169, 11. M. Nonius p. 547, 7.

²²⁴) Die verschiednen Namen sind für Waschbecken malluvium:
Festus p. 161, 15. Paulus Diac. p. 207, 1. M., pollubrum: Nonius
p. 544, 22., trulleum: Nonius p. 547, 4., für Waschkanne gut-
turium: Paulus Diac. p. 98, 13. u. aquaemanalis: Varro bei Nonius
p. 547, 9. oder aquimanile: Paulus Sent. III, 6, 56. Dig.
XXXIII, 10, 3.

²²⁵) Juven. 3, 277. mit d. Schol. vgl. Nonius p. 547, 7.;
pelluvia bei Festus p. 161, 18. u. Paulus Diac. p. 207, 1. M.
Abbild. verschiedener Wassergefäße siehe im Mus. Borb. XI. tav. 44.
IV, 43. VI, 29. 31. X, 32. Overbeck Fig. 263. 264. 267. Guhl
u. Koner Fig. 451. u. f. w.

4. Kapitel.

Die Villa. Landleben und Landwirthschaft.

Am Tage nach dem üppigen Gastmahle des Servilius erfolgte der beabsichtigte Ausflug nach der Villa des Sulpicius
bei Tibur,[1] der mir reiche Entschädigung für die mir auf-
gedrungenen und widrigen Genüsse des vorigen Abends verhieß.
Nach dem Frühstück bestiegen wir die Sänften und ließen uns
vor die Porta Esquilina tragen, wo die Wagen nebst Vorreitern und Läufern, welche nun einmal bei der Reise eines
vornehmen Mannes jetzt nicht fehlen dürfen,[2] uns erwarteten.[3]
Mich und Sulpicius nahm eine reda, die Vitellia mit ihrer
vertrauten vestiplica[4] und den Kindern ein pilentum und die
übrige Dienerschaft zwei petorrita auf,[5] und so bewegte sich
denn der stattliche Zug bei dem historisch merkwürdigen heiligen
Berge[6] vorbei, der uns zur Linken liegen blieb, auf der
schönen, von der Appia[7] wenig verschiedenen Via Tiburtina
vorwärts. Der Weg führte auf dem rechten Ufer des Anio[8]
durch eine höchst anmuthige und vielfache Abwechselung von
Berg und Thal bietende Gegend, die immer reizender wurde, je
mehr wir uns Tibur und der Villa des Sulpicius näherten.
Dicht belaubte Wälder wechselten mit üppig grünenden Wiesen
und in reichster Fülle prangenden Saatfeldern, und während
wir zur Rechten den Fluß in vielen Krümmungen dahinfluthen
sahen, ergötzte uns zur Linken das herrlichste Panorama der
waldgekrönten, öfters auch zu Steinbrüchen benutzten und mit
den prächtigsten Landhäusern bedeckten Berge. Nachdem wir zu-
letzt | noch eine breite und schattige Platanenallee passirt hatten,
erreichten wir gegen Abend wohlbehalten die am Abhange der

Berge reizend gelegene Villa, wo wir nach einem erquickenden
Bade in einem offnen, nach allen Seiten hin die herrlichste
Aussicht gewährenden Speisesaale, den wir bald näher kennen
lernen werden, die schon gestern durch einen vorausgeschickten
Boten bestellte Mahlzeit einnahmen.⁹) Ein Spaziergang am
folgenden Morgen überzeugte mich, daß Sulpicius zum Ankauf
eines Landguts und zur Erbauung einer stattlichen Villa keinen
geeigneteren Platz hätte finden können, als diese überaus ro=
mantische und daher auch durch eine Menge der reizendsten
Landhäuser, namentlich die prächtige Villa des Kaisers Hadrian
und die zwar weit bescheidnere, aber historisch nicht minder
merkwürdige des Dichters Horaz, geschmückte Gegend an beiden
hügeligen, besonders mit Oliven und Feigenbäumen bepflanzten
Ufern des Anio, der in der Stadt Tibur selbst einen imposanten
Wasserfall bildet.   Ehe ich aber die hier verlebten, durch reinen
Naturgenuß verschönerten Tage schildere, möge zuerst eine Be=
schreibung der an dem einen Ende der weitläufigen Besitzung
des Sulpicius gelegenen Villa selbst folgen, bei der ich Vieles,
was mit der Einrichtung des Hauses in der Stadt überein=
stimmt, nur ganz kurz zu berühren brauche.¹⁰) Die Fronte des
blos aus einem Erdgeschoß bestehenden, aber an beiden Enden
der Vorderseite noch Thürme von mehreren Stockwerken
zeigenden ¹¹) Gebäudes, zu dessen Thüre man auf einigen Stufen
hinaufsteigt, bildet, das Vestibulum vertretend, eine geräumige,
von zwölf korinthischen Säulen aus grünem, thessalischen Mar=
mor getragene Halle, aus welcher man unmittelbar in das
Atrium tritt, dessen Wände, wie in allen Gemächern der Villa,
zierliche, wenn auch einfachere Malereien, als im Hause der
Stadt, schmücken, während eine Mosaik von grünen, schwarzen
und weißen, rautenförmigen Würfeln den Fußboden bedeckt.
Aus dem Atrium, das übrigens dem in der Stadt gleicht, ge=
langt man in einen zweiten, kleinen und vorn abgerundeten,
also die Figur eines D zeigenden ¹²) Porticus, der, durch große
Scheiben von Frauenglas zwischen den acht unten gerieften,
aber oben glatten Säulen von weißem, rothgeädertem Marmor
geschlossen und an seiner hintern Wand mit Platten von röthlichem
Marmor bekleidet, einen sehr angenehmen Aufenthalt bei schlechter
Witterung gewährt.   Den mittlern, offenen Raum bedeckt
ein im saftigsten Grün prangender | Rasenteppich, welcher eine

herrliche Gruppe von pariſchem Marmor umgiebt, Amphion
und Zethus darſtellend, wie ſie Rache an Dirce nehmen und ſie
an einen Stier zu feſſeln bemüht ſind, von dem ſie zu Tode
geſchleift werden ſoll. [13]) Hinter demſelben liegt der geräumige
und freundliche, von Wohn- und Schlafzimmern umgebene Hof,
der die Stelle des Periſtyls im ſtädtiſchen Hauſe vertritt, jedoch,
weil ihm die Säulenhallen fehlen, blos den Namen cavaedium
führt. [14]) Seine Mitte aber ziert, wie dort, ein von Geſträuch
und niedrigen Bäumen umgebenes Brunnenbaſſin von weißem
Marmor, in welches ein den Nüſtern eines Delphins entſprin-
gender Waſſerſtrahl ſeinen feinen Staubregen herabſendet, und
ſeine hintere Seite nimmt der große über die Linie des Hauſes
hinaus gebaute Speiſeſaal, ein ſogenannter cizyceniſcher oecus
ein, [15]) durch deſſen bis tief auf den Boden herabreichende Glasthüren man auf drei Seiten in's Freie ſieht, rechts nach den
bewaldeten Berghöhen, links nach den buſchigen, von grünen
Matten umſäumten Ufern des Anio, und hinten nach dem
großen und prächtigen Garten, während vorn die zurück-
geſchlagenen rothen Vorhänge zwiſchen den gleichfalls weißen
und rothgeäderten Säulen hindurch das Cavädium, den Porticus und das Atrium zu überblicken geſtatten; ſeine Decke aber
ſchmückt ein zierliches, theilweiſe vergoldetes und mit Roſetten
von Elfenbein ausgelegtes Lacunar und den Fußboden eine
Moſaik von ſchwarzen und weißen Würfeln mit einer bunten
Blumenkante. Auf der einen Seite des Cavädium befinden ſich
die Wohn- und Schlafzimmer des Sulpicius und ſeiner Familie,
ſowie das mir angewieſene Zimmer mit einem daran ſtoßenden
Schlafgemach, und gewähren durch ihre mitternächtliche Lage
einen kühlen, angenehmen Aufenthalt; auf der entgegengeſetzten
Sommerſeite aber ſind die Badezimmer, die eine noch größere
Ausdehnung haben, als im Hauſe in der Stadt, das geräumige
Sphäriſterium, das nicht blos zum Ballſpiel, ſondern auch zu
andern gymnaſtiſchen Uebungen dient und in welchem ich manche
Stunde mit Sulpicius zubrachte, die Küche und mehrere Vor-
rathsräume. Die zur Bedienung mitgebrachten Sklaven haben
ihre Wohnungen größtentheils in den obenerwähnten Thürmen,
die bei der Landwirthſchaft beſchäftigten aber beſtändig auf
der Villa lebenden aber hauſen in den von der Villa
völlig getrennten Wirthſchaftsgebäuden, die wir bald näher

kennen lernen werden. Einer genaueren Beschreibung der Wohn=, Schlaf= und Badezimmer, der Küche und übrigen Lokalitäten enthalte ich mich, da sie sämmtlich denen in der Stadt mehr oder weniger gleichen, und bemerke nur, daß das Wohnzimmer des Sulpicius auch die Stelle des Tablinum und der Bibliothek vertritt und daher auch einen schönen, durch Elfenbeinreliefs verzierten Wandschrank mit einer kleinen Sammlung auserlesener Bücher und ein paar Fächer zu Urkunden und Dokumenten enthält. Der Garten, der den am Hause in der Stadt wenigstens sechsmal an Größe übertrifft, besteht aus zwei ganz verschiedenen Abtheilungen. Die kleinere und vordere Hälfte ist, wie es nun einmal die jetzige geschmacklose Mode verlangt, von der Hand des Gärtners (topiarius) [16] in steife, verschnörkelte Formen gezwängt, da hier keinem Baume, keinem Strauche gestattet ist, sich auf natürliche Weise zu gestalten und auszubreiten, ohne daß ihm durch Messer und Scheere eine vor= geschriebene, künstliche Form aufgezwungen wird. Daher sieht man hier nur glattgeschnittene Hecken und aus Buchsbaum, Cypresse oder Taxus künstlich geformte Thiergestalten, Schlangen, die sich um Baumstämme winden, Bären, die an solchen hinaufklettern, Löwen, die auf den Beschauer loszustürzen drohen, und dergleichen bizarre Gebilde mehrere, [17] zwischen ihnen aber zeigen sich kleine, besonders mit Veilchen, Rosen, Lilien und Narzissen be= pflanzte Blumenbeete, denen durch eine Einfassung von Buchs= baum [18] oder hochkantig gestellte Ziegel alle nur mögliche geo= metrische Formen (einander umschließende Kreise, Quadrate, Rauten u. s. w.) gegeben sind, [19] ja auf einem solchen liest man sogar in großen Buchstaben den Namen SVLPICIVS aus Buchsbaum kunstreich hergestellt. In der Mitte dieser Ab= theilung befindet sich ein Bassin von grünem Marmor mit einem Springbrunnen und umgeben von weißen Marmorstatuen der neun Musen. Athmet in diesem Theile des Gartens Alles eine steife und kalt lassende Förmlichkeit und Gemessenheit, so entzückt dagegen der andre, welchem der gute Geschmack des Sulpicius entschieden den Vorzug giebt, das Auge durch reizende Natürlichkeit der mannigfaltigsten Anlagen. Hier wechseln schattige Platanenwäldchen und Laubgänge von Weinreben mit duftenden Blumenbeeten voll von Rosen, Veilchen, Lilien, Nar= zissen u. s. w. und mit grünen, von Lorbeer= und Myrthen=

gebüſch begrenzten Matten, auf denen hier und da aus niedrigem
Geſträuch Marmorſtatuen ländlicher Gottheiten auftauchen,
welche der dunkle Hintergrund der Gebüſche herrlich hervortreten
läßt, | und ſtatt des Springbrunnens zeigt ſich hier ein von
Raſen umkränzter Teich, in welchem einige Schwäne ſtolz dahin=
gleiten und zahme Fiſche munter herumſchwimmen, die ſich,
durch Rufen gelockt, am Ufer ſammeln, um die ihnen zu=
geworfenen Brocken wegzuſchnappen. ²⁰) Das Waſſer des Teichs
aber erhält ein klarer Bach, der ihn durchfließt, ſich mehrfach
überbrückt durch den ganzen Park ſchlängelt und hier und da
über Felſenblöcke dahinrauſchend ſchäumende Kaskaden bildet, in
ſteter Bewegung. Neben dem Teiche bildet eine üppig umrankte
und dicht verwachſene Weinlaube mit ihrem gewölbten Schatten=
dache ein reizendes, kühles Ruheplätzchen. Dem Laubdach dienen vier
ſchlanke Säulen von meergrünem caryſtiſchem Marmor, an denen
ſich die Weinreben hinaufſchlingen, zur Stütze, und in der Laube
findet ſich ein halbrundes, marmornes, und mit weich gepolſterten
Kiſſen bedecktes Tiſchlager (Sigma oder Stibadium) ²¹) für ſechs
Perſonen, ſo daß die Mahlzeit auch hier im Freien gehalten
werden kann, die durch lieblichen Vogelgeſang verſchönert wird.
Denn der Weinlaube gegenüber erhebt ſich ein zierliches, mit
den verſchiedenſten Singvögeln bevölkertes Vogelhaus ²¹ᵇ) in
runder Form, welches, mit einem Gitter von Silberdraht
zwiſchen dünnen Porphyrſäulen umgeben und von einer ver=
goldeten Kuppel überwölbt, mit ſeinen buntgefiederten Be=
wohnern einen reizenden Anblick gewährt. An der Morgen=
ſeite ſteigt der Park terraſſenförmig am Abhange des Berges
hinan und hier entplätſchert der weiten Urne einer in reizender
Stellung auf den Moosteppich hingeſtreckten Nymphe ein
klarer Quell, der über die, gleich den Mauern des Gartens,
mit Epheu, Akanthus und Immergrün bekleideten Terraſſen ²²)
herunter einen Waſſerfall bildet und unten als der eben erwähnte
Bach dahinfließt. Dieſer Terraſſe gegenüber befinden ſich an
der Abendſeite des Parks die Treibhäuſer ²³) mit Glaswänden
und Luftheizung, in denen frühzeitige Blumen und Früchte ge=
zogen und auch für den Winter zur Blüthe und Reife gebracht
werden, und überall laden Ruhebänke, bald im Freien, bald in
ſchattigen Lauben, zum Niederſitzen ein. Am hintern Ende des
Parks endlich zeigt ſich ein breiter Laubgang, der dazu dient,

sich) in der Lectica darin herumtragen zu lassen, und daher den Namen gestatio führt, [24]) und der zum Herumfahren in ihm bestimmte Hippodrom. [25]) Dieser besteht aus einer breiten Allee von Platanen, welche die Gestalt eines Circus nachahmend erst etwa 1000 Schritte weit in gerader Linie fortläuft, dann einen Bogen bildet und sich nun wieder parallel mit jener Linie nach vorn erstreckt. Die einzelnen Bäume aber sind durch Festons von Ephen verbunden, der auch die Stämme derselben dicht umrankt, [26]) so daß das Ganze einen reizenden Anblick gewährt. Hinter dem Park beginnt der Obst= und Gemüse= garten, der bereits den Uebergang zu den Wirthschaftsgebäuden bildet. Im Obstgarten werden fast alle in Italien wachsenden Obstsorten [27]) und im Gemüsegarten, wo sich auch die Bienen= stöcke (alvearia) befinden, [28]) besonders Salat, Kohl, Spargel, Rüben, Gurken, Artischoken, Zwiebeln u. s. w. [29]) gezogen. Außerdem aber gehören zu der Besitzung des Sulpicius, die nordwestlich bis zum Abhange des Berges Catillus, südöstlich aber bis zum Anio reicht und von der Via Valeria, einer Fort= setzung der Via Tiburtina, durchschnitten wird, auch | noch große Oliven= und Weinpflanzungen. Ich komme nun zu der Be= schreibung der Wirthschaftsgebäude und des ganzen Oekonomie= betriebs auf dem Gute des Sulpicius, wovon ich mir eine möglichst vollständige Kenntniß zu verschaffen suchte. [30]) Erstere liegen ganz getrennt von der Villa und dem Garten derselben und umschließen zwei große Höfe. [31]) Gleich am Eingange des ersten [32]) zeigt sich die einfache, aber nette Wohnung des Wirth= schaftsverwalters (villicus), [33]) eines freundlichen und die ihm untergebenen Sklaven mild behandelnden Mannes, der mich mit der zuvorkommendsten Bereitwilligkeit überall herumführte und von Allem, was ich zu wissen wünschte, gründlich unterrichtete. Zunächst neben seiner Wohnung finden sich die Zellen für die un= gemein großen Vorräthe von Oel und Wein, [34]) erstere gegen Süden gelegen, damit gelinde Wärme das Oel verdünne, letztere gegen Norden, weil Sonnenwärme den Wein trübt und ver= schlechtert, und über ihnen, nach Norden gekehrt, die mit kleinen Zug= löchern versehenen Heu= und Getreideböden, [35]) in welchen von dem reichen Erntesegen des vorigen Jahres noch ein ansehnlicher Theil unverbraucht lagerte, und die mit verschließbaren Fenstern versehenen Vorrathskammern für das Obst. Nicht weit da=

von zeigt sich die gewaltig große Küche, in welcher die
Speisen für die ganze, aus einigen Hunderten bestehende und
in Decurien unter Aufsicht besondrer Decurionen getheilte [36])
Sklavenfamilie bereitet und im Winter beim Feuer des Herdes
allerlei ländliche Arbeiten vorgenommen werden, [37]) und neben
ihr einige zwar einfache, aber reinliche Badezellen, [38]) in denen
es an Nichts fehlt, was zur Reinigung und Erquickung der mit
Schweiß bedeckt von der Arbeit Zurückkehrenden erforderlich ist,
und mehrere Kammern und Schlafsäle, auf der einen für die
männlichen, auf der andern für die weiblichen Sklaven; denn
die so mild behandelten Sklaven des Sulpicius leben nicht, wie
auf den meisten andern Landgütern der Römer, in einem unterirdischen, kellerartigen Gefängniß (ergastulum). [39]) Vieles Vergnügen machte es mir, zu sehen, wie sich um das große Bassin
in der Mitte des Hofs her, dessen Wasser durch einen einfachen
Springbrunnen stets in zitternder Bewegung erhalten wird, [40])
die von der Weide heimkehrenden Heerden und die vom Felde
kommenden Gespanne zur Tränke sammelten und von dem lauten
Geschnatter der auf ihm herumschwimmenden Gänse und Enten
begrüßt wurden. Der zweite, auch von Sklavenwohnungen umgebene Hof, der mit dem ersten durch einen offnen Gang in
Verbindung steht und gleichfalls ein kleines, besonders zum
Einweichen der Lupinen und andrer Früchte dienendes Bassin
enthält, [41]) ist mit einer Menge numidischen und rhodischen |
Hühnerviehs, [42]) worunter es auch an Kapaunen nicht fehlt, [43])
stattliche Räder schlagender Pfauen, [44]) langbeiniger, blaßrother
Flamingos [45]) und prächtiger, theils weißer, theils goldig schim-
mernder Fasane [46]) bevölkert, unter denen die gurrenden Bewohner thurmähnlicher, weiß angestrichener Taubenschläge[47])
munter herumhüpfen, was den armen, in dunkeln Behältern
unterhalb jener gefangen gehaltenen Turteltauben und Krammets-
vögeln nicht vergönnt ist. [48]) Auch hier gab ich öfters einen sich
ergötzenden Zuschauer ab, wenn dem gefiederten Völkchen von
der muntern und gesprächigen Frau des Verwalters (villica) [49])
das Futter hingestreut wurde. Daß ich aber hier von einer
Frau des Verwalters spreche, kann nach dem, was ich oben [50])
über das contubernium der Sklaven berichtet habe, nicht befremden. Solcher ehelichen Verbindungen aber giebt es natürlich
unter dieser zahlreichen familia rustica noch ungleich mehrere,

als in der Stadt, und daher trieb sich denn auch immer auf
den Höfen ein großer Haufe kleiner vernae verschiedenen Alters
herum, unter denen es öfters zu sehr hitzigen Balgereien kam,
denen erst ein paar Hiebe eines Decurio ein Ende machten. Um
diesen zweiten Hof her finden sich außer den schon erwähnten
Sklavenwohnungen auch die verschiedenen Ställe für Rinder,
Schafe, Pferde und Esel, sowie die Schweinskoben, ferner Wagen=
schuppen, die Bäckerei mit der Mühle,[51]) die aber nicht von
Sklavenhänden, sondern von Eseln in Bewegung gesetzt wird,
so daß auch bei Sulpicius von einem in pistrinum mittere als
Strafe der Sklaven[52]) nicht die Rede sein kann, die Milchkammer
und die Wein= und Oelpressen (torcularia).[53]) Obgleich nun
diese jetzt freilich nicht in Thätigkeit waren, da die Zeit des
Oelpressens und Weinkelterns erst nach vier bis fünf Monaten
bevorstand, so will ich doch das Verfahren der Römer dabei,
wovon mich der Verwalter genau unterrichtete, in der Kürze
beschreiben. Die Oelbereitung[54]) erfordert große Sorgfalt, und
ein vorsichtig dabei zu Werke Gehender wartet mit der Ein=
sammlung der Oliven nicht, bis sie völlig reif von selbst ab=
fallen, sondern läßt sie schon etwas früher, wenn sie sich zu
schwärzen anfangen, mit der Hand abpflücken, nicht aber, wie
es zuweilen von Eilfertigen geschieht, mit Stangen abschlagen
oder durch Klopfen der Aeste mit einem Rohrstabe herabschütteln,
weil so die jungen Reiser mit abgeschlagen werden und dann
der Oelbaum nur ein Jahr um's andre trägt.[55]) Die so, am
besten bei heiterm Himmel, | gepflückten Beeren werden auf
Decken oder Rohrmatten gesiebt und gereinigt und dann in ganz
neuen und reinen Körben sofort in das Torcular oder Kelter=
gebäude geschafft, welches verschlossen und in welchem aller Luft=
zug vermieden werden muß. Da man aber nicht gern ganze
Beeren unter die Presse bringt,[56]) werden sie zuvor in einem
Mörser ein wenig gestampft, wobei schon das feinste und beste
Oel von selbst ausläuft. Die breiige Masse (sampsa oder
samsa),[57]) der man zur Erweichung der harten Schalen etwas
Salz zusetzt,[58]) wird nun sammt den noch darin befindlichen
Kernen, nachdem sie über einem Gitter[59]) oder in Körben aus=
gelaufen, ein oder zweimal unter die von den Pressern (tor-
cularii) gehandhabte Presse[60]) gethan. Auf andern Gütern aber
hat man außer der Oelpresse auch eine förmliche Oelmühle

(mola olearia) [61]) und auch Sulpicius läßt so eben für nächsten
Herbst eine solche herrichten. Auch dann aber bringt man die
Beeren, in heißem Wasser abgewaschen, vorerst ungestampft
unter die Presse, um die Oeldrüse herauszuschaffen, und darauf
erst in die Mühle. [62]) Zur Aufnahme des auslaufenden Oeles
sind runde, irdene Becken besser, als viereckige von Blei oder
Kupfer; [63]) es muß aber in der Oelkammer eine große Menge
derselben in drei Reihen vorhanden sein, damit der Küfer (ca-
pulator) das Oel stets in andre Gefäße gießen kann und der
Vorlauf oder die Oelblüthe (flos olei), [64]) welche zu den
Speisen, [65]) zu Opfern und als Salböl verwendet wird, nicht
mit dem zweiten und dritten Nachlauf nach abermaligem Aus=
pressen der Träbern vermischt werde. Nach dieser Belehrung
konnte ich mich über die gewaltig große Menge von Becken
nicht mehr wundern. Hat nämlich das Oel einige Zeit in den
ersten Becken gestanden, so wird es wiederholt in andre und
größere übergegossen, damit es immer flüssiger, klarer und
drüsenfreier werde, auch wohl, wenn dies bei größerer Kälte
nicht schnell genug von Statten geht, noch mit etwas gekochtem
Salz versetzt, [66]) und endlich in den mit Wachs ausgestrichenen
Fässern, deren immer eine genügende Anzahl vorhanden sein
muß, zur Aufbewahrung in die cella olearia gebracht, in welcher
ich auch viele leere Fässer stehen sah, die stets sehr rein gehalten
werden müssen. [67]) Das minder Wesentliche übergehe ich und
bemerke nur noch, daß die Oelbereitung auf vielen Gütern nicht
durch die Sklaven des Hauses, sondern durch fremde, dazu ge=
miethete Leute besorgt wird. [68]) Ich komme nun zu der Be=
reitung des Weins. [69]) | Zur Zeit der Weinlese, der fröhlichsten
im ganzen Jahre, welche hier gewöhnlich in den Anfang des
October fällt, [70]) werden die völlig reifen Trauben, am liebsten bei
Vollmond und wenn ein Regen vorhergegangen, [71]) in Körben, [72])
zuweilen auch in Schläuchen [73]) gesammelt und entweder, nach=
dem man sie in Wannen (alvei), Mulden (lintres) [74]) oder so=
genannte Schiffchen (naviae), [75]) d. h. in Gestalt von Schiffen
aus einem Stück hohl ausgearbeitete Gefäße, geschüttet, sogleich
gekeltert, oder erst nachdem man sie sieben Tage auf Hürden
aus Flechtwerk, die sieben Fuß über der Erde stehen, ausgebreitet
im Sonnenschein hat liegen lassen, damit die wässerigen Theile
verdunsten. [76]) Das Keltern ist ausschließlich Sache der Männer

und erfolgt in Tretkübeln (fori oder fora) [77]) mit nackten
Füßen, [78]) wobei zuweilen mehrere Kelterer (calcatores oder
factores) [79]) in einem Kübel stehen. [80]) Nachdem so der erste
und beste Most (protropus) [81]) abgelaufen ist, den man besonders
gern zum mulsum nimmt, [82]) werden die Trestern unter die
hölzerne Presse gebracht, [83]) und der durch die Kelterseihe (saccus
oder colum prelorum) [84]) in den Bottich oder die Kufe der Presse
(den lacus torcularius) [85]) geflossene Most durch thönerne Röhren
oder Rinnen auf die uns schon bekannten großen, thönernen
und ausgepichten Stückfässer (dolia) [86]) geleitet, um ihn ein Jahr
lang gähren zu lassen, [87]) oder, wenn er zur sapa bestimmt ist,
in der an das Torcular stoßenden Mostkochzelle (defrutarium)
eingekocht. [88]) Dann aber werden die Trestern gewöhnlich noch
einmal ausgepreßt und geben so mit zugegossenem Wasser einen
Nachwein, lora genannt, der von den ärmeren Leuten, Soldaten
und Sklaven, auch seines geringen Geistgehaltes wegen von
Frauen getrunken wird. [89]) Ist der Gährungsproceß vollendet,
so wird der geringere Wein gleich vom Fasse weg getrunken, der
bessere und zur Aufbewahrung bestimmte aber, wenn er völlig
ruhig geworden, auf die amphoras abgefüllt und diese vorerst in
die apotheca, [90]) einen Raum im oberen Stockwerke, gewöhnlich
über dem Badehause, gebracht, um hier dem in den Rauch=
kanälen des Bades aufsteigenden Rauche ausgesetzt zu werden,
was das Altern des Weins befördert und ihm einen mildern
Geschmack geben soll, [91]) und erst dann wird er in die cella
vinaria zurückgeschafft. Seine weitere Behandlung, bevor er
getrunken wird, ist meinen Lesern aus Beschreibung von
Mahlzeiten schon hinlänglich bekannt. Da Sulpicius seinen
Wein nur zu eignem Gebrauche baut, kann von einer
künstlichen Verbesserung und Verfälschung desselben, | wie sie
sonst häufig vorkommen mag, [92]) nicht die Rede sein. Ver=
dorbener Most oder Wein (vinum vapidum) wird zu Weinessig
(acetum) gemacht, der um so stärker wird, je besser die Wein=
sorte war. [93]) Die Trestern werden entweder als Viehfutter, [94])
oder mit Erde vermengt zur Düngung der Weinstöcke [95]) ver=
wendet. So viel von der Weinbereitung. — Außerhalb dieser
Höfe und der sie umgebenden Wirthschaftsgebäude findet sich end=
lich noch ein großer, von Aalen und Fischen aller Art [96]) bevöl=
kerter Fischteich (piscina), in welchem eben gefischt wurde. Eine
Freude aber war es zu sehen, mit wie heiteren und zufriedenen

Mienen, wie willig und unverdrossen die piscatores, sowie über=
haupt sämmtliche Sklaven des Sulpicius die ihnen zuertheilten
Arbeiten verrichteten, da ihnen dieser ein so milder und freund=
licher Herr ist und auch seinem Verwalter, den Aufsehern und
Decurionen die humanste Behandlung der Uebrigen zur Pflicht
gemacht hat. Nur sehr selten kam eine leichte körperliche Züch=
tigung vor, da Sulpicius ungehorsame, widerwillige und treu=
lose Sklaven lieber von seinem Gute entfernt und an einen
andern Herrn verkauft, als sie mit Ketten und Klötzen belastet oder
die furca schleppend[97]) arbeiten läßt, wie man es auf den Land=
gütern vieler andrer Römer sieht. Dies aber führt mich darauf,
über die familia rustica überhaupt noch Einiges hinzuzufügen,
die übrigens von der familia urbana nicht streng geschieden
ist, so daß Versetzungen von der einen zur andern nichts Un=
gewöhnliches sind, wenn auch im Hause des Sulpicius dieser
Fall nur selten vorkommt. Darüber aber, daß die Römer die
ganze Landwirthschaft durch Sklaven betreiben lassen, darf man
sich nicht wundern, da diese frei vom Kriegsdienste sind und
daher ihren Geschäften ungestört obliegen können. Diese aber
sind streng geordnet und zu jeder Arbeit, zur Feldwirthschaft,
zum Oelbau, zum Weinbau, für den Obst= und Gemüse=
garten, zur Viehzucht, für den Hühnerhof, für die Bienenstöcke
(alvi oder alvei, im Bienenhause, apiarium), für die Fisch=
teiche (piscinae) und für den Wildpark (vivarium)[98]) (wo sich
ein solcher findet, was auf dieser villa Tiburtina nicht der Fall
ist, wohl aber auf einem andern Gute des Sulpicius bei Su=
trium in Etrurien)[99]) besondre Sklaven bestimmt, die daher auch
eine Anzahl verschiedener Namen führen,[100]) aber der Leitung
und den Anordnungen eigener Aufseher für jeden einzelnen Zweig
der Landwirthschaft (magistri operum)[101]) unterworfen sind. |
Diese Aufseher jedoch stehen wieder unter dem oben erwähnten
Verwalter, der dem Sulpicius selbst Rechnung ablegt und dessen
volles Vertrauen genießt, weshalb sich auch auf der Villa kein
besondrer, ihm vorgesetzter procurator findet, wie auf andern
Landgütern gewöhnlich der Fall ist.[102])

Zum Schlusse habe ich nun noch zu berichten, wie ich die
Tage des Aufenthalts in der Villa verlebte. Früh stand ich
zeitig auf, genoß, während Sulpicius noch schlief, den Morgen=
imbiß (ientaculum) auf meinem Zimmer und strich dann bis zur

Zeit des Frühstücks ein paar Stunden allein in den reizenden
Umgebungen der Villa herum, sah den Sklaven bei ihren länd=
lichen Arbeiten auf dem Felde, beim eben beginnenden Abmähen
der Wiesen, beim Gäten der Felder, beim Behacken der schon
blühenden und nach den Erwartungen der nie müßigen Winzer
ein gutes Weinjahr versprechenden Reben, beim Raupen der
Bäume u. s. w. zu und ließ mir von ihnen von dem jüngst ge=
feierten Feste der großen Feldumwanderung (ambarvalia) [103]) er=
zählen, an welchem auch Sulpicius Theil genommen hatte; oder
ich wanderte, gewöhnlich in Begleitung des Verwalters, in den
Höfen und Wirthschaftsgebäuden umher, besah mir die Acker=
geräthschaften, die verschiedenen Pflüge (aratra), [104]) Eggen
(crates), [105]) Karste (die nach ihrer Beschaffenheit und Bestim=
mung vielerlei Namen führen), [106]) den Dreschwagen (tribulum)
und Dreschschlitten (trahea), [107]) die dabei liegenden Schaufeln
(ventilaria), [108]) Siebe (vanni oder cribra) [109]) u. s. w., gab
einen Zuschauer beim Melken der Kühe und Ziegen und beim
Hinaustreiben des Viehes auf die Weide ab, oder fütterte mit
der Verwalterin Hühner und Tauben; selbst die Düngergrube
entging meiner Aufmerksamkeit nicht, in welcher unter den Mist
der Ställe und des Taubenschlags auch Asche, Lederabfälle und
andre düngende Substanzen gemischt wurden. [110]) Ein andermal
sah ich wieder den Winzern zu, wie sie die Reben beschnitten,
und dem Gärtner, wie er Obstbäume pfropfte und oculirte, oder
Gemüse und Blumen pflanzte; kurz jede Stunde, die nicht mein
huldreicher Wirth in Anspruch nahm, widmete ich, um meine
Kenntnisse zu bereichern, den mich ungemein interessirenden länd=
lichen Arbeiten. Das Frühstück nahm ich in Gesellschaft des
Sulpicius und seiner Gattin ein und hielt dann gewöhnlich eine
kurze Mittagsruhe; [111]) die spätern Nachmittagsstunden aber
brachte ich meistens wieder mit meinem gütigen Wirthe und
seiner Familie im Garten zu und ergötzte mich an den Spielen
der lustig in ihm herumspringenden Kinder. Um das Hippodrom
nicht ganz unbenutzt zu lassen, wurde, besonders der Kinder
wegen, auch in ihm einmal eine Spazierfahrt veranstaltet. Vor
der Mahlzeit suchte ich gewöhnlich mit | Sulpicius das Sphä=
risterium [112]) auf und übte mich mit ihm im Ballspiel mit dem
luftgefüllten Ballon (follis), oder wir trieben mit Hinzuziehung
des paedagogus, [113]) der uns der Beaufsichtigung der Kinder

wegen auf's Land begleitet hatte und, wie wir schon gesehen haben, mehr die Stellung eines Freundes vom Hause, als eines Dieners einnimmt, das Spiel trigon mit kleinen, ausgestopften Fangbällen (pilae). Der große, aber doch leichte follis ¹¹⁴) wird mit der Faust oder dem Arme von Einem dem Andern zu=geschlagen ¹¹⁵) und gewährt eine wohlthätige, nicht anstrengende Bewegung, so daß man selbst Greise damit sich vergnügen sieht. ¹¹⁶) Der trigon oder die trigonaria, pila trigonalis, ¹¹⁷) wird von drei im Triangel aufgestellten Personen gespielt, die den Ball einander zuwerfen und auffangen müssen, und erhitzt etwas mehr, als das eben erwähnte Spiel mit dem Ballon. ¹¹⁸) Der Pädagog aber war ein so geübter Ballspieler, daß er den Ball eben so geschickt mit der Linken, wie mit der Rechten warf und auffing, ¹¹⁹) während ich mich nicht selten nach dem nicht aufgefangenen bücken mußte. Ein noch anstrengenderes und ermüdenderes Ballspiel ist das von uns entlehnte har=pastum, ¹²⁰) wobei mehrere Bälle unter eine größere Anzahl von Spielern geworfen werden, von denen Jeder sich ihrer schnell zu bemächtigen suchen muß. ¹²¹) Außer dem Ballspiel aber diente uns auch das Schwingen der bleiernen Halter (halteres) ¹²²) zu einer wohlthätigen Leibesübung, nach der wir uns regelmäßig durch ein erquickendes Bad wieder stärkten, so daß wir stets mit bestem Appetite bei der Mahlzeit erschienen, die immer in dem oben erwähnten Sommerspeisesale gehalten wurde. Nach derselben aber vergnügte ich mich gewöhnlich mit Sulpicius durch das höchst interessante und spannende, aber große Auf=merksamkeit erfordernde Brettspiel mit den latrunculi, worin mich mein Gastfreund schon in Rom unterwiesen und welches ich sehr leicht begriffen hatte, da es fast ganz unserem Städte=spiele gleicht, so daß es mir sogar mehrmals gelang den Sul=picius darin zu besiegen. Es ist aber so complicirter Art, daß eine kurze Beschreibung desselben, wie ich sie hier nur geben könnte, kaum verstanden werden würde. ¹²³)

Nachdem wir so acht Tage sehr vergnügt auf dem Lande verlebt hatten, kehrten wir wieder nach der Stadt zurück, da überhaupt die vornehmen Römer immer nur von Zeit zu Zeit auf einem ihrer Landgüter zuzubringen, nicht leicht aber einen längeren Aufenthalt daselbst zu nehmen pflegen, meistens auch die Villa mit ihrem Park als Hauptsache, die Landwirthschaft

aber als Nebensache betrachten und sich wenig um sie kümmern,
sondern sie oft nur unwissenden und eigennützigen Verwaltern
überlassen, so daß der Ertrag, selbst bei guten Ernten, sehr gering ist — kaum für den Haushalt der Besitzer hinreicht[124] und
in keinem Verhältniß zu den großen Summen steht, die sie für
die angekauften Güter haben zahlen müssen.[125] Sulpicius
macht also auch hierin eine rühmliche Ausnahme von den Sitten
andrer reicher und vornehmer Römer. — Ich kann jedoch von
der reizenden Villa nicht scheiden, ohne noch berichtet zu haben,
daß ich bei einem meiner Morgenspaziergänge auch ein der Besitzung meines Gastfreundes benachbartes Dorf aufsuchte, um
mich noch von den Lebensverhältnissen und Zuständen der
römischen Bauern zu unterrichten, die mich aber sehr wenig be-
friedigten. Ich muß nämlich hier gleich die Bemerkung vorausschicken, daß, seit die reichen Römer angefangen haben, viele
ländliche Besitzungen zusammenzukaufen und ihre latifundia[126]
zu gründen, nicht nur eine große Anzahl von Dörfern ganz verschwunden ist, deren Stelle jetzt die weitläufigen Wirthschaftsgebäude, die unübersehbaren Felder, Baumpflanzungen, Obst-
und Gemüsegärten, sowie die weit ausgedehnten Parks der vornehmen römischen Bürger einnehmen, sondern auch die noch
vorhandenen meistens sehr zusammengeschrumpft und herunter-
gekommen sind. Auch das nahe Dorf (vicus),[127] welches ich
besuchte, gewährte einen keineswegs sehr erfreulichen Anblick.
Es enthielt nur kleine, niedrige, aus Lehm, höchstens aus Bruch-
steinen erbaute und mit Binsen oder Stroh gedeckte Häuser,[128]
zu denen nur ein paar, gewöhnlich Risse und Sprünge zeigende,
Ställe und Scheunen gehörten. Die Bitte um einen Krug
Milch verschaffte mir Zutritt in eine der besseren dieser Hütten,
und da ich denselben zur Verwunderung der guten Leute mit
einem Denar bezahlte und mich zugleich als den Gastfreund
ihres Nachbars, des ihnen sehr gut bekannten und hochgeehrten
Sulpicius, zu erkennen gab, ward mir die freundlichste Aufnahme
und willigste Belehrung über Alles zu Theil, was ich zu wissen
wünschte. Ich fand aber nur den alten Vater des Besitzers,
dem er das Gütchen überlassen hatte, nebst der Frau und
Tochter des Letzteren zu Hause, da dieser selbst mit seinem
Sohne und dem einzigen Knechte, den er hielt, hinausgegangen
war, um die ihm gehörige Wiese abzumähen. Von dem alten

Rufinus aber erfuhr ich, daß das Dorf zum Weichbilde von
Tibur gehöre | und mit noch vier andern eine Gemeinde (einen
pagus) [129]) bilde, die den Consular Q. Junius Rusticus in Rom,
der ein Landgut in der Nähe besitze, zum Patron [130]) und einen
wohlhabenden Bauer im Nachbardorfe zum Vorsteher (magister
pagi) [131]) habe, der die Flurbücher und Listen der pagani führe,
die Lustration der Flur und den Wegebau besorge, die Aufsicht
über die zum gemeinsamen Eigenthum des pagus gehörenden
Gebäude, die Tempel, die Schule [132]) und das Wagehaus (pon-
derarium) [133]), sowie den Vorsitz in den Gemeindeversammlungen
führe. [134])   Der Mann bildete sich nicht wenig darauf ein, daß
er nicht blos ein colonus oder leibeigener Pächter von Ländereien
eines andern Eigenthümers sei, [135]) sondern als völlig freier
Mann sein eignes Gütchen bewirthschafte, welches ein Erbgut
(haeredium) [136]) sei und seit undenklichen Zeiten seiner Familie
als patrimonium [137]) gehöre, daß auch auf seinem kleinen Besitzthum fast gar keine lästigen Servitute [138]) ruhten, indem z. B. kein
Nachbar das Recht habe, es mit einem Wagen zu befahren oder
Vieh hindurch zu treiben, und er sich nur einen Fuß= und Reit=
weg durch dasselbe gefallen lassen müsse. Er pries sich glücklich
im Vergleich mit manchem großen Grundbesitzer, der bei schlechter
Bewirthschaftung seiner unermeßlichen Felder und grenzenloser
Verschwendung bis über den Hals in Schulden stecke, [139]) wovon
sie, den Göttern sei es gedankt! nichts wüßten, da ihr Gut so
viel trüge, als sie selbst und ihr Vieh zum Unterhalt brauchten,
und daß der Verkauf der zur Stadt gebrachten Milch, Eier und
Käse, bisweilen aber auch eines Lammes oder Ferkels, immer so
viel abwerfe, um auch die übrigen Ausgaben für Kleider, Haus=
rath u. s. w. bestreiten zu können. „Besser, wenig aussäen,
äußerte er, aber gut düngen und pflügen; [140]) dann trägt auch
ein kleiner Acker mehr, als ein dreimal größerer, der schlecht ge=
pflegt wird, wie wir es leider nur zu häufig sehen müssen.
Würden freilich alle Ländereien Italiens so gut bewirthschaftet,
wie die des Sulpicius, so hätten die Römer nicht nöthig, ihr
Getreide aus Sicilien und Aegypten zu beziehen und in Angst
vor Hungersnoth zu schweben, wenn einmal die Getreideschiffe
ausbleiben. [141]) Aber das meiste Land ist ja jetzt in den Händen
vornehmer Verschwender, die sich um seine Verwerthung nicht
kümmern und sorglos in Rom oder auf ihren prachtvollen Villen

praffend die Bestellung desselben jenen Sklavenheeren, dem
nichtswürdigsten Gesindel aller Länder, und betrügerischen, nur
auf ihren Vortheil bedachten Verwaltern überlassen." Als ich die
geschäftige Tochter des Hauses, ein kräftiges, muntres Naturkind
von etwa achtzehn Jahren, die sich nur auf Augenblicke in der
Stube sehen ließ, da sie stets der Mutter in der Hauswirth=
schaft an die Hand ging, fragte, ob sie öfters nach Rom käme?
antwortete sie lachend: „Nach Rom? was sollte ich denn dort?
Das ist ja viel zu weit. Und wie es dort | zugehen soll! Nein,
da lob' ich mir mein schönes Tibur hier, wohin ich wöchentlich
zu Markte gehe. Da ist's gewiß viel hübscher." „Du magst
Recht haben, sagte ich; aber am Ende hast Du wohl auch etwas
Liebes in der Stadt, daß Du so gern hineingehst?" Da wurde
sie roth bis hinter die Ohren und schlüpfte mit den Worten:
„Ach warum nicht gar!" rasch zur Thüre hinaus. Die Mutter
aber führte mich, als sie mit ihrer Arbeit fertig war, in dem
ganzen kleinen Besitzthum herum und zeigte mir die zwei wohl=
genährten Ochsen, die eben unbeschäftigt im Stalle standen,
einige Kühe, die sie bereits gemolken hatte, und die mit einem
Dutzend Schafen und Ziegen auf dem Hofe dem Rufe des Hirten=
horns [142]) harrten, um sich dem übrigen auf die Weide ziehenden
Viehe des Dorfes anzuschließen, sowie den Schweinskoben, der
nur noch zwei Insassen barg, da kürzlich einer derselben ge=
schlachtet worden war, so daß mir die gute Frau mit Stolz
ihre im Rauch hangenden Schinken und Würste und die ein=
gesalzenen Fleischvorräthe zeigen konnte; auf dem Hofe und der
Düngergrube aber trieben sich einige Hühner, Tauben und Enten
herum, die sich schnatternd und gackernd um sie sammelten, als
sie ihnen eine Hand voll Körner hinstreute, während die Gänse
mit den übrigen des Dorfes schon auf die Weide getrieben
waren. Das Wohnhaus selbst, blos ein Erdgeschoß mit einem
Fußboden von Estrich bildend und mit kleinen Fenstern und
einer Hausthür versehen, durch die man nur gebückt eintreten
konnte, [143]) enthielt außer der Wohnstube und Küche nur noch
zwei Schlafgemächer, eins für die männlichen, das andre für die
weiblichen Bewohner des Hauses, während der Knecht sein
Lager im Stalle hatte, und ein kleines, dunkles und kaltes
Badegemach mit einer hölzernen Wanne, [144]) denn warm zu
baden, meinte die Frau, erschlaffe den Körper und passe nicht für

Landleute, die immer frische Kräfte brauchten. Selbst der Haus=
gott (Lar familiaris) [145]) war nur ganz kunstlos aus Holz ge=
schnitzt, wurde aber hoch in Ehren gehalten. Als ich mich
wieder verabschieden wollte, sagte die freundliche Frau, die
Gastfreundschaft der Römer auch hier auf dem Lande nicht
verleugnend, [146]) jetzt dürfe ich noch nicht fort, ich müsse
erst noch mit ihnen frühstücken; sie könnten mir freilich nicht
bieten, was mich in der Villa des Sulpicius erwarte, aber
ich würde hoffentlich nicht verschmähen, was sie mir aus gutem
Herzen spendeten, wenn ein freundliches Gesicht und heiteres
Gespräch das karge Frühstück würze. Dankbar nahm ich die
wohlgemeinte Einladung der guten Leute an. Auf den einfachen
Lectus mit einem Fußgestell von Weidenholz wurde nun ein mit
weichem Riedgras gestopftes Polster gelegt und eine wollene Decke
darüber gebreitet, dann aber der etwas wackelige Tisch, dem erst
eine unter das eine Bein gelegte Scherbe festen Halt gab, da=
vor hingestellt und mit grüner Krausemünze gereinigt. [147]) Nun
erschien auch die hübsche Galla wieder, den Arm mit Schüsseln
und Schalen beladen, und bald war der Tisch mit Kornelkirschen
in Weinhefen eingemacht, mit Endivien, Mispeln, Rettig, Käse
und gesottenen Eiern, Alles in irdenen Gefäßen, besetzt, auch
fehlte es nicht an einem tüchtigen Stück Schinken und frischem,
selbstgebacknem Brote, das sehr gut und kräftig schmeckte; dazu
wurden mir zwei Krüge, der eine mit jungem Wein, der andre
mit Wasser gefüllt, und ein aus Buchenholz geschnitzter und in=
wendig mit Wachs bestrichner Becher hingestellt und ich nun
zum Niederlegen eingeladen. „Wie?“ frug ich, „ich soll allein
frühstücken und ihr wollt mir nicht Gesellschaft leisten? Da
würde mir ja kein Bissen schmecken. Nein, nein; entweder nehmt
auch ihr am Frühstück Theil, oder ich empfehle mich.“ Sie
wollten zwar noch Umstände machen, als ob sich das nicht schicke,
ich aber ruhte nicht eher, bis der Alte und die Frau an meiner
Seite Platz nahmen, während die geschäft'ge Galla noch ein
paar Becher holte und wenigstens uns bedienend und unsre Hebe
abgebend sich gleichfalls am Frühstück betheiligte. Ich aber kann
gestehen, daß mir das reiche prandium bei Sulpicius nie besser
gemundet hatte, als dieses ländliche Mahl im Kreise so einfacher,
unverdorbener und gutmüthiger Naturmenschen. Noch war
dasselbe nicht beendigt, als sich die Thüre öffnete und ein junger,

schöner Mann in Jägertracht hereintrat, bei dessen Erscheinen
das Gesicht der hübschen Galla eine Purpurröthe überflog, die
mir, ganz abgesehen von der beiderseitigen Verlegenheit, sofort
verrieth, wen ich hier vor mir sah. Ich verfehlte nicht meinen
Scherz darüber zu machen und lud den mich mit etwas miß=
trauischen Augen betrachtenden Ankömmling zur Theilnahme an
unserm Frühstücke ein, wobei ich denn von der geschwätzigen
Mutter erfuhr, daß er Jäger [148] auf der weitläufigen Besitzung
ihres Patrons, des oben erwähnten Consulars, sei, bei welchem
er in so großer Gunst stehe, daß ihm der gute Herr bereits die
baldige Freilassung und ein kleines Gut versprochen habe, und
daß er, sobald dies geschehen, ihre Galla heirathen werde. Ich
machte ihnen natürlich meinen Glückwunsch und sprach die Hoff=
nung aus, daß dies recht bald der Fall sein möchte, damit ich
vor meiner Abreise aus Rom noch ihr Hochzeitgast sein könnte.
Nun aber wäre es unverantwortlich gewesen, das Brautpärchen
noch länger stören zu wollen, und so machte ich denn Anstalt
zum Aufbruch. Als ich aber der Frau einen Golddenar [149]
zum Andenken an mich, wie ich sagte, einhändigen wollte, hätte
ich die guten Leute fast böse gemacht, und der alte Rufinus
fragte empfindlich, ob ich sie etwa für die mir bewiesene rö=
mische Gastfreundschaft bezahlen wollte? Ein Wirthshaus sei
seine Hütte nicht, in der sich, Dank sei es den güt'gen Göttern!
immer auch für einen lieben Gast ein kleiner Imbiß finde. So
steckte ich denn unter tausend Entschuldigungen, daß es so nicht
gemeint gewesen sei, mein Goldstück wieder ein und äußerte nur
mein Bedauern, daß ich nichts Andres bei mir trage, was ich
ihnen als kleines Andenken zurücklassen könnte, da ich sehr gut
fühle, daß sich eine Freundlichkeit, wie sie mir erwiesen hätten,
nicht mit Geld bezahlen lasse. Ich schied nun von den wieder
Versöhnten mit dem aufrichtigsten Danke und erinnerte mich
noch oft an die in dieser Hütte verlebten frohen Stunden.

Anmerkungen zum 4. Kapitel.

¹) Dem heutigen Tivoli mit manchen Ueberresten der alten Stadt und der Villen in ihrer Umgebung.

²) Vgl. oben S. 7.

³) Vgl. oben S. 13. mit Anm. 127. auf S. 61.

⁴) Siehe oben S. 21. am Ende.

⁵) Ueber diese verschiedenen Wagen vgl. oben S. 6. 53. (Anm. 40.) u. 54. (Anm. 53.)

⁶) Bekanntlich wanderte im J. Roms 260. oder 494. v. Chr. die ganze, über den Druck von Seiten der Patricier mißvergnügte plebejische Bevölkerung aus Rom aus und ließ sich auf diesem heiligen Berge (Mons sacer) nieder, was Veranlassung zu der An= stellung von Volksvertretern (tribuni plebis) gab.

⁷) Vgl. oben S. 2.

⁸) Jetzt Teverone.

⁹) Ueber die Zeit der coena oder Hauptmahlzeit vgl. oben S. 49. Anm. 24.

¹⁰) Ich bin hier besonders dem jüngeren Plinius (Ep. II, 17. u. V, 6.) in der Beschreibung seiner beiden Villen bei Laurentum und in Etrurien, namentlich der ersteren, gefolgt, habe aber auch dabei die villa suburbana in Pompeji (vgl. Overbeck I. S. 328 ff. u. Guhl u. Koner II. S. 96 f.) u. Colum. I, 6. nicht unberück= sichtigt gelassen. Da zur Villa des Sulpicius auch Feldwirthschaft gehörte, so vereinigte sie also mit der villa suburbana auch eine villa rustica oder ein praedium rusticum. Vgl. Vitruv. VI, 8. (oder 5. Schneid.) Colum. I, 6, 1. unterscheidet bei einer solchen Landbesitzung tres partes, urbanam, rusticam, fructuariam und ver= steht darunter wahrscheinlich 1) die eigentliche, städtisch eingerichtete Villa, 2) die Oekonomiegebäude und 3) die Vorrathsräume für Getreide, Heu, Wein, Oel u. s. w. Doch gab es auch Landhäuser ohne Oekonomie und diese hießen dann eben villae suburbanae.

¹¹) So bei der villa Laurentina des Plinius (II, 17, 12.) Sie enthielten mehrere kleinere, in sich abgeschlossene Wohnungen, die ich den Sklaven anweise.

¹²) Ich folge hier der richtigern Lesart bei Plin. Ep. II. 17, 4. porticus in D litterae similitudinem circum actae (statt in O litterae, was eine minder passende, ovalrunde Form geben würde).

¹³) Man sieht leicht, daß ich hier an die unter dem Namen des farnesischen Stiers bekannte, herrliche Gruppe denke, über welche Overbeck Gesch. d. griech. Plastik II. S. 240 ff. zu vergleichen ist.

¹⁴) So nennt ihn Plin. Ep. II, 17, 5., woraus jedoch noch nicht geschlossen werden darf, daß cavaedium auch in städtischen Gebäuden identisch mit peristylium sei. Vgl. oben S. 254. Anm. 33.

¹⁵) Vgl. oben S. 209. Anm. 487.

¹⁶) Cic. ad Qu. fr. III, 1, 2. Parad. V, 2. Plin. Ep. III, 19, 3. Plin. H. N. XV, 29, 37. §. 122. (XVIII, 26, 65. §. 242.?) Orelli 2966. 4293. 6300. 6366. 6445. Vom topiarius wird der viridarius (Inschr. bei Gruter p. 602, 1. Doni Cl. V. n. 153.) unterschieden, welcher Ausdruck wahrscheinlich den Gärtner des viridarium in den Häusern der Stadt bezeichnet. Erst von späteren Schriftstellern wird der Gärtner auch hortulanus genannt. (Macrob. Sat. VII, 3, 20. p. 570. Jan. Appulej. Met. IV, 3. p. 240. IX, 39. p. 666. u. 668. Oud. Orelli 4200. vgl. mit 2998.)

¹⁷) Vgl. Plin. Ep. XVI, 33, 60. V, 6, 16. 35. Plin. H. N. XVI, 33, 60. §. 140. Mart. III, 19. Firm. Math. VIII, 10.

¹⁸) Auch der Myrthe und des Lorbeers bediente man sich zu gleichem Zwecke. (Plin. XV, 29, 37. §. 122. u. 30, 39. §. 130.)

¹⁹) Vgl. Plin. Ep. V, 6, 16. u. Overbeck Pomp. I. S. 248.

²⁰) Vgl. Mart. IV, 30, 6 f.

²¹) Vgl. oben S. 16. u. 63. Note 144.

²¹ᵇ) Aviarium: Varro R. R. I, 28, 2. III, 3, 6. u. 4, 3. Colum. VIII, 1. extr. Cic. ad Qu. fr. III, 1, 1. oder ornithon: Varro R. R. II. praef. §. 5. III, 3, 1. 7. III, 4, 2. III. 5, 1. 8. Colum. VIII, 1, 3. Vgl. Varro's Beschreibung seines freilich mit viel größerem Raffinement eingerichteten Vogelhauses R. R. III, 5.

²²) [²¹] Vgl. Plin. XXII, 22, 34. §. 76.

²³) [²²] Mart. IV, 22, 5. VIII, 14. u. 68. vgl. mit Colum. XI, 3, 52. u. Plin. XIX, 5, 23. §. 64.

²⁴) [²³] Plin. Ep. II, 17, 13. V, 6, 17. IX, 7, 10.

²⁵) [²⁴] Plin. Ep. V, 6, 19. 32. Mart. XII, 50, 5. vgl. mit XII, 57, 23. Sidon. Apoll. Ep. II, 2.

²⁶) [²⁵] Vgl. Plin. Ep. V, 6, 32.

²⁷) [²⁶] Vgl. oben S. 69. Anm. 184.

²⁸) [²⁷] Wie wichtig die Bienenzucht für die Römer war, da

ihnen der Honig die Stelle unfers Zuckers erſetzen mußte, haben
wir bereits S. 163. Anm. 36. geſehen.

²⁹) [²⁸] Vgl. oben S. 68. Anm. 173. u. Beckmann Geſch. d.
Erfind. V, 1. S. 107 ff.

³⁰) Da ſich hier keine Gelegenheit darbot von dem ganzen
Landbau und der Viehzucht der Römer im Zuſammenhange zu
ſprechen, ſo verweiſe ich auf den 1. Band der 2. Abth., wo ich in
Kap. 7. S. 166 ff. von dem nur wenig verſchiedenen Landbau und
der Viehzucht der Griechen ausführlich gehandelt habe. Uebrigens
vgl. beſonders Magerſtedt Bilder aus der römiſchen Landwirthſchaft.
Sondershauſen 1861—1863. 6 Bände.

³¹) [²⁹] Varro R. R. I, 13.

³²) [³⁰] Varro a. a O. u. Colum. I, 6, 6.

³³) [³¹] Varro R. R. I, 2, 14. Colum. XII. praef. extr. u.
1, 1. 18, 1. Cato R. R. 5, 142. Cic. Verr. III, 50, 119. Hor.
Ep. I, 14, 1. Iſidor. Orig. IX, 4, 33. Orelli 866. 1721. 2857.
4565. 4939. 5015. 5750. u. öfter (auf welchen Inſchr. ſtets vili-
cus geſchrieben wird).

³⁴) [³²] Varro R. R. I, 13. Colum. I, 6, 9. Uebrigens
vgl. oben S. 234. |

³⁵) [³³] Varro u. Colum. a. a. O. vgl. mit Vitruv. VI, 9.
(oder 6. Schn.)

³⁶) [³⁴] Vgl. oben S. 74. Anm. 223. u. S. 148.

³⁷) [³⁵] Vitruv. u. Varro a. a. O.

³⁸) [³⁶] Vitruv. a. a. O. §. 2.

³⁹) [³⁷] Wie es z. B. Colum. a. a. O. §. 3. vorſchreibt, der
jedoch einen Unterſchied zwiſchen geſeſſelten und ungeſeſſelten Sklaven
macht und Erſteren das ergastulum, Letzteren aber gegen Mittag
gelegene Zellen zur Wohnung anweiſt. Vgl. auch Varro a. a. O.

⁴⁰) [³⁸] Varro a. a. O. §. 3.

⁴¹) [³⁹] Varro a. a. O.

⁴²) [⁴⁰] Ueber die numidiſchen Hühner, unter denen man
wahrſcheinlich Perlhühner zu verſtehen hat, vgl. Varro R. R. III,
9. Colum. VIII, 2, 2. Mart. III, 58, 15. Plin. X, 48, 67. §.
132. u. Suet. Calig. 22., über die rhodiſchen aber, die bei den
Griechen beſonders zu Hahnenkämpfen benutzt wurden, Colum. VIII,
2, 5. 12. 13. VIII, 11, 11. u. Mart. III, 58, 17. Was die
Hahnenkämpfe bei den Alten betrifft, über die beſonders Beckmann
Geſch. d. Erfind. V, 2. S. 446 ff. zu vergleichen iſt, ſo ſcheinen
ſie bei den Römern nicht üblich geweſen zu ſein, da dies ſonſt Plin.
X, 21, 24., namentlich §. 47. gewiß erwähnt haben würde; die
von Petron. c. 86. erzählte Geſchichte aber ſpielt zu Pergamum,
wo nach Plin. X, 21, 25. §. 50. dieſe Kämpfe allerdings ſehr ge-
bräuchlich waren. Die Römer dagegen ſtellten dergleichen Kämpfe
unter Wachteln und Rebhühnern an. (Lamprid. Alex. Sev. 41.

Aelian. Hist. an. IV, 1. vgl. mit Lucian. de gymn. c. 37.) Vgl.
2. Abth. 1. Band. S. 181. u. 200.

⁴³) [⁴¹] Ueber die Castration der Hähne vgl. Plin. X, 21,
25. §. 50.

⁴⁴) [⁴²] Ueber die Zucht der Pfauen, die oft auf die Tafel
der Römer kamen (Varro R. R. III, 6, 6. Plin. X, 20, 23. §.
45. Cic. ad Fam. IX, 18, 20. Hor. Sat. I, 2, 115. II, 2, 23 f.
Macrob. Sat. III, 13. (II, 9.) in. p. 306. Jan.) und deren Eier
besonders beliebt waren (vgl. oben S. 17. mit Anm. 155. auf S.
65.), vgl. Colum. VIII, 11. u. Pallad. I, 28.

⁴⁵) [⁴³] Ueber die Flamingozungen als Leckerbissen der Römer
vgl. oben S. 219. Anm. 251.

⁴⁶) [⁴⁴] Daß die auf der Tafel sehr beliebten Fasane bei den
Römern auch auf dem Hühnerhofe gezüchtet wurden, haben wir
schon S. 67. Anm. 172. gesehen.

⁴⁷) [⁴⁵] Colum. VIII, 80. Pallad. I, 24. Ovid. Trist. I,
9, 7 f. Plin. X, 37, 53. §. 110. Die Taubenschläge wurden gewöhnlich weiß angestrichen, weil die Tauben diese Farbe lieben
(Colum., Pallad. u. Ovid. a. a. O.) Wie groß die Menge der
Tauben war, die man hielt, ersieht man aus Varro III, 7, 2.,
nach welchem ein Taubenschlag oft bis zu 5000 enthielt, und wie
weit die Vorliebe und Verschwendung der Römer hinsichtlich schöner
Taubenraçen ging, aus Plin. a. a. O. Varro III, 7, 10. u. Colum. VIII, 8, 10.

⁴⁸) [⁴⁶] Vgl. Colum. VIII, 9. Pallad. I, 35. und über die
Krammetsvögel oben S. 67. Anm. 172. |

⁴⁹) [⁴⁷] Cato R. R. 143. Colum. XII. praef. §. 8. 10. u.
c. 1, 2. 4. Mart. I, 55, 11. Juven. 11, 69. Orelli 6277.

⁵⁰) [⁴⁸] Vgl. oben S. 78. Anm. 241.

⁵¹) [⁴⁹] Siehe oben S. 72. Anm. 209. u. S. 258. Anm. 79.

⁵²) [⁵⁰] Vgl. oben S. 76. Anm. 232.

⁵³) [⁵¹] Vitruv. VI, 9. Plin. XV, 3, 3. §. 11. XVIII, 26,
62. §. 230. u. 31, 74. §. 317. Colum. I, 6, 9. I, 16, 18. XII,
50, (52,) 10, 15. Vitruv. a. a. O. will zwar die Oelpresse neben
der Küche und den Badestuben angelegt wissen, allein obgleich dieselbe allerdings einen warmen, d. h. den Sonnenstrahlen zugänglichen, aber nicht geheizten Ort verlangte (Colum. I, 16, 18. Plin.
XV, 3, 3. §. 11. u. 5, 6. §. 22.), so würde doch dort kein ge-
eigneter Platz für sie gewesen sein, da nach Colum. XII, 52, (50,)
13. Rauch, Qualm und Ruß den Geschmack des Oels verderben,
welches auch kein Feuer, nicht einmal eine Lampe, verträgt.

⁵⁴) [⁵²] Vgl. darüber Plin. XV, 3—6. §. 9—23. Colum.
XII, 49—54. u. Magerstedt Bilder aus der röm. Landwirthschaft
IV. S. 259 ff.

⁵⁵) [⁵³] Plin. XV, 3, 3. §. 11. u. 12.

⁵⁶) [⁵⁴] Colum. XII, 52, 13. Uebrigens wo~ •s eine Vor-

schrift, nicht mehr als 100 modios Beeren auf einmal zu pressen (Plin. XV, 5, 6. §. 23., wo auch gesagt wird, daß vier Menschen in einem Tage und einer Nacht diese Quantität dreimal zu pressen im Stande sind). Das vorher Bemerkte ist aus Colum. XII, 52, 9. 10. u. Plin. XV, 5, 6. §. 22. geschöpft.

⁵⁷) [⁵⁵] Colum. XII, 51, 2. 52, 10.

⁵⁸) [⁵⁶] Nach Colum. XII, 52, 10. auf einen modius Beeren zwei sextarios Salz.

⁵⁹) [⁵⁷] Plin. XV, 1, 2. §. 5.

⁶⁰) [⁵⁸] Bei Quint. Smyrn. XIV, 266. wird die Presse, in der ein gewaltiger Stein die Oliven preßt, durch Seile zusammen geschnürt.

⁶¹) [⁵⁹] Varro R. R. I, 55, 5. Colum. XII, 52, 6.

⁶²) [⁶⁰] Plin. XV, 6, 6. §. 23.

⁶³) [⁶¹] Colum. XII, 52, 10., wo §. 11. auch von den drei Reihen von Becken (labra) die Rede ist, u. §. 12. gesagt wird, daß bei nicht übermäßig großen Olivenpflanzungen in jeder Reihe 30 solcher Becken genügen.

⁶⁴) [⁶²] Plin. XV, 6, 6. §. 23.

⁶⁵) [⁶³] Apicius II, 2. Hor. Sat. II, 8, 45.

⁶⁶) [⁶⁴] Colum. XII. 52, 12.

⁶⁷) [⁶⁵] Colum. XII, 52, 14.

⁶⁸) [⁶⁶] Cato R. R. 144. 145. Die capulatores kommen da= her bei Orelli 7190. als ein besondres collegium vor.

⁶⁹) [⁶⁷] Vgl. hierüber im Allgemeinen Plin. XIV, 8—21. §. 77—136. u. XVIII, 31, 74. §. 309 ff. Colum. XII. Geopon. VI. Verg. Geo. II. Dig. XXX. tit. 6. u. Magerstedt in dem oben angef. Werke I. S. 168 ff. |

⁷⁰) [⁶⁸] Vgl. Plin. XVIII, 31, 74. §. 315. u. 319. u. Pallad. X, 11. In wärmeren Gegenden fängt sie schon früher, am 12. September (Colum. XI, 2, 64.), ja am 22. August an. (Plin. a. a. O.)

⁷¹) [⁶⁹] Plin. a. a. O.

⁷²) [⁷⁰] Varro R. R. I, 15. Cato R. R. 11. 135. 136. Pallad. III, 10.

⁷³) [⁷¹] Vgl. ein Basrelief im Mus. Borb. II, 11.

⁷⁴) [⁷²] Tibull. I, 5, 23. vgl. mit Verg. Geo. I, 262. u. Cato R. R. 11. extr.

⁷⁵) [⁷³] Festus p. 169, 25. M.

⁷⁶) [⁷⁴] Plin. XIV 9, 11. §. 84., (nach welchem der aus solchen Trauben gewonnene Wein diachyton hieß) vgl. mit Geopon. VII, 8.

⁷⁷) [⁷⁵] Varro R. R. I, 54, 2. Colum. XI, 2, 71.

⁷⁸) [⁷⁶] Verg. Geo. II, 7 f. Ovid. Rem. 190. Tibull. II, 1, 45. Propert. III, 17, (IV, 16,) 18. Calpurn. Ecl, IV 124. Geopon. VI, 11. u. f. w.

⁷⁹) [⁷⁷] Calcatores: Calpurn. a. a. O.; factores: Cato R.
R. 13.

⁸⁰) [⁷⁸] Oppian. Cyneg. 127.

⁸¹) [⁷⁹] Protropus (οἶνος πρότροπος, oder vielleicht auch
protropum, scil. mustum) heißt nach Plin. XIV, 9, 11. §. 85. vgl.
mit 7, 9. §. 75. u. XXX, 6, 16. §. 49. derjenige Most, der so=
fort durch Selbstdruck recht reifer Trauben ausläuft, fast ehe man
noch zu keltern angefangen hat.

⁸²) [⁸⁰] Colum. XII, 41. Uebrigens vgl. oben S. 4. mit
Anm. 23. auf S. 49.

⁸³) [⁸¹] Ueber diese vgl. Cato R. R. 12. Plin. XVIII, 31,
74. §. 317 f., eine Abbild. in Keyser's Herkul. u. pompej. Maler.
Serie 2, 143. u. Magerstedt I. S. 178.

⁸⁴) [⁸²] Saccus: Plin. XIX, 4, 19. §. 53. XXIII, 1, 24. §.
45. XXIV, 1, 1. §. 3. Mart. XII, 61, (60. b.) 3. Colum:
Colum. XII, 19, 4. vgl. Appulej. Met. III, 3. p. 177. Oud. (ob=
gleich hier auch von dem im Triclinium gebrauchten colum die
Rede sein kann: vgl. oben S. 148. mit Anm. 516. auf S. 219.)

⁸⁵) [⁸³] Colum. XII, 18, 3. vgl. Cato R. R. 25. Plin.
XVIII. 31, 74. §. 317., (nach welchem so viel Trauben auf ein=
mal gepreßt werden mußten, daß der Most 20 Schläuche füllte)
Ovid. Fast. IV. 888. Tibull. II, 3, 36. (64.) II, 5, 86.

⁸⁶) [⁸⁴] Siehe S. 218. Anm. 515.

⁸⁷) [⁸⁵] Varro R. R. I, 65.

⁸⁸) [⁸⁶] Plin. XIV, 9, 11. §. 80. Des defrutarium gedenkt
Colum. I, 6, 9., ebendas. §. 19. aber nennt er es auch cortinale.
Uebrigens vgl. oben S. 162. Anm. 36.

⁸⁹) [⁸⁷] Varro R. R. I, 54, 3. Cato R. R. 57. Colum
XII, 41. Plin. XIV, 10, 12. §. 86. Bei Gellius X, 23. heißt
er lorea. Als Getränk der Sklaven und Soldaten erscheint die
lora bei Plaut. Mil. III, 2, 23. u. Spart. Hadr. 10., (vgl. Plin.
XIV, 10, 12. §. 86. vinum operarium), als das der Frauen bei
Cato R. R. 57. | Plin. a. a. O. erwähnt drei Arten derselben, von
denen die letzte Hesenwein (vinum faecatum) heißt, weil er aus der
Weinhefe gepreßt ist.

⁹⁰) [⁸⁸] Colum. I, 6, 9. u. 20. vgl. mit Cic. in Vatin. 5,
12. Phil. II, 27, 67. Hor. Sat. II, 5, 7. Plin. Ep. II, 17, 13.
Plin. H. N. XIV, 14, 16. §. 94. Isidor. Orig. XV, 5, 8.

⁹¹) [⁸⁹] Vgl. oben S. 220. Anm. 533.

⁹²) [⁹⁰] Vgl. Plin. XIV, 19, 24. u. 30, 25. besonders §. 120 f.
124 ff. 129 f.

⁹³) [⁹¹] Sen. Nat. Qu. III, 21.

⁹⁴) [⁹²] Und zwar entweder frisch mit Spreu vermengt, oder
gedörrt und in Fässern aufbewahrt. (Cato R. R. 11. 25. 54.
Colum. III, 15, 5. V, 9. Pallad. III, 9. Verg. Geo. III, 295.)

⁹⁵) [⁹³] Verg. Geo. II, 347.

⁹⁶) [⁹⁴] Vgl. oben S. 66. Anm. 166.
⁹⁷) [⁹⁵] Vgl. oben S. 76. Anm. 232.
⁹⁸) [⁹⁶] Plin. VIII, 32, 50. §. 116. u. 52, 78. §. 211.
Gellius II, 20, 4—6. In ihm wurden besonders wilde Schweine,
aber auch Rehe, Hasen (daher auch leporarium genannt: Varro
R. R. III, 3, 1. 2. III, 12, 1.) und Haselmäuse (glires, daher
glirarium: Varro III, 15. vgl. Plin. VIII. 57, 82. §. 224.) gehegt.
Letztere galten für einen Leckerbissen. (Vgl. Plin. a. a. O. §. 223.
Varro III, 2, 14. Mart. III, 58, 36. XIII, 59.)
⁹⁹) [⁹⁷] Siehe oben S. 18.
¹⁰⁰) [⁹⁸] Da gab es für den Ackerbau zum Pflügen aratores
(Col. I, 9, 3. Plin. XVIII, 19, 49. §. 179. Verg. Ecl. 3, 42.
Tibull. II, 1, 5. Orelli 3308. u. s. w.), auch nach dem Gespann
bubulci (Cato R. R. 5, 6. Varro R. R. II. praef. §. 4. Colum.
I, 6, 8. I, 9, 2. II, 12, (13,) 1. Cic. Divin. I, 27, 57. II, 23,
50. Ovid. Trist. III, 12, 30. ex P. IV,, 7, 10. u. s. w.) und
iugarii (Colum. I, 6, 6.) genannt, (während der Sklav, der die
Ochsen einfuhr, domitor hieß: Col. VI, 2, 6. vgl. Orelli 4179.),
zum Eggen occatores (Colum. II, 12, (13,) 1.), zum Behacken
sarritores (Colum. a. a. O. Varro R. R. I, 29, 2.), zum Gäten
runcatores (Colum. a. a. O. u. XI, 3, 19.), zum Mähen messores
(Colum. II, 18, (17,) 5. Verg. Geo. I, 316. Ovid. Met. XIV,
643. u. s. w.), zum Heumähen aber foenisecae (Colum. II, 17, (18,)
4. 5.) oder foeniseces (Varro R. R. I, 49, 2. Plin. XVIII, 28,
67. §. 259. vgl. Pers. 6, 40. u. Colum. XI, 1, 12.) Ferner für
den Weinbau, den der vinitor (Colum. III, 3, 8. IV, 24. 1. Verg.
Ecl. 10, 36. Cic. Fin. V, 14, 40. u. s. w.) leitete, zum Graben
fossores (Colum. III, 13, 3. XI, 2, 38. Mart. VII, 70, 4.), zum
Setzen satores (Col. III, 15, 3.), zum Behacken pastinatores (Col.
III, 13, 12.), zum Anbinden alligatores (Col. IV, 13, 1.), zum Beschneiden putatores (Col. IV, 24, 11.), zum Abranken pampinatores
(Col. IV, 10, 2.), zum Lesen vindemiatores (Col. III, 21, 6. XII,
17, 2.), zum Keltern calcatores (Calpurn. Ecl. 4, 124.) oder factores (Cato 13, 1.), zum Schöpfen in die Fässer haustores (Orelli
5089.); sodann für den Oelbau zum Lesen leguli (Cato 64, 1.), zum
| Pressen factores (Cato 66, 1. 145, 2.) oder torcularii (Co-
lum. XII, 52, 3.), zum Umgießen in die verschiedenen Becken
capulatores (Cato R. R. 66, 1. Colum. XII, 50, 10.) und
für den Obst= und Gemüsegarten arboratores (Colum. XI, 1,
12.) und olitores (Colum. XI, 1, 2. Orelli 2861.) Was
die Viehzucht betrifft, so standen die gesammten Hirten unter einem
magister pecoris (Varro R. R. I, 2, 14.), der dem Verwalter
coordinirt war (während jedoch nach Colum. VII, 6, 9. der magister
pecoris nur der Inspector des Kleinviehes war, dem dann wahr=
scheinlich ein armentarius (vgl. Varro R. R. II, 5, 18.) als In=
spector der Rinder, Pferde und Maulthiere zur Seite stand, und

theilten sich in Rinder=, Schaf=, Ziegen= und Schweinehirten, ober
armentarii (Barro R. R. II. praef. 4.), opiliones (Colum. VII, 3,
13. XI, 1, 18.), caprarii (Barro II, 3, 10.) u. suarii (Plin. VIII.
51, 77. §. 208.), welche Letzteren wieder in porculatores und subulci
(Colum. I. praef. 26. VII, 9, 12. Barro II, 4, 1. u. 20.) zer=
fielen. Auch für jede Art des Federviehes, über das ein curator
aviarii (Barro III. 5, 5. vgl. mit Colum. VIII, 11, 12.) ober
aviarius (Colum. VIII, 3, 4. VIII, 5, 14.) die Aufsicht führte,
waren besondre Hüter und Pfleger bestellt, also anserum pastores
(Dig. XXXII. 1, 66.) für die Gänse, ein curator gallinarius (Barro
III, 9, 7.) für die Hühner, ein phasianarius (Dig. XXXII, 1, 66.)
für die Fasane, ein curator pavonum (Colum. VIII, 11, 2. Barro
III, 6, 3.) für die Pfaue, ein columbarius (Barro III, 7, 5. 7.)
für die Tauben; selbst für das Mästen der Gänse und Hühner
gab es eigne fartores (Colum. VIII, 7, 1.) und für den Vogelsang
die aucupes (Barro III, 3, 4. Dig. XXXIII, 7, 13. Paulus Sent.
III, 6, 71.) Der Bienenzucht stand ein curator apiarii (Colum.
IX, 5, 2. vgl. Orelli 6655.) vor, der auch mellarius (Barro III,
16, 17. vgl. Orelli 5091.) und meliturgus (Barro III, 16, 3.)
hieß; den Fischfang besorgten die piscatores (Barro III, 17, 6.),
den Wildpark die unter einem custos vivarii (Orelli 22.) stehenden
venatores (Barro III, 3, 4. Dig. XXVIII, 7, 12. §. 12. XXXII,
1, 99. §. 1. XXXIII. 7, 12. §. 12. Paul. Sent. III, 6, 71.
Orelli 22. 4895. 6178.) Den Vorrathskammern waren cellarii
(Colum. XI, 1, 19. XII, 3, 9. Plin. XIX, 12, 62. §. 188. vgl.
Plaut. Capt. IV, 2, 115. Dig. XL, 4, 24. Orelli 2423. 2828.
5732. 6287. 7189.) vorgesetzt, und zur Bewachung der Felder und
Früchte saltuarii (Dig. VII, 8, 16. §. 1. XXXIII, 7, 12. §. 4.
Orelli 6294.) angestellt. Die Sklavinnen mußten, wenn sie nicht
anderweit beschäftigt waren, unter Aufsicht eines lanipens, lanipen-
dius (Gruter p. 648, 5. Orelli 2820. 6322.) oder einer lanipendia
(Dig. XXIV, 1, 31. Schol. des Juven. 6. 475. Reines. Cl. 11.
Nr. 38. Doni Cl. 8. Nr. 57.) spinnen und weben. Vgl. auch oben
S. 74. Anm. 222. Daß einzelne Arbeiten, namentlich bei den
Wein= und Oelernten, auch von freien Tagelöhnern besorgt wurden,
haben wir schon oben gesehen.

101) [99] Colum. I, 8, 11. 27. I, 9, 2. XI, 1, 27.

102) [100] Colum. I, 6, 7. Plin. Ep. III, 19, 2. Cic. de Or.
I, 58. 249. Sen. Ep. 14. extr. Petron. 30. |

103) [101] Ueber das am 15. Mai gefeierte Fest der Ambarvalia, wobei eine lustratio agrorum durch das Opfern eines Schweins,
eines Schafs und eines Stiers (Suovetaurilia) stattfand, vgl. Macrob.
Sat. III, 5, 7. p. 279. Jan. Paulus Diac. p. 5, 1. M. und Serv. zu
Verg. Ecl. 3, 77. und Geo. I, 345. mit Strabo V, 3, 3. p. 230.
Cato R. R. 141, 1. Barro R. R. II, 1, 10. Tibull. II, 1, 1.
u. s. w. (Eine nähere Untersuchung darüber und ob die Arvales

fratres dabei betheiligt gewesen oder nicht, wird man hier, wo des=
selben nur gelegentlich Erwähnung geschieht, nicht erwarten.)

104) [102] Ursprünglich bedienten sich die Alten eines sehr ein=
fachen Pflugs (aratrum simplex bei Pallad. I, 43.), welcher blos
aus einem starken, hakenförmig gekrümmten Holze bestand, das vorn
zu einer Schaar zugespitzt war und hinten in eine Sterze auslief,
mit welcher man das Instrument regierte und in den Boden ein=
drückte, und an welcher der Pflugbaum oder die Deichsel befestigt
war. Der schon etwas vervollkommnete altgriechische, auch in Ita=
lien gewöhnlich gebrauchte Pflug hatte drei Haupttheile: den Krüm=
mel, der zugleich die Deichsel oder den Pflugbaum vorstellte, das
Pflughaupt oder den Schaarbaum, ein Holz unten am Krümmel,
an welchem die Pflugschaar befestigt war, und die Sterze mit wel=
cher der Pflug regiert wurde. Zuweilen bestanden Schaarbaum,
Krümmel und Deichsel aus einem Stücke (vgl. Hesiod. O. et D.
431.), öfters aber waren sie aus 3 Stücken von verschiedenen Holz=
arten zusammengesetzt, wo dann auch Krümmel und Deichsel als
zwei Theile unterschieden wurden. Ein vollständiger Pflug bestand
also jetzt aus folgenden Theilen: 1) dem Pflughaupte oder Schaar=
baum (dentale: Verg. Geo. I, 172. Colum. II, 2, 24. Isidor.
Orig. XX, 14, 2.), dem Haupttheile, in welchem alle übrigen Theile
sich vereinigten und der beim römischen Pfluge gewöhnlich gedoppelt
war, d. h. aus zwei Schenkeln oder Sohlhölzern bestand, die spitz
in die Pflugschaar zusammenliefen und nach hinten auseinander=
standen (daher bei Pers. 1, 73. dentalia im Plural); 2) dem Krüm=
mel oder Ochsenschwanz (buris oder bura: Verg. Geo. I, 170.
Varro R. R. I, 19, 2. Isidor. a. a. O., auch urbum oder urvum
genannt: Varro L. L. IV, 27. u. R. R. II, 1, 10. Festus p. 375,
31. M. Dig. L, 16, 239. §. 6.), einem krummen Holze, das die
Deichsel mit dem Pflughaupte verband; 3) der (nach Verg. Geo. I,
171. acht Fuß langen,) entweder geraden, oder gekrümmten Deichsel
(temo), an welche gespannt die Stiere unter einem leichten, auf
dem Nacken liegenden Joche (Colum. II, 2, 22. vgl. Cato R. R.
135, 6.) den Pflug zogen; 4) der zierlich gekrümmten Sterze (stiva:
Varro L. L. IV, 31. Verg. Geo. I. 174. Colum. I, 9, 3. Ovid.
Met. VIII, 218. Fast. IV, 825.) am hintern Ende des Schaar=
baums, an welcher der Pflüger den Pflug hält, hebt und nieder=
drückt; und 5) der vorn am Schaarbaum befestigten Pflugschaar
(vomer oder vomis: Verg. Geo. I, 46. 162. 262. Colum. II, 2,
24. 26. Cato R. R. 135, 2. Plin. XVII, 4, 3. §. 30. XVIII,
6, 8. §. 42. Hor. Epod. 2, 63. Ovid. Fast. IV, 926. A. A.
I, 125. Cic. Phil. II, 40, 102. u. s. w.), die, wie schon gesagt,
Anfangs blos von Holz (Strab. XI, | 4, 3. p. 502.), verschiedenartig
gestaltet (Plin. XVIII, 18, 48. §. 171. Colum. II, 2, 23 ss., bald
mit breiter, bald mit dolchartiger Spitze, bald mit schneidenden, bald
mit stumpfen Seiten, bald gerade, bald schräg herabgekrümmt) und

bald fest, bald einfügbar war (Cato R. R. 135, 2.). Hierzu kamen nun noch zuweilen als minder wesentliche Theile 6) das Pflugmesser oder Säch (culter: Plin. a. a. O.), welches, in den Schaarbaum eingesetzt, in mehr oder weniger schräger Stellung der Pflugschaar vorarbeitete und die Bahn bezeichnete, in welche dieselbe einschneiden sollte; 7) zwei Streichbretter oder Ohren (aures: Verg. Geo. I, 172. Varro R. R. I, 29, 2. Pallad. I, 43.), kleine Bretter an beiden Seiten des Krümmels, die angesetzt und abgenommen, höher und tiefer gestellt und umgelegt werden konnten, und die dazu dien= ten den Acker in hohe Beete aufzufurchen; 8) das Scharreisen oder die Pflugreibe (rallum: Plin. XVIII, 19, 48. §. 179.), ein Werk= zeug, um die Erde vom Pflugschaar abzustoßen; und 9) ein als Handgriff dienendes Querholz an der Sterze (manibula: Varro L. L. V, 135.), auf welche der Pflüger die Hand auflegte. Uebrigens gab es nach Beschaffenheit des Bodens zweierlei Arten von Pflügen, theils große und schwere, theils kleine und leichte (Col. II, 2, 23 f. Hor. A. P. 66. Juven. 7, 48.) und erstere Art hieß vorzugsweise der römische, letztere der campanische (Cato R. R. 135, 2.). Zu den gewöhnlichen Pflügen kam nun als eine besondre Gattung noch der Radpflug (plaustaratrum: Plin. XVIII, 18, 48. §. 172. nach Harduins Verbesserung statt planaratrum), bei welchem der Pflug= baum vorn auf zwei niedrigen Rädern ruhte, aus deren Achse die Deichsel auslief, und dessen Schaar einem Spaten glich, unstreitig diejenige Art von Pflug, welche Vergil. Geo. I, 169 ff. beschreibt. Auch des deutschen Pfluges (vomer teutonicus: Claudian. in Eutr. I. 405.) bedienten sich die Römer. Gewöhnlich wurde der Pflug blos von zwei Stieren gezogen, die man mit 12 Fuß langen Rie= men an das Joch spannte und durch 26 Fuß lange Leitriemen, die doppelt genommen wurden, lenkte (Cato R. R. 63. 135.). Bei schwerem Boden aber wurden auch vier, sechs, ja selbst acht Stiere (Colum. VI, 2, 10. Plin. XVIII, 18, 47. §. 170.) paarweise voreinander gespannt. Wie aber diese und die folgenden Acker= geräthe benutzt wurden, also die Art des römischen Feldbaues selbst, kann hier natürlich nicht erörtert werden. Ich verweise darüber namentlich auf Magerstedt's Bilder aus der röm. Landwirthsch. Heft 5. Der Feld=, Garten= und Gemüsebau der Römer. Sonders§h. 1862.

105) [103] Auch von Eggen gab es verschiedene Arten: 1) die ge= wöhnliche (crates: Verg. Geo. I, 95. Colum. II, 17, (18,) 4. Plin. XVIII, 20, 49. §. 180. oder occa: Isidor. Gloss.), ein aus Weidenruthen geflochtenes Gestell für leichten Boden; 2) die Zahn= egge (crates dentata: Plin. XVIII, 18, 48. §. 173. 20, 49. §. 180.), ein von Weiden geflochtner Rost mit Zinken für schweren Boden; und 3) die Botegge (irpex oder urpex: Varro L. L. IV, 31. Cato R. R. 10, 2. Serv. zu Verg. Geo. I, 95.), ein mit Eisenzinken | besetztes Gestell von Bohlen oder Balken, das von Ochsen gezogen, zur Beseitigung des Unkrauts und der Wurzeln diente.

¹⁰⁶) [¹⁰⁴] Hierher gehören 1) der Karst (rastrum: Verg. Geo.
I, 94. 155. 164. III, 534. Aen. VII, 726. IX, 608. Colum. II.
10, 27. (oder 11, 4.) Ter. Heaut. I, 1, 36. Ovid. Met. I, 101.
Hor. Od. I, 1, 11. Sen. de ira II, 45. Plin. XVIII, 20, 49.
§. 180. Mart. II, 75, 6.), eine schwere (Ovid. Fast. I, 700. Met.
XI, 36. Colum. X, 71.), zwei= oder vierzankige (Cato R. R. 10.
11.), etwas gekrümmte Hacke (Catull. 65, 39.) zum Zermalmen
der Erdklöße, zum Umhacken, zum Ausgraben der Stoppeln u. s. w.;
auch kleiner (rastellum: Colum. II, 12, (13,) 6. Varro R. R. I,
49, 1. u. L. L. IV, 31. Suet. Ner. 19.) zum Aufkratzen der Wie=
sen und Stoppelfelder. 2) Der ziemlich große Zweizahn (bidens:
Verg. Geo. II, 355. 400. Colum. IV, 5, 14. X, 87. Plin. XVII,
21, 35. §. 159.) mit zwei spitzigen, scharfen Zinken (Colum. X, 147.
ferrum bicorne) zu gleichem Zweck, besonders aber in Weinpflanzun=
gen benutzt. 3) Der Vierzahn (quadridens: Cato R. R. 10. 11.)
für Wein= und Oelpflanzungen. 4) Die Hau= oder Brechart (dola-
bra: Pallad. II, 21, 2. Colum. II, 2, 28. Curt. VIII, 4, 11. oder
kleiner dolabella: Colum. IV, 24, 4.), zum Aufhacken der Erde,
Entwurzeln der Bäume und Erleichterung des Pflügens [freilich aber
auch zum Aufhacken des Eises und Straßenpflasters, zum Einreißen
der Mauern u. s. w.]. 5) Die kleine Zinkenhacke oder Kratzschaufel
(marra: Colum. X, 72. 89. Plin. XVII, 21, 35. §. 159. Juven.
3, 311.) zum Zerkleinern der Erdklöße auf Wiesen u. s. w.
6) Das Böckchen (capreolus: Colum. XI, 3, 46.), eine Gäthacke mit
zwei Spitzen, die auch zum Einsetzen von Gartengewächsen gebraucht
wurde. 7) Die Rabehacke (vanga: Pallad. I, 43, 3.) zur Beseiti=
gung von Gesträuch und Gestripp. 8) Die Gäthacke (sarculum:
Colum. II, 10, 34. (oder 11, 11.) X, 91. Pallad. I, 43. Plin.
XVIII, 26, 65. §. 241. XIX, 6, 33. §. 109. Hor. Od. I. 1, 11.)
entweder mit glattem Eisen oder mit zwei Zinken (daher bei Pallad.
a. a. O. und bei Isidor. Orig. XX, 14, 8. simplex oder bicorne).
9) Das Grabscheit (ligo: Pallad. I, 43. Colum. X, 89. Plin.
XVIII, 6, 8. §. 42. Hor. Ep. I, 14, 27. Epod. 5, 30. Ovid.
Am. III, 10, 32. Fast. I, 699. Juven. 7, 33.), gekrümmt (Stat.
Theb. III. 589.), mit langem Stiel (Ovid. ex P. I, 8, 59.) und
breitem Eisen (Stat. a. a. O.) zum Graben und Zerschlagen der
Schollen. 10) Die Weinhacke (pastinum: Colum. III, 18, 1. 6.),
eine zweizinkige Hacke, um den Boden des Weinbergs umzuarbeiten.
Hieran mögen sich noch schließen 1) der Rechen oder Harken (pecten:
Plin. XVIII, 30, 72. §. 297. Colum. II, 20, (21,) 3. Ovid.
Rem. 192.). 2) Die Spaten, a) der gewöhnliche (pala: Varro L. L.
IV, 31. Colum. X, 45. Plin. XVII, 17, 27. §. 123. XVIII,
6, 8. §. 46. Plaut. Poen. V, 2, 58. Liv. III, 26.) von Eichen=
holz (Cato R. R. 10. extr.) mit fußlangem Eisen, besonders auch
zum Worfeln des Getreides gebraucht (Isidor. Orig. XX, 14, 10.
Tertull. de praescr. 3.) u. b) der Doppelspaten (bipalium: Cato |

R. R. 6, 3. u. 45, 1. Colum. XI, 2, 17. 3, 11. Plin. XVIII,
26, 62. §. 230. Liv. III, 26.), mit doppeltem, etwas kürzerem
Eisen, besonders zum Rajolen benutzt. 3) Die Schippe (rutrum:
Varro L. L. IV, 31. Cato R. R. 10, 3. u. 11, 4. Pallad. I, 43.
Liv. XXVIII, 45. Nonius p. 18, 20. u. kleiner rutellum: Nonius
a. a. O.) 4) die Heugabel (furcilla: Varro R. R. I, 49, 1. vgl.
Colum. II, 10, 13. u. Isidor. Orig. XX, 14, 11.) 5) die Sense
oder Sichel (im Allgemeinen falx genannt: Varro L. L. IV, 31.
Cato R. R. 10, 3. Colum. II, 20 (21), 3. Pallad. I, 43. Verg.
Geo. I, 348, mit welchem Namen aber auch das Winzer- und
Gartenmesser bezeichnet wird: Varro R. R. I, 22, 5. Cato R. R.
11, 4. Colum. IV, 25, 1. Plin. XVII, 14, 24. §. 101. Hor.
Od. I, 31, 9.) von verschiedener Gestalt, so daß falces veruculatae
(Colum. II, 20 (21), 3.), die wahrscheinlich unsern mit beiden
Händen geführten Sensen mit langem Stiel und schwertartiger
Klinge entsprachen, rostratae, denticulatae (Colum. a. a. O.), tri-
bulatae (Pallad. I, 43.) u. s. w. unterschieden werden. Unsern
Sensen ähnlich war auch das falcastrum bei Isidor. XX, 14, 5.,
ein gekrümmtes Eisen an einem langen Stiel, womit man Dornen-
hecken beschnitt.

107) [105] Der Dreschwagen (tribulum: Varro L. L. IV, 3.
u. R. R. I, 20. in. u. 52, 1. Verg. Geo. I, 164. Colum. II,
20 (21), 4. Plin. XVIII, 30, 72. §. 298. Isidor. Orig. XX, 14,
10., nach Varro a. a. O. c. 52. ein plostellum Punicum) war ein
niedriger Wagen mit sägeartig gezahnten Rädern oder ähnlich eingerichteten Walzen, der, mit Steinen beschwert, unter Leitung eines
Fuhrmanns von angespannten Stieren auf der runden Tenne herum-
geführt wurde; der Dreschschlitten (trahea: Colum. II, 20 (21), 4.
Verg. Geo. I, 164.) aber bestand aus einer schweren Holzbohle, die
unten mit scharfen Steinen oder feilenartig gezacktem Eisen besetzt
war, und wurde, wahrscheinlich auch mit Steinen belastet, besonders dazu gebraucht, dem Dreschwagen vorzuarbeiten. Doch war
auch der Gebrauch des Dreschflegels (flagellum: Hieron. in Jes. c.
28.) den Römern nicht unbekannt, der besonders bei Hülsenfrüchten
in Anwendung kam. (Vgl. auch Plin. XVIII, 30, 72. §. 298.
Colum. II, 10, 13. fasciculos fabarum bacillis furcillisve contundere.)
Die Tenne (area: Cato R. R. 91. 129. Varro R. R. I, 51.
Colum. I. 6, 23. II, 19. (20.) in. Verg. Geo. I, 178. u. f. w.),
worauf gedroschen wurde, befand sich auf freiem Felde und bestand
aus einer runden, 40—60 Fuß im Durchmesser haltenden Fläche,
die aus gut geknetetem, mit Oelhefe (amurca) vermischtem Thon
bereitet und mittelst einer Walze (cylindrus: Verg. Geo. I, 179.
Geop. II, 20. Pallad. VII, 1. Isidor. Orig. XX, 14, 9.) geebnet,
bisweilen aber auch gepflastert (Col. I, 6, 23.) war. Neben ihr
befand sich gewöhnlich ein Schuppen (nubilarium: Varro R. R. I,
13, 5. Colum. I, 6, 24. II, 20 (21), 3.), um bei Regenwetter

das Getreide darin bergen zu können. Wurden aber die Aehren
blos abgeschnitten, so wurden sie in Scheunen (granaria: Colum.
I, 6, 10. II, 20 (21), 6. Nonius p. 47, 18.) gebracht und | erst
im Winter gedroschen. Die eben erwähnte Walze wurde übrigens
auch zum Eindrücken von Sämereien benutzt. (Plin. XIX, 8, 46.
§. 158. Colum. XI, 3, 33. 34. Geop. XII, 23.)

108) [106] Die Flatter oder Wurfschaufel (ventilabrum: Colum.
II, 10. 14. Varro R. R. I, 52, 2. Juvencus I, 371. Isidor.
Orig. XX, 14, 10. Prudent. Apoth. praef. II, 53.) eine hölzerne,
einem Ruder ähnliche Schaufel zum Worfeln des Getreides bei
wehendem Winde. (Vgl. Verg. Geo. III, 134.)

109) [107] Die Getreide= und Futterschwinge (vannus: Colum.
II, 20. (21), 4. Verg. Geo. I, 166.) war eine geflochtene, sieb=
artige Wanne, welche, wenn kein Wind wehte, an die Stelle des
ventilabrum trat und dazu diente, durch Schütteln und Schwingen
das Getreide von der Spreu zu reinigen.

110) Vgl. 2. Abth. 1. Band. S. 167. u. 184.

111) [108] Vgl. S. 33. mit Anm. 349. auf S. 93.

112) [109] Da das Ballspiel bei den Römern ein allgemein
beliebtes Spiel, nicht blos für Kinder, sondern auch für Erwachsene
jedes Alters und Standes war (vgl. Suet. Oct. 83. Lamprid. Alex.
Sev. 30. Sen. Ep. 104, 33. de brev. vit. 13, 1. Cic. de Or. I,
50, 217. pro Arch. 6, 13. Hor. Sat. I, 6, 126. Plin. Ep. III,
1, 8. Val. Max. VIII, 8, 2.), gab es, während man sich öffent=
lich auf dem Marsfelde darin übte (vgl. oben S. 30.), nicht nur
in den Bädern (s. oben S. 37.), sondern auch in den Villen (Plin.
Ep. II, 17, 12. V, 6, 27. Suet. Vesp. 20.) dergleichen sphaeristeria
(Vitruv. V, 12. (11.) Gruter p. 460, 13. Orelli 57.)

113) [110] Siehe oben S. 21.

114) [111] Plaut. Rud. III, 4, 16. Mart. VII, 32, 7. XIV,
47. u. folliculus: Suet. Oct. 83. Vgl. Athen. I, 25. p. 14. f.

115) [112] Daher bei Isidor. Orig. XVIII, 69, 2. lusus cubitalis.

116) [113] Mart. a. a. O.

117) [114] Trigon: Hor. Sat. I, 6, 126. Mart. IV, 19, 5.
VII, 72. 9. XII, 82, 3. trigonaria: Isidor. a. a. O.; pila tri-
gonalis: Mart. XIV, 46. Die pila (Cic. de Or. I, 16, III, 23.
Hor. Sat. I, 5, 49. Ovid. A. A. III, 383. Propert. IV. 14,
(V, 13,) 5. Sen. de ben. II, 32. u. s. w.) war ein kleiner, mit
Haaren gestopfter und mit bunten Läppchen benähter Ball. Vgl.
Jacobs Anth. Gr. IV. p. 291. n. 23. Dio Chrys. Vol. I, p. 281.
R. Sympos. in Wernsd. P. Lat. min. VI. p. 534. u. Sen. N. Qu.
IV, 11, 3. Ein lauchgrüner Ball erscheint bei Petron. 27. —
Böttiger's (Kl. Schr. III. S. 349.) u. Wüstemann's (Palast des
Scaurus S. 192.) Behauptung, der Trigon sei mit einer Raquette
geschlagen worden, beruht blos auf der falsch verstandenen Stelle
Ovid's A. A. III, 361 f., in der gar nicht vom Ballspiele, sondern

von der in Note 121. erwähnten Belustigung die Rede ist und reticulum keineswegs jene Raquette, sondern einfach ein Netz bedeutet. (Vgl. Becker's Gallus III. S. 97.)

¹¹⁸) [¹¹⁵] Daher trigon tepidus bei Mart. IV, 19, 5. u. XII, 82, 3.

¹¹⁹) [¹¹⁶] Vgl. Mart. XII, 82, 3.

¹²⁰) [¹¹⁷] Harpastum (ἅρπαστον, vom griechischen ἁρπάζειν): Mart. IV, 19, 6. VII, 32, 10. 67, 4. XIV, 48. vgl. Pollux IX, 105. 106. u. Artemid. Oneir. I, 57. Nach Pollux a. a. O. war es ein kleiner, fester Ball.

¹²¹) [¹¹⁸] Vielleicht auch von Isidor. a. a. O. durch pila arenaria bezeichnet. Eine genauere Kenntniß dieses Spiels, sowie andrer Arten von Ballspielen (Manil. V, 165. Petron. 27. Sidon. Apoll. Ep. II, | 9. V, 17. Salej. Bassus Paneg. in Pis. 173 ff.) geht uns ab. Nur aus Ovid. A. A. III, 361. erhellet, daß es auch ein Spiel gab, wobei man eine Anzahl Bälle in ein Netz schüttete, um sie einzeln wieder herauszunehmen, wobei sich jedoch kein andrer Ball, als der eben herauszunehmende, rühren durfte. Ebenso wissen wir auch nicht genau, wie eine dritte Art von Bällen, die paganica (Mart. VII, 32, 7. XIV, 45.), beschaffen war, welche nach Mart. a. a. O. in der Mitte zwischen follis und pila stand und mit Federn gestopft war. Wahrscheinlich wurde damit von Vielen zugleich (vom ganzen Dorfe, pagus) gespielt.

¹²²) [¹¹⁹] Der Ausdruck halteres bezeichnet in der Gymnastik das, was unsre Turner die Hanteln nennen, Bleimassen, die man in den Händen hielt, während man die Arme in verschiedenen Richtungen schwenkte (Mart. VII, 64, 6. XIV, 49., welcher Leibesübung auch Sen. Ep. 15, 4. 56, 1. u. Juven. 6, 420 f. gedenken), deren man sich aber auch bei Springübungen bediente, da sie dem Springenden in dem Augenblicke, wo er sie mit beiden Händen hinter sich schleuderte, mehr Schwungkraft gaben; und davon schrieb sich auch ihr von ἅλλεσθαι, springen, abgeleiteter Name her.

¹²³) [¹²⁰] Was wir davon wissen, habe ich bereits oben S. 224. mitgetheilt. Ueber das Städtespiel (πόλεις παίζειν) der Griechen vgl. 2. Abth. 1. Band. S. 319.

¹²⁴) [¹²¹] Plin. XVIII, 3, 4. §. 19 ff. Plin. Ep. III, 19. 6. VI, 3.

¹²⁵) [¹²²] Plin. Ep. III, 19.

¹²⁶) [¹²³] Plin. XVIII, 6, 7. §. 35. Flor. III, 19. in. Petron. 77. Val. Max. VIII, 6, 1. u. s. w. vgl. mit Pers. 4, 25. Hor. Od. II, 15, 1. Sallust Cat. 8. Tac. Ann. III, 53. Sen. Ep. 90, 39. de ira I, 16. Plut. Tib. Gracch. 8. u. A. Nach Plinius a. a. O. latifundia perdidere Italiam.

¹²⁷) [¹²⁴] Die vici waren in der Regel Theile einer größeren Gemeinde (pagus) oder eines Stadtgebiets, dem sie zuertheilt waren (Isidor. Orig. XV, 2, 11. 12. 14. Dig. L, 1, 30.), hatten aber

auch zuweilen ihre eigne Verfassung, ihre eignen Gemeindevorsteher und Gemeindeversammlungen (Festus p. 371, 16. Paulus Diac. p. 125, 6. M. Orelli 197. vgl. Cod. Just. II, 59, 2. §. 5. u. Dig. XXX, 1, 73. §. 1.), ja selbst ihre eignen Patrone (vgl. Anm. 130.) Uebrigens vgl. besonders Voigt Drei epigraph. Constitutionen Con=stantins d. Gr. nebst einer Untersuchung über die pagi und vici des röm. Reichs. Leipz. 1860.

128) [125] Berg. Geo. I, 289. 499. Ovid. Met. VIII, 630.

129) [126] Berg. Geo. II, 382. Tac. Ann. I, 56. Liv. XXV, 5. Hor. Ep. I, 18, 105. u. f. w. Die pagi in den Provinzen (Caes. B. G. I, 12. 27. 32. IV, 1. VI, 23. Tac. Germ. 39. u. f. w.) waren größere Distrikte oder Cantons.

130) [127] Daß die pagi solche Patrone in Rom hatten, ersieht man aus Inschr. bei Orelli 106. 197. 2177., daß aber auch bis=weilen die einzelnen vici einen eignen Patron wählten, ergiebt sich schon aus dem Verbote Constantins und der folgenden Kaiser, das Institut des Patronats auch auf die vicos auszudehnen. (Cod. Theod. XI, 24. Cod. Just. XI, 53. Salvian. de gub. dei V, 7 f.)

131) [128] Paulus Diac. p. 126. 6. Festus p. 371, 21. M. Dion Hal. IV, 15. Orelli 3270. 3793. 3795. 3796.

132) [129] Die Schulen der vici werden erwähnt in Dig. L, 5. 2. §. 8. |

133) [130] Vgl. Gruter p. 1020, 10. Doni Cl. 2. Nr. 67. Orelli 144. 4344.

134) [131] Ueber diese Geschäfte der Gemeindevorsteher vgl. Dion. Hal. IV, 15. Sic. Flaccus p. 9. u. 25. Goës. Philarg. zu Berg. Geo. II, 382. Inschr. b. Orelli 3270. 3793. u. f. w. Be=schlüsse solcher Gemeindeversammlungen werden erwähnt von Plin. XXVIII, 2, 5. §. 28. und in Inschr. b. Orelli 360. 3270. 3793. 4083.

135) Ueber diese coloni vgl. den 3. Band. S. 70. Note 32.

136) [132] Varro R. R. I, 10, 2. Nepos Cato 1.; herediolum: Nonius p. 61, 15. vgl. mit Plin. XIX, 4, 19. §. 50.

137) [133] Hor. Od. I, 1, 11. Epod. 2, 3. Auson. Idyll. 3. in. vgl. mit Cic. pro Rab. post. 14, 38. pro Sext. 52, 111. pro Rosc. Am. 50, 147. Phil. II, 39, 101. u. f. w.

138) Die Servitute ländlicher Besitzungen, über welche Cic. pro Caecina 26. zu vergleichen ist, waren hauptsächlich viererlei Art und bestanden in dem Rechte eines Andern 1) sie zu Fuß oder zu Pferd zu passiren oder sich hindurch tragen zu lassen (iter: Dig. VIII, 1, 14. §. 2. u. 2. §. 1. Instit. II, 3. in.). 2) Vieh hindurch zu treiben oder mit einem unbeladenen Wagen hindurch zu fahren (actus: Instit. a. a. O. Dig. VIII, 3, 1. in. 7. in. u. 12.) 3) mit bela=denem Wagen hindurch zu fahren (via: Instit. u. Dig. a. a. O.). 4) Wasser hindurch zu leiten (aquaeductus: Cic. a. a. O. u. ad Qu. fr. III, 1, 2. Instit. u. Dig. a. a. O. Paulus Rec. sent. I,

17, 2.) Unter iter war auch das iter ad sepulcrum begriffen, d. h.
das Recht in einem verkauften Grundstücke, worin sich ein Grab
befand, welches Eigenthum des früheren Besitzers blieb, zu diesem
freien Zutritt zu haben. (Dig. XIX, 1, 53. §. 1. XLVII, 12, 5.
vgl. Cic. pro Rosc. Am. 9, 24.) Bei via (nicht aber bei iter und
actus) war auch die Breite vorgeschrieben, die der Weg haben mußte,
nämlich in gerader Richtung 8 Fuß und bei Krümmungen 16 Fuß.
(Varro L. L. VII, 15. Dig. VIII, 3, 8. u. 13. §. 2.) Außer diesen vier Hauptservituten gab es auch noch viele andere, z. B. Weide-
gerechtigkeit (ius pascendi), das Recht Wasser zu schöpfen (aquae
haustus) oder das Vieh zu tränken (pecoris ad aquam appulsus),
Holz auf fremdem Grundstück zu fällen (ius silvae caedendae), Kalk
zu brennen (ius calcis coquendae), Sand zu graben (ius arenae
fodiendae) u. s. w. — Auch auf städtischen Grundstücken lasteten
viele solche Servitute, wie 1) tigni immittendi, das Recht in die
Wand des Nachbars Balken einzulegen (Instit. II, 3, 1.); 2) oneris
ferendi, das Recht, daß der Nachbar auf seiner Mauer ein Bauwerk des Berechtigten ruhen lassen muß (Inst. ebend.); 3) proiiciendi,
das Recht einen Erker, ein Wetterdach u. s. w. bis in das Luft-
gebiet des Nachbars auszudehnen (Instit. IV, 6, 2. Dig. VIII, 2,
1. in. vgl. mit L, 16, 242. §. 1.); 4) stillicidii und fluminis, das
Recht die Dachtraufe oder Dachrinne in des Nachbars Grundstück
ablaufen zu lassen (Instit. a. a. O. Dig. VIII, 2, 1. in. 2. 17.
§. 3. 20. §. 3. vgl. Varro L. L. V, 27. u. Cic. Top. 4, 24.);
5) luminum, das Recht Fenster anzulegen, die in das Territorium
des Nachbars gingen (Dig. VIII, 2, 4. 40.), oder von diesem zu
verlangen, daß er keine Veränderungen hinsichtlich des Lichtes überhaupt vornehme (vgl. Cic. de Or. I, 39, 179.); 6) ne luminibus
officiatur (nicht identisch mit dem vorigen), oder das Recht zu verlangen, daß der Nachbar durch Höherbauen oder Pflanzen von
Bäumen das Licht und die Aussicht des berechtigten Grundstücks
nicht beschränke (Dig. VIII, 2, 4. 22. 23. in. 31. VIII, 2, 3. 12.
15. 16.); 7) altius non tollendi, das Recht dem Nachbar zu verbieten sein Haus höher zu bauen, als es jetzt ist (nicht ganz gleich
mit dem vorigen, sondern noch weiter gehend); 8) cloacae, das
Recht seine Kloake durch das Grundstück des Nachbars zu leiten
(Dig. VIII, 1, 7. 3, 2. in. XLIII, 23, 1. §. 4. u. 6. vgl. Liv.
V, 55.).

139) [134] Singt doch schon Verg. Geo. II, 412. Laudato
ingentia rura, Exiguum colito. Uebrigens vgl. auch Colum. I, 3,
8. IV, 3, 6. Plin. XVIII, 6, 8. §. 41. Sen. de tranq. 8, 3.

140) [135] Vgl. Plin. XVIII, 6, 7. §. 35.

141) [136] Ueber große Theuerung und Hungersnoth in Rom
vgl. Suet. Oct. 42. Claud. 18. Ner. 45. Tac. Ann. II, 87. VI,
13. XII, 43. Hist. I, 86. Dio Cass. LV, 26. 27. LXXII, 13.
Capitol. Ant. Pius 8. Ant. Phil. 8. und über Sicilien und Aegyp-

ten als Kornkammern Roms Strab. VI, 2, 7. p. 273. Cic. Verr.
II, 2, 5. pr. leg. Man. 12, 34. Liv. XXVI, 40, 16. XXVII, 5, 5.
Tac. Hist. III, 8. (Hor. Sat. II, 3, 87. Mart. VI, 86, 5.) u. s. w.
142) [137] Vgl. oben S. 134. mit Anm. 385. a. E. Aus seinem
Gebrauche und dem ager compascuus bei Cic. Top. 3. schließe ich
auf ein gemeinsames Weiden der Dorfherden.
143) [138] Vgl. Ovid. Met. VIII, 638.
144) [139] Vgl. Sen. Ep. 86. 3. 6.
145) [140] Vgl. oben S. 234.
146) [141] Vgl. Mart. IV, 64, 26 f.
147) [142] Vgl. Ovid. Met. VIII, 663., aus welcher bekannten
Stelle (besonders v. 655 ff.) überhaupt hier Manches entlehnt ist.
148) [143] Vgl. oben S. 298. Anm. 100.
149) [144] Ein Goldbenar, der unstreitig nur deswegen so hieß,
weil er die Größe eines Silberdenars hatte, galt 25 solche (Zonar.
X, 36. Lucian. Pseudolog. 30. und Eckhel Doctr. num. vet. V.
p. 29.), d. h. etwa 17 Mark unsers Geldes.

5. Kapitel.

Familienleben. Frauen und Kinder.

Nach der Stadt zurückgekehrt machte ich sogleich einen Besuch beim Trebonius, dessen Bekanntschaft ich beim Gastgelage des Servilius gemacht und der mich sogleich vollständig für sich eingenommen hatte. Er war sehr erfreut, mich mein Versprechen halten zu sehen, und stellte mich sofort seiner Familie vor. In seiner Gattin Volumnia lernte ich eine römische matrona im edelsten Sinne des Wortes und in seiner Tochter Nävia eines der liebenswürdigsten Mädchen kennen, so daß ich mich nicht wundern konnte zu vernehmen, sie sei die Verlobte eines jungen Rechtsgelehrten, der die in einigen Tagen bevorstehende Hochzeit, mit deren Vorbereitung man eben im Hause beschäftigt war und zu der auch ich schon vorläufig eingeladen wurde, kaum erwarten könne. Bei Beiden fand ich, was man bei den meisten, gewöhnlich hochmüthigen, anmaßenden und prunksüchtigen Römerinnen vermißt, die anspruchslose, heitre Liebenswürdigkeit und Grazie, welche unsern griechischen Frauen eigen ist und das Glück des Mannes schafft. Außerdem aber bestand die Familie des Trebonius noch aus einem Mädchen von 12 und einem Knaben von 10 Jahren, welche die trefflichste Erziehung verriethen. In diesem Hause zeigte sich mir ein Familienleben, wie es nach Allem, was ich hörte, jetzt wohl zu den seltensten Ausnahmen in Rom gehören mag und von welchem ich mich so angezogen fühlte, daß fortan fast kein Tag verstrich, wo ich nicht wenigstens auf ein halbes Stündchen bei der liebenswürdigen Familie einsprach, in welcher ich bald als Hausfreund betrachtet wurde. Durch die Mitthei-

lungen des Trebonius aber fand ich das, was ich bereits von
Sulpicius und Narcissus über das hiesige eheliche Leben, über
die Sitten der Frauen und die Erziehung der Kinder gehört
hatte, nicht nur vollkommen bestätigt, sondern auch meine Kennt=
niß dieser Verhältnisse so bereichert, daß ich mich in Stand gesetzt
sehe, meine Leser ziemlich genau davon zu unterrichten. Leider
muß ich nun hier sogleich mit der Bemerkung beginnen, daß
sich in neuerer Zeit der Charakter der Frauen, so wie das ganze
häusliche und eheliche Leben in Rom auffallend verändert hat
und die frühere, den Frauen noch vor ein paar Jahrhunderten
erwiesene, fast an Ehrfurcht grenzende, aber auch wohlverdiente
Hochachtung, die Heilighaltung der Ehe und ein einfaches, ehr=
bares und tugendhaftes Familienleben ganz in den Hintergrund
getreten und vielmehr in Folge der seit Verpflanzung orienta=
lischer Ueppigkeit nach Rom, seit den Bürgerkriegen und der
Schandregierung der allen nur erdenklichen Lastern fröhnenden
Kaiser Tiberius, Caligula und Nero [1]) fast allgemein eingerisse=
nen Sittenlosigkeit beider Geschlechter ein glückliches Familien=
leben, häusliche Tugenden, eheliche Treue und sorgsame Kinder=
erziehung namentlich unter den höhern Ständen eine höchst
seltene Erscheinung geworden sind, so daß ich die völlige Eman=
cipation der Frauen, womit sich die Römer uns Griechen
gegenüber brüsten, keineswegs für einen Vorzug halten und sie
darum beneiden kann. Die Männer ziehen meistens ein unge=
bundenes, ausschweifendes Leben als Hagestolze (coelibes) einer
ehelichen Verbindung vor, so daß man sich sogar genöthigt ge=
sehen hat, gegen diese Ehescheu, die Rom allmählich zu entvöl=
kern droht, strenge Gesetze zu erlassen; [2]) und selbst wenn Einer,
gewöhnlich nur aus eigennützigen Absichten und aus Speculation
auf das Vermögen einer reichen Erbin, oder aus der unlautern
Absicht, sein völlig verschuldetes Vermögen noch vor Erklärung
der Insolvenz der Frau verschreiben und dadurch retten zu kön=
nen, [3]) eine Ehe geschlossen hat, so betrachtet er diese doch nur
als eine Convenienzheirath, die ihn zu keiner ehelichen Treue, zu
keiner Zügelung seiner wollüstigen Begierden verpflichte; die
Frauen aber, die in Rom eine ganz selbstständige und von der
unsrer griechischen Frauen völlig verschiedene Stellung einneh=
men, suchen sich ihrer schlechten Erziehung und laxen moralischen
Grundsätze gemäß für die Untreue ihrer Männer auf jede Weise

zu entschädigen, und da man unter solchen Verhältnissen nur so
lange ehelich zusammenlebt, als materielle Rücksichten es räth=
lich erscheinen lassen, oder man einander noch nicht überdrüssig
ist, so sind denn auch Ehescheidungen, die, wie wir bald sehen
werden, in den meisten Fällen wenig Umstände machen, und
häufiger Wechsel mit den Ehegatten an der Tagesordnung, und
mit gleichem Leichtsinn werden Ehen geschlossen und wieder
aufgelöst. [1]) Es vereinigen sich aber mehrere Umstände, diese
Unsittlichkeit der Frauen zu befördern, welche die Männer als
Entschuldigungsgrund ihrer eignen Ausschweifungen zu | ge=
brauchen pflegen. Zuerst die mangelhafte Erziehung, welche die
Mutter meistens nur der oft selbst höchst unsittlichen Amme
(nutrix) überläßt, die gewöhnlich auch die Wärterin der heran=
wachsenden Mädchen bleibt [5]) und durch Erzählung verschro=
bener, nicht immer für Kinderohren passender Mährchen [6]) schon
frühzeitig die Phantasie der Kleinen erhitzt, wozu sich auch noch
der Anblick so vieler üppiger, ja selbst unzüchtiger Werke der
Plastik [7]) und Wandmalerei [8]) gesellt, die sich den unschuldigen
Augen der Kinder überall darbieten; [9]) sodann die zu frühzeitige
Vermählung der Mädchen, die oft schon als Kinder verlobt
werden, [10]) den ihnen bestimmten Bräutigam vor der Hochzeit
gar nicht kennen lernen, und sich in einem Alter von 14, 15
Jahren [11]) plötzlich aus der Kinderstube und von ihren Puppen
hinweg, [12]) die sie nun den Laren weihen, [13]) in eine unbeschränkte
Freiheit und ein ihnen völlig neues, zerstreuendes Verhältniß
versetzt sehen, in welchem die verschiedenartigsten, aufregendsten
Eindrücke auf sie einstürmen. Die junge Frau wird nun von
ihrem ihr nur von den Eltern zugeführten, ungeliebten Gatten
mit zu Gastmählern genommen, [14]) wo vom Wein erhitzte
Männer auf die Anwesenheit von Frauen keine Rücksicht mehr
nehmen, oder in's Theater geführt, [15]) wo sich in der Komödie ihre
Ohren den unanständigsten Späßen und Zweideutigkeiten, [16]) in
den Pantomimen ihre Augen den schlüpfrigsten Scenen [17]) nicht
verschließen können; es wird ihr von allen Seiten geschmeichelt,
sie sieht sich von einer Menge meist sittenloser Sklaven und
Sklavinnen umgeben, die auf jeden ihrer Winke lauschen, jedem
ihrer Wünsche bereitwilligst zuvorkommen und die erkauften
Fürsprecher und Gelegenheitsmacher lüsterner Liebhaber abgeben;
sie ist dabei unumschränkte Herrin über ihr väterliches und

mütterliches Vermögen, von welchem der Gatte gesetzlich nicht
einmal den Nießbrauch hat, und zu dessen Verwaltung sie sich
gewöhnlich einen eignen Geschäftsführer (procurator) hält, der
nicht nur ihr Vertrauter, sondern oft auch ihr Verführer und
späterer Geliebter ist,[18]) während ihr Mann ein Auge zudrückt,
um vom Mitgenuß ihres Vermögens nicht ganz ausgeschlossen
zu werden;[19]) es wird ihr endlich, was auch nicht unerwähnt
bleiben darf, die an unzüchtigen Schriften so reiche Literatur
der Römer nicht mehr fern gehalten; ist es da wohl ein Wunder, wenn sie, besonders überdies von ihrem Gatten vernach-
lässigt und einer andern Geliebten oder feilen Dirnen nachgesetzt,
gleichfalls ein | Opfer der Verführung wird und ihre Untreue
mit der ihres Gatten entschuldigend immer tiefer in den Stru-
del eines unsittlichen, zügellosen Lebens versinkt? Nicht befremden können uns daher die, wenn auch wohl etwas übertriebenen,
Berichte römischer Schriftsteller[20]) von den Ausschweifungen der
Frauen, selbst der höchsten Stände, die sich ihre oft gewechselten Liebhaber nicht blos auf der Bühne, sondern auch unter
der Zahl der Sklaven, Fechter, Lastträger u. s. w. suchen, die
ihre Lasterhaftigkeit ganz offen zur Schau tragen, ja die sich
selbst so weit vergessen, wie wir es bereits sogar von den Kai-
serinnen Messalina und Faustina vernommen haben.[21]) Soll
doch sogar der Deckmantel der Religion gemißbraucht werden,
um dieser Unkeuschheit ungescheut fröhnen zu können, und der
geheime Cultus der Isis, von deren Priestern und Priesterinnen
es heißt, daß sie die Kuppelei förmlich gewerbmäßig betreiben,
die erwünschte Gelegenheit dazu bietet.[22]) Damit soll jedoch
keineswegs gesagt sein, daß es in Rom, besonders unter dem
Mittelstande, nicht auch tugendhafte Frauen, gute Mütter und
glückliche Ehen gebe, wie ja eben die mir zunächst bekannt gewordenen ehrenwerthen Häuser des Sulpicius und Trebonius
deutlich genug beweisen;[23]) es ist aber ganz natürlich, daß von
diesen in der Stille dahin lebenden Familien weniger die Rede
ist, als von jenen hochgestellten Personen, die durch ihre offen-
kundige Sittenlosigkeit der in Rom heimischen Klatschsucht reiche
Nahrung geben, so daß man sich über jene allgemeinen Klagen
und bittern Auslassungen römischer Satyriker nicht wundern
darf. Höchst unsittlich und verdorben aber erscheinen dagegen
wieder die untersten Schichten der weiblichen Bevölkerung, be-

fonderß die Libertinen und Sklavinnen, die ſehr oft die Con=
cubinen ihrer Herren und faſt ohne Ausnahme der Verführung
zugänglich und zu haben ſind,[24]) ſo daß die Proſtitution in
Rom eine wahrhaft erſchreckende Ausdehnung genommen hat.
Mit dieſer Unſittlichkeit aber hängt nun auch das übrige Ge=
bahren ſo mancher Frauen zuſammen, die alle Regeln des An=
ſtands mit Füßen tretend es lieben die Rolle von Männern zu
ſpielen, hochaufgeſchürzt ſich öffentlich im Ballſpiel herumzu=
tummeln, ſich in der Paläſtra im Ringen und Springen zu
üben, ſchwere Haltern in der Hand zu ſchwingen, ja mit Gla=
diatorenwaffen als Fechter aufzutreten, es den Männern im
Trinken und Zechen noch zuvorzuthun,[25]) ſelbſt, wie wir ſchon
wiſſen, gemeinſam mit | ihnen die Bäder zu beſuchen und im
Schwimmbaſſin ihre Geſchicklichkeit zu zeigen,[26]) oder, was
allenfalls noch eher entſchuldigt werden mag, ihre Männer und
Geliebten in den Krieg begleiten, den Uebungen der Truppen
beiwohnen, ſich unter den Soldaten, wie unter ihres Gleichen,
herumtreiben und mit ihnen jubeln und zechen.[27]) Solche Ent=
artete aber ſchaden doch wenigſtens nur ſich ſelbſt und ihrem
Ruſe; weit verderblicher aber iſt das Treiben derer, die ihre
Ehe oder ihre Liebesverhältniſſe mit hochgeſtellten Männern zu
politiſchen Intriguen benützen und ſich Einfluß auf die Staats=
verwaltung und Beſetzung der Staatsämter zu verſchaffen
wiſſen,[28]) wodurch ſie oft ſchon großes Unglück angerichtet
haben. Weit eher kann man ſich diejenigen gefallen laſſen,
welche die Gelehrten ſpielen, Philoſophie,[29]) Mathematik[30]) und
Rechtswiſſenſchaft ſtudiren, ihre gerichtlichen Klagen ſelbſt aus=
arbeiten,[31]) ſich als Dichterinnen verſuchen[32]) und mit ihren
Töchtern den Homer und Orpheus leſen,[33]) aber auch mit ihrer
Kenntniß unſrer Sprache und Literatur und ihrer übrigen Ge=
lehrſamkeit nicht wenig zu prunken pflegen;[34]) wie es denn be=
ſonders unter dem jetzigen Kaiſer, dem Zeno auf dem Throne,[35])
Mode geworden iſt, ſich als Philoſophinnen zu zeigen, ſo daß
manche vornehme Dame nicht leben zu können glaubt, ohne be=
ſtändig einen von ihr beſoldeten griechiſchen Philoſophen um
ſich zu haben.[36]) Im auffallendſten Widerſpruche mit dieſem
Studium der Weltweisheit aber ſteht der unter ihnen herrſchende
Aberglaube und das Vertrauen, welches nicht blos Frauen der
niedern Stände, unter denen dieſer Irrwahn allgemein verbrei=

tet ist, sondern selbst manche vornehme Damen vermeintlichen
Zauberinnen (magae oder sagae) schenken, alten, nichtswürdigen
Weibern, die oft zugleich die unverschämtesten Kupplerinnen
sind und als Verfertigerinnen von Liebes- und Zaubertränken
(als veneficae) sogar von dem Verdachte der Giftmischerei nicht
ganz frei sein sollen.³⁷) Um so erklärlicher wird die hohe Ver-
ehrung, welche die Damenwelt den allerdings viel weniger
schädlichen und verächtlichen Astrologen³⁸) und den in jüngster
Zeit aufgetretenen und aus dem Orient stammenden heiligen
Wunderthätern³⁹) widmet. (Ein paar andre, diese Schilderung
der weiblichen Bevölkerung Roms ergänzende Scenen werden
am Schlusse dieses Kapitels folgen.) |

Was nun die Erziehung der Kinder betrifft, so glaubt die
Mutter genug gethan zu haben, wenn sie die Venus unter
Darbringung von Gelübden um Schönheit für sie gefleht⁴⁰)
und ihnen ein Amulet (fascinum)⁴¹) zum Schutze gegen Beschreiung und Bezauberung (und zwar meistens einen sehr ver-
fänglichen Gegenstand, von dem glücklicher Weise die Kleinen
noch nicht wissen, was er vorstellen soll), auch wohl einen
Pferde- oder Wolfszahn als Mittel leichteren Zahnens⁴²) um
den Hals gehängt hat, und überläßt sie dann gewöhnlich in
der Kinderstube blos der Aufsicht und Pflege der Amme, die
ihnen Mährchen erzählt und sie mit ihren hübschen Puppen
und bunten Bällen⁴³) spielen läßt. Sind sie dann etwas her-
angewachsen, so beginnt der Unterricht. Die Mädchen der
höheren Stände erhalten denselben gewöhnlich im Hause⁴⁴) und
nur die Töchter unbemittelter Bürgerfamilien besuchen die allgemeinen Volksschulen,⁴⁵) von denen unten die Rede sein wird.
Die Hauslehrer unterrichten sie im Lesen und Schreiben, später auch
in der griechischen Sprache, und lesen mit ihnen die Werke griechischer und römischer Schriftsteller, namentlich der Dichter.⁴⁶)
Die weiblichen Arbeiten, besonders das Sticken, Spinnen und
Weben, lehrt in gut eingerichteten, noch den alten Sitten treu
bleibenden Haushaltungen, wie die des Trebonius ist, die Mutter selbst den Mädchen,⁴⁷) während freilich jetzt in den meisten
vornehmen Familien diese Beschäftigungen von der Dame des
Hauses und also auch von ihren Töchtern als gemein verachtet
werden.⁴⁸) Dagegen darf nirgends der Unterricht im Citherspiel, im Singen, wenn irgend Stimme dazu vorhanden ist,

und im Tanzen fehlen,[49]) so daß auch die liebenswürdige Nävia
mich ein paar Mal durch ihr treffliches Spiel auf der Laute[50])
erfreute und dazu mit lieblicher Stimme einige der zartesten
Lieder des Anakreon[51]) sang, wodurch ich erst erfuhr, daß das
bescheidne Mädchen auch unsrer griechischen Sprache vollkommen
mächtig ist, während eine Andre ihr Licht gewiß gleich bei
meinem ersten Besuche hätte leuchten lassen.[52]) Unter solchen
Beschäftigungen nun leben die Mädchen meistens zurückgezogen
im Hause der Eltern, bis sie sich, wie wir schon sahen, gewöhnlich noch sehr jung verheirathen und nun plötzlich in das
Geräusch der Welt hinaustreten. — Anders verhält es sich mit
der Erziehung der Knaben, die ja für das öffentliche Leben bestimmt sind und sich daher früher, als die Mädchen, an ernste
Studien | gewöhnen müssen. Schon im 6. oder 7. Jahre sind
sie oft genöthigt ihr Spielzeug, besonders Bälle und Nüsse,
Kreisel und Reisen,[53]) bei Seite zu legen und dem Lehrer ihre
Aufmerksamkeit zu schenken. Selten nur ertheilen wohl jetzt
noch, wie früher,[54]) die Väter selbst ihren Söhnen den ersten
Unterricht im Lesen, Schreiben und Rechnen, sondern überlassen
dies entweder einem Hauslehrer, gewöhnlich einem ihrer eignen
Sklaven, am Liebsten einem Griechen, der als paedagogus in
ihrem Hause wirkt,[55]) zuweilen aber auch dem irgend eines Bekannten, an dessen Unterrichte sie ihre Söhne Theil nehmen
lassen,[56]) oder schicken diese, meistens von ihrem paedagogus
begleitet, der dann nur Führer und Aufseher der Kinder ist, in
eine der vielen Elementarschulen, die jedoch, vom Staate gar
nicht beaufsichtigt, oft in einer kläglichen Verfassung sind, so
daß sie von besseren Familien nur wenig benutzt werden. Hier
unterrichtet der Lehrer (ludi magister),[57]) meistens ein Freigelassener, in einer gemietheten und dürftig ausgestatteten pergula,[58]) d. h. dem der Taberne eines Handwerkers gleichenden,
halb offnen Vorbau eines Hauses, für ein geringes, monatlich
zu entrichtendes Schuldgeld[59]) die Knaben (zuweilen auch die
Mädchen) im Lesen, Schreiben und Rechnen,[60]) und es kann,
wenn nicht die Schüler in verschiedne Abtheilungen gesondert
sind,[61]) was nur in sehr zahlreich besuchten Schulen der Fall
ist, bei den sehr ungleichen Altersstufen und Fähigkeiten der
Schüler nur wenig geleistet werden, besonders da vier Monate
lang, vom Juli bis zum October, Ferien sind[62]) und die Lehrer

meistens durch zu große Strenge den Kindern die Schule ver=
leiden.⁶³) Daher wird später gewöhnlich noch ein besondrer
Rechenmeister (calculator) ⁶⁴) gehalten, um den Kindern das sehr
schwer zu erlernende ⁶⁵) Rechnen mit Hülfe der Finger,⁶⁶) durch
deren verschiedne Lagen sie auch die Zehner, Hunderte und
Tausende auszudrücken verstehen, und des Rechenbrettes (abacus)⁶⁷)
beizubringen. Beim Leseunterrichte ⁶⁸) in der Elementarschule
wird die Syllabirmethode angewendet und die schon geübteren
Schüler unterstützen gewöhnlich den Lehrer, indem sie die Syl=
ben und Wörter einzeln vorsprechen, die dann im Chor nach=
gesprochen werden. Beim Schreiben ⁶⁹) führt zuerst der Lehrer den
Knaben die Hand, dann aber schreibt er ihnen lehrreiche Sprüche und
Sittenregeln vor und läßt sie selbst die Buchstaben nachmalen.
Anfangs bedient man sich dazu der mit Wachs überzogenen
Schreibtafel und des Griffels, später aber des Papiers und der
Rohrfeder, und um ein wohlfeileres Schreibmaterial zu haben,
benutzt man dazu, wie meine Leser schon wissen, bereits gebrauch=
tes und nur auf e i n e r Seite beschriebenes Papier. Auch läßt
man zuweilen schon erwachsenere Knaben von einem sachkundigen
Schreiblehrer in der Schnellschreibekunst vermittelst gewisser
Abkürzungszeichen unterrichten,⁶⁹ᵇ·) worin viele Römer, besonders
die sogenannten notarii, die eine Profession daraus machen, eine
große Fertigkeit besitzen, so daß sie eine Rede eben so schnell
niederschreiben können, als sie gesprochen wird. Stets aber
werden in schon etwas gereifterem Alter die Knaben der höheren
Stände, die nicht blos für das praktische Leben vorgebildet,
sondern einer idealeren Geistesbildung theilhaft werden sollen,⁷⁰)
dem Unterrichte eines grammaticus oder litterator ⁷¹) und später
eines rhetor übergeben. Der Grammatiker oder Sprachlehrer
unterrichtet sie im Griechischen (was in vielen vornehmen Häu=
sern, wo man es für zweckmäßig hält, daß die Knaben gleich
von frühester Kindheit an griechisch sprechen lernen,⁷²) schon
vorher von einem griechischen Hauslehrer mit ihnen getrieben
worden ist, so wie auch die Mädchen schon frühzeitig von einer
griechischen Sklavin im Sprechen unsrer Sprache unterrichtet
werden),⁷³) liest mit ihnen die großen Dichter und Prosaiker
unsers Volks, namentlich den Homer,⁷⁴) und erklärt ihnen auch
die vorzüglichsten Dichter ihrer eignen Nation, besonders den
Vergil und Horaz,⁷⁵) verbindet aber damit auch die nöthige

Unterweisung in der Mythologie,[76]) Geschichte,[77]) Geographie[78]) und Metrik.[79]) An seine Stelle tritt endlich noch ein griechi=scher Rhetor,[80]) während man es früher, als unsre Gelehrsamkeit in Rom noch nicht die Anerkennung fand, wie in jetziger Zeit, für ausreichend hielt, wenn der Grammatiker diesen Unterricht mit besorgte[81]) und die Jünglinge sich nur eine gewisse Zungen=fertigkeit in der Muttersprache aneigneten.[82]) Zu der Unter=weisung in der wahren, von uns erlernten Beredtsamkeit aber kommt nun auch noch der Unterricht in der Geometrie, die mit Recht als ein Hauptmittel zur Schärfung der Denkkraft betrach=tet wird, und in der Musik,[83]) die zwar nicht in so hoher Achtung steht, als bei uns in Griechenland, aber doch auch für ein nicht zu verschmähendes Bildungsmittel gilt, und so vollendet sich denn auch bei den Römern der höhern Stände jetzt der ganze Kreis höherer Schulbildung, den wir ἐγκύκλιος παιδεία nen=nen. Diese Studien nun treiben die Jünglinge, bis sie die toga virilis anlegen, ja die rhetorischen Uebungen setzen sie ge=wöhnlich auch noch später fort,[84]) da die Beredtsamkeit für den künftigen Staatsmann und Sachwalter unentbehrlich ist. Denn auch jene höheren Wissenschaften werden von den Römern mei=stens nur ihres praktischen Nutzens wegen, nicht aus reiner Liebe zu ihnen selbst getrieben, und ein sogenannter Stuben=gelehrter, der nur in seiner Wissenschaft und für sie lebt, wird von den Römern über die Achsel angesehen.[85]) Damit aber der Geist nicht auf Kosten des Körpers ausgebildet werde, treiben Knaben und Jünglinge auch fleißig die Gymnastik und üben sich besonders in allen den Künsten, welche Gewandtheit, Körper=kraft und Abhärtung bezwecken, d. h. im Laufen,[86]) Springen,[87]) Ringen (lucta oder luctatio),[88]) im Faustkampf (pugilatus)[89]) jedoch ohne Kampfriemen (cestus) und andern Apparat,[90]) und im Spiel mit dem Ballon[91]) und der Wurfscheibe (discus),[92]) während vorsichtige Eltern ihre Knaben von den eigentlichen athletischen Uebungen in der öffentlichen Palästra[93]) wohl nicht mit Unrecht zurückhalten, da hier allerdings ihre Sittlichkeit nicht geringen Gefahren ausgesetzt wäre.[94]) Daneben aber sind auch Uebungen in den Waffen,[95]) im Reiten[96]) und Schwimmen[97]) als Mittel für die eben erwähnten Zwecke von den Beschäfti=gungen der männlichen Jugend nicht ausgeschlossen. | So mit mancherlei Kenntnissen ausgestattet und geistig wie körperlich

gereift tritt nun der Jüngling, meistens im 16. oder 17. Jahre,
aber auch noch früher,[98]) dem Knabenstande den Rücken kehrend,
unter mancherlei Feierlichkeiten in das bürgerliche Leben hinaus,
in welchem seine öffentliche Thätigkeit sehr bald beginnt.[99]) Zu
diesem feierlichen Akte ist ein besondrer Tag des Jahres, der
17. März, bestimmt, der unter dem Namen Liberalia als Fest=
tag gefeiert wird; [100]) doch sollen auch Fälle vorkommen, wo
das Anlegen der toga virilis an andern Tagen erfolgt. [101]) Der
Knabe legt dabei vor den Laren des Hauses die Zeichen der
Kindheit, die toga praetexta [102]) und die bulla, [103]) für immer
ab, [104]) welche letztere den Laren geweiht und über dem Herde
aufgehängt wird, [105]) und empfängt dafür eine tunica und die
einfache weiße toga virilis.[106]) Nach einem im Hause angestell=
ten Opfer [107]) wird er nun von seinem Vater oder Vormunde
in Begleitung sämmtlicher Verwandten und Freunde auf das
Forum geführt [108]) und hier in die Bürgerliste eingetragen.[109])
Den Beschluß der wichtigen Handlung bildet ein feierliches
Opfer auf dem Capitol [110]) und ein Gastmahl für die Ver=
wandten und Freunde des Hauses, [111]) wenn es sich aber um
kaiserliche Prinzen oder Söhne andrer hochgestellten Personen
handelt, auch eine Spende an das Volk. [112]) Ist nun aber auch
die Zeit des Unterrichts vorüber, so werden doch wenigstens die
rhetorischen und gymnastischen Uebungen von dem nunmehrigen
jungen Manne noch mit Eifer fortgesetzt. — Auch der 12jährige
Sohn des Trebonius, der bereits den Unterricht eines Gram=
matikers genießt, kehrt stets von seinen gymnastischen Uebungen
auf dem Marsfelde mit neuer Lust zu seinen Studien zurück,
bei denen er auch von der holden Nävia, die er wahrscheinlich
sehr vermissen wird, wenn sie das elterliche Haus verlassen hat,
treulich unterstützt wird; denn sie hilft ihm nicht nur bei der
Vorbereitung auf seine Homerlection, sondern liest auch mit ihm
fleißig die Werke römischer Klassiker und wohnt, wenn sie nicht
sonst im Hause beschäftigt ist, auch seinen übrigen Unterrichts=
stunden wenigstens als Zuhörerin bei, so daß sie gewiß nicht
nur zu den häuslichsten, sondern auch zu den gebildetsten Mäd=
chen Roms zu rechnen und dem guten Tubero zu ihrem Besitze
aufrichtig Glück zu wünschen ist. Ehe ich nun aber zu der Be=
schreibung ihrer Hochzeitfeier übergehe, wird es nöthig sein, über
die Verlobung und die verschiedenen Arten der Ehe, | aber auch

über die Ehescheidungen bei den Römern Einiges vorauszuschicken, wie ich es durch ausführliche Mittheilungen des Trebonius erfahren habe.

Was die Verlobung (sponsalia)[113] betrifft, die der Hochzeit stets vorausgeht, aber gewöhnlich schon lange vor derselben und, wie wir schon gesehen haben, oft im Kindesalter der Betheilig= ten erfolgt,[114] so wird sie einseitig blos von den Eltern beider Theile abgeschlossen und es genügt dazu eine mündliche Ueber= einstimmung der beiden Väter[115], die aber gewöhnlich in Gegen= wart von Zeugen (sponsores) erklärt wird,[116] ohne jedoch einen Zwang zu wirklicher Vollziehung der Ehe zu bedingen,[117] indem vielmehr die Verlobung auch eben so einseitig wieder aufgehoben werden kann,[118] und auch bei der holden Nävia, die allerdings auch schon als Kind verlobt worden ist, würde dies sicherlich der Fall gewesen sein, wenn sie nicht später ihren Tubero ken= nen und lieben gelernt hätte und mit ihrer Verlobung völlig einverstanden gewesen wäre. Der Bräutigam (oder vielmehr der Vater desselben) schenkt nun seiner Verlobten außer andern Brautgaben[119] namentlich als Unterpfand für Erfüllung der eingegangenen Verpflichtung einen einfachen Ring ohne Stein[120] (den auch Nävia mit jungfräulichem Stolze am vierten Finger ihrer Linken[121] trägt), ohne daß ihm diese einen solchen dafür zurückgiebt. Ein Verlobungsmahl, zu dem außer den schon erwähnten Zeugen auch noch andere Gäste eingeladen werden,[122] beschließt gewöhnlich diesen feierlichen Akt.[123] Gehen wir nun zu der Ehe selbst über, auf deren Vollziehung unser Liebespaar freilich noch fast 14 Tage warten mußte, da im Mai und in der ersten Hälfte des Juni, in welche Zeit die Lemuria[124] und andre Sühn= und Reinigungsfeste fallen, keine Hochzeiten statt zu finden pflegen,[125] so giebt (oder vielmehr gab) es bei den Römern zweierlei Arten ehelicher Verbindungen, eine nach stren= gem Civilrechte und eine blos nach dem allgemeinen Völkerrechte gültige, jene matrimonium iustum oder legitimum, diese matri= monium iniustum genannt[126]); erstere aber, die allein eine civil= rechtliche Bedeutung hat und an mancherlei gleich zu erwähnende Bedingungen geknüpft ist, während letztere, bei welcher jene Be= dingungen zum Theil wegfallen, nur als Civilehe gilt, kann wieder auf doppelte Art stattfinden, entweder mit oder ohne in manum conventio,[127] d. h. entweder so, daß die Frau ganz

aus ihrer Familie heraustritt und völlig in die Hand des Man=
nes | gegeben wird, der nun eine Art väterlicher Gewalt über
sie erhält[128]) und dem auch ihr eingebrachtes Vermögen zufällt,[129])
wogegen sie aber auch selbst das Erbrecht in der Familie ihres
Mannes bekommt, in welche sie jetzt förmlich übergetreten ist; [130])
oder so, daß sie in der Gewalt ihres Vaters und in ihren eig=
nen Vermögensrechten bleibt,[131]) welche Art der Verheirathung
jetzt die am häufigsten vorkommende ist. In das erstere und
strengere Verhältniß nun kann ein Ehepaar auf dreifache Weise
treten, durch confarreatio, die älteste und feierlichste Art der
Ehe, die allein einen heiligen Charakter hat, jetzt aber fast ganz
abgekommen ist, obgleich sie gesetzlich noch fortbesteht, durch
coemptio und durch usus.[132]) Die confarreatio,[133]) welche nur
unter Anstellung von Auspicien und feierlicher Darbringung von
Opfern von dem Oberpriester (Pontifex 'maximus) und dem
Priester des Jupiter (Flamen dialis)[134]) in Gegenwart von zehn
Zeugen[135]) vollzogen werden konnte, hat ihren Namen von dem
Speltkuchen (farreum libum), der dabei von den Neuvermählten
halb gegessen, halb geopfert wurde.[136]) Bei der jetzt sehr gewöhn=
lichen coemptio[137]) tritt an die Stelle der religiösen Trauung eine
einfache Civilhandlung, indem die Frau und ihr Vermögen blos
durch einen einfachen Vertrag, d. h. einen symbolischen Schein=
kauf, in die Hand des Mannes übergeht,[138]) wozu sie jedoch ihre
Einwilligung laut erklären muß.[139]) Die dritte Art der conventio in manum endlich erfolgt blos usu,[140]) d. h. durch Ver=
jährung, wenn die Frau ein Jahr hindurch im Hause des
Mannes gelebt hat, ohne sich drei Nächte hinter einander von
ihm entfernt zu haben,[141]) welche Form jedoch mit Recht schon
fast völlig außer Gebrauch gekommen und durch die coemptio
ersetzt worden ist.[142]) Neben dieser strengeren Form der Ehe,
durch welche die Frau ganz in die Hände des Mannes (in
manum mancipiumque mariti) kommt, besteht nun auch noch
eine freiere ohne conventio in manum, bei welcher beide Ehe=
gatten mit gleichem Rechte neben einander stehen, so daß die
Frau in der Gewalt ihres Vaters oder Vormunds bleibt und
die freie Verfügung über ihr Vermögen behält; und diese Form
der Ehe wird bei dem heutigen Hange der römischen Frauen,
frei und ungebunden zu leben, jetzt von den meisten Mädchen,
denen ihre Eltern willfahren, den andern Arten vorgezogen.

Die Bedingungen aber, unter welchen ein solches matrimonium iustum nur stattfinden kann, sind, daß die zu | Verheirathenden das connubium,[143] d. h. überhaupt das Recht haben, eine Ehe zu schließen, was nur bei freigebornen Römern, nicht aber bei Sklaven, Ausländerinnen und Libertinen der Fall ist, sodann daß beide puberes sind,[144] d. h. daß der Bräutigam wenigstens 14, die Braut wenigstens 12 Jahre alt ist,[145] ferner daß sie nicht in Blutsverwandtschaft zu einander stehen,[146] und endlich, daß eine allseitige Einwilligung, nicht blos der Väter,[147] son= dern auch des Sohnes[148] und der Tochter,[149] und wenn der Vater verstorben ist, des Vormunds,[150] ja selbst eines noch lebenden Großvaters,[151] stattfindet. Die althergebrachten Hoch= zeitgebräuche bleiben übrigens bei diesen verschiedenen Arten der Ehe im Ganzen dieselben, auch wenn die Trauung, wie in den drei letzten Fällen, im Hause stattfindet und an die Stelle des sie vollziehenden Staatspriesters der Hausvater oder ein Privat= auspex tritt. Neben diesem matrimonium iustum besteht nun aber auch noch ein matrimonium iniustum, welches zwar von moralischer Seite eben so gültig und anständig ist, wie das iustum, wobei aber alle civilrechtlichen Folgen wegfallen, die mit der conventio in manum verbunden sind. Eine solche Ehe nur war es, die in früherer Zeit[152] zwischen Patriciern und Plebejern geschlossen werden konnte, und auch jetzt noch ist Rö= mern, die eine Ausländerin oder Libertina heirathen, blos dieses matrimonium iniustum gestattet,[153] das übrigens durchaus weder mit dem concubinatus, noch mit dem contubernium verwechselt werden darf. Ersteres,[154] welches allerdings gesetzlich gestattet ist und jetzt sehr häufig stattfindet, auch in gewissen Fällen sogar für anständiger gilt, als eine wirkliche Ehe (z. B. wenn es sich um einen Patron und seine Liberta handelt),[155] ist das außer= eheliche, geschlechtliche Zusammenleben eines unverheiratheten Mannes mit einer unverheiratheten Frauensperson,[156] welches besonders in dem Falle nicht nur entschuldigt, sondern als ganz selbstverständlich betrachtet wird, wenn mit Letzterer eine standes= mäßige Ehe nicht hätte geschlossen werden dürfen, während aller= dings eine freigeborne Frau, die ein solches Concubinat eingeht, ihren guten Ruf verliert.[157] Uebrigens ist dasselbe ohne alle rechtliche Folgen[158] und die in ihm erzeugten Kinder gelten als uneheliche, stehen nicht in der Gewalt des Vaters, sondern haben

nur eine Mutter[159]) und durchaus keinen Anspruch auf das väter=
liche Vermögen.[160]) Eng verwandt mit diesem Concubinat ist |
das uns schon bekannte contubernium der Sklaven,[161]) das jedoch
in mancher Beziehung einer wirklichen Ehe näher kommt, als
das Concubinat. — Werden in einer gesetzmäßigen Ehe Kinder
erzeugt, so hat zuerst der Vater zu erklären, daß er das Kind
als das seinige anerkennt, was dadurch geschieht, daß er den von
der Hebamme auf die Erde gelegten Sprößling vom Boden auf=
hebt (tollit oder suscipit),[162]) wodurch er zugleich die Verpflichtung
übernimmt, ihn zu erziehen, denn nach alten Gesetzen hat er
auch das Recht ihn auszusetzen, ja sogar zu tödten, wovon wenig=
stens in Bezug auf Mißgeburten unbedenklich Gebrauch gemacht
wird,[163]) während auch Aussetzung von Kindern selbst in vor=
nehmeren Familien nicht ganz unerhört sein soll.[164]) Das vom
Vater anerkannte Kind steht nun in der unumschränktesten Ge=
walt desselben, dem es unbedingten Gehorsam schuldig ist,[165])
welche patria potestas in Bezug auf Söhne bis zum Tode des
Vaters fortdauert,[166]) hinsichtlich der Töchter aber, bis sie sich
mit conventio in manum verheirathen[167]) oder Priesterinnen
der Vesta werden,[168]) und die dabei eine solche Ausdehnung hat,
daß die alten, noch nicht förmlich aufgehobenen Gesetze dem Vater
sogar das Recht zusprechen, auf eigne Hand ein Gericht über die
Söhne zu halten und sie zum Tode zu verurtheilen[169]) oder in
die Sklaverei zu verkaufen, welches auch früher nicht selten in
Anwendung gekommen sein soll.[170]) Noch immer ist, trotz des
allgemeinen Verfalls der Sitten, die Abhängigkeit der Söhne
vom Hausvater bei den Römern eine ungleich größere und stren=
gere, als bei irgend einem andern Volke,[171]) was aber freilich
auch zur Folge hat, daß viele Väter von den Söhnen mit Hülfe
treuloser Sklaven auf alle nur mögliche Art betrogen werden,
so daß auch Verstoßung der Söhne nichts Seltenes ist.[172]) Die
zunächst nach jener Anerkennung folgenden Handlungen sind die
mit der Ertheilung des Namens verbundene[173]) und besonders
zur Abwehr von Bezauberung vorgenommene Reinigungsfeier
(lustratio),[174]) welche bei den Mädchen am achten, bei den Kna=
ben aber am neunten Tage nach der Geburt erfolgt und als
Familienfest gefeiert wird, wobei dem neuen Ankömmlinge, der
feierlich aus der Wiege genommen und zu dem Hausaltar oder
durch einen Tempel getragen wird, von Eltern, Verwandten und

Freunden des Hauses, ja selbst von den Sklaven allerlei Kleinig=
keiten geschenkt werden,[175]) worunter vor Allem auch die oben
erwähnte, oft goldne, bulla nicht | fehlen darf;[176]) und sodann in
Folge einer erst ganz kürzlich vom jetzigen Kaiser erlassenen
Verordnung die Anmeldung (professio) des Kindes bei dem
Präfecten des aerarium Saturni behufs der Eintragung desselben
in die öffentlichen Geburtslisten,[177]) welche preiswürdige Ein=
richtung nicht nur später möglichen Streitigkeiten über Alter
und Stand vorbeugt, sondern auch eine Uebersicht der Kriegs=
dienstpflichtigen und eine Volkszählung erleichtert, demnächst aber
auch Veranlassung gegeben hat, daß jetzt fast alle Familien=
ereignisse der höheren Stände, wie Geburten,[178]) Verheirathun=
gen[179]) und Ehescheidungen,[180]) in den Actis diurnis[181]) ange=
zeigt werden. Nach diesen Vorgängen erfolgt nun die Erziehung
der Kinder in der uns schon bekannt gewordenen Weise. — Die
Leichtigkeit, mit welcher jetzt Ehen geschlossen werden können,
und der Leichtsinn, womit sie oft eingegangen werden, veranlaßt
denn auch eben so häufige und leichtsinnige Ehescheidungen (divor-
tia oder repudia),[182]) und auch über diese ist noch Einiges hin=
zuzufügen. Allerdings sollen sie schon in den frühesten Zeiten,[183])
jedoch nur selten vorgekommen sein, und am seltensten nach der
confarreatio, wo auch eine feierliche diffarreatio durch einen
Priester nöthig war,[184]) während ein Priester selbst, bei dem
allein jetzt noch die confarreatio vorkommt, gar nicht geschieden
werden kann.[185]) Bei einer durch coemptio geschlossenen Ehe
muß, wenn die Frau nicht in manu bleiben soll, eine reman-
cipatio stattfinden,[186]) bei der durch usus erfolgten aber genügt
eine einfache Erklärung.[187]) In früherer Zeit ist auch zur Ehe=
scheidung der Ausspruch eines zusammenberufenen Familien=
raths nöthig gewesen,[188]) woran jetzt Niemand mehr denkt,
indem vielmehr, besonders in der freien Ehe (matrimonium
iniustum), eine Auflösung derselben oft der geringfügigsten Ur=
sachen wegen mit größter Willkür und unverantwortlichem Leicht=
sinn vorgenommen wird, worüber man sich bei der jetzt herr=
schenden Sittenlosigkeit freilich nicht sehr wundern kann, da der
Staat sich gar nicht darum kümmert, außer wenn es der Ver=
mögensverhältnisse wegen zu einem Rechtsstreite kommt, in wel=
chem Falle der Richter untersuchen muß, ob der Mann, oder
die Frau durch strafbare Handlungen Veranlassung dazu gege=

ben hat, und den schuldigen Theil mit einer Geldbuße belegt.¹⁸⁹)
Die Frauen stehen allerdings dabei im Nachtheil, da Untreue
des Mannes keinen Scheidungsgrund abgiebt,¹⁹⁰) während da=
gegen bei der Frau nicht blos Ehebruch und Giftmischerei, son=
dern auch | Unterschiebung von Kindern, ja sogar Trunksucht
den Mann zur Scheidung berechtigt.¹⁹¹) Die Scheidung kann
entweder durch Uebereinkunft beider Theile, oder einseitig erfol=
gen,¹⁹²) und zwar im letztern Falle entweder mündlich oder
schriftlich, da die Verordnung des Augustus, daß die Scheide=
formel¹⁹³) durch einen abgesendeten Freigelassenen im Beisein
von sieben Zeugen ausgesprochen werden müsse,¹⁹⁴) jetzt nicht
mehr beobachtet wird¹⁹⁵) und namentlich die Frauen die schrift=
liche Aufkündigung der Ehe vorzuziehen pflegen.¹⁹⁶) Erfolgt sie
von Seiten des Mannes, so ist damit gewöhnlich auch das Ab=
fordern der Schlüssel verbunden,¹⁹⁷) und ist bei der Verheirathung
ein Ehevertrag aufgezeichnet worden, so erfolgt die Zerbrechung
und Vernichtung dieser tabulae nuptiales.¹⁹⁸) Eine geschiedene
Frau kann sich (so gut wie eine Wittwe nach vollendetem
Trauerjahre)¹⁹⁹) wieder verheirathen, was nicht nur gewöhnlich
geschieht, sondern nicht selten drei=, viermal wiederholt wird;²⁰⁰)
doch fallen bei einer solchen Wiederverheirathung manche der
Ceremonien weg, welche bei der ersten Hochzeit stattgefunden
haben.²⁰¹)

Nachdem ich meine Leser durch diese in das Eherecht ein=
schlagenden Auseinandersetzungen habe langweilen müssen, lasse
ich nun die Beschreibung der Hochzeitfeier der liebenswürdigen
Nävia folgen und verschiebe das Nähere über ein paar besonders
die Frauen interessirende Feste, welche in die Zeit der Vor=
bereitungen dazu fielen, die Vestalia am neunten und die Ma=
tralia am elften Juni, auf eine passendere Gelegenheit. Als
ich mich am Hochzeittage ziemlich zeitig im Hause des Trebonius
einstellte, fand ich trotzdem dasselbe schon in reichem Schmuck
von Kränzen, Blumengewinden und Teppichen prangend²⁰²) und
das Atrium glänzend erleuchtet,²⁰³) während die geschäftig hin
und her laufende Dienerschaft noch immer alle Hände voll zu
thun hatte, die Familie selbst aber, da bereits in der Stille des
frühen Morgens die feierlichen Auspicien angestellt worden
waren,²⁰⁴) schon in einer sehr gehobenen, festlichen Stimmung
war und die schöne Braut, die am Tage vorher ihre toga prae-

texta abgelegt und herkömmlicher Weise der Fortuna Virginalis, ihre Puppen aber den Laren geweiht hatte, [205]) noch mit dem roth= gelben Haarnetze (reticulum) auf dem Kopfe erschien, das ihr gleich= zeitig mit dem Anlegen der tunica recta oder regilla [206]) der guten Vorbedeutung wegen vor Schlafengehen aufgesetzt worden war; [207]) weshalb sie auch sehr | bald verschwand, um sich von der sorgsamen, glücklichen Mutter für ihren heutigen Ehrentag festlich schmücken zu lassen. [208]) Unterdessen füllte sich das Haus mit Verwandten, Freunden und Clienten, [209]) welche ihre Glück= wünsche darbrachten und von denen Mehrere auch eingeladen waren, um der Unterzeichnung des Ehecontracts als Zeugen beizuwohnen, [210]) unter welchen ich, nicht eben zu meiner großen Freude, auch den faden und prahlerischen Servilius erblickte, den Trebonius nicht vor den Kopf stoßen darf, da er seinen rechtlichen Beistand oft in Anspruch nimmt und auf's freigebigste zu belohnen pflegt. Jetzt erschien auch die holde Braut wieder in ihrem einfachen, sie aber reizend kleidenden Schmucke. Sie trug noch ihre weiße tunica recta, die unter der Brust von einem safranfarbigen, wollnen und in einen Knoten verschlun= genen [211]) Gürtel (cingulum oder zona) [212]) umschlossen wurde, und auf dem zierlich in sechs Flechten geordnetem Haare, die durch wollne Bänder aus einander gehalten wurden, [213]) einen Kranz von Rosen und Myrthenzweigen, [214]) die sie dem Ge= brauche gemäß selbst hatte abpflücken müssen, [215]) darüber aber den feuerfarbigen, wollnen Brautschleier (flammeum), [216]) d. h. ein viereckiges Kopftuch, das im Rücken und an den Seiten tief herabfallend das Gesicht ganz frei ließ. Gelbe Schuhe [217]) von weichem Leder, ein Halsband von feinem Goldgeflecht, an wel= chem eine Menge kleiner Glöckchen hing, ein paar goldne Arm= spangen und eine Perle in jedem Ohr vollendeten den bräut= lichen Putz. Bald darauf verrieth ein auf der Straße sich er= hebendes Jubelgeschrei, daß der Bräutigam die Schwelle des Hochzeithauses betrat, und nach wenigen Minuten erschien auch er bekränzt [218]) und mit freudestrahlendem Antlitz, von seinem alten Vater geführt und von einer Schaar von Freunden be= gleitet, im festlich geschmückten Atrium. Nun trat Trebonius mit den Auspices ein, um das günstige Ergebniß der angestellten Opferschau zu verkünden, [219]) worauf der Ehecontract ab= geschlossen und von den zehn Zeugen unterschrieben und be=

siegelt wurde. [220]) Braut und Bräutigam erklärten ihre Zu=
stimmung zum Abschluß der Ehe, [221]) die durch coemptio er=
folgte, und nun führte eine verheirathete Verwandte als Braut=
führerin (pronuba) [222]) die verschämte Braut dem glücklichen
Bräutigam zu und legte ihre Hände in einander. Jetzt erfolgte
das feierliche Opfer, an welchem sich auch die Neuvermählten
betheiligten. [223]) Ein Schaf empfing den Todesstoß [224]) | und
das schnell abgezogene Fell des Thiers wurde über die Sessel
gebreitet, auf denen sich das junge Ehepaar niederlassen mußte. [225])
Der Opferknabe (camillus), [226]) der auch in einem verdeckten
Korbe (cumerum) [227]) die zum Opfer nöthigen Gegenstände trug,
zündete unter dem Klange der Flöten das Feuer des Altars an,
von welchem nun der Rauch und Fettdampf der auf ihm
brennenden Eingeweide des Opferthiers zum Compluvium em=
porstieg. Der Opferpriester sprach dabei nach dem Ritualbuch
das feierliche Gebet, worin die Götter der Ehe angerufen wur=
den, dieselbe zu segnen, [228]) und das neu verbundene Paar um=
wandelte unter seinem Vortritt, der das Feuer und Wasser
trug, [229]) dreimal den Altar, die Braut aber besprengte den=
selben mit Wein und streute Weihrauch in die goldne Opfer=
schale. Nachdem das Opfer vollendet war, riefen sämmtliche
Anwesende den Neuvermählten ihr feliciter! zu [230]) und man
schritt zum Hochzeitmahle. [231]) Sowohl in dem nicht großen
Speisesaale, als in ein paar offnen Nebenzimmern, die, wie man
es in diesem bescheidnen Hause nicht anders erwarten konnte,
nur mit einfacher, aber doch sehr zierlicher Wandmalerei ge=
schmückt waren, heute aber in reichem Blumenschmuck prangten
und in hellem Glanz der Candelaber strahlten, waren Tricli=
nien aufgestellt und Trebonius ließ es an Nichts fehlen, um
den Ehrentag seines geliebten Kindes zu einem möglichst feier=
lichen zu machen. Es wurden zahlreiche Gesundheiten getrunken
und mehrere Gäste, namentlich aber der saubere Ritter Servilius,
ermangelten nicht, durch unzarte und zweideutige Anspielungen
der keuschen Braut wiederholt Schamröthe auf die Wangen zu
jagen. Als man sich nach schon eingebrochener Dunkelheit [232])
von der Tafel erhoben hatte, erfolgte unter dem Schutze der
Juno Domiduca [232b]) der feierliche Hochzeitzug (deductio) nach
dem Hause des Bräutigams. Die sich in die Arme der Mutter
flüchtende Braut wird ihnen entrissen, [233]) sie muß von der

Hand des geliebten Mannes fortgezogen ihren Platz im Zuge einnehmen und mit Thränen in den Augen vom theuern Vaterhause Abschied nehmen. (Diese Art die Braut scheinbar mit Gewalt dem Elternhause zu entführen, erinnerte mich an die bei uns in Sparta herrschende Sitte, ist aber sicherlich keine Nachahmung derselben, sondern wahrscheinlich eine Anspielung auf den Raub der Sabinerinnen.) Bei ihrem Anblick bricht die Menge in Jubelgeschrei aus. Rasch entzünden sich die Fackeln und unter Vortritt ihrer Träger [234]) sowie einer Anzahl von Flötenbläsern [235]) setzt sich der Zug, der für um so glänzender gilt, je zahlreicher er ist, [236]) durch den sich drängenden und stoßenden Haufen der Zuschauer, der jedoch vor den Fackeln scheu zurückweichend eine freie Gasse bildet, langsam in Bewegung. Die Fackeln beleuchten hunderte von neugierigen Gesichtern und die meisten Zuschauer schließen sich nachdrängend dem Zuge an, [237]) | der nun das Hochzeitlied anstimmt [238]) und wiederholt sein talassio! talassio! erschallen läßt. [239]) Die Braut wird von drei schön gelockten Knaben geleitet, von denen der eine ihr die Hochzeitfackel voranträgt, die beiden andern aber sie an den Händen führen. [240]) Rocken und Spindel werden mit bunten Schleifen geziert ihr nachgetragen. [241]) Dann folgt der Bräutigam, der Nüsse und kleine Münzen unter die sie stürmisch fordernde und sich dann darum balgende Straßenjugend auswirft, [242]) die sich bis in die vordersten Reihen der Zuschauer vorgedrängt hat. So gelangte der Zug unter lauten, nicht selten auch unanständigen [243]) Zurufen der Menge mehrere Straßen durchschreitend an das Haus des Bräutigams, dessen Thüre gleichfalls mit Kränzen, Blumengewinden und Bändern festlich geschmückt war. [244]) Die Braut salbte nun die Thürpfosten ihres neuen Hauses mit Oel und umwand sie mit wollenen Binden, [245]) um sie unter den Schutz der Laren zu stellen, worauf sie von den Brautführerinnen rasch über die Schwelle gehoben und hineingetragen wurde, [246]) vermuthlich damit es nicht den Anschein habe, als ob sie freiwillig ihrer Jungfrauschaft entsage. Nur der Bräutigam, die Eltern, die eingeladenen Freunde und die zu ihrer Bedienung ausgewählten väterlichen Sklaven [247]) folgten ihr in's Haus, das sich nun für die übrigen Theilnehmer am Zuge geheimnißvoll schloß. Die Braut wurde von der Pronuba im Atrium [248]) mit geweihtem Wasser be=

sprengt,[249]) betete zu den Göttern des neuen Hauses um eine glückliche Ehe,[250]) die ich ihr verbürgen zu können glaube, und entzündete gemeinschaftlich mit dem Bräutigam, der sie feierlich in die Gemeinschaft des Feuers und Wassers, d. h. zur Theil= nahme am häuslichen Leben, aufnahm,[251]) dessen Hauptbe= dingungen diese Elemente sind, und ihr die Schlüssel des Hauses übergab,[252]) das Herdfeuer mit der aus Weißdorn bestehenden [253]) Hochzeitfackel, um deren Besitz sich vor dem Nachhausegehen noch die Hochzeitgäste stritten und die sie, als sie glücklich erbeutet war, im Triumphe davontrugen,[254]) während die Braut, von der Pronuba geleitet, das Ehegemach betrat,[255]) die vor dem Hause versammelte Menge aber auf unanständige Weise sang und lärmte und sich in höchst ungezogenen Späßen und Aus= lassungen gefiel.[256]) Hiermit endigte für mich am heutigen Tage die Theilnahme an der Hochzeitfeier, am folgenden Abende aber wurde von den Neuvermählten selbst ein kleines Gastmahl ge= geben,[257]) bei dem ich auch nicht fehlen durfte und | mich mit ganzer Seele der allgemeinen Heiterkeit hingab, besonders da heute auch der mir widerwärtige Servilius fehlte. Die nun= mehrige junge matrona erschien heute zum ersten Male in der faltigen Stola der verheiratheten Frauen, brachte den Göttern des Hauses ihr erstes Opfer dar[258]) und war glücklich, die Freunde in ihren eigenen vier Pfählen bewirthen zu können. Ich aber schied von ihr mit den innigsten Segenswünschen und überließ sie vertrauensvoll ihrem weiteren Schicksal.

Habe ich jetzt meinen Lesern eine züchtige, bescheidne Jung= frau in ihrem einfachen Brautanzuge vorgeführt, so muß ich nun, um das Bild der römischen Frauenwelt zu vervollständigen, auch noch einen wenig erfreulichen Contrast dazu folgen lassen. Ich hatte eines Tages, als ich eine überputzte, geschminkte und hochauffrisirte Modedame vorübertragen sah, gegen Narcissus den Wunsch geäußert, eine solche wohl einmal an ihrem Putz= tische belauschen zu dürfen und er nach kurzem Besinnen er= wiedert, derselbe werde sich, sollte er meinen, leicht erfüllen lassen, wenn es mir auf einige Golddenare nicht ankomme. Sein Buchhandel habe ihm die Bekanntschaft einer der schönsten und renommirtesten Hetären der Stadt verschafft, der er zuweilen erotische Werke liefern müsse und die auf einem sehr großen Fuße lebe, da die reichsten Wüstlinge ihren Reizen huldigten.

Er glaube, wenn man ihr ein anständiges Geschenk verspräche, würde sie keine Umstände machen, uns bei ihrer Morgentoilette zu empfangen. Wäre es mir nun auch ungleich erwünschter gewesen, meine Neugier im Hause einer anständigen Dame be= friedigen zu können, so ging ich doch, weil dazu keine Aussicht war, auf den Vorschlag des Narcissus ein, und er meldete mir nach einigen Tagen, daß die schöne Lycoris, eine Libertine aus Ephesus, bereit sei, uns morgen in der vierten Stunde zu empfangen. Er habe ihr in meinem Namen ein paar werthvolle Ohrringe versprochen, die ich also im Laufe des heutigen Tages noch besorgen möchte. So begaben wir uns denn zu der bestimmten Stunde hin. Die uns an der Thüre empfangende Sklavin (ianitrix)[259]) sagte uns, ihre Gebieterin sei noch im Bade, sie wolle uns aber augenblicklich melden, und führte uns in ein kleines, reizendes Gemach, welches die feinsten Wohlgerüche er= füllten und auf dessen kostbarem Teppich jeder Tritt verhallte. Bald darauf erschien auch Lycoris in einem leichten, verführe= rischen Morgengewande, und ich war wirklich überrascht | von ihrer seltnen Schönheit. „Nun, sprach sie lachend, Narcissus hat mir deinen Wunsch mitgetheilt, du närrischer Mensch. Es ist streng genommen freilich ein seltsames Ansinnen, euch in unsre Toilettengeheimnisse einzuweihen; doch sei's darum! Ich brauche glücklicherweise bei den kleinen, unschuldigen Künsten, die ich an= wende, um der Natur ein wenig nachzuhelfen, einen neugierigen Zeugen nicht zu scheuen, und darf schon einmal der Warnung unsers Ovidius untreu werden.[260]) Also Platz genommen, wenn's gefällig ist! Die Komödie kann beginnen. Ich werde thun, als wäret ihr gar nicht da." Ihre Sklavinnen rufend, die ihres Winkes schon gewärtig, acht an der Zahl,[261]) sogleich herein= stürzten, warf sie sich nun nachlässig auf einen purpurrothen, reich mit Bildhauerarbeit verzierten Lehnstuhl[262]) in der Mitte des Zimmers hin, ohne das Unzulängliche ihres leichten Ueber= wurfs von schneeigem Linnen ängstlich zu berücksichtigen. Das volle, rabenschwarze Haar fiel, noch feucht vom Bade, aufgelöst auf ihre entblößten Schultern herab und ihre nackten, kleinen Füße ruhten auf einem zierlichen Schemel. Eine junge, hübsche Sklavin war beschäftigt, sie mit einem Linnentuche zu trocknen und abzureiben, während eine andre zwei zierliche Kästchen[263]) (das eine von Elfenbein, das andre von Cedernholz mit Silber

ausgelegt) öffnete und eine Menge von Fläschchen und Büchsen
auskramte, deren Inhalt das schon mit Wohlgerüchen erfüllte
Zimmer mit den Düften der verschiedensten Blumen durchströmte.
Lycoris aber nahm einen Spiegel [264]) zur Hand und indem sie
ihr Gesicht betrachtete, frug sie, sogleich aus ihrer Rolle fallend:
„Nun, was meint ihr? habe ich nöthig, mich in Eselsmilch zu
baden, [265]) oder Brodteig in sie einzuweichen und mein Gesicht
vor Schlafengehen damit zu bepflastern, [266]) um eine weiche und
zarte Haut zu behalten? Nicht wahr, dazu hat es noch ein
Weilchen Zeit, bis erst die Runzeln kommen? Doch ein wenig
Roth auflegen [267]) kann nicht schaden; das macht noch etwas
munterer. Der weißen Schminke aber bedarf es nicht. Meint
ihr nicht auch?" Natürlich bejahten wir dies. „Also, Mysis,
frisch an's Werk!" Diese hauchte nun erst zu meinem nicht geringen Befremden den Spiegel an, den Lycoris in der Hand
hielt, worauf ihn diese an die Nase brachte, [268]) ein Verfahren,
dessen Grund ich bald erfahren sollte. Denn als jetzt Mysis ein
krystallnes Schminktöpfchen geöffnet und etwas rothe Schminke
(fucus) daraus auf ein Läppchen | geschüttet hatte, spuckte sie
darauf und rührte die Schminke mit ihrem Speichel an, [269])
woraus ich erkannte, daß sich ihre Gebieterin vorerst hatte überzeugen wollen, ob es dem Mädchen nicht aus dem Munde rieche
und ob ihr Speichel auch gehörig rein sei. Nun wurde ihr erst
mit einer wohlriechenden Essenz (smegma) [270]) das Gesicht ein-
gerieben und dann ein zartes Roth auf die Wangen hingehaucht;
auch entging es meinem Scharfblick nicht, daß das Mädchen auf
einen Wink der Herrin schnell nach einem andern Büchschen
griff und ihr verstohlen ein paar blaue Aederchen an die Schläfe
malte. [271]) Schon aber stand eine dritte Dienerin mit einem
kleinen Pinsel und einer Muschel bereit, worin sie eine wie Ruß
aussehende, feine Schwärze (stibium oder stimmi genannt) [272])
mit Wasser flüssig gemacht hatte, und überzog damit die Augenbrauen der Schönen, so daß sie zwei schön gewölbte Halbkreise
bildeten, die an der Nasenwurzel fast zusammenliefen; [273]) eine
vierte aber kam mit einer Zahnbürste und Zahnpulver herzu-
geeilt und reinigte die Zähne, [274]) die einer solchen Politur kaum
bedurft hätten, um gleich den reinsten Perlenreihen zu glänzen.
Jetzt winkte Lycoris einer andern, schon älteren Sklavin, und
diese machte sich nun an das wichtigste Geschäft der Toilette, an

die Frisur der Herrin. Die erst mit verschiedenen wohlriechenden
Essenzen besprengten und eingeriebenen [275]) Haare wurden theils
mit dem auf einem Kohlenbecken erhitzten Brenneisen gekräuselt,
theils in zierliche Zöpfe geflochten, um zu einem künstlichen
Lockenbaue aufgethürmt zu werden. [276]) „Nun, du schweigsamer,
ungalanter Gast, frug die übermüthige Lycoris während dieser
Arbeit, hast du denn kein Wörtchen des Lobes für mein schönes,
volles Haar? oder wäre dir's vielleicht lieber, wenn ich es mit
ätzenden Salben goldgelb gebeizt oder gar ganz abgeschnitten
hätte, [277]) um mir eine blonde Perrücke aufsetzen zu lassen, wie
es jetzt Mode ist, um einer schmachtenden Nordländerin zu
gleichen?" Während ich aber noch meine Verwunderung über
ihren Zweifel an meinem guten Geschmacke aussprach, ertönte
plötzlich ein Schrei aus ihrem schönen Munde und gleich darauf
erfolgte mit dem Ausruf: „Du Laster brennst mich ja!" ein so
heftiger Faustschlag in das Gesicht der armen Pseccas, [278]) daß
ihr das Blut aus der Nase schoß und sie, das Brenneisen hin-
werfend, aus dem Zimmer eilen mußte, um das Blut zu stillen.
„Ich hätte mir nicht träumen lassen," sprach ich, empört über
diese Mißhandlung, „daß diese kleine Hand so kräft'ge Schläge
versetzen könne!" und hätte gern hinzugefügt, sie möge sich doch
gefälligst an eine frühere Zeit erinnern, wo sie selbst noch
Sklavin einer wahrscheinlich nachsichtsvolleren Gebieterin gewesen. Sie aber erwiederte: „Ja, Strafe muß sein. Soll ich
mich etwa von dem nichtswürdigen Geschöpfe ruhig brennen
lassen? Sie kann den Göttern danken, daß ich sie nicht durch-
peitschen lasse. Wenn man nicht Strenge zeigt, ist ja mit den
verwünschten Dingern gar nicht auszukommen." Die andern anwesenden Sklavinnen drückten sich ängstlich an einander und
warfen der Lycoris hinter ihrem Rücken drohende Blicke zu.
Jetzt trat auch die Gezüchtigte wieder ein und setzte so ruhig
und demüthig, als wäre nicht das Geringste vorgefallen, ihr
Geschäft bei der hartherzigen domina (wie sich selbst diese Hetäre
von ihren Dienerinnen nennen ließ) [279]) schweigend fort, bis eine
junge, braune Afrikanerin, Cypassis [280]) mit Namen, ihre Stelle
einnahm, die nun als die eigentliche Haarkünstlerin aus allen
diesen Zöpfen und Löckchen eine hohe, für meinen Geschmack viel
zu künstliche und übertriebene Frisur aufthürmte, an der Lycoris,
stets mit dem Spiegel in der Hand, immer noch bald dieses,

bald jenes auszusetzen fand, und dann ihrer Herrin ein kostbares, mit in Silber getriebenen Reliefs verziertes Schmuckkästchen [281]) reichte, um aus einer ganzen Anzahl in ihm ent-
haltener Nestnadeln [282]) die für die heutige Frisur passendste
auszuwählen. Nach langem Suchen und Probiren schien endlich
eine vor ihren Blicken Gnade gefunden zu haben, die sie lachend
und mit den Worten: „Nicht wahr, die ist die hübscheste?" mir
hinhielt. Sie war zierlich aus Elfenbein geschnitzt und zeigte
statt des Knopfes eine dem Meere entsteigende Venus, die ihre
nassen Haare aus der Stirne zurückstrich. Eine stumme Kopf-
bewegung bejahte ihre Frage, und die Nadel wurde nun durch
das Nest ihrer Frisur gesteckt, ein goldnes Diadem [283]) aber, das
ihr Cypassis fragend darreichte, sofort mit den Worten zurückgewiesen: „Ach nicht doch! das ist ja viel zu matronenhaft."
Jetzt endlich war fast nach einer halben Stunde der Haarputz
glücklich vollendet und Lycoris warf, als sie sich im Spiegel
beschaut hatte, einen triumphirenden Blick zu uns herüber, der
zu fragen schien: Nun, wie gefalle ich euch? seh' ich nicht wie
eine leibhafte Venus aus? Als wir aber stumm blieben, rief sie,
sich verdrießlich vom Sessel erhebend: „Jetzt einmal nicht herge-
schaut!" und setzte dabei sicherlich voraus, daß wir dies | Gebot
nicht respectiren würden. Eine der Sklavinnen streifte ihr nun
den leichten Ueberwurf, der mir eine Synthesis zu sein schien, [284])
vom schönen Körper ab und eine andre warf ihr dafür erst eine
blendend weiße Subucula und dann, nachdem das Busenband
von weichem Leder angelegt worden war, die unter mehreren
andern ausgewählte meergrüne Tunica über, die mit einem feuer-
farbigen Bande unter der Brust gegürtet und dann zurecht ge-
zupft und in zierliche Falten geordnet wurde. Hierauf nahm
Lycoris wieder auf dem Lehnstuhle Platz und mit den Worten:
„Entschuldiget! Da ihr mich im Bade überraschtet und ich euch
nicht gern warten lassen wollte, muß jetzt nachgeholt werden,
was schon dort hätte geschehen sollen", streckte sie die schön geformten Füße vor, um sich die Nägel beschneiden und glätten, [285])
dann aber die Sandalen anlegen und mit purpurrothen Riemen
um die vollen, runden Waden schnüren zu lassen, worauf auch
noch an den Fingernägeln dieselbe Arbeit vorgenommen wurde.
Nun aber galt es den Hals-, Ohren- und Armschmuck für die
heutige Morgenpromenade auszuwählen. Eine Menge blitzendes

und funkelndes Geschmeide wurde aus dem Schmuckkästchen in
ihren Schooß geschüttet, hinsichtlich dessen ich freilich nicht ver=
bürgen mag, daß alle Edelsteine ächt und alles Gold gediegen
war. ²⁸⁶) Nachdem sie bald das eine, bald das andre Stück
durch ihre Hände hatte gleiten lassen, wobei sie wiederholt auch
uns zu Rathe zog, ob ihr dieses Perlenhalsband oder jene goldne
Kette, diese oder jene Armspange besser stehen werde, wählte sie
endlich einen, wie es schien, doch ächten, kostbaren Hals= oder
vielmehr Busenschmuck, da er nur hinten den Hals berührte,
eigentlich aber aus zwei bogenförmig auf den Busen herab=
fallenden Kettchen bestand, zwischen welchen ein drittes gerade
herabhing und sich tief in die Falten der Tunica versenkte. Alle
drei aber, in welchen zwischen goldnen Gliedern Chrysolithe und
Hyacinthe abwechselten, vereinigten sich in der Mitte an einem
ziemlich großen, ovalrunden und geschnittenen Beryll, der zugleich
als Fibula ²⁸⁷) diente und am Saume der Tunica befestigt
wurde. ²⁸⁸) Hierzu gesellten sich wohl noch werthvollere Ohr=
gehänge, die aus drei Glockenperlen bestanden, von denen zwei
nebeneinander, die dritte aber oben darüber hing. ²⁸⁹) Als auch
sie eingehängt waren, ging es an den Schmuck der Arme, oder
vielmehr des Arms, denn nur der linke empfing denselben,
während der rechte, den gewöhnlich der Mantel bedeckt, leer aus=
ging. Um den schönen, vollen Oberarm wurde ganz in der
Nähe der Schulter ein schweres, goldnes Armband geschlungen,
das eine schuppenbedeckte Schlange | darstellte, in deren Kopf
die Augen von Rubin eingesetzt waren, und deren Zunge durch
ein bewegliches Goldblättchen nachgebildet wurde, ²⁹⁰) das Hand=
gelenk aber umschlossen zwei leichtere, zierlich durchbrochene Arm=
bänder mit sehr fein ausgearbeiteten, goldenen Rosetten, deren
Mittelpunkt bei dem einen ein funkelnder Rubin, bei dem andern
ein Smaragd bildete. Endlich wurden auch noch fast alle
Finger mit einer Anzahl von Ringen verschiedner Art geschmückt. ²⁹¹)
So überputzt befiehlt nun Lycoris ihre Obergewänder herbei=
zuholen, und sie vor uns ausbreitend fragt sie, welches davon sie
anlegen soll. Wir überlassen dies natürlich ihrem eigenen Ge=
schmacke und sie entscheidet sich nach kurzer Wahl für eine ama=
rantfarbige, seidne Palla, die sie sich in der uns schon bekannt
gewordenen Weise so malerisch und geschickt umwerfen läßt, daß
der Busenschmuck sichtbar und der eine ihrer schönen Arme völlig

entblößt bleibt. So war sie denn endlich mit ihrer Toilette zu
Stande gekommen, in der sie sich, einige Ueberladung mit Ge=
schmeide und die zu kunstreiche Frisur abgerechnet, wirklich
reizend genug ausnahm, und beauftragte nun die braune Cypassis,
die sich ihres besondren Vertrauens zu erfreuen schien, den
Sänftenträgern zu sagen, daß sie sich bereit halten sollten sie aus=
zutragen, weil sie das Frühstück bei einer Freundin einzunehmen
gedenke. Ich händigte ihr nun, für ihre Bereitwilligkeit dankend
meinen Wunsch zu erfüllen, das versprochene Geschenk ein, das
sie jedoch nur eines flüchtigen Blickes würdigte und dann mit
einem ziemlich frostigen Danke zu dem übrigen Geschmeide legte,
das freilich von ganz andrer Freigebigkeit ihrer Liebhaber Zeug=
niß gab. Als wir uns aber empfahlen, entließ sie mich mit der
mir zugeflüsterten Frage: „Nach der Gefälligkeit, die ich dir
heute erwiesen, seltsamer Mensch, darf ich wohl erwarten,
daß du mich nun öfters besuchen wirst? Den Weg wirst du
jetzt auch ohne den guten Narcissus zu finden wissen.“ Ich
dankte für ihre Einladung und versprach zum Schein ihr Folge
zu leisten. So hatte ich denn wirklich auch diesen Wunsch auf
eine meine kühnsten Erwartungen übertreffende Weise erreicht und
bereute die Ausgabe nicht, die mir seine Erfüllung verursacht
hatte. — Nun aber müssen meine Leser, wenn diese Schilderung
der römischen Frauenwelt ihren völligen Abschluß finden soll,
mit mir noch eine Stufe tiefer hinabsteigen und mich auch nach
der berüchtigten Suburra ²⁹²) begleiten, die ich, der Aufmunterung
des Narcissus folgend, eines | Abends besuchte. Hier sah ich denn
beim Scheine des Mondes mehrere Männer, zum Theil schon
am Arme feiler Dirnen, ganz unbefangen die zahlreichen
Schlupfwinkel der Unzucht (lupanaria) betreten, andre aber auch,
die nicht erkannt sein wollten, mit tief in's Gesicht hereinge=
zogenem Cucullus verstohlen in sie hineinhuschen. ²⁹³) Eine durch
eine Menge Lampen erleuchtete und mit Festons behangene
Thüre ²⁹⁴) lenkte vor Allem meine Aufmerksamkeit auf sich, und
kaum näherte ich mich ein paar im leichtfertigsten Costüm an der=
selben stehenden Mädchen, ²⁹⁵) um mich nach dem Grunde dieser
auffallenden Erscheinung zu erkundigen, so sah ich mich auch
schon von ihnen umschlungen und in die hell erleuchtete Haus=
flur hineingezogen. Hier erblickte ich zu beiden Seiten eine
Reihe von Thüren mit den Namen Lycisca, Erotium, Phi=

läniß u. s. w.,²⁹⁶) auch an zweien derselben ein Täfelchen mit
der Aufschrift Occupata,²⁹⁷) was sowohl in Bezug auf die
Zelle²⁹⁸) heißen konnte: „Schon besetzt", als mit Rücksicht auf
den darüber stehenden Namen „Schon beschäftigt". Eins der
Mädchen fragte mich lachend, ob sie mir beide Gesellschaft
leisten sollten, ich aber wählte die Andre, die mir weniger zu-
dringlich erschien, und augenblicklich entführte sie mich, während
aus einer sich öffnenden Thür noch eine dritte schon völlig ent-
kleidet²⁹⁹) herzusprang, um mich ihr abspänstig zu machen, in
eine mit Glycerium überschriebene Zelle, an deren Thüre sie
nun gleichfalls ein solches Täfelchen aufhing, während ich einen
flüchtigen Blick durch das enge, kaum 5 Schritte in's Gevierte
haltende Gemach schweifen ließ, das vor dem allerdings weichen
und gut beschaffnen Lager eben nur noch Raum für ein paar
Personen hatte, an den Wänden aber von ziemlich roher Hand
gemalte obscöne Bilder zeigte.³⁰⁰) Glycerium wollte nun gleichfalls sofort ihre leichte Tunica vollends abstreifen, ich aber hin-
derte sie daran und erklärte ihr, daß ich als Fremdling in Rom
nur hergekommen sei, um mir von ihr Auskunft über ihr
hiesiges Treiben und ihre Verhältnisse zu erbitten. Sie schaute
mich natürlich mit verwunderten Augen an und schien dies gar
nicht begreifen zu können, ein paar Denare aber, die ich
ihr in die Hand drückte, stimmten sie schnell zur Fröhlichkeit,
und als ich die stürmischen Zärtlichkeiten, womit sie mich aus
Dankbarkeit überhäufen wollte, glücklich abgewehrt hatte, nahm
sie ruhig an meiner Seite Platz und gab mir bereitwillig Ant-
wort auf alle meine Fragen, ja ich erfuhr selbst noch mehr | von
ihr, als ich zu wissen begehrte. Auf meine erste Frage, was
die Lampen, Kränze und Festons an der Hausthür bedeuteten,
erhielt ich die Antwort, daß das Haus heute erst eröffnet werde
und daß es Sitte sei, ein Lupanar bei seiner Einweihung stets
auf solche Weise zu schmücken. Sodann theilte sie mir mit, daß
sämmtliche Mädchen im Hause, zwölf an der Zahl, Sklavinnen
eines Kupplers (leno)³⁰¹) wären, der die Meisten von ihnen
ihrem frühern Herrn abgekauft hätte, da dieser, nachdem er es
zu einem recht hübschen Vermögen gebracht, das Geschäft auf-
gegeben habe, und daß sie auch von ihrem neuen Gebieter nichts
weiter empfingen, als Wohnung, Kost und Kleidung, allen
Verdienst aber an ihn abliefern müßten, so daß sie in dieser

Beziehung nur an die Extrageschenke freigebiger Liebhaber an=
gewiesen wären.   Ihr jetziger Herr habe einen Mittelpreis von
8 Asses festgesetzt, [302]) nachdem der frühere sich mit fünfen be=
gnügt habe; es gebe aber auch stattlicher eingerichtete Häuser,
wo zwei, drei Denare und noch mehr verlangt würden, und
nach der Höhe des Preises richte sich auch die Abgabe, welche
die Kuppler oder die Mädchen, die das Gewerbe auf eigne
Rechnung trieben, an den kaiserlichen Fiscus zahlen müßten. [303])
Nur in den hintersten Zellen, die der neue Herr zu ihrem größten
Aerger eingerichtet habe, um jedem Wunsche genügen zu können,
müsse das Doppelte gezahlt werden.   Ich konnte leicht errathen,
was sie meinte und sich selbst als Buhldirne doch deutlicher
auszusprechen scheute, hütete mich aber natürlich weiter darnach
zu fragen. [304]) Endlich erfuhr ich noch, daß die Lupanare unter
Aufsicht des Aedilis ständen, der sich aber wenig um sie kümmere,
und daß ihre Zahl eine sehr bedeutende sei, während allerdings
eine wohl noch größre Menge von Mädchen, meistens Liber=
tinen, es vorziehe, ihren Erwerb auf eigne Hand zu suchen, wo
sie dann freilich, wenn sie hübsch wären und Glück hätten, sich
weit besser ständen, als sie und ihres Gleichen, weshalb es auch
der heiße Wunsch jeder ihrer Schwestern sei, sich recht bald so
viel zu verdienen, als nöthig sei, um sich vom leno ihre Freiheit
erkaufen und dann selbst beim Aedilis melden zu können. [305])
Da ich nun erfahren hatte, was ich zu wissen wünschte, erhob
ich mich zum Abschied.   Das Mädchen fragte auf's Neue, ob
ich denn wirklich einen andern Dank verschmähe, und begleitete
mich, abermals zurückgewiesen, kopfschüttelnd bis vor die Haus=
thür, um mich vor der Zudringlichkeit ihrer | Schwestern zu
schützen.   Dabei sah ich durch eine offen stehende Thüre auch in
ein größeres Gemach, das nur durch Vorhänge in mehrere Ab=
theilungen geschieden war [306]) und in welchem es höchst zügellos
herzugehen schien; Glycerium aber belehrte mich, daß dieses Ge=
mach für Mädchen bestimmt wäre, die nicht in's Haus gehörten,
sondern nur mit ihren Liebhabern hierher kämen, um eine
Lagerstatt zu finden, wofür sie ihrem Herrn ein As zu entrichten
hätten, [307]) daß sich aber bisweilen auch vornehme Damen
unter erdichtetem Namen hier einschlichen, [308]) um auf dem kür=
zesten Wege Befriedigung ihrer lüsternen Wünsche zu finden,
die jedoch trotz ihrer Verkleidung und ihrer falschen Haare von

ihnen gewöhnlich sehr bald als das erkannt würden, was sie
wirklich wären, und dann freilich arg verhöhnt von ihnen viel
zu leiden hätten, was sie aber auch vollkommen verdienten, da
sie ihnen so schmählich in's Handwerk pfuschten. Ihre Herren
drückten natürlich gern ein Auge zu, da jene saubern Damen
sie vermuthlich nicht mit einem As abspeisten, sondern sehr gut
bezahlten, wenn sie merkten, daß man sie erkannt habe. Unter
diesen Mittheilungen gelangten wir unangefochten vor die Thüre
und so sah ich mich denn nun mit erleichtertem Herzen wieder
auf freier Straße, hatte mich aber auf dem Heimwege noch
mancher frechen Dirne zu erwehren und dankte den Göttern,
als ich endlich wieder glücklich zu Hause angekommen war. Die
Suburra wird mich nun nicht wieder sehen.

Anmerkungen zum 5. Kapitel.

---

[1] Von dem schändlichen Treiben eines Heliogabalus und andrer Kaiser späterer Zeiten konnte natürlich hier noch nicht die Rede sein.

[2] Eines alten hierauf bezüglichen Gesetzes gedenken Dion. Hal. IX, 22. u. Sozom. Hist. eccl. I, 9. und eine Geldstrafe der Hage- stolze erwähnen Val. Max. II, 9, 1. u. Paulus Diac. v. uxorium p. 379. M. Auch später wurde die Ehelosigkeit von den Censoren streng gerügt (Liv. Epit. LIX. Cic. de Leg. III, 3, 7. Dio Cass. LII, 21. Plut. Camill. 2. Cato maj. 16. Gellius I, 6. IV, 20.), Verheirathete aber und mit Kindern Gesegnete auf alle Weise be- vorzugt und belohnt (Liv. XLV, 15. Suet. Caes. 20. Oct. 14. Tac. Ann. II, 51. XV, 19. Plin. Ep. VII, 16, 2. Gellius II. 15. V, 19. Dio Cass. XXXVIII, 1 — 7. XLIII, 25. LX, 24. Mart. V, 41. Appian. B. Civ. II, 10. Dig. IV, 4, 2. Schol. des Juven. 9, 90. vgl. Cic. pro Marc. 8, 23.), und außerdem er- gingen noch dringende Ermahnungen zur Schließung von Ehen (Liv. Epit. LIX. Suet. Oct. 89. vgl. auch Gellius I, 6, 6. und Dio Cass. LVI, 3. 4. 6.); besonders aber war es Augustus, der selbst mit Hintansetzung gegründeter Rechtsansprüche (vgl. Cod. Just. VI, 50. in.) mehrere Gesetze gegen die Ehelosigkeit erließ (Suet. Oct. 34. Dio Cass. LIV, 16. LVI, 1. Hor. Carm. saec. 17 ff. Liv. a. a. O. Tac. Ann. III, 25. Ulpian. XVI, 1—4. XXII, 3. Gajus I, 145. 178. II, 111. 286. Sozom. I, 19. Tertull. Apol. 4. u. A.), welche erst von den christlichen Kaisern wieder aufgehoben wurden.

[3] Das Vermögen der Frau war unantastbar und die Gläu- biger des Mannes hatten kein Recht darauf (Appulej. Apol. p. 523. Oud. Dig. XLII. tit. 8. (9.) und daselbst besonders 10, 14. 17, 2. 18. 25, 1.) Vgl. auch unten Anm. 18.

[4] Ueber die häufigen Ehescheidungen und öfters wiederholten

Heirathen vgl. hinsichtlich der Männer Val. Max. VI, 3, 10—12. Suet. Caes. 6. 50. Oct. 62. 63. Calig. 25. Claud. 26. Ner. 35. Plut. Pomp. 9. Sull. 6. 33. Cic. 41. Dio Cass. LVI, 18., hin- sichtlich der Frauen aber Plaut. Merc. IV, 1, 6 ff. Amph. III, 2, 47. Cic. ad Fam. VIII, 7, 2. ad Att. XI, 23, 3. pro Cluent. | 5, 12 ff. Suet. Tib. 11. Juven. 6, 223 ff. Mart. VI, 7. X, 41. Sen. de ben. I, 9. III, 16. Schol. des Juven. 6, 434 ff. Tertull. Apol. 6. u. s. w. Vgl. auch Dig. XXIII, 2, 18. XLVIII, 5, 13. §. 9.

⁵) Ueber die nutrix vgl. Ter. Heaut. IV, 1, 7. 8. Adelph. III, 1, 1. Eun. V, 2, 53. 3, 4. Tac. dial. de or. 29. Germ. 20. Plin. Ep. V, 16, 3. mit Verg. Aen. IV, 632. 634. V, 645. u. s. w. Daß es auch in Bürgerhäusern schon frühzeitig üblich war, Ammen zu halten, die dann im Hause blieben, ersieht man aus Liv. III, 44.

⁶) Vgl. Tac. dial. de or. 29. Merkwürdig ist übrigens in dem bekannten Mährchen von Amor und Psyche bei Appulej. Met. IV, 28 ff. p. 300. sqq. Oud. (über welches besonders Jahn in den Ber. d. K. Sächs. Ges. d. Wiss. 1851. Hist.-phil. Kl. S. 156 ff. und Friedländer Sittengesch. Roms I. S. 366 ff. zu vergleichen sind) der ganz an unser Kindermährchen von Aschenbrödel erinnernde Anfang: „In einem gewissen Lande lebten einmal ein König und eine Königin, welche drei Töchter hatten. Reiz und Anmuth schmückten schon die beiden älteren, doch weit noch übertraf sie darin die jüngere Schwester, deren Schönheit mit Worten gar nicht zu beschreiben ist" u. s. w.

⁷) Ich erinnere nur an die Priapushermen und die Dar- stellung ithyphallischer Faune und Satyrn auf bacchischen Reliefs.

⁸) Vgl. oben S. 213. Anm. 419.

⁹) Propert. II, 6, 27—34. Sen. Contr. V, 33.

¹⁰) Nepos Att. 19. Suet. Oct. 34. Tib. 61. Claud. 27. Dio Cass. LIV, 16. LVIII, 11. Tac. Ann. XII, 3. Dig. XXIII, 1, 14.

¹¹) Gesetzlich sogar schon vom 12. Jahre an. (Dig. XXIII, 2, 4. Tertull. de virg. vel. 11. Inschr. bei Mommsen I. R. N. 1603.)

¹²) Pupi und pupae werden erwähnt von Pers. 2, 70. Nonius p. 156, 18. Lactant. Inst. II, 4, 13. 14. Hieron. Ep. 128, 1.

¹³) Persius a. a. O.

¹⁴) Nepos praef. 8. Mart. VIII, 79, 4. Cic. pro Cael. 8, 20.

¹⁵) Nepos u. Mart. a. a. O. Ovid. Trist. II, 501. Juven. 11, 201 s. vgl. Cic. har. resp. 12, 24. Suet. Oct. 44. Ovid. A. A. I, 93 ff. Propert. II, 19 (III, 12.), 9. Tertull. Spect. 25. Daß auch schon Mädchen von den Eltern mit zu Gastmählern und in's Theater genommen worden wären, darf aus Mart. X, 98, 3. u. Ovid. a. a. O. noch nicht geschlossen werden; denn dies sind

eben nur Ausnahmen. Vgl. dagegen Varro bei Nonius p. 247,
18. Bekannt jedoch ist, daß selbst die vestalischen Jungfrauen bei
feierlichen Gelegenheiten in Gesellschaft von Männern speisten. (Ma=
crob. Sat. III, 13, (II, 9.) 11. p. 312. Jan.)
16) Man denke nur an nicht wenige Stellen des Plautus.
17) Vgl. z. B. Juven. 6, 63 ff. u. Mart. III, 86, 3. mit
Zosim. Hist. eccl. I, 6. Auch wurden dadurch nicht selten Lieb=
schaften mit schönen Schauspielern und Tänzern herbeigeführt (Sen.
N. Qu. VII, 32, 3. Juven. 6, 73 ff. Mart. XIV, 215. Suet.
Oct. 45. | Domit. 3. Dio Cass. LX, 22. 28. 31. LXVII, 3. Tac.
Ann. XI. 4. 36. Aur. Vict. Caes. 11, 7. Epit. 11, 1.)
18) Vgl. Cic. pro Caec. 5, 14. Sen. Contr. VII, 20. Mart.
V, 61. Sen. de matrim. III. p. 429. Haas. Hieron. Ep. 54, 13.
auch Inschr. b. Orelli 639. u. im Bull. d'Inst. 1856. p. 141, 4.
19) Sen. de matr. III. p. 434. Haas. Hieron. Ep. 16. Da=
her standen die Männer oft unter dem Pantoffel der Frau (Hor.
Od. III, 24, 19. Plaut. Asin. I, 1, 87. Aulul. II, 1, 45 ff.
III, 8, 58 ff. Mart. XII, 75, 6. Juven. 6, 43. Sen. fragm.
13, 52. Haas. vgl. mit Juven. 6, 136 ff. 460.), welcher auch schon
bei den Römern das Symbol ihrer Herrschaft war. (Vgl. Juven.
5, 169. solea obiurgabere rubra und daselbst Jahn p. 207.)
20) Juven. 6, 45 ff. Mart. IV, 71. Ovid. Am. I, 8, 43.
III, 4, 37. Propert. II, 6, 25. II, 32, (oder III, 30,) 49 ff. III,
12, (IV, 11,) 17. III, 13, (IV, 12,) 23. Hor. Od. III, 6, 17 ff.
vgl. mit Plin. XVII, 25, 38. §. 245. Sen. Cons. ad Helv. 16,
3. ad Marc. 24, 3. de ben. I, 9, 3. Tac. Ann. II, 85. (vgl. mit
Germ. 19.) Capitol. Ant. Phil. 23. Dio Cass. LIV, 16. LXXVI,
16. u. s. w.
21) Vgl. oben S. 38. Ueber die Passion wollüstiger Frauen
für Sklaven, Last= und Wasserträger, Fechter und dergleichen Leute
vgl. Juven. 6, 279. 331 ff. 78 ff. Mart. VI, 39, 4 f. XII, 58.
und über die zu Eunuchen unter Ersteren Juven. 6, 366 ff. Mart.
VI, 67. X, 91.
22) Vgl. Joseph. Ant. Jud. XVIII, 3, 4. u. Juven. 6, 489.
Leider waren die Tempel überhaupt oft Herbergen der Unzucht
(Juven. 9, 22—26. Propert. II, 19, (III, 12,) 10. Ovid. A. A.
I, 75 ff. Minuc. Fel. Oct. p. 67. Mur. Tertull. Apol. 15. de
pudic. 5.), was wohl in dem aus Asien auch nach Europa ver=
pflanzten Hierodulenwesen in den Venustempeln seinen Grund hatte.
(Vgl. z. B. Strab. VIII, 5, 20. p. 378., nach welchem sich im
Venustempel zu Korinth nicht weniger als 1000 Mädchen zum
Vortheil des Tempelschatzes Preis geben mußten.)
23) Vgl. auch Val. Max. IV 3, 3. 4, 1. 6, 1—5. Plin.
Pan. 83. u. Ep. IV, 19. Tac. Agr. 6. Cic. Brut. 58, 211. Plut.
de virt. mul. VII. p. 3. sq. R. Inschriften bei Orelli 4626 ff.
u. s. w.

²⁴) Mart. IV, 71. behauptet dies sogar von allen römischen Mädchen. Ueber die Sklavinnen als Concubinen der Herren vgl. z. B. Mart. I, 84, 3. (III, 33, 3.) XI, 23, 8. XII, 58. Plin. Ep. III, 14, 3. Val. Max. VI, 7, 1. Augustin. de verb. Apost. Serm. 153. u. 224. Vol. V. p. 507. u. 675. ed. Bened. Hieron. Ep. I. p. 72. ed. Colon. u. A.

²⁵) Vgl. Mart. VII, 67, 10. Juven. 6, 246—267. 421.

²⁶) Vgl. oben S. 35.

²⁷) Tac. Ann. II, 55. III, 33. Dio Cass. LIX, 18. vgl. Verg. Ecl. 10, 46.

²⁸) Sen. Cons. ad Helv. 14, 2. 19, 2. Joseph. Ant. XX, 11, 1. Philostr. Vit. soph. II, 30. | ·

²⁹) Das Studium der Philosophie von Seiten der Frauen wird, wenn es sich in den gehörigen Schranken halte, von einigen alten Schriftstellern gebilligt, von andern getadelt. (Vgl. Plut. Coniug. pr. 18. p. 145. u. Pomp. 55. Galen. Vol. XIV. p. 218. K. u. Musonius bei Stob. Flor. IV. p. 216. 220. 222. Meinck. mit Sen. Cons. ad Helv. 17, 4. ad Marc. 4, 2. u. Philostr. Vit. soph. II, 30.) Zu Ende des ersten und Anfang des zweiten Jahrh. n. Chr. lasen die römischen Damen besonders gern Plato's Republik, weil hier der Aufhebung der Ehe und der Weibergemeinschaft mit gewisser Beschränkung das Wort geredet wird, worin sie eine Ent= schuldigung ihrer eignen Ausschweifungen zu finden glaubten. (Epictet. fragm. 53. Duebn. vgl. mit Lucian. fugit. 18.)

·³⁰) Plutarch. u. Philostr. a. a. O.

³¹) Juven. 6, 242 ff. |

³²) Mart. VII, 69. X, 35, 15. Lucian. de merc. cond. 36. vgl. Corp. Inscr. Gr. 4725 ff. 4739 ff.

³³) Claud. de nupt. Hon. et Mar. 232 ff.

³⁴) Juven. 6, 185 ff. 434 ff. Mart. X, 68, 5. vgl. mit II, 90, 9. u. XI, 19. Sen. Cons. ad Helv. 17, 4. Daß es aber auch wirklich gelehrte Frauen gab, die nicht bloß mit ihrer Gelehr= samkeit glänzen wollten, ersieht man z. B. aus Plin. Ep. I, 16, 6. u. IV, 19.

³⁵) Zeno war der Stifter der stoischen Philosophie, welcher der Kaiser Marc Aurel huldigte.

³⁶) Lucian. de merc. cond. 32. 36.

³⁷) Ueber diese Zauberinnen vgl. Hor. Epod. 5. Ovid. Am. I, 8. Propert. IV, (V,) 5. Mart. IX, 29. Petron. 133 ff. Lu= cian. dial. meretr. 4.

³⁸) Juven. 6, 553 ff. Sext. Empir. 739, 29.

³⁹) Lucian. Philopseud. 6. 7. 13. u. Alexand. 3 ff. 11. 39. 42. Appulej. Met. II, 28. p. 159. 599. Oud. Philostr. vit. Apoll. Tyan. 1, 8.

⁴⁰) Juven. 10, 289.

⁴¹) Der Aberglaube der Römer war fest überzeugt von dämonischen

Einwirkungen durch Beschreiung (mala lingua: Verg. Ecl. 7, 28. Catull. 7, 12.) und Beherung mittelst des bösen Blicks (oculus fascinans: Verg. Ecl. 3, 103. Hor. Ep. I, 14, 37., das βασκαί- νειν der Griechen: vgl. besonders Jahn Ueber den Aberglauben des bösen Blicks bei den Alten in d. Ver. d. K. Sächs. Ges. d. Wiss. 1855. Hist.-phil. Kl. S. 28 ff.) und wendete sehr verschiedene Mittel dagegen an. Den Kindern wurden als ein solches Amulet die Fühl- hörner eines Käfers (Plin. XI, 28, 34. §. 97.), weit öfter aber ein Phallus (Varro L. L. VI, 5. (VII, 97.) vgl. Plaut. Mil. glor. V, 1, 5 f. (v. 1398 f.), der daher auch schlechthin fascinum hieß: Hor. Epod. 8, 18. u. das. Porphyr, Priap. 27, 3. Augustin. Civ. dei VI, 9. vgl. Arnob. V. p. 221. Harald. und den deus Fascinus bei Plin. XXVIII, 4, 7. §. 39.), entweder in der bulla verborgen (vgl. oben S. 168. Anm. 62.), oder frei an den Hals gehängt, weil man glaubte, daß ein solcher obscöner Anblick die Augen von dem durch den bösen Blick | Bedrohten ablenke (vgl. Plut. Qu. conv. V, 7, 3.) Vgl. über den amuletischen Phallus-Cultus der Römer überhaupt Hartung Relig. d. Römer II. S. 258 f. (welcher folgende Stellen der Kirchenväter anführt, in welchen von einem dem Priapus ähnlichen Gotte Mutinus Tutinus die Rede ist: Lactant. I, 20, 36. Tertull. Apol. 25. Augustin. IV, 11. VI, 9. VII. 24. Arnob. IV, 7.) u. Jahn in d. Ber. d. K. S. Gesellsch. d. Wiss. a. a. O. S. 68 ff., auch Böttiger Kl. Schr. III. S. 406. Andre Mittel, die man anwendete, sich gegen das Walten unholder Mächte zu schützen, waren der dem Phallusamulet verwandte ob- scöne Gestus des zwischen Zeige- und Mittelfinger hindurchgesteckten Daumens der geschlossenen Hand (Ovid. Fast. V, 433. u. bildliche Darstellungen bei Jahn a. a. O. S. 80.), das hinter sich Spucken in den Mund genommener schwarzer Bohnen (Ovid. a. a. O. v. 436.), das Spucken in den Busen oder in den rechten Schuh, ehe man ihn anzog (Plin. XXVIII, 4, 7. §. 35. vgl. Lucian. navig. 15. Theocr. VI, 39. Anth. Pal. XII, 229. Liban. Ep. 714.), das Ausspucken, wenn man einem Epileptischen oder Krüppel be- gegnete, das dreimalige Anspucken des Kindes von Seiten der Amme und hundert andere von Plin. a. a. O. u. anderw. erwähnte.

⁴²) Plin. XXVIII, 19, 78. §. 257 f.

⁴³) Die gewöhnlichen Bälle waren mit Haaren gestopft und mit bunten Lappen benäht. Vgl. Ovid. Met. X, 262. (grata puellis munera — pictae pilae) u. Petron. 27. (pila prasina). Uebrigens s. oben S. (285.) u. 303. Anm. 117. Böttiger Kl. Schr. III. S. 351. sucht darzuthun, daß die Gaukler zu ihren Künsten auch Bälle von buntem Glas gebraucht hätten.

⁴⁴) Vgl. Plaut. Bacch. III, 3, 28. (= v. 432.) u. Plin. Ep. III, 3, 3. V, 16, 3. Plin. H. N. XXXV, 11, 40. §. 135. mit Quinct. Inst. I, 2. Es waren gewöhnlich Sklaven oder Frei-

gelassene (Suet. de gramm. 16.) Ueber die Lehrgegenstände vgl. unten Anm. 60 ff.

⁴⁵) Vgl. Liv. III, 44. Mart. IX, 68. Dion. Hal. XI, 28.

⁴⁶) Ovid. Trist. II, 369. Mart. VIII, 3, 13 ff. Claud. de nupt. Hon. et Mar. 232. vgl. Marius Vict. bei Wernsdorf P. Lat. min. III. p. 108. v. 72 ff.

⁴⁷) Selbst August's Töchter und Enkelinnen mußten noch spinnen und weben (Suet. Oct. 64.), und daß auch später manche Hausfrauen dieser alten Sitte treu blieben, ersieht man aus Symmach. Ep. VI, 67. 79. Auson. II, 3. XVI, 4. u. Hier. Ep. Vol. I. p. 21, 32. ed. Colon. vgl. mit Tibull. I, 3, 85. u. Propert. I, 3, 41. III, 6, (IV, 5,) 15 f., und was das Sticken betrifft, aus Nonius p. 162, 25.

⁴⁸) Colum. XII. praef. 9.

⁴⁹) Stat. Silv. III, 3, 63 ff. Ovid. A. A. III, 315 ff. 349. — Hieron. Ep. 107, 8. tadelt freilich das Citherspiel an christlichen Jungfrauen.

⁵⁰) Vgl. Kap. 2. S. 131 ff. mit Note 339 ff. |

⁵¹) Eines berühmten, um die Mitte des 6. Jahrh. v. Chr. in Kleinasien lebenden griech. Lyrikers. — An Bettagen und Götterfesten zogen der Procession Chöre von Jungfrauen aus edeln Häusern Hymnen singend voran (Hor. Od. IV, 6, 41 ff. Ovid. Trist. II, 23.) und auch bei Leichenbegängnissen sangen zuweilen Mädchen die Nänie (Suet. Oct. 100.) — Frauen und Mädchen componirten auch zuweilen selbst die von ihnen zur Laute gesungenen Lieder (Stat. Silv. III, 3, 65. Plin. Ep. IV, 19.)

⁵²) Vgl. mehrere der Anm. 34. angef. Stellen.

⁵³) Ueber das Ballspiel vgl. oben S. 285., über das Spiel mit Nüssen (Pseudo = Ovid.) Nux 73 ff. Suet. Oct. 83. u. Pers. 1, 10., über das mit dem Kreisel (turbo) Verg. Aen. VII, 378 ff. Tibull. I, 5, 2 f. Pers. 3, 51., und über das mit einem Reifen (trochus), der mit einem Stabe getrieben wurde und dann klapperte, da er mit Metallringen besetzt war, Ovid. Trist. II, 486. III, 13 (12), 20. A. A. III, 383. Mart. XI, 21, 2. XIV, 169. Auch verschiednes andre Spielzeug (crepundia: Plaut. Rud. IV, 4, 110. Plin. XI, 51, 112. §. 270.) hat sich in Gräbern Italiens gefunden. Vgl. Marquardt I. S. 123.

⁵⁴) Plin. Ep. VIII, 14, 4. vgl. Cic. Rep. I, 22, 36. II, 21. 37. ad Att. VIII, 4, 1. Nepos Att. 1. Tac. Ann. VI, 15. Plut. Cat. maj. 20. Aem. Paul. 6.

⁵⁵) Vgl. oben Anm. 44. und über den paedagogus überhaupt, der nicht immer zugleich auch Lehrer war, Sen. Ep. 25, 5. 89, 11. | 94, 9. de ira II, 22. Suet. Oct. 44. 67. Claud. 2. Ner. 36. Dio Cass. XLVI, 5. XLVIII, 33. Orelli 716. 2879. 2880. 4850. u. s. w. und was oben S. 21. vorläufig über ihn bemerkt worden ist. Aus Suet. de gramm. 23. u. Appian. B. C. IV, 30. ersehen wir, daß sie auch mit in der Schule anwesend blieben, wenn sie die

Knaben am frühen Morgen (Juven. 7, 222 ff. Mart. IX, 29, 7. XIV, 223. vgl. oben S. 21.) dahin begleitet hatten, und aus Appian. a. a. O. u. Stat. Silv. V, 2, 68. vgl. mit Plut. de lib. educ. Vol. VI. p. 15. R., daß ihre Aufsicht über die Knaben fort= dauerte, bis diese die toga virilis anlegten, (ja Plaut. Bacch. III, 3, 18. läßt selbst einen 20jährigen Jüngling noch unter der Auf= sicht des paedagogus stehen). Zuweilen begleiteten auch die Väter selbst ihre Söhne in die Schule (Hor. Sat. I, 6, 81.), und bei Mädchen geschah dies von der nutrix (Liv. III, 44, 7. Appian. B. C. IV, 30. vgl. oben S. 310.) Ueber die Stufenfolge der Er= ziehung und des Unterrichts vgl. übrigens Varro bei Nonius p. 447, 32. educat nutrix, instituit paedagogus, docet magister.

⁵⁶) In welchem Falle sie nicht etwa den unterrichtenden Skla= ven, sondern den Herrn desselben für diese Erlaubniß bezahlten. (Suet. de gramm. 4. Plut. Cat. maj. 20.)

⁵⁷) Cic. N. D. I, 26, 72. div. in Caec. 14, 47. Justin. XXI, 5. Val. Max. VI, 9, 6. Mart. X, 62, 1. XII, 57, 5. Die Schule selbst nämlich hieß ludus mit und ohne den Zusatz litterarius (Plaut. Merc. II, 2, 32. Quinct. I, 4, 27. Plin. IX, 8, 8. §. 24. Liv. III, 44. VI, 25. — Cic. ad Fam. IX, 18, 1. de Or. II, 22, 94. III, 9, 35. Nep. Att. 10. Hor. Sat. I, 6, 72. u. s. w.). Zuweilen aber werden auch diese Elementarlehrer litteratores genannt (z. B. bei Appulej. Flor. IV. n. 20. p. 97. Oud.), wie sonst ge= wöhnlich die grammatici heißen. (Vgl. unten Anm. 71.) Daß sie vom Staate nicht überwacht wurden und dieser sich überhaupt um das Unterrichtswesen nicht kümmerte, ersieht man aus Cic. Rep. IV, 3, 3.

⁵⁸) Suet. de gramm. 18. u. Oct. 94. Juven. 11, 137. vgl. mit Fronto p. 81. ed. Rom. Dig. V, 1, 19. §. 2. Orelli 4323. 4324. In solchen offnen pergulis pflegten auch die Maler ihre Bilder zum Verkauf (Plin. XXXV, 10, 36. §. 84. Lucil. b. Lact. I, 22, 13. Cod. Theod. XIII, 4, 4.) und die Kuppler ihre Mäd= chen (Plaut. Pseud. I, 2, 79. 92. Propert. IV, (V,) 5, 70.) zur Schau auszustellen. Sie gehören in die Kategorie der tabernae, neben denen sie auch oft erwähnt werden.

⁵⁹) Fronto p. 113. ed. Rom. Daß das Einkommen solcher Elementarlehrer nur gering war, ersieht man aus Suet. de gramm. 9. Nach dem Ed. Diocl. p. 21. Momms. waren 50 Denare (d. h. in Folge der großen Münzverschlechterung des 3. Jahrh. damals etwa 1½ Mark) als maximum des monatlichen Schulgeldes festgesetzt, welches natürlich in den vier Ferienmonaten ausfiel. (Hor. Sat. I. 6, 75.) (In früherer Zeit freilich galt der Denar ungleich mehr, da wird aber unstreitig auch das Schulgeld einen weit niedrigeren Satz gehabt haben.) Außerdem erhielten die Lehrer an gewissen Festtagen noch freiwillige Geschenke (Hieron. Comm. in Ep. ad Ephes. c. 6. Vol. IV. p. 396. ed. Bened. Vgl. Marquardt I.

S. 95.) | Bisweilen wurde auch zwischen den Eltern und dem Lehrer ein Contract über ein jährliches, am Schlusse des Jahres und vor Beginn des neuen Schuljahres im März (mit welchem Monate ur= sprünglich das Jahr seinen Anfang nahm, Ovid. Fast. III, 830. vgl. Macrob. Sat. I, 12, 3. p. 95. Jan. u. Juven. 7, 240 ff. 10, 114 ff.) zu zahlendes Schulgeld abgeschlossen (Suet. de gramm. 3. 7. 17. Lucian. Hermot. 80.). Der Fall, daß der Lehrer das jähr= liche Schulgeld der Liberalität der Eltern überließ (Suet. de gramm. 7., welches dann vielleicht Minerval hieß: vgl. Varro R. R. III, 2. mit Juven. 10, 116. u. Tertull. de idol. 10., während Andre un= ter Minerval bloß ein Eintrittsgeld verstehen), mag wohl nur selten vorgekommen sein. Größer, als dieses Schulgeld in den Elementar= schulen, war das den Grammatikern und besonders den Rhetoren zu zahlende Honorar. (Suet. de gramm. 3. 23. Sen. Contr. 26. p. 265, 24. Burs.) Nach Juven. 7, 186. bekam der Rhetor für einen Schüler jährlich ein Honorar von 2000 Sest., d. h. nach dem Silbercourant 350, nach dem Goldcourant aber 435 Mark.

⁶⁰) Vgl. Note 68. 69. 64 — 67.

⁶¹) [⁶³] Vgl. Quinct. I. 2, 23., welcher erzählt, daß nicht nur diese Einrichtung in der von ihm besuchten Schule stattgefunden habe, sondern auch alle Monate ein Certiren um die Plätze in jeder Klasse. In solchen besseren Schulen wirkten neben dem eigent= lichen Ludimagister auch noch besondre Unterlehrer, die später wohl selbst eine eigne Schule eröffneten.

⁶²) [⁶⁴] Mart. X, 62. vgl. mit Hor. Sat. I, 6, 75. (über welche Stelle ohne Noth viel gestritten worden ist). Außer diesen großen Ferien gab es aber auch noch viele andre an allen großen Festen, den Saturnalien und Jahrmärkten (Hor. Ep. II, 2, 197. Symmach. Ep. V, 85. — Mart. V, 84, 1 f. Plin. Ep. VIII, 7, 1. — Nonius p. 133, 18. Vgl. überhaupt Tertull. de idol. 10.)

⁶³) [⁶⁵] Vgl. Mart. IX, 68. Hor. Ep. II, 1, 70. Suet. de gramm. 9. Die Strafen bestanden in körperlichen Züchtigungen (wogegen sich allerdings Quinct. I. 3, 14—17. u. Plut. de puer. educ. Vol. VI. p. 28. R. erklären) und zwar in Schlägen mit Ruthen der ferula oder des Psriementrauts (Mart. X, 62, 10. XIV, 80, 1. Isidor. XVII, 9, 95. vgl. mit Hor. Sat. I, 3, 120. u. Juven. 4, 473.) auf die Hand (Juven 1, 15.), oder in Hieben mit der Peitsche , (scutica: Suet. de gramm. 9. vgl. mit Hor. Sat. I, 3, 119. Ovid. Her. 9, 81. Mart. X, 62, 8. u. Juven. 6, 478.) und der Geißel (flagellum: Hor. a. a. O. und daselbst Kirchner, vgl. mit Juven. a. a. O.). Eine solche Züchtigungsscene zeigt ein herculanisches Wandgemälde. (Pitture di Ercol. III, 41.)

⁶⁴) [⁶⁶] Isidor. Orig. X, 43. Mart. X, 62, 4. vgl. Dig. XXXVIII, 1, 7. §. 5. u. Ed. Diocl. p. 22. Momms.

⁶⁵) [⁶⁷] Ueber die große Schwierigkeit des Rechnens für die Römer, denen die Null ganz abging und die schon zu manchen

unsrer zwei= und dreistelligen Zahlen nicht weniger als zehn Zeichen
brauchten, z. B. LXXXXVIIII (99) oder DCCCLXXXV (985),
so daß ihnen unser Zifferrechnen völlig unmöglich war, vgl. die
gründliche Erörterung von Marquardt I. S. 97 ff.

⁶⁶) [⁶⁸] Vgl. Juven. 10, 249. Plin. XXXIV, 7, 16. §. 33.
Ovid. ex. P. II, 3, 18. Cic. ad Att. V, 21, 13. Macrob. Sat.
VII, 13, 10. p. 622. Jan. Appulej. Apol. 89. p. 579. Oud. Quinct.
XI, 3, 117., besonders aber Nicol. Smyrn. in Schneider's Ecl.
phys. Vol. I. p. 477 ff. u. Beda de loquela per gestum digitorum
p. 130—143. ed. Colon. (abgedruckt in Jahn's Jahrb. XV. Suppl.=
Bd. (1849.) S. 511 ff.). Durch 18 verschiedene Figuren der linken
Hand wurden die neun Einer und die neun Zehner und durch eben
so viele der Rechten die neun Hunderte und die neun Tausende
ausgedrückt.

⁶⁷) [⁶⁹] Perf. 1, 132. Ueber die sehr complicirte Einrichtung
dieser metallnen Rechentafel, von der sich einige Exemplare erhalten
haben (abgebildet bei Gruter p. 224., Pignorius de servis p. 336 ff.
ed. Amstelod. 1674. u. im Bull. Napol. II. 1853/54. p. 93 ff.),
und ihre Benutzung vgl. Marquardt I. S. 100 ff. Es erscheinen
auf ihr in zwei Reihen übereinander je neun Einschnitte (oben kür=
zere, unten längere), von denen sieben in der Richtung von rechts
nach links die Decimalstellen von 1 (10, 100 u. s. w.) bis 1,000,000
bezeichnen, die beiden andern aber zur Berechnung der Bruch=
zahlen dienen, und in denen sich bewegliche Stifte mit Knöpfen
(oben einen, unten vieren) befinden, von denen die vier untern die
Einer, Zehner, Hunderte u. s. w., die oberen aber stets das Fünf=
fache derselben repräsentiren, indem jede Reihe, welche die Zahlen
1 bis 9 in der Geltung dieser Zahlstelle enthält, wie die Zahl
VIIII selbst, in V und IIII getheilt ist. Wurde also z. B. nach
Denaren gerechnet, so bedeutete in dem die Einer bezeichnenden Ein=
schnitte jeder der 4 untern Knöpfe einen Denar, der einzelne Knopf
oben aber 5 Denare, zusammen also 9 Denare, im nächsten Ein=
schnitte jeder der 4 Knöpfe 10, der einzelne Knopf aber 50 Denare,
zusammen also 90, und so erhöhte sich in demselben Verhältniß der
Werth der Knöpfe nach dem Stellenunterschiede der Einschnitte.
Wie sich aber durch dieses Hülfsmittel die 4 Species der Rechen=
kunst in geraden und Bruchzahlen ausführen lassen, kann hier nicht
weiter erörtert werden. Vgl. darüber Marquardt a. a. O. (Ich
bemerke nur noch, daß das antike Rechenbrett große Aehnlichkeit
mit dem heutigen russischen hatte, auf welchem die runden Steinchen
oder Knöpfe zu je neun an parallel von links nach rechts laufende
Drähte gereiht sind und ihre Geltung mit jedem Drahte von oben
nach unten um eine Decimalstelle wächst.) Verschieden von diesem
Rechenbrett war der sogenannte pythagoreische abacus, den freilich
erst Boethius p. 1518. ed. Basil. a. 1570. erwähnt, der aber schon
in alter Zeit in Gebrauch gewesen zu sein scheint und der nur eine

Anwendung des mechanischen Rechenbretts auf das schriftliche Rech=
nen war. (Vgl. auch über seinen Gebrauch Marquardt a. a. O.
S. 104 ff.) — Mit dieser zum Rechnen bestimmten Tafel ist übri=
gens der geometrische abacus nicht zu verwechseln, der aus einer mit
feinem Sand bestreuten Tafel bestand, auf welcher die geometrischen
Figuren mit dem Schreibgriffel (stilus) gezeichnet wurden. (Persius
1, 131. u. daselbst b. Schol., vgl. mit Seneca Ep. 74, 27. Cic.
N. D. II, 18, 48. Plut. Cat. min. 70. u. Hieron. in Ezech. 4.
Vol. IV. p. 339. ed. Colon.)

⁶⁸) [⁶⁰] Womit vermuthlich, um den Knaben schon frühzeitig
eine Kenntniß der Gesetze beizubringen, gewöhnlich auch das Aus=
wendiglernen der Leges XII. Tab. (als Vorbereitung für spätere
Gedächtnißübungen: Cic. ad Qu. fr. III, 1, 4. Hor. Ep. I, 18,
13. vgl. mit Ep. II, 1, 69. u. Pers. 1, 29.) verbunden war (Cic.
de Leg. II, 23, 59.). Da übrigens der Unterricht spätestens mit dem
7. Jahre begann (Quinct. I, 1, 15.), so wurde das Lesenlernen
Anfangs mehr spielend getrieben (vgl. auch Hor. Sat. I, 1, 25.)
und man bediente sich dabei elfenbeinerner Buchstaben (Quinct. I,
1, 26.) und andrer Dinge (vgl. Plaut. Rud. IV, 4, 112 ff.), an
denen die Kinder ihre Freude haben sollten.

⁶⁹) [⁶¹] Ueber das Führen der Hand vgl. Quinct. V, 14, 31.
Sen. Epist. 94, 51. Vopisc. Tac. 6. mit Quinct. I, 1, 27., über
vorgelegte Vorschriften Quinct. I, 1, 34—36., über die Schreibtafel,
den Griffel und die Rohrfeder oben S. 52. u. 85. und über den Ge=
brauch der Rückseite schon beschriebenen Papiers S. 27. Uebrigens
vgl. die auf S. 86. Note 286. erwähnten Abbildungen des Schreib=
apparats.

⁶⁹ᵇ) Daß diese Art von Stenographie einen Zweig des Unter=
richts bildete, berichten Prudent. Peristeph. XII, 21 ff. u. Fulgent.
Mythol. in Orph. III, 10. Es ist aber hier nicht die allgemein
übliche, auf Inschriften, Münzen und selbst in Büchern und Ur=
kunden angewendete Sitte gemeint, durch feststehenden Regeln fol=
gende Weglassung von Buchstaben und Abkürzung von Wörtern
Raum und Zeit beim Schreiben zu gewinnen, sondern die wirkliche
Schnellschreibekunst oder Stenographie, deren Erfindung bald dem
Mäcenas (Dio Cass. LV, 7.), bald dem Cicero (Plut. Cat. min. 23.),
gewöhnlich aber Cicero's Freigelassenem Tiro zugeschrieben wird (Isidor.
I, 21., weshalb man diese Art von Abbreviaturen notae Tironianae
zu nennen pflegt). Höchstens aber kann Tiro als Verbesserer dieser
Kunst betrachtet werden, in welcher gewiß, wie in so vielem An=
dern, die Griechen die ersten Lehrer der Römer waren. Sie bestand
aber keineswegs im Gebrauch gewisser symbolischer Zeichen, wie
früher gewöhnlich angenommen wurde, sondern bediente sich einer
wirklichen Buchstabenschrift, aber freilich mit großer Vereinfachung
durch Weglassung und Zusammenziehung der Buchstaben und vielen
Veränderungen ihrer Züge, wie die uns erhaltenen Ueberreste zeigen.

(Vgl. Gruter's Thesaur. inscript. u. die Ausg. von Seneca's Suasor., Heidelb. ex off. Commeliana 1603., besonders aber Kopp's Palaeographia crit. Mannh. 1817. Vol. I. p. 165 ff. (das Hauptwerk über diesen Gegenstand) und Zell's Art. Notae in Pauly's Real= encycl. V. S. 706 ff.) Daß man mit ihrer Hülfe eine Rede eben so schnell niederschreiben konnte, als sie gesprochen wurde, sagen Seneca Epist. 90, 26. Manil. Astron. IV, 197. Mart. XIV, 208. u. Auson. Epigr. 138. Man ließ nun Sklaven darin unterrichten (vgl. Sen. a. a. O.) und es bildete sich unter dem Namen notarii besonders aus der Zahl der Freigelassenen eine Schaar von Leuten, welchen diese Kunst als Broderwerb diente. (Vgl. Quinct. Inst. VII, 2, 24. Plin. Epist. III, 5. IX, 36. Sen. de morte Claud. p. 384. Bip. Manil. a. a. O. Suet. Titus 3. Mart. X, 62, 4. XIV, 208.)

[70]) Vgl. Cic. de Or. III, 15, 58. Tusc. II, 12, 27. de Rep. I, 18, 30. Sen. Ep. 88, 20 u. s. w.

[71]) Grammaticus: Cic. Tusc. II, 4, 12. Sen. Ep. 95. Quinct. I, 2, 14. 4, 2. 8. extr. und besonders Suet. de | gramm. 4. (wo grammaticus von grammatista, dem Lehrer in den Anfangs= gründen der Sprachwissenschaft, unterschieden wird); litterator: Suet. a. a. O. Catull. 14, 9. Gell. XVI, 6. in. XVIII, 9. in. Appul. Flor. IV. n. 20. p. 97. Oud. Mart. Cap. 3. p. 51. Grot. (p. 262. Kopp.)

[72]) Was auch Quinct. I, 1, 12. billigt.

[73]) Ueber den griech. Hauslehrer vgl. Capitol. Maxim. iun. 1. (magister Graecus litterator) und über die griech. Lehrerin Tac. Dial. 29. Daß aber die Kenntniß des Griechischen gleichwohl in Rom keine allgemeine war, ersieht man aus dem Gebrauche von Dolmetschern (vgl. z. B. Cic. Verr. III, 37. in. u. ad Fam. XIII, 54.) und daraus, daß sich Cicero in seinen Briefen stets der griech. Sprache bedient, wenn er fürchtet, daß der Brief vielleicht erbrochen werden oder in falsche Hände kommen könnte.

[74]) Quinct. I, 8, 5. Plin. Ep. II, 14, 2. Hor. Ep. II, 2, 41. vgl. Cic. Tusc. II, 11, 27.

[75]) Quinct. a. a. O. Suet. de gramm. 16. Juven. 7, 227. Macrob. Sat. I, 24, 5. p. 209. Jan. Augustin. de Civ. D. 1, 3. Uebrigens vgl. auch Hor. Ep. I, 20, 17. u. Cic. Tusc. III, 2, 3.

[76]) Tertull. de idolol. 10. vgl. mit Cic. Verr. I, 18, 47. Ueber Hülfsmittel dabei vgl. Marquardt I. S. 112.

[77]) Suet. de gramm. 10. 20. Quinct. I, 2, 14. II, 4, 18—21. Cic. de Or. I, 42, 187. Sen. Ep. 88, 3. Tac. Dial. 30. Juven. 7, 231 ff.

[78]) Vgl. Cic. ad Qu. fr. II, 4, 2., wo der Geograph Tyran= nio als Lehrer im Hause Cicero's erscheint. In der Kaiserzeit be= diente man sich auch bereits der Landkarten (Varro R. R. I. 2. Propert. IV, (V.) 3, 37 ff. Cic. ad Att. VI, 2, 3. Dio Cass.

LXVII, 12. Strab. I, 1, 11. p. 7. II, 5, 13. p. 118. Ptol. I,
6, 20. u. f. w., vgl. auch eine Stelle des Eumenius pro restaur.
scholis 20. bei Marquardt I. S. 113.), die also als Hülfsmittel
beim geograph. Unterrichte benutzt werden konnten.

⁷⁹) Sen. Ep. 88, 3.

⁸⁰) Vgl. Appulej. Flor. IV. n. 20. p. 79. Oud mit Ovid.
Trist. IV. 10, 15. 27.

⁸¹) Suet. de gramm. 4. vgl. mit 7. u. 10. u. Quinct. II, 1,
1—13.

⁸²) Wegen dieser Oberflächlichkeit und Flachheit des Unterrichts
der lateinischen Rhetoren wurden auch ihre Schulen im J. 92. v.
Chr. durch die Censoren geschlossen (Suet. de gramm. 25. de clar.
rhet. 1. Gell. XV, 11, 1 f. Vgl. Cic. de Or. III, 24, 93. u.
Tac. Dial. 30—32. 35.).

⁸³) Quinct. I, 10, 1. Vgl. Dig. L, 13, 1.

⁸⁴) Quinct. a. a. O. Cic. Brut. 89, 305. Ovid. Trist. IV,
10, 27 ff.

⁸⁵) Vgl. Galen. Vol. I. p. 243 ff. u. X. p. 2 ff. K. |

⁸⁶) Hor. Od. III. 12, 9. Sen. Ep. 15, 4. Veget. 1, 9. vgl.
mit Liv. IX, 16, 13. Plaut. Bacch. III, 3, 24. u. Cic. de Leg.
II, 15, 38.

⁸⁷) Sen. u. Veget. a. a. O.

⁸⁸) Vgl. Auson. Epigr. 93 (91), 7. Hygin. fab. 273. Capitol.
Maxim. 6. Sidon. Apoll. Ep. II, 2. Lamprid. Alex. Sev. 30.
u. f. w. mit Plaut. u. Cicero a. a. O.

⁸⁹) Hor. Od. III. 12, 8. Plut. Cat. maj. 20. vgl. mit Plaut.·
u. Cicero a. a. O. Suet. Oct. 45. Plin. VIII, 22, 34. §. 81.
Plaut. Capt. IV, 2, 13. u. f. w.

⁹⁰) Der cestus oder caestus (Cic. Tusc. II, 17, 40. Prop.
III, 14 (IV, 13), 9. Val. Flacc. IV, 251. Nonius p. 492, 8.
Paulus Diac. p. 45, 12. u. f. w.) war ursprünglich blos ein Geflecht
sehr sein geschnittener Riemen aus roher Ochsenhaut, welches so um
den untern Theil des Arms und die Hand gewunden wurde, daß
die Finger frei blieben und sich zur Faust zusammenlegen konnten
(vgl. Pausan. VI. 23, 3. u. Plato Rep. I. p. 338. B. C.), später
aber wurde derselbe noch mit einem über das Geflecht hinlaufenden
scharfen Riemen (Schol. zu Plato a. a. O.) mit Nägeln, Buckeln
und Knoten versehen, und endlich gar Blei und Eisen hineingenäht,
um recht empfindliche Wunden schlagen zu können (Verg. Aen. V,
405. Stat. Theb. VI, 729.), so daß dieser Kampfriemen nun eine
sehr gefährliche und schreckliche Waffe wurde. Vgl. Abbild. bei
Clarac Musée T. V. pl. 856. 858. Guhl u. Koner Fig. 257. u.
258. u. in Krause's Agonistik S. XVII. XXVIII. u. besonders XVIII. d.

⁹¹) Siehe oben S. 285.

⁹²) Der discus (Hor. Od. I, 8, 11. Sat. II, 2, 13. A. P.
380. Mart. XIV, 164. Ovid. Met. X, 177. Propert. III, 14,

(IV, 13,) 10. Cic. de Or. II, 5, 21. u. f. w. vgl. auch Ifidor. Orig. XX, 4, 9.) war eine eherne, linfenförmige Scheibe, indem fie in der Mitte etwas ftärker war, nach dem Rande zu aber fchwächer auslief, und glich einem kleinen Schilde ohne Handhabe und Rie= men. Es wurde damit nicht nach einem Ziele geworfen, fondern nur die Entfernung des zu Boden fallenden Discus vom Orte des Abwurfs entfchied den Sieg, fo daß der Bogen, den er beim Wurfe zu machen hatte, genau berechnet werden mußte. Man bog dazu den Oberleib etwas vor, erhob die Rechte mit dem Discus bis zur Höhe der Schulter und warf dann die unter faufendem, fchwirren= dem Geräufch einen Bogen befchreibende Scheibe fchnell vorwärts in die Höhe. (Vgl. Lucian. Anach. 27. u. Kraufe Gymnaft. u. Agonift. b. Hell. I. S. 454 ff. mit Abbild. auf Taf. XIV. u. XV.) Der Discus der Knaben war natürlich kleiner, als der der Männer (Pauf. I; 35, 3.), das Werfen deffelben aber eine bei Griechen und Römern fehr beliebte Körperübung.

⁹³) Vgl. oben S. 37., wo wir bereits gefehen haben, daß fich dergleichen öffentliche Ringplätze befonders in den Thermen befanden. Reiche Römer aber hatten auch, namentlich auf ihren Landfitzen, eine eigne mit Statuen und Athletenbildern gefchmückte Paläftra. (Plin. XXXV, 2, 2. §. 5. Cic. Verr. V, 72, 185. ad Att. I, 8. 9. 10.) |

⁹⁴) Da man fich zu den Ringübungen völlig entkleidete (vgl. z. B. Verg. Geo. II, 531.), konnten Knaben, befonders wenn man an das unter den Römern leider fo gewöhnliche Lafter der Päderaftie denkt, ohne Gefahr für ihre Sittlichkeit auf diefen öffentlichen Ring= plätzen nicht erfcheinen. Nach Plut. Cato maj. 20. war die Pa= läftra die Quelle aller Schamlofigkeit für die Römer, und daher fprechen fich auch Varro R. R. II, 1. Sen. Ep. 88, 18. Cic. Tusc. IV, 33, 70. Tac. Ann. XIV, 20. Silius XIV, 136 ff. u. A. ungünftig über fie aus.

⁹⁵) Vgl. Sen. Ep. 88, 19. Lamprid. Alex. Sev. 3. Hor. Od. I, 8, 10. 12. Silius XVI, 558 ff. Veget. I, 1. 9. Herodian. I, 15, 3 ff.

⁹⁶) Plut. Cat. maj. 20. Veget. I, 18. Hor. Od. I, 8, 6. III, 7, 25. 12, 8. 24, 54. Sat. Silv. V, 2, 113.

⁹⁷) Plut. a. a. O. Veget. I, 3. 10. Hor. Od. I, 8, 8. III, 7, 28. 12, 7. Maximian. v. 37. bei Wernsd. P. L. min. VI, 1. p. 275.

⁹⁸) Obgleich nach der Anficht der römifchen Juriften bei den Knaben das zurückgelegte 14., fowie bei den Mädchen das vollendete 12. Lebensjahr (vgl. oben S. 320.) als Eintritt der Pubertät an= genommen wurde (Gajus II, 113. Ulpian. fr. XI, 28. Cod. Just. V, 60, 3. VI, 22, 4. Dig. XXVIII, 1, 5. 6, 2, 1. u. 15. vgl. Feftus 250, 6. M. Macrob. Sat. VII, 7, 6. p. 594. Somn. Scip. I, 6, 71. p. 52. Jan. Ifidor. XI, 2, 3. Paulus Sent. III, 4, 1.

u. s. w.), so erfolgte doch das Anlegen der toga virilis oder der dies tirocinii (Suet. Tib. 54. vgl. mit Oct. 26. u. Calig. 10.) und somit auch der Anfang des Militärdienstes gewöhnlich erst mit dem 17. Jahre (Dig. III, 1, 1. §. 3. Gell. X, 28. vgl. Liv. XXII, 57. XXV, 5. Val. Max. III, 1, 3. V, 4, 4. Plut. Cat. maj. 1. C. Gracch. 5.). Da aber dabei mehr die körperliche und geistige Entwickelung, als die Zahl der Jahre maßgebend war (Instit. I, 22. Ulpian. fr. XI, 28. Gajus I, 196. Quinct. IV, 2, 5. vgl. unten Anm. 106.), auch mitunter Familienrücksichten in's Spiel kamen (Appulej. Apol. 98. p. 594. Oud. Suet. Claud. 43.), so finden wir auch Fälle, wo die toga virilis schon nach zurückgelegtem 16ten (Cic. Brut. 88, 301. 89, 305. Stat. Silv. V, 2, 12. vgl. Schol. zu Pers. 5, 30.), 15ten (Vita Verg. p. 55. R. Suet. Oct. 26. Tib. 15. Dio Cass. LV, 22. LVI, 29. Monum. Ancyr. II, 44. III, 4.), 14ten (Capitol. Ant. Phil. 4. Kal. Praenest. b. Eckhel Doctr. num. VI. p. 182 f. vgl. Tac. Ann. XIII, 15. u. Schol. zu Juven. 10, 99.), 13ten (Tac. Ann. XII, 41. Lamprid. Comm. 2. 4. 12. Eckhel D. num. VII. p. 102.), ja 12ten Jahre (Spart. Sever. 16.) angelegt wurde. (Vgl. die Berechnungen bei Marquardt I. S. 132 ff.) Die letzteren Fälle aber gehörten eben so gut zu den seltnen Ausnahmen, wie der, daß dieser Akt z. B. bis zum 20. Jahre verschoben wurde (Suet. Calig. 10. vgl. Cic. pro Sext. 69, 144.). Daß er auch außerhalb Roms vor sich gehen konnte, ergiebt sich aus Cic. ad Att. V, 20, 9. IX, 17, 1. 19, 1. und andern Stellen.

⁹⁹) Man nannte dies forum attingere oder in forum venire (Cic. ad Fam. V. 8, 3. XIII, 10, 2. XV, 16, 3. Brut. 88, 303.). | Wenn aber auch die jungen Römer nun das Recht hatten als Red=ner, Sachwalter u. s. w. anzutreten, so nahmen sie doch gewöhn=lich Anfangs nur noch einen passiven Antheil am öffentlichen Leben und bestanden erst noch ein tirocinium, gleichsam ein Probejahr, besonders unter der Leitung eines berühmten Redners (Cic. pro Cael. 4, 9. 5, 11. Lael. 1, 1. Tac. Dial. 34.), oder studirten erst noch einige Jahre in Athen (Cic. ad Att. 2. XII, 32, 2. Brut. 91, 315. Plut. Cic. 4. Nepos Att. 2. Hor. Ep. II, 2, 42. 81 ff. Ovid. Trist. I, 2, 77.).

¹⁰⁰) Ovid. Fast. III, 771 ff. Cic. ad Att. VI, 1, 12. Varro L. L. VI, 14.

¹⁰¹) Plut. Brut. 14. Vita Verg. p. 55. R. Suet. Tib. 15. Dio Cass. LVI, 29. Lamprid. Comm. 2. Kal. Praenest. b. Eckhel Doctr. num. VI. p. 182 f. Orelli 6443.

¹⁰²) Vgl. oben S. 82. Anm. 257. u. Suet. de gramm. 25. Quinct. Decl. 340. Gellius XVIII, 4. Macrob. Sat. I, 6, 10. p. 39. Jan. Plin. XXXIII, 1, 4. §. 10. Ascon. zu Cic. Verr. I, 41. p. 190. Orell.

¹⁰³) Vgl. oben S. 168. Anm. 62.

¹⁰⁴) Cic. Lael. 10, 33. Sen. Ep. 4, 2. Propert. IV, (V,)
1, 131.

¹⁰⁵) Pers. 5, 31. Schol. zu Hor. Sat. I, 5, 65.

¹⁰⁶) Die Tunica, die er anlegte, hieß tunica recta: Plin. VIII,
48, 74. §. 194. Festus p. 286, 34. vgl. mit p. 289, 3. M. und
zwar nach Festus a. a. O. u. Isidor. XIX, 22, 18., weil sie
sursum versum a stantibus texitur. Ueber das Anlegen der toga
virilis, die auch pura (Catull. 68, 15. Cic. ad Att. V, 20, 9.
VII, 8, 5. X, 17, 1. 19, 1. Phädr. fab. III. 10, 9.) u. libera
(Propert. IV, (V,) 1, 132. Ovid. Fast. III, 777. vgl. Trist. IV,
10, 28.) hieß, vgl. Cic. Phil. II, 18, 44. Sen. Ep. 4, 2. Hor.
Sat. I, 2, 16. Suet. Claud. 2. Appulej. Apol. 70. 73. p. 543.
u. 549. Oud. Gellius XVIII, 4. Vorher hatte der Knabe für
investis gegolten (Appul. Apol. 98. p. 594. u. Met. V, 28. p. 373.
Oud. Macrob. III, 8, 7. p. 291. Jan. Pallad. VIII, 7. XI, 14.
extr. [u. Nonius p. 45, 26., der den Ausdruck falsch versteht, weil
allerdings das Anlegen der toga virilis eigentlich nichts Anderes ist,
als eine Erklärung der Pubertät und daher investis und vesticeps = impubes und puber]), nunmehr aber war er vesticeps
(Appul. a. a. O. Gellius V, 19. ˉAuson. Idyll. 4, 73. Paulus
Diac. p. 368, 9. M. Tertull. de an. 56.).

¹⁰⁷) Vgl. Propert. IV, (V,) 1, 132. u. Tertull. de idol. 16.

¹⁰⁸) Sen. Ep. 4, 2. Suet. Oct. 26. Tib. 15. Ner. 7.
Monum. Ancyr. III, 3. Ueber die Begleitung von Verwandten
und Freunden vgl. Plin. Ep. I, 9, 2. Suet. Claud. 2. Cic. pro
Mur. 33, 69. Plut. Brut. 14. Appian. B. C. IV, 30.

¹⁰⁹) Appian. B. C. IV,ᶠ 15. Dion. Hal. IV, 15. Dio Cass.
LV, 22. LVI, 29. Marquardt I. S. 128. vermuthet, daß dies
durch die Aedilen in dem tabularium der Tribunen auf dem Capitol
(vgl. Polyb. III, 26. Plut. Cic. 34. Cat. min. 40.) geschehen
sei, wo die Urkunden über Ertheilung des Bürgerrechts aufbewahrt
worden | wären (Cic. Phil. II, 36, 92. Mommsen in Annali d'Inst.
1858. p. 204.). Diese Listen der Tribus waren die Grundlage der
Censuslisten. (Marquardt zu Becker's Alterth. II, 3. S. 42.)

¹¹⁰) Appian. B. C. IV, 30. vgl. mit Suet. Claud. 2. Val.
Max. V, 4, 4. Serv. zu Verg. Ecl. 4, 50. u. Calend. Farn. bei
Mommsen Corp. Inscr. Lat. I. p. 388. (Marquardt I. S. 129.
Note 661.)

¹¹¹) Da sogar das Volk zuweilen an diesem Tage bewirthet
wurde (Orelli 6211.), und die Römer überhaupt einen feierlichen
Act nicht leicht ohne ein Gastmahl vorübergehen ließen, läßt sich
dies wohl mit ziemlicher Sicherheit annehmen.

¹¹²) Plin. Ep. X, 116. (117.) Appulej. Apol. 88. p. 574.
Oud. Tac. Ann. III, 29. Suet. Tib. 54. Calig. 10. Ner. 7.
Monum. Ancyr. III, 15, 19. Orelli 6443.

¹¹³) Gellius IV, 4. Dig. XXIII, 1, 2. 7. 14. 17. Liv.

XXXVIII, 57. Suet. Oct. 53. Ovid. Her. 19, 29. Juven. 6, 25. Plin. IX, 35, 58. §. 117. Sen. de ben. I, 9. u. f. w.

[114]) Suet. Caes. 1. Nepos Att. 19. Dig. XXIII, 1, 14. Dio Cass. LIV, 16. vgl. oben S. 310.

[115]) Dig. XXIII, 1, 4. in. u. 11. Die dabei übliche Formel war Spondesne filiam? — Spondeo. Vgl. Plaut. Aul. II, 2, 77. Trin. II, 4, 98. V, 2, 33 ff. Curc. V, 2, 74. Poen. V, 3, 36 ff. Varro L. L. VI, 69—72. Eines schriftlichen Vertrags bedurfte es nicht (Dig. XXIII, 1, 7. §. 1.); in der spätern Kaiserzeit jedoch erfolgte gewöhnlich bei der Verlobung auch zugleich die Abfassung des Ehecontracts.

[116]) Macrob. Sat. I, 6, 29. p. 44. Jan. Plut. Cato maj. 24.

[117]) Cod. Just. V, 1, 1. Juven. 6, 200. Appul. Apol. 68. p. 541. Oud.

[118]) Dig. L, 16, 101. §. 1. 191. XXIII, 1, 10. XXIV, 3, 38. Plaut. Aul. IV, 10, 53. 69. Ter. Phorm. IV, 8, 72. Suet. Caes. 21. Oct. 62. Tac. Ann. XII, 3. 9. Plut. Caes. 14. Cato min. 7. Dio Cass. XLVI, 56. In älterer Zeit hatte allerdings das Rückgängigmachen der Verlobung von einer der beiden Seiten zu einer gerichtlichen Klage berechtigt (Gellius IV, 4.).

[119]) Dig. XVI, 3, 25. Cod. Just. V, 1—3. V, 71, 3. Cod. Theod. III, 5. Capitol. Max. iun. 1. Isidor. IX, 7, 6.

[120]) Dig. XXIV, 1, 36. §. 1. Cod. Just. V, 1—3. Juven. 6, 27. Plin. XXXIII, 1, 4. §. 12. Isidor. XIX, 32, 4. Tertull. Apol. 6. Er heißt daher pignus bei Juven. a. a. O. u. Isidor. de eccles. off. II, 20, 8. Auch bei andern Contracten wurde oft ein Ring gleichsam als Handgeld (arra) gegeben. (Dig. XIV, 3, 5. §. 15. XIX, 17, 5. Plin. XXXIII, 1, 6. §. 28. Ter. Eun. III, 4, 3. u. f. w.)

[121]) Isidor. an der eben angef. Stelle vgl. mit Gellius X, 10.

[122]) Suet. Oct. 53. Sen. de ben. IV, 39, 8. Plin. Ep. I, 9, 2. Tertull. de idolol. 16. |

[123]) Plin. IX, 35, 58. §. 117. Cic. ad Qu. fr. II, 6. in. Etwaige Familientrauer wurde für diesen Tag unterbrochen. (Festus p. 154, 24. M. vgl. Suet. Oct. 53. u. Dio Cass. LXIII, 13.)

[124]) Die Lemures waren Spukgeister, welche die Menschen neckten und erschreckten (Hor. Ep. II, 2, 209. mit d. Schol. u. Pers. 5, 185.), und um das Haus vor ihnen sicher zu stellen und zu reinigen, begingen die Hausväter am 9., 11. u. 13. Mai drei Nächte hindurch gewisse abergläubische Ceremonien (Ovid. Fast. V, 419 ff. Varro bei Nonius p. 135, 15. Festus p. 87, 13. M.)

[125]) Ovid. Fast. VI, 225. Auch an vielen andern Tagen, b. 13.—21. Febr., 1.—15. März, 24. Aug., 5. Oct., 8. Nov., sowie an den Kalenden, Nonen und Iden jedes Monats und überhaupt an allen Festtagen wurden aus religiösen oder abergläubischen Rücksichten keine Hochzeiten gefeiert (Ovid. Fast. II, 555. III, 393.

V, 487 ff. VI, 221 ff. Macrob. Sat. I, 15. 21 ff. p. 128 ff.
Jan. Paulus Diac. p. 179, 2. M. Gellius V, 17. Varro L. L.
VI, 29. Vgl. überhaupt Porphyr. zu Hor. Ep. II, 2, 209. u.
Plut. Qu. Rom. 25. 86. 102.)

126) Nuptiae iustae bei Cic. Rep. V, 5, 7. Gajus I, 55.
Ulpian. V, 2.; dagegen uxor iniusta bei Ulpian. in Dig. XLVIII,
5, 13. §. 1.

127) Cic. Top. 3, 14. Quinct. V, 10, 62. Ulpian. XXVI, 7.
vgl. Liv. XXXIV, 2. u. Cic. pro Flacco 34, 84.

128) Gajus I, 111, 114. 136. II, 139. 159. vgl. mit Tac.
Ann. IV, 16. Ter. Andr. I, 5, 60. Liv. XXXIV, 7. Die Ge=
walt des Mannes über die Frau ging so weit, daß er sie sogar
tödten durfte, wenn er sie im Ehebruche ertappte (Gellius X, 23.);
aber auch sonst stand ihm mit Zuziehung der Verwandten ein Ge=
richt über die Frau zu (Gellius a. a. O. Dion. Hal. II, 25. Tac.
Ann. XIII, 32. Val. Max. II, 9, 2. Suet. Tib. 35. Plin. XIV,
13, 14. §. 89. Tertull. Apol. 6. Lactant. Inst. I, 22.)

129) Cic. Top. 4, 23. Gajus II, 98. III, 83.

130) Gajus II, 159. III, 3. 14. 40. Ulpian. XXII, 14. 23,
3. XXIX, 1. Gellius XVIII, 6, 9. Dion. Hal. II, 25.

131) Dig. XLIII, 30, 1. §. 5.

132) Gajus I, 109. 110. Arnob. IV, 20. p. 175. Harald.
Serv. zu Verg. Geo. I, 31.

133) Plin. XVIII, 3, 3. §. 10. Serv. a. a. O. Tac. Ann.
IV, 16. Inschr. bei Murat. p. 1024, 4. u. Orelli 2648. und die
in den folg. Anm. angef. Stellen. Daß die confarreatio schon zu
Cicero's Zeiten außer Gebrauch gekommen war, scheint aus or. pro
Flacco 34, 84. hervorzugehen, wo er nur die coemptio und den
usus erwähnt. Nur für die Priesterehen bestand diese Form auch
später fort. (Gajus I, 112. Boëth. zu Cic. Top. p. 299. Orell.)

134) Serv. a. a. O. Hieraus ist auch wohl zu schließen, daß
diese Art der ehelichen Verbindung nicht als eine Privathandlung
im Hause der Braut oder des Bräutigams, sondern als öffentliche
Feierlichkeit an einem heiligen Orte (wahrscheinlich in der Curia)
erfolgte. Die | hier vorkommenden religiösen Begriffe (Auspicien,
Pont. Max. u. Flamen dialis) werden im 2. Bande ihre Erklärung
finden. Doch vgl. auch unten Anm. 204.

135) Gajus I, 112. Ulpian. IX. 1. Plin. XVIII, 3, 3. §.
10. Serv. zu Verg. Aen. IV, 104. 374. Dion. Hal. II, 25.

136) Paulus Diac. p. 88, 9. M. Gajus I, 112. Ulpian. IX, 1.
Plin. a. a. O. Serv. zu Verg. Geo. I, 31. Dion. Hal. a. a. O.

137) Gajus I, 113. 114. 115. Cic. pro Flacc. 34, 84. Serv.
zu Verg. Aen. IV, 103. 214. Boëth. zu Cic. Top. 3. p. 299. Orell.
vgl. Isidor. V, 24, 26.

138) Vgl. unter den angef. Stellen besonders Gajus I, 113.

139) Vgl. Boëthius a. a. O., nach welchem die gewöhnliche

Formel bei Abschluß dieses Vertrags diese war: Visne mihi mater
familias esse? — Volo. Der Name mater familias nämlich kam
nur einer Frau zu, die in manu des Mannes war; war dies nicht
der Fall, so hieß sie einfach uxor. (Cic. Top. 3, 14. Gellius
XVIII, 6. Serv. zu Verg. Aen. XI, 476.)
140) Vgl. die Anm. 132. angef. Stellen u. Cic. pro Flacc.
34, 84.
141) Gajus I, 111. Gellius III, 2, 12. Macrob. Sat. I, 3,
9. p. 18. Jan. Serv. zu Verg. Geo. I, 31.
142) Gajus a. a. O.
143) Gajus I, 67. 80. Ulpian. V, 1, 2.
144) Ulpian. V, 2. Instit. I, 10. Dig. XXIII, 1, 9. Suet.
Oct. 34. Dio Cass. LVI, 16.
145) Macrob. Somn. Scip. I, 6, 71. p. 52. Sat. VII, 7, 6.
p. 594. Jan. Cod. Just. V, 4, 24. Dig. XXIII, 2, 4. XXIV,
1, 32. §. 27. XXVII, 6, 11. §. 3. 4. XLII, 17, 1. Tertull.
de virg. vel. 11. Dio Cass. LIV, 16. Plut. Lyc. et Numae
comp. 4. vgl. oben S. 349. Anm. 98.
146) Ehen zwischen Eltern und Kindern, sowie unter Ge=
schwistern blieben stets verboten (Gajus I, 58 — 61. 63. Ulpian.
V, 6. Cic. pro Cluent. 5, 12. 6, 15.); zwischen Oheim und Nichte,
Neffe und Tante aber, sowie zwischen Geschwisterkindern waren sie
zu verschiednen Zeiten bald untersagt, bald wieder gestattet.
147) Paul. Sent. II, 19, 2. Cod. Just. V, 4, 25. Dig. XXI,
1, 7. §. 1. XXIII, 2, 35. Ulpian. V, 2. Appulej. Met. VI, 9.
p. 397. Oud.
148) Cod. Just. V, 4. 12. Dig. XXIII, 1, 13.
149) Dig. XXIII, 1, 12.
150) Wenigstens zu einer Ehe mit manus: vgl. Cic. pro Flacco
34, 84.
151) Dig. XXIII, 2, 16. §. 1.
152) Vor der lex Canuleia. Vgl. oben S. 101. Anm. 414.
153) Sen. de ben. IV, 35.
154) Concubinatus: Plaut. Poen. prol. 102. Suet. Ner. 28.
Dig. XXV, 7, 1. XLVIII, 5, 13. u. s. w. |
155) Dig. XXV, 7, 1. Daher finden sich selbst einer concu-
bina amantissima geweihte Grabschriften. (Gruter p. 640, 8. 631,
5. Orelli 2673.)
156) Paulus Sent. II, 20. Dig. XXIII, 2, 24. XLVIII,
5, 13.
157) Dig. XXIII, 2, 41. §. 1. Aurelian verbot das Concu=
binat mit freigeborenen Frauen ganz (Vopisc. Aurel. 49.), doch
ohne Erfolg.
158) Dig. XLVIII, 5, 13.
159) Gajus I, 64.
160) Doch war es den Vätern gestattet sie im Testamente zu

bedenken und Justinian erlaubte auch sie zu legitimiren (Cod. Theod. IV, 6. V, 27. VI, 57. Nov. 18.)

¹⁶¹) Vgl. oben S. 78. Anm. 241.

¹⁶²) Plaut. Amph. I, 3, 3. Cist. II, 3, 8. Most. I, 2, 41. Truc. II, 4, 45. Ter. Andr. I, 3, 14. Heaut. IV. 1, 15. Hec. IV, 1, 56. Cic. de Div. I, 21, 42. Sen. Ep. 9, 14. de clem. I, 13. extr. Plin. Pan. 26. Hor. Sat. II, 5, 45 f. Ovid. Met. IX, 698. Juven. 9, 84. u. j. w. Augustin. de civ. dei IV, 11. er= wähnt auch eine eigne Göttin Levana (quae levat infantes de terra) als Vorsteherin dieses Actes.

¹⁶³) Liv. XXVII, 37. Sen. de ira I, 15. vgl. mit Cic. de Leg. III, 8, 19.

¹⁶⁴) Plaut. Cist. I, 3, 17 ff. 31 ff. Cas. prol. 41. 79. Ter. Heaut. IV, 1, 37. Hec. III, 3, 40. Suet. Oct. 65. Plin. Ep. X, 72. Dio Cass. XLV, 1.

¹⁶⁵) Die einzige Ausnahme bildete der Fall, wenn der Sohn Flamen Dialis wurde. (Tac. Ann. IV, 16. Ulpian. X, 5. Gajus III, 114.) Wollte ein Vater außerdem auf seine patria potestas verzichten, so konnte es nur auf zweierlei Art geschehen, entweder dadurch, daß er den Sohn von einem Andern adoptiren ließ, oder so, daß er ihn dreimal an einen sogenannten pater fiduciarius als Sklaven verkaufte, dann aber zurückkaufte und frei ließ, worauf er Patron des Sohnes wurde (Ulpian. X, 1.)

¹⁶⁶) Plaut. Stich. I, 1, 54 ff. 2, 11 ff. Trin. II, 2, 20 ff. u. j. w.

¹⁶⁷) Vgl. oben S. 318 f.

¹⁶⁸) Ulpian. X, 5. Gajus I, 130. Gellius I, 20.

¹⁶⁹) Vgl. Dion. Hal. II. 26. 27. VIII, 79. Cic. pro domo 29, 77. Gellius V, 19. Ueber das dabei zu berufende Familien= gericht vgl. Val. Max. V 8, 2. 3. Dion. Hal. VIII, 79. Liv. II, 41. Epit. LIV. Plin. XXXIV 4, 9. §. 15. Sen. de clem. I, 15. u. A. Nachdem aber schon andre Kaiser dem Mißbrauche der patria potestas gesteuert hatten, gebot Alexander Severus den Vä= tern, ihre Söhne, wenn sie es verdienten, vor Gericht anzuklagen, aber nicht selbst zu tödten (Cod. Just. VIII, 47, 3.), und noch später wurde Tödtung des Sohnes geradezu für parricidium erklärt (Cod. Theod. IX, 15, 1. Cod. Just. IX, 27, 1.)

¹⁷⁰) In Bezug auf die verhängte Todesstrafe vgl. außer den eben angef. Stellen Cic. de Fin. I, 7, 23. Val. Max. V, 8, 5. 9, 1. | VI, 1, 3. 6. Liv. IV, 29. Sall. Cat. 39. Sen. de clem. I, 14. 15. Tac. Ann. XVI, 33. Quinct. Decl. 8. 356. Dio Cass. XXXVII, 36. Von dem alten, schon durch Numa beschränkten (Dion. Hal. II, 27. Plut. Num. 17.), aber doch in die XII Tafeln aufgenommenen (vgl. Ulpian. X, 1. Gajus I. 132. IV, 79.) Rechte, die Söhne zu verkaufen, scheint man nur selten und bloß in dem Anm. 165. erwähnten Falle Gebrauch gemacht zu haben.

23*

¹⁷¹) Vgl. Gajus I. 55. mit Dig. L, 16, 215. Sen. Contr.
II, 3. Sen. de ben. III, 11. Suet. Claud. 16.

¹⁷²) Cic. de Fin. I, 7, 24. Bal. Max. V, 8, 3. 4. Aur.
Vict. de vir. ill. 72. Nonius p. 450, 27. Der Staat kümmerte
sich nicht darum, wenn nicht mit der Verstoßung (abdicatio) auch
Enterbung (exheredatio) verbunden war, was freilich in der Regel
der Fall gewesen zu sein scheint. (Vgl. Suet. Caes. 79. Oct. 65.
Bal. Max. V. 7, 2. Sen. Contr. I, 1. V, 31. Quinct. Decl. 9.
17. 256 f. 259 f. 271. u. öfter.)

¹⁷³) Macrob. Sat. I, 16, 36. p. 142. Jan. Daher führte das
Fest auch den Namen Nominalia (Tertull. de idol. 16.), und weil
es bei Knaben am 9. Tage stattfand, hieß die Göttin, welche dem
feierlichen Acte vorstand, Nundina (Macrob. a. a. O. vgl. Tertull.
a. a. O. u. Arnob. adv. gentes III, 1.)

¹⁷⁴) Pers. 2, 31. Suet. Calig. 25. Ner. 6. Macrob. Sat.
I, 16, 36. p. 142. Jan. Plut. Qu. Rom. 102. — Ter. Phorm.
I. 1, 15. braucht dafür den Ausdruck initiare.

¹⁷⁵) Vgl. Plaut. Epid. V, 1, 33 f. u. Rud. IV, 4, 112 ff.

¹⁷⁶) Vgl. S. 168. Anm. 62. u. S. 341. Anm. 41.

¹⁷⁷) Vgl. Capitol. Ant. Phil. 9. mit Gord. 4. Lamprid.
Diadum. 6. Appulej. Apol. 89. p. 577. Oud. Serv. zu Verg.
Geo. II, 502. Dig. XXII, 3, 16. 29. §. 1. XXVII, 1, 2. §. 1.
Cod. Just. VII, 16.

¹⁷⁸) Juven. 9, 84.

¹⁷⁹) Juven. 2, 136.

¹⁸⁰) Sen. de ben. III, 16.

¹⁸¹) Vgl. oben S. 160. Anm. 32.

¹⁸²) Das divortium (Dig. L, 16, 101. 161. Isidor. IX, 7,
25. vgl. Cic. Phil. II. 28, 69. ad Att. I, 12, 3. XIII. 7, 1. ad
Fam. VIII. 7, 2. Plaut. Mil. IV, 4, 31. Gellius IV, 3. u. s. w.)
setzt gegenseitige Uebereinkunst voraus; das repudium aber (Plaut.
Aul. IV. 10, 53. 69. Ter. Phorm. IV. 3, 72. Bal. Max. II, 1,
4. Plin. VII, 36, 36. §. 122. Justin. XI, 11. Dig. I, 16, 101.),
welches gewöhnlich durch den Ausdruck mittere oder remittere
repudium (Suet. Tib. 11. Dig. XXIV, 2, 3. 3, 38.) und remittere nuntium (Cic. ad Att. I, 13, 3. XI. 23, 3. de Or. I, 40,
183. Top. 4, 19.), auch durch repudium dicere (Tac. Ann. III,
22.) und scribere (Tertull. Apol. 6.) bezeichnet wird, ist eine ein-
seitige Scheidung und wird nur von dem Theile gebraucht, welcher
die Trennung will und ausspricht. |

¹⁸³) Vgl. Bal. Max. II, 9, 2. u. Plut. Rom. 22. Wenn
die Schriftsteller dem widersprechend melden, daß die Ehescheidung
des Spur. Carvilius Ruga, der sich der Kinderlosigkeit wegen von
seiner Frau trennte, die erste in Rom gewesen sei (Dion. Hal. II,
25. Bal. Max. II. 1, 4. Gellius IV, 3. XVII. 21. Plut. Qu.
Rom. 14., wobei aber hinsichtlich der Zeit eine merkwürdige Ver-

schiedenheit bei Plut. Comp. Thes. et Rom. 6. u. Comp. Lyc. et
Numae 3. vorkommt), so beruht dies wohl nur auf einem Irr=
thume, indem man die erste willkührliche Scheidung für die
absolut erste ansah.

[184]) Paulus Diac. p. 74, 13. M. vgl. mit einer Inschr. bei
Orelli 2648.

[185]) Dion. Hal. II, 25.

[186]) Festus p. 277, 12. M. Gajus 1, 137.

[187]) Wenigstens wissen wir nichts von einer bestimmten Form
der Auflösung einer so geschlossenen Ehe.

[188]) Val. Max. II, 9, 2.

[189]) Quinct. VII. 4, 11. 38. Die Geldbuße bestand in dem
vollständigen oder theilweisen Verluste der dos (b. h. der Mitgift
oder des Vermögens) der Frau, worüber hier ausführlicher zu han=
deln nicht der Ort ist. (Vgl. Ulpian. VI, 11 s. 13. Fragm. Vat.
§. 105 s. Cic. Top. 4. u. dazu Boëth. II. p. 303. Orell. u. viele
andre Stellen Cicero's, z. B. pro Scauro 8. ad Att. XI, 4. 19.
XII. 8. 12. XIV. 13. 18 ff. u. s. w. Val. Max. VIII, 2, 3.
Plut. Mar. 38. Acron. zu Hor. Sat. I, 2, 131. u. A.)

[190]) Plaut. Men. IV, 6, 1 ff. Wenigstens war dies in früherer
Zeit der Fall.

[191]) Plut. Rom. 22. nennt als vierten Scheidungsgrund statt
der Trunksucht Nachahmung der Schlüssel; die Trunksucht jedoch
erwähnen als solchen Plin. XIV, 13, 14. §. 89. u. Gellius X, 23.

[192]) Vgl. Anm. 182.

[193]) Die stehende Formel dabei war tuas res tibi habeto (Cic.
Phil. II. 28, 69. Plaut. Amph. III. 2, 47. Trin. II, 1, 31. vgl.
Mart. X, 41. Quinct. Decl. 262. Appulej. Met. V, 26. p. 369.
Oud. Gajus I, 2, 1. Plut. Ant. 54. Euseb. Hist. eccl. IV, 12.),
oder auch foras exi (Plaut. Mil. IV 6, 62. Cas. II, 2, 31 ff.
vgl. Mart. XI. 104, 1. Nonius p. 77, 23. u. 306, 31.), welche
Worte die Frau natürlich nur dann brauchen konnte, wenn sie Be=
sitzerin des Hauses war.

[194]) Juven. 6, 147. Suet. Oct. 34. Tib. 9. Cal. 36. Dig.
XXIV. 2, 9. XXXVIII. 11, 1. XLVIII. 5, 43. Ueberhaupt hatte
Augustus durch die Lex Julia de maritandis ordinibus (oder in
ihrer zweiten Redaction vom J. 9 n. Chr. Lex Julia et Papia
Poppaea genannt) den leichtsinnigen Ehescheidungen einen Damm zu
ziehen versucht, doch ohne nachhaltigen Erfolg. Erst die christlichen
Kaiser schritten ernstlich gegen diesen Mißbrauch ein.

[195]) Dig. XXIV, 2, 7. V, 17, 6. 8.

[196]) Cic. de Or. I, 40, 183. Top. 4, 19. ad Att. I, 13, 3.
XI, 23, 3. Dig. XXIV, 2, 7. V, 17, 6. 8. |

[197]) Cic. Phil. II, 28, 69.

[198]) Juven. 9, 75. Tac. Ann. XI. 30. Vgl. unten Anm. 220.

[199]) Die Trauerzeit der Wittwen war auf 10, in der spätesten

Kaiserzeit aber auf 12 Monate festgesetzt (Dig. V, 9, 2. Nov. 22. vgl. Paulus Sent. I, 21, 13.), und wenn sich eine Wittwe früher wieder verheirathete, so wurde nicht nur sie selbst, sondern auch ihr neuer Gatte und ihr Vater, welcher die Einwilligung dazu gegeben hatte, für infamis erklärt. (Dig. II. 12, 11. §. 3. u. 15. V, 9, 1. 2. VI, 56, 4. III, 2, 1.) Nur mit Dispensation des Senats und später des Kaisers durfte sie schon früher eine neue Ehe ein= gehen (Dig. III, 2, 10. Plut. Ant. 21. Dio Cass. XLVIII, 31.) und Caligula gestattete überhaupt eine solche vor Ablauf der Trauer= zeit, wenn die Wittwe nicht von ihrem verstorbenen Manne schwanger war. (Dio Cass. LIX, 7. vgl. Paulus Sent. I, 21, 13. u. Fragm. Vat. 320.)

²⁰⁰) Vgl. oben S. 337. Anm. 4. Daher findet sich sogar auf Inschriften die ehrenvolle Bezeichnung univira als eine rühmliche Anerkennung. (Reines. XIV 73. Orelli 2742. 4530. Vgl. auch Propert. IV, (V,) 11, 36. u. Inschriften im Bull. Nap. 1861. p. 18.)

²⁰¹) Es mußte z. B. das Brautbett umgestellt werden, die Braut durfte keinen Kranz aufsetzen u. s. w. (Propert. IV, (V,) 11, 85 ff. vgl. mit IV, (V,) 8, 27 f. Serv. zu Verg. Aen. XI, 476.) Auch andrer Vorrechte einer als Jungfrau Verheiratheten entbehrte eine wieder heirathende Wittwe (Festus p. 242, 29. Paulus Diac. p. 244, 3. M. Serv. zu Verg. Aen. IV, 19. Ter= tull. de monog. 13.) und unter den christlichen Kaisern mußte sie auf einen Theil ihres Vermögens zu Gunsten vorhandener Kinder erster Ehe verzichten. (Dig. V, 9, 3—9. Cod. Theod. III, 8, 2.)

²⁰²) Juven. 6, 79. Lucan. praef. II, 354. Claud. Nupt. Hon. et Mar. 206 ff. Appulej. Met. IV, 26. p. 294. Oud. vgl. auch Tac. Ann. XI, 27. u. Stat. Silv. I, 2, 230 f.

²⁰³) Auch waren in vornehmen und alten Familien die Schränke der Ahnenbilder geöffnet (Sen. Contr. VII, 21. p. 222. Burs.) Vgl. oben S. 229.

²⁰⁴) Serv. zu Verg. Aen. IV, 45. Die Römer ließen sich auf kein wichtiges Unternehmen ein, ohne vorher den Flug und die Stimmen der Vögel zu beobachten oder die Eingeweide der Opfer= thiere zu besichtigen, um daraus eine günstige oder ungünstige Vor= bedeutung zu schöpfen. Auch bei der Hochzeitfeier nun hatte man früher wirkliche Auspicien gehalten, d. h. den Vogelflug beobachtet (Plin. X. 8, 9. §. 21. vgl. Serv. zu Verg. Aen. IV 166. 339.) später aber ersetzte dies die Haruspicin oder die eben erwähnte Opfer= schau (Cic. de Div. I, 16, 28. vgl. Verg. Aen. IV, 56 ff. u. Val. Max. II, 1, 1.), so daß also die hier erscheinenden auspices eigent= lich haruspices waren.

²⁰⁵) Vgl. oben S. 310. mit Anm. 12. u. S. 317. mit Anm. 105. Ueber die Weihung der toga praetexta im Tempel der For-

tuna Virginalis vgl. Arnob. II, 67. u. Augustin. Civ. dei IV, 11.
mit Plin. VIII, 48, 74. §. 197. ˈ

206) Siehe oben S. 351. Anm. 106. Der Ausbruck tunica
regilla findet sich bei Festus p. 286, 33. M., wo auch das reticulum luteum erwähnt wird. Uebrigens vgl. auch Plaut. Epid. II,
2, 39. Isidor. XIX. 25. 1. u. Nonius p. 539, 10.

207) Festus a. a. O. Augustin. Ep. 109. (211.)

208) Vgl. Appulej. Met. IV 26. p. 294. Oud. Wie die
Braut von der Mutter geschmückt wird, besingt Claud. VI. Cons.
Hon. 523 ff.

209) Juven. 2, 132. vgl. Appulej. Met. IV, 26. p. 394. Oud.

210) Vgl. oben S. 323. u. unten Anm. 220.

211) Es war dies der sogenannte nodus Herculeus (Paulus Diac.
p. 63. 6. M.), der als ein Amulet gegen Bezauberung galt und
nach Plin. XXVIII, 6, 17. §. 63. auch beim Verbinden von Wun=
den in Anwendung kam.

212) Cingulum: Paulus a. a. O. Varro L. L. IV, 23. No=
nius p. 47, 25.; zona: Catull. 2, 13. 61, '63. 67, 28. Ovid.
Her. 2, 116. u. s. w. Er wurde in der Brautnacht vom Gatten
gelöst. (Paulus, Catull., Ovid. u. Nonius a. a. O.)

213) Vor der Hochzeit trugen die Mädchen das Haar wahr=
scheinlich in einen Knoten zusammengeflochten (Varro bei Nonius
p. 236, 28.), am Hochzeittage aber änderten sie die Haartracht
(Tertull. de virg. vel. 12. u. de cultu fem. 7.) Die sechs crines,
in welche das Haar dabei abgetheilt wurde (Festus p. 339, 23. M.),
können auch wohl Locken (cincinni) gewesen sein (vgl. Suet. Calig.
35.), wofür auch Varro bei Nonius p. 456, 7. sprechen würde,
welche verdorbene Stelle nach Röper im Philologus IX. S. 264.
so zu lesen ist: Ante auris modo ex subolibus parvuli intorti de-
mittuntur sex cincinnuli. (Siehe Marquardt I. S. 43.) Uebrigens
verlangte der Aberglaube, daß diese Abtheilung der Haare nicht mit
einem Kamme, sondern mit einem vorn gekrümmten Lanzen=
eisen (der hasta coelibaris) vorgenommen wurde (Paulus Diac. p.
62, 16. M. Arnob. II, 67. Plut. Qu. Rom. 87.), welches nach
Paulus a. a. O. aus dem Leichnam eines Gladiators gezogen
sein mußte. (Vgl. Jahn über den bösen Blick in d. Ber. d. K.
S. Ges. d. Wiss. 1855. S. 96.) Ueber die Kopfbänder (vittae)
der Bräute, welche von den gewöhnlichen Kopfbinden der Frauen
verschieden gewesen sein müssen, vgl. Propert. IV, (V,) 3, 15. u.
11, 34.

214) Catull. 61, 5 f. Lucan. II, 358. Claud. Epith. Hon.
3, 1 f.

215) Paulus Diac. p. 63, 14. vgl. Schol. zu Juven. 6, 225.

216) Catull. 61, 8. Lucan. II, 361. Juven. 6, 225. 10,
334. Mart. XI, 78, 3. XII, 42, 3. Claud. nupt. Hon. 285.
rapt. Pros. II, 325. epith. Honor. 4, 4. Suet. Ner. 28. Tac.

Ann. XV, 37. Petron. 26. Appulej. Apol. 2. p. 558. Met. IV, 23. p. 313. Oud. Festus p. 170, 28. Paulus Diac. p. 89, 13. vgl. mit p. 92, 16. M. Ueber die rothgelbe Farbe desselben, durch welche allein er sich von dem früher allgemein üblichen Schleier der Frauen (vgl. oben S. 125. mit Anm. 263.) unterschied, vgl. Plin. XXI, 8, 22. §. 46. |

²¹⁷) Vgl. Catull. 61, 10. mit dem Gemälde der Aldobrand. Hochzeit. Andre Monumente, namentlich Sarkophagreliefs, welche sich auf die Hochzeitceremonien beziehen, zählt Marquardt I. S. 38. auf.

²¹⁸) Lucan. II, 358. Claud. Epithal. 92. Tertull. de cor. mil. 13. Plut. Pomp. 55. Sidon. Apoll. Ep. I, 5. extr.

²¹⁹) Vgl. oben Anm. 204. mit Quinct. Decl. 291. Tac. Ann. XI, 27. XV, 37. Val. Max. II, 1, 1. Suet. Claud. 26. Cic. pro Cluent. 5, 14. Lucan. II, 371. u. A.

²²⁰) Juven. 2, 119. 10, 336. Suet. Claud. 26. Tac. Ann. XI, 27. Ambros. de lapsu virg. 5. Der Checontract, durch den namentlich auch die Mitgift (dos) bestimmt wurde, hieß gewöhnlich tabulae nuptiales (Appulej. Apol. 67. 88. p. 540. u. 574. Oud., Cod. Just. V, 4, 9. Tertull. ad uxor. II, 3.) oder matrimoniales (Isidor. Orig. IX, 5, 8. Firmicus VII, 17. Augustin. Vol. I. p. 120. ed. Bened.), aber aus dem eben angeführten Grunde auch tabulae dotales (Isidor. de eccles. off. II, 20, 10. Dig. XXIII, 4, 29. XXIV, 1, 66.) u. instrumenta dotalia (Cod. Just. V, 4, 13. 22. 23. §. 7.)

²²¹) Boëthius zu Cic. Top. p. 299. Orell. Ueber die von der Braut dabei gebrauchte Formel Quando tu Gaius, ego Gaia vgl. Plut. Qu. Rom. 30. Paulus Diac. p. 95, 18. u. Quinct. I, 7, 28. mit Cic. pro Mur. 12, 27. Nach dem Auctor de praen. 7. wäre diese Erklärung erst nach der deductio vor der Hausthür des Bräutigams erfolgt, was wohl ein Irrthum ist. Jene Formel, welche nichts Anderes bedeutet, als: „Wo du der Herr bist, bin ich die Herrin," schreibt sich übrigens nach Paulus a. a. O. von der Gemahlin des Tarquinius Priscus Gaja Cäcilia (früher Tanaquil) her, quae tantae probitatis fuit, ut id nomen boni ominis causa frequenter nubentes.

²²²) Festus p. 242, 29. Paulus Diac. p. 244, 3. M. Isidor. Orig. IX, 7, 8. Serv. zu Verg. Aen. IV 166. Donat. zu Ter. Eun. III, 5, 45. Sie galt als Stellvertreterin der Juno pronoba und mußte verheirathet sein, durfte aber nach den zuerst angeführten Stellen nur einmal eine Ehe geschlossen haben. Vgl. oben Anm. 200. u. 201.

²²³) Varro R. R. II. 4, 9. Verg. Aen. IV, 60. Sen. Octav. 700. Tac. Ann. XI, 27. vgl. mit Val. Fl. VIII, 243.

²²⁴) Verg. Aen. IV. 57. Auch wurden eine Kuh (Verg. Aen. IV, 61.) und ein Schwein (Varro a. a. O.) geopfert.

225) Paulus Diac. p. 114, 17. M. Plut. Qu. Rom. 31. Serv. zu Verg. Aen. IV, 374.

226) Paulus Diac. p. 63, 12. vgl. mit p. 43, 13. M. u. Varro L. L. VI. 3. (VII, 34.)

227) Festus u. Varro a. a. O. Paulus Diac. p. 50, 7. 63, 11. M. Was eigentlich in dem cumerum getragen wurde, ist nicht ganz ge= wiß, da selbst Varro sagt: in quo quid sit, in ministerio plerique nesciunt. Paulus p. 63. nennt utensilia nubentium, worunter Becker (Gallus II. S. 22.) das Spinngeräth der Braut, Roßbach (Röm. Ehe S. 314 ff.) | aber weit wahrscheinlicher die mola salsa, das far und andre Requisiten des Opfers versteht.

228) Tac. Ann. XI. 27.

229) Val. Flaccus VIII, 245. Man schritt dabei von links nach rechts, so daß die rechte Seite des Körpers dem Altar zu= gewendet blieb. (Plaut. Curc. I, 1, 70. vgl. Serv. zu Verg. Aen. IX, 62.)

230) Ueber diese Formel des Glückwunsches vgl. Juven. 2, 119. u. Brisson. de form. VIII, 24.

231) Ueber die coena nuptialis (Plaut. Curc. V, 2, 60 s. Appulej. Met. VI, 24. p. 426. Oud.) oder epulae nuptiales (Appulej. Met. X, 32. p. 743. Oud.) vgl. Catull. 62, 3. Suet. Cal. 25. Juven. 6, 202. Auson. Epist. 9, 50. u. s. w. Daß das Mahl gewöhnlich vom Brautvater ausgerichtet wurde, ersieht man aus Plaut. Aul. II, 4, 15. Sidon. Apoll. Ep. I, 5. extr. u. Catull. 62, 3. Vgl. auch Capitol. Ant. Pius 10. Zuweilen jedoch wurde es auch im Hause des Bräutigams gehalten (Plaut. Curc. V, 3, 50. (v. 728.) Cic. ad Qu. fr. II, 3, 7.) Bei Plaut. Aul. II, 2, 84 s. besorgt zwar der Bräutigam das Mahl, es findet aber doch im Hause der Braut statt (Aul. II, 3, 3. III, 1, 2. III, 5.), Au= gustus hatte die auf dasselbe zu verwendende Summe auf 1000 Sestertien (oder etwa 175 Mark) beschränkt, welche jedoch so gering war, daß sie wohl nur höchst selten eingehalten wurde. Den Gästen wurde zuweilen obendrein noch ein Geldgeschenk gereicht. (Juven. 1, 128. vgl. Ammian. XIV, 6, 24. Appulej. Apol. 88. p. 574. Oud. Symmach. Ep. IV, 55. IX. 97. 107.) Brautpaare, welche die rauschenden Festlichkeiten und den Aufwand der Hochzeit ver= meiden wollten, begingen sie in der Stille auf dem Lande, wodurch sie auch den vielen Einladungen zu Mahlzeiten entgingen, womit Neuvermählte überhäuft zu werden pflegten. (Appulej. a. a. O.)

232) Catull. 62, 1. Festus p. 245, 3. M. Serv. zu Verg. Ecl. 8, 29. Val. Max. I, 5, 4. Plut. Qu. R. 65.

232b) Ueber die Juno Domiduca vgl. Augustin. de civ. dei VII, 3. und über die deductio Pompon. in Dig. XXIII, 2, 5.

233) Festus p. 289, 4. M. Catull. 61, 3. 58. Macrob. Sat. I, 15, 21. p. 128. Jan.

234) Plaut. Cas. I, 1, 30. Ter. Adelph. V 7, 9. Mart.

XII, 42, 3. Hor. Od. III, 11, 33. Lucan. II, 356. Sen. Contr. III, 21. p. 271. Burs. Cic. pro Cluent. 6, 15. Plin. XVI, 18, 30. §. 75. Appulej. Met. VI, 23. p. 426. Oud. Mart. XII, 42, 3. Serv. zu Verg. Ecl. 8, 29. Auch wenn der Hochzeitzug bei Tage stattfand, durften doch die Fackeln dabei nicht fehlen. Bei Stat. Silv. I, 2, 23. jedoch scheint von Beleuchtung der Häuser oder Freudenfeuern die Rede zu sein. Nach Böttiger Kl. Schr. III. S. 310. waren die Fackeln der Alten von dreierlei Art, aus zu= sammengebundenen Holzschleußen (faces), aus Seilen mit Harz und Pech bestrichen (funales), und in Wachs oder Talg getaucht (cerei, candelae). Mit letzteren Namen aber werden wohl vielmehr Wachs= und Talglichte bezeichnet.

²³⁵) Plaut. Cas. IV, 3, 1. Ter. Adelph. V, 7, 7. Claud. XIV, 30. Auct. ad Herenn. IV, 33. vgl. auch Appulej. Met. VI, 24. p. 428 f. Oud.

²³⁶) Vgl. Suet. Calig. 25. Ner. 28. Bei besonders feier= lichen Hochzeiten scheinen sogar in den Straßen, durch welche der Zug ging, Gerüste für die Zuschauer aufgeschlagen worden zu sein. (Juven. 6, 78.) |

²³⁷) Claud. in Eutr. I, 286. Cons. Stilich. II, 30. Stat. Silv. I, 2, 233. Quinct. Decl. 306.

²³⁸) Es hieß Fescennini versus: Paulus Diac. p. 85, 18. M. Liv. VII, 2. Sen. Contr. III, 21. p. 271. Burs. Macrob. Sat. II, 4, 21. p. 241. Jan. oder Fescennina scil. carmina: Plin. XV, 22, 24. §. 86. u. Calpurn. Flacc. Decl. 44.

²³⁹) Talassio oder Thalassio (Mart. I, 35. 6. 7. III, 93, 25. Serv. zu Aen. I, 651. Plut. Pomp. 4.), Talasius, Thalassius (Liv. I, 9, 12. Catull. 61, 130. Plut. Qu. Rom. 31.) u. Talassus (Mart. XII, 42, 4.) war der Name eines alten, verschollenen Hoch= zeitgottes, der nur noch als Refrain in den Hochzeitliedern vorkam. (Sidon. Apoll. Ep. I, 5. extr. Plut. Rom. 15.)

²⁴⁰) Festus p. 245, 1. M. (welcher auch sagt, daß es patrimi und matrimi sein, d. h. daß ihre Eltern noch leben mußten) u. Catull. 61, 177. Erst spät kam die Sitte auf, daß sich die Braut in einer Sänfte tragen ließ (Appulej. Apol. 76. p. 558. Oud.) oder im Wagen fuhr. (Vgl. Gori Mus. Etr. I. tav. 169. n. 2. III. cl. 3. tav. 22.)

²⁴¹) Plin. VIII, 48, 74. §. 194. Plut. Qu. Rom. 31. vgl. Cic. de Or. II, 68, 277.

²⁴²) Paulus Diac. p. 172, 6. M. Catull. 61, 127. Verg. Ecl. 8, 30. u. dazu Schol. Mai u. Serv. Vgl. Plin. XV, 22, 24. §. 86. Die Nüsse waren vermuthlich eine symbolische An= deutung, daß nun das Knabenspiel aufhören müsse. (Vgl. Catull. a. a. O. mit Perf. 1, 10. u. dazu Jahn.)

²⁴³) Vgl. Cyprian. de hab. virg. p. 179. ed. Paris. 1726.

²⁴⁴) Catull. 64, 294. Ter. Adelph. V, 7, 6 ff. Juven.

6, 51 f. 79. Lucan. II, 354. Stat. Silv. I, 2, 231. Tertull. Apol. 35.

[245]) Donat. zu Ter. Hec. I, 2, 60. Isidor. IX, 7, 12. Serv. zu Verg. Aen. IV, 458. Lucan. II, 355. Plut. Qu. Rom. 31. Statt des Oels (Isidor. a. a. O.) nennen Plin. XXVIII, 9, 37. §. 135. u. Arnob. adv. gent. III. p. 115. Schweinefett, u. Plin. a. a. O. §. 142. u. Serv. a. a. O. Wolfsfett.

[246]) Plaut. Cas. III, 4, 1. Catull. 61, 166 ff. Lucan. II, 358. Isidor. IX, 7, 12. Plut. Qu. Rom. 29. vgl. mit Romul. 15. Nach Plut. a. a. O. geschah es, um nochmals den Raub der Braut symbolisch darzustellen, was mit unsrer Ansicht ziemlich überein= stimmt, nach Plaut. a. a. O. aber (womit Catull. 61, 162 f. zu vergleichen ist) um ein böses Omen durch Anstoß des Fußes an die Schwelle zu vermeiden. Vgl. unten Note 63. zum 6. Kapitel.

[247]) Sen. de matr. III. p. 429. ed. Haas.

[248]) Wo in früherer Zeit auch das Hochzeitbette (lectus oder torus genialis: Cic. pro Cluent. 5, 14. Hor. Ep. I, 1, 87. Lam= prid. Alex. Sev. 13. Lucan. II, 357. Appulej. Met. II, 6. p. 101. X, 34. p. 749. Oud. Verg. Aen. VI, 603. Plin. Pan. 8, 1. u. s. w.) der Thüre gegenüber (daher lectus adversus bei Pro= pert. IV, (V.) 11, 85. Gellius XVI, 9. u. Ascon. zu Cic. pro Mil. p. 43. Orell.) aufgestellt war (Paulus Diac. p. 94, 11. M. Hor. Ep. I, 1, 87.)

[249]) Varro L. L. V, 61. Paulus Diac. p. 87, 11. M. |

[250]) Arnob. adv. gent. II, 67.

[251]) Varro L. L. V, 61. Ovid. Fast. IV, 790 ff. Stat. Silv. I, 2, 5 f. Dig. XXIV, 1, 66. Paulus Diac. p. 87, 11. M. Serv. zu Verg. Aen. IV, 103. 167. Plut. Qu. Rom. 1. Ueber die Bedeutung dieses Gebrauchs vgl. außer Varro, Ovid., Paulus u. Plut. a. a. O. auch Dion. Hal. II, 25.

[252]) Vgl. Paulus Diac. p. 56, 7. M. mit Cic. Phil. II. 28, 69.

[253]) Festus p. 245, 3. M. Plin. XVI, 18, 30. §. 75. Der Weißdorn (spina alba) war der Ceres geheiligt (Paulus Diac. p. 87, 11. M.) und galt für ein Mittel gegen Bezauberung (Ovid. Fast. VI, 129. 165. Varro bei Charis. p. 117. P.)

[254]) Festus p. 289, 7. M. Serv. zu Verg. Ecl. 8, 29.

[255]) Hierher war in späterer Zeit das Brautbett aus dem Atrium (vgl. Anm. 248.) versetzt worden und harrte mit einer Toga bedeckt (Arnob. adv. gent. II, 67.) der Braut, die nun von der pronuba hinein gelegt wurde (Catull. 61, 188. Donat. zu Ter. Eun. III, 5, 45. Claud. R. Pros. II, 361. Stat. Silv. I, 2, 11.), nachdem sich dieselbe zufolge einer Angabe des Augustin. de civ. dei VI, 9. VII, 24. (vgl. mit Lactant. I, 20. Arnob. IV, 131. und Tertull. Apol. 25.) noch einem obscönen Actus (dem sedere super Priapi immanissimum fascinum) hatte unterwerfen müssen, was wohl nicht regelmäßig der Fall war; und nun erst

durfte der neue Ehemann das Brautgemach betreten (Catull. 61,
187 ff.)

²⁵⁶) Varro bei Nonius p. 167, 5. u. 357, 2. Auch die vor
dem Hause gesungenen Fescennien hatten gewöhnlich einen höchst
unanständigen Charafter.

²⁵⁷) Es hieß repotia (Festus p. 281, 3. M. Gellius II, 24, 14.
Hor. Sat. II, 2, 60. Auson. Epist. 9, 50. Symmach. Ep. VII,
19.) nach Festus a. a. O. quia quasi reficitur potatio.

²⁵⁸) Macrob. Sat. I. 15, 22. p. 129. Jan.

²⁵⁹) Daß es auch ianitrices gab, erhellet aus Plaut. Curc. I,
1, 76. u. Dig. XXXVIII, 10, 4. §. 6. Da hier vom Hause einer
Buhlerin die Rede ist, wird sich wohl Becker's (Gallus II. S. 107.)
Zweifel erledigen. Uebrigens vgl. S. 72. Anm. 207.

²⁶⁰) Vgl. Ovid. A. A. III, 209 ff.

²⁶¹) Noch eine sehr geringe Zahl, da vornehme römische Damen
zuweilen bis zu 200 Sklavinnen hielten. Vgl. überhaupt oben
S. 20.

²⁶²) Eine cathedra. Siehe oben S. 238. Ueber den davor
stehenden Schemel vgl. S. 237. mit Anm. 98. auf S. 260.

²⁶³) Ein solches zu dergleichen Medicamenten bestimmtes Kästchen hieß narthecium (Cic. de Fin. II. 7, 22. Mart. XIV 78.)·

²⁶⁴) Ueber diese Handspiegel vgl. oben S. 169. Anm. 66.

²⁶⁵) Eselsmilch sollte die Runzeln beseitigen und die Haut
frisch und weich erhalten. (Plin. XI. 41, 96. §. 237 f. XXVIII,
12, 50. §. 183. Vgl. auch Juven. 6, 468. u. oben S. 54.
Anm. 56.)

²⁶⁶) Lucian. Amor. 39. Juven. 6, 462 ff., der diesen von
Poppäa, der Gemahlin des Nero, erfundenen Hautüberzug v. 467.
tectorium nennt.

²⁶⁷) Das Schminken war unter den römischen Damen sehr gewöhnlich (Plaut. Most. I. 3, 101 ff. Hor. Epod. 12, 10 f. Quinct.
VIII. prooem. §. 19. u. s. w. vgl. mit Ovid. Trist. II. 487. Cic.
Or. 23, 79. u. andern unten angeführten Stellen). Zur rothen
Schminke wurde hauptsächlich die Orseille, ein Moos, woraus das
Lackmuß zubereitet wird (vgl. Beckmann Gesch. d. Erf. I. S. 338.)
und welches die Römer fucus nannten (Plin. XXVI, 10, 66. §.
103. XIII, 25, 48. §. 135. XXII, 2, 3. §. 3. Hor. Ep. I, 10,
27. Quinct. XII. 10, 75.), benutzt, weshalb dieser Ausdruck überhaupt für Schminke gebraucht wird (Plaut. Most. I, 3, 118. (v.
275.) Propert. II. 18, 31. (oder III, 11, 9.) Hor. Sat. I, 2, 83.
Quinct. VIII. 3, 7. u. s. w.) Auch Mennig (minium) brauchte
man zum Schminken. Der allgemeine Ausdruck für rothe Schminke
ist purpurissum (Plaut. Most. I, 3, 104. (v. 261.) Tertull. de
cultu fem. II, 7. Hieron. Ep. Vol. 1. p. 16. A. u. 19. G. ed.
Col. 1616. vgl. Plaut. Truc. II, 2, 35. Appulej. Apol. 76. p.
558. Oud.) Zur weißen Schminke nahm man Kreide (Hor. Epod.

12, 10. Mart. II, 41, 11. VI, 93, 9. VIII, 33, 17. Petron. 23.),
Bleiweiß (cerussa: Plaut. Most. a. a. O. (v. 101.) Ovid. Med.
fac. 73. Mart. VII, 25, 2. Tertull. a. a. O.) und pulverisirten
Crocodilmist (Hor. a. a. O. v. 11. Plin. XXVIII, 12, 50. §. 184.)
Ueber die Sitte sich zu schminken überhaupt vgl. Galen. Vol. XII.
p. 434. K. Lucian. Amor. 39. 41. Tertull. a. a. O. u. de hab.
mul. 2. Cyprian. de disc. virg. 14. (11.) mit Cic. Or. 23, 79.
Ovid. A. A. III, 199 f. med. fac. 73 f. u. A. Vgl. die Toiletten=
scene in Tischbein's Vases d'Hamilton III. p. XVIII. u. Panofka's
Griechinnen 2c. S. 8. Fig. 5., wo sich eine Dame vor einem Spiegel
mit einem Pinsel schminkt.

²⁶⁸) Um übeln Geruch des Mundes zu beseitigen, kaute man
Myrtenplätzchen (pastillos). Vgl. Hor. Sat. I, 2, 27. I, 4, 92.

²⁶⁹) Vgl. Petron. 131. Dem Speichel (besonders noch nüch=
terner Frauenspersonen) wurden auch Heilkräfte zugeschrieben (Plin.
XVIII, 4, 7. §. 35. 7, 22. §. 76.)

²⁷⁰) Smegma: Plin. XXII, 25, 74. §. 156. XXIV, 7, 28.
§. 43. XXXI, 7, 42. §. 92. 9, 45. §. 105. Die Römer kannten
und bereiteten eine Menge von Schönheitsmitteln (Dioscor. p. 99.
100. 101. 110. 111. Spreng. Galen. Vol. XII. p. 446. K. Theoph.
Nonn. 105. Nicol. Myrepsus de compos. medicam. XVIII, 26—39.
Plin. XXVIII, 12, 50. §. 183 ff. u. A.), namentlich um die
Sommersprossen zu beseitigen (Galen. Vol. XII. p. 448. K. Dioscor.
p. 121. Speng. Jo. Actuar. de diagn. II, 13. u. de meth. med. IV,
13. Aetius tetr. II, 4, 10.), um die Runzeln zu entfernen (Galen.
Vol. XII. p. 446. Nicol. Myr. XVIII, 25, 40. Aetius tetr. II, 4,
4 ff., die aber auch mit einem lomentum verklebt wurden: Mart.
III, 42. Appulej. Met. VIII, 27. p. 578. Oud. vgl. Cic. ad Fam.
VIII, 14, 4.), um dem Gesichte ein frisches Aussehn zu geben
(Theoph. Nonn. 106. Nicol. Myr. XVIII, 7. Plin. XXVIII, 12,
50. §. 184.), um die Hände weiß zu erhalten (Galen. Vol. XII. p. 447.
vgl. Plin. XXXIV, 18, 54. §. 175.) u. s. w. Auch der Gebrauch
von Schönpflästerchen (splenia) war den Römerinnen nicht un=
bekannt. (Mart. II, 29, 9. VIII, 33, 22. X, 32. Ovid. Am.
III, 202. vgl. mit | Plin. XXIX, 6, 38. §. 126. XXX, 11, 30.
§. 404.) Vgl. überhaupt Marquardt II. S. 369.

²⁷¹) Vgl. Propert. II, 18, 31. (oder III, 11, 9.)

²⁷²) Stibium oder stimmi: Plin. XXXIII, 6, 33. §. 101.
Scrib. Larg. compos. 27. 34. Es war ein Pulver aus Bleiglanz,
Spießglas oder Wißmuth mit einer Art Erdpech (terra ampelitis:
Plin. XXXV, 16, 56. §. 194.) und Asche von Dattelkernen und
Narde (XXIII, 4, 51. §. 97.), sowie von gebrannten Rosenblättern
(Plin. XXI, 19, 73. §. 123.) versetzt und hieß als Mittel zum
Schwärzen der Augenbrauen und Wimpern calliblepharon (καλλι-
βλέφαρον): Plin. XXI, 19, 73. §. 123. XXIII, 4, 51. §. 97.
XXXIII, 6, 34. §. 102. XXXV, 16, 56. §. 194. Varro bei

Nonius p. 218, 22. Ueber das Schwärzen der Augenbrauen und Wimpern vgl. auch Lucian. Amor. 39. und Plin. XI, 37, 56. §. 154. mit Appulej. Met. VII, 27. p. 578. Oud. u. Tertull. de hab. mul. 2.

273) Vgl. über diese Sitte Juven. 2, 93 f. Ovid. A. A. III, 201 ff. Mart. IX, 37, 6. Lucian. u. Appulej. a. a. O. Nach Petron. 110. wurden sogar falsche Augenbrauen angeklebt.

274) Ueber den Gebrauch des Zahnpulvers (dentifricium: XXVIII, 11, 49. §. 178. XXIX, 3, 11. §. 46. XXX, 3, 8. §. 22. XXXI, 10, 46. §. 117. XXXII, 6, 21. §. 65. Mart. XIV, 56. Appulej. Apol. 5. p. 391. Oud.) vgl. außerdem Mart. XIV. 56. u. A. mit Ovid. A. A. III, 197. Man nahm dazu besonders Bimstein (Plin. XXXVI, 21, 42. §. 156.) mit Marmor= staub vermischt (Theoph. Nonnus 112.). Recepte zu seiner Verfer= tigung geben außer Nonnus a. a. O. auch Plin. XXVIII, 11, 49. §. 178. u. §. 182. Galen. Vol. XII. p. 206. 447. 884—893. Aetius tetr. II, 4, 35. u. Nicol. Myr. XXXVII. 60—82. (Vgl. Mar= quardt II. S. 370.) Auch das Kauen von Mastixkernen sollte für die Zähne sehr zuträglich sein (Theoph. Nonnus c. 109. u. daselbst Bernard p. 338. Clemens Alex. Paed. III. p. 222. D. u. p. 251. D.); weshalb man auch Zahnstocher von Mastixholz machte (Mart. III, 82, 9. VI, 74, 3. XIV, 22.) Uebrigens vgl. auch Catull. 39, 18 ff.

275) Haaröle und Pomaden erwähnen z. B. Plin. XXIV, 12, 67. §. 110. Petron. 23. u. Lucian. Amor. 40. Vgl. Mart. X, 19, 20. Verg. Aen. IV, 216. Hor. Od. III, 14, 17. Tibull. III, 4, 28. u. s. w. Ein Recept zu Pomaden giebt Theoph. Nonnus c. 1. Ueber die Sucht sich zu parfümiren überhaupt vgl. Mart. III, 55. III, 82, 26. Hor. Od. II, 7, 8. II, 11, 16. u. s. w. (Salben=, Pomadenbüchsen und dgl. siehe abgebildet im Mus. Borb. VII, 46. IX, 14. 15. 16..bei Roux u. Barré Herc. VI, 91 -- 93. bei Overbeck Pomp. II. S. 78. Fig. 272. u. Weiß Fig. 415.)

276) Welchen Fleiß die römischen Damen auf ihre Frisuren verwendeten und zu welchen kunstreichen Zopf= und Lockengebäuden sie dieselben, meistens wohl mit Verwendung fremder Haare (vgl. Tertull. de cultu fem. 7.), aufthürmten (vgl. Juven. 6, 492. Stat. Silv. 1, 2, 114. Petron. 110. Tertull. a. a. O. Prudent. Psychom. 183. Hieron. de virg. serv. ep. 8. Vol. I. p. 19. (i. ed. Colon.), ersieht man aus vielen Büsten römischer Frauen und Münzen mit Frauenköpfen. (Vgl. z. B. Mus. Borb. VII, 27, 1. XIII, 25, 1.) Uebrigens herrschte auch hierin eine oft wechselnde Mode und große Verschiedenheit, indem die Frauen unter mehreren gleichzeitig üblichen Haartrachten natürlich diejenige wählten, die ihnen am besten stand oder die zu ihrem jedesmaligen Anzuge am meisten paßte. (Vgl. Ovid. A. A. III, 133—168.) Wie weit dieser Wechsel der Haartracht ging, ersieht man daraus, daß es

sogar Büsten gab, von denen die marmorne Perrücke abgenommen und durch eine andre, nach der herrschenden Mode zugestutzte ersetzt werden konnte. (Vgl. Mus. Pio. Clem. II. 51. VI, 57.) Die ein= fachste Frisur war gescheiteltes Haar und im Nacken ein Knoten (nodus) oder Nest (vgl. Mus. Borb. IX. 34.), oder es wurden auch die Zöpfe noch einmal nach vorn und rings um den Kopf gelegt; schon gezierter war eine von ihnen auf dem Scheitel gebildete Schleife, oder ein über der Stirn aufgebautes Toupé (tutulus: Varro L. L. VII, 44. Festus p. 355, 29. M. Tertull. de pall. 4. vgl. Orelli 6285.). Die Werkzeuge, deren sich die von den Damen unter ihren Sklavinnen gehaltenen ornatrices (Suet. Claud. 40. Macrob. Sat. II, 5, 7. p. 247. Jan. Schol. des Juven. 6, 491. Orelli 1320. 2878. 2933. 4212. u. s. w.), welche einige Monate bei einem Meister vom Fache in der Lehre gewesen sein mußten (Dig. XXXII, 1, 65. §. 3.), der auch nicht selten noch neben ihnen zu Rathe gezogen wurde (Tertull. de cultu fem. 7.), zu ihren Kunstwerken bedienten, waren ein Brenneisen (calamistrum: Varro L. L. V. 129. Cic. Or. 23, 78. post red. in Sen. 7, 16. Plaut. Curc. IV, 4, 21. Nonius p. 546, 16. Isidor. XX. 13, 4. Lucian. Amor. 40.) und ein Kamm (pecten: Plaut. Capt. II, 2, 28. Ovid. Am. I, 14, 15. Met. IV, 311. XII. 409. Petron. 126. Spart. Hadr. 26. Isidor. a. a. O., dentes crinales bei Claud. B Gild. 137.) gewöhnlich von polirtem Buchsbaumholz (Ovid. Fast. VI, 229. Juven. 14, 194. Mart. XIV, 25.) oder von Elfenbein, die weiteren auch von Bronze, oft mit eingegrabenem Bildwerk verziert. (Vgl. Abbild. im Mus. Borb. IV tav. 15. u. bei Overbeck Pomp. II. S. 78. Fig. 272.) Nur glaube man nicht, daß die Römerinnen auch Kämme als Putz in die Haare steckten. (Vgl. Böttiger Kl. Schr. III. S. 108 f.) Von den Nestnadeln und Haarbändern wird unten Anm. 282 die Rede sein. — Da hier einmal von dem Haarputze der Frauen die Rede ist, so möge auch noch das Nöthigste von der Haartracht der Männer folgen, auf welche die Mode gleichfalls ihren Einfluß übte. Was das Haupthaar betrifft, so trug man es bis zum Jahre 300 v. Chr., wo die ersten Haarschneider aus Sici= lien nach Rom kamen Varro R. R. II. 11, 10. vgl. Plin. VII, 59, 59. §. 211.), lang herabhangend, von da an aber einfach ver= schnitten, und nur an Festtagen wurde dasselbe etwas sorgfältiger behandelt (pexi capilli: Juven. 6, 26. 11, 150. Pers. 1, 15. Cic. Catil. II, 10, 22. Hor. Od. I, 15, 14.). Bloß Stutzer und die sogenannten delicati unter den Sklaven (s. oben S. 75. Anm. 227.) ließen es zierlich brennen und kräuseln (Cic. pro Sext. 8, 18. pro Rosc. Am. 46, 135. | in Pis. 11, 25. Mart. III, 63, 3. Sen. Ep. 95, 24. Ambros. Ep. IV, 15. Vol. III. p. 87. ed. Bas. 1567. Hieron. Ep. 9. ad Laetam, Vol. I. p. 22. ed Colon. 1616. vgl. mit Sen. Ep. 119, 14. Mart. III, 58, 31. XII. 70, 9. Petron. 27. 29. 57. 70.). Unter Marc Aurel aber fing man an das Haar ganz kurz zu scheeren (Galen. Vol. XVII, 2. p. 150. K.) und diese Mode wurde später immer allgemeiner, wie wir aus den Münzen der Kaiser von Macrinus bis Gallienus und dann wieder von Claudius bis Constantin ersehen. Auch Perrücken, von denen gleich die Rede sein wird, wurden von Männern getragen, entweder um den Mangel des Haares zu verdecken (Suet. Oth. 12. vgl. Mart. XII, 45. u. Herodian. IV, 7, 6.), oder um sich unkenntlich zu machen (Suet. Cal. 11. Ner. 26.), doch brauchte man auch Mittel gegen das Ausfallen der Haare (Celsus VI, 1.) und graue Haare färbte man mit Anwendung der pilae Mattiacae (Mart. XIV, 27.), unstreitig einer Art von Seifenkugeln; zu welchem Zwecke auch grüne Nußschalen verwendet wurden (Tibull. I, 8 (9), 44. Plin. XV, 22, 24. §. 87.). Den Bart trug man anfangs gleich= falls lang; der jüngere Scipio Afric. war der Erste, der sich rasiren ließ (Plin. VII, 59, 59. §. 211.), was in der ersten Kaiserzeit bis Hadrian allgemein Mode wurde, so daß nur die Trauernden (also auch die Angeklagten und Verurtheilten) den Bart wachsen ließen (Suet. Caes. 25. 67. Oct. 23. Caes. B. G. V, 24 ff. Plut. Cat. min. 53. Liv. XXVII. 34, 5. Mart. II, 36, 3.) und blos junge Leute unter 40 Jahren einen zierlich gestutzten Bart trugen. (Vgl. Gellius III, 4. mit Juven. 6, 105. 214.) Hadrian brachte wieder einen vollen und starken Bart in die Mode (Spartian. Hadr. 26. Dio Cass. LXVIII, 15.), welche sich auch mit wenigen Ausnahmen bis auf Constantin erhielt. Uebrigens ließ man sich den Bart, dessen erstes Abscheeren (depositio barbae) in der Kaiserzeit gewöhn= lich durch ein Fest gefeiert wurde (Dio Cass. XLVIII, 34. LXI, 19. LXXIX, 14. Suet. Cal. 10. Ner. 12. Juven. 3, 186. Petron. 29. Censorin. de d. nat. 1, 10.), nicht nur mit dem Rasirmesser (novacula) abscheeren, oder mit der Scheere über den Kamm ab= stutzen (Plaut. Capt. II, 2, 18. Clem. Alex. Paed. III, 11. p. 290.), sondern auch mit einer Zange (volsella) ausrupfen (Dio Cass. LXXVII, 20. LXXIX, 14. Suet. Caes. 45. Mart. VIII, 47. Vgl. Tertull. de cultu fem. 8.). Auch der Gebrauch von Haarvertil= gungsmitteln (psilothra: Lamprid. Heliog. 31. Mart. VI, 93, 9. Plin. XXIV. 10, 47. §. 79. XXIX, 6, 37. §. 116. XXXII, 10, 47. §. 135.) wird erwähnt. Daß übrigens in den Barbierstuben nicht blos rasirt, sondern auch Haupthaar und Bart verschnitten wurde, haben wir schon oben gesehen. (Vgl. S. 160. Anm. 31.)

²⁷⁷) Seit den Eroberungen der Römer in Gallien und Ger= manien zu Anfang des 1. Jahrh. n. Chr. fing man in Rom an großes Gefallen an den blonden und rothgelben Haaren der Nord= länder zu finden (Val. Max. II. 1, 5. Festus p. 262, 18. M. Aelian. Var. Hist. XII, 1. Lucian. Dial. mort. I. §. 3. Catull. 65, 62. Ovid. Fast. II. 763. Her. 19 (20), 57. Stat. Achill. I, 162. Petron. 110. u. s. w.), | die bald als flavi (Hor. Od. I. 5, 4. IV, 4, 4. Ovid. Fast. a. a. O. u. 5, 609. Silius IX. 415.

Catull. u. Petron. a. a. O. u. s. w.), bald als fulvi (Verg. Aen.
XI, 642. Ovid. Met. XII, 273. ex P. III, 2, 74. Her. a. a. O.
Stat. a. a. O. u. s. w.), bald als rutili (Ovid. Met. II, 319.
Silius IV, 200. Auson. Epist. 4, 200. Claud. de laud. Stil. I,
38. Firmicus IV, 12. Festus a. a. O. u. s. w.) crines bezeichnet
werden; und nun bediente man sich nicht nur verschiedener Mittel
das dunkle Haar zu bleichen und blond zu färben, sondern trug
auch Perrücken aus dergleichen in Deutschland aufgekauften Haaren.
Zu ersterem Zwecke (vgl. außer den folg. Stellen auch Lucian.
Amor. 40.) brauchte man besonders Asche (Cato bei Charis. 1.
Serv. zu Verg. Aen. IV, 698. XII, 611. Val. May. II, 1, 5.
Seren. Samm. de med. IV, 56. Dioscor. V, 132. Ovid. A. A.
III, 163. Plin. XXIII, 2, 32. §. 67.) und eine kaustische Seife
(spuma caustica: Mart. XIV, 26., auch spuma Batava genannt:
Mart. VIII, 33, 20.), deren Bereitung Plin. XXVIII, 12, 51.
§. 191. u. Teoph. Nonnus 3. T. I. p. 26. Bernard. beschreiben.
Ja es ging so weit, daß man das Haar sogar mit Goldstaub pu=
derte, um ihm eine goldgelbe Farbe zu geben.' (Mart. Cap. de
nupt. phil. I. p. 20. Lamprid. Commod. 17. Herodian. I, 7, 9.
vgl. Treb. Poll. Salv. Gallien. 3. u. Tertull. de cult. fem. 6.)
Ueber das in Deutschland gekaufte und zu Perrücken verwendete
blonde Haar aber vgl. Ovid. Am. I, 14, 45. A. A. III, 165.
Mart. V, 68. VI, 12, 1. XII, 28, 1. und über die Perrücken selbst
ders. IX, 37, 2. Valer. Fl. VI, 226. Firmic. VIII. 7. Juven. 6,
120., der die blonde Perrücke, unter welcher Messalina bei ihren
nächtlichen Ausflügen ihr schwarzes Haar versteckte, einen flavus
galerus nennt, u. A. Ein derartiger, traubenartig aufgethürmter
Lockenbau heißt bei Petron. 110. flavum corymbium. Der eigent=
liche Ausdruck für Haartour aber war capillamentum (Suet. Calig.
11. Petron. a. a. O. Tertull. de cultu fem. 7. u. s. w.), jedoch
auch caliendrum (Hor. Sat. I, 8, 48. Tertull. de pall. 4. Arnob.
VI. extr. p. 263. Harald.).

278) Psecas heißt die ihre Herrin frisirende Sklavin bei Juven.
6, 491. (vgl. mit Cic. ad Fam. VIII. 15. extr.), vermuthlich weil
sie zugleich das Haar durch Besprißen parfümirt (von ψεκάς. der
Tropfen.) — Ueber die Grausamkeit, womit nicht selten die Gebie=
terinnen ihre Sklavinnen behandelten vgl. Juven. a. a. O. mit
Mart. XIV, 68. u. über noch größre Mißhandlungen von Seiten
der Herren, selbst eine Art von Tortur (equuleus), Galen. Vol. V.
p. 17 ff. 584. K. Sen. Ep. 67, 3. de ira III, 19, 1. Quinct.
Decl. 19. u. s. w.

279) Daß selbst Frauen niedrigen Standes von Seiten ihrer
Sklavinnen die Anrede mit domina beanspruchten, erhellet aus
Epictet. Enchir. c. 62. u. Petron. 62. Ueber diese gewöhnliche
Anrede verheiratheter Frauen überhaupt (selbst von Seiten ihrer
Männer) vgl. Ter. Heaut. IV. 1, 15. Verg. Aen. VI, 397. Ovid.

Trist. IV, 3, 9. Suet. Claud. 39. Seneca fragm. XIII, 51. Haas.
Inschr. bei Gruter p. 849, 8. u. Orelli 2663. Dig. XXXII, 1,
41. in. |

²⁸⁰) Einer fusca Cypassis als kunstgeübter Friseuse ihrer Herrin
gedenkt Ovid. Am. II, 8.

²⁸¹) Vgl. die Beschreibung eines solchen in Rom gefundenen
im Magazin Encycl. ann. II. T. I. p. 259 ff. und in Böttiger's
Sabina S. 62 ff.

²⁸²) Von solchen Nestnadeln (abgebildet im Mus. Borb. II,
tav. 14. IX. tav. 15. bei Roux u. Barrè Hercul. VI, 93. Overbeck
Fig. 272. Guhl u. Koner Fig. 472. u. Weiß Fig. 416.) ist schon
oben S. 114. die Rede gewesen. Sie waren theils von Metall
(Bronze, Silber, Gold), theils von Elfenbein, zuweilen auch mit
Edelsteinen und Perlen geschmückt. (Dig. XXXIV, 2, 25. §. 10.)
Ueber den Gebrauch dieser acus crinalis (Appulej. Met. VIII, 13.
p. 543. Oud.), acus discriminalis (Hieron. in Rufin. III, 11.)
oder acus comatoria (Petron. 21.), auch bloß crinale (Ovid. Met.
V, 53. ex P. III, 3, 15.) oder discriminale (Isidor. XIX, 31, 8.
Vulgat. in Esaiam III, 20.) genannt, vgl. Isidor. XIX, 31, 9.
Tertull. de poen. 10. de virg. vel. 12. Hieron. in Esaiam II,
3. 15. u. A. Außer ihr wurden auch Bänder (taeniae, fasciae,
fasciolae. auch blos capital genannt: Varro L. L. V, 130.) zum
Zusammenhalten der Haare gebraucht. Vgl. Isidor. XIX, 31, 6.
u. oben S. 324. mit Anm. 213. auf S. 359.

²⁸³) Das Diadem (diadema) war entweder eine die Stirn und
Schläfe umgebende und über ersterer sich in Form eines Zirkel=
segments erhebende Platte von gediegenem Golde, oder nur ein mit
plattirtem Gold belegtes Band in derselben Form, in welchem letz=
teren Falle es nach Isidor. XIX, 31, 2. den Namen nimbus geführt
zu haben scheint. Goldne, oft mit Perlen und Edelsteinen geschmückte
Diademe erwähnen Lamprid. Heliog. 23. Appulej. Met. X, 30.
p. 738. Oud. Lucian. Amor. 41. u. Isidor. XIX, 31, 1. Vgl.
auch Ovid. Am. III, 13, 25. Sen. Med. 574. u. A. und Abbild.
im Mus. Pio-Clem. VI, 40. u. Mus. Greg. I, 84, 85. Neben ihnen
waren auch bloß bunte Haarbänder (redimicula: Cic. Verr. III,
33. Verg. Aen. IX, 616. Juven. 2, 84. vgl. Isidor. XIX, 31. u.
Festus p. 273. M., der von Andern abweichend redimiculum als
Frauenputz durch catella erklärt), ferner goldne Haarnetze (reticula)
in Gebrauch (Petron. 67. Capitol. Maxim. iun. 1. vgl. Varro
L. L. IV, 19. Nonius p. 221, 30. Isidor. XIX, 31, 7. u. oben
S. 324.), die selbst Weichlinge unter den Männern trugen (Juven.
2, 96.), sowie auch von dichtem Zeug, sogar aus Blase (Mart.
VIII, 33, 19.) gefertigte Hauben (mitrae: Ovid. Met. XIV, 654.
Fast. III, 669. IV, 517. Catull. 64, 63. Propert. IV (V), 5, 70.
Juven. 3, 66. Plin. XXXV, 9, 35. §. 58. Isidor. XIX, 31, 4.
Dig. XXXIV, 2, 23. §. 2. calauticae: Cicero b. Nonius p. 537,

2. Auson. Perioch. Hom. Od. 5. Arnob. II. p. 75. Harald. Serv.
zu Verg. Aen. IX, 616. Dig. XXXIV, 2, 25. §. 10. capitia: No=
nius p. 542, 25. vgl. Gellius XVI, 7. u. Dig. XXXIV, 2, 23.
§. 2.), die sackartig am Hinterkopfe hingen und am Kinne zugebun=
den (Verg. Aen. IX. 616. vgl. mit IV, 216. u. Isidor. XIX, 31,
5.), und gleichfalls nicht bloß von Frauen, sondern auch von Stutzern
und Weichlingen getragen wurden (Lucr. IV, 1125. Verg. Aen. IV,
216. Stat. Theb. IX, 795. Mart. II, 36, 3. u. f. w.)

²⁸⁴) Von allen hier vorkommenden Kleidungsstücken ist schon
oben die Rede gewesen. Vgl. S. 116 ff. u. 123 ff. |

²⁸⁵) Da man viel auf schöne Nägel gab (vgl. z. B. Propert.
III. 8 (IV, 7), 6), die freilich bei der Fußbekleidung der Frauen
durch Sandalen stets sichtbar waren, so pflegte und beschnitt man
sie auch sorgfältig und bediente sich zum Beschneiden eines kleinen
Messers (Hor. Ep. I. 7, 52. Plut. Brut. 31.), welches Geschäft
aber selbst zu verrichten für unanständig galt, wie man aus Hor.
a. a. O. ersieht. (Seltsam war das Verbot, sich die Nägel an
Markttagen beschneiden zu lassen: Plin. XXVIII, 2, 5. §. 28.
Ovid. Fast. VI, 230.) Auch die Neidnägel (paronychia: Petron.
31. Plin. XXI, 20, 83. §. 142. XXIII. 9, 81. §. 163. XXIV,
19, 119. §. 182. oder reduviae: Festus p. 270. 17. Plin. XXVIII,
4, 8. §. 40. XXX), 12, 37. §. 111.) und die Leichdornen (clavi
pedum: Plin. XXII, 23, 49. §. 101. XXVI. 11, 66. §. 106.)
wurden sorgfältig beseitigt (Petron. a. a. O. u. Plin. XXVIII. 8,
24. §. 88. XXII, 23, 49. §. 101.) und die Nägel selbst mit einem
in Weinessig getauchten Schwämmchen abgerieben (Plin. XXIII, 2,
32. §. 67.)

²⁸⁶) Daß Edelsteine auch aus buntem Glas nachgeahmt wur=
den, haben wir bereits S. 113. (mit Anm. 98. auf S. 172.) ge=
sehen, sowie auch von dem Luxus, der mit ächten Edelsteinen getrie=
ben wurde, schon S. 69. Anm. 180. die Rede gewesen ist.

²⁸⁷) Ueber solche Agraffen oder Schnallen (fibulae) von Metall
(Bronze, Silber, Gold), die in ihrer Einrichtung die größte Aehn=
lichkeit mit den Brochen unsrer Damen hatten, vgl. Ovid. Met. II,
412. Verg. Aen. IV. 139. Plin. XXXIII. 3, 12. §. 39. Mart.
V. 42, 5. Isidor. XIX. 31, 17. Sie wurden auch von Männern
sowohl an Kleidern, als am Wehrgehänge gebraucht (Liv. XXVII,
19. extr. XXX, 17, 13. XXXIX, 31. extr. Verg. Aen. V, 313.
Plin. XXIII, 3, 12. §. 39. Varro bei Nonius p. 538. 28. Isidor.
a. a. O. u. A.) und waren auch zuweilen mit Edelsteinen besetzt
(Verg. a. a. O.). Abbildungen derselben siehe bei Guhl u. Koner
Fig. 473. u. Weiß Fig. 407. 410.

²⁸⁸) Ein solches Halsband (monile: Cic. Verr. IV. 18, 39.
Verg. Aen. I, 654. Quinct. XI, 1. in. Val. Fl. VI. 668. Plin.
XXXVII, 3, 11. §. 44. Lucian. Amor. 41. Isidor. XIX, 31, 11.
12. u. f. w.), wie das hier erwähnte, findet sich beschrieben und

24*

abgebildet bei Guattani Monum. ant. ined. per l'anno 1784. März
tav. 1. u. in Böttiger's Sabina Taf. XI., ein andres aber, wie
wir es oben bei Nävia gefunden, im Mus. Borb. II. tav. 24. u.
b. Oberbeck Fig. 329. Vgl. auch Plin. XXXIII, 2, 12. §. 40. Sen.
Med. 572. (576.) Isidor. XIX, 31, 11—13. Lucian. de domo 7.
Perlengehänge werden von Plin. XXXIII, 3, 12. §. 40. Dig.
XXXIV, 2, 32. §. 9. u. anderw. erwähnt. Die einzelnen Schnuren
werden lineae genannt (Dig. IX, 2, 27. §. 30. XXXIV, 2, 40.
§. 2. XXXV, 2, 26.) und man unterschied nach der Anzahl derselben monolinum, dilinum und trilinum, je nachdem das Halsband
eine, zwei oder drei Schnuren hatte. (Vgl. z. B. Capitol. Maxim.
inn. 1.) Oft wechselten darin Perlen mit Edelsteinen (Suet. Galb.
18. Plin. IX, 35, 58. §. 117. Dig. XXXIV, 2, 32. §. 7. Tertull.
de cult. mul. 11.) und wie weit der Luxus und die Verschwen=
dung | mit den Perlen ging, ersieht man außer Plinius a. a. O.
auch aus Suet. Caes. 50. Trugen doch sogar die römischen Damen
eine an Goldfäden gereihte Perlenschnur während des Schlafs am
Halse (Plin. XXXIII, 3, 12. §. 40.) Abbild. verschiedener Hals=
ketten siehe bei Weiß Fig. 409. vgl. auch Oberbeck Fig. 329.

[289]) Ohrringe wurden selbst von Sklavinnen und gemeinen
Freudenmädchen getragen (Plaut. Men. III, 3, 13.) Vornehmere
hingen wenigstens eine Perle in's Ohr (Sen. de ben. VII. 9., die
daher wohl auch den Namen unio führte: Plin. IX, 35, 54. §. 109.
u. 58. §. 119. XXXIII, 3, 12. §. 40. Mart. VIII, 81, 4. XII,
49, 13. Treb. Pollio XXX tyr. 32. u. s. w., obgleich Plin.
a. a. O. §. 112. einen andern Grund dieses Namens angiebt, der
jedoch nach Aristot. Hist. an. X, 13. auf einem Irrthume beruht.)
Reiche liebten ein Ohrgehänge von drei Glockenperlen (margarita
tribacca: Petron. 55. vgl. Seneca a. a. O. Dig. XXXIV, 2, 32.
§. 8.) Ohrgehänge mit Edelsteinen erwähnen z. B. Isidor. XIX,
31, 10. u. Lucian. Amor. 41. Vgl. Abbild. im Mus. Borb. XII.
tav. 44. bei Oberbeck II. S. 235. Fig. 329. u. Weiß Fig. 410.

[290]) Ein solches schweres Armband in Schlangenform (wie es
auch Lucian. Amor. 41. erwähnt) siehe abgebildet im Mus. Borb.
VII. tav. 46. u. bei Oberbeck Fig 328. u. leichtere ebendas. Fig. 329.
u. im Mus. Borb. II. tav. 24. [Böttiger Sabina S. 411. hält jene
schweren Armbänder ohne triftigen Grund nicht für Frauenschmuck,
sondern für Auszeichnung tapfrer Soldaten, da allerdings auch die
Männer Armspangen trugen (Liv. X, 44. Nep. Dat. 3. Plin.
XXXIII, 2, 10. §. 37. 3, 12. §. 39. Gellius IX, 13. Paulus
Diac. p. 25, 7. Tertull. de pall. 4.), widerspricht sich aber, wie
nicht selten, selbst. Vgl. Kl. Schr. III. S. 27. u. 54.] Der Name
war armilla (Plaut. Men. III, 3, 13. Plin. XXXIII, 3, 12.
§. 40. Isidor. XIX, 31, 16. Dig. XXXIV, 2, 25. §. 10. Pau=
lus a. a. O. und andre eben angef. Stellen), brachiale (Plin.
XXVIII, 7, 23. §. 83. Treb. Pollio Claud. 14.) u. spinther

(Plaut. Men. III, 3, 4. 7, 11. 16. Festus p. 333, 6. M.) Auch
an den Füßen wurden dergleichen goldne Spangen von den Frauen,
besonders Libertinen, getragen (Plin. XXXIII, 3, 12. §. 39. Petron.
126. Lucian. Amor. 41.)

291) Wie die Männer (vgl. oben S. 103. Anm. 439. u. S. 90.
Anm. 324. mit Plin. XXXIII, 1, 6. §. 17 ff. Lucian. Gall. 12.
Mart. V, 11. V, 63. XI, 37. 59. Juven. 1, 28. Quinct. XI,
3, 142.), so liebten es auch die Frauen ihre Finger mit Ringen zu
bedecken (Ovid. med. fac. 20.) Abbild. von Ringen s. im Mus.
Borb. VII. tav. 47. u. bei Weiß Fig. 406.

292) Vgl. oben S. 37. Der Vollständigkeit wegen durfte auch
die folgende anstößige Scene nicht fehlen.

293) Hinsichtlich der Ersteren vgl. z. B. Plaut. Capt. III, 1,
15. in Bezug auf Letztere aber Suet. Calig. 11. (Ner. 26.) Capitol.
Ver. 4. mit Cic. Phil. II. 31, 77. und Juven. 6, 117. 8, 145.
Ueber den cucullus vgl. oben S. 120.

294) Ueber diese Sitte vgl. Tertull. Apol. 35. u. ad uxor.
II, 6.

295) Die gewöhnlichsten Bezeichnungen seiler Dirnen waren
meretrix (von merere, „verdienen"): Plaut. Merc. IV, 1, 19.
Stich. V, 5, 5. Ter. Andr. IV, 4, 16. Eun. prol. 37, I, 1, 3.
V, 4, 16. Heaut. III, 3, 2. 38. Hor. Sat. I. 2, 58. II, 3, 252.
Ovid. Am. I, 10, 21. u. s. w. vgl. Isidor. X, 182. u. Nonius
p. 423, | 11., oder scortum (verächtlich „ein Fell"): Cic. Cat. II,
5, 10. Plaut. Amph. I, 1, 132. Truc. I, 1, 45. Merc. IV, 6, 2.
Ter. Eun. III, 1, 34. Adelph. V, 9, 8. vgl. Varro L. L. VII,
84. Festus p. 330, 4. Paulus Diac. p. 331, 1. Die der gemeinsten
Klasse hießen auch prostibula (von prostare. „öffentlich seil stehen"):
Plaut. Stich. V, 6, 4. Aul. II, 4, 6. Nonius a. a. O. vgl. Hor.
Sat. I, 2, 30. Ovid. Am. I. 10, 21.; nach Isidor. XVIII, 42, 2.,
der auch das Wort nicht von prostare, sondern von prosternere
herleitet, wäre prostibulum = lupanar, diobolares („für 2 Obolen
zu habende"): Plaut. Poen. I, 2, 58. Varro L. L. VI. 3. Paulus
Diac. p. 74, 6., summoenianae („hinter der Mauer stehende"): Mart.
III, 82. 2. XII. 32, 22. vgl. mit· XI, 62, 2. u. s. w. Vgl.
Varro L. L. VII. 64, 65. Nonius a. a. O. u. Gellius III, 3.

296) Ueber diese tituli vgl. Juven. 6, 123. u. Petron. 7. mit
Sen. Contr. I. 2. u. Mart. XI, 45, 1. Uebrigens nahmen diese
Geschöpfe für ihr Gewerbe, welches durch quaestum facere (corpore)
bezeichnet wird, gewöhnlich einen falschen, meistens griechischen, Na=
men an. (Plaut. Poen. V, 3, 20.)

297) Die letztere Uebersetzung ist die richtigere, wie aus Plaut.
Asin. IV, 1, 15. erhellet.

298) Cella: Juven. 6, 122. Suet. Calig. 41. Mart. XI, 45.
Petron. 8. Dasselbe ist bei Hor. Sat. I, 2, 30. u. Juven. 3, 156.
11, 171. fornix u. bei Plaut. Pseud. I, 2, 78. 92. pergula. Das

ganze Haus hieß lupanar oder lupanarium (Plaut. Bacch. III, 3, 50. Juven. 6, 121. 132. Quinct. V, 6, 3. VII, 3, 6. 9. Mart. IX, 7, 8. Isidor. XVIII, 42, 2. Dig. IV, 8, 21. §. 11. V, 3, 27. §. 1. XXIII, 2, 43. §. 1. u. s. w.) Einiges über die innere Einrichtung eines solchen Hauses in Constantinopel findet sich in Banduri Imp. orient. I. p. 35.

²⁹⁹) Vgl. Petron. 7. mit Hor. Sat. I, 2, 83 ff. Juven. 6, 122. u. s. w. Ueber eine solche Entblößung wird man sich nicht wundern, wenn man weiß, daß bei dem jährlich vom 28. April bis 1. Mai unter allerlei Muthwillen und Ausgelassenheit gefeierten Feste der Flora Tänzerinnen und Buhldirnen sich sogar im Theater fast völlig nackt produciren und unzüchtige Tänze aufführen mußten. (Val. Max. II, 10, 8. Sen. Ep. 97, 7. Mart. I, 36, 8 s. Lactant. I, 20, 6. vgl. Ovid. Fast. V, 349.)

³⁰⁰) Vgl. Gerhard Neap. antike Bildwerke S. 457. 461. Roux Herc. et Pomp. VIII, 15. 18. 19. 20. 22. 23. 26. u. A.

³⁰¹) Leno: Plaut. Pers. IV, 6, 4. Terent. Phorm. III, 2, 23. Adelph. II, 1, 34. Cic. pro Rosc. Com. 7, 20. Hor. Sat. II, 3, 231. Ep. II, 1, 172. Mart. IV, 5. IX, 7. 9. Isidor. X, 160. u. s. w. Eben so hieß eine Frau, die Buhldirnen hielt, lena: Ovid. Am. I, 15, 17. III, 5, 40. Propert. IV, (V,) 5, 1. Tibull. I. 5, 48. Mart. XIII, 9. Isidor. X, 63. u. s. w., sogar auf einer Grabschr. b. Orelli 4209.

³⁰²) D. h. etwa 60 Pfennige. So auch auf der oben S. 50. Anm. 29. erwähnten Wirthshausrechnung. Auf einer Mauerinschrift zu Pompeji bei Garrucci Taf. 3, 4. aber wird ein Preis von nur 5 Asses erwähnt, dagegen in einer andern dergleichen eine Dirne empfohlen, die für 16 Asses zu haben ist. (Vgl. Wachsmuth im Rhein. Museum. Neue Folge. XXXII. (1862.) S. 138 f.) Martial IX, 33. wünscht sich eine Dirne, die für | 2 Denare (d. h. nach dem Silbercourant 1 Mark 40 Pf., nach dem Goldcourant der Kaiserzeit aber 1 Mark 70 Pf.) zu haben sei, und erwähnt II. 53. 7. u. I, 104, 10. sogar gemeine Straßendirnen, die sich mit zwei oder auch nur einem As (d. h. etwa 16 oder 8 Pfennigen) begnügten, und auch die 2 Obolen, welche nach Paulus Diac. 74, 6. M. die diobolares meretrices beanspruchen, sind kaum so viel, als 2 Asses. Dagegen machten Hetären, wie Lycoris, oft sehr unverschämte Forderungen, und derselbe Martial beklagt sich X, 75., daß eine gewisse Galla für ihre Gunst sogar 20,000 Sestertien (d. h. nach dem Silbercourant 3500, nach dem Goldcourant aber 4350 Mark) verlange. (Vgl. auch 2. Abth. 1. Band. Kap. 11.)

³⁰³) Diese Abgabe war vom Caligula eingeführt worden (der sogar in seinem eignen Palaste ein Bordell anlegte: Suet. Calig. 40. 41., sowie selbst ganz anständige Personen Häuser zur Anlegung von Lupanaren vermietheten: Dig. V. 3, 27. §. 1.) und dauerte

bis in die spätesten Zeiten fort. (Lamprid. Alex. Sev. 24. Justin. Martyr Apol. I. 27.) Vgl. auch 2. Abth. a. a. O.

³⁰⁴) Daß Lustknaben auch in Lupanaren zu finden waren, er=sieht man aus Petron. 8. u. Mart. XI, 45, 2. (und was Griechen=land betrifft, aus Aeschines in Timarch. §. 40. 74.) Wie weit das Laster der Päderastie, das schon seit früherer Zeit in Rom keine Seltenheit mehr war (Liv. VIII, 28. XXXIX, 13. 42. Val. Max. VI, 1. 7. 9 ff. Dion. Hal. VII, 2. XVI, 8 f. Plut. Cat. mai. 17. Flamin. 19.), in der Kaiserzeit um sich gegriffen hatte, geht nicht nur aus einer Menge von Stellen bei Martial, Catull, Sueton und Petron, sondern selbst bei Cicero hervor. (Vgl. pro Sext. 7 ff. Phil. II, 18, 44. post. red. in sen. 4 ff. pro domo 24. 48. ad Att. I, 16.) Die Lex Scatinia oder Scantinia hatte allerdings eine Geldstrafe darauf gesetzt (Cic. ad Fam. VIII, 12, 3. 14, 4. Quinct. IV, 2, 69. VII. 4, 42. Suet. Dom. 8. Juven. 2, 29 ff. 43 f. Auson. Epigr. 89. Prudent. Perist. IX. 204. Tertull. de monogam. 12.), doch scheint man sich sehr wenig daran gekehrt zu haben. Etwas genauer habe ich von diesem Laster in der 2. Abtheil. han=deln müssen, da es in Griechenland längst schon wucherte, ehe in Rom ein Gedanke daran war, und von dort aus erst hierher ver=pflanzt wurde.

³⁰⁵) Die Buhlerinnen mußten sich beim Aedilis melden (was nicht selten sogar freigeborne Frauen höherer Stände thaten, um ungestraft ein ausschweifendes Leben führen zu können: Suet. Tib. 35. Tac. Ann. II, 85.), und war dies geschehen, so konnten weder sie selbst, noch ein mit ihnen verkehrender Mann des stuprum ange=klagt werden (Dig. XLVIII, 5, 13. §. 2. Cod. Just. IX, 9, 25, 29.) Uebrigens galten, wie die lenones (Dig. III, 2, 4. §. 2. 3.), so auch die meretrices für infames (Quinct. VI, 3, 51. Dig. XII, 5, 4. §. 3. vgl. mit III, 2, 24.), durften nicht als Zeugen vor Gericht auftreten (Dig. XXII, 5, 3. §. 5.), weder Legate noch Erb=schaften erwerben (Suet. Dom. 8. Dig. XXIX, 1, 41. §. 1. XXXIV, 9, 14. V. 4, 23. §. 3.) u. s. w. Daß sie auch nicht die Kleidung ehrbarer Frauen tragen durften, haben wir schon oben gesehen. Vgl. S. 124.

³⁰⁶) Vgl. Mart. XI, 45, 3. u. Banduri Imp. orient. I. p. 35.

³⁰⁷) Vgl. Petron. 8.

³⁰⁸) Vgl. oben S. 38.

6. Kapitel.

Die Schauspiele.

~~~~~~

Panem et circenses („Brod und Circusspiele") ist der Wahl=
spruch der Römer[1]), und so mußte es denn auch mein sehnlichster
Wunsch sein, mit diesem Hauptvergnügen des Volks näher
bekannt zu werden, wozu mir glücklicher Weise die vom 6. bis
13. Juli gefeierten großen Ludi Apollinares und wenige Tage
darauf, vom 20. bis 30. Juli, wieder die Ludi Veneris gene=
tricis[2]) die beste Gelegenheit darboten, nachdem ich theatralischen
Vorstellungen auch schon früher beigewohnt hatte. Ich lasse
daher hier eine Schilderung der verschiedenen Arten öffentlicher
Schauspiele folgen, die mir alle in Rom zu sehen vergönnt war,
und beginne mit denen, die eben jener Wahlspruch hervorhebt,
da sie die vornehmsten von allen sind, mit den circensischen, die
jährlich nur einige Male an besonders dazu bestimmten Fest=
tagen abgehalten werden.[3]) Schon mehrere Tage vor dem
Beginn derselben waren alle Mauern mit pomphaften Ankün=
digungen derselben bedeckt,[4]) und überall sprach man von weiter
nichts, als von den umfassenden Vorbereitungen dazu, da sie,
wie es hieß, der über die Parther errungenen Siege wegen be=
sonders glänzend gefeiert werden sollten und der Kaiser große
Summen darauf verwenden wollte[5]), so sehr er auch sonst auf
Einschränkung des Aufwandes in dieser Beziehung bedacht sein
soll.[6]) Als endlich der ersehnte Tag erschien, an welchem ganz
Rom in einer so freudigen Aufregung war und ein solches Zu=
sammenströmen von Fremden stattfand,[7]) wie es bei unsern
olympischen und isthmischen Spielen nicht größer sein kann,
ließ ich mich mit Sulpicius und Vitellia, die gleichfalls eine
Zuschauerin abgeben wollte, nach dem Circus tragen und fand

auf den Straßen ein solches Menschengewühl, daß kaum hindurch zu kommen war,[8]) besonders je mehr wir uns dem Ziele der allgemeinen Wallfahrt näherten, in dessen Umgebung noch eine große Menschenmenge harrte, um erst die solenne Circusproceffion vorüberziehen zu lassen, auf die wir natürlich nicht warteten, da wir sie ja im Circus selbst weit bequemer sehen konnten. Endlich hatten wir mit Hülfe unsrer anteambulones[9]), die wiederholt ihr „Platz, Platz für den Senator Sulpicius!" er= schallen ließen, den Circus glücklich erreicht, wo ich mich nun von Sulpicius und seiner Gemahlin trennen mußte, da diese ihre Plätze auf den mir natürlich unzugänglichen Senatoren= bänken im untersten Theile des Circus einnahmen, wo auch die Vestalinnen, fremde Gesandten und andre ausgezeichnete Per= sonen auf dem Podium ihre reservirten Plätze haben, ich aber durch einen andern der vielen (ich hörte 64) Eingänge (vomitoria)[10]) in der ihn umgebenden und eine Menge von Kaufläden, Ta= bernen, Garküchen u. s. w. enthaltenden Säulenhalle und auf einer der verschiednen breiten Treppen in die oberen Regionen hinauf zu steigen genöthigt war, wo ich schwerlich noch einen leidlichen Platz gefunden hätte, wäre mir nicht von zwei hand= festen Sklaven des Sulpicius Bahn gebrochen worden.[11]) Sagte man mir doch, daß schon vor Tagesanbruch große Menschen= haufen den Circus zu belagern pflegen,[12]) um gleich bei seiner Oeffnung die Vordersten zu sein und die besten Plätze zu erobern, die sie nicht selten wieder an später Kommende für hohen Preis abtreten, und daß es Leute giebt, die daraus ein förmliches, einträgliches Geschäft machen.[12b]) Eines Stoßens und Drängens aber bedarf es bei diesem Trachten nach guten Plätzen nicht, da die Menge der Eingänge und Treppen sowohl das Hinein= als Herausströmen einer großen Menschenmasse sehr erleichtert. Ich muß nun vor allen Dingen eine kurze Beschreibung des Circus maximus selbst vorausschicken[13]), ohne welche Vieles von dem Folgenden gar nicht verstanden werden würde. Zu diesem ge= waltigen Gebäude, das auf Jeden, der es betritt, besonders wenn es so vollgestopft von Menschen ist, wie am heutigen Tage, einen überwältigenden Eindruck machen muß, hätte nicht leicht ein passenderer Platz gefunden werden können, als das lange, nicht sehr breite Thal zwischen dem Palatinus und Aventinus, welches fast ganz davon ausgefüllt wird. Die Länge des sich

weit hinstreckenden und an seinem südöstlichen Ende abgerun=
deten Riesenbaues, welcher, von Nero nach dem großen Brande
wieder hergestellt, von Zeit zu Zeit vergrößert worden ist,[14]
soll 3½ Stadien, die Breite aber 4 Plethren betragen.[15] Die
Rennbahn selbst, um die sich früher ein 10 Fuß breiter, aber
seit Nero's Zeiten zugeschütteter und zu Sitzplätzen benutzter
Graben zog,[16] wird von einer Menge von Sitzreihen umgeben,
die sich in drei Stockwerken amphitheatralisch übereinander er=
heben und so breit sind, daß die später Kommenden hinter den
schon Sitzenden vorbei bequem zu ihren Plätzen gelangen und
Knaben, die Trinkwasser und allerlei Eßwaaren feil bieten, un=
gehindert unter dem Publikum herumwandern können. Die
Sitze können eine Zuschauermenge von 300,000 Personen fassen,[17]
hinter ihnen erheben sich Arkaden, welche zugleich die Umfassungs=
mauer bilden und bei einem schnell eintretenden Unwetter dem
Publikum einen Zufluchtsort gewähren, da der Circus selbst
kein Dach hat. Die Sitzreihen auf dem zwölf Fuß hoch auf=
gemauerten Podium zunächst der Arena oder Rennbahn sind
für die höchsten Magistrate, die Pontifices, die Vestalinnen und
Senatoren, die darauf folgenden für die Ritter bestimmt[18] und
nur diese haben steinerne Bänke, während auf den höheren, dem
übrigen Volke zugänglichen die Bänke blos von Holz sind, so
daß es fast einige Ueberwindung kostet, in schwindelnder Höhe
auf einem so zerbrechlichen und überfüllten Gerüste Platz zu
nehmen, besonders da schon mehrmals und erst vor wenigen
Jahren unter Antoninus Pius der Fall vorgekommen ist, daß
es zusammenbrach und eine Menge Menschen dabei ums Leben
kam.[19] Uebrigens hatte ich wenigstens vor Tausenden den
Vorzug, weich zu sitzen, da die Sklaven ein Polster für mich
mitgebracht hatten, was freilich auch noch eine Menge Anderer
gethan, Viele aber auch erst am Eingange eins der hier
zahlreich ausgebotenen, elenden Kissen[20] kauften oder liehen.
Was nun die prachtvolle Ausstattung des Circus betrifft, die
namentlich von den Kaisern Claudius und Trajanus herrühren
soll,[21] so zeigen sich an den Enden eines den größten Theil
desselben, d. h. die eigentliche Rennbahn, der Länge nach durch=
schneidenden, 6 Fuß hohen und 20 Fuß breiten Mauerbaues
(spina genannt),[22] jedoch in einem 12 Fuß betragenden Abstande
von ihm, drei kegelförmige, vergoldete metae, die von den

Wagen siebenmal umkreist werden müssen, und in der Mitte
der spina erhebt sich als Hauptzierde des Circus ein vom Augustus
aufgestellter und dem Sonnengott geweihter 87 Fuß hoher
Obelisk,[23]) während zu beiden Seiten desselben noch mehrere
Bildsäulen, namentlich der Victoria und der auf einem Löwen
reitenden Cybele, ferner kleine Tempel zur Aufnahme der bei
der Procession einhergetragenen Götterbilder und zwei Platt=
formen auf je vier Säulen stehen, von denen die eine sieben
silberne Delphine und die andere eben so viele große Eier von
weißem Marmor enthält, nach welchen die sieben Kreisläufe
der Wagen gezählt werden.[24]) (Siehe unten.) Neben den Sitzen der
Magistrate und Senatoren[25]) zeigt sich in ziemlicher Höhe die große
und prächtige, mit Säulen gezierte Loge für die kaiserliche Familie,
pulvinar genannt.[26]) Die zwölf Hallen (carceres),[27]) aus welchen
die Rennwagen herausfahren, und von denen sich je sechs zu
beiden Seiten eines der drei Hauptportale des Circus befinden,
sind von Marmor aufgeführt, durch Scheidewände, an denen
man vorn Hermen angebracht hat, abgetheilt, überwölbt und
mit zweiflügeligen Gitterthoren verschlossen; was aber an ihnen
befremden muß, ist, daß sie in einer schräg gebogenen Linie
angelegt sind, welche sich am rechten Ende etwas weiter nach
dem Innern des gleich zu erwähnenden oppidum zieht, als am
linken, so daß die sie einschließenden, thurmartigen Gebäude
nicht in horizontaler Linie stehen, welche Bauart jedoch ihren
guten Grund hat, weil sonst die auf dem linken Flügel auslaufen=
den Wagen im Nachtheil gegen die auf dem andern wären, da sie
bis zu der vordern meta oder dem Punkte, wo auf der rechten
Seite für alle die eigentliche Wettfahrt erst beginnt, einen
weiteren Raum zu durcheilen hätten, als jene. Ueber ihnen aber
sind Sitzplätze für die Consuln, den bei den Spielen den Vorsitz
führenden Magistratus, den für Aufrechthaltung der Ruhe und
Ordnung dabei verantwortlichen Stadtpräfecten[28]) und die
Kampfrichter angebracht. Uebrigens ist nicht der ganze Circus
zu den Wettrennen bestimmt, sondern hinter den carceres be=
findet sich noch ein ziemlich großer, leerer Raum, der seinen
auffallenden Namen oppidum („die Stadt")[29]) wohl den eben
erwähnten thurmartigen Gebäuden und den Zinnen der Mauern
verdankt, und worin sich Wagen und Reiter versammeln und
dann um die Reihenfolge und Plätze losen, ehe sie sich in den

carceres aufstellen, wo aber auch zuweilen Thierhetzen und
Kämpfe mit Elephanten und andern Bestien vorbereitet werden
sollen, so daß für solche Schauspiele troß der Höhe des Podiums
das eiserne Gitter daran durchaus nicht überflüssig ist, besonders
seit man jenen schützenden Graben ausgefüllt hat. Muß nun
auch schon der leere Circus an sich einen höchst imposanten
Anblick gewähren, so ist derselbe doch noch ungleich reizender,
wenn er, wie heute, mit einer aus Hunderttausenden bestehenden
bunten Menge in ihrem besten Feiertagsstaate Kopf an Kopf
gefüllt erscheint, so daß schon vor Beginn des eigentlichen
Schauspiels die freudig bewegte und in höchster Spannung der
Dinge, die da kommen sollen, harrende Zuschauermenge selbst
das interessanteste Schauspiel darbietet, das sich nur denken läßt.
Eine reizende Abwechselung in das sonst wohl etwas einförmige
Gemälde bringen besonders die aus der Unmasse weißer Togen[30])
hervorschimmernden bunten Gewänder und mannigfaltigen Trach=
ten von fast allen Völkern der Welt und namentlich vieler
Tausende von Frauen und Mädchen in ihrem höchsten Putz, die
es sich troß Gedränge, Staub und Hitze nicht versagen die Zahl
der Zuschauer zu vermehren, und mitten unter den Männern
sitzend sich nur durch ihre Sonnenschirme Schutz vor den bren=
nenden Sonnenstrahlen zu verschaffen im Stande sind,[31]) da der
Circus seiner riesigen Größe wegen nicht mit einem Zeltdach
überspannt werden kann. Während ich mich noch an diesem
unvergleichlichen Anblicke weidete, entstand plötzlich unter der
ganzen Versammlung die unruhigste Bewegung, denn man hörte
deutlich den Klang der Hörner, das immer mächtiger anschwel=
lende Geschrei der Menge und das Gekreisch im Gedränge ge=
stoßener und getretener Frauen und Kinder, welches das Nahen
der Procession verkündete. „Der Zug kommt!“ erscholl es aus
tausend und abertausend Kehlen und bald darauf hielt die vom
Capitol herunter über das Forum und Velabrum kommende
Procession unter den Jubelrufen der Zuschauer ihren feierlichen
Einzug durch das dem Forum boarium zugekehrte Portal zwischen
den Carceres.[32]) Eine Schaar Blumen streuender Mädchen er=
öffnete den Zug. Ihnen folgte als Anführer desselben unter
Vortritt von Lictoren der Prätor Minucius, den der Kaiser zu
seinem Stellvertreter als Vorsitzenden bei den Spielen ernannt
hatte,[33]) in einem zweispännigen Staatswagen und von zahl=

reichen Clienten umgeben; dann erschien hoch zu Roß ein
Geschwader edelgeborner Jünglinge aus Patricier= und Ritter=
geschlechtern, hinter welchen ein noch weit größerer Haufe von
Jünglingen und Knaben angesehener plebejischer Familien zu
Fuß einherschritt, damit sich namentlich uns Fremden die heran=
reisende Jugend der Stadt in ihrer die stattlichsten Krieger ver=
sprechenden Schönheit präsentiren sollte. Hieran schlossen sich,
nachdem die Wagen, die heute am Rennen Theil nehmen wollten,
den Zug schon verlassen hatten und in dem oben erwähnten
oppidum zurückgeblieben waren,[34]) die Läufer, Ringer und Faust=
kämpfer, welche nach dem Wagenrennen ihre Künste zeigen sollten,
kräftige und muskulöse, oft sehr verwilderte Gestalten, die, blos
mit einem Schurze um die Hüften bekleidet, ihre nackten mit
Narben und Schwielen bedeckten Körper stolz zur Schau trugen,
und ihnen folgten die Chöre der Tänzer, zuerst junge Männer
in eine purpurfarbige Tunica gekleidet, die durch einen bronzenen
Gürtel zusammengehalten wurde, mit einem Helme von Bronze
auf dem Kopfe, den ein prächtiger Roßschweif und Federbusch
schmückte, einem Schwerte an der Seite und einer kurzen Lanze
in der Hand, welche kunstreiche Waffentänze aufführten, dann
aber in langhaarige Beinkleider, zottige Schurze, Bocksfelle u. s. w.
gekleidete Silene und Satyrs, welche die feierlichen Bewegungen
und Schwenkungen jener durch Nachäffung verspotteten und in's
Lächerliche zu ziehen suchten, wie ich etwas Aehnliches bereits
bei einem großen Leichenbegängnisse gesehen hatte.[35]) Jetzt er=
schien ein zahlreiches Chor von Musikern, einen Festmarsch
blasend, und hinter ihnen mehrere Citharöden in schleppenden
Gewändern, den Lorbeerkranz auf dem lang herabwallenden Haar
und die elfenbeinerne Cither im Arme. Kaum aber waren sie
aus dem Portal herausgetreten, so durchbrauste den ganzen
Circus ein nicht zu beschreibendes Jubelgeschrei und Alles erhob
sich ehrerbietig von den Sitzen, denn eben hielt der Kaiser seinen
Einzug. Er ruhte in einer von acht schwarzen Sklaven getra=
genen, reich verzierten Sänfte; eine mit Gold gestickte Purpur=
toga umhüllte seine majestätische Gestalt, ein goldner Reif
umschloß seine ernste Stirn, und in der Rechten hielt er das
Zeichen seiner kaiserlichen Macht, das goldne Scepter mit dem
Adler auf seiner Spitze; der kostbare Teppich seiner Sänfte aber
war mit Bittschriften übersäet, die ihm während des Zugs

überreicht worden waren, wie es stets geschieht, so oft er sich
auf der Straße sehen läßt, besonders aber bei einer so feierlichen
Gelegenheit, wie die heutige, nicht zu verwundern war. Vor
seiner Sänfte ritt eine Abtheilung Prätorianer in ihrer glän=
zenden Waffenrüstung,[36]) während neben und hinter ihr der
Hofstaat und eine Menge Freigelassener des Kaisers einherschritt.
Nun aber erschien in einem von vier weißen, reich geschmückten
Rossen gezogenen, von Elfenbein und Gold strotzenden Staats=
wagen die Kaiserin, jene verrufene Faustina, deren Gesichtszüge
ich schon aus der Venusstatue des Menophantus kannte. Sie
glich in ihrer äußeren Erscheinung auffallend der Hetäre Lycoris,
als diese in ihrem überladenen Schmucke vor mir stand, nur
daß ihr fast eben so frisirtes Haar auch ein kostbares, von
Edelsteinen funkelndes Diadem umschloß und ihr üppiger Körper
in die bis auf die Füße herabreichende weiße Stola der ehr=
baren römischen Matronen und eine reich mit Gold gestickte,
purpurrothe Palla gehüllt war. Ein gewisser Grad von Schön=
heit war ihr durchaus nicht abzusprechen, doch prägte sich ihr
wollüstiger Charakter deutlich genug in ihren Mienen aus, und
wie das Volk von ihr urtheilte, zeigte sich unverkennbar durch
die Geringschätzung, welche ihr der größte Theil der Versammlung
durch Sitzenbleiben zu erkennen gab. Uebrigens kauerten neben
ihr zwei vertraute Sklavinnen, von denen die eine den kostbaren
Sonnenschirm über ihrem Haupte hielt, die andere aber die
Locken der Frisur und die Falten der Gewänder in Ordnung
zu erhalten bemüht schien, und auch ihr folgte ein großer
Schwarm von Hofbedienten. Hierauf schritt ein langer Zug
von Senatoren in würdevoller Haltung vorüber, denen sich, dem
Beispiel Andrer folgend, Sulpicius nicht angeschlossen hatte, um
seiner Gemahlin Gesellschaft zu leisten, und nun folgte die zweite
Abtheilung des unendlich langen Zugs, welche ich die heilige
nennen möchte, da sie sich nur des feierlichen Opfers und der
Götterverehrung wegen demselben anschloß. Voran schritten die
Opferknaben (camilli) mit Rauchpfannen (acerrae), auf welchen
während der ganzen Procession mit wohlriechenden Kräutern und
Weihrauch geräuchert wurde, und dann kamen Tempel= und
Opferdiener, welche die zu den Opfern gehörigen Prunkgeräthe
von Gold und Silber trugen und die mit Kopfbinden und über
den Rücken gehängten, reich gestickten Decken geschmückten Opfer=

thiere führten, denen nun ein überaus langer Zug von Priestern
mit den theils getragenen, theils in Wagen gefahrenen Götter=
bildern folgte. Sie schritten theils vom Pontifex Maximus
geführt und in die einzelnen Collegien geschaart hinter sämmt=
lichen Götterwagen her, theils schlossen sie sich als Flamines den
einzelnen Göttergestalten an, deren Dienste sie ausschließlich
geweihet sind, waren alle in weite und faltenreiche, meistens
schlichte weiße, aber auch mit Purpur verbrämte Gewänder
gehüllt und erschienen entweder mit einem Kranze und Binden
um das Haupt, oder trugen eine seltsam aussehende, kegelförmige
und mit einem wollnen Bande rings umwundene Mütze (galerus[37]) oder apex)[38]) mit einer Quaste am obern Ende.[39])
Unter ihnen fielen mir namentlich die Augures durch ihr pur=
purgestreiftes Gewand (trabea)[40]) und den Krummstab (lituus),[41])
den sie in der Rechten trugen, ferner die zwölf völlig kriegerisch
auftretenden, mit einem Helm in der Form des eben geschilderten
apex, mit Brustharnisch, Schild, Schwert und Lanze bewaffneten
Salier oder Marspriester in zierlich gestickter Tunica und der
auf gabinische Art geschürzten[42]) toga praetexta, und als greller
Contrast dazu die halb nackten, nur mit einem Schurz von
Ziegenfellen um die Hüften bekleideten Priester des Pan (Lu-
perci),[43]) ferner der Pontifex Maximus und der Jupiterpriester
(Flamen dialis) durch ihren eigenthümlichen, aus einem zottigen
Schaffelle gefertigten Hut (albogalerus), an dessen Spitze ein
Oelzweig und eine wollne Schnur befestigt ist,[44]) sowie die
Priester des Saturnus durch ihr blutrothes Pallium[45]) auf,
während mich an den Vestalinnen, unter denen sich schon sehr
betagte Jungfrauen und nur wenige hübsche und frische Mädchen=
gestalten zeigten, eigentlich nur der ungewöhnliche Kopfputz inter=
essirte, der aus einer diademartigen Stirnbinde (infula)[46]) mit
auf die Schultern herabfallenden Bändern (vittae) bestand.[47])
Was nun die Bildsäulen sämmtlicher Gottheiten mit ihren ver=
schiednen Attributen und zwar nicht bloß der zwölf Hauptgötter,[48])
sondern auch aller übrigen und selbst mehrerer Heroen[49]) und
der unter die Götter versetzten Kaiser,[50]) ja selbst des noch
lebenden und regirenden Herrschers betrifft, so wurden sie theils
auf zierlichen Tragbahren stehend, deren Stangen auf den Schul=
tern von vier Tempeldienern ruhten, langsam und feierlich ein=
hergetragen,[51]) theils in leichten, kostbar mit Gold, Silber und

Elfenbein verzierten [52]) und von stattlichen Rossen oder Maul=
thieren, ein paar sogar von Elephanten und gezähmten Löwen,
zum Theil aber auch von Menschenhänden gezogenen [53]) Wagen,
tensae genannt, [54]) gefahren. Auf diesen Wagen stand eine reich
verzierte Lade (arca) [55]) mit einem hochgepolsterten Kissen und
auf diesem standen oder lagen unter einem Baldachin die Götter=
bilder, zuerst das der geflügelten Fortuna, als der bei solchen
Wettkämpfen besonders betheiligten Gottheit, und dann die der
überhaupt durch Circusspiele gefeierten Götter, Jupiter, Venus,
Flora u. s. w., heute aber natürlich vor Allen des Apollo, dessen
Wagen auch unter allen am reichsten geschmückt war und bei
welchem selbst einer der Consuln in seinem höchsten Schmucke
und mit einem Kranze auf dem Haupte [56]) die Zügel der Rosse
hielt. [57]) Dann folgte noch eine große Zahl von Wagen mit
den übrigen Gottheiten und Heroen, welche von Jünglingen der
edelsten Geschlechter geleitet wurden, deren Eltern noch am
Leben sein müssen, [58]) und hinter ihnen der Zug der übrigen
höheren und niedrigern Staatsbeamten. Eine Abtheilung Prä=
torianer schloß den überaus langen und feierlichen Zug, hinter
welchem her sich sofort eine große Menge von Zuschauern bei
der Procession in den Circus drängte, um wo möglich noch auf
den obersten Bänken einen Platz zu erobern, so daß die überall
aufgestellten Wachen große Mühe hatten Ruhe und Ordnung zu
erhalten. Während nun, als der ganze Zug den Circus betreten
hatte, die Theilnehmer desselben ihre Sitze aufsuchten oder sich
längs des Podiums aufstellten, die Musik aber auf den erwähnten
Thürmen neben den Carceres Platz nahm, in welchen auch
Treppen zu der Loge der Consuln und des Prätors hinaufführen
müssen, wurden die Götterbilder von den Tragbahren oder aus
den Wagen gehoben und in den für sie bestimmten kleinen
Tempeln auf der Spina aufgestellt, dann aber unter den her=
kömmlichen Ceremonien, die wir bei anderer Gelegenheit kennen
lernen werden, das feierliche Opfer angestellt, auf das jedoch die
mich umgebenden Zuschauer wenig achteten, die sich vielmehr
nur von dem in größter Spannung erwarteten Wettkämpfen
unterhielten und hitzig streitend Wetten anstellten, welche Partei
den Sieg davon tragen werde. [59]) „Ich wette 500 Sestertien
für die Grünen", ruft mein Nachbar zur Rechten seinem Neben=
manne zu. „Und ich tausend für die Blauen." [60]) „Es gilt",

heißt es nun weiter; „ich bin meiner Sache zu gewiß. Lälianus hat seine besten in Numidien gekauften Renner gesendet und 100,000 Sest. gewettet, daß sie siegen werden." „Mag sein; aber die cappadocischen und spanischen Pferde des Torquatus sind nicht schlechter und Gripus ist ein tüchtigerer Wagen= lenker."[61]) „Glaubst du wirklich an den Sieg der Grünen?" fragt ein hübsches Mädchen zu meiner Linken ihre neben ihr sitzende Freundin.[62]) „Nicht doch," erwiedert diese, „die Rothen müssen siegen. Roth ist meine Farbe." „Natürlich, weil dein Curio sie trägt. Ich aber schwärme für die Blauen. Gieb Acht, sie bleiben Sieger." „Wenn nur kein Unglück passirt. Ich stieß mit dem Fuße an die Schwelle, als ich herging."[63]) So schwirrt es rund um mich her von hundert sich bekämpfenden Ansichten, Wünschen und Befürchtungen. Unterdessen war das Opfer vollendet worden. Jetzt fliegt plötzlich aus der Hand des vor= sitzenden Prätors ein weißes Tuch (mappa) auf die mit rothem Sande bestreute Arena hinab[64]) und Trompetengeschmetter giebt das Signal zum Beginn des Rennens. Betäubendes Jubel= geschrei der Menge durchbraust den Circus, als nun wie durch einen Zauberschlag alle 12 Gitterthore der Carceres gleichzeitig aufspringen[65]) und aus denen zur Rechten | vier leichte, zwei= rädrige Wagen,[66]) jeder mit vier prächtigen, neben einander laufenden Rennern bespannt, hervorschießen. Ihre im Wagen stehenden Führer, die überall her verschrieben und sehr gut bezahlt werden, waren, sonst gleichmäßig, in eine der Farben der vier Factionen, grün, blau, roth und weiß, gekleidet, und die= selben Farben zeigte auch der Schmuck der Wagen und Rosse. Denn nicht nur die Wagenlenker (aurigae oder agitatores) trugen eine kurze, von einem breiten Ledergürtel oder vielmehr Riemengeflecht umschlossene, ärmellose Tunica von diesen Farben, sondern auch über die Wagenkasten hingen gleichfarbige, mit Goldtressen besetzte Decken, und Zäume und Gürtel der Rosse waren von derselben Farbe. Eine kleine, helmartige Lederkappe auf dem Kopfe, die auch die Wangen bedeckt, und netzartig um die bloßen Arme und Beine gewundene Riemen vollenden das Costüm der Wagenlenker.[67]) Den breiten Gürtel, um welchen die Zügel geschlungen werden, tragen sie, damit die Tunica nicht flattern kann, und ein in ihm steckendes Messer, um beim Durch= gehen der Pferde die Zügel zerschneiden zu können.[68]) Auch die

Beine der Pferde, deren Mähnen gestutzt und deren Schweif
gebunden ist, sind auf ähnliche Art umwickelt und vor der
Stirne tragen sie eine eherne Platte. Alle vier Gespanne eilten
nun vorerst einer von der vordern Meta auf beiden Seiten quer
nach dem Podium hinüber gezogenen, mit Kalk oder Kreide
ausgefüllten Furche zu,[69] an welcher das eigentliche Rennen
erst beginnt und an der es auch nach siebenmaliger Umkreisung
der Spina endigt, so daß dann der zuerst über sie hinfliegende
Wagen den Sieg davonträgt; hierauf schossen Anfangs alle vier
Gespanne eine kleine Strecke weit gleichmäßig neben einander
hin. Dem blauen hatte das Loos den linken Flügel und somit
insofern den günstigsten Platz zuertheilt, als es die kleinste Curve
um die Spina herum zu beschreiben hatte, auf der andern Seite
aber auch wieder einen sehr gefährlichen, weil es sehr leicht
an dieselbe anrennen konnte, während das auf dem rechten Flügel
dahinstürmende weiße die geringste Aussicht auf den Sieg hatte,
da es den weitesten Weg zurücklegen mußte. Am vortheilhaftesten
waren unstreitig die beiden andern in der Mitte fahrenden Ge=
spanne situirt, von denen auch sehr bald das grüne einen Vor=
sprung vor den andern gewann. Mit einer Verwünschung und
nach vorn überhangendem Körper peitscht der Blaue auf seine
Rosse los. Auch die langen Peitschen der andern sind in be=
ständiger Thätigkeit. Es regnet Hiebe auf Hiebe und in sehr
kleinem Abstande hinter einander jagen die | Wagen, den Staub
hoch aufwirbelnd, durch die Arena dahin. Jetzt hat der Blaue
wieder den Grünen überholt und ich sehe in der Entfernung nur
noch eine dichte Staubwolke, aus der bald das eine, bald das
andere Gespann auf Augenblicke auftaucht, um gleich wieder in
derselben zu verschwinden. Bereits ist die obere Meta glücklich
umkreist und die Wagen nähern sich nun auf der linken Seite
der Spina herunter stürmend wieder meinem Platze.[70] Jetzt
hat der Rothe den andern den Rang abgelaufen; nur um eine
Pferdelänge hinter ihm jagen der Grüne und Blaue dicht neben
einander her; nur der Weiße ist noch ziemlich weit zurück. Die
Erde dröhnt unter den Hufen der schaumbedeckten Renner und
die Luft erzittert von den ermunternden Zurufen, dem Froh=
locken oder den Verwünschungen, den angebotenen und angenom=
menen Wetten der aufgeregten Menge. In diesem Augenblicke
schiebt sich der Blaue, der seine feurig schnaubenden Rosse ab=

sichtlich etwas zurückgehalten hat, als müsse er dem Grünen und Rothen das Feld räumen, plötzlich vorwärts rasend wie ein Keil zwischen beide, gewinnt, den Rothen dicht an die Spina drängend, den Grünen aber fast erdrückend, glücklich den Vorsprung und erreicht kurz darauf unter dem Jubelrufe seiner Partei die vordere Meta wieder. Die erste Umkreisung der Spina ist somit voll= endet und ein Ei und ein Delphin verschwinden von derselben.[71] Ohne Aufenthalt aber jagen die Wagen weiter, denn siebenmal muß der Kreislauf vollendet und alle sieben Eier und Delphine herabgenommen sein, ehe der Sieg entschieden ist, und somit blieb den bisher zurückgebliebenen immer noch einige Hoffnung denselben zu erringen. Wirklich schien es auch eine Zeit lang sehr zweifelhaft, wer als Sieger hervorgehen würde, da wenigstens drei Gespanne einander immer ziemlich parallel dahinsausten und bald das eine, bald das andre einen kleinen Vorsprung gewann; da stieß bei der fünften Umkreisung der Meta, der schwierigsten Aufgabe der ganzen Wettfahrt, der Wagen des Rothen an die Basis derselben an und verlor ein Rad, so daß nun sein heraus= gestürzter Lenker, der durch einen raschen Schnitt die Zügel von seinem Gürtel löste und dadurch dem Schicksal entging, von seinen mit dem zerschellenden Wagen fortrasenden Rossen geschleift zu werden, unter Verwünschungen seiner Partei die Fortsetzung des Wettkampfes aufgeben mußte. Unterdessen hatte der Blaue den Grünen bedeutend überholt und die Wetten, daß er siegen müsse, | steigerten sich, da stürzte, als schon die siebente Umkreisung der Spina in vollem Gange war, plötzlich sein linkes Handpferd (welches stets das tüchtigste und kräftigste des Gespanns sein muß, weil es beim Umbiegen um die Meta die schwierigste Aufgabe hat) und wurde, ehe es dem Führer gelang den Strang zu durchschneiden, von den drei andern eine Strecke weit mit fortgeschleift, und obgleich ihr Führer alle seine Kraft anstrengte, die scheu gewordenen Rosse zu bändigen und mit ihnen den Wettkampf fortzuziehen, so sauste nun doch unter dem Jubel= geschrei der grünen und dem Fluchen und Zähneknirschen der blauen Partei der Grüne bei ihm vorbei und langte mit seinen dampfenden und keuchenden Rossen als Sieger an der Meta an, worauf ihm unter Trompetengeschmetter von den Kampfrichtern die Siegespalme eingehändigt wurde und er mit seinem Gespann durch die porta triumphalis den Circus verließ, das gestürzte und blutende Roß aber den übrigen durch die Carceres der rechten Seite abziehenden Gespannen hinkend nachgeführt und auch der zerbrochene Wagen beseitigt wurde. So endigte etwa nach einer halben Stunde[72]) das erste Rennen (missus),[73]) dem auf gleiche Weise, nur mit dem Unterschiede, daß in den vier letzten Rennen nicht Vier=, sondern Zweigespanne auftraten, noch eilf[74]) andre mit stets wechselnden Rossen und meistens auch neuen Lenkern folgten, in welchen die Grünen noch vier=, die Blauen noch drei=, die Rothen gleichfalls drei= und die Weißen doch wenigstens einmal den Sieg errangen. Gewöhnlich aber soll die Zahl der Rennen bis auf 24 steigen und die Zuschauer trotz der brennenden Sonnenstrahlen den ganzen Tag lang ge= duldig dabei ausharren. Heute jedoch wurde das Rennen ab= gekürzt, weil ihm noch gymnische Wettkämpfe folgen sollten[75]) und die Mittagszeit schon längst vorüber war. der Kaiser aber die Dauer des Festspiels, dem früher meistens vier, fünf Tage gewidmet worden sind, auf e i n e n Tag beschränkt hat. Uebri= gens hatte sich meine hübsche Nachbarin mit ihrem ein Unglück verkündenden Omen doch nicht ganz getäuscht. Denn beim achten Rennen erscholl plötzlich ein lautes Wehgeschrei, dem eine schreckliche Aufregung und Bestürzung folgte. Das weiße und blaue Gespann waren beim Umbiegen um die Meta zusammen= gerannt, und ich sah nur aus der Ferne in einer dichten Staub= wolke einen verworrenen Knäuel von Pferden, Wagen und Menschen sich am Boden wälzen und kurz darauf drei dem Gewirr entronnene Rosse, Stücke der Zügel und des Geschirrs mit sich schleifend, in rasendem Laufe die Bahn hinabstürmen. Das Rennen mußte unterbrochen werden, und nur mit größter Mühe gelang es den Lenkern der beiden unversehrten Wagen ihre schnaubenden und stampfenden | Rosse anzuhalten, bis die Bahn wieder frei und einer der Wagenlenker, der das Bein ge= brochen hatte, ein paar stark verwundete Renner und ein zer= trümmerter Wagen bei Seite geschafft waren, worauf jene beiden den Wettkampf erneuerten, als sei nichts weiter vorgefallen, und der Rothe als Sieger daraus hervorging, die weiße und blaue Partei aber die Köpfe gewaltig hängen ließ. Vor dem nun beginnenden zweiten Theile des Schauspiels verließen schon viele Zuschauer, besonders Frauen und unter ihnen sämmtliche Vestalinnen, denen das Gesetz, Athletenkämpfen beizuwohnen,

verbietet [76]) den Circus, und als nach Beendigung des Wett=
laufs auch das Kaiserpaar (Faustina wahrscheinlich nur ungern
dem Gebote des Anstands folgend) sich erhob, um unter lauten
Zurufen, Hüte= und Tücherschwenken der Versammlung sich
wieder zu entfernen, folgte der größte Theil der noch anwesenden
Frauen und Mädchen und unter ihnen natürlich auch Vitellia,
von ihrem Gatten begleitet, seinem Beispiel, und nur diejenigen,
die sich über alle und jede Rücksichten hinwegsetzten oder ver=
muthlich eben durch ihr Ausharren zeigen wollten, welcher Klasse
der weiblichen Bevölkerung sie angehörten, blieben ruhig sitzen, [77])
oder drängten sich vielmehr auf die leer gewordenen, besseren
Plätze der untern Bänke herab, so daß auch ich eine solche un=
willkommene Nachbarschaft bekam, da sich die beiden anständigen
Mädchen zu meiner Linken gleichfalls entfernt hatten. Was
nun diese gymnischen Kämpfe betrifft, [78]) bei denen ich mich nicht
lange aufhalten will, da sie mit unsern griechischen fast völlig
übereinstimmen, so trat zuerst eine Schaar von Läufern (cursores)[79]) in eine kurze, ungegürtete Tunica gekleidet, zu einer
doppelten Art des Wettkampfes auf. Zuerst nämlich wurde
viermal hintereinander von je vier gleichzeitig von der Kalklinie
Auslaufenden, die vorher um die Reihenfolge ihres Laufs hatten
loosen müssen, und eben nur ihre Gewandtheit und Schnelligkeit
zeigen sollten, die Spina blos einmal umkreist, also ein Weg
von etwa 6 Stadien durchlaufen; dann jedoch mußten die Sieger
in diesen vier Rennen unter einander einen neuen Wettlauf be=
ginnen, während die übrigen Zwölf das Zusehen hatten, und
erst der, dem es gelang, auch jetzt wieder allen seinen Gegnern
zuvorzukommen, trug den Siegespreis davon. Jetzt aber folgte
ein schwierigerer Kampf, bei dem es nicht blos Schnelligkeit,
sondern auch Kraft, Ausdauer und Athem galt, da nun dieselbe
Strecke in einem Zuge dreimal durchlaufen werden mußte.
Hier nun erlahmten die Meisten von den sechs zu gleicher Zeit
auslaufenden Kämpfern schon nach Beginn des dritten Umlaufs
und keuchten langsameren Schrittes und endlich das Laufen ganz
aufgebend den beiden Vordersten | nach, die mit sichtbar fliegender
Brust und glühendem Gesichte ganz in Schweiß gebadet fast
gleichzeitig das Ziel erreichten, hier aber auch erschöpft zusam=
mensanken, so daß sich der Sieger nur mit Mühe wieder auf=
raffen und zu der Tribune hinschleppen konnte, um den Lohn

seiner Anstrengung in Empfang zu nehmen.⁸⁰) Hierauf traten,
jetzt völlig entkleidet, über und über mit Oel gesalbt und mit
Staub bestreut, acht Athleten= oder Ringerpaare (luctatores)
auf⁸¹) und stellten, von lautem Jubelruf begrüßt, ihren robusten
und muskulösen Gliederbau zur Schau. Man sieht leicht, daß
das Einölen des Körpers die Glieder geschmeidig und elastisch
machen, das Bestreuen mit Staub aber verhüten soll, daß die=
selben in Folge dieser Glätte sich den Umschlingungen des
Gegners allzu leicht entziehen; doch soll das Oel auch das zu
starke Schwitzen verhindern und die schädliche Einwirkung der
Zugluft abhalten.⁸²) Sämmtliche in der Arena erscheinende
Athleten waren Landsleute von mir und in der Ringschule
kunstgerecht ausgebildet, da bei diesem Kampfe nicht blos rohe
Kraft, sondern Geschicklichkeit, ein festes Auge und Schlauheit
in rascher Benutzung jeder vom Gegner gegebenen Blöße und in
Anwendung täuschender Kunstgriffe den Ausschlag giebt. Auch
hier fand eine doppelte Art des Kampfes statt, indem zuerst die
mit vorgestrecktem rechten Beine und zurückgebognem Oberkörper
einander gegenüber stehenden Ringer einander einfach zu Boden
zu werfen suchten, wobei dem der für den Sieger galt, dem
dies dreimal hinter einander gelungen war, hierauf aber ein
Kampf folgte, der auch dann noch fortgesetzt wurde, wenn der
Eine schon am Boden lag, indem nun der auf ihm Liegende
ihn durch Umschlingung mit Armen und Beinen am Aufstehen
verhindern und so lange durch Zusammendrücken und Verrenken
seiner Glieder zusetzen mußte, bis sich derselbe für besiegt erklärte
und ihn loszulassen bat. Schlagen und Beißen ist dabei ver=
pönt, das Stoßen aber, namentlich in die Kniekehlen, und das
Umknicken der Finger und Zehen des Gegners erlaubt. Den
dritten Akt dieses Wettkampfs führten die Faustkämpfer (pugiles)⁸³) auf. Sie erschienen bis auf einen um den Unterleib
gewundenen Schurz ebenfalls völlig nackt und nur Arme und
Hände mit dem uns schon bekannt gewordenen furchtbaren
Schlagriemen (cestus)⁸⁴) bewaffnet, von dessen verderblichem
Gebrauche die vielen Narben und Beulen, geschwollnen und mit
Blut unterlaufnen Stellen ihrer feisten Körper und die platt=
geschlagenen Nasen und Ohren der Meisten ein nur zu deutlich
sprechendes Zeugniß ablegten. Denn die abwechselnd mit beiden
Händen geführten Schläge sind hauptsächlich nach dem Gesichte und

dem Oberkörper gerichtet; weßhalb auch die Faustkämpfer Hals
und Kopf so weit als möglich zurückbeugen und beide Arme
vorstreckend mit der einen Hand zuschlagen, während sie mit der
andern die Schläge des Gegners pariren, da es besonders darauf
ankommt, eine gedeckte Stellung zu behaupten, und auch hier
Vorsicht und Schlauheit wichtigere Erfordernisse sind, als un-
besonnen anstürmende Hitze und verwegne Tapferkeit. Da mir
aber diese rohe und dabei so gefährliche Kampfart niemals Vergnügen gemacht hat, und meine zudringlichen Nachbarinnen mir
immer lästiger wurden, so wartete ich diesen Wettkampf gar
nicht ab, sondern verließ nun gleichfalls den Circus und suchte
meine mich schon erwartende Sänfte auf, um mich nach Hause
tragen zu lassen, wo man mich bereits zur Hauptmahlzeit erwartete.

An den nächsten Tagen des Festes fanden theatralische Vorstellungen statt und ich wohnte in Begleitung des Sulpicius
einer solchen im Theater des Pompejus bei. Auch hier muß
ich eine Beschreibung des Gebäudes selbst vorausschicken,[85]) obgleich es weder in seiner Form, noch in seiner innern Einrichtung
von unsern griechischen Theatern wesentlich abweicht. Es liegt
westlich vom Circus Flaminius (der viel kleiner ist, als der
Maximus) am südlichen Ende des Marsfeldes in der 9. Region
und ist das älteste, zugleich aber auch sowohl in Bezug auf seine
Ausstattung, als auf seinen Umfang das großartigste der drei
einander sehr nahen Theater der Stadt, denn es enthält über
22,000 Sitzplätze.[86]) Seine Bauart ist dieselbe, wie bei allen
andern Theatern, d. h. der unbedeckte Zuschauerraum (cavea)[87])
bildet einen Halbkreis, an den sich hinten quer vor die ebenfalls
offene Bühne (scena und pulpitum)[88]) schließt, hinter welcher
sich ein ungemein großer und prachtvoller, auch die berühmte
Curia Pompeii und Lustwäldchen mit Springbrunnen umfassender
Porticus erhebt, in welchen sich die Zuschauer bei einem eintretenden Regengusse flüchten können. Schon das Aeußere des
Theaters macht durch seine doppelte Reihe von Arkaden mit
Pilastern und Säulenstellungen einen recht gefälligen Eindruck
und als eine besonders preiswürdige Einrichtung muß ich erwähnen, daß über den Arkaden des Erdgeschosses, durch welche
man zu den verschiedenen | Treppen in dem gewaltigen und
ungemein festen Unterbaue der Sitzreihen gelangt, Zahlen ange-

bracht find, so daß ich den Platz, den mir die von Sulpicius
mir verschaffte Eintrittsmarke (tessera) anwies, auf welcher
nicht blos die Zahl der Arkade, sondern auch der Abtheilung
der Sitze (cuneus) und der Sitzreihe selbst verzeichnet war,[89]
sehr leicht auffinden konnte, besonders da auch eigene Leute
(sogenannte designatores)[90] dazu angestellt sind, die Zuschauer
beim Aufsuchen ihrer Plätze zu unterstützen oder ihnen dieselben
anzuweisen, wodurch allem Gedränge, aller Unordnung beim Be=
suche des Theaters vorgebeugt ist.   In Betreff des Inneren muß
ich mit einer Erscheinung beginnen, die mich gleich beim Eintritt
mit staunender Bewunderung erfüllte, da sie von Allem, was ich
bisher in Theatern gesehen hatte, auffallend abweicht und einen
imposanten Eindruck macht.   In der Mitte des gleich zu er=
wähnenden obersten Säulenganges nämlich stellt sich dem ent=
zückten Auge der prächtige Tempel der Venus Victrix dar, so
daß die von der Orchestra an durch die Sitzreihen hoch hinauf=
führenden Stufen gleichsam die Vortreppe zu dem Tempel bilden
und dieser selbst ein Theil des Theaters zu sein scheint.[91]   Sonst
zeigt das Innere, die größeren Dimensionen abgerechnet, keinerlei
wesentliche Verschiedenheit von den mir schon früher bekannt
gewordenen Theatern.   In der cavea wird die bei den Römern
in ihrem ganzen Umfange blos zu Sitzplätzen für den Hof, die
Senatoren[92] und die Vestalinnen[93] bestimmte, halbrunde
Orchestra[94] von den steinernen, sich in gleicher Form amphi=
theatralisch erhebenden Sitzreihen (gradationes)[95] umgeben.   Diese
1¼ Fuß hohen und 2½ Fuß breiten Sitze aber steigen von
der Orchestra an nicht ununterbrochen empor, sondern sind durch
einen Absatz (praecinctio)[96] von gleicher Höhe und Breite in
zwei Stockwerke (maeniana)[97] abgetheilt, von denen das zweite
etwas zurücktritt.[98]   Die Sitzreihen sind durch Treppen in keil=
förmige Abschnitte (cunei)[99] getheilt und ebenso auch die zu
ihnen führenden Zugänge radienförmig nach der Mitte der
Orchestra zu gerichtet, so daß man zu allen Plätzen bequem ge=
langen kann.   In diesem Theater zeigten sich im untern Stock=
werke sechs dergleichen Keile und sieben Treppen, im oberen aber
natürlich mehrere, da sich der Halbkreis hier immer mehr er=
weitert.   Die untersten Sitzreihen hinter denen der Senatoren
in der Orchestra sind auch hier, wie im Circus, für die Ritter,
die übrigen des erften Stockwerks aber (wo auf | einer der

erſten auch mein Platz war, auf den, wie ſchon neulich, ein mit-
gebrachtes Polſter gelegt wurde),[100]) für den Bürgerſtand beſtimmt,
während im zweiten die niederen Stände und in beſondern Abtheilungen oder Keilen auch die hier von den Männern getrennten Frauen, ſowie die Knaben und ihre Pädagogen ihre Plätze
haben,[101]) über deren zahlreiche Anweſenheit ich mich nicht wundern konnte, da ja heute eine erhebende Tragödie gegeben wurde.
Ueber dieſem zweiten Stockwerk der Sitze zeigt ſich ein mit
Statuen reich geſchmückter, bedeckter Säulengang, über deſſen
Dach die Balken hervorragen, an welche die Seile befeſtigt ſind,
vermittelſt welcher Tücher (vela)[102]) über die ganze offne Cavea
ausgeſpannt werden können, um die Zuſchauer vor den Sonnenſtrahlen zu ſchützen, was heute bei bedecktem Himmel nicht nöthig
war. Ich komme nun zur Beſchreibung der quer vor der Cavea
ſich ausbreitenden Bühne, die ſich kaum halb ſo hoch, als in
den griechiſchen Theatern, d. h. nur 5 Fuß über·die Orcheſtra
erhebt, und durch einen Vorhang (aulaeum)[103]) mit eingewirkten bildlichen Darſtellungen geſchloſſen wird, der beim
Beginn des Stücks, ſich um eine Welle rollend, in eine Ritze
des Proſceniums hinabſinkt, aus der er ſich nach Beendigung deſſelben, an Seilen emporgezogen, wieder erhebt. Außer
dieſem Hauptvorhange aber giebt es noch andere (siparia genannt)[104]), die bei den nur ſehr ſelten vorkommenden Verwand-
lungen der ganzen Scene gebraucht und, in der Mitte getheilt,
nach beiden Seiten vor- und zurückgezogen werden.[105]) Die
Bühne ſelbſt iſt ſehr lang, aber von geringer Tiefe, und da ſie
auf beiden Seiten weit über die Zuſchauerſitze hinausragt, kann
ſie von den auf den höheren Bänken in ihrer Nähe Sitzenden
unmöglich ganz überſehen werden. Die hintere Wand derſelben
(die eigentliche scena)[106]) ſtellt ein Gebäude von drei Stockwerken mit halbkreisförmigen Niſchen und Säulenſtellungen von
verſchiedener, unten doriſcher, in der Mitte ioniſcher und oben
corinthiſcher Form[107]), vor und hat drei Thüren, von denen
heute, wo ein Trauerſpiel gegeben wurde, die mittelſte durch ihre
Dekoration[108]) als Portal eines königlichen Palaſtes erſchien,
durch welches die Glieder der fürſtlichen Familie die Bühne betraten, während die von den Zuſchauerſitzen aus rechts gelegene von
den übrigen in's Haus gehörenden Perſonen und der Dienerſchaft, die zur Linken aber als porta hospitalis von den im Stücke

auftretenden Fremden paſſirt wurde. Hinſichtlich der Couliſſen,[109]) deren ſich auf jeder Seite nur eine findet, wie überhaupt der ganzen Einrichtung der Scena, findet eine völlige Uebereinſtimmung mit unſerm griechiſchen Theater ſtatt, d. h. ſie beſtehen aus einem mit bemalter Leinwand bekleideten Prisma von Brettern, wel= ches ſich, mit Zapfen im Boden befeſtigt, mit großer Leichtig= keit | um ſeine Achſe drehen läßt, ſo daß ſtets nur eine ſeiner drei Flächen den Zuſchauern zugekehrt iſt und zwar in ſchräger Rich= tung. Meiſtentheils aber wird nur die rechte, dem Zuſchauer zur Linken liegende Couliſſe gedreht, um anzudeuten, daß ſich der nach der Fremde führende Weg verändert habe, während die linke Seite, die ja die Heimath bezeichnet, unverändert bleibt. Nur wenn die Handlung an einen ganz andern Ort verſetzt wird, was auch in den römiſchen Bühnenſtücken nur ſelten der Fall iſt, wird auch die linke Couliſſe gedreht und dann natürlich die Dekoration des Hintergrundes gleichfalls verwandelt, was durch Wegziehen und Vorſchieben verſchieden bemalter Brett= wände erfolgt.[110]) Der Hauptunterſchied zwiſchen dem römi= ſchen und unſerm griechiſchen Theater beſteht darin, daß auf erſte= rem dem Chore kein beſondrer Platz angewieſen iſt, wie in unſrer Orcheſtra bei der Thymēle,[111]) ſondern daß er neben den Schauſpie= lern oben auf der Bühne ſelbſt ſteht, wo ſich auch der Altar befindet, oder vielmehr die Altäre, denn zu dem des Bacchus auf der rechten Seite der Bühne kommt in Rom auch auf der linken noch einer desjenigen Gottes, dem die Feier der Spiele gilt, jetzt alſo des Apollo.[112]) Die hinter, über und unter der Bühne vorhandenen Räume für die Schauſpieler, die Flugmaſchinen, die Verſenkun= gen[112b]) u. ſ. w. verbargen ſich natürlich meinen Blicken. Was nun die Darſtellung ſelbſt betrifft, die vor einem ziemlich ſtark beſuchten, wenn auch nicht bis auf den letzten Platz gefüllten Hauſe, wie neulich im Circus, und ohne die Anweſenheit des Hofes ſtattfand, ſo wurde ein Stück des gefeierten römiſchen Tragikers Lucius Attius,[113]) die Hecuba, im Ganzen recht gut gegeben, ſo daß die für dieſe Spiele gemiethete Truppe (grex, caterva)[114]) mit Recht den Namen Künſtler verdiente, ſo wenig auch ſonſt die übrigens gut bezahlten[115]) Schauſpieler (histriones, actores),[116]) meiſtens Freigelaſſene und Sklaven, nicht, wie bei uns in Griechenland, freigeborne und geehrte Leute, von den Römern geachtet werden, die höchſtens einen ganz ausgezeichneten

Künstler, wie ihrem berühmten Roscius oder Aesopus, [117]) die ihm gebührende Achtung zollen. Das Stück selbst aber be= friedigte mich nur wenig und steht unendlich weit hinter den Tragödien unsrer griechischen Meister zurück. Namentlich spielt darin der durch den Tactschläger oder vielmehr Tacttreter [117 b]) geleitete Chor eine sehr untergeordnete Rolle und ist nur eine höchst dürftige und matte Nachahmung unsrer herrlichen griechi= schen Chöre. Uebrigens wechselt auch hier in der Tragödie Re= citation und Gesang, indem der Dialog | einfach gesprochen, der Monolog aber (das canticum) [118]) mit Flötenbegleitung gesungen und gleichzeitig mit tanzartigen Gesticulationen begleitet wird, und zwar von zwei verschiedenen Schauspielern, von denen der eine den Text absingt, der andre aber denselben pantomimisch darstellt. [119]) Ueberhaupt aber muß ich bemerken, daß in Rom für jede Rolle ein besondrer Schauspieler bestimmt ist und nicht, wie bei uns in Griechenland, blos drei Schauspieler auftreten, die sämmtliche Rollen unter sich theilen, so daß hier, besonders wenn es wahr ist, daß man damit umgeht, die weiblichen Rollen künstig nicht mehr von Männern darstellen zu lassen, [120]) in dieser Beziehung der Gebrauch der Masken [121]) nicht mehr nöthig wäre, aber freilich durch die Größe der Theater auch fernerhin geboten bleiben wird, da man ohne die Metallfütte= rung der Mundöffnung auf den entfernteren Plätzen die Schau= spieler gar nicht verstehen würde. Der Gesichtsausdruck der Masken ist übrigens derselbe, wie in unserm griechischen Theater, und auch in dem der Heroenzeit entsprechenden Costum, sowie im Gebrauche des Cothurnus [122]) fand ich, die fast übertriebene Pracht der aus den kostbarsten Stoffen bestehenden und meistens mit Gold gestickten Gewänder [123]) und den übermäßigen Pomp der Scenerie abgerechnet, keinen Unterschied zwischen der römischen und griechischen Bühne. Neu und auffallend dagegen war mir das Benehmen des zuschauenden Publikums. Daß es vor Be= ginn des Stücks überaus laut herging, so daß man die Stimme gewaltig anstrengen mußte, wenn man eine Unterhaltung mit seinem Nachbar führen wollte, und daß alle beim Volke beliebte Personen bei ihrem Eintritt vom Publikum mit anhaltendem Händeklatschen und Beifallsrufen empfangen wurden, konnte mich weniger befremden, als daß auch während der Aufführung selbst die Zuschauer eine fast störende, geräuschvolle Theilnahme

an der Vorstellung an den Tag legten. Denn nicht nur, daß
sehr häufiges Beifallklatschen erfolgte, wobei Einige so wüthend
applaudirten, daß es fast schien, als würden sie von den Schau=
spielern dafür bezahlt,[124] so wurde auch die Wiederholung ein=
zelner Stellen, die besonders gefallen hatten, stürmisch gefor=
dert,[125] dagegen aber auch das Mißfallen über minder be=
friedigende Leistungen oder einzelne schlecht vorgetragene Verse
durch Schreien und Pfeifen, ja selbst durch ausgestoßene Schimpf=
worte auf sehr unanständige Weise geäußert[126] und selbst der
kleinste Fehler blieb nicht leicht unbemerkt.[127] Ja es soll
selbst mitunter vorkommen, daß ein Schauspieler durch nicht
endenden Lärm ganz abzutreten genöthigt wird.[128] Sehr
störend war es ferner, daß Viele die Vorstellung nicht abwarte=
ten, sondern das Theater mitten in der Scene, wie es ihnen eben
beliebte, verließen,[129] um entweder ganz wegzubleiben, oder
später wieder zu kommen, was besonders vor dem Anfange der
auf die Tragödie noch folgenden pantomimischen Vorstellung der
Fall war, zu der sich noch weit mehr Zuschauer einfanden, als
zu jener. Diese selbst aber, bei welcher sich die Dekoration der
Bühne in eine Landschaft mit einer Grotte, Felsen und Ge=
büsch verwandelt hatte, war für mich ein ziemlich neues Schau=
spiel, da hier durch einen Pantomimen,[130] der nach und nach
in drei verschiednen Rollen, als Theseus, Ariadne und Bacchus
auftrat, der ganze Mythus der Ariadne blos durch sprechende
Gesten und pantomimischen Tanz auf so kunstreiche und fesselnde
Weise dargestellt wurde, daß es des seine Leistungen begleitenden
Gesanges eines Chors von Kriegern, Nymphen und Bacchanten
kaum bedurft hätte, um auch dem mit jener Fabel völlig Un=
bekannten das Verständniß seines stummen Spiels zu erleichtern.
Doch hat freilich dieser Chor zugleich auch noch den Zweck, die
rhythmischen Bewegungen des Tänzers zu leiten und die Pausen
auszufüllen, die des Wechsels der Maske und des Costums wegen
nothwendig eintreten müssen. Unvergleichlich schön war nament=
lich der Ausdruck des Schmerzes und der Verzweiflung der ver=
lassnen Ariadne, sowie ihres späteren Entzückens bei dem fingir=
ten Erscheinen des Bacchus, nicht minder sprechend aber auch
der Ausdruck liebeglühenden Verlangens in der Haltung und den
Bewegungen des später wirklich auftretenden Gottes.[131] Stürmi=
scher Beifall belohnte die wahrhaft ausgezeichnete Kunstleistung,

bei der mir die Zeit so unbemerkt dahin geschwunden war, daß
ich mich nicht wenig wunderte, als ich beim Verlassen des
Theaters die Sonne schon tief am Himmel hinabgesunken fand.
War heute schon der Beifall ein enthusiastischer gewesen, so war
dies acht Tage später noch weit mehr der Fall, wo bei den
Spielen zu Ehren der Venus Genitrix in dem zum Brechen gefüllten
Theater des Marcellus eine die Pantomime noch weit über=
bietende pyrrhicha [132]) von einer ganzen Tänzergesellschaft bei=
derlei Geschlechts gegeben wurde, die für mich gleichfalls eine
neue und überraschende Erscheinung war, und deren Beschreibung
der Aehnlichkeit mit der vorigen wegen gleich hier folgen mag. [133])
Einer vorausgehenden Schilderung des Schauplatzes bedarf es
nicht, da das zwischen dem Capitol und der Tiberinsel gelegene
Theater des Marcellus dem nur etwa 400 römische Schritte
nordwestlich davon gelegenen des Pompejus in Bauart und
innerer Einrichtung fast völlig gleicht und nur ein wenig kleiner
ist. Kaum zu beschreiben aber ist die Aufregung und Spannung
der zusammengeströmten Tausende, die dicht gedrängt das Fallen
des Vorhangs kaum erwarten konnten, um das Urtheil des
Paris dargestellt zu sehen, und unter denen ich, von Narcissus
begleitet, der mich auch auf die Anwesenheit der Kaiserin auf=
merksam machte, noch einen ganz leidlichen Platz gefunden hatte.
Jetzt giebt der Aedil das Zeichen und unter dem Jubelgeschrei
der Menge sinkt die Gardine. Der Hintergrund der Bühne
stellt den sich aus einer reizenden Landschaft erhebenden, wald=
bedeckten Ida dar, von dessen Gipfel ein klarer, künstlich nach=
geahmter Bach herabrieselt, und im Vordergrunde führt eine
Schaar von Hirten und Hirtinnen, alle ohne Masken und lauter
blühende Gestalten, vor dem auf einem Felsblock sitzenden Paris
ihre reizenden Tänze auf, wobei sie bald im Kreise sich drehen,
bald einander an den Händen fassen und lange Reihen bildend
in die lieblichsten Gruppen sich verschlingen, die sie eben so
geschickt wieder lösen. Jetzt tritt ein bildschöner Jüngling
auf, dem nur ein kurzer Mantel um die Schultern flattert.
Blondes Haar wallt auf seinen Rücken herab und sowohl sein
mit zwei goldnen Fittigen geziertes Hütchen, als der Schlangen=
stab, den seine Linke trägt, kündigt ihn als den Merkur an.
Tanzend schwebt er auf Paris zu, überreicht ihm den goldnen
Apfel und deutet durch Geberden den Willen Jupiters an,

worauf er wieder von der Bühne verschwindet, auf der nun in mehr gemessenem Tanzschritt Juno erschien, eine zwar noch etwas zu jugendliche, aber doch hohe und imposante Erscheinung, die ein funkelndes Diadem um ihre Stirne und ein Scepter in der Rechten als Götterkönigin charakterisirte. Ihr folgte Minerva, eben so züchtig costumirt, mit einem schimmernden, von einem Oelzweige umkränzten Helme auf dem Haupte, einen blitzenden Schild am Arme und in der Rechten eine Lanze schwingend. Jetzt schlüpfte leichten Schrittes eine Dritte hinter ihnen her. Unnennbare Grazie war über ihr ganzes Wesen ausgebreitet und die Farbe der Liebe blühte auf ihrem lieblichen Gesichte. Es war Venus, aber die jungfräuliche Venus, den reizenden Körper blos zum Theil von einer nebelartigen Hülle umwallt, die fast keinen ihrer Reize den Blicken entzog, besonders wenn buhlerische Winde muthwillig den leichten Flor lüfteten, um ihn kurz | darauf wieder eben so verrätherisch an ihre runden Formen an= zuschmiegen. Jede der drei Göttinnen hatte ihr eignes Gefolge. Mit der Juno kamen Castor und Pollux, über deren Helmen sich zwei funkelnde Sterne zeigten, mit der kampfgerüsteten Minerva aber ihre gewöhnlichen Gefährten in der Schlacht, der Schrecken und die Furcht, [134]) mit gezückten Schwertern einen wilden Tanz aufführend, Venus aber war von einem ganzen Schwarme der reizendsten Amoretten mit kleinen Fittigen, Bogen und Pfeilen umgaukelt, die der Göttin brennende Fackeln voraus= trugen, als ginge es zu einer Hochzeitfeier, während schöne, als Grazien und Horen costumirte Mädchen sie mit Sträußen und Blumen bewarfen und im anmuthigsten Reigen einherschwebten. Alle drei Göttinnen näherten sich nun dem Paris und jede machte ihm durch die ausdrucksvollste Pantomime ihre Versprechungen für ein ihr günstiges Urtheil, worauf plötzlich auch Juno und Minerva ihre Insignien ablegten und ihre weiten, faltigen Ge= wänder sinken ließen, so daß auch sie jetzt, gleich der Venus, nur noch von einem leichten Flor umhüllt vor ihm standen und ihn in den graziösesten Stellungen und Bewegungen zum Schieds= richter ihrer Schönheit machten. Als er nun der Venus den goldnen Apfel gereicht, enteilten Juno und Minerva zornent= flammt und ihren Unwillen durch die sprechendsten Geberden verrathend der Bühne, Venus aber schloß den Paris entzückt in ihre Arme und führte mit ihm und ihrem ganzen Gefolge einen

muntern und fröhlichen Schlußtanz auf, der mit einer reizenden
Gruppe endigte, wobei plötzlich aus dem höchsten Gipfel des
Berges ein Strahl in Wein aufgelösten Safrans hoch in die Luft
hinaufspritzte und dann als feiner Regen auf die ganze Bühne
herniedersprühte, das ganze Theater mit dem angenehmsten Wohl=
geruch erfüllend, [135]) während sich unter dem ohrbetäubenden
Beifallklatschen und Jubelrufen der Menge der Vorhang lang=
sam wieder hob. Diese Sitte aber, das Theater mit Wohl=
gerüchen, namentlich von Safran, zu erfüllen, den die Römer
sehr zu lieben scheinen, fand ich auch bei andern theatralischen
Aufführungen wiederholt. Was nun die heutige Vorstellung
betrifft, so war sie, trotz ihres höchst verführerischen und leicht=
fertigen Charakters, nach der Versicherung des Narcissus noch
eine sehr anständige, da in dergleichen Pyrrhichen und selbst in
den Pantomimen oft noch weit anstößigere Dinge vorkommen
sollen.[136]) Der Venus aber war somit an ihrem Feste [137]) |
durch den Triumph ihrer Schönheit die passendste Huldigung
dargebracht worden, die man ihr widerfahren lassen konnte. — An
einem andern Tage wohnte ich, vom Trebonius dazu abgeholt,
in demselben Theater auch der Darstellung eines Lustspiels, des
Miles gloriosus vom Plautus [138]) bei, zu der sich wieder ein sehr
zahlreiches Publikum eingefunden hatte, worunter ich zu meiner
nicht geringen Verwunderung auch nicht wenige Frauen, freilich
meist der niedern Stände, und sogar eine Anzahl von Kindern
erblickte, da bei uns in Griechenland keine ehrbare Frau sich
erlauben würde der Aufführung einer Komödie beizuwohnen,
Kinder aber vollends ganz davon ausgeschlossen werden. Da=
gegen konnte mich die zahlreiche Anwesenheit leichtfertiger Dirnen
freilich nicht befremden. Im Allgemeinen aber habe ich zu be=
merken, daß die Römer sich weit mehr für die Komödie inter=
essiren, als für die Tragödie, die bei ihnen sehr in den Hinter=
grund tritt, und daß es zwei Arten von Komödien giebt, die
gewöhnlichen und nach unserm griechischen Gewande benannten
palliatae, die in Griechenland, gewöhnlich in Athen, spielen und
in welchen die handelnden Personen Griechen sind, und die nur
selten zur Aufführung kommenden togatae, in welchen Römer
auftreten und Rom der Schauplatz der Handlung ist. Auch
diese komische Schauspielertruppe machte ihrem Director [139]) alle
Ehre und ergötzte die Versammlung durch ihre heitre, ausge=

laſſne Laune in nicht geringem Grade. Es wurde gewaltig viel
geklatſcht und alle ſcherzhaften Einfälle, namentlich aber alle
zweideutigen und ungezognen Späße des Dichters, an denen es
ſeinem Stücke durchaus nicht mangelte, mit ſchallendem Ge=
lächter aufgenommen; doch kam es heute auch zu einem ſehr
ſtürmiſchen Auftritte, der faſt in eine Schlägerei ausgeartet
wäre. ¹⁴⁰) Es hatte ſich nämlich gegen den Schauſpieler, der
die Acroteleutium, eine der beiden im Stücke auftretenden
Dirnen, ¹⁴¹) darſtellte, eine Partei gebildet, die ihn ſchon beim
Auftreten mit Ziſchen und Pfeifen empfing, wogegen ſich der
größere Theil der Anweſenden ſeiner annahm, ihm rauſchenden
Beifall klatſchte und ſich drohend und ſchimpfend gegen ſeine
Widerſacher erhob, die nun um ſo lauter tobten und pfiffen.
Die ganze Vorſtellung gerieth in's Stocken und der Lärm wurde
endlich ſo groß und bedenklich, daß ſich die aufgeſtellten Wachen ¹⁴²)
in's Mittel ſchlagen und die Ruheſtörer, die ſich nicht in Güte
fügen wollten, aus dem Theater vertreiben mußten. Nun erſt
legten ſich allmählich wieder die aufgeregten Wogen und das
Stück konnte ruhig zu Ende geſpielt werden, wenn ſich auch bei
dem Applaus, womit nun der gemißhandelte Schauſpieler, der
wirklich gar nicht übel ſpielte, nach jeder Scene überſchüttet
wurde, mitunter noch ein verhallendes Ziſchen hören ließ. Das
Stück ſelbſt iſt in hohem Grade belebt und unterhaltend, und
ſind auch die Farben darin etwas zu grell aufgetragen und auch
hier, wie bei uns, manche ſehr derbe, ja obſcöne Stellen nur
darauf berechnet, das Gelächter des großen und gemeinen Haufens
zu erregen, ſo iſt ihm doch ein ächt komiſches Element und ge=
ſunder Witz durchaus nicht abzuſprechen. Dieſer Plautus iſt
zwar noch lange kein Ariſtophanes, doch iſt er fleißig bei unſern
griechiſchen Komikern in die Schule gegangen und eifrigſt be=
müht geweſen, nicht allzuweit hinter ihnen zurückzubleiben.
Uebrigens hat das Luſtſpiel der Römer auch keinen Chor, ſondern
beſteht, wie unſre neuattiſche Komödie nur aus | Zwiegeſpräch
und Monolog, der mit Flötenbegleitung vorgetragen wird. Die
Dekoration ſtellt im Luſtſpiel das Aeußere eines gewöhnlichen
Wohnhauſes vor und auch die Coſtume ſind dem alltäglichen
Leben entnommen. Die Masken haben natürlich einen von den
tragiſchen weſentlich verſchiedenen Charakter und ſind, einige
Uebertreibung des komiſchen Ausdrucks abgerechnet, auch hier

den Rollen möglichst angepaßt; statt des Cothurnus aber herrscht in der Komödie der Soccus [143]) oder der gewöhnliche Schuh mit niedriger Sohle. — Auf diese Komödie folgte nun als Nachspiel (exodium) [144]) noch eine sogenannte fabula Atellana, [145]) d. h. eine höchst gemeine und unanständige Posse, die vermuthlich unser griechisches Satyrspiel vertreten soll. Schon vor dem An= fange desselben hatte mir Trebonius gesagt, daß ich ihn wahr= scheinlich sehr bald auffordern würde, mit mir dem Beispiele nicht weniger Zuschauer zu folgen, die schon jetzt das Theater verließen, da diese eigentlich nur für den Pöbel berechneten Atellanen in Gemeinheit und Zügellosigkeit oft alles Maaß über= schritten; und so kam es denn auch wirklich. Schon nach der ersten Scene dieser durch die obscönsten Zweideutigkeiten und gröbsten Ungezogenheiten im höchsten Grade anstößigen, blos von den gemeinsten, aber stehenden Charakteren in zum Theil ab= stoßenden Masken mit monströsen Gesichtern, glatt rasirten Köpfen, Höckern u. s. w. dargestellten Posse, die aber freilich von der Hefe des Volks, worunter es gleichfalls an entarteten Frauenspersonen keineswegs fehlte, mit tobendem Applaus und wieherndem Gelächter aufgenommen wurde, verließ ich mit Tre= bonius das Haus, die Entsittlichung und den verdorbenen Ge= schmack des großen Haufens in Rom aufrichtig beklagend. Denn gleich beliebt, wie diese Atellanen, sind auch die ihnen ver= wandten, eben so gemeinen und obscönen Mimen, in denen die Frauenrollen sogar von weiblichen Personen, natürlich nur Hetären, und ohne Masken dargestellt werden und die keines= wegs mit den oben erwähnten kunstreichen Pantomimen zu ver= wechseln sind. Sie werden gleichfalls als Nachspiele, zuweilen aber auch als Zwischenspiele aufgeführt, und haben ohne stehende Charaktermasken possenhafte Scenen aus dem alltäglichen Leben zum Gegenstande. Mich aber hatten schon die Atellanen so an= gewidert, daß ich von der sich mir später darbietenden Gelegen= heit auch sie zu sehen keinen Gebrauch machte.

Diese Festzeit sollte mir aber auch noch einen andern Be= weis von der Entartung und verkehrten Geschmacksrichtung des römischen Volkes geben, indem die ludi Apollinares, die ja gleich= zeitig zur Verherrlichung der Siege über die Parther dienen sollten, durch ein Fechterspiel und eine Thierhetze im Amphi= theater ihren Abschluß fanden, da der Kaiser, so sehr er auch

persönlich dieser Art von Schauspielen abgeneigt sein soll, [146]
dennoch dem heißen Verlangen des Volks nachzugeben und seinen
Gewohnheiten Rechnung zu tragen genöthigt ist, wobei man aber
freilich kaum begreift, wie eine | gebildete Nation von so leiden=
schaftlicher Vorliebe für eine solche Menschenschlächterei beseelt
sein kann, die sich nur aus den fortwährenden Kriegen der
Römer erklären läßt, welche die Herzen des Volks verhärtet und
seine Nerven für den Anblick so blutiger Scenen gestählt haben,
die ein weiches und zartfühlendes Gemüth mit Schauder erfüllen
müssen. Auch meinem Gefühle widerstrebte es zwar, einem so
grausamen, aller Humanität Hohn sprechenden Schauspiele, von
dem mir schon der Auftritt beim Gastgelage des Servilius einen
Vorgeschmack gegeben hatte, beizuwohnen, dennoch aber nöthigte
mich mein nun einmal gefaßter Vorsatz dazu, mir von dem
Treiben der Römer die vollständigste Kenntniß zu verschaffen,
besonders da mir Sulpicius versichert hatte, daß der jetzige Kaiser
diese Art von Schauspielen möglichst beschränkt habe, [147] so daß
sie schon Vieles von ihrer früheren Gräßlichkeit verloren hätten.
Auch hier aber wird es nöthig sein, vorerst dem Schauplatze
dieser Kämpfe einige Aufmerksamkeit zu schenken. Das kolossale
Amphitheatrum Flavium, [148] worin sie gegeben wurden, liegt
in dem Thale zwischen dem Palatinus, Coelius und Esquilinus
und zwischen dem kaiserlichen Palaste und den Thermen des
Titus. Es hat, gleichsam aus zwei an einander gefügten
Theatern entstanden, eine ovalrunde, sich der Zirkelform nähernde
Gestalt und soll 87,000 Zuschauer fassen, [149] was ich sehr gern
glaube. Da es zwar vom Vespasian erbaut, aber erst vom
Titus geweiht [150] worden ist, hängt es auch mit dem Palaste
dieses Kaisers auf dem Esquilinus durch einen Säulengang zu=
sammen. [151] Schon das Aeußere des gewaltigen Gebäudes, das
mich lebhaft an das bereits in Capua gesehene und unstreitig
nach seinem Vorbilde erbaute Amphitheater erinnerte, ist unge=
mein prächtig und imposant. Es besteht, das Parterregeschoß
mit eingerechnet, aus 4 Stockwerken, von denen die drei unteren
rundherum Arkaden enthalten, die durch Säulen in derselben
Aufeinanderfolge der drei Ordnungen, die wir schon aus dem
Theater kennen, getrennt werden, das oberste aber zwischen
korinthischen Pilastern kleine Fenster zeigt. Die innere Ein=
richtung ist dieselbe, wie im Circus und den Theatern, indem

die durch zwei praecinctiones unterbrochenen steinernen Sitzreihen
sich über einem mächtigen Unterbau mit Corridoren, Gängen
und Treppen in drei jenen Arkaden entsprechenden Stockwerken
erheben und gleichfalls durch Treppen in einzelne Abtheilungen oder
cunei geschieden sind. Das | marmorne Podium, auf welchem
sich auch die kaiserliche Loge [152]) und daneben drei Reihen von.
Stühlen für die Magistrate, Senatoren und Vestalinnen befinden, ist der hier abgehaltenen Thierhetzen und Seetreffen [153])
wegen ungleich höher, als im Circus, und nicht nur ebenfalls
mit einem Geländer umgeben, sondern es sind außer einem goldenen Netze mit vergoldeten, zahnförmigen Spitzen von der Größe
eines Pflugschaars auch mit Elfenbein überzogene Walzen daran
angebracht, die sich bei der geringsten Berührung umdrehen, um
Schutz gegen wilde Thiere zu gewähren, die etwa einen Versuch
machen sollten, hinauf zu springen. [154]) Die obere praecinctio
hat eine sehr hohe, mit kostbaren Zierrathen von bunter Glasmosaik geschmückte Mauer (balteus genannt), [155]) so daß das
dritte Stockwerk der Sitze hoch über dem zweiten liegt. Das
vierte Stockwerk endlich wird durch eine ebenfalls reich verzierte
und bedeckte Säulenhalle gebildet, unter welcher sich, natürlich
abgesondert, die Sitze für die Frauen und die gemeine Volksklasse (die sogenannten pullati) [156]) befinden. Die von diesen
Sitzreihen umgebene, fast zirkelrunde Arena muß einen vom
Sande bedeckten Bretterboden haben, [157]) unter welchem sich ge-
mauerte Räume, theils als Käfige für die wilden Thiere, theils
zur Aufstellung von mancherlei mechanischen Apparaten befinden,
die, wie ich mich bald überzeugen konnte, zu den wunderbaren
Erscheinungen, die · sich hier dem erstaunten Auge darbieten,
unentbehrlich sind und unter denen ich vorerst nur die eine erwähnen will, daß sich aus der Mitte der Arena ein Springbrunnen von wohlriechenden Essenzen erhob, der das Amphitheater
bis in die obersten Räume mit süßem Wohlgeruch erfüllte. [158])
Uebrigens war heute der brennenden Sonnenstrahlen wegen das
ganze Amphitheater mit einem purpurrothen Zeltdach überspannt,
das auch hier auf Masten ruhte, die in vorspringenden Steinplatten des obersten Stockwerks befestigt waren und durch Einschnitte des Gesimses emporstiegen. Durch diese Bedachung aber
wurde eine magische, rosig schimmernde Beleuchtung über den
ganzen, weiten Raum ausgegossen, in welcher das bis in die

oberſten Sitzreihen hinauf vollgeſtopfte Haus einen um ſo an=
ziehenderen Anblick gewährte. Auch heute nämlich fand ein eben
ſo großer Zudrang ſtatt, wie neulich zu den Circusſpielen, und
es koſtete meinen Trägern Mühe, ſich durch das dichte, nach
dem Amphitheater hinfluthende Menſchengewühl Bahn zu brechen,
in welchem ich mit eben ſo großem Befremden als Unwillen |
auch eine große Menge von Perſonen des zarten Geſchlechts er=
blickte, das aber heute durch den leidenſchaftlichen Ungeſtüm, wo=
mit es ſich zu dieſem ſo blutigen Schauſpiele herandrängte, aller=
dings nicht die geringſte Spur von Zartheit zeigte. Und zwar
waren es nicht etwa nur Frauen gemeiner Herkunft oder Mädchen
der verrufenen Klaſſe, ſondern ſelbſt Damen der höchſten Stände
ließen ſich in prächtigen Sänften nach dem Amphitheater tragen,
um in unbezähmter Neugier dieſem gräßlichen Schauſpiel beizu=
wohnen, das eine Art dämoniſcher Gewalt über die Gemüther
der Römer zu üben ſcheint. Weniger durfte ich mich darüber
wundern, daß ich auf den vorderſten Sitzen auch die Veſtalinnen
erblickte, da dieſen ihr Amt gebietet, allen dergleichen Feſtlich=
keiten beizuwohnen, ſo ſehr es auch vielleicht ihren Neigungen
widerſtreben mag. Uebrigens konnte ich nicht recht begreifen,
wozu es dieſes Gedränges bedurfte, wenn anders zu allen Plätzen
dergleichen Eintrittsmarken vertheilt worden waren, wie ich ſie
vom Sulpicius erhalten hatte und worauf, wie ſpäter auch im
Theater, mein Platz genau bezeichnet war, [159]) von welchem aus
ich das ganze Haus bequem überſehen konnte, worin mich ein
kaum zu beſchreibendes, dem Brauſen des erzürnten Meeres
gleichendes Getös umrauſchte. Beim Erſcheinen des Kaiſerpaars
wiederholten ſich dieſelben Ovationen, wie neulich im Circus.
Warum jedoch der edle, menſchlich fühlende Kaiſer, trotz ſeiner
Abneigung gegen dieſes rohe und barbariſche Vergnügen des
Volks, dennoch dabei anweſend war, ſollte mir ſehr bald klar
und dadurch meine Verwunderung darüber völlig beſeitigt wer=
den. Jetzt trat plötzlich eine lautloſe Stille ein, als der die
Spiele leitende Prätor das Zeichen zum Beginn derſelben gab,
und Aller Blicke hingen mit geſpannter Erwartung am Ein=
gange der Arena. Nun knarrten die Angeln des ſchweren Gitter=
thors und unter dem Freudengeſchrei der Verſammlung ſchritten
von ihrem Fechtmeiſter (lanista) [160]) geführt und von Horniſten
begleitet, 30 Gladiatorenpaare, die ſchon vorher einen feierlichen

Aufzug durch die Stadt gehalten hatten, mit ihren uns größten=
theils schon in dem Waffenladen bekannt gewordenen, glänzenden
Waffen, [161]) sonst aber, mit einziger Ausnahme der gleich zu
erwähnenden, in Tuniken gekleideten retiarii und andabatae,
den goldgestickten Schurz mit breitem Bauchgurt um die Hüften
und bei Manchen auch Arm= und Beinschienen abgerechnet, ihre
kräftigen und benarbten Körperformen unverhüllt den Blicken
der Menge preisgebend, in feierlichem Zuge in die | Arena
vor. [162]) Mein Nachbar aber, ein Greis mit weißem Haar und
Bart, war mit der nach seiner Meinung viel zu kleinen Zahl
der auftretenden Gladiatoren keineswegs zufrieden und klagte
laut über die unmännliche Weichherzigkeit des jetzigen Kaisers,
der das Volk in seinem höchsten Vergnügen so unverantwortlich
beschränke; früher sei das ganz anders gewesen, er selbst habe
als Knabe unter Trajan mehrmals über 100 Paare auftreten
sehen und von seinem Vater gehört, daß unter Vitellius
bisweilen gar an 300 Paare, in früheren Zeiten aber noch weit
mehrere in der Arena gekämpft hätten. [163]) Es fehle ja doch
wahrlich nicht an Fechtern in der Stadt, da der Kaiser vier
Fechterschulen unterhalte, aber die faulen Kerle blos aus dem
Beutel der Bürger füttere, ohne daß sie etwas zum Vergnügen
derselben beizutragen brauchten. Diese inhumanen, leider aber
wohl im Sinne eines großen Theils der Bevölkerung gesproche=
nen Worte bestimmen mich, ehe ich die blutigen Kämpfe selbst
schildere, vorerst Einiges über den Stand und die Verhältnisse
der Gladiatoren selbst vorauszuschicken. Diese beklagenswerthen
Geschöpfe sind theils Kriegsgefangene, theils zum Tode ver=
urtheilte Missethäter, die aber freilich nicht römische Bürger
sein dürfen, theils endlich sogar herabgekommene freie Leute, die
sich für Lohn und Kost als Fechtersklaven verkaufen, obgleich der
Gladiatorenstand eigentlich mit Infamie behaftet ist, was aber
jetzt vom Volke fast gar nicht mehr beachtet wird. Früher nun
wurden dieselben von den Vorstehern und Lehrern der Fechter=
gesellschaften (familiae gladiatoriae), den schon erwähnten Lanistä,
auf dem Sklavenmarkte zusammengekauft, in eignen Gebäuden
(ludi gladiatorii) [164]) unterhalten und bei sehr nahrhafter Kost,
jedoch unter strenger Aufsicht, für ihren traurigen Beruf ein=
geübt, dann aber an die Magistrate, welche ein öffentliches
Fechterspiel geben wollten, mit Festsetzung eines bestimmten

Preises für jeden getödteten oder schwerverwundeten und unbrauch=
bar gewordenen Gladiator vermiethet; [165]) unter den Kaisern aber
sind an die Stelle dieser Privatunternehmungen eigne kaiserliche
Gladiatorenschulen getreten, in welchen die ebenfalls unter einem
Lanista stehenden und von ihm unterrichteten Fechter auf Staats=
kosten unterhalten werden, und deren befinden sich jetzt vier in
Rom, [166]) deren jede mehrere Hunderte von Gladiatoren ent=
halten soll, die aber, wie es heißt, vom jetzigen Kaiser eigentlich
nur aus dem Grunde gehalten werden, um aus ihnen eine im
Felde zu brauchende tüchtige Kriegerschaar zu bilden, [167]) von
welcher nur von Zeit zu Zeit eine kleine Zahl der blutdürstigen
Schaulust des Volks geopfert wird. Auch früher schon, z. B.
in dem Kriege zwischen den Kaisern Otho und Vitellius, sollen
die Gladiatoren mehrmals als Streiter im Felde benutzt worden
sein; ja sie haben sogar einmal, um ihre Freiheit zu erringen,
auf eigne Hand einen Krieg gegen die Römer geführt und, da
sich auch außerhalb Roms in mehrern großen Städten Italiens,
namentlich zu Capua, dergleichen Fechterschulen finden, ein Heer
von 10,000 Mann dabei zusammengebracht, welches zu ver=
nichten den Römern große Mühe gekostet hat. Noch habe ich zu
berichten, daß den zu einem Festspiel ausgewählten Gladiatoren
jedesmal am Tage vor den Spielen ein öffentliches Gastmahl
gegeben wird, [168]) zu welchem auch gestern der Zudrang des
Volks außerordentlich groß gewesen sein soll. Uebrigens sind
dieselben, wie wir sogleich sehen werden, nach der Art des Kampfes
und der Bewaffnung, die bei Allen eine sehr kostbare und reich
verzierte ist, in verschiedene Klassen getheilt. Ich kehre nämlich
nach dieser kurzen Auseinandersetzung zu der Beschreibung des
heutigen Festspiels und zunächst des Aufzugs der Gladiatoren
zurück. Voran also schritten die sogenannten Samniten [169]) mit
dem oben beschriebnen, siebartig durchbrochnen Visirhelm, den
ein bunter Federbusch schmückte, einem großen und länglichrunden
Schilde, einer Schiene am linken Beine, einem ledernen Aermel
am rechten Arme und einem kurzen Schwerte; dann folgten die
den Namen Thracier führenden Fechter [170]) mit einem weniger
schwerfällig aussehenden Helme, kleinem thracischen Schilde, einem
sichelartig gekrümmten Dolchmesser und Beinschienen. Einen be=
fremdenden Anblick gewährten die nun folgenden retiarii, [171]) die
am wenigsten geachtete Klasse, die in eine Tunica gekleidet und

ohne Kopfbedeckung oder sonstige Schutzwaffen waren, ausge=
nommen einen Lederärmel am linken Arme und die an demselben
über die Schulter und den Hals hinaufragende Metallplatte, die
wir unter dem Namen galerus schon in der Waffenhandlung
gefunden haben, als Angriffswaffe aber die meinen Lesern eben=
falls schon bekannte dreizackige Harpune (fuscina oder tridens)
und ein Netz in der Hand hielten. Hinter ihnen her schritten
die zum Kampfe mit ihnen bestimmten secutores,[172]) und
myrmillones,[173]) von denen Erstere gleich den früher genannten
Fechtern bewaffnet waren und nur etwas leichtere Waffen führten,
Letztere aber schwerer und auf gallische Art bewaffnet waren,
weshalb sie früher selbst Gallier benannt wurden, und sich durch
einen auf ihren Helmen angebrachten Fisch auszeichneten. Dann
folgten die auf ungezäumten, numidischen Rossen reitenden andabatae[174]) in zierliche Tuniken mit einem Schuppenärmel am rechten
Arme gekleidet und mit fast gar nicht durchlöcherten Visirhelmen,
durch die sie wohl blutwenig sehen können, einem leichten, runden
Schilde und einer Lanze bewaffnet. Vielen dieser Gladiatoren wurde
mit Nennung ihres Namens von der versammelten Menge ein
Enge! zugerufen und mein Nachbar belehrte mich, daß auf Be=
fehl des Kaisers nur die bewährtesten und tüchtigsten Fechter,
die sich schon eines großen Rufes erfreuten, zu diesen Spielen
ausgewählt würden, so daß es nicht mehr nöthig sei, das Auf=
treten irgend eines renommirten Fechters vom Kaiser besonders
zu verlangen, wie es sonst der Fall gewesen.[175]) Nun aber er=
schien noch ein die traurigsten Empfindungen erweckender Haufe
nackter und widerwärtiger Gestalten. Es waren die für die
Thierkämpfe bestimmten bestiarii,[176]) meistens zum Tode ver=
urtheilte und zur Thierhetze begnadigte Verbrecher, die sich, wenn
sie Sieger gegen die wilden Bestien bleiben, dadurch Straflosig=
keit erkämpfen können. Sie hatten nur ein Stück Zeug um den
Arm und beide Beine gewunden und waren blos mit einem
kurzen Dolche und einem mit Haken versehenen Spieße bewaffnet;
in ihren Mienen aber malte sich theils trotzige Todesverachtung
und freche Verhöhnung, theils kleinmüthige Furcht und stumme
Verzweiflung. Nachdem der ganze Zug die Arena umkreist und
im Vorüberschreiten dem Kaiser und Prätor seinen Gruß zuge=
rufen hatte,[177]) erfolgte zuerst vor Letzterem die Prüfung der
Waffen[178]) und dann begann das Schauspiel nach einem vorher

bekannt gemachten Programm, das auch die Namen der auf=
tretenden Fechter enthielt und schon mehrere Tage zuvor in
Tausenden von Abschriften verkauft wurde, da man sich aber
förmlich darum riß, zuletzt sehr theuer bezahlt werden mußte, [179])
zuerst mit einem Vorspiel zu dem eigentlichen Kampfe, d. h.
einer blosen Fechtübung der Samniten und Thracier mit ihnen
dazu gereichten stumpfen Waffen, [180]) die bei der großen Geschick=
lichkeit und Behendigkeit der Fechter, womit sie die Hiebe des
Gegners mit dem laut dröhnenden Schilde parirten, jede von
ihm gegebene Blöße mit Blitzesschnelle benutzten, und die blitzen=
den Schwerter scheinbar in den entblößten Körper des Gegners
versenkten, für mich das einzige wahrhaft interessante und be=
friedigende Schauspiel des heutigen Tages war; wogegen freilich
mein blutdürstiger Nachbar ungeduldig ausrief: „Nun aber
dächt' ich, wäre es genug des Kinderspiels. Beim Herkules!
ich möchte fast darauf | wetten, daß ich noch ein kaiserliches Ge=
bot erlebe, es blos bei dieser Spielerei bewenden zu lassen,
damit der gute Herr nur ja kein Blut zu sehen braucht. Hat
er doch sogar neulich befohlen, daß den Seiltänzern, wenn sie
das hohe Thurmseil besteigen, Polster untergebreitet werden
müssen, damit sie ja nicht zu Schaden kommen, wenn sie herunter=
stürzen." [181])   Seine lieblose Rede unterbrach jetzt das allgemeine
Freudengeschrei, womit das Inbasignal zum Anfang des eigent=
lichen Kampfes gegeben wurde. Nun zeichneten die Kampf=
ordner mit einem Stabe Kreise in den Sand, [182]) welche die
kämpfenden Paare nicht überschreiten durften, und dann traten
zuerst wieder dieselben Paare, die bereits im Vorspiele ihre
Kunstfertigkeit bewährt hatten, zu einem wirklichen Kampfe mit
ihren scharfen Schwertern gegen einander auf. Ich bemerke
dabei gleich im Voraus, daß, die berittenen andabatae ausge=
nommen, in der Regel nie Fechter derselben Art mit einander
kämpfen, sondern daß gewöhnlich verschiedene Waffengattungen
einander gegenüber gestellt werden. Es galt nun namentlich
das nächste der kämpfenden Paare in's Auge zu fassen. Da sah
ich denn ein paar herkulisch gebaute Männer, deren gewiß
Flammen sprühende Augen und von Kampfbegier geröthete
Wangen mir freilich das Visir des Helms verbarg, einander
gegenüber stehen und mit Löwenmuth sich in den Kampf stürzen,
der lange Zeit unentschieden hin und her schwankte. Blitzschnell

durchkreuzten die kurzen, blinkenden Schwerter, bald zum Hiebe,
bald zum Stich ausholend, die Luft, und Schlag auf Schlag
fiel auf die klirrenden Schilde. Schon bluteten beide aus leich=
ten Wunden, da traf plötzlich den Schild des Einen ein so
kräftiger Hieb des Gegners, daß er zerbrechend die Luft durch=
schwirrte, und fast in demselben Augenblicke fuhr dem nun
Schutzlosen das Schwert des vom Glück Begünstigten bis an
den Griff in die Seite. Ein dicker Blutstrom entquoll der klaffenden
Wunde und röthete den Sand der Arena; der Verwundete aber stürzte
nieder auf den zerbrochenen Schild. Rasendes Beifallsgebrüll: Euge,
euge, Pertinax! durchbraust das Amphitheater und der arme Ge=
troffene streckt, während die blutdürstige Menge schon ihr ferrum
recipe! ruft, [183] mit fragenden Blicken die erhobene Rechte
um Gnade flehend nach der Loge des Kaisers hinauf. [184] Dieser
winkt Pardon und der Verwundete wird, einen mir unvergeß=
lichen Blick des Dankes nach dem Kaiser werfend, aus der Arena
hinweggetragen. Wäre aber der Kaiser nicht zugegen gewesen,
das Volk hätte sicherlich kein Erbarmen mit ihm gehabt und er
hätte geduldig den Hals zum Todesstreiche darbieten müssen.
Dieselbe Scene wiederholte sich nun noch einigemal bei den
übrigen Kämpfen der verschiedenen Fechterpaare, | wobei Siege
und Niederlagen unter bald frohlockenden, bald ermuntern=
den oder verwünschenden Ausrufen der Zuschauer verschiedentlich
wechselten. Nur zwei Opfer, die sofort tödtliche Wunden em=
pfangen hatten, verlangte das heutige blutige Schauspiel, [185]
und hatte mich schon dieser Kampf auf Leben und Tod
selbst mit Entsetzen erfüllt, so erregte mir vollends die Art,
wie man mit den Gefallenen verfuhr, den gerechtesten Ab=
scheu. Während nämlich die Sieger ihre Palmen und Kränze empfin=
gen, zu denen oft auch Geldbelohnungen kommen sollen, [186] wurden
die noch zuckenden Leichname mit einem ihnen in die Brust gestoßenen
Haken (unco) [187] nach der sogenannten Todespforte (porta Libiti-
nensis) [188] geschleift, um in dem spoliatorium [189] vorerst ihrer
Waffen und Kleidungsstücke beraubt und dann verscharrt zu werden.
Einer der Gefallenen aber war ein retiarius; und von diesem selt=
samen, einen Fischfang nachahmenden Kampfe, sowie von dem der
berittenen andabatae ist noch Einiges hinzuzufügen. Der retiarius
war mit großer Gewandtheit bemüht, seinem Gegner das Netz, das
er in der Hand hielt, über den Kopf zu werfen und ihn damit

zu sich heranzuziehen, um sich dann seines Dolches und seiner
Harpune gegen ihn zu bedienen. „So steh' doch!" rief er höhnisch;
„mich gelüstet ja nur nach deinem Fische, nicht nach dir. Was
fliehst Du denn?" und schon glaubte man, daß über dem Haupte
des myrmillo schwirrende Netz müsse ihn nothwendig erfassen
und umgarnen, doch mit einem gewandten Seitensprunge ent=
schlüpfte er ihm; das Netz schlug, eine Wolke von Staub auf=
wirbelnd, auf den Boden nieder, und der glücklich Entschlüpfte
stieß nun dem retiarius nach kurzem Kampfe das Schwert in
die Brust, so daß er lautlos zusammenstürzte und das Netz mit
seinem Blute überströmte. Einem seiner Genossen dagegen ge=
lang es wirklich, seinem Gegner das Netz überzuwerfen und nun
seine Harpune in dessen Fleisch zu versenken, worauf ein nach
der Loge des Kaisers hinaufgeworfener Blick zu fragen schien,
ob er ihm vollends den Garaus machen dürfe. Doch auch dieser
unwürdigen Metzelei steuerte das Machtwort des erhabenen
Monarchen und der schwer verwundete secutor wurde begnadigt
hinweggeführt. Was endlich noch den Kampf der berittenen
andabatae betrifft, statt deren zuweilen auch in Streitwagen
kämpfende essedarii [190]) auftreten sollen, so gewährte er ein
gleich spannendes, aber ungleich würdigeres Schauspiel, als der
vorige. Schon die herrlichen Rosse, die mit hochgeblähten Nüstern
und den Schaum weit um sich schleudernd in zierlichen Wen=
dungen jedem Schenkeldrucke ihrer Reiter willig folgten, ge=
währten einen höchst interessanten Anblick, nicht minder aber auch
Letztere selbst, die ohne Zügel wie angegossen auf ihren Rossen
saßen, Schild und Speer mit gleicher Gewandtheit handhabten
und den geschmeidigen Körper nach allen Seiten biegend, bald
sich bückend, bald sich hebend, den Stößen des Gegners geschickt
auszuweichen und dabei selbst kräftige Stöße zu führen wußten.
Lange blieb der Kampf völlig unentschieden, obgleich das Blut
schon aus mehreren Wunden rieselte; doch sie nicht beachtend
setzten die kühnen Reiter, herrliche Gestalten, bei deren Anblick
Jeder unwillkürlich an die Dioskuren denken mußte, ihre An=
strengungen fort, bis das Pferd des Einen stürzte und sich mit
seinem Reiter überschlug, worauf der Gegner den sich am Boden
Wälzenden mit hochgeschwungener Lanze zu durchbohren im Be=
griffe stand, als der Kaiser ihm innezuhalten und dem Kampfe
ein Ende zu machen gebot, und der Gestürzte, der den Arm ge=

brochen hatte und aus ein paar Wunden blutete, als besiegt
hinweggeführt, der Sieger aber mit der Palme belohnt wurde.
Nachdem auch dieser Kampf beendigt war, trat eine Pause ein,
während deren das Kaiserpaar, die Vestalinnen und manche
Andre das Amphitheater verließen, um nicht Zeugen der nun
noch folgenden schrecklichen Auftritte zu sein, bei denen auszu-
harren mein Vorsatz, einen vollständigen Bericht von den Schauspielen der Römer zu geben, trotz alles Widerstrebens meines
besseren Gefühls mich nöthigte. Es mußte nämlich, um das
dringende Begehren der Menge zu befriedigen, auch noch eine
Thierhetze (venatio) [191]) folgen. Mit Recht aber werden diese
grausigen Kämpfe entweder gleich · in aller Frühe vor dem
Fechterspiele [192]), oder erst Abends nach demselben angestellt,
damit diejenigen Zuschauer, welche Nichts davon sehen mögen,
sich erst später im Amphitheater einfinden, oder es vor Beginn
derselben wieder verlassen können. Gab es Etwas, das mich mit
diesem barbarischen Schauspiel einigermaßen versöhnen konnte,
so war es die wunderbare, an's Mährchenhafte grenzende Scenerie,
womit dasselbe zur Anschauung gebracht wurde. Denn plötzlich
öffnete sich der Boden der Arena und es stiegen daraus Felsen
mit Höhlen, | Bäumen, Gesträuch und Wasserfällen empor, [193])
aus den Höhlen und Gebüschen aber stürzten die wilden Bestien,
deren dumpfes Brüllen wir schon vorher öfters vernommen
hatten, wuthschnaubend vorerst zu einem Kampfe unter einander
selbst hervor, zu dem sie bereits durch Anschlagen an eherne
Becken gereizt worden waren. Allen aber ist ein starker, oben
auf dem Rücken durch einen eisernen Ring zusammengehaltener
Ledergurt um den Leib geschlungen, woran die Thiere vorher in
ihren Käfigen gefesselt gewesen sind. Gewiß werden mir meine
Leser eine genauere Schilderung der grausigen Scenen gern erlassen, wie hier ein Tiger und ein Löwe einander zerfleischen,
dort ein schöngefleckter Panther vom Rüssel eines riesigen Elephanten hoch in die Luft geschleudert und dann mit zerbrochnen
Rippen am Boden liegend von dessen säulengleichen Beinen
vollends zerstampft wird, oder wie jener gewaltige Stier einen
ihn in immer engeren Kreisen umschleichenden Leoparden mit
aufmerksamen Blicken verfolgt und bei dem endlich gewagten
Sprunge mit vorgebeugtem Haupte erfaßt, hoch über sich hinweg-
schleudert und, als sich derselbe nun mit Schmerzensgeheul am

Boden krümmt, die spitzen Hörner in die Eingeweide bohrt
u. s. w. Ich bemerke nur, daß einige der kämpfenden Thiere,
nachdem sie, schon vielfach zersetzt, ihren Gegner glücklich besiegt
hatten, während ihnen unter lautem Jubelgeschrei der blut=
gierigen Menge Kränze und Blumen zugeworfen wurden, wieder
dem wüthenden Angriffe eines andern ausgesetzt waren, dem ihre
bereits ermattenden Kräfte nicht mehr zu widerstehen vermochten,
bis endlich die Arena mit einer Menge unter jämmerlichen
Klagetönen verendender Thiere bedeckt und nur wenige noch
übrig waren, die von Kampf und Wunden erschöpft die Lust zu
neuen Kämpfen völlig verloren hatten und die Köpfe hängend
und ihre Wunden beleckend scheu herumschlichen. Im Ganzen
mochten etwa 40 Thiere und zwar außer den schon genannten
auch Bäre, Eber und Hyänen gegen einander in die Schranken
getreten sein, und auch dies war nach der mißmuthigen Ver=
sicherung meines Nachbars nur ein Possenspiel gegen derartige
Kämpfe unter früheren Kaisern, wo nicht selten viele Hunderte,
ja Tausende von Thieren gegen einander gehetzt worden wären.[194]
Um nun den noch übrigen wilden Bestien vollends den Garaus
zu machen, oder vielleicht auch ihren wieder gesammelten Kräften
zu erliegen, zugleich aber auch einen Kampf gegen andre mit
frischem Muthe in die Arena hervorstürzende Löwen, Tiger und
Bären zu bestehen, erschienen nun die unglücklichen bestiarii und
die grausige Metzelei zwischen wuthentbrannten Thieren verwan=
delte sich in einen noch entsetzlicheren | Kampf von Menschen gegen
sie, dem ich leider noch eine kurze Beschreibung widmen muß,
um das empörende Verhalten der Zuschauer dabei zu charakteri=
siren. Die beklagenswerthen Schlachtopfer römischer Bar=
barei traten ihren furchtbaren Feinden völlig nackt und nur mit
einem kurzen Schwerte oder Dolche bewaffnet entgegen. Ein
wüstes Jubelgebrüll begrüßt sie, das Brüllen der wilden Bestien
noch übertönend und unter unmenschlichen Ausrufungen, wie:
„Brav, Tiger; nur zu, nur zu!" — „Pfui, du elende Katze!
So dich werfen zu lassen!" — „Der Löwe dort versteht es besser.
Der zerfleischt ihn mörderlich." — „Seht, wie der Bär ihn packt!
Jetzt ist's vorbei mit ihm!" auf der andern Seite aber auch
wieder humaneren Aeußerungen, wie: „Recht so, Crispus! stoß
ihn nieder! O weh! er unterliegt." — „Schlitz ihm den Bauch
auf, Sanga! Ach, zu spät! zu spät!" u. s. w., die ich in meiner

Nähe aus dem verworrenen Geschrei heraustönen höre, schaut die
entmenschte Menge und unter ihr, von dem allgemeinen Taumel
mit fortgerissen, der eine förmlich ansteckende Gewalt zu üben
scheint, auch Hunderte von Frauen mit lustfunkelnden Blicken
dem abscheulichen Gemetzel zu, bis sämmtliche Bestien erlegt sind,
aber auch neun Menschen zerfleischt am Boden liegen oder sich
in Todeszuckungen krümmen, und nur noch drei aus mancher
Wunde blutend und mit theilweis zersetztem Körper sich auf den
Füßen halten, um unter Jubelgeschrei des Volks mit dem Sieger=
kranze geschmückt hinweggeführt zu werden. Jetzt verläuft sich
befriedigt die aufgeregte Menge, und bald wird Grabesstille in
der mit Blutlachen und Leichnamen von Menschen und Thieren
bedeckten Arena herrschen und die Nacht die Gräuel des Tages
mit verhüllendem Schleier bedecken. Mit den wehmüthigsten
Empfindungen über diese beklagenswerthe Verirrung des mensch=
lichen Geistes kehrte ich am späten Abend nach Hause zurück
und werde den haarsträubenden Eindruck dieses gräßlichen Schau=
spiels in meinem Leben nicht vergessen. Noch grausiger aber
muß dieses Schauspiel gewesen sein, wenn es des Nachts bei
Fackelbeleuchtung stattgefunden hat, wie es unter früheren Kai=
sern zuweilen der Fall gewesen ist, wo nicht nur dergleichen
Thierkämpfe, sondern auch Fechterspiele auf solche Weise im er=
leuchteten Amphitheater veranstaltet wurden. [195]) Sollen doch
selbst im Theater nächtliche Vorstellungen bei Lampenlicht ge=
geben worden sein. [196]) — Uebrigens erfuhr ich vom Sulpicius,
als ich ihm die obige Aeußerung meines Nachbars mittheilte,
daß es auch dem jetzigen Kaiser ein Leichtes sein würde, solchen
blutdürstigen Wünschen zu willfahren, wenn es ihm seine Mensch=
lichkeit nicht verböte; denn in den kaiserlichen Zwingern und
Thiergärten sei stets eine Menge wilder Bestien vorhanden, [197])
da es sich die Statthalter in den asiatischen und afrikanischen
Provinzen [198]) sehr angelegen sein ließen dieselben reichlich zu
bevölkern, wobei sie von den Einwohnern der ihnen unter=
gebenen Länder aus einem doppelten Grunde eifrigst unterstützt
würden, [199]) theils weil denselben das mit den größten Ge=
fahren verknüpfte Einfangen der Thiere gewöhnlich eine gute
Belohnung eintrüge, [200]) theils weil so ihr Land von reißenden
Thieren gesäubert und ganze, weite Distrikte, die bisher, blos
von jenen bewohnt, wüst und verödet gelegen hätten, der Cultur,

dem Ackerbau und der Viehzucht gewonnen würden.[201]) So
langten denn nicht eben selten ganze Schiffsladungen[202]) mit
Käfigen[203]) voll wilder Thiere in den Häfen Italiens an, die
dann auf festen, mit vielen Stieren bespannten Wagen[204]) nach
Rom geschafft würden, und obgleich auf dem weiten, oft Monate
langen Transporten meistens schon eine große Anzahl derselben
verende,[205]) sei dennoch in den kaiserlichen Zwingern nie Mangel
an ihnen, so daß auch Magistraten, wenn sie dem Volke der=
gleichen Spiele auf eigne Kosten geben wollten,[206]) was freilich
jetzt weit seltener vorkomme, als früher, die dazu nöthigen
Thiere in Menge abgelassen werden könnten, sofern sie sich solche
nicht schon auf andre Weise verschafft hätten.[207])

So war ich denn, mit einziger Ausnahme einer naumachia[208]) oder eines auf der unter Wasser gesetzten Arena des
Amphitheaters aufgeführten förmlichen Seetreffens, wie es unter
frühern Kaisern öfters mit großem Pomp stattgefunden haben
soll, und wozu sich auch eigens ausgegrabene und ummauerte
Bassins von großem Umfange in der Stadt finden, Zeuge aller
bei Festlichkeiten in Rom vorkommenden öffentlichen Schauspiele
gewesen. Da ich aber einmal hier von Befriedigung der Schau=
lust spreche, ¦ so will ich auf die letzten grausigen Scenen noch ein
paar heitre folgen lassen und berichten, daß ich auch der Vor=
stellung einer berühmten, meistens aus jungen und hübschen
Mädchen bestehenden, syrisch=ägyptischen Gauklertruppe beiwohnte,
die Alles, was ich von dergleichen Künsten schon in Fundi und
beim Gastmahle des Servilius gesehen hatte,[209]) noch bedeutend
überbot. Bei dem auch hier zur Anschauung gebrachten Schwerter=
tanze zum Beispiel begnügte sich das junge Mädchen, das ihn
aufführte, nicht damit, auf den Händen unter den drohenden,
wenn auch vielleicht ein wenig weiter auseinander gesteckten
Dolchen herumzutanzen, sondern überschlug sich sogar mehrmals
hinter einander zwischen ihnen, während ein andres, auch nur
mit kurzen Beinkleidern angethan, blos auf die Hände und Arme
gestützt und die Zehen statt der Finger gebrauchend, erst mit
über den Kopf zurückgebognen Beinen einen Bogen abschoß und
nie das Ziel verfehlte, dann aber in derselben Stellung aus
einem vor ihr stehenden Krater einen mit dem linken Fuße ge=
haltnen Cantharus mittelst der von den Zehen des rechten ge=
faßten Schöpfkelle füllte und ihn dann zum Munde führte.[210])

Wieder eine Andre tanzte auf einer sich rasch fortrollenden
Töpferscheibe, ohne je das Gleichgewicht zu verlieren. Weniger
schwierig, aber doch von eben so großer Gewandtheit und Elasti=
cität des Körpers, als von einer bei Mädchen seltnen Muskel=
kraft zeugend, waren die Productionen Anderer, die über einander
hinweggebeugt gleich einem dahinrollenden Rade einen fortge=
setzten Kreis beschreibende Purzelbäume schlugen, oder mit einer
auf ihrem gekrümmten Rücken reitenden Gefährtin gegen einander
anrückten, dann diese bei den Füßen faßten und über ihren Kopf
hinwegschleuderten, so daß sich dieselben in der Luft überschlugen
und nun mit dem Kopfe auf die rasch in die Höhe gestreckten
Füße der andern zu stehen kamen, auf denen sie in dieser schwieri=
gen Stellung lange Zeit balancirt wurden. Dann sprang ein
Mann sich überschlagend über aufgepflanzte Speere und eine
ganze Reihe hinter einander stehender Männer hinweg, während
wieder ein Anderer mit Centnergewichten spielte, als ob es leichte
Kinderbälle wären ²¹¹) oder eine Menge großer Messer im Wechsel=
wurf in die Luft schleuderte und stets wieder beim Griff er=
haschte u. s. w. Was mich aber weit mehr ansprach, als diese
Gauklerkünste, waren die wirklich bewundernswürdigen Leistun=
gen von ein paar Künstlern aus der Klasse der praestigiatores, ²¹²)
wie die Römer sie nennen, deren auf Täuschung | des Publikums
abzweckende Kunst blos auf außerordentlicher Schnelligkeit, Ge=
wandtheit und Schlauheit beruht. Zuerst stellte der Eine auf
ein dreifüßiges Tischchen drei kleine Näpfe und steckte unter jeden
derselben ein weißes, rundes Steinchen, die er erst ganz ver=
schwinden und dann wieder unter einem einzigen Näpfchen ver=
einigt erscheinen ließ; nochmals verschwanden sie und er brachte
sie nun aus seinem Munde heraus. Dann verschluckte er sie,
rief die ihm zunächst stehenden Personen zu sich und zog dem
einen ein Steinchen aus der Nase, dem Andern aus den Ohren,
im nächsten Augenblicke aber waren sie alle wieder aus seiner Hand
verschwunden. ²¹³) Darauf warf er Bälle und kleine Kugeln nach
allen Richtungen aus, die scheinbar alle von selbst in seine Hand
zurückkehrten. Ein Andrer stieß sich dem Anschein nach ein Schwert
bis an das Heft in den Schlund, welches Kunststückchen jedoch
nur den großen Haufen täuschen konnte, der nicht durchschaute,
daß die Klinge durch den Druck einer Feder in das Heft zurück=
fuhr. Schwerer zu begreifen war es, wie er es anfing, daß dem

Schwerte, als er es wieder herauszog, statt des Blutstroms, den man erwarten mußte, ein aus dem Munde hervorschießender Feuerstrom folgte. ²¹⁴) Andre dergleichen Stückchen übergehe ich und erwähne nur noch, daß selbst ein vierbeiniger Künstler auf= trat, nämlich ein abgerichteter Hund, der nicht nur Ringe, die sein Lehrmeister sich von den Zuschauern geben ließ und dann im Sande vergrub, wieder herausscharrte und ihren Besitzern zurückbrachte, ohne je den rechten zu verfehlen, sondern auch die verschiedensten Münzen nach den Bildnissen der Kaiser richtig sortirte. ²¹⁵) — Nach diesen mir in Rom bereiteten Schauspielen spreche ich zum Schlusse auch noch von einem mir gewährten Ohrenschmause, indem ich in Begleitung des Sulpicius und seiner Gattin, sowie in Gegenwart des Hofs und einer sehr ge= wählten Versammlung einem höchst interessanten Concerte bei= wohnte, das im Odeum Domitians ²¹⁶) auf dem Campus Mar= tius gegeben wurde. Dieses Gebäude gleicht in Form und innerer Einrichtung einem Theater, ²¹⁷) nur mit dem Unterschiede, daß es mit einem festen Dache versehen ist und die Bühne keine Dekorationen, sondern nur eine mit vielen Säulen, schönen Malereien und in Nischen aufgestellten Statuen verzierte Rück= wand oder scena zeigt. In dem Concerte selbst aber ließen sich nicht nur einheimische Sänger, Flötisten und Citherspielerinnen hören, sondern auch ein berühmter, | auf seine Kunst reisender Sänger aus Ephesus, ²¹⁸) Namens Charikles, der schon in vielen Städten Kleinasiens, Griechenlands und Unteritaliens aufgetreten war und überall den größten Beifall gefunden hatte, der ihm mit vollem Rechte auch hier zu Theil wurde, da er mit der herrlichsten Stimme auch einen sehr gefühlvollen Vortrag und große Kunstfertigkeit verband. Der Kaiser selbst gab das Signal zu einem stürmischen Applaus und Faustina, sowie andre an= wesende Damen, schienen den schönen, jungen Mann mit sicht= barem, wohl nicht blos seiner Kunst geltenden Wohlgefallen zu betrachten. Außerdem wurden auch noch Scenen aus Tragödien des Sophokles und Euripides von einem Schauspieler aus Athen sehr gut recitirt, die dazu gehörigen Chöre aber von hiesigen Sängern vorgetragen. Auch ihm spendete der Kaiser wohlver= dienten Beifall. Nach dem Concerte aber unterhielt sich derselbe unter andern Anwesenden auch mit Sulpicius, und ich hatte dabei das Glück, von diesem ihm vorgestellt zu werden. Der

ungemein leutselige Monarch richtete auch an mich einige huld=
volle Worte, fragte, wie es mir in Rom gefalle, und forderte
mich auf, an Empfangstagen im Palaste zu erscheinen, um sich
länger mit mir unterhalten zu können, so daß ich die gegründetste
Veranlassung hatte, aus diesem Concerte doppelt befriedigt nach
Hause zurückzukehren, und durch diese Liebenswürdigkeit des
Kaisers mit Manchem ausgesöhnt wurde, was ich in Rom mit
anzusehen genöthigt war.

Anmerkungen zum 6. Kapitel.

1) Vgl. Juven. 10, 81. mit 11, 193 ff. Fronto Princip. hist. 5, 11. u. Dio Chrysost. Or. XXXII. p. 370, 18. M.

2) Von diesen Festen selbst wird später im 2. Bande die Rede sein. Daß bei den ludi Apollinares sowohl Circusspiele, als thea= tralische Vorstellungen stattfanden, geht aus Dio Cass. XLVII, 19. und Cic. ad Att. II, 19, 3. hervor, und daß sie auch noch in späteren Zeiten, unter Alexander Severus und Maximinus, gefeiert wurden, erhellt aus Lamprid. Alex. Sev. 37 u. Capitol. Max. et Balb. 1.

3) Zur Zeit der Republik wurden 7mal jährlich dergleichen Spiele gegeben, die römischen (4.—19. Sept.), die plebejischen (1.—17. Nov.), die der Ceres (12.—19. Apr.), des Apollo (6.—13. Juli), der großen Mutter (4.—10. Apr.), der Flora (28. Apr.— 3. Mai) und der Sullanischen Siegesfeier (26. Oct.—1. Nov.), zu= sammen also an 66 Tagen, von welchen 14 für Circusspiele bestimmt waren. Zu diesen stets fortdauernden Spielen kamen nun in der Kaiserzeit zunächst noch die der Venus genetrix (20.—30. Juli) mit 4 circensischen Tagen, zwei Feste des Mars mit Circusspielen (12. Mai und 1. Aug.) und das Fest zu Ehren des Augustus (3.—12. Oct.), später aber vermehrte sich die Zahl dieser mit Spielen begangenen Festtage so bedeutend, daß sie schon unter Marc Aurel 135 Tage in Anspruch genommen zu haben scheinen (da er nur 230 zu Gerichtstagen bestimmte: Capitol. Ant. Phil. 10.), und im 4. Jahrh. waren sie bis auf 175 Tage gestiegen, von denen 64 den Circus, 10 das Amphitheater (worin Fechterspiele gehalten wurden) und 101 das Theater zum Schauplatze hatten.

4) Vgl. oben S. 32. mit Anm. 342. auf S. 92.

5) Vgl. Capitol. Ant. Phil. 12. 17. 23. Die Kosten aller öffentlichen Schauspiele wurden eigentlich vom Staate bestritten und

die dazu nöthigen Summen zur Zeit der Republik vom Senate, in der Kaiserzeit aber von den Kaisern ausgeworfen. Obgleich aber dieselben keineswegs gering waren, so reichten sie doch bei den sich immer mehr steigernden Anforderungen des Volks nie hin und die Aedilen und Prätoren, welchen die Anordnung und Leitung der Spiele oblag, mußten stets aus eignen Mitteln bedeutend zuschießen, während in der Kaiserzeit auch das Vermögen der Senatoren dabei sehr in Anspruch genommen wurde. Welche Summen damit ver= schwendet wurden, ersieht man z. B. | aus Cicero ad Qu. fr. III, 9, 2. (wo 30 Millionen Sestertien, d. h. nach dem Silbercourant über 5½, nach dem Goldcourant aber 6½ Millionen Mark, an= gegeben werden) Herobian. III, 8, 6—10. Joseph. Ant. Jud. XVI. 5, 1. Suet. Hadr. 3. Vopisc. Aurel. 12. Procop. hist. arc. 26. Nach den Fasti Antiatini in Mommsen's Corp. Inscr. Lat. p. 377. 6. waren in der Kaiserzeit für die römischen Spiele 760,000 Sest. (etwa 133,000, resp. 165,000 Mark), für die plebejischen 600,000 Sest. (etwa 105,000, resp. 130,000 Mark), für die apollinarischen 380,000 (etwa 66,000, resp. 82,000 Mark) und für die augusta= lischen 10,000 Sest. (1752, resp. 2175 Mark) ausgeworfen, der wirkliche Aufwand dabei aber betrug gewöhnlich das Doppelte und Dreifache dieser Summen.

⁶) Vgl. Capitol. Ant. Phil. 11. 27. Auch andre Kaiser suchten durch Verordnungen dem übermäßigen Aufwande dabei Schranken zu setzen (Suet. Tib. 34. Dio Cass. LIV, 2. 17. LXVIII, 2. Capitol. Ant. Pius 12.), aber ohne Erfolg.

⁷) Cic. Verr. I, 18, 54. Dio Cass. LXXVIII, 26. Ovid. A. A. I, 173.

⁸) Vgl. Juven. 11, 194 f. Bei den Triumphspielen des Jul. Cäsar war das Gedränge so groß, daß mehrere Personen und darunter zwei Senatoren erdrückt wurden (Suet. Caes. 39.), und Augustus ließ bei seinen großen Schauspielen in verschiedenen Stadt= theilen Wachposten aufstellen, um in den ganz veröbeten Straßen Einbrüche und Diebstähle zu verhüten (Suet. Oct. 43.)

⁹) Siehe oben S. 73. Anm. 210.

¹⁰) Macrob. Sat. VI, 4, 3, p. 519. Jan. (weil sie die Menschen= menge gleichsam von sich geben, vomunt.)

¹¹) Vgl. Juven. 9, 142.

¹²) Suet. Calig. 26. Lamprid. Heliogab. 23.

¹²ᵇ) Diese Art von Leuten hieß locarii. Vgl. Mart. V. 24, 9.

¹³) Ich folge dabei hauptsächlich dem Dion. Hal. III. 68. vgl. mit den noch vorhandenen Ueberresten von circis zu Rom (namentlich des Circus Caracallae), Bovillae und anderwärts.

¹⁴) Vergrößerungen des Circus fanden besonders durch Jul. Cäsar (Dion. Hal. a. a. O. Plin. XXXVI, 15, 24 §. 102.) und Trajan (Plin. Pan. 51. vgl. mit Dio Cass. LXVIII, 7. u. Pauf. V, 12, 4., der jedenfalls im Irrthume über die Länge des Circus ist) statt.

¹⁵) D. h. jene etwa 2000, diese etwa 400 Par. Fuß. Da wir keine Angabe der Größe aus späterer Zeit haben, so mußte ich mich an die Angabe des unter Augustus lebenden Dionysius halten.

¹⁶) Diesen 10 F. breiten und eben so tiefen Graben oder Kanal hatte Jul. Cäsar angelegt (Dion. Hal. III, 68), Nero aber zu=schütten lassen (Plin. VIII, 7, 7 §. 21.)

¹⁷) Zu Cäsars Zeiten hatten sie eine Gesammtlänge von 8 Stadien oder 4560 Par. Fuß und konnten 150,000 Personen fassen (Dion. Hal. a. a. O.), unter Tiberius aber bereits 250,000 (Plin. XXXVI. 15, 24. §. 102) und im 4. Jahrh. gar 385,000 (Notitia Reg. XI), was wohl etwas übertrieben sein dürfte. Die Zahl 300,000 aber wird für die Zeiten des M. Aurel. Antoninus wohl ziemlich richtig sein. |

¹⁸) Schon Augustus hatte den Senatoren besondre Plätze auf den ersten Reihen der Bänke angewiesen (Suet. Oct. 44), welche Verordnung aber später wieder außer Geltung gekommen sein muß, da Claudius dem Senate auf's Neue besondre Sitze anwies (Suet. Claud. 21.), worauf Nero und Domitian auch den Rittern ihre besondern Plätze hinter jenen zuerkannten (Mart. V, 8. 14. 23. 25. 27. Suet. Dom. 8. vgl. auch Juven. 2, 145 ff. u. Prudent. c. Symmach. II. extr.).

¹⁹) Capitol. Ant. Phil. 9. Nach dem Catal. imp. ed. Mommsen in d. Abhandl. des K. S. Ges. d. Wiss. II. S. 647. kamen dabei 112 und nach ders. Quelle unter Diocletian und Maximinus sogar einmal 13,000 Menschen um.

²⁰) Vgl. Sen. de vita beata 25, 2. u. Mart. XIV, 160.

²¹) Suet. Claud. 21. u. Plin. Pan. 51.

²²) Cassiodor. Var. III. ep. 51. Schol. zu Juven. 6, 588.

²³) Vgl. Mirab. urb. u. Cat. Imp. Er steht jetzt auf Piazza del Populo. Constantin fügte noch einen zweiten Obelisk von 122 Fuß Höhe hinzu, der jetzt den Platz des Laterans ziert.

²⁴) Vgl. Livius XLI, 27. u. oben S. 340. mit Note 71. auf S. 426. Die Delphine (vgl. Dio Cass. XLIX, 43. Juven. 6, 590.) bezogen sich wohl auf den Cultus des Neptun, die Eier auf den des Castor u. Pollux als agonistischer Gottheiten.

²⁵) Schon vor Trajan war eine besondre kaiserliche Loge im Circus vorhanden (Suet. Claud. 4. Ner. 12.), die zwar jener Kaiser beseitigte (Plin. Pan. 51.), die aber später unstreitig wieder her=gestellt wurde.

²⁶) Suet. Oct. 45. Claud. 4. Inschr. b. Gruter p. 232. u. Orelli 4268. (Hirt Gesch. d. Baut. b. d. Alten III. S. 145. sucht das pulvinar des Augustus auf der spina, welche Ansicht zwar der Name zu rechtfertigen scheint, die aber doch an sich selbst sehr geringe Wahrscheinlichkeit hat. Später wenigstens wurde durch pulvinar unzweifelhaft eine besondre kaiserliche Loge bezeichnet.)

²⁷) Cic. Brut. 47, 173. Auct. ad Herenn. IV, 3, 4. Verg.

Geo. I, 512. III, 104. Aen. V, 145. Hor. Sat. I, 1, 114.
Ovid. Her. 18, 166. Met. X, 652. Trist. V. 12, 26. u. f. w.
Ueber ihre erste Anlegung und Erneuerung vgl. Liv. VIII, 20. und
LXI, 27. Seit Claudius waren sie von Marmor (Suet. Claud. 21.).
²⁸) Ueber den präsidirenden Prätor vgl. Liv. XXV, 12. XXVII,
11. 23. XXXIX. 39. Cic. Phil. II, 13, 31. X, 3, 7. pro Mur.
19, 41. Plut. Brut. 10. 21. Dio Cass. XLVII, 20. LIV, 2. 17.
LIX, 14. Juven. 11, 193. u. f. w. Der Praefectus urbi konnte
sogar die Fortsetzung der Spiele verbieten (Dig. I, 12, 1. §. 13.).
Ob übrigens er und die übrigen hier genannten Personen wirklich
ihre Loge hier hatten, ist ungewiß. Vgl. jedoch Sidon. Apoll.
Carm. 23, 317. u. Bianconi Circho di Caracalla p. CXVI. mit
Abbild. eines Reliefs im Mus. Pio-Clem. V. tav. 42, auf welchem
die Ertheilung der Preise von dieser Loge aus erfolgt. Nach einer
andern Ansicht saßen die Preisrichter auf der Basis der vordern
Meta. Im Circus des Caracalla weist Hirt Gesch. d. Bauk. III.
S. XXVII. zur Erklärung von Taf. XX. Fig. 7. den Kampfrichtern
und der Musik einen | Ehrensitz auf der rechten Langseite des Circus,
der kaiserlichen Loge auf der linken schräg gegenüber, an.
²⁹) Varro L. L. IV, 32. Paulus Diac. p. 184, 5. M. Wahr=
scheinlich war auch dieser Raum mit Arkaden zum Schutze gegen ein
Unwetter umgeben. (Vgl. Hirt Gesch. d. Bauk. III. S. 143.).
³⁰) Die Bürger durften bei den öffentlichen Spielen bloß in
der Toga erscheinen. (Juven. 11, 203. vgl. mit Lamprid. Commod.
16. u. Suet. Oct. 40.) Bei schlechtem Wetter durfte ein Mantel
über der Toga getragen werden, der jedoch beim Eintreten hoher
Personen abzulegen war. (Suet. Claud. 6. vgl. mit Dio Cass.
LXVII, 8.)
³¹) Sonnenschirme waren bei den öffentlichen Spielen erlaubt
(Mart. XIV, 28.), ebenso breitkrämpige Hüte für die Männer.
(Mart. XIV. 29. Dio Cass. LIX, 7.)
³²) In der Beschreibung dieser pompa circensis bin ich besonder
der Hauptstelle bei Dionys. Hal. VII, 72. vgl. mit Ovid. Am. III
2, 45 ff. u. Tertull. de spect. 7. gefolgt und habe mir nur die für
die Kaiserzeit nöthig scheinenden Abweichungen und Zusätze erlaubt.
Eine rohe Darstellung derselben findet sich auf einem alten Sarko=
phag bei Gerhard Antike Bildw. Taf. 120, 1. u. in den Annali
d. Inst. Vol. XI. tav. d'agg. n. I. und stimmt allerdings mit Dio=
nysius nicht ganz überein, der überhaupt Manches von dergleichen
griech. Aufzügen auf diese römische Procession übergetragen und
damit vermengt zu haben scheint. Uebrigens fand nicht gerade bei
allen circensischen Spielen eine solche pompa statt, und ob dies bei
den apollinarischen der Fall war, wissen wir nicht gewiß.
³³) Suet. Oct. 45. Calig. 14. Claud. 7. Vgl. Dio Cass.
LI, 22. Er fuhr im vollen Triumphatorenschmuck, den Elfenbein=
scepter mit dem Adler in der Hand, in einem zweispännigen Wagen

(Plin. XXXIV. 5, 11. §. 20.) u. ein Staatssklave hielt einen goldnen Lorbeerkranz über seinem Haupte. (Juven. 10, 36—46. vgl. mit Mart. VIII, 33, 1. u. Tertull. de cor. mil. 13.) Da ich den Kaiser selbst an dem Aufzuge Theil nehmen lasse, glaubte ich ihn durch eine solche Auszeichnung des Prätors nicht beeinträchtigen zu dürfen.

³⁴) Dionysius a. a. O. führt sie allerdings im Zuge mit auf. Daß sie aber auch in Reih und Glied in das Innere des Circus mit einfuhren und die spina mit umkreisten, dürfte zu bezweifeln sein, weil sie sonst erst wieder in das oppidum hätten zurückfahren müssen, um zu losen u. s. w. Auch der Umstand, daß sich die Zuschauer aus der pompa wenig machten und das Rennen selbst begierig erwartend dadurch gelangweilt wurden (Sen. Contr. I. prooem. extr.), scheint für meine Vermuthung zu sprechen. Wenigstens mochte ich der Beschreibung des Rennens selbst durch frühere Erwähnung der Theilnehmer nicht vorgreifen.

³⁵) Vgl. oben S. 136.

³⁶) Obgleich man über die Organisation dieses Gardecorps nichts Näheres weiß, so läßt sich doch aus Tac. Ann. I, 24 schließen, daß auch eine Reiterabtheilung dazu gehörte. |

³⁷) Appulej. Apol. 22. p. 442. Oud. Gellius X, 15. Serv. zu Verg. Aen. II. 683. Einen andern galerus haben wir oben S. 130. kennen gelernt, und daß auch die Perrücken (der Damen) mit diesem Namen bezeichnet wurden, S. 369. Anm. 277. gesehen.

³⁸) Liv. VI, 41. Val. Max. I. 1, 4. Verg. Aen. VIII, 664. Isidor. XIX, 30, 5. vgl. Lactant. VI, 17. extr.

³⁹) Was bei den Flamines oder Priestern einzelner Gottheiten der Fall war. Von allen hier vorkommenden Klassen von Priestern wird im 2. Bande Kap. 9. die Rede sein.

⁴⁰) Serv. zu Verg. Aen. VII. 612. Dieses (von mir oben übergegangene) Gewand, welches seinen Namen von trabs (der Balken) hatte und dadurch eben als ein gestreiftes bezeichnet wird, trugen früher auch die Könige (Liv. I. 41. Verg. Aen. VII, 188. XI. 334. Ovid. Fast. II, 503. Plin. VIII. 48, 74. §. 195. IX, 39, 63. §. 136. Isidor. XIX, 24, 8.) und später bei feierlichen Gelegenheiten auch die Ritter (Tac. Ann. III. 2. Val. Max. II, 2, 9. vgl. mit Stat. Silv. V. 2, 18. u. Mart. V, 41, 5.) und der Consul, wenn er die Kriegspforte des Janustempels öffnete (Verg. Aen. VII, 611. vgl. Claud. in Rufin. I. 243. in Eutrop. II. prol. 10. Stilich. II, 3. und Symmach. Ep. IX. 112.).

⁴¹) Cic. de Div. I. 17. in. Liv. I. 18. Appulej. Apol. 22. p. 442. Oud. Gellius V, 8. vgl. mit Verg. Aen. VII, 187. und Ovid. Fast. VI. 375. Er hatte dieselbe Gestalt, wie das uns S. 134. mit Anm. 379. unter gleichem Namen bekannt gewordene Blasinstrument, und Gellius a. a. O. läßt es unentschieden, ob dieses nach ihm, oder er nach jenem benannt worden sei.

⁴²) Vgl. oben S. 176. Anm. 133. (Die Salier hatten ihren Namen von salire, weil sie bei ihrem Festaufzuge unter Gesang und Begleitung von Blasinstrumenten eine Art Waffentanz aufführten, wobei sie mit den Lanzen an die heiligen Schilde (ancilia) schlugen. Vgl. Varro L. L. V, 85. (15. p. 89. Speng.). Festus p. 326, 32. u. 329, 6. M. Ovid. Fast. III. 387. Serv. zu Verg. Aen. VIII, 285. 663. Dion. Hal. II, 70. Plut. Num. 13.)

⁴³) Cic. Phil. II, 34, 85. pro Coel. 11, 26. Verg. Aen. VIII. 343. 663. Juven. 2, 142 u. f. w. Ueber ihr Costum vgl. außer Cic. u. Serv. a. a. O. Dion. Hal. I, 80. Ovid. Fast. II, 267. V. 101.

⁴⁴) Paulus Diac. p. 10, 12. M. Gellius X, 15, 32. Vgl. Serv. zu Verg. Aen. II, 683. X, 270. u. Orelli 558.

⁴⁵) Tertull. de pallio 4.

⁴⁶) Cic. Verr. IV, 50. 110. Verg. Aen. X, 538. vgl. mit Geo. III, 487. Varro L. L. VI, 3. Flor. IV, 2. extr. Paulus Diac. p. 113, 1. M. Prudent. c. Symm. II, 1085. u. f. w. Vgl. auch Dion. Hal. II, 68.

⁴⁷) Prudent. c. Symm. II. 1093. 1104 f. ' Symmach. Ep. X, 61. Siehe Abbild. im Mus. Pio-Clem. III, p. 26. u. bei Millin Galerie mythol. p. 332 f. Wenn sie opferten, legten sie den mit einer fibula am Haupte befestigten weißen Schleier (suffibulum: Varro | L. L. VI, 21. Festus p. 348, 25. Paulus p. 349, 8. M.. von Propert. IV. (V), 11, 53. u. Val. Max. I, 1, 7. carbasus genannt) an. Ihre Gewänder waren ganz weiß. (Suidas II. p. 1010. Bernh.)

⁴⁸) Jupiter, Neptun, Apollo, Mars, Merkur, Vulkan, Juno, Minerva, Diana, Venus, Ceres u. Vesta.

⁴⁹) D. h. unter die Götter versetzte Menschen, wie Herkules, Castor u. Pollux, Aeskulap, Romulus u. f. w.

⁵⁰) Auch andre Glieder der kaiserlichen Familie, die man be= sonders ehren wollte. Vgl. das von Friedländer in Beckers röm. Alterth. IV. S. 501. Note 3265. gelieferte Verzeichniß. Auch das Abbild des regierenden Kaisers wurde aus Schmeichelei stets beigefügt.

⁵¹) Dion. Hal. VII, 72. Cic. de Off. I, 36, 131.

⁵²) Festus v. tensam p. 364, 10. M.

⁵³) Was die Maulthiere, Elephanten und Löwen betrifft, vgl. das Gepräge von Kaisermünzen bei Onuphr. Panvinus de ludis circ. p. 87. u. Eckhel Doct. num. V. p. 128. VI. p. 213. 366. u. VII. p. 39., hinsichtlich der Menschenhände aber Tertull. de spect. 7. Schon hieraus ergiebt sich, daß die Wagen ziemlich leicht sein mußten, was auch aus der Bezeichnung durch pilentum bei Macrob. Sat. I, 6, 15. p. 41. Jan. geschlossen werden kann. (Vgl. oben S. 53. Anm. 40.)

⁵⁴) Diese Schreibart ist richtiger, als thensac, da der Name mit Bezug auf das oben S. 384. erwähnte Halten der Zügel von

Seiten der höchsten Magistrate von tendere herzuleiten ist. (Ascon. zu Cic. Verr. V, 72, 186. u. Diomed. I, 372.) Vgl. auch Inschr. bei Gruter p. 35, 12. u. die besten Handschr. bei Cic. Verr. I, 59, 154. V, 72, 186. de har. resp. 11, 22. Liv. V, 41. IX, 40. Suet. Oct. 43. Vesp. 5. Festuß p. 364, 10. M. u. s. w. Plutarch. Cor. 25. schreibt allerdings Ἰήνση.

55) Suet. Caes. 76. Macrob. Sat. I, 6, 15. p. 41. Jan.

56) Tertull. de cor. mil. 13. vgl. mit Liv. V, 41.

57) Die während der Procession fallen zu lassen, für eine zu sühnende Vergehung galt.

58) Also patrimi u. matrimi. (Vgl. oben S. 362. Anm. 240.)

59) Die im Circus auftretenden Wagenlenker gehörten (nachdem es früher nur zwei Farben, die weiße und rothe, gegeben hatte: Tertull. de spect. 9.) in späterer Zeit vier nach ihren Farben verschiedenen Factionen an, der prasina, veneta, russata und alba, d. h. der grünen, blauen, rothen und weißen (Suet. Calig. 55. Ner. 22. Mart. X, 48, 23. XI, 33, 1. 4. XIII, 77, 2. Dio Cass. LIX, 14. — Suet. Vitell. 14. Mart. VI, 46, 1. X, 48, 23. XIV, 131, 1. Inschr. b. Gruter p. 340, 3 u. Mommsen I. R. N. 6907. — Plin. VII, 53, 54. §. 186. Inschr. bei Reines. Cl. 5. Nr. 63. u. Gruter 338. 2. 3. Vgl. überhaupt Inschr. b. Gruter p. 337—342. —) und jede derselben hatte ihre Partei im Volke (Dio Cass. LXXVIII, 8.), die einander oft mit größter Feindselig= keit behandelten, so daß daraus selbst politische Parteiungen ent= standen. Domitian fügte noch zwei andre Factionen hinzu, die goldgelbe und die purpurne (Suet. Dom. 7. Dio | Cass. LXVII, 4.), die aber nicht lange bestanden zu haben scheinen. (Mart. XIV, 55. erwähnt noch den grex purpureus. Später wird seiner nicht mehr gedacht.) Die meiste Rede ist immer von der grünen und blauen. (Dio Cass. LXXVII, 10.)

60) Vgl. S. 225. Anm. 543.

61) Reiche Römer, besonders Ritter (Plin. X, 24, 34. §. 71.) u. Senatoren (Dio Cass. LV, 10.), die große Sklavenfamilien und Gestüte hatten, übernahmen es, Rosse, Wagen und Wagenlenker zu den Circusspielen zu liefern, und auch aus ihnen bildeten sich später vier, nach den Farben geschiedene factiones mit eignen Directoren (domini factionum: Suet. Ner. 5. 22. Lamprid. Commod. 16. Inschr. bei Gruter p. 338, 2.), die wieder einen großen Schwarm in ihrem Solde stehender Verwalter, Aerzte, Stallbediener, Hand= werker u. s. w. hatten (vgl. Gruter 338 ff. u. Friedländer a. a. O. S. 514. Note 3304.), an deren Spitze der Quaestor factionis oder Rentmeister stand, welcher die Einnahmen und Ausgaben besorgte und die durch Siege gewonnenen Summen an die Herren der Com= pagnie vertheilte. Jede Compagnie oder factio hatte auch ihr eigenes Haus (stabulum), worin sich die Pferde, Wagen und sonstigen Geräthschaften, aber auch die Wohnungen der Dienerschaft und

Beamten befanden, und worin vor dem Beginn der Wettrennen
Wagenlenker und Pferde sorgfältig eingeübt wurden. Mit den
Herren dieser vier Factionen nun mußten die Veranstalter von Spielen
contrahiren, damit ihnen jede eine bestimmte Zahl von Wagen und
Rossen lieferte. (Vgl. Suet. u. Lamprid. a. a. O. Dio Cass. LXI,
6.) Uebrigens hielten auch die Kaiser Rennpferde (Tac. Hist. II,
94. Cod. Theod. X. tit. 6, 1. XV. tit. 5, 6. 10, 1.). Am
gesuchtesten waren die afrikanischen (Inschr. b. Murat. 623, 3. 624.
Grut. 341 ff.), cappadocischen (Veget. Veter. IV, 6.), spanischen
(ebendas. vgl. Plin. IV, 21, 35. §. 116. VIII, 42, 67. §. 166. u.
Symmach. Ep. IV, 62.) u. sicilischen (Veget. a. a. O. Hor. Od.
II, 16, 34. Anon. Gord. tres 4). Die Rennpferde hatten ihre
eigenen Namen und ihren Stammbaum, den die für die Rennen
schwärmenden Pferdeliebhaber sehr gut kannten (Mart. III, 63, 12.
Stat. Silv. V, 2, 21. Lucian. Nigr. 29. Chrysost. Vol. V. p.
315. ed. Eton. u. die Inschr. b. Gruter p. 342. u. bei Onuph.
Panvinus p. 29., welche eine lange Liste von Pferdenamen mit
Angabe ihrer Farbe, ihrer Lenker und der Zahl ihrer Siege enthält);
wie denn überhaupt die Römer ein leidenschaftliches, fast wahnsin=
niges Interesse an den Circusspielen nahmen (Suet. Calig. 55.
Capitol. L. Ver. 6. Dio Cass. LIX. 14. LXI, 6. LXXIII. 4. u. s. w.).
Die Wagenlenker waren meistens Sklaven (vgl. Dio Cass. LXIX, 16.
LXXIX, 15), besonders aus Sicilien stammende (Symmach. Ep. VI,
33. 42.), und standen sich sehr gut (Mart. X, 74. Juven. 7, 113.
Vopisc. Aurel. 15. vgl. Suet. Calig. 55.)

62) Die Circusspiele waren die einzigen öffentlichen Schauspiele,
in welchen die Sitze der Frauen von denen der Männer nicht ge=
trennt waren, und die daher eine ersehnte Gelegenheit zu verliebten
Stelldicheins und Anknüpfung zärtlicher Bekanntschaften darboten.
(Vgl. Ovid. Am. III, 2. A. A. 1, 135. Juven. 11, 199.) Die
in der ersten Stelle v. 19 erwähnte linea ist wahrscheinlich eine der
kleinen Zwischenräume, die nach einer gewissen Reihe von Sitzen
angebracht waren, um leichter auf Letztere gelangen zu können, die
ebendas. v. 64. erscheinenden cancelli aber die Balustrade vor der
vordersten Reihe eines neuen, zurücktretenden Stockwerks der Sitzreihen.

63) Vgl. oben S. 363. Anm. 246. Ueber dieses böse Omen
vgl. Plaut. Cas. III, 4, 1. Cic. de div. II, 40. extr. Ovid. Met. X,
452. Trist. I, 3, 55. Tibull. I, 3, 20. (u. daselbst Broukh.) Plin.
II, 7, 5. §. 24. Val. Max. I, 4. Plut. Tib. Gracch. 17. u. A. !

64) Vgl. Acta fratr. Arval. Tab. XXIV. col. II, 9. mit Liv.
XLV, 1. Sidon. Apoll. Carm. 23, 317. u. Friedländer a. a. O.
S. 503. Note 3271.

65) Wahrscheinlich war in den erwähnten Eckthürmen der
Carceres ein künstlicher Mechanismus angebracht, so daß sämmtliche
Gitterthore durch einen einzigen Druck geöffnet werden konnten.

66) Dion. Hal. VII, 73. erwähnt Vier=, Drei= u. Zweigespanne,
ja selbst Einspänner. Uebrigens vgl. die Abbild. im Mus. Pio-Clem.

V. tab. 44. im Mus. Borb. X. tav. 10—12. bei Onuph. Panvinus
p. 15. 18. 26. Bianconi Circh. di Carac. c. 9. Bellori Luc. vet.
1, 25—27. Guhl u. Koner Fig. 486. u. Krause Gymn. u. Agonist.
b. Hell. Taf. XIX. und XX., von Rennwagen auch bei Weiß Fig.
354 u. 531.

⁶⁷) Ueber das Costum der Wagenlenker vgl. die Abbild. im
Mus. Pio-Clem. III. 31. V. 42 f., bei Zoega Bassiril. I. tav. 34.
Krause Taf. XXI. u. in andern antiquar. Werken bei Friedländer
a. a. O. S. 508. Note 3278.

⁶⁸) Siehe Mus. Pio-Clem. V. tab. 43 ff. Bianconi p. 69. u.
über die Sitte, die Zügel um den Gürtel zu befestigen, Visconti
zu Mus. P. Cl. III, 31. vgl. mit Stat. Theb. VI, 497 ff. u. Ovid.
Met. XV, 523.

⁶⁹) Diese weiße Linie wurde nach Seneca Ep. 108, 32. früher
calx. später aber creta genannt. Die Bezeichnung durch calx findet
sich in einem Fragm. des Varro bei Nonius c. 3. n. 60., bei Cic.
Tusc. I, 8, 15. Cat. mai. 23, 83. u. Ammian. XXI. 1. (3.)
extr., die durch creta bei Plin. VIII, 42, 65. §. 160. und XXXV,
17, 58. §. 199. Die gewöhnliche Meinung, daß die aus den
Schranken herausfahrenden Wagen vor dem Beginn des eigentlichen
Rennens an dieser Linie Halt gemacht hätten und hier vorerst von
einem morator in eine ganz parallele Stellung gebracht worden
wären, ehe sie auf ein zweites Signal den Wettlauf selbst begonnen
hätten, wird auf Cassiodor. Var. III, 51. und ein paar Inschr.
(vgl. Gruter p. 339, 3. 5.) gegründet, in welchen ein morator
erscheint, widerspricht aber allen andern Schilderungen dieses Rennens
bei römischen Schriftstellern und dem, was wir oben über den
schrägen Bau der Carceres und seinen Grund bemerkt haben. Cassiodor hat wahrscheinlich an die olympischen Wettrennen der Griechen
gedacht; was aber jener morator bedeutet, wissen wir freilich nicht.

⁷⁰) Daß die Umkreisung der Spina von der Rechten zur Linken
erfolgte, geht aus Silius XVI, 360 ff., Lucian. VIII, 199 ff.,
Ovid. Am. III, 2, 72. und alten Monumenten unzweifelhaft hervor.
(Vgl. z. B. das bei Guhl und Koner S. 325. Fig. 486. abgebildete,
im Circus zu Lyon aufgefundene Mosaik, außerdem aber viele Vasen-
gemälde bei Tischbein II. pl. 27. Millin. II. pl. 72. Laborde I,
2. pl. 19. Gerhard Antike Bildw. Cent. I, 4, 78 u. f. w.

⁷¹) Vgl. Liv. XLI, 27. Dio Cass. XLIX, 43. u. Tertull.
de spect. 8. Daß nach jedem Umlauf ein Ei und ein Delphin abgenommen wurden, erhellet aus Dio Cass. a. a. O. u. Varro R. R.
I, 2, 11., obgleich auch hier wieder Cassiodor a. a. O. eine dem
widersprechende, irrige Ansicht vorträgt. |

⁷²) Die Länge der Spina zu drei Stadien angenommen (Plin.
XXXVI, 15, 24. §. 102.) giebt, da sie bei jedem missus 14mal
durchmessen werden mußte, für die ganze Länge der zu durchrennenden
Bahn eine Strecke von 25,176 rheinl. Fuß oder fast 1¹/₁₂ geograph.
Meile, die meistens in Zeit von einer halben Stunde zurückgelegt

wurde, was allerdings eine große Kraft und Ausdauer der Rosse voraussetzt. (Vgl. Anm. 73.)

73) Missus: Suet. Dom. 4. Ner. 22. Suet. Claud. 21. Serv. zu Verg. Geo. III. 18 u. f. w.

74) Bis auf Caligula fanden an einem Tage gewöhnlich nur 10 (Dio Cass. LVIII. 12.), höchstens 12 missus statt (id. LIX, 7. LX, 7.); jener Kaiser aber ließ zuerst 20, ja 24 missus anstellen (Dio LIX. 7., womit freilich Serv. zu Verg. Geo. III, 18. in Widerspruch steht) und von Nero's Zeiten an scheint es gewöhnlich geworden zu sein, daß die Wettrennen den ganzen Tag ausfüllten (Suet. Ner. 22.) und daß 24 missus stattfanden (Cassiod. Var. III, 51.). Rechnet man nämlich auf jeden missus auch nur ½ Stunde, so wurden, ganz abgesehen von der pompa, den Vorbereitungen und Pausen, volle 12 Stunden davon in Anspruch genommen, und man muß in der That die Römer bewundern, die bei diesem Schauspiel, zu dem sie sich oft schon vor dem Grauen des Tages eingefunden hatten, bis Sonnenuntergang ruhig ausharren konnten.

75) Daß dies zuweilen der Fall war, ergiebt sich z. B. aus Dio Cass. LX, 23, aus welcher Stelle vgl. mit Suet. Claud. 21. wir auch sehen, daß die Wettrennen im Circus zuweilen mit Thier=hetzen abwechselten. Daß auch bloße Pferderennen ohne Wagen stattfanden, bei denen es übrigens eben so herging, wie bei dem Wagenrennen, ergiebt sich aus vielen alten Darstellungen auf Reliefs, Vasen, geschnittenen Steinen und Münzen. (Vgl. z. B. Mus. Capit. IV. 48. Mus. Pio-Clem. V. 38—44. Mus. de Flor. VIII. 54—59. Eckhel Syll. I. num. vet. p. 20. 21. tab. II. fig. 13—15. Krause Taf. XX. u. s. w.) Dabei zeigten zuweilen auch die desultores ihre Künste, die von einem Pferde auf das andre und wieder zurückvolti=girten, oder auch, sich am Zaume festhaltend, eine Strecke neben dem Pferde herliefen und sich dann wieder aufschwangen. (Liv. XXIII, 29. XLIV, 9. Manil. V, 85. Hygin. fab. 80. extr. Varro R. R. II, 7, 15. Isidor. Orig. XVIII, 36, 1. Arnob. adv. gent. 11. p. 88. Harald. vgl. Plut. Phoc. 20. Suid. u. Etym. M. v. ἀποβατικῶς u. Hesych. v. ἀποβαίνοντες.) Ueberhaupt waren Productionen von Kunstreitern den Römern gar wohl bekannt.

76) Suet. Oct. 44. Ner. 12.

77) Augustus hatte überhaupt allen Frauen verboten, den Ath=letenkämpfen beizuwohnen (Suet. Oct. 44.); dieß Verbot wurde aber in den Zeiten der Antonine wohl schon längst nicht mehr beobachtet.

78) Daß dergleichen Wettkämpfe dem Wettrennen im Circus öfters folgten, ergiebt sich aus Cic. de Leg. II, 15. 38. Dion. Hal. VII, 73. u. Dio Cass. LX, 23. |

79) Cursores: Cic. Tusc. II, 23, 56. de Div. II, 70, 144. Sen. Ep. 83, 4. Lamprid. Alex. Sev. 42. Kal. Praen. m. Apr. u. s. w. vgl. Hor. Od. III, 12, 9. Da uns über diese Art des

Wettkampfes bei den Römern alle Nachrichten fehlen und wir aus Cic. Tusc. a. a. O. nur wissen, daß die Läufer dabei gewaltig schrieen, als würde dadurch Muth u. Ausdauer befördert, mußte ich mich hier an das halten, was wir davon in Bezug auf die Griechen wissen. (Vgl. Hom. Il. XXIII, 772. Pausan. II, 11, 8. V, 17, 3. Schol. zu Aristoph. Av. 292. zu Sophocl. Electra 691. Chrysost. Praef. zu Ep. ad Phil. p. 4. u. f. w. u. Abbild. bei Gerhard (Ant. Bildw. Cent. I. Taf. 6. Vasenbild. b. K. Muf. Taf. A. Fig. 12. Taf. B. Fig. 8. 12. Krause Taf. VI. u. VII.) und anderw.) Nur die Abweichung habe ich mir erlaubt, daß ich nicht auch die Läufer gleich den Athleten völlig nackt und mit eingeöltem Körper auftreten lasse, wie es bei den Griechen Sitte war. (Thucyd. I, 6.) Ob die Römer auch den griechischen Wettlauf Bewaffneter (Pauf. II, 11, 8. III. 14, 3. V, 8, 3. 12, 7. VI, 10, 2. Plato de Leg. VIII. p. 833. B. C. Pind. Isthm. I, 22. u. f. w.) nachahmten, wissen wir gleichfalls nicht. [Verwandt damit aber ist der Waffen= tanz (pyrchicha militaris: Suet. Caes. 39. Ner. 12. Spart. Hadr. 19. Plin. VII, 56, 57. §. 204. Appulej. Met. X, 29. p. 734. Oud. Solin. 11. (16.), der vielleicht identisch mit der von Fuß= gängern (Ammian. XIV, 11. 3.) und Reitern (Claudian. VI. Cons. Hon. 621 ff.) ausgeführten armatura (Veget. II, 23. vgl. Plin. a. a. O. u. Valef. u. Geßner zu Ammian. u. Claud. a. a. O.) ist, die auch im Circus aufgeführt wurde (Liv. XLIV, 9.), aber nicht (wie es von Serv. zu Verg. Aen. V, 602. geschieht) mit dem alten ludus Troiae (Verg. Aen. V, 545 ff.) verwechselt werden darf, der von den Kaisern oft angestellt wurde (Suet. Caes. 39. Oct. 43. Tib. 6. Calig. 18. Claud. 21. Ner. 7. Tac. Ann. XI, 11. Dio Cass. XLIII, 23. XLIX, 43. LI, 22. LIII, 1. u. f. w.) Vgl. Göbel de Troiae ludo. Progr. von Düren 1852. citirt von Friedländer a. a. O. S. 520. Note 3330.] Wettläufe von Knaben (vgl. Pauf. X, 7, 3.) und selbst von Jungfrauen, bei denen natürlich die zu durchlaufende Bahn weit kürzer war, scheinen auch bei den Römern mitunter vorgekommen zu sein.

³⁰) In den olympischen Kampfspielen der Griechen mußte das Stadium gar 20, ja 24mal, d. h. eine Strecke von mehr als ½ Meile ohne Absetzen durchlaufen werden, und es war daher kein Wunder, daß zuweilen der Sieger am Ziele todt zu Boden sank. (Pauf. III, 21, 1.)

³¹) Luctatores: Sen. de ben. V, 3. VII, 1. Gellius III, 15. Ovid. Trist. IV, 6. 31. Ibis 393. u. f. w. oder mit dem griech. Namen athletae: Cic. Or. 68, 228. de Sen. 9, 27. Tusc. II, 17, 40. 23, 56. Nep. Epam. 2. u. f. w. Die von den Griechen ent= lehnte Athletik brach sich erst allmählich Bahn in Rom, wo man, hauptsächlich wohl der Nacktheit der Athleten wegen (Cic. Tusc. IV, 33, 70. Plut. Cat mai. 20.), Anfangs sehr ungünstig über sie urtheilte, wie wir schon oben S. 349. Anm. 94. gesehen haben.

Später aber änderten sich die Ansichten und wenn auch Römer selbst
sehr selten als Athleten | auftraten (vgl. Pauf. V. 20, 8. Plut.
de san. tuenda 5. Phot. Cod. 79. p. 83. Bekk. Schol. zu Juven.
4, 53.), so schätzten sie doch die unter ihnen lebenden griechischen
Athleten (Sen. de brev. vitae 32, 5 f. Mart. VII, 32, 5.), die als
freie Männer (Dig. IX, 2, 7. §. 4. Lamprid. Alex. Sev. 42.) eine
ganz andre Stellung einnahmen, als die Gladiatoren und selbst die
Schauspieler. Sie bildeten eigne Genossenschaften unter einem Vorsteher (Ammian. XXI, 1, 4.), hatten in Rom ein besondres Gym-
nasium, wurden zur Aufführung öffentlicher Ringkämpfe für hohen
Lohn gedungen und als Sieger reich belohnt (Suet. Oct. 45. Plin.
Ep. X, 119, 120. vgl. Cod. Just. X, 53.). Ihre Statuen schmückten
die Palästren der vornehmen Römer (Plin. XXXV, 2, 2. §. 5.
vgl. Cic. Verr. II, 2, 14.), die sich nun selbst im Ringen übten
und mästende Athletenkost genossen (Sen. Ep. 15, 2 f.). Ja selbst
Frauen, bei denen überhaupt die Athleten in großer Gunst standen
(Juven. 6, 355.), trieben jetzt öffentlich Athletik (Juven. 2, 53. 6,
246. Mart. VII, 67.). Ueber die Art und Weise des Ringens
selbst und die Körperhaltung dabei vgl. Hom. Il. XXIII, 707 ff.
und dazu Eustath. p. 1325, 62. — 1327. 16. Xenoph. Cyn. 10,
12. Heliodor. Aeth. X. p. 235 ff. ed. Bas. Quint. Smyrn. IV,
220 ff. Lucian. Anach. 1. 24. Plut. Symp. II. 5, 2. Stat.
Theb. VI, 831 ff. Ovid. Met. IX, 33 ff. Lucan. IV, 612 ff. und
Darstellungen auf alten Monumenten, besonders Vasen (vgl. z. B.
Mus. Gregor. Vol. II. tav. 22. Tischbein Vasengem. IV, 44. und
Krause Gymn. u. Agon. Taf. X—XIII).

82) Dieses sehr nöthige Einölen und Bestreuen des Körpers mit
Staub (vgl. Lucian. Anach. 1. 2. 24. 28. Plut. de tuend. val. 15.
de util. ex inim. 6.) machte nach dem Kampfe eine gründliche
Reinigung vermittelst eines Schabeisens (strigilis: Plaut. Stich. I, 3,
78. Pers. I, 3, 44. Cic. Fin. IV, 12, 30. Perf. 5, 126. Hor.
Sat. II, 7, 110. Juven. 3, 262. Mart. XIV, 51. Suet. Oct.
80. Plin. XXVIII, 4, 14. §. 55. vgl. oben S. 96. Anm. 371.)
nöthig, d. h. eines löffelartig ausgehöhlten und mit einem Griff versehenen Instrumentes aus Metall, Knochen oder Rohr (vgl. die
Abbild. im Mus. Greg. Vol. II. tav. 87. und in Gerhard's griech.
Vasenb. Taf. 277. u. 281., sowie Mus. Borb. VII. tav. 16. Overbeck Fig. 271. Guhl u. Koner Fig. 474. u. Weiß Fig. 353., wo
Salbgefäß, Striegeln u. s. w. zusammen an einem Ringe hängen),
dessen Anwendung uns die bekannte, schöne Statue des Ἀποξυόμενος
im Museum Chiaramonti zeigt.

83) Pugiles: Cic. Tusc. II, 17, 40. 23, 56. Brut. 69, 243.
Ter. Eun. II, 3, 23. Hor. Od. IV, 2, 18 (vgl. mit III, 12, 8.)
A. P. 84. Ep. II, 1, 186. Ovid. Am. III, 2, 54. Fast. V,
700. Suet. Oct. 45. Orelli 2530. 4270. 6599. u. s. w.

84) Siehe oben S. 348. Anm. 90. Ueber den Gebrauch des

Ceſtus und den Fauſtkampf überhaupt, bei welchem ich die pugiles
eigentlich auch völlig nackt hätte auftreten laſſen ſollen, vgl. eine
Menge Stellen der Alten, wie über das Anlegen des Ceſtus Apoll.
Rhod. II, 63. 65. Theocr. 22, 80. Quint. Smyrn. IV, 334.,
über den zu wählenden Standpunkt Theocr. 22, 84. Aeſchin. c.
Ctesiph. §. 206. Bekk. Stat. Theb. VI, 757., über die | anzu=
nehmende Stellung Stat. a. a. O. Verg. Aen. V, 426. Quint.
Smyrn. IV, 346. Val. Max. IV, 267., über die nöthige große
Aufmerkſamkeit Theocr. 22, 102. 120 ff. Quint. Smyrn. IV. 359.
366. Apoll. Rhod. II. 75 ff. Stat. Theb. VI, 766 ff., über die
beſonders nach dem Geſichte geführten Schläge Hom. Il. XXII.
688 ff. Theocr. 22, 100. 122. 134. Quint. Smyrn. IV, 364.
Lucian. Anach. 3. Stat. Theb. VI, 779. 789., über die platt=
geſchlagenen Ohren Theocr. 22, 45. Plato Gorg. c. 71. p. 516. A.
Diog. Laert. V, 67. p. 303. Meibom.. über die eingeſchlagenen
Zähne Theocr. 22, 126. Apoll. Rhod. II. 785. Lucian. Anach.
3. Verg. Aen. V, 469. Sen. Ep. 13, 1. u. ſ. w. Vgl. die
Abbild. bei Krauſe Gym. u. Agon. Taf. XVII. XVIII. a. d. e. XIX.

[85]) Vor der Erbauung dieſes Theaters, von welchem ſich noch
Ueberreſte am Palazzo Pio unweit Campo di Fiore finden, gab es
in Rom nur zu Zeiten ein für einzelne dramatiſche Aufführungen
aufgeſchlagenes und dann wieder weggeriſſenes Theater von Brettern
(Tac. Ann. XIV, 20.). Beſonders berühmt iſt das vom Aedil
Aemilius Scaurus im J. 58. v. Chr. für einen Monat erbaute und
mit ungeheurer Verſchwendung ausgeſtattete Theater, welches durch
360 Säulen und 3000 Bronzeſtatuen geſchmückt war und 80,000
Zuſchauer faßte (Plin. XXXVI. 15, 24. §. 114. Cic. pro Sext.
54, 116. de Off. II, 16, 57. Val. Max. II, 4, 6. 7.). Scribonius
Curio aber baute im Jahre 53. v. Chr. gar zwei auf Achſen ruhende
und drehbare Theater, die mit dem Rücken gegen einander gekehrt
waren, und nachdem Vormittags Schauſpiele darin aufgeführt worden
waren, am Nachmittage mit der ganzen Zuſchauermenge umgedreht
und in ein Amphitheater verwandelt wurden, das nun 100,000
Menſchen faßte (Plin. XXXVI, 15, 24. §. 117.).

[86]) Nach der Notitia 22,888, nach dem Curios. freilich nur
17,580, nach Plin. XXXVI, 15, 24. §. 115. aber gar 40,000.
Von den beiden unter Auguſtus erbauten Theatern (Suet. Oct. 29.
vgl. mit Dio Caſſ. LIV. 25.) faßte das Theater des Balbus nach
der Notitia 8088, nach dem Curios. aber 11,600 und das des Mar=
cellus nach der Not. 17,580, nach dem Cur. aber 20,000 Perſonen.
Das Theater des Pompejus, welches erſt unter Tiberius und ſpäter
wieder unter Philippus abbrannte, aber ſtets reſtaurirt wurde, wird
noch von Ammian. XVI, 10. als ein bewundernswürdiges Bauwerk
gerühmt und als vom Theodorich wieder in Stand geſetzt von Caſſiod.
Var. IV, 51. erwähnt.

[87]) Cavea: Cic. de Sen. 14, 48. de Amic. 7, 24. de Leg. II, 15,

38. de har. resp. 12, 26. Lucr. IV, 76. Plaut. Amph. prol. 66. Truc. V, 1, 39. Appulej. Met. X, 34. p. 748. Oud. u. s. w. vgl. Verg. Aen. V, 540. VIII, 635.

88) Pulpitum: Vitruv. V, 6. 8. Plin. Ep. IV, 25, 4. Hor. A. P. 279. Juven. 3, 174. 7, 93. 14, 257 (vgl. mit 6, 78.) Ovid. Am. I, 104. Trist. II, 517. Propert. IV (V), 1, 16. u. s. w.

89) Eine solche tessera mit der Aufschrift CAV. II. CVN. III. | GRAD. VIII. CASINA PLAVTI hat sich in Pompeji gefunden (vgl. Romanelli Viagg. a Pomp. I. p. 216. u. Orelli 2539.), sie wird aber wohl nicht ohne Grund für unächt gehalten. Vgl. Momm= sen in b. Bericht. b. K. S. Gesellsch. b. Wiss. 1849. S. 286.

90) Designatores: Plaut. Poen. prol. 19.

91) Suet. Claud. 21. Vgl. Hirt Gesch. b. Baukunst III. S. 98 f.

92) Daß hier die Senatoren ihre Plätze hatten, erhellet aus Suet. Oct. 44. vgl. mit c. 35. Daher steht bei Juven. 3, 178. orchestra statt senatus.

93) Unter denen auch die Kaiserin saß, wenn sie das Theater besuchte (Tac. Ann. IV, 16.). Ueber diesen Ehrenplatz der Vesta= linnen vgl. auch Suet. Oct. 44. Ner. 12. Arnob. IV, 35. Pru= dent. c. Symmach. II, 1090 ff. 1108. mit Cic. pro Mur. 35, 73. u. Marini Fratr. Arv. I. p. 131. Uebrigens saßen die Vestalinnen an dem einen Ende der ersten Bank, dem am andern Ende sitzenden, das Spiel beaufsichtigenden Prätor gegenüber (Suet. Oct. 44.).

94) Orchestra: Vitruv. V, 6. Suet. Caes. 39. 76. Oct. 35. Claud. 66. u. s. w., bei Appulej. X, 44. p. 748. platea genannt. Bei den Griechen wurde ein Theil der Orchestra auch zu den sceni= schen Darstellungen selbst, d. h. zum Auftreten des Chors, benutzt. (Vgl. Hirt a. a. O. S. 92 f.) Ein quer vor der Bühne angelegtes und für die Musik bestimmtes Orchester gab es in den Theatern der Alten nicht. Uebrigens vgl. überhaupt die genauere Beschreibung des griech. Theaters in der 2. Abth. 1. Band Kap. 13.

95) Vitruv. V. 3.

96) Vitruv. II, 8. V. 3. vgl. mit Tertull. de spect. 3. Auf ihnen standen diejenigen, welche keine Sitzplätze mehr fanden. (Vgl. Mart. V. 14. 8., wo dieser Platz ganz passend via heißt.)

97) Vgl. Marini Fratr. Arval. tav. 23.

98) In manchen Theatern gab es auch zwei praecinctiones und drei Stockwerke. Doch liefen zuweilen auch die Treppen in ununter= brochener Folge der Stufen bis oben hinauf. (Vgl. Stieglitz Archäol. Unterh. I. S. 89. u. Wieseler Theatergeb. 2c. bei Röm. u. Gr. S. 22. Taf. II, 18., citirt von Friedländer in Becker's Alterth. IV. S. 528.)

99) Vitruv. V, 6. Suet. Oct. 44. Dom. 4. Juven. 6. 61. Phädr. V, 7, 35. u. s. w.

100) Ueber diese (auch in Griechenland herrschende) Sitte sich sein Polsterkissen (pulvinus) in's Theater mitzunehmen vgl. Ovid.

A. A. I, 159. u. Juven. 3, 154. mit Theophr. Char. 2. u. Aeschines
c. Ctesiph. p. 467.

[101]) Suet. Oct. 44. Hinsichtlich der Frauenplätze vgl. auch
Calpurn. Ecl. 7, 26. In frühern Zeiten war gar kein Unterschied
der Plätze und man sah den Vorstellungen im Freien stehend zu.
(Liv. XXXVI. 36. vgl. mit Val. Max. II, 4, 6.)

[102]) Ueber die buntfarbigen (Lucr. IV, 73 ff. und Dio Cass.
XLIII, 6.) vela vgl. Val. Max. a. a. O. Liv. XXXIX. 7. u. Plin.
XIX, 1, 6. §. 23. Bei heftigem Winde konnten sie nicht aufgespannt
werden. (Mart. XIV, 28. u. 29.) |

[103]) Cic. pro Coel. 27. extr. Phädr. V, 7, 23. Ovid. Met.
III, 111. Hor. Ep. II, 1, 189. A. P. 154. Verg. Geo. III, 25.
Appulej. Met. I, 8. p. 39. Oud. Daß er beim Beginn der Vorstellung
sank und am Schlusse sich wieder hob, ergiebt sich aus Cic., Verg.,
Ovid. u. Hor. a. a. O., über die kunstreiche Vorrichtung zum Heben
und Herablassen desselben aber vgl. Mazois' Auseinandersetzung in
Overbeck's Pompeji I. S. 150. Ein gewirkter Teppich mußte es
sein, weil sich die Farben eines blos gemalten Vorhangs bei dieser
Art der Behandlung desselben und dem Versinken in den bei den
Theatern in Pompeji und Taormina noch sichtbaren Einschnitt völlig
abgerieben haben würden. Die eingewirkten Figuren waren wohl
meistens kolossale Götter= und Menschengestalten (z. B. aus besiegten
Völkerschaften stammende Sklaven: vgl. Verg. a. a. O.), deren all=
mähliches Emporsteigen aus dem Boden ein imposantes Schauspiel
dargeboten haben muß. (Vgl. Ovid. a. a. O.).

[104]) Cic. de prov. cons. 6, 14. Juven. 8, 186. Festus p.
340, 17. u. Paulus Diac. p. 341, 4. M. Appulej. Met. I, 8.
p. 39. Oud.

[105]) Die beschriebene Art ihn aufzuziehen, scheint sich aus den
Worten des Appulejus a. a. O. aulaeum tragicum dimoveto et
siparium scenicum complicato zu ergeben.

[106]) Diese scena im engern Sinne ist zu verstehen bei Vitruv.
V, 7. extr. vgl. Verg. Aen. I, 433. u. Geo. III, 24.; im weitern
hieß freilich die ganze Bühne, wo die Schauspieler auftraten, scena
(Cic. de Or. III, 59, 220. Liv. XLI, 27. Verg. Aen. IV, 471.
Dig. III, 2, 2. extr. u. s. w.). Ueber die reiche Ausschmückung
dieser hintern Wand durch Säulen, Statuen, Gemälde u. s. w. vgl.
Vitruv. V, 7. Val. Max. 11, 6. Plin. XXXIII, 3, 16. §. 53.
XXXV, 4, 7. §. 23. Ihre Schönheit wurde auch noch dadurch
erhöht, daß sie nicht in einer geraden Linie fortlief, sondern nischen=
artig ausgeschweift war.　　　　•

[107]) Die Alten unterschieden 3 Hauptarten von Säulen, die
dorische, ionische und korinthische. Bei der dorischen, der massivsten
und einfachsten Art, steht der ziemlich dicke, meistens cannellirte oder
geriefte Schaft unmittelbar auf dem Fußboden auf und das Capitäl
besteht blos aus einem runden, hervortretenden Wulste (von den

Griechen ἐχῖνος genannt) mit einer darauf ruhenden viereckigen Deckplatte (abacus). Die ionische unterscheidet sich von jener durch größere Leichtigkeit und Schlankheit, auch kommt bei ihr noch als dritter Haupttheil eine auf einer viereckigen Platte ruhende, aus mehreren polsterartigen Vorsprüngen bestehende Basis hinzu, und das Capitäl zeigt eine größere Eleganz der Formen, indem jener Wulst zu einem sogenannten Eierstabe (auf dem Eier mit andern Figuren, Pfeilen oder Blättern wechseln) ausgemeißelt ist, und statt des Abacus sich ein ausgeschweiftes sogenanntes Polster (pulvinar) zeigt, das an den Seiten über den Echinus hinabreichende Voluten oder Schnecken zieren, und auf welchem eine kleine Deckplatte ruht. Die Cannellirung ist tiefer ausgehöhlt, als bei der dorischen Säule, und zwischen den Vertiefungen befinden sich schmale Flächen, Stege genannt. Die korinthische Säule endlich unterscheidet sich von der ionischen bloß durch ein reicher verziertes Capitäl, indem die Voluten weiter heraustreten, gleichsam zwei Polster über einander zu liegen und in einander gewickelt zu sein scheinen, und der oberste | Theil des Schaftes durch einen Ring von der Cannellirung abgetrennt, mit zum Capitäl gezogen und mit einem reichen Blätterschmuck verziert ist.

[108]) Ueber die Decorationen auf der Bühne der Alten sind wir noch sehr im Unklaren, namentlich was den Hintergrund betrifft, da man nicht recht begreift, wozu die reich mit Säulen, Statuen, Gemälden u. s. w. verzierte Hinterwand der Bühne war, wenn eine Decoration davor geschoben wurde; und doch unterscheidet Vitruv. V, 6. (7.) drei Gattungen von Decorationen, eine tragische (einen königlichen Palast mit Säulen, Giebeln und Statuen darstellend), eine komische (ein gewöhnliches Privathaus mit Stockwerken, Erkern und Fenstern) und eine satyrische (ein Landschaftsgemälde mit Bergen, Höhlen, Bäumen u. s. w.). Ueber die Maschinerie (Versenkungen, Flugmaschinen, Blitzthürme u. s. w.) vgl. Pollux IV, 127—132., der uns aber freilich über Vieles in Ungewißheit läßt.

[109]) Von Vitruv. V, 6. (7.) versurae procurrentes genannt.

[110]) Daß die Decoration des Hintergrundes verschiebbar war, schließt man aus dem Ausdrucke scena ductilis bei Serv. zu Verg. Geo. III, 24., während die Seitencoulissen als scena versatilis erscheinen.

[111]) Bei den Griechen enthielt die vor der erhöhten Bühne befindliche Orchestra nur die θυμέλη oder den Altar und den Platz, auf welchem der Chor auftrat, im römischen Theater aber die vornehmsten Zuschauersitze. Was die römische Tragödie betrifft, so bezweifeln Manche noch, ob sie überhaupt einen Chor gehabt habe, da sich außer den wohl gar nicht für die Bühne, sondern nur zum Vorlesen bestimmten Tragödien des Seneca, die allerdings einen Chor haben, von den Trauerspielen des Ennius, Nävius, Attius, Pacuvius u. s. w. nur Fragmente erhalten haben, unter denen sich jedoch auch Bruch= stücke von Chören bei Ennius und Pacuvius finden. (Vgl. Gellius

XIX, 10.) Auch die Phoenissae des Attius müssen, wie schon der Titel zeigt, nothwendig einen Chor gehabt haben, eine Stelle des Horaz A. P. 193 ff. setzt gleichfalls einen Chor in der römischen Tragödie voraus, und auch Cicero pro. Rosc. Am. 24, 66. und in Pis. 20, 46. weist auf einen Furienchor in der römischen Tragödie hin, so daß man annehmen muß, daß wenigstens manche Trauer= spiele der Römer (namentlich wohl die aus dem Griechischen über= tragenen) wirklich einen Chor gehabt haben.

112a) Bei den Griechen stand in der Thymele nur ein Altar und zwar der des Dionysos oder Bacchus, da die scenischen Dar= stellungen aus den Dionysien oder Bacchusfesten hervorgegangen waren.

112b) Daß es im Theater der Alten auch Versenkungen mit Hebemaschinen gab, ersehen wir aus Pollux IV, 132., der jene Maschinerie ἀναπίασμα nennt. Auch sagt hier derselbe, daß von der Bühne aus eine verborgene Treppe (χαρώνειοι κλίμακες) in den Raum unter derselben hinabführte.

113) Der aus Pisaurum in Umbrien (dem heutigen Pesaro) gebürtige Trauerspieldichter Lucius Attius war im J. 170 v. Chr. geboren und erreichte ein hohes Alter. Unter seinen Tragödien, von denen sich nur Bruchstücke erhalten haben, war auch eine mit dem Titel Hecuba, unstreitig eine Nachahmung des gleichnamigen euripi= deischen Trauerspiels. |

114) Es wurden in Rom keine theatralischen Vorstellungen Jahr aus, Jahr ein gegeben, sondern dieselben fanden nur bei Festen und andern außerordentlichen Veranlassungen und zwar stets bei Tage statt, wozu dann von dem sie veranstalteten Aedil oder Prätor eine der vorhandenen Schauspielertruppen (grex: Plaut. Cas. prol. 22. Asin. prol. 3. Ter. Heaut. prol. 45. Phorm. prol. 32. Petron. 80. Orelli 2620. u. s. w., auch caterva: Cic. pro Sext. 55, 118.) auf seine Kosten gedungen wurde (Plut. Brut. 21. Juven. 6, 379.). Jede dieser Truppen stand unter ihrem eignen Director (dux gregis), dessen Stelle oft der erste Schauspieler (actor prima= rum partium) bekleidete. Mit ihnen mußte der Magistratus con= trahiren und ihre Ansprüche steigerten sich mit den Ansprüchen des Publikums an die Bühne, da sie guten Schauspielern auch hohe Gagen zahlen mußten. (Vgl. die folgende Anm.) Ueber die Schau= spieler selbst und ihr Verhältniß siehe Anm. 116.

115) Nach Macrob. Sat. III, 14, (II, 10) 13. p. 322 Jan. erhielt der berühmte Schauspieler Roscius täglich 1000 Denare (d. h. etwa 700, resp. 870 Mark), nach Plin. VII, 39, 40. §. 129. nahm er jährlich 500,000 Sest. (oder 87,705, resp. 98,759 Mark) ein, und nach Cicero pro Rosc. Com. 8, 23. konnte er in zehn Jahren 6 Millionen Sestertien (1,052,460, resp. 1,305,126 Mark) verdienen.

116) Die histriones (Cic. Fin. III, 7, 24. de Or. II, 46. 193. III, 59, 220. Parad. III, 2, 26. pro Sext. 55, 118. 119. Liv. VII, 2. Val. Max. II. 4, 4. Plin. VII, 53, 54. §. 185. XXXV,

12, 46. §. 163 u. f. w.) oder actores (Cic. de Or. I, 26, 118.
28, 128. Div. in Caec. 15, 48. pro Sext. 54, 116. Justin. VI,
9. u. f. w.) waren größtentheils Freigelassene oder Sklaven (Cic.
ad Att. IV, 16, 13. Sen. Ep. 80, 7.), deren Freilassung zuweilen
im Theater selbst vom Volke verlangt wurde (Suet. Tib. 47. Dio
Cass. LVII, 11. LXIX, 16. LXXVII, 21.), und wurden entweder
von Privatmännern zu eignen Vorstellungen im Hause (Plin. Ep.
V. 19. IX, 36. 40. Plut. de vid. pud. 6. Epictet. Diss. IV, 7. 37.),
oder von den oben erwähnten Directoren gehalten, um sie gegen
Bezahlung zu vermiethen (Cic. pro Rosc. Com. 10, 28 f. vgl.
Orelli 2618. 2619. 2629.). Sie waren zwar im Allgemeinen ver=
achtet und galten für infames (Cic. Rep. IV, 10, 32. Nepos
prooem. 4. Dig. III, 2, 1. Tertull. de spect. 22.), doch fanden
wirkliche Künstler unter ihnen auch große Anerkennung, wie wir
gleich sehen werden, und in der Kaiserzeit, wo nicht selten selbst
Ritter genöthigt wurden auf der Bühne aufzutreten (Suet. Caes.
39. Oct. 43. Tib. 35. Calig. 30. Ner. 4. Tac. Ann. XIV, 14.
Hist. II, 60. Sen. Contr. VII. 3. Macrob. Sat. II, 7, 2. p. 349.
Jan. Dio Cass. LX. 7.), verbesserte sich überhaupt die gesellschaft=
liche Stellung der Schauspieler wesentlich. Auch fand unter ihnen
ein Wettkampf um den Beifall des Publikums statt (Plaut. Amph.
prol. 65 ff. Poen. 37 ff.), wobei der Siegespreis in Palmen (Cic.
ad Att. IV, 15, 6., wenn anders hier palmam tulit wörtlich zu
nehmen ist, Ovid. Fast. V. 189.), Kränzen (Plut. | Caes. min. 46.
Suet. Vesp. 19., vgl. mit Gruter p. 331, 6. Orelli 2626—28.
2637.), schönen Kleidern (Lampr. Alex. Sev. 33. Vopisc. Carin.
20.) und Geld (Juven. 7, 243. mit d. Schol. Capitol. Ant. Phil.
11.) bestand.

¹¹⁷) Sowohl der tragische Schauspieler Aesopus, als der Komiker
Roscius waren Zeitgenossen des Cicero und lebten also im ersten
Jahrh. vor Chr. Aesopus hinterließ, obgleich er bedeutenden Auf=
wand machte (Plin. X, 51, 72. §. 141.), seinem Sohne ein unge=
heures Vermögen (nach Macrob. III, 14, (II, 10), 14. p. 323. Jan.
20 Millionen Sestertien), das dieser schnell verschwendete (Plin.
IX, 35, 59. §. 122. Hor. Sat. II, 3, 239. Mart. IX, 1, 2.),
Roscius aber, der sich ebenfalls bedeutendes Vermögen erworben
hatte, nahm später für sein Spiel kein Honorar mehr an. (Cic. pro
Rosc. Com. 8, 23.) Beide genossen die Achtung u. den Umgang der vor=
nehmsten Männer des Staates. (Macrob. III. 13, (II, 10,) 11 ff. p. 321 f.
Jan. Plut. Sulla 36. Cic. 5. Cic. de Div. I, 36, 79. de Leg. I, 4, 11.)

¹¹⁷ᵇ) Der Tact wurde mit dicken Sohlen von Holz, ja selbst
von Eisen geschlagen, die ihrer Aehnlichkeit mit einem Fußbänkchen
wegen scabillum (Cic. pro Coelio 27. extr. Suet. Calig. 54. Arnob.
II. p 92. VII. p. 298. Harald. Augustin. de musica III. in.),
griechisch κρούπεζα, κρουπέζιον (Pollux VII, 22. 87. vgl. Hesych.
T. II, p. 540. Schmidt.) hießen. Es wurde damit auch das Signal

28*

zum Aufziehen des Vorhangs nach dem Schlusse der Vorstellung gegeben. (Cic. a. a. O.).

[118]) Canticum: Cic. ad Fam. IX, 22, 1. Liv. VII, 2. Suet. Galb. 13. Phädr. V, 7, 25. 30. Plin. Ep. II, 14. extr. Diomed. p. 489. P. u. f. w.

[119]) Ueber diese Art der Behandlung des canticum oder Mono=logs vgl. Livius und Diomed. a. a. O. Daß es zuweilen auch von mehrern Sängern vorgetragen wurde, sehen wir aus Cic. pro Sext. 55, 118. (vgl. mit de Or. III, 50, 196.) und Suet. Galb. 13. Die Melodie dazu rührte natürlich nicht vom Verfasser des Stücks, sondern von einem besondern Componisten her. (Donat. Praef. ad Ter. Adelph. u. Fragm. de com.). Uebrigens spielte diese Beglei=tung des canticum der pythaules, die der Chöre aber der choraules (Diomed. a. a. O.).

[120]) Wenn auf der römischen Bühne, wo lange Zeit hindurch die weiblichen Rollen, wie in Griechenland, bloß von Männern gegeben wurden, zuerst auch Schauspielerinnen aufgetreten sind, wissen wir nicht. Daß es aber in spätern Zeiten der Fall war, ergiebt sich aus Donat. zu Ter. Andr. IV, 3. Tänzerinnen waren freilich auch schon früher aufgetreten.

[121]) In den frühesten Zeiten hatte man in Rom ohne Masken gespielt und Alter und Geschlecht war nur durch Kopfbedeckungen (galeri) von verschiedner Gestalt und Farbe bezeichnet worden (Dio=med. p. 486. P. Festus p. 217, 18. M. Donat. Fragm. de com.), und auch späterhin traten zuweilen einzelne Schauspieler noch ohne Maske auf (Cic. de Or. III, 59, 221. de Div. I, 37, 80. vielleicht auch Sen. Ep. 11, 7.), im Allgemeinen aber wurde seit Terenz, d. h. seit dem 2. Jahrh. vor Chr., der Gebrauch der Masken (per-sonae) üblich (Donat. praef. ad Ter. Adelph.), nachdem Anfangs selbst zu Terenz's Zeiten noch ohne Masken gespielt worden war (vgl. Phorm. I, 4, 32 ff.). Ihr Gebrauch hatte aber seinen Grund theils in dem schon erwähnten Umstande, daß die weiblichen Rollen von Männern dargestellt wurden, theils besonders in der Größe der unbedeckten Theater, | die eine Verstärkung der Stimme dringend nöthig machte (vgl. Gellius V, 7.), was besonders durch eine Fütterung der weiten Mundöffnung mit Metallplatten bewirkt wurde, wodurch eine Art von kleinem Sprachrohr entstand. Natürlich waren die Masken im Gesichtsausdruck den darzustellenden Charakteren angepaßt und wesentlich gehörten dazu auch verschiedene (in der Tragödie sehr hohe) Haartouren und Bärte. Die Haarfrisur über der Stirne tragischer Schauspieler, welche gleich den Cothurnen darauf berechnet war, die auftretenden Heroen in riesiger Größe erscheinen zu lassen, bestand in einer mit Haarlocken besetzten Erhöhung in Gestalt eines Λ und hieß griechisch ὄγκος (Pollux IV, 133.), lateinisch aber wahrscheinlich superficies. (Vgl. Böttiger Kl. Schr. I. S. 284.) — Pollux IV, 143 ff. unterscheidet und beschreibt

eine ganze Menge verschiedener Masken. (Vgl. auch die Abbildungen in den Pitt. di Ercol. IV, tav. 33—43. Mus. Borb. I. tav. 20. 21. II. tav. 56. (auch bei Guhl u. Koner Fig. 309., wo sich eine Gar-
derobenscene zeigt) IV. tav. 18. u. tav. 24. VII. tav. 44. XI. tav. 42. XIII. tav. 21. Mus. Pio-Clem. III. tav. 28. 29. bei Berger de per-
sonis. Francof. et Lips. 1723. 4. Winckelmann Mon. ined. n. 189. Wieseler Denkm. des Bühnenwesens u. s. w. (Götting. 1851.) Taf. V. 9—52. Overbeck Pompeji I. S. 138. Fig. 106. Guhl u. Koner Fig. 306. 307. Weiß Fig. 477. u. anderw.) Von Mimik der Schauspieler konnte dabei natürlich nicht die Rede sein, doch hatte man durch große Oeffnungen für die Augen wenigstens dafür gesorgt, daß diese sichtbar waren. (Vgl. Cic. de or. II, 46, 193.) Für uns freilich würden diese starren, unnatürlichen, und namentlich in der Komödie meist karri-
kirten und verzerrten Gesichtszüge etwas Abstoßendes haben.

122) Um die Gestalt der in der Tragödie auftretenden Schauspieler größer und imposanter erscheinen zu lassen, wozu auch die eben er-
wähnten hohen Haartouren und die langen, schleppenden Gewänder (syrmata: Juven. 8, 239. Mart. XII, 94, 4. Appulej. Apol. 13. p. 416. Oud. Vopisc. Carin. 20. vgl. mit Sen. Oedip 423. Herc. fur. 475. u. Prudent. Psychom. 362; weshalb syrmata = tragoe-
diae bei Juven. 15, 30.) dienen sollten, führte man den Gebrauch des cothurnus (Hor. A. P. 280. Mart. XII, 94, 3. Quinct. VI, 1, 36. Tertull. de spect. 23. u. s. w.), d. h. eines mit einer mehrere Zolle dicken Sohle versehenen Schuhes, ein, weshalb der Ausdruck Cothurnus überhaupt zur Bezeichnung der Tragödie und der erhabenen Schreibart diente. (Juven. 6, 633. 15, 29. Verg. Ecl. 8, 10. Hor. Od. II, 1, 12. Ovid. Am. III, 1, 45. Propert. II, 34, (III, 32), 41. III, 17, (IV, 16), 39. Quinct. X, 1, 68. u. s. w.) Sowohl diese Fußbekleidung, als die langen Gewänder und die übliche Ausstopfung und Auspolsterung derselben, damit die Gestalten im Verhältniß zur Länge nicht zu schlank und hager erschienen (Lucian. Iup. Trag. 41. de saltat. 27.), bewirkte freilich einen sehr gemessenen Gang, eine etwas steife Action und geringe Beweglichkeit der tragischen Schauspieler.

123) Von der übertriebnen Pracht des Costums spricht z. B. Horaz Ep. II, 1, 203 ff. (vgl. auch hinsichtlich der Pantomimen Lucian. de salt. 63. mit Eutrop. VII, 14. u. Suet. Calig. 54.) und über den Luxus in der scenischen Ausstattung überhaupt Hor. a. a. O. v. 187 ff. u. Cic. ad Fam. VII, 1, 2. Auf den noch vorhandenen Darstellungen von (meist komischen) Theaterscenen im Mus. Borb. IV. tav. 18. 24. VII. tav. 21. Overbeck Fig. 317. u. s. w. ist freilich davon wenig zu erblicken.

124) Daß es auch schon im römischen Theater eine bezahlte und förmlich organisirte Claque gab, ersieht man aus Plaut. Amph. prol. 81 ff. Tac. Ann. I, 16. XIV. 14. Suet. Ner. 20. Mart. IV,

5, 8. Dio Caſſ. LXI, 20. u. A. Ueber das Beifallklatſchen im Theater der Alten vgl. Böttiger Kl. Schr. I. S. 321 ff.

125) Auch das da Capo-Ruſen (revocare: Liv. VII, 2. Val. Max. VI. 2, 9. vgl. mit Cic. Tusc. IV, 29. extr. pro. Sext, 58, 123. | u. ſ. w.) war ſchon in Rom üblich, und ebenſo auch das Impro= viſiren oder Extemporiren der Schauſpieler (Cic. pro Sext. 56, 120. 57, 122. ad Att. II, 19, 3. Val. Max. VI, 3. Suet. Tib. 45.).

126) Vgl. Hor. Sat. I, 1, 66. Plut. Cic. 13. mit Cic. ad Att. I, 16, 11. u. Böttiger Kl. Schr. I. S. 336 f.

127) Cic. de Or. I, 61, 258. Parad. III, 2, 26. Nach der Vorſtellung wurden Theaterberichte und Kritiken an auswärtige Freunde geſendet. (Cic. ad Att. II, 19, 3. IV, 15, 6. ad Fam. VII. 1, 2.)

128) Cic. pro Rosc. Com. 11. in. de Or. III, 50. 196. Suet. Oct. 45. Ebenſo konnten auch Stücke, die nicht gefielen, oft vor Toben und Lärm nicht ausgeſpielt werden (Hor. Ep. II, 1, 176. Ter. Hec. prol. II, 30. Donat praef. ad Ter. Hec.)

129) Vgl. Hor. A. P. 154. Donat. Praef. ad Ter. Adelph. Ueber das Geräuſch im Theater überhaupt vgl. Hor. Ep. II, 1, 202, über das Geſchrei, Ziſchen und Pfeiſen, wenn mißliebige, und über das Beifallklatſchen, wenn beliebte Perſonen in's Theater ein= traten, vgl. Cic. ad Fam. VIII, 2, 1. 11. 4. pro Sext. 55, 117. mit Cic. Phil. I. 12, 19. pro Sext. 54, 115. 56, 119. ad Att. II, 19, 3. Hor. Od. I, 20, 4 ff. u. ſ. w.

130) Der Name pantomimus (vgl. über letzteren Lucian de salt. 67. und Caſſiod. Var. IV, 51.) bezeichnet ebenſowohl eine mimiſche Vorſtellung (Plin. VII, 53, 54. §. 184. Gellius III, 12. XVI, 7. Auſon. Ep. 11. Petron. 31.), als einen darin auftretenden Künſtler (Suet. Oct. 45. Calig. 55. 57. Ner. 26. u. ſ. w.); doch werden dafür auch die Ausdrücke saltatio (saltare) und saltator gebraucht (Juven. 6, 10. Plin. Ep. VII, 24. Suet. Calig. 54. Macrob. Sat. II, 7, 13. ff. p. 255. u. III. 14, (II, 10,) 7. p. 320. Jan. Arnob. adv. gent. 4.). Der unſtreitig aus dem canticum des Dra= ma's hervorgegangene (vgl. Liv. VII, 2. mit Lucian. de salt. 34. u. Diomed. p. 489. P.) pantomimiſche Tanz kam erſt ſeit Auguſtus in Rom auf, zu deſſen Zeiten Pylades und Bathyllus, jener für tragiſche, dieſer für komiſche Darſtellungen, die berühmteſten Panto= mimen waren (Zoſim. Hist. eccl. I. p. 4. Steph. vgl. Plut. Qu. Conv. VII, 8. Athen. I, 37. p. 20. d. e. Lucian. de salt. 34. Dio Caſſ. LIV, 17. Sen. Contr. III. prooem. Caſſiod. Var. I, 20. Euſeb. Chron. 155.), deren Schulen ſich lange erhalten haben (Sen. Nat. Qu. VII, 32. Macrob. a. a. O. Ammian. XIV, 6, 19.). Daß blos ein Künſtler ſämmtliche Rollen des Pantomimus ſpielte, ergiebt ſich aus Lucian. de salt. 63. 66. Caſſiod. IV, 51. u. Anth. Gr. Jacobs. adesp. Ep. 353. vgl. mit Crinagor. Epigr. 47. (IX, 542. Anth. Gr. Ja- cobs.) und Fronto Ep. ad M. Ant. IV, 8, obgleich zuweilen auch

noch eine oder die andre unwesentliche Nebenperson aufgetreten zu
sein scheint (Lucian. de salt. 83.); und daß die Pantomimen mit
Masken auftraten und sonach blos durch Gesticulation wirken konn=
ten, worin sie aber freilich Außerordentliches geleistet haben müssen,
ersieht man aus Lucian. de salt. 29. 60. 63. Macrob. Sat. II,
7, 16. p. 255 Jan. Cassiod. I, 20. | Sidon.. Appoll. carm. 23.
Anth. Lat. Burm. I. p. 622. Ueber das die Pantomimen beglei=
tende canticum vgl. Lucian. de salt. 2. 63. 84. Liban. 381, 5.
Plin. Ep. VII, 24. Suet. Calig. 54. Macrob. a. a. O. Cassiod.
IV. 51. Augustin. de symb. 4., über das Flöten=, Cither= und
Harfenspiel dabei aber Lucian. de salt. 2. 64. 68. 72. Ovid.
Rem. 753. Cassiod. a. a. O. und über die vielfältigen, meistens
der Mythologie entlehnten Sujets derselben Lucian. de salt. 37—61.
Juven. 6, 50. Arnob. adv. gent. 6. 7. Macrob. a. a. O. Pru=
dent. X, 221. Anth. Gr. Jacobs. III, 45. 127. 190. u. s. w.
Uebrigens nahm die Pantomime, die gleich vom Anfang an fast
nur auf sinnliche Darstellung von Liebesgeschichten berechnet war
(Ovid. Rem. 753. Arnob. adv. gent. 4. Augustin. de symb. 4.),
sehr bald einen höchst unsittlichen Charakter an (Liv. VII, 2. Juven.
6, 63. 11, 187. Augustin. Civ. dei II, 20. serm. 198. Arnob.
adv. gent. 6. Lactant. Inst. VI, 20. Aristib. in salt. p. 569.
Dind.), besonders seit in späteren Jahrhunderten auch pantomimae
auftraten (Tertull. de spect. 17. vgl. Leontius Epigr. 5—10. Anth.
Planud. T. II. p. 712. sqq. Jacobs.), die früher ihre höchst unzüch=
tigen Tänze wohl nur bei Gastmählern u. s. w. in Privathäusern
aufführten (Sen. Cons. ad Helv. 12. Juven. 11, 151 ff. Arnob.
a. a. O.); wie sich denn überhaupt reiche Wüstlinge, aber auch Damen
ihre eignen pantomimi und pantomimae zu halten pflegten: Sen.
Nat. Qu. VII, 32. Cons. ad Helv. 12. Plin. Ep. VII, 24.
Ammian. XIV, 20., später aber sich nicht scheuten, sie auch auf
der Bühne zu produciren (vgl. z. B. ein Epigramm des Automedon
in Anth. Gr. Jacobs. V. 129. mit Hieron. Homil. 1. 3. 6. Vol. IV.
p. 770. VII. p. 100 f. VIII. p. 6. ed. Paris. Eine sehr berüch=
tigte Theatertänzerin dieser Art war zu Justinians Zeiten eine ge=
wisse Theodora: Procop. hist. arc. 9.). Gleichwohl waren diese
Pantomimen bei den Römern stets sehr beliebt (Sen. Qu. Nat. VII,
32, 3. Tac. Ann. XIV, 21. Lucian. de salt. 5. 79. 81. Cassiod. I,
20. 33. Arnob. adv. gent. 4.) und die pantomimischen Künstler,
gewöhnlich junge und schöne Männer, wurden nicht nur sehr gut
bezahlt, sondern standen auch in großer Gunst (Sen. a. a. O. und
Ep. 47, 15. Tac. Ann. I, 77), besonders bei den Damen (Dio
Cass. LVII, 21. LX, 22. 28. 31. LXVII, 3. Capitol. Ant. Phil. 23.
Juven. 6, 51. Tac. Ann. XI, 4. 36. Suet. Dom. 3. Aur. Vict.
de Caes. 11. 7. Epit. 11, 1.). Namentlich zeigten die Kaiser
Caligula und Nero eine fast an Raserei grenzende Vorliebe für pan=
tomimische Darstellungen (Suet. Calig. 54. 55. Ner. 21. Tac.

Ann. XIV, 14. 20. Dio Caſſ. LI, 17. LXI, 19. Eutrop. VII. 12).
Auch Wettkämpfe der Pantomimen (Tac. Ann. 1. 54. Plin. Ep.
VII, 24. Macrob. Sat. II, 7, 7. p. 252 Jan.) und ihnen ertheilte
Siegespreiſe (Orelli 2626. 2627. 2628. 2630. 2637.) werden erwähnt. Uebrigens ſind von dieſen kunſtreichen Pantomimen die
lascivtomiſchen, dem alltäglichen Leben entnommenen mimi wohl zu
unterſcheiden, von denen unten Anm. 145. bei den Atellanen die
Rede ſein wird. |

131) Eine ſolche bei einem Gaſtmahl aufgeführte (griechiſche)
Pantomime, Bacchus und Ariadne, beſchreibt Xenophon Symp.
9, wobei aber freilich zwei Pantomimen, ein Jüngling und ein Mädchen,
zugleich auftreten, ſo daß dieſe Darſtellung ſchon mehr der weiter
unten geſchilderten Pyrrhicha gleicht.

132) Der urſprünglich einen Waffentanz und militäriſche Evolu-
tionen bezeichnende Ausdruck pyrrhicha (Plin. VII. 56, 57. §. 204.
Suet. Caes. 39. Ner. 12. Solin. 11. (16.) u. ſ. w.) wurde ſpäter
auf eine unſerm Ballet ähnliche theatraliſche Darſtellung übergetragen
(Athen. XIV, 29. p. 631. a. Suet. Ner. 12. Appulej. Met. X, 29.
p. 734. Oud. Fronto Ep. ad M. Ant. I, 2, 4. Plut. de sera
num. vind. 9.). Sie wurde in glänzendem Coſtum und ohne Masken von Tänzern beiderlei Geſchlechts, zuweilen auch von Knaben
und Mädchen (Suet. Caes. 39. Calig. 58. Ner. 12. Dio Caſſ. LX,
7. 23), gewöhnlich im Theater (Dio Caſſ. LX, 7. Joſeph Ant.
Jud. XIX, 1, 14.), doch mitunter auch im Amphitheater (Suet.
Ner. 12. und zwar hier auch von dazu eingeübten Verbrechern:
Dig. XLVIII, 19, 8. §. 11. Plut. de sera num. vind. 9.) aufgeführt.

133) Die Beſchreibung dieſes römiſchen Ballets iſt faſt wörtlich
aus Appulej. Met. X, 30—34. p. 736 ff. Oud. entlehnt. Mag
auch Manches darin phantaſtiſche und mährchenhafte Ausſchmückung
des Erzählers ſein, ſo hat doch der Hauptſache nach ſeine Darſtellung gewiß eine reale Grundlage.

134) Ueber dieſe auffallenden Begleiter der Minerva (Terror et
Metus) vergleicht Hildebrand zu Appulej. a. a. O. (p. 741., p. 971.
ſeiner Ausg.) Munk. ad Albric. de deor. imag. III. p. 900. und
d'Arnaud de diis paredr. c. 28. in Polen. Suppl. Thes. T. II.
p. 822.

135) Ueber ſolches Parfümiren des Theaters (und Amphitheaters)
durch sparsiones von wohlriechenden Eſſenzen, zu denen beſonders
Saſran verwendet wurde, und die durch ein Druckwerk gehoben ſich
in einem Sprühregen über die Zuſchauer verbreiteten, vgl. außer
Appulej. a. a. O. Ovid. A. A. I, 103. Hor. Ep. II, 1, 79. Pro-
pert. IV, (V,) 1, 16. Mart. V, 25, 8. vgl. mit spect. 3, 8.
Lucan. IX, 806. Sen. Ep. 90, 15. Nat. Qu. II, 9, 2. Spartian.
Hadr. 19. Fronto de eloqu. p. 228. Mai.

¹³⁶) Vergl. Suet. Ner. 12. Procop. Hist. arc. 9. und andre der in Anm. 130 angeführten Stellen.

¹³⁷) Ueber welches Dio Cass. XLIII. 22 ff. u. Suet. Caes. 6. 39. 61. 78. 84 zu vergleichen sind.

¹³⁸) Der berühmte Komödiendichter Titus Maccius Plautus (nicht Marcus Accius Plautus, wie er gewöhnlich genannt wird) lebte zwischen 254 und 194 v. Chr. in Rom, wohin er noch jung aus seiner Vaterstadt Sarsina in Umbrien gekommen war, und wir be= sitzen noch viele treffliche Stücke von ihm. Bursian erklärt es in seiner Recension meines Buchs im Liter. Centralblatte (der diese neue Auflage einige Berichtigungen und Zusätze zu verdanken hat) für eine „starke poetische Licenz“, daß ich im Zeitalter des M. Aurel ein Lustspiel des Plautus aufführen lasse. Vgl. dagegen Ladewig im Art. Plautus in Pauly's Realencyclopädie V. Bd. S. 1737: „Wegen des so glücklich getroffenen Volkslebens erhielten sich die plautinischen Lustspiele bis in die spätere Kaiserzeit hinab auf der Bühne.“

¹³⁹) Vgl. oben S. 434. Anm. 114.

¹⁴⁰) Daß es bisweilen zu solchen stürmischen Auftritten im Theater kam, die sogar Menschenleben kosteten, ersehen wir aus Tac. Ann. I, 77. Suet. Tib. 37. und andern Stellen. |

¹⁴¹) Die weiblichen Rollen der römischen Komödie sind fast nur Buhldirnen, Kupplerinnen und Sklavinnen, höchstens auch ein= mal eine verheirathete Frau. Ehrbare und unschuldige Mädchen aber gab es darin eben so wenig, als zärtliche Mütter.

¹⁴²) Nero entfernte zwar die Wachtposten aus dem Theater (Tac. Ann. XIII, 24. Dio Cass. LXI. 8.), sah sich aber schon im folgenden Jahre genöthigt, sie wieder einzuführen (Dio Cass. LXI, 25. Suet. Ner. 26.). Neben diesen Militärwachen aber scheint nach einem pompejanischen Wandgemälde (bei Overbeck II. S. 200. Fig. 317.), auf welchem neben einer dargestellten Theaterscene zwei mit Knitteln bewaffnete alte Männer sitzen, auch eine besondre Theater= polizei thätig gewesen zu sein.

¹⁴³) Ueber den soccus vgl. oben S. 121.

¹⁴⁴) Exodium: Liv. VII, 2. Juven. 3, 175. 6, 71. Suet. Tib. 45. Dom. 10. u. s. w.

¹⁴⁵) Die nach der Stadt Atella in Campanien benannten Atellanen (Atellanae fabulae) waren ursprünglich wohl nur impro= visirte Possenspiele, die von jungen Römern außerhalb des Theaters aufgeführt wurden (Liv. VII, 2. Festus v. personata fab. p. 217, 18. M. vgl. auch Spartian. Hadr. 26.), später aber fielen sie wirklichen Schauspielern und der Bühne zu (Suet. Ner. 39. Tac. Ann. IV, 14, wo gewiß von Atellanen die Rede ist), und nun erst wurden sie förmlich ausgearbeitete und niedergeschriebene Bühnenstücke, die stets nur als Nachspiele, namentlich von Tragödien, gegeben wurden. Ihr Charakter war niedrige, oft sehr gemeine und obscöne Komik,

und es erschienen darin, stets maskirt und in karrikirter Ausstaffirung,
gewisse stereotype Personen (oscae personae bei Diomed. III. p. 488,
weil man diese Gattung scenischer Darstellungen von den Oskern
entlehnt glaubte), der Maccus, ein gefräßiger und lüsterner und
dabei blödsinniger Dummkopf, an welchem Alle ihren Muthwillen
auslassen, der Bucco, ein Großmaul, Fresser und unverschämt zu=
bringlicher Schmarotzer, der Pappus, ein lüsterner, geiziger und eitler
alter Narr, der bei großer Dummheit sich doch für sehr weise hält,
und von Allen, besonders von Frau und Sohn, zum Besten gehabt
und überlistet wird, und der Dossenus, ein pfiffiger Beutelschneider,
der Alle zu betrügen und auszubeuteln versteht. (Appulej. Apol. 81.
p. 564. Oud. Varro L. L. VII, 29.) Später suchte man sie etwas
zu heben und es wurden nun in ihnen besonders mythologische
Stoffe burlesk behandelt. Sie wurden nach und nach immer mehr
pantomimisch (Juven. 6, 71 f.), so daß auch an die Stelle des
recitirten Textes ein canticum trat (Suet. Ner. 39. Galb. 13.), und
gingen endlich ganz in der Pantomime unter. — Ihnen nahe ver=
wandt waren die mimi, mit welchem Namen, gleichwie mit Pantomimi, ebensowohl die Stücke selbst (Cic. pro Coel. 27, 65. Phil. XI,
6, 13. Ovid. Trist. II, 497. 515. Suet. Caes. 39.), als die in
ihnen auftretenden Schauspieler (Cic. Verr. III, 55. extr. de Or. II,
59. extr. u. 60. in. Phil. II, 27, 67. Ovid. A. A. I, 501. Schol.
des Juven. 1, 36. Festus p. 326, 31. M. Herodian. V, 7, 7.)
bezeichnet werden, welche Letztere auch den Namen planipedes führ=
ten (Juven. | 8, 189. Gellius I, 11. Macrob. Sat. II, 1, 9.
p. 217. Jan. Quinct. V, 11, 24. Auson. Ep. 11. Diomed. III.
p. 480. 487. P. Festus p. 181, 28. M., und zwar nach Donat.
Fragm. de com., weil sie ohne Cothurn u. Soccus blos plano pede
spielten: vgl. auch Sen. Ep. 8, 8. Der Unterschied, den Donat.
a. a. O. und Lydus de mag. I, 40. zwischen mimus u. planipedia
(fabula) machen, ist wohl ein ganz willkürlicher.). Es waren gleich=
falls niedrig komische, aus dem alltäglichen Leben gegriffene Sujets
(Donat. a. a. O. vgl. mit Hor. Sat. I, 10, 6. und den Titeln der
Mimen des Laberius in Bothe's Fragm. com. Lat. p. 205 ff.),
doch auch zuweilen Parodien von Mythen (Tertull. de spect. 23.
Arnob. adv. gentes 4), denen es auch an Obscönitäten nicht fehlte,
da sogar der Phallus zu dem burlesken Costum der Mimen gehörte
(Schol. zu Juven. 6, 66. Augustin. civ. dei VI, 7. Vgl. die frei=
lich griech. Abbild. bei Weiß, Fig. 294. u. 295.), obgleich in den=
selben die Frauenrollen wirklich von weiblichen Personen dargestellt
wurden. Die kurzen Stücke ohne allen tieferen Gehalt und mit
leicht geschürztem Knoten, welche an die Stelle der Atellanen traten
(Cic. ad Fam. IX, 16, 7,), wurden gleichfalls nur als Nach= oder
Zwischenspiele (embolia: vgl. Cic. pro Sext. 54, 116. und die mima
emboliaria bei Plin. VII, 48, 49. §. 158. u. Orelli 2613.) andrer
Dramen gegeben, und zwar in letzterem Falle auf dem vordersten

Theile der Bühne, der dann durch einen Zwischenvorhang oder ein
siparium von dem Hintergrunde derselben getrennt war. (Juven. 8,
145. mit b. Schol. Sen. de tranqu. 11, 6. Donat. a. a. O.:
siparium autem est mimicum velum, quod populo obsistit, dum
fabularum actus commutantur. Unstreitig nur ein Irrthum ist es,
wenn Diomedes III. p. 487. u. Festus p. 181, 22. M. berichten,
daß sie in der Orchestra aufgeführt worden wären.) Die Mimen
spielten ohne Masken und im Soccus, und nur Einer von ihnen
war Hauptacteur, der vorzugsweise die Posse durchzuführen hatte,
während ihm die Andern nur als Nebenpersonen secundirten.

146) Capitol. Ant. Phil. 15. Dio Cass. LXXI, 29.

147) Capitol. Ant. Phil. 11. 27.

148) Vom Amphitheatrum Flavium haben sich sehr bedeutende
Ueberreste erhalten, die unter dem Namen des Colosseums weltberühmt
geworden sind.

149) Die Zahl von 87,000 Zuschauern, die es faßte, geben das
Curios. und die Not. (Reg. III.) übereinstimmend an.

150) Suet. Vesp. 9. Tit. 7. Dio Cass. LXVI. 25. Mart.
Spect. 1. u. 2.

151) Auch von diesem Säulengange finden sich noch Spuren.

152) Vgl. Suet. Ner. 12.

153) Daß auch solche Seetreffen im Amphitheater gehalten wurden, ersehen wir aus Dio Cass. LXI, 9. LXVI, 25. Suet. Dom. 4.
vgl. mit Dio LV. 10. u. Calpurn. Ecl. 7, 65. — Dio LXII. 15.
berichtet, daß unter Nero nach den Thierkämpfen die Arena zu einem
Seekampfe unter Wasser gesetzt und dann das Wasser wieder abgelassen worden sei, um nun die Gladiatoren auftreten zu lassen. (Vgl.
auch Dio Cass. LXI, 9.) Freilich aber wurden dergleichen See-
kampfspiele auch in dazu ausgegrabenen und ummauerten Bassins
gegeben (Dio Cass. XLIII. 23. LV. 10. LIX. 10. LXI, 20.
LXVI. 25. LXVII. 8. Suet. Caes. 44. Oct. 43. Dom. 4. Tac.
Ann. XII. | 56.) und später gab es in Rom wenigstens zwei be-
ständige Naumachien, die August's unter dem Janiculum (Frontin.
de aquaed. 11. (od. I. p. 225. 228.) Suet. Tib. 72. u. Mon.
Ancyr. Tab. IV. 43 ff., nach welchem sie 1800 Fuß lang und
1200 Fuß breit war; wohl auch von Suet. Tit. 7. Ner. 12. 27.
u. Dio Cass. LXVI, 25. erwähnt) und die Domitian's unter dem
Vaticanus (Suet. Dom. 4. 5. u. Dio Cass. LXVII. 8. vgl. mit
Flav. Blond. Instaur. R. I, 44. u. Acta S. Sebast. 20., citirt von
Preller Regionen S. 207.) [Hirt dagegen Gesch. d. Baukunst III.
S. 173, glaubt, daß August nur die Naumachia des Jul. Cäsar,
und Domitian wieder die des Augustus erweitert habe und somit
der Ort für alle Naumachien in Rom immer derselbe geblieben sei,
was schwerlich anzunehmen ist. Im Curios. und der Notit. (Reg. XIV.)
erscheinen gar Naumachiae V doch ist hier nach Sarti und Preller
a. a. O. S. 206 die V unstreitig in II zu verwandeln.] Im Am-

phitheater konnten dergleichen Seetreffen natürlich nur mit sehr leichten Schiffen ausgeführt werden; auf den gegrabenen Naumachien aber manenvrirten auch Drei= und Vierruderer und oft 3000—5000 Ruderknechte und Seesoldaten gegen einander (Suet. Caes. 39. Appian. B. Civ. II. 102. Dio Cass. LXVI. 25.), ja in der größten der uns bekannten Naumachien, die vom Claudius im J. 52 n. Chr. auf dem Fucinersee gegeben wurde, kämpften nach Suet. Claud. 21. auf jeder Seite 12, nach Dio Cass. LX, 33. aber 50 Schiffe (nach Tac. Ann. XII, 56. lauter Drei= und Vierruderer) gegen einander, mit 19,000 als Rhodier und Sicilianer costumirten Seeleuten be= mannt. Die in ihnen auftretenden Kämpfer (naumachiarii: Suet. Claud. 21. oder naumachi: Not. Tir. p. 77. waren Gladiatoren und Gefangene (Dio Cass. XLVIII. 19.) oder zum Tode verurtheilte Verbrecher (Suet. a. a. O. Tac. Ann. XII, 56. Dio XLIII. 23. LX. 33.), später aber auch Freiwillige (Dio LXVI, 25.), und da Kämpfe zwischen verschiedenen auswärtigen Nationen dargestellt wur= den (Dio Cass. LV, 10. LX. 33. LXVI, 25. Suet. a. a. O. Ovid. A. A. I, 171.), höchst wahrscheinlich auch immer nach Art dieser Völker costumirt. Ebenso wurden im Amphitheater zuweilen auch Kämpfe mit Robben, Nilpferden und Krokodilen aufgeführt (Calpurn. Ecl. 7, 65. Dio Cass. LV. 10.).

¹⁵⁴) Calpurn. Ecl. 7, 48—56. (wo unstreitig vom Amphi-theatrum Flavium die Rede ist). Der Netze gedenkt auch Plin. XXXVII. 3, 11. §. 45.

¹⁵⁵) Balteus heißt diese praecinctio bei Calpurn. a. a. O. v. 47. u. Tertull. de spect. 3. Die Edelsteine (gemmae), womit sie nach Calpurn. ausgeschmückt war, hält Hirt Gesch. d. Bauk. III. S. 165. mit großer Wahrscheinlichkeit für Glasmosaik. (Vgl. oben S. 113.)

¹⁵⁶) Pullati (Suet. Oct. 40. 44. Quinct. II, 12, 10. VI, 4. 6. u. s. w.) hießen sie ihrer schmutzigen Kleider wegen. Daß ihnen und den übrigen hier genannten Personen vom Augustus abgesonderte Plätze in den obersten Regionen des Amphitheaters angewiesen wur= den, meldet Suet. Oct. 44. (Vgl. auch Calpurn. Ecl. 7, 26. u. Sen. de tranqu. | 11, 8.) Vor Augustus saßen bei allen Schauspielen die Frauen mit unter den Männern (Plut. Sull. 35.).

¹⁵⁷) Wenigstens muß ein Theil der Arena einen solchen Bretter= boden gehabt haben, weil sonst die Anwendung der oben erwähnten Maschinerie nicht denkbar wäre. Auch zeigt sich noch jetzt das unter= irdische Mauerwerk, das offenbar darauf berechnet war, mit Balken und Dielen belegt zu werden. Vgl. Hirt Gesch. d. Bauk. III. S. 160 f.

¹⁵⁸) Vgl. oben Anm. 135. Daß solche sparsiones auch im Amphitheater stattfanden, ergiebt sich aus Sen. Qu. Nat. II, 9, 2. und Mart. spect. 3, 8.

¹⁵⁹) Daß auch zum Besuch des Amphitheaters dergleichen tesserae (vgl. oben Anm. 89.) ausgegeben wurden, beweist eine uns erhaltene

aus dem Amph. von Frusino. (Vgl. Mommsen Ber. d. K. Sächs.
Ges. d. Wiss. 1849. S. 286.)
160) Lanista: Cic. ad Att. I. 16. Mart. VI, 82, 2. XI. 66, 3.
Juven. 6, 215. 11, 8. Suet. Oct. 42. Petron. 45. u. s. w. Er
galt seines übrigens einträglichen (Mart. a. a. O.) Gewerbes wegen
für infamis. (Tab. Heracl. c. 8. lin. 49.)
161) Vgl. oben S. 130 ff.
162) Vgl. Quinct. Decl. 9, 6. Capitol. Ant. Phil. 19. vgl.
mit Vita Gallieni 8. Eine Darstellung des Gladiatorenaufzugs auf
einem pompejan. Grabrelief s. im Bull. Nap. IV. tav. I. (vgl. mit
Henzen im Bull. d'Inst. 1846. p. 89.)
163) In früherer Zeit kämpfte nur eine mäßige Zahl von Gladia=
toren, z. B. 25 (Liv. XXXI. 50.), 37 (Liv. XLI. 33.), 60 Paare
(Liv. XXXIX. 46.), schon unter Jul. Cäsar aber bereits 320 Paare
(Plut. Caes. 5.), und obgleich August die Zahl wieder auf 60 be=
schränkt hatte (Dio Cass. LIV. 2.), so stieg sie doch später gewöhn=
lich auf einige Hunderte. Selbst der sonst milde und menschen=
freundliche Trajan ließ in 4 Monaten 10,000 Fechter auftreten (Dio
Cass. LXVIII. 15.) und erreichte somit in dieser kurzen Zeit dieselbe
Summe, welche nach dem Mon. Ancyr. tab. IV. 31 Augustus
während seiner ganzen Regierung auf den Kampfplatz führte; Gor=
bian I. aber ließ zuweilen 500 Paare auftreten (Gord. tres 3.).
164) Diese Fechterschulen, von deren Beschaffenheit wir durch die
Ueberreste des ludus gladiatorius in Pompeji und den Capitolin. Plan
der großen Schule zu Rom Taf. XI. eine ziemlich genaue Kenntniß
haben, nahmen einen sehr großen Raum ein. Die zu Pompeji (vgl.
Overbeck I. S. 180 ff.) bildet einen oblongen, freien Platz von 173 Fuß
Länge und 139 Fuß Breite, der von 74 dorischen Säulen von 11 Fuß
Höhe und auf allen vier Seiten von Reihen kleiner, 10—12 Fuß
im Quadrat haltender Zellen in zwei Stockwerken (zusammen 66, jede
vielleicht für zwei Mann) umgeben ist, die keine Fenster, alle aber in
die Säulenhalle führende Ausgänge haben. Ungleich größer aber waren
die kaiserlichen Schulen in Rom, die einen ganzen Complex von Ge=
bäuden mit einem Begräbnißplatze, Lazarethe, Zeughause u. s. w. um=
faßten. (Vgl. Preller Regionen S. 122.) In diesen Schulen lebten |
nun oft mehrere Hunderte von Fechtern, die ein Lanista theils selbst
hielt und gelegentlich vermiethete, oder wohl auch zu Spielen verwendete,
die er auf eigne Rechnung gab, theils von andern Besitzern in Kost
und Lehre genommen hatte, denn viele reiche Römer (Tac. Ann. I, 22.
Inschr. bei Murat. 710, 1. vgl. Dio Cass. LIX, 14.), ja selbst
römische Damen (Murat. 291, 3.) hielten sich unter ihren Sklaven
eigne Gladiatoren. Diese nämlich waren größtentheils Kriegsgefangene
(Dio Cass. LX, 30.) oder gekaufte Sklaven, doch auch nicht selten
angeworbene Freiwillige (Quinct. Decl. 9, 302. Dio Cass. LXXIV, 2.),
theils Freigelassene, theils heruntergekommene Bürger, für welche die
prachtvollen Waffen und Gewänder der Gladiatoren, der Beifall und

die Auszeichnungen, die ihnen zu Theil wurden, sowie ihre gute Be=
zahlung eine große Anziehungskraft hatten. In den Fechterschulen
wurden sie bei guter Kost, aber genau vorgeschriebener Diät (Tac.
Hist. II, 88), sehr streng gehalten und bewacht (in den kaiserlichen
Schulen von Soldaten: vgl. Tac. Ann. XV, 46.), oft sogar gefesselt
(Sen. Ep. 70, 17; in der Fechterschule zu Pompeji fanden sich ge=
fesselte Gerippe, hatten eine Art von militärischer Organisation,
bekamen aber keine Waffen in die Hände, außer zu ihren Uebungen
(vgl. Appian. B. Civ. I. 68. Florus II. 8. (III. 20.) u. Sen. Ep.
a. a. O.), wurden sehr hart gezüchtigt (Quinct. Decl. 9, 6. vgl.
Sen. Ep. 7, 4. 5.) und wenn sie sich furchtsam zeigten, mit Peit=
schenhieben und glühenden Eisen in den Kampf getrieben (Quinct.
Decl. 9, 6. Sen. Ep. 7, 5.). Zu ihrer Beaufsichtigung, Unter=
weisung und Pflege war ein zahlreiches Verwaltungspersonal, nament=
lich auch stets ein Arzt angestellt (Inschr. bei Gruter 334, 12. 335,
1. 2. 389, 7. 411, 1. 414, 8. Murat. 258, 1. 619, 2. 620, 4.
622, 5. 693, 5. 985, 9. Fabretti p. 293. Orelli 1065. 2436.
2552. 2553. vgl. Preller Regionen S. 122.). Jede Gattung der
Fechter hatte ihren besondern Lehrer (Cic. de Or. III, 23, 86.
Inschr. bei Fabretti 189. 234. 434. 613. 614. 616. Murat. 2019, 6.
u. s. w.). Die Neulinge übten sich Anfangs mit Stockrappieren
(rudes: Ovid. Am. II, 9, 22. A. A. III, 515. Liv. XXVI. 51.
Suet. Calig. 32. u. s. w.) an einem Strohmanne oder Pfahle und
erhielten, wenn sie den ersten Kampf bestanden hatten, eine wahr=
scheinlich am Halse zu tragende, viereckige Marke mit ihrem Namen
und dem Datum des Auftretens (vgl. solche uns erhaltene tesserae
bei Orelli 2560 - 2565. u. im Corp. Inscr. Lat.: 717—776), nach
einem Siege aber außer Palmen auch Ehrenketten (Capitol. Pertin. 8.).
Sie fühlten einen gewissen Stolz auf ihr Gewerbe (Sen. de prov. 3, 4.),
daß sie meistens mit Leidenschaft trieben (Sen. a. a. O. 4, 4.) und
zeigten die kühnste Todesverachtung (Cic. Tusc. II. 17, 41. 20, 46.
Sen. Ep. 30, 8.). Tapfre und geschickte Fechter erhielten oft die
Freiheit, deren Zeichen ein Stockrappier war (Cic. Phil. II, 29, 74.
vgl. mit Hor. Ep. I. 1, 2. Juven. 7, 171. Mart. III, 36, 10.,
daher rudiarii: Suet. Tib. 7.), und ausgediente wurden dann nicht
selten Lehrer ihrer Kunst oder selbst-Lanistä, ließen sich auch wohl für
hohen Sold wieder anwerben. (Tiberius warb ausgediente Gladiatoren
für 100,000 Sest.: Suet. Tib. 7.) Sie erfreuten sich trotz der auf
ihrem Gewerbe ruhenden, aber im Laufe der Zeit immer mehr in
Vergessenheit gekommenen Infamie, besonders seit auch Kaiser freund=
schaftlich mit ihnen verkehrten oder gar selbst als Gladiatoren auf=
traten (Suet. Calig. 54. Dom. 19. Spart. Hadr. 7. 9. 14. 19.
Macrin. 4. Lamprid. Commod. 8. 11. Capitol. Ant. Phil. 8.
Clod. Alb. 6. Dio Cass. LIX, 5. 10., LXXVI, 7., LXVIII, 10. 15.),
der höchsten Gunst, namentlich auch bei den Frauen (Juven. 6,
78—113. Capitol. Ant. Phil. 19. Petron. 126.), wurden von Dich=

tern besungen (Mart. V, 24) und durch bildliche Darstellung auf
Gefäßen aller Art, besonders Lampen und Bechern (Petron. 52.),
und auf Monumenten gefeiert. (Vgl. die Gladiatorenreliefs auf
pompejan. Grabdenkmälern bei Overbeck I. S. 174 ff. u. II. S. 36.
Fig. 127—130 u. 236. u. Abbild. von Fechterwaffen im Mus.
Borb. III. tav. 60. IV. tav. 13. 29. VII. tav. 14. X. tav. 31.
bei Overbeck Fig. 274. 275. Guhl u. Koner Fig. 487. u. Weiß
Fig. 480. 481.)

165) Nach Gajus Comm. Inst. III. §. 146. erhielt der Lanista
für einmaligen Gebrauch eines unbeschädigt davongekommenen Gla=
diators 20 Drachmen (etwa 15 Mark), für einen getödteten oder
untauglich gemachten aber 1000 Drachmen.

166) Es gab in Rom vier kaiserliche Fechterschulen, den Ludus
magnus, gallicus, dacicus und matutinus, die wahrscheinlich alle
auf dem Cölius im Halbkreise um das Amphitheatrum Flavium her
lagen (vgl. Preller Regionen S. 120 f.), andere dergleichen aber
auch in verschiedenen auswärtigen Städten, zu Capua (Spart. Did.
Jul. 8. vgl. Orelli 6185.), Alexandrien (Inschr. b. Gruter 402., 4.
u. Orelli 6185.), Präneste (Tac. Ann. XV, 46.), und wahrscheinlich
in allen Provinzen (vgl. Gruter 402, 4.). Die Familia ludi magni
erscheint z. B. auf Inschr. b. Orelli 2573. u. 6176. und der ludus
selbst auch 1065. 1371. 2552. Der ludus matutinus (Orelli 1065.
1371. 2436. 2553. 2554. 6520.) hatte seinen Namen wahrschein=
lich davon, weil in ihm die zu den am frühen Morgen stattfindenden
Thierkämpfen (vgl. unten Anm. 192.) bestimmten bestiarii lebten.
(Vgl. Preller Regionen S. 121.) Außer diesen kaiserlichen Schulen,
in denen zusammen an 2000 Gladiatoren gelebt zu haben scheinen
(Tac. Hist. II, 11. Gord. III. c. 33. vgl. mit Gallien. 8. und
Aurel. 33.), gab es in Rom wahrscheinlich auch noch von Privat=
leuten unterhaltene.

167) Wirklich benutzte auch Marc Aurel die Gladiatoren im
Markomannenkriege (Capitol. Ant. Phil. 23.), wie auch schon vorher
zuweilen geschehen war. (Tac. Hist. II, 11. III, 57. Suet. Vitell. 15.)

168) Plut. non posse suav. vivi 17, 6. Tertull. Apol. 42.
vgl. Mart. de spect. 12.

169) Die Samnites (Lucil. bei Cic. de Or. III, 23, 86. Cic.
Tusc. II, 17, 41. pro Sext. 64, 134. Liv. IX, 40.) hatten ihren
Namen von der samnitischen Bewaffnung (welche Juven. 6. 256.
beschreibt) und kämpften besonders mit Thraciern und Retiariern.

170) Bei den gleichfalls nach ihren Waffen benannten Thraces
(Cic. de prov. cons. 4, 9. Plin. XI, 43, 99. §. 245. Suet. Calig.
35. 54. Paulus Diac. p. 366. 11. M.), deren charakteristische Waffe
die sica (ein kurzer, krummer Säbel) war (vgl. Juven. 8, 201.
Suet. Calig. 32. u. Clem. Alex. Str. I, 16. vgl. Bull. Nap. 1853.
tav. | VII, 13. 14. 16.), ersetzte den ihnen fehlenden großen Schild

der Samniten, wofür sie nur eine kleine parma führten, eine voll=
ständigere Rüstung, namentlich Schienen an beiden Beinen.
[171]) Die nach ihrem Netz benannten retiarii (Quinct. VI, 3, 61.
Bal. Max. I, 7, 8. Suet. Calig. 30. Festus p. 285, 11. M. vgl.
Juven. 8, 203.) waren die gefährlichste und verachtetste Gattung
der Gladiatoren und die einzigen, die ohne jede Kopfbedeckung er=
schienen (Suet. Claud. 34. Juven. 8, 200 ff.). Sie trugen, wenn
sie nicht ganz nackt erschienen, eine Tunica oder ein bloses subligaculum mit einem breiten Leibgurt (balteus) und den übrigen oben
angegebenen Schutzwaffen. Ueber den galerus vgl. Juven. 8, 207.
mit d. Schol. u. Abbild. bei Caylus Recueil III. pl. 24, 1. 2. im
Mus. Borb. IV. tav. 29. VII. tav. 14. Bull. Nap. Nuov. Serie I.
tav. 7. u. Rev. archéol. V, 8. pl. 165. u. bei Weiß Fig. 480. c.
Ihr Netz (vgl. Rev. arch. IX. pl. 183, 2. Marini Atti p. 165.
Guhl u. Koner II. Fig. 488. a. b. u. Weiß Fig. 481.), welches
bei Isidor XVIII. 54. 55. iaculum heißt, war so groß, daß es den
Gegner fast ganz bedeckte. (Vgl. darüber Juven. 8, 204 ff.). Ueber
ihre fuscina vgl. Juven. 2, 143. 8, 201 ff. Mart. V, 24, 12. und
über ihren Dolch Bal. Max. I, 7, 8. Sie kämpften nur gegen
Schwerbewaffnete, besonders myrmillones oder secutores, nie unter
einander selbst, zuweilen auch gregatim (Suet. Calig. 30.), wie
überhaupt alle Gladiatoren (Suet. Caes. 39. Dio Cass. XLIII, 23.
LV, 8.). Eine ihnen verwandte Gattung waren die bloß von
Isidor. XVIII, 56. erwähnten laqueatores (oder laquearii), die sich
statt des Netzes einer Schlinge bedienten.
[172]) Die secutores (Cic. ad Att. VII, 14, 2. Suet. Calig. 30.
Juven. 8, 210.) hatten ihren Namen nur von ihrem Kampfe mit
den Retiariern. (Isidor. XVIII, 55. vgl. Artemid. ὄνειρ. II. 3.). Sie
führten einen Visirhelm, Schild und Schwert (Dio Cass. LXXII, 19.)
und Isidor. a. a. O. giebt ihnen auch eine massa plumbea, die sie
vielleicht in das Netz des Retiariers warfen, um es zu Boden zu drücken.
[173]) Die nach Festus p. 285, 14. M. früher Galli genannten,
aber nach einer Inschr. bei Mommsen I. R. N. 736, wo beide
Gattungen neben einander erscheinen, doch mit ihnen nicht ganz iden=
tischen myrmillones oder mirmillones (Cic. Phil. III, 12, 31. VI, 4, 10.
Quinct. VI, 3, 61. Bal. Max. I, 7. 8. Juven. 8, 200. Ammian.
XVI. 12, 49. XXIII, 6, 83. u. f. w.) kämpften gegen Retiarier
und Thracier (Suet. Dom. 10.) und scheinen sich nach Auson. Praef.
in cent. meistens in einer halb kauernden Stellung gehalten zu haben
(mymillo in armis subsidens). Ihre Bewaffnung kennen wir nicht.
Daß sie einen Fisch auf dem Helme trugen, schließt man aus dem
Spottverse, womit sie nach Festus a. a. O. von den Retiariern ge=
neckt wurden: Non te peto, piscem peto; quid me fugi', Galle?
[174]) Die andabatae (Cic. ad Fam. VII. 10, 2. Hieron. adv.
Helvid. 3. adv. Jovin. I, 21. vielleicht identisch mit den gladia-
tores equestres bei Fabretti p. 39, 203. oder Mommsen I. R. N. 737,

deren Kampf Isidor. XVIII, 53. beschreibt, erscheinen mit der oben |
angegebenen Bewaffnung auf dem Grabmonumente des Scaurus in
Pompeji (vgl. Overbeck I. S. 175. Fig. 129.). Außer den bisher
genannten Gattungen von Fechtern, die in ihrer glänzenden Bewaffnung
sämmtlich auf jenem Monumente erscheinen, werden auch noch mit zwei
Schwertern bewaffnete dimachaeri (Murat. 613, 3. vgl. Mus. Borb.
VIII, tav. 7. 8.), die am schwersten bewaffneten hoplomachi (Suet.
Calig. 30. Mart. VIII. 74. vgl. Rev. arch. VIII. pl. 165.), die
es nach Mart. a. a. O. namentlich auf die Augen des Gegners ab=
gesehen zu haben scheinen, die am leichtesten bewaffneten velites
(Isidor. XVIII, 57), provocatores (Cic. pro Sext. 64, 134.) und
andre unbekanntere Gattungen, wie scissores (Mommsen I. R. N. 737.,
manicarii (Orelli 2566.) u. s. w. erwähnt. Ueber die essedarii
s. unten Anm. 190. Zuweilen mußten auch Zwerge, ja selbst Frauen
mit einander fechten. (Dio Cass. LXVII. 8.)

175) Früher verlangte nicht selten das Volk vom Kaiser das
Auftreten renommirter Fechter aus den kaiserlichen Schulen, die dann
postulaticii hießen (Sen. Ep. 7, 3.). Da wir nicht wissen, ob dies
auch unter den Antoninen noch Sitte war, nehme ich darauf keine
Rücksicht, sondern lasse überhaupt nur die tüchtigsten der kaiserlichen
Gladiatoren auftreten.

176) Die bestiarii (Cic. pro Sext. 64, 135. ad Qu. fr. II. 6, 5.
vgl. Sen. Ep. 70, 17. u. Dig. III, 1, 196.), welche, genau genommen,
gar nicht zu den eigentlichen Gladiatoren zu rechnen sind, waren
nicht blos zum Tode verurtheilte Verbrecher (die man auch schon
früher von wilden Thieren hatte zerreißen lassen: Liv. XXVI. 2.
Val. Max. II, 7, 13 f.) oder Kriegsgefangene (Dio Cass. LIX, 29.
Sen. Ep. 70, 2.), sondern auch gemiethete Freiwillige (Sen. Ep. 87, 9.
vgl. Appulej. Met. IV, 13. p. 267. Oud. Claud. Cons. Mall. 293.
Symmach. Ep. V, 59. u. Tertull. ad mart. 5.) und wurden in be=
sondern Schulen (Sen. Ep. 70, 20.), zu Rom höchst wahrscheinlich
im ludus matutinus (s. oben Anm. 166.) unterrichtet. Die gemietheten
bestiarii waren vermuthlich besser geschützt, die verurtheilten aber
mußten sich schlecht bewaffnet und fast wehrlos zerreißen lassen.
(Vgl. Marc. Anton. X, 8. u. Lucian. Tox. 58.) Sie kämpften
entweder ganz nackt oder blos mit einer Tunica bekleidet gegen die
Thiere mit Schwertern und Lanzen. Später aber wurden die Kämpfe
weniger blutig und zum Schutze der Kämpfer mancherlei Vorrich=
tungen getroffen. (Cassiod. Ep. V, 42. u. Gori Thes. dipt. I. p. 36.
38. 218. citirt von Friedländer zu Becker IV. S. 568.) Uebrigens
vgl. die Darstellungen auf dem obigen Monumente bei Overbeck I.
S. 178. u. 179. Fig. 131—135. und bei Guhl u. Koner Fig.
493—495.

177) Ob der nach Suet. Claud. 21. dem Kaiser von den auf=
ziehenden Gladiatoren zugerufene Gruß Ave imperator, morituri te
salutant ein stehender war, läßt sich nicht entscheiden.

¹⁷⁸) Suet. Tit. 9. Aur. Vict. de Caes. 10. Epit. 10. Dio Cass. LXVIII, 3.

¹⁷⁹) Diese Programme, die schon mehrere Tage vor den Spielen öffentlich angeschlagen und in einer Menge von Abschriften in den | Straßen verkauft (Cic. Phil. II. 38, 97.) oder nach Auswärts ver= schickt wurden (Cic. ad Fam. II. 8. Sen. de ben. I. 12, 3.), ent= hielten die Ordnung der Kämpfe und die Namen der bedeutendsten Gladiatoren, wie sie paarweise mit einander kämpfen sollten (Cic. ad Fam. a. a. O. Sen. Contr. IV. prooem.), indem man gewöhnlich einander Ebenbürtige zusammenstellte, da tüchtige Fechter es für schmachvoll hielten, mit einem Schwächeren zu kämpfen (Sen. de brev. vitae a. a. O. vgl. Juven. 8, 209 f.). Es haben sich einige solche Programme erhalten. (Vgl. Bull. Nap. 1853. p. 115 u. Fried= länder a. a. O. S. 563.)

¹⁸⁰) Vgl. Seneca a. a. O. Cic. de Or. II, 80, 325. Ovid. Ibis 45. Sen. Ep. 117, 25. Nach Dio Cass. LXXI, 29. hätte Marc Aurel die Fechterspiele überhaupt nur auf einen Kampf mit stumpfen Waffen beschränkt, was nicht sehr wahrscheinlich ist, da der Kaiser, wenn auch persönlich diesem blutigen Schauspiele abgeneigt, doch die Vorliebe des Volks für dasselbe kannte und berücksichtigen mußte. Auch sagt Capitolin in seiner Biographie c. 11. blos gla- diatoria spectacula omnifariam temperavit. Aber selbst wenn Dio Recht hat, mußte ich jene Beschränkung als erst später erfolgt be- trachten, um einen Gladiatorenkampf schildern zu können, wie er in frühern Zeiten stattfand. Dasselbe gilt von den Thierkämpfen, welche in derselben Stelle des Dio als vom Marc Aurel völlig abgeschafft erscheinen. Wenn ich gegen Dio's Auctorität diesen Kaiser einem Gladiatorenkampfe beiwohnen lasse, so geschieht es aus demselben Grunde, um des Begnadigungsrechtes desselben gedenken zu können.

¹⁸¹) Vgl. Capitol. Ant. Phil. 12. Uebrigens können diese in= humanen Aeußerungen nicht befremden, wenn man berücksichtigt, mit welcher Leidenschaft die Römer, denen jeder Begriff der Menschen= rechte fremd war, dies blutige Schauspiel liebten (vgl. z. B. Cic. pro Sext. 50, 106. 58, 124. 59. in. u. s. w.), so daß selbst Senatoren und Ritter (Suet. Oct. 43. Ner. 12. Calig. 30. Tac. Ann. XIV, 14. XV, 32. Dio Cass. XLVIII, 43. LI, 22. LVII, 14. LIX, 10. 13. LXVII, 14. LXXVIII, 21.), ja Kaiser (Suet. Calig. 54. Dom. 19. Laprid. Commod. 8. 11. Capitol. Clod. Alb. 6. u. s. w.) und sogar Frauen (Tac. Ann. XV, 32. Dio Cass. LXXV, 16.) auf der Arena auftraten, ferner wie ansteckend diese Leidenschaft bei dem das ganze Schauspiel umgebenden Pompe selbst auf edlere und gefühl= vollere Naturen einwirkte, die wider Willen von dem allgemeinen Taumel mit fortgerissen wurden (vgl. z. B. Tertull. Confess. VI, 8.), und wie selbst die gebildetsten Männer, und nicht etwa blos Dichter, darüber urtheilen und ohne jeden Tadel davon sprechen (vgl. z. B. Cic. Tusc. II. 39, 46. pro Sext. 64, 133 ff. in Vatin. 15, 37.

Liv. XLI. 33. u. f. w), so daß Seneca's verwerfendes Urtheil (Ep. 7, 2 ff.) fast als vereinzelt dasteht.

[182]) Ueber das Tubasignal vgl. Quinct. IX, 6. und über das Ziehen des Kreises das pompejanische Wandgemälde bei Guhl und Koner II. S. 340. Fig. 491. Darauf beziehen sich die Ausdrücke in statu et in gradu stare und de statu deiicere, de gradu pellere, de loco proiicere u. f. w. |

[183]) Der gewöhnliche Zuruf war: ferrum recipe! (Cic. pro Sext. 37. extr.), worauf, wenn keine Begnadigung eintrat, der Sieger dem Gefallenen die Kehle abschnitt. (Daher die Ausdrücke dare, porrigere, praebere iugulum: Cic. pro Mil. 11, 31. Hor. Sat. I, 3, 89. Quinct. Decl. 9, 21. Sen. Ep. 30, 6.).

[184]) Der verwundet Niederstürzende konnte die Waffen strecken (arma submittere: Sen. Cons. ad Polyb. 9.) und die Gnade des Volks (in späterer Zeit des Kaisers: vgl. Ovid. ex P. II, 8, 53.) anflehen, was durch Ausstrecken des Daumens geschah, und mußte, wenn das Volk ihn verso pollice vollends zu tödten befahl (Juven. 3, 36.), seine Kehle geduldig dem Todesstreiche preisgeben; bezeugte ihm aber das Volk presso pollice seine Gunst, so ward ihm das Leben geschenkt.

[185]) Wie groß früher die Zahl der auftretenden Fechterpaare gewöhnlich war, haben wir schon oben Anm. 163. gesehen. Ich glaubte das temperare bei Capitolin (vgl. Anm. 180.) namentlich auf sie beziehen zu können.

[186]) Die gewöhnliche Auszeichnung der Sieger bestand in Palmen oder Kränzen, doch auch in Ehrenketten (s. oben Anm. 164. und Geldbelohnungen (Suet. Oct. 45.).

[187]) Nach Quinct. Decl. 9, 6. jedoch standen Todtenbahren zum Fortschaffen der Getödteten bereit und nach Tertull. Apol. 15. nahmen sie als Merkur und Charon maskirte Leute in Empfang, was wohl erst von späteren Zeiten gilt, wo diese Kämpfe in milderer Form und mit größerem Schaugepränge stattfanden.

[188]) Lamprid. Commod. 16.

[189]) Lamprid. Commod. 18. Noch nicht völlig Verendete wurden hier vollends getödtet (Sen. Ep. 93, 12.).

[190]) Die essedarii (Suet. Calig. 35. Claud. 21. Cic. ad Fam. VII, 10. 2.) kämpften auf einem britannischen Streitwagen (essedum) und waren überhaupt britischen Ursprungs (Cic. ad. Fam. VII, 6, 2. vgl. Cäs. B. Gall. IV, 24. 33. V, 19.). Aus Suet. Calig. 35. scheint hervorzugehen, daß sie noch einen Wagenlenker bei sich hatten, wie dies auch bei den britannischen Essedariern der Fall war (Cäs. B. G. IV, 33.).

[191]) Venatio: Cic. ad Fam. VII, 1. Suet. Claud. 2.; ludus venatorius: Dig. XLVIII, 19, 8. §. 11. 12. Daher heißen die bestiarii in Dig. a. a. O. auch venatores. Antike Abbild. von

solchen Thierhetzen und Kämpfen mit wilden Bestien siehe bei Over=
beck Fig. 131—135. Guhl u. Koner Fig. 493. 494. u. anderw.

¹⁹²) Daß sie gewöhnlich am Morgen gehalten wurden, ergiebt
sich aus Suet. Claud. 4. Ovid. Met. XI, 26. Sen. Ep. 7, 3.
Mart. XIII, 95. (vgl. auch oben Anm. 166.). Ich nehme hier den
letzteren Fall an, um die Beschreibung der Fechterspiele nicht gleich
mit den gräßlichsten Scenen zu beginnen und meinen Erzähler nicht
schon am frühen Morgen eigens dazu herkommen zu lassen.

¹⁹³) Welche fabelhafte Pracht der Scenerie in späterer Zeit bei
diesem Schauspiele entfaltet wurde, sieht man aus Calpurn. Ecl. 7, |
69 ff. Mart. spect. 21. Dio Cass. LXI, 1. LXXVI, 1. Man
bot alles Raffinement auf, um diesen barbarischen Schauspielen eine
neue Würze zu geben. Fanden sie doch sogar bei Nacht unter dem
Scheine von tausend Lampen statt (Dio Cass. LXVII, 8. Stat.
Silv. I, 6, 51 ff.).

¹⁹⁴) Nach August's eigner Angabe im Mon. Ancyr. Tab. IV, 42.
wurden in den von ihm gegebenen Thierhetzen etwa 3500 wilde
Bestien getödtet. Bei der Einweihung des Flavischen Amphitheaters
unter Titus erschienen 5000 Thiere an einem Tage auf der Arena
(Suet. Tit. 7.) und bei den schon oben erwähnten großen Spielen
Trajans sollen im Ganzen 11,000 zahme und wilde Thiere getödtet
worden sein (Dio Cass. LXVIII, 15.). Mögen nun auch diese
Zahlen nach Dio's eigner Ansicht (XLIII, 22.) sehr übertrieben sein,
so bleiben doch, selbst wenn man die Hälfte abrechnen wollte, immer
noch furchtbar große Zahlen übrig.

¹⁹⁵) Suet. Domit. 4. Dio Cass. LXVII, 8. vgl. Stat. Silv.
I, 6, 85 ff.

¹⁹⁶) Wenigstens unter Caligula, wobei auch die ganze Stadt
erleuchtet war. (Suet. Calig. 18.) Daß für gewöhnlich die Vor=
stellungen im Theater bei hellem Tageslichte stattfanden, konnte ich
als in Griechenland wie in Rom selbstverständlich meinen Griechen
natürlich nicht besonders erwähnen lassen.

¹⁹⁷) Unter Gordianus III. befanden sich in Rom 32 Elephanten,
70 Löwen, 10 Tiger, 30 Leoparden, 10 Hyänen, 10 Giraffen,
1 Rhinoceros, 1 Nilpferd, 20 wilde Esel, 40 wilde Pferde und
noch „unzählige" andre Thiere, welche Kaiser Philippus bei den
großen Säcularspielen im J. 248 sämmtlich der Arena preis gab.
(Vita Gord. tertii 33.) Welche Summen die Unterhaltung dieser
Menge von Thieren erforderte, läßt sich leicht denken. (Vgl. Vita
Aurel. 33.) Daher ließ sie Caligula einmal bei Theuerung des
Fleisches mit Verbrechern füttern. (Suet. Calig. 27.)

¹⁹⁸) Die selbst höhern Magistraten, welche dem Volke der=
gleichen Schauspiele geben wollten, die dazu nöthigen Thiere bereit=
willigst lieferten. (Vgl. Cic. ad Fam. III, 11, 2. VIII, 9, 3. mit
Plut. Cic. 36. u. Symmach. Ep. IX, 125.)

¹⁹⁹) Vgl. Claud. laud. Stilich. II, 305. 341. Plin. VIII, 8,

8. §. 24. u. 16, 21. §. 54. Strab. XV, 1, 42. p. 704. Arrian. Ind. 13. Aelian. Hist. an. XIV, 7. XIII, 10. Xen. de venat. 11. (Diod. Sic. I, 35. Achill. Tat. IV, 2 f.)

200) Denn nach römischem Rechte gehörte dem Jäger jedes Thier, das er erjagt hatte, mochte es sein, wo es wollte. (Vgl. Instit. II, 1. §. 12.)

201) Vgl. Strab. II, 5, 34. p. 131. Anth. Gr. Jacobsi IV, 202. Epigr. adesp. 398.

202) Vgl. Plin. XXXVI, 5, 4. §. 40. mit Symmach. Ep. IX, 117.

203) Vgl. Claud. laud. Stilich. III, 322.

204) Claudian. a. a. O.

205) Appulej. Met. IV, 14. p. 270 ff. Oud.

206) Vgl. Note 198.

207) Vgl. ebendas. Es gab aber auch Kaufleute, die mit solchen wilden Thieren Handel trieben. (Vgl. z. B. Symmach. Ep. V, 62.)

208) [195] Vgl. oben Anm. 153.

209) [196] Vgl. oben S. 150.

210) [197] Vgl. die antiken Abbild. im Mus. Borb. VII. tav. 58. bei Krause Gymn. u. Agon. Taf. XXIII, Fig. 89. u. XXIV. Fig. 94. und Guhl und Koner Fig. 300—302.

211) [198] Vgl. die antiken Darstellungen bei Krause Taf. IX. a. b. c. u. XXVI bis XXVIII. Andere dergleichen Productionen übergehe ich, da ich sie nach Dio Chrysost. schon oben S. 56. Anm. 64. erwähnt habe. Uebrigens vgl. auch Böttiger Kl. Schr. III. S. 345 ff. u. 356 ff.

212) [199] Praestigiatores: Varro L. L IV, 18. u. Plaut. Poen. V, 3, 6. Aul. IV, 4, 3. Sen. Ep. 45, 7. Appulej. Flor. 4. p. 83. Oud. Arnob. II. p. 88. Harald. Capitol. Verus 8.

213) [200] Dies erzählt Alciphron III, 20. p. 48. Meinek.

214) [201] Vgl. Appulej. Met. I, 4. p. 20 f. Oud. (wo dieses Taschenspielerstückchen mit ganz unglaublichen Zuthaten ausgeschmückt wird) mit Diod. Fragm. l. XXXIV. Vol. X. p. 100 ff. ed. Bip. u. Flor. III, 19. Uebrigens vgl. auch hier die schon S. 56. Anm. 64. angef. Stellen der Alten u. Böttiger Kl. Schr. III. S. 359 ff.

215) [202] Diese Kunststücke producirte wenigstens nach Göll I. S. 142. einige Jahrhunderte später ein dressirter Hund zu Constantinopel. Die Quelle dieser Erzählung kenne ich nicht. Ueber sonstige von dressirten Thieren ausgeführte Kunststücke vgl. Mart. I, 105. V, 31. Aelian. Nat. anim. II, 11. VII, 4. Ind. 14, 5. Plin. VIII, 2, 2. §. 4. VIII, 45, 70. §. 181. Suet. Galb. 6. Dio Cass. LXI, 17. LXVI, 25. u. s. w.

216) [203] Ueber das odeum Domitiani vgl. Suet. Dom. 9. Eutrop. VIII, 15., über das zweite von Trajan erbaute Odeum Rom's aber Ammian. XVI, 10. (17.) mit Tertull. de resurr. 42. und über den

Bau eines solchen Concerthauses, wie es zuerst von Perikles in Athen gegründet wurde, Hirt Gesch. der Baukunst III. S. 109 ff. u. Stieglitz Arch. d. Bauk. II. S. 222 ff., da Vitruv. VI. 9. es blos historisch erwähnt, ohne eine Beschreibung desselben zu geben.

²¹⁷) [²⁰⁴] Weshalb es auch zuweilen selbst theatrum genannt wird (Pausan. I. 8. II. 3. Philostr. in Herod. p 549.). |

²¹⁸) [²⁰⁵] Daß auch schon damals solche Kunstreisen von Virtuosen, Schauspielern u. s. w. vorgekommen sind, ist nicht zu bezweifeln, da andre reisende Künstler (besonders Athleten) in Epigrammen und auf Inschriften nicht selten vorkommen. (Vgl. Antipat. epigr. 68. in Jacobs Anth. Gr. II. p. 113. u. Corp. Inscr. Gr. 5913. 6233. u. Brun Künstlergesch. I. S. 754., citirt von Friedländer Sitten-gesch. II. S. 43.); auch werden wirklich auf ihre Kunst reisende Sänger und Citharisten ausdrücklich erwähnt im Corp. Inscr. Gr. 3425. u. Anth. Gr. Jacobs. IV. p. 284. (Adesp. 752.) Uebrigens wissen wir freilich nichts Näheres über dergleichen musikalische Pro-ductionen im Odeum und ich mußte daher hier blos wahrschein-lichen Vermuthungen folgen. Mit welchem Pomp die Citharöden auftraten, ersehen wir z. B. aus Auct. ad Herenn. IV, 47. Daß der Abwechselung wegen auch Recitation von Gedichten und drama-tischen Werken dabei stattfand (vermuthlich auch mit Pantomime begleitet), ist sehr wahrscheinlich. (Vgl. auch Ovid. Trist. V, 7, 25 ff. u. was oben S. 208. Anm. 400. bemerkt worden ist.)

Register.

fricatores 12.
(Friedenstempel 107. 161.)
frigidarium in den Badehäusern 36. 97.
Friseure (unter den Sklaven) 75.
Frisuren der Damen 330. 366.
fritillus 221.
Fronto 33. 93.)
Frühstück 4. 49.
frumentarii (Getreidehändler) 161.
— (geheime Polizei) 38. 98.
fucus (Schminke) 329. 364.
Fuhrwerke 1. 53. 115. 174. (s. arcera,
  carruca, carrus, cisium, covinus,
  essedum, petorritum, pilentum,
  plaustrum u. s. w.)
fulcra lecti 237.
fullones 108.
fullonica 163.
funambuli 9.
funalia ceriolaria u. sebacearia 265.
(Fundi 8.)
funus 135 ff.
furca 76.
furcilla 302.
fuscina der Fechter 131. 407. 448.
fusores ollarii 168.
fusorium 243.
Fußbänkchen 237.
Fußbekleidung 120.

G.

gabatae 266.
Gabitanische Tänzerinnen 9. 56., bei
  Gastgelagen 151.
Gärten 236. 276 ff.
galeae 127. 190.
(Galenus 6. 53. 142.)
galeolae 244.
galerus der Fechter 130. 448., der Priester 383. (Perrücke 369. 436.)
Galli, Gladiatoren 407. 448.
gallicarii 189.
gallinarius 298.
ganeae 33.
Garderobedienerin 21.
Garküchen 32.
garum 17. 65.

Gastfreundschaft 5. 48. 51. 62.
Gastgelag, luxuriöses 144 ff.
Gasthäuser 1. 4. 47.
Gastmahle 143.
Gastrecht 48.
Gastwirthe 4.
Gautler 8. 56. 150. 414.
Gautlerkünste 56. 414.
gaulus 268.
gausape 64. 118.
Geburtslisten 322.
Geflügel 18. 279.
Gehörärzte 59.
Gelbaristokratie 43.
Gelbbeutel 117.
Gelbtiften 240.
Gelehrte Frauen 312. 340.
gemmae 69.
gemmarii 169.
gemmarum politores 169.
gemmarum scalptores 169.
Gemüse 68. 278.
gentes (maiores u. minores) 41.
Gerber 188.
Gerstentrank (Bier) 163.
Geschmeide 232.
gestatio 278.
Gesundheiten, Ausbringen von 69. 151.
Getränke 162 f.
Getreideböden 278.
Getreidehandel 161.
Getreideschiffe 287.
Gewürzweine 163.
Gießkanne 246.
gillo 244.
gladiarii 168.
Gladiatoren 445.
Gladiatorenkampf beim Gastmahl 149.
— im Amphitheater 404 ff.
Gladiatorenwaffen 130.
gladius 129.
Glas 57.
Glasbläser, -dreher, -schleifer 113.
Glasfabrikation 171.
Glasfenster 57.
Glaswaaren 70.
glires, glirarium 297.